ウェストファリア条約

その実像と神話

Acta Pacis Westphalicae
Mythos et Veritas

明石欽司
Akashi Kinji

慶應義塾大学出版会

はしがき

本書において筆者が試みた事柄は、伝統的に近代国際法や近代的欧州国際関係の「原点」とされてきた一六四八年の「ウェストファリア条約」の実態をよりよく知り、同条約を巡る伝統的評価（「ウェストファリア神話」）について問い直すことである。そのことはまた、近代国際法学において本来唯一の法主体として観念されてきた近代主権国家やそれらによって構成される近代的国際関係、更には近代国際法の形成過程について問い直すことをも含意する。

このような試みを生み出した問題意識は、極めて単純であった。それは、筆者が国際法研究の道を歩み始めて以来、国際法が転換期にあることが絶えず論じられ、国際法の変質が常に指摘される中で、それでは、「国際法」とは、そして国際関係を構成する主要な主体である「国家」とは何なのかという疑問である。（その疑問とそれを巡る筆者の思いは、かつて公刊した拙稿（明石（1992–1995））の「序論」において述べたとおりである。）

本書執筆の出発点は、筆者が大学院修士課程在籍中に開始したウェストファリア条約の原文（ラテン語）の邦訳作業であった。それは筆者の国際法史研究の本格的な出発点でもあった。様々な事情から研究環境が大きく変化する中で邦訳作業は大幅に遅延したが、数年をかけて署名者名等を含む全訳を完成させた。そこから同条約を巡る幾つかの論考を昨（二〇〇八）年に至るまで発表しつつ、本書を構成する諸々の論点を考えてきた。結局、本書が上梓されるまで、二五年以上の年月にわたり、筆者は研究対象として同条約に拘泥し続けたことになる。

人生の不思議は、偶然である筈の人と人との出逢いが必然に思えてしまうことにあるのではないだろうか。このことは、医学生から、いつの間にか法学生となり、更に、（恐らくは児童期からの興味の対象であった）歴史学の徒ともなった筆者の学問の軌跡にも妥当する。そして、研究者としての筆者にとって必然とも思われる出会いの相手となったのは、次の方々である。

大学院の先輩であった米田富太郎先生からは、国際法「学」の基礎知識、社会科学的思考の基本、そして何よりも学問そのものの面白さを学ぶことができた。自らの人生に迷っていた若き日の筆者を学問の世界へと導いてくれたのは、米田先生であった。また、米田先生からの御紹介によりお目に掛かり、筆者の国際法史研究者としての学問的基礎を鍛えて下さった（そしてあるべき研究態度を示して下さった）柳原正治先生は、現在に至るまで筆者が研究者として超えるべき目標であり続けている。とりわけ、柳原先生の研究室や御自宅、更には御郷里にまでオートバイを駆って押しかけ、ご教示を受けた日々は忘れ得ない。そして、日本での研究生活に限界を感じていた筆者にユトレヒト大学での博士論文執筆の機会を与えてくださったルーロフセン（C. G. Roelofsen）先生は、欧州における歴史研究や論文執筆の方法を（ときに厳しく）懇切丁寧に指導してくださった。ルーロフセン先生が座長を務められたオランダやベルギーでの法制史学会、そして米国国際法学会での報告時の緊張や先生の門下生であることの責任等々、国境を越えた師弟関係から学んだ事柄は無数にある。以上の三先生は、国際法史研究者としての筆者の人生に、言葉に尽くせないほどの大きな財産を与えてくださった。三先生の学恩に対して報いるには本書があまりに拙いものであることは自覚しているが、ここに御名前を挙げ、報恩の念を示すことをお許し願いたい。

また、筆者の学部・大学院時代を通じて典型的な「不肖の弟子」を受け入れてくださった栗林忠男先生、オランダ留学への道を拓いてくださったコー（Ko Swan Sik）先生、そしてユトレヒト大学に提出した筆者の博士論文の審査員となり、その後に公刊を勧めてくださった小田滋先生とソーンス（F. Soons）先生、これら諸先生の御指導と御尽力が、研究者としての生活を筆者に可能にしてくれたことも痛感している。

更に、青木（潮田）節子教授、ギル (T. Gill) 教授、ヤーナッハ (A. Janach) 博士をはじめとする、慶應義塾大学・ユトレヒト大学 (Universiteit Utrecht)・アッセル研究所 (T. M. C. Asser Instituut)・ブリュッセル自由大学 (Université Libre de Bruxelles)・フランクフルト大学 (Goethe-Universität Frankfurt am Main)・マックス＝プランク欧州法制史研究所 (Max-Planck-Institut für europäische Rechtsgeschichte)・マックス＝プランク外国公法国際法研究所 (Max-Planck-Institut für ausländisches öffentliches Recht und Völkerrecht) 等々における多数の同僚（であり友人）たちとの議論や彼（女）等から得た知識が、筆者の研究生活を（のみならず私生活をも）豊かなものとしてくれた。

本書の原稿がほぼ完成した時点では、伊藤宏二静岡大学准教授に詳細なコメントをいただいた。また、当時慶應義塾大学大学院生であった中丸博禎君は本書全体の実質的な最初の読者となってくれた。

慶應義塾大学出版会の皆様は、専門研究書の出版が非常に厳しい情況にある中、本書の出版を快く引き受けてくださった。とりわけ、同出版会の岡田智武氏からは、出版作業の全過程において、まさに「プロフェッショナリズム」に溢れた御協力を得ることができた。同氏の存在なくして本書の公刊が現実のものとなることはなかったであろう。

以上に挙げた方々、そして名前を挙げることができなかった多くの方々から多方面における援助を受けて、本書が上梓されることとなった。それらの方々の全てに感謝の意を表したい。

二〇〇九年五月

明石　欽司

目次

目次

目　次

第二部　ウェストファリア条約以後の帝国と欧州国際関係、そして「神話」——311

第一章　ウェストファリア条約の批准及び実施について——第二部の序に代えて——313

結論

凡　例

・本書執筆に際して依拠したＩＰＯ及びＩＰＭの条文は、*APW*, III, B, i 所収のものである。また、対照用として *Du Mont*, VI（ＩＰＯは仏語訳、ＩＰＭはラテン語）；*Zeumer* (1913)（ラテン語）；*CTS*, I（ラテン語と英語訳）所収の版を活用した。条・項の区分も *APW* に従った。尚、条文の邦訳に際しては次の文献に収められた独語訳も参照した。*Buschmann* (1984), 285–402.

・*APW*, III, B, i からのウェストファリア条約条文の引用の際には、単語の数や格等（更には、若干の綴字）を適宜変更している場合がある。

・引用文中には現在の正字法とは異なる綴りの語があるが、それらは全て原文のままである。

・訳文は原則として拙訳による。但し、既存の邦訳書があり、かつその訳に従った場合には、その旨を明示した。

・訳出に際しては、原典に可能な限り忠実に訳出したが、日本語として意味が明確となるように若干の意訳や［］内に言葉を補った箇所もある。したがって、引用訳文中の［］内は著者（明石）によるものである。但し、引用原文中に既に括弧等が用いられている場合には、その旨が明記されている。

・固有名詞の中で地名・人名のカタカナ表記の際には、できる限り原語の発音に近いと思われる表記を行った。但し、日本において定着していると判断されるものは、そちらを使用した。（例：「ウェストファリア条約」）

・ラテン語で表記された地名の訳出の際には、*Orbis latinus* に示されたドイツ語表記に依拠した。

・キリスト教関係用語の訳語は原則として『キリスト教大事典』に従っている。

・その他の歴史的用語や各種専門用語については、可能な限り日本の各学問分野で定訳とされているものを使用するよう心掛けたが、筆者の誤認により適切な訳語が当てられていない場合もあることが予想される。この点については諸賢の御叱正を賜りたい。

・暦法について

旧来のユリウス暦にかわり、現行の暦法であるグレゴリウス暦がカトリック教国（スペイン・フランス等）に導入されたのは一五八二年であり、神聖ローマ帝国のカトリック教派諸邦ではその翌年以降のことであった。また、神聖ローマ帝国内のプロテスタント派諸都市やデンマークでグレゴリウス暦が導入されたのは一七〇〇年、さらにイギリスでは一七五二年、スウェーデンではその翌年のことであった。そのため、本書で考察の対象とする時期の暦法は、一五八二年以降から一八世紀中葉まで国家（領邦や都市）毎に異なることになり、その結果、ある事件・事実の発生期日についての記述が国家（領邦や都市）毎により異なることとなる。（例えば、スウェーデン軍が惨敗した有名なネルトリンゲン(Nördlingen)の戦闘は現在ではグレゴリウス暦に従って一六三四年九月六日と記述されるが、ネルトリンゲンはプロテスタント派都市であり同市の記録では同年八月二七日のこととなる。(Friedrichs (1979), xvi *et* 29–30.) 本書では、原則的にグレゴリウス暦に従うが、条約の作成期日等については、その時点で異なる歴法を採用していた当事者（国）間では、ユリウス歴も併記することとし、併記される期日は資料（*Du Mont*、*CTS* 等）に記されたものとする。

序論

(一) 本書の問題意識と「ウェストファリア神話」

本書における筆者の問題意識は極めて単純である。即ち、近代国際法学において本来唯一の法主体として観念されてきた近代主権国家やそれらによって構成される近代的国際関係、そして近代国際法自体の形成過程について問い直すことである。そして本書で具体的に試みられている事柄は、一六四八年の「ウェストファリア条約」(*Acta Pacis Westphalicae*：神聖ローマ帝国皇帝とスウェーデン女王を主たる当事者とするオスナブリュック講和条約(*Instrumentum Pacis Osnabrugense*)(以下「IPO」とする。)と同皇帝とフランス国王を主たる当事者とするミュンスター講和条約(*Instrumentum Pacis Monasteriense*)(以下「IPM」とする。)からなる。[1])の実態をより正確に提示し、同条約を近代国際法や近代欧州国際関係の原点とする「ウェストファリア神話」(及び近年の「神話」批判)について問い直すことである。[2]

或る学問分野における議論は、一定の共通認識を前提とする。それらの共通認識を共有しない者との学問的議論は不可能であるか、不可能ではないにしろ(用語の意味を一つ一つ説明するために)極めて困難な作業となるであろう。(但し、各々の論者にとって主観的に「共通認識」であるとされている事柄が、実際にはその意味内容が同一ではない場合もあることには注意を要する。法学分野の研究者にとって、そのような認識の相異が存在するものの一例として、「自然法」が挙げられるであろう。)

また、或る歴史的事象に関する一つの評価が、当該学問分野の圧倒的多数の研究者にとって「共通認識」として理解されている事柄が、ときとして何らの(再)検証も受けることなく通用し続けることがある。そのような共通認識を本書では〈神話〉[3]と呼ぶこととする。[4]神話の存在は、一面において、当該神話が対象とする事象を巡る思考の枠組みを単純化し、それにより一定の理論の全般的理解を容易とし、更にそれにより一層の共通理解の促進を可能とする。しかし、他面において、神話自体の妥当性は何ら論証されないまま論理が推し進められるという、根本的問題点を内包する。また、神話は観念の物象化（即ち、「抽象的な思想や観念を実在する又は具体的な事物とみなすこと」[5]）を招来しがちである。このことを歴史的な観念や認識に当て嵌めるならば、神話の内容が過去に実在したとする理解を招来することになる。

現在の国際法学研究者にとって、「近代国際法が一六四八年のウェストファリア条約から始まる」という認識は、まさに神話（「ウェストファリア神話」）である。そして、それは近代国際法が規律対象とする近代主権国家間関係も同条約から始まるという理解を含意する。更に、このことはまた一六四八年を期して、欧州に近代国家及び近代的国家間関係が実際に存在するようになったとみなすこと、即ち、ウェストファリア神話の物象化をも含意する。（これは近代的な国家間関係を「ウェストファリア＝システム」と称することに表されている。）

実際に、現在の国際法の標準的概説書やその他の文献を概観した場合に、それらにおける国際法史に関する記述において、ウェストファリア神話が存在することが理解される。そして、このような「神話」の存在は様々な形態で登場しているが、ここではそれらの中から若干の例を挙げることにより、その一端を示すこととしたい。

先ず、「神話」の受容を典型的に示しているのが、アクハースト (M. Akehurst) の概説書を改訂したマランチュク (P. Malanczuk) の場合である。即ち、「少なくとも新たな政治秩序（それはナポレオンの敗北後の一八一五年のヴィーン会議によって漸く置換される）が創出された欧州においては、ウェストファリア条約を記した一六四八年は重要な分岐点であるとみなされる」[6]としている。同様に、カロー (D. Carreau) は、近代国家の諸要素、特に主権や法的平等について論ずる中で、それらの諸要素の全てがウェストファリア条約中に見出されることから、同条約を「主権国家間の関係を規律する『古典的』国際法の出発点」とすることは正当であると論ずる。[7]更に、グェン＝クォック＝ディン (Nguyen Quoc Dinh) は、ウェストファリア条約が「欧州の設立憲章」(Charte constitutionnelle de l'Europe) であり、「新たな主権国家の誕生と欧州の新たな政治地図を正式に合法化[8]」したとし、それと同時にそれらの事柄が「『欧州公法』(un droit public européen) の第一の要素をもたらし」、「国家の主権及び平等が国際関係の基本原則として承認された[9]」としている。

また、カセーゼ (A. Cassese) は、比較的正確に（特に、帝国等族については、多数の小規模な「帝国の構成員」が「主権に準ずる諸権利 (quasi-sovereign rights) を有する国際社会の構成員の地位へと上昇した」という慎重な表現を用いている。）ウェストファリア条約の内容を紹介しているが、結局のところウェストファリア条約は「近代国際共同体 (the modern international community) の発達における重大な分岐点を構成する」と共に、「それらに優越する何らの権威をも承認しない独立した諸国家の並存に基づく国際的システムの誕生を記録した」という典型的な「神話」の内容の記述に落ち着いている[10]。

以上の諸著作よりも詳細にウェストファリア条約を論ずる概説書もある。ブレックマン (A. Bleckmann) は、国際法史における「絶対主義の時代（一六四八年から一八一五年）」について論ずる際に、「この時期の政治的展開は何よりも対内的及び対外的主権という原理 (Prinzipien) の貫徹によって刻印された」としてから、次のように続ける。

「主権原理が、西［欧］の国民国家とは対照的に、ドイツ帝国では中央［集権］の局面ではなく、領邦君主という局面で貫徹するという重要な結果を［ウェストファリア条約が］もたらした。これにより、神聖ローマ帝国の純粋な国家への展開は妨げられた。その結果、領邦君主間の関係は第一義的には専ら国際法に従ったのであり、諸々の［帝国の］中央決定機関の機能は平和維持のための国際機関のそれにますます似通ったのである[11]。」

この論述も領邦（君主）の主権化という「神話」の詳述でしかない。そして、以上のような認識の下で国際法の歴史を把握するならば、フォーク (R. Falk) が述べるように、「中世から近代への遷移を構成するための便利で簡潔な表現」としての「決定的な境界 (a defining threshold)」[12]をウェストファリア条約が提供することとなる。[13]同様に、パリー (C. Parry) の編集による条約集 (*Consolidated Treaty Series* (*CTS*)) が一六四八年の諸条約を第一巻冒頭に置くことも必然のこととなるのである。[14]

また、パリーのように条約集の始点を一六四八年に置くことに関連して、ウェストファリア条約を実定法としての国際法、或いは実証主義国際法学の発展の重要な契機と位置付けるという見解が頻繁に見受けられるが、これもまた「神話」の一つの顕現として理解されるのである。[15]

以上のような国際法概説書における「神話」の存在は、若干の留保が伴うものの、国際法史概説書においても見出される。例えば、一九五〇年代に公刊され、現在においてもなお最も標準的な国際法史概説書の地位にあると思われるヌスバオム (A. Nussbaum) の『国際法要史』(*A Concise History of the Law of Nations*) においては、ウェストファリア条約が特別の重要性を有することを是とする根拠が数点論じられており、[16]単純な「神話」の提示はなされていないものの、同条約が「少なくとも一世紀の間、欧州の政治体制の枠組みであり続けた」こと、そして近代国際法史の「主要著作がウェストファリア講和条約を出発点としてきた」ことなどが指摘されている。[17]また、トゥルヨル＝イ＝セラ (A. Truyol y Serra) の『国際公法史』(*Histoire du droit international public*) では、「ウェストファリア講和条約が『欧州公法』の基礎であった」ことが強調され、また同条約がそれ以後の一連の諸条約の出発点であったことや、それら諸条約の結び付きが「真の欧州国際法典 (*corpus juris gentium* européen) を構成した」としている。[18]更に、グレーヴェ (W.Grewe) は、『国際法史の諸時代』(*Epochen der Völkerrechtsgeschichte*) において国際法の歴史を六つの時期に区分して論じた際に、第三期を「欧州公法：フランスの時代の国際法秩序」と名付け、一六四八年から一八一五年をその時期に当てている。[19] これは前述のフォークの見解に合致すると思われるのである。[20]

同様の傾向は、『国際公法百科事典』(*Encyclopedia of Public International Law*) に収められている「国際法史」の諸項目にも見られる。即ち、その中核部分はプライザー (W. Preiser) が担当した「国際法史：古代から一六四八年まで」[21] とヴェロスタ (S. Verosta) が担当した「国際法史：一六四八年から一八一五年」[22] に分けられ、若干の留保が付されているものの、[23] 国際法史上のウェストファリア条約の重要性が強調され、「神話」の内容が追認されているのである。[24]

ところで、このようなウェストファリア条約の神話化は、国際政治・国際関係論の研究者による国際法史理解において、より強固であるように思われる。例えば、リアリストの泰斗モーゲンソー (H. J. Morgenthau) は、「国家相互間の関係における国家の権利及び義務を規定する国際法の諸規則の核は一五世紀及び一六世紀に発展し」、「国際法のそれらの規則は、ウェストファリア条約が宗教戦争を終了させ、また領域国家 (territorial state) を近代国家系 (the modern state system) の基礎とした一六四八年に、強固に確立された」としている。[25] また、国際関係論研究おいて比較的詳細にウェストファリア条約について論じているクヌッツェン (T. L. Knutsen) の記述も同様である。即ち、彼は「[対外主権という] 観念の黙示的承認を伴いつつ、ウェストファリア条約は近代領域国家の法的基礎を築いた」のであり、「その基礎の上に新たな相互関係の観念及び理論（それらによってこの関係が理解され得た）の新たな体系が樹立された」としている。更に彼は、「[同条約による] 対外主権の承認は、近代的国家間システムの正式な承認と法的な整序を象徴」しており、「そのシステムとは、法的に平等な領域国家間の政治的関係のシステムであり、当該国家の君主は自己の権威（自己の『対内主権』）を明確に画定された地理的国境の内側でより高位の権威に従属しないその住民に対して行使するというものである」[26] とも述べている。そしてまた、ポッジ (G. Poggi) も、キリスト教会と神聖ローマ帝国の下での階層的秩序から自立した諸国家間の関係へという激変がウェストファリア条約により確定するという。[27] この他にも同様な理解や前提を示すものについては、枚挙に遑がない。[28]

(二) 「ウェストファリア神話」の影響

ウェストファリア神話は様々なかたちで現代の国際法や国際関係論を巡る議論に影響を及ぼしている。例えば、(必ずしも「神話」の内容について明確にすることのないまま) 現代の国際法を巡る諸現象を「ウェストファリア＝システム」や「ウェストファリア的前提」からの乖離として論ずるという研究が生み出されている。その一例が、カトラー (A. C. Cutler) の著作である。カトラーは、「国際法及び国際組織の分野は、地球規模での権力及び権威の根本的再構成を巡る正統性の危機 (a legitimacy crisis) を経験しつつある」との認識のもとで、「権力及び権威に関する伝統的なウェストファリア的発想に基づく (Westphalian-inspired) 諸前提が現代についての理解を提供し得ないことを論じ、ウェストファリア＝システムに基づく理論と実行の間の拡大しつつある乖離を確認」[29] しようとする。同様に、『ウェストファリアを超えて?』(*Beyond Westphalia?*) と題された論文集では、その題名の通り、ウェストファリア条約が「歴史的遷移」をもたらしたものとみなされ、[30] また「国際関係における古典的なウェストファリア的道徳」[31] を前提としつつ、「ウェストファリア＝システム」との比較において現代の国際関係や国際法の変化を考えるという思考方法が採られている。[32] そして、これらの著作では、同条約自体についての考察は全く行われていないのである。[33]

ウェストファリア神話の影響はこのように国際法 (及び国際関係論) 分野における個別研究の前提を規定するだけに止まらない。国際法研究者は時代区分に関して (欧州における) 歴史学一般において理解されている時代区分とは異なる独特の捉え方をしてきているが、これも「神話」の影響と判断される。
ドイツ国制史・法制史研究においては、「近世」（die frühe Neuzeit：初期近代）を概ね一五〇〇年頃からフランス革命勃発（一七八九年）まで、そして「近代」(die Neuzeit) をそれ以降とする時代区分が通常用いられているように思われる。この区分は、「近世」が「絶対主義」の時代に、「近代」はそれ以後の時代に属するとの認識に基づく。また、両時期が何れも「近代」に属することは、共に „die Neuzeit" として扱われていることからも理解される。（両時期を包含した意味における「近代」は、「中世」（及び「古代」）に対する観念として用いられる。）そして、このような「近世」と「近代」の時代区分は、ドイツ史一般、或いは西洋史一般においても妥当するであろう。

　ところが、一面において歴史学の一分野ともみなされ得る「国際法史研究」においては、以上のような時代区分とは異なる区分が用いられてきた。即ち、「近代国際法」の始期を一六四八年のウェストファリア条約に求めるという「神話」に基づく理解が一般的に受容されてきたため、国際法史における「近代」自体がこの年をもって始まるとの理解もまた支持されてきたのである。しかも、学説史の面から見ても、（その当否は別として）「（近代）国際法の父」とされるグロティウス (H. Grotius) が三十年戦争（一六一八年から一六四八年）中に『戦争と平和の法』(*De jure belli ac pacis*) を公刊（一六二五年）したことから、一七世紀前半から中葉にかけての時期に国際法史における「近代」が開始されるとの理解は一層強く支持されてきたと考えられるのである。[34]

　このような国際法史研究とドイツ国制史・法制史研究（更には西洋史研究一般）における時代区分との相異が発生する原因は近代国際法の定義に求められ得る。近代国際法とは「近代主権国家間の関係を規律する法規範」として定義（認識）されてきたため、近代主権国家の存在（乃至は発生）が問題とされることとなる。[35] それに対して、歴史学一般においては、「近世」から「近代」への遷移の基準には、「絶対主義国家」から「国民国家」への国家構造の転換が用いられている。ところが、近代国際法学理論によれば、このような国家構造の転換は、国内統治形態の変更の問題であって、「国内管轄事項」であるとされ、そのために国際法学の考察対象から除かれてきたと考えられるのである。

この「近世」から「近代」への遷移の無視に関しては、近代国際法学の論理を一貫させた歴史認識であると肯定的評価を与えることも可能ではある。しかしながら、このような国際法史独自の時代区分を妥当なものとして受容する前提として、そもそも一六四八年（或いは一七世紀前半から中葉）に「近代主権国家」の誕生を見ることが可能であるのか否かについての再検討（即ち、「神話」を検証すること）が必要とされる。この点に関しては、少なくとも歴史学における一般的理解によれば、「主権」概念と「勢力均衡」という行動原理に基づく「国家系」(Staatensystem) としての近代的国家間関係は、一五世紀末から一六世紀にかけてのイタリア戦争中にも見出されるとされている。[36] また、欧州近代国家の成立を主権概念の形成と重なる現象として捉えた場合に、それを一六世紀から一七世紀にかけてのこととする見解もある。[37] このような歴史学一般の理解にも拘らず、国際法学においては「一六四八年」にそのような現象が始まるとされているのである。[38]

以上の事柄を総合的に勘案して、本書においては、次のような国際法史研究独自の時代区分に従う。即ち、「近代主権国家」が欧州に一般的に形成された後の時代を「国際法史における近代」と捉え、前述のドイツ法制史研究（更には西洋史研究一般）における「近代」とは異なるものとする。したがって、「近代国際法が規律対象とする近代主権国家間の関係」というような文脈では、国際法史独自の「近代」観念が用いられていることになる。しかし、本書が主たる考察対象とする神聖ローマ帝国内の歴史的記述に関しては、前述の「近世」及び「近代」の観念に従う。これは、本書執筆に際して参照・引用された文献の多くが、従来の「国際法史」研究の枠組の外にあるものであって、「近世」及び「近代」の区別が明確に意識されているものが多いため、それらの文献の内容をより正確に伝える必要があるとの判断による。これにより、前述の問題点は或る程度解消されるが、記述が若干混乱する恐れがある。本書の記述においては、可能な限りこのような混乱の生じないよう、注意が払われている。

(三) 「ウェストファリア神話」批判とその問題点

以上に見てきた国際法学及び国際関係論分野におけるウェストファリア条約を巡る「神話」に対して、筆者は、既に一九九〇年代前半に「[ウェストファリア条約の]内容は極めて多様な事柄を規律対象としており、単純な評価を許すものではな」く、「或る点についいては同条約以前の制度・実行を追認したのみとも評価されるし、その他の点についいては確かに通説的見解を確認するものと言える」として、通説的見解に異論を唱えていた[39]。また、同時期には、クラスナー(S. D. Krasner)も、国際関係論におけるウェストファリア条約に関する「伝統的見解」(the conventional view)に対して、それが誤りである旨の議論を展開していた[40]。

ところが近年(特に二〇〇〇年以降)、ウェストファリア神話に対する徹底した批判を展開する論考が登場している。例えば、ボーラック(S. Beaulac)は、二〇〇〇年に発表された論考「ウェストファリアの法的正統性——神話か現実か?」(The Westphalian Legal Orthodoxy – Myth or Reality?)の冒頭で「国際公法において、欧州における三十年戦争を終了させた一六四八年のウェストファリア条約が我々の国家システム(our state system)の発展におけるパラダイム・シフトを構成するとの通説(orthodoxy)よりも偉大な通説は存在しないであろう」と述べ、「[ウェストファリア講和会議が]固有の区分された政治体(distinct separate polities)が主権的、即ち、比較的明確に限定された領域に対して絶対的且つ排他的管理及び権能を享受すること、となった場であるとみなされている[41]」、或いは「[ウェストファリア条約は]それ以降国際法の中核に存在し続ける諸国家の主権的平等という原則に捧げられてきたと言われる[42]」として、「神話」の内容を紹介した上で、次のように論ずる。

「ウェストファリアの法的正統性は神話であるのか、或いは現実であるのか？　本稿の仮説は、圧倒的に受容された見解とは異なり、一六四八年は欧州における権威の多層的システムの最終章ではないというものである。そして、それはどちらかといえば、固有の区分された政治体が独立（それはウェストファリア講和の遥か後になってやっと達成されたものである）を通じてのより大きな力を求めた一例を構成するに過ぎないのである。[43]」

また、オヅィアンダー（A. Osiander）は、二〇〇一年に相次いで公刊した二つの論考において、主として国際関係論分野における「神話」問題について次のような議論を展開している。

その一つでオヅィアンダーは、近年の国際関係論研究者が「ウェストファリア神殿の柱は崩壊しつつあるのか」[44]、或いは「［我々は］ウェストファリアを超えつつあるのか」[45]といった問題提起を行っていることの前提にあるものは「大部分が想像上の過去」でしかないとし、「ウェストファリアに関する受容された国際関係論の言説（IR narrative）は神話であること」を示すという同論考の意図を明らかにしている。[46]そして、「神話」を巡る多様な観念を、主として一七世紀におけるそれらの観念の実態と照合させながら検討した後に、彼は次の諸点を指摘している。即ち、「現在理解されているような主権は一七世紀にまで遡るものではないこと、それにも拘らずその当時、自治的な活動主体（autonomous actors）間の関係は（現在の意味における）当該観念［即ち、主権］の発明を待たずしても完全に可能であったこと、したがって必ずしも覇権的支配や（その言葉の日常的な意味において）帝国へと導くことなくそれら活動主体の自治（autonomy）の程度は（部分的にはそれら自身の選択により）著しく相異なり得たこと、その結果として帝国と主権という二元論は誤りであること、一方で個々の活動主体の専制（autarchy）の程度は低く、他方で境界を越えた社会的連携の程度は高いことが、制度化された協力関係のより精巧な形態を産み出すであろうこと、そしてこのことは［ウェストファリア条約よりも］以前に生じたのであって、革命的な新しい現象ではないこと[47]」である。

この論考が言わば一六四八年の時点における欧州の国家像に焦点を当てた「神話」批判であるのに対して、オヴィアンダーのもう一つの論考は別の視点からの「神話」批判と解することができる。即ち、この論考は「旧体制期の欧州（*ancien régime* Europe）を二〇世紀からの視点からではなく、一四世紀の視点から検討する[48]」ものではあるが、それは中世から近世・近代への移行過程それ自体とそこにおける国家の在り方を論ずることによる「神話」批判となっているのである。

同論考の冒頭において彼は次のように「神話」の内容を提示する。「国際関係論において、中世から近世（the early modern period）への欧州文明の移行はまた俗界の単一の最高統治者（皇帝）というシステムから複数の最高統治者というシステムへの遷移でもあるということは、議論のないもののように思われる。このことは、三十年戦争はキリスト教世界に対する皇帝の宗主権（suzerainty）及び覇権という『中世的』観念と独立した『主権的』な諸国家により構成されるシステムという『近代的』観念との間の闘争であり、それは後者の勝利を正式に記す一六四八年の講和により終了するという普遍的な見解を、含意する。」その上で、彼は次のように断ずる。「ウェストファリア条約に関するこの解釈は真実からほど遠い。しかし、より一般的には、そのようなものとして承認されている皇帝の（実際の、乃至は少なくとも主張された）優越から複数の主権国家への移行という概念の総体は神話である。中世の諸皇帝は他者により保持された諸王国に対して何らの権力も行使しなかっただけでなく、そのような権利は何ら存在しないと主張されたのである[49]。」

以上の他にも、アイッフィンガー（A. Eyffinger）は、国際関係の歴史において「何らかの永続的結果を有した」会議としてウェストファリア・ヴィーン・ヴェルサイユ・（若干の留保を付しつつ）サンフランシスコの各会議を挙げた上で、「ウェストファリア＝システム」という観念が「過去二一・三世紀の間、大いなる神秘化と時代錯誤の主題であった」と指摘する。[50] また、「神話」に含まれる「主権」観念についての再検討を進めるソーレンセン(G. Sørensen)の論考や、[51] 同じく主権観念の政治思想史的側面における「神話」の影響を論ずるファゲルソン(D. Fagelson)の論考、[52] 更には、地政学的観点や国際政治経済学的観点からの歴史解釈を通じて「神話」を否定するテシィケの著作等も、[53]「神話」批判の流れの中に位置付けられる。[54](尚、『ウェストファリアの亡霊の除去』(*Exorcising the Ghost of Westphalia*)という題名により、一見「神話」批判を予測させる著作もあるが、著者の意図は兎も角として、同書は実際には「神話」に回帰している。[55])

以上に瞥見した「神話」批判は、批判の内容それ自体としては正当なものであるとは思われる。しかし、そこには次のような問題点も存在している。

第一に、それらの「神話」批判が、先行研究をどの程度咀嚼した上で提示されているのかという点での疑問が存在する。国際法(及び国際関係)の視点からウェストファリア条約を評価する場合に、国際法史(及び外交史)の先行研究を渉猟することが不可欠であることは言うまでもない。しかし、より正しい理解と評価のためには、同条約の内容の大半を占める神聖ローマ帝国国制に関する条項の可能な限り正確な理解及び解釈が必須であり、歴史研究者、とりわけドイツ国制史・法制史研究者による研究成果を参照することが必要となる。(そして、この点に関しては、現在に固有の次のような状況が考慮されねばならない。即ち、一九九八年がウェストファリア条約締結三五〇周年であったことから、その前後に同条約を巡る論考が多数公刊され、同条約の研究の深化と拡大は顕著となっており、[56] また、「三十年戦争」の評価も多様となっているのである。[57])ところが、前述の諸々の「神話」批判はドイツ国制史・法制史に関する先行研究(特に、独語で発表された研究[58])に対して殆ど考慮を払っていない。[59] また、国際法史研究者による専門的研究著作に対しても同様である。[60] 更に加えるならば、国際法史概説書であっても「神話」を受容していないものが存在しているが、[61] それらも参照されていないのである。[62]

第二に、それらの批判は、批判自体としては正当であるとしても、批判の後に当然問われるべき事柄、即ち、「神話」が何時発生し、それは何を原因としてのことなのか、についての考察を殆ど行っていない。[63]その結果、それらの批判は「神話」受容という現状に対する批判や「神話」の否定に止まり、そこから更に探求及び理解されるべき事柄が殆ど提示されないままなのである。

第三に、（第二の問題点に類似するが）「神話」の否定によって発生する別の疑問、即ち、「それでは近代国際法は何時発生したと考えるべきか」という点にも、「神話」批判論者は何らの考慮も払っていないことも指摘されるべきである。

(四)「ウェストファリア神話」の背景と「歴史実用主義」及び「歴史の道具化」

以上に瞥見してきた事柄は、次のように纏めることができる。一方で、国際法（及び国際関係論）分野においてウェストファリア神話が厳然として存在し、他方で、それに対する批判が近年展開されつつある。しかしながら、それら「神話」批判は隣接する学問領域におけるウェストファリア条約に関する研究成果を充分に勘案しているようには思われない。結局のところ、「神話」に与する論者も、また「神話」批判を展開する論者も、密接に関連する諸分野における先行研究の成果を視野に収めないままで議論を展開しているのである。（そこではまた、国際法史研究の論考が国際法研究者によってすら充分に参照されていないという状況も窺われる。）

このような現象が発生する背景には、現代における学問研究の高度の専門分化傾向が存在すると推測される。しかし、単なる専門分化だけに止まらず、歴史研究に固有の別の問題点も指摘可能である。即ち、国際法史（及び外交史）研究の隆盛傾向（それは、近年の国際法史専門雑誌[64]の創刊や新たな国際法史概説書の公刊により例示される。[65]）というかたちでの、所謂基礎分野の研究に対する関心の増大（それは一九八〇年代からの国際法学方法論に対する関心の高まりとも重なるものと思われる。）が、当該分野の研究総体の深化・拡大をもたらすという学問的には好ましいと思われる傾向を生み出す反面、歴史研究が個々の「研究者」の「歴史」及び「研究」に対する意識の在り方によって大幅に規定されるため、場合により史料批判や先行研究の検討も行われないままに執筆・公刊される「論文」さえもが登場することになるのである。（実際に、誰もが何らかの「歴史」観や「歴史」認識を有することから、専門研究としての歴史研究とそうではないものとの境界が非専門研究者からは識別困難な場合が多い。）

勿論、歴史研究を特別視することは、学問分野としての歴史研究にとって危険である。なぜならば、歴史研究を他の学問分野と区別して、特殊な地位に置くことは、歴史研究に新たに携わろうとする者を排除し、歴史研究自体の存在を危うくすることになるからである。そして、この矛盾の解消に一般的に役立つ外在的手段及び方法は存在せず、個々の歴史研究者の意識と自制心に期待することしかできない。

しかしながら、次の点だけは強調されねばならない。即ち、歴史研究それ自体と「歴史的事実」の安易な現代への準用（「歴史実用主義」）は厳密に区分されなければならないという点である。ここで「歴史実用主義」というのは、現在の国際法や国際的な諸制度に関連する諸観念を議論及び評価の前提とした上で、或る歴史的事象について論ずるという考察方法を指す。そこでは、現存するという事実によって何らかの点で有用と考えられる観念や制度の歴史のみが考察の対象とされる。それはまた、歴史を現存する観念や制度の説明のための道具とするという点で、「歴史の道具化」をも意味する。このような考察方法が内包する問題点を、ウェストファリア条約締結三〇〇周年に当たる一九四八年に公表されたグロス（L. Gross）の論文（「ウェストファリア条約：一六四八―一九四八年」）を例に採り説明を加えることとしたい。(66)

この論文においてグロスは、国際法や国際関係の歴史にとって重要と思われる同条約の諸条項を検討し、更に一六世紀から一八世紀の学説にも言及した後に、ウェストファリア条約が「キリスト教共同体の観念に対してリップ＝サーヴィスを行いながら」、「いかなる上位の権威をも認めない主権的な絶対主義国家の時代の到来を告げる」と述べている。(67) ここでは、グロスが、若干の留保を伴いつつも、「神話」を支持していることが理解される。しかし、より大きな問題点は、「国際共同体 (the family of nations) 構成員の圧倒的多数の国家による国連憲章への加入が、最初の偉大な全欧州的乃至世界的憲章であるウェストファリア講和条約をわれわれに想起させる」(68) という論文冒頭の一文である。即ち、ここでは、彼の問題意識が現在の国際法理論からのウェストファリア条約評価にあることが明白なのである。(69)

グロスの議論は、既に見たような「神話」の無批判な受容とは異なり、実際にウェストファリア条約の諸規定を参照し、それらを検討しているという点では、学問的評価に値するようにも思われる。しかしながら、この場合、現存する国際的制度とは一見して無関係であるとみなされた条項は考察対象とはされず、同条約の全体像の把握は不可能とされてしまう。そして、結果的には、同条約の内容に関する理解も歪められてしまう可能性が大きくなるのである。

それと同時に、グロス論文において問題となることは、現在から過去を探るという記述方法（それ自体は一つの歴史叙述方法として承認され得るが）が、安易に歴史学の現実的有用性を求めるという態度（これは歴史実用主義であり、その結果としての歴史の道具化となる）に根差していると思われることである。これは、現存する主権国家間の関係（及びそこから創出された諸制度）からの遡及的思考方法に限定されるという、現代の国際法（或いは国際関係論）の研究者が有する宿命的な限界であるとも考えられる。彼の意識は「（近代的）主権国家」及びそれらにより構成される「（欧州）近代国家系」の成立という点に集中され、その結果それらとは無関係であると先験的に判断された事柄は考察の対象外に放逐されてしまうのである。

このような発想に基づくならば、研究対象とされる事柄が「現在」の尺度によって限定されてしまうであろうし、また、歴史研究が現存する制度の正当化機能を営むこと（それは同時に、現存する制度に対する批判的契機を喪失すること）にも繋がるであろう。結局のところ、このような発想は歴史研究の存在意義を現在の有用性という尺度のもとで矮小化してしまうのである。(70)

以上のように「歴史実用主義」は歴史研究にとっての様々な危険性を内包しているのである。(71)

(五) 本書の目的と構成、そして方法とそれに伴う若干の問題点

本書は、以上に述べられてきたウェストファリア条約、そして国際法史研究を巡る問題状況の中で、（この「序論」(一)でも触れられたように）ウェストファリア神話を批判的に検討すると同時に、「神話批判」をも批判的に検討することを目的としている。（即ち、筆者の立場は、「神話」自体は批判されるべきものであるが、現在まで提起されている「神話」批判も、その目的自体は是認できるとしても、また批判されるべきであるというものである。）

そして、この目的達成のために、以下本書では、第一部でウェストファリア条約の全体像を提示し、また、第二部で一七世紀後半以降の神聖ローマ帝国や欧州国家間関係の実態やウェストファリア条約を巡る後継諸条約の内容、更には学説における同条約の取扱いの変化を跡付けることとする。

また、本書は「国際法史」の記述のための方法論に関する一つの試論でもある。そのために、国際法史研究にドイツ国制史・法制史研究の成果を採り入れ、それらを総合するという方法を採用している。(72) それは、主たる考察対象であるウェストファリア条約を巡る国際法史研究者による先行研究の成果が決して充分ではないという現状認識に基づくと同時に、より一般的には、しばしば英米系の研究者に多くを負いがちな国際法研究の現状に対する反省をも含む。更に、今後の国際法史研究において、隣接諸分野に属する先行研究の参照の重要性とそれらの分野の研究者との学問上の協力の必要性が存在することを示唆することも意図されている。

この隣接諸分野の先行研究の重要性は、ウェストファリア条約をはじめとする一七世紀前後の「近代国際法」の成立期の研究にとっては切実な問題である。その当時の欧州国家間関係において神聖ローマ帝国は依然として重要な役割を演じていたが、その国制は歴史的展開の中で極めて複雑な構造となっていた。しかも、同条約の諸条項の主要な規律対象が神聖ローマ帝国「内」の諸関係であるという事実からも容易に理解されるように、当時の欧州国家間関係の実相に迫るためには、帝国国制史についての理解が不可欠である。当時の条約関係（少なくとも、ウェストファリア条約が設定する諸関係）は近代的な主権国家を単位として理解することは不可能であり、「神話」が語るような、「帝国等族」（領邦）を単位とする「近代国際社会」の成立過程の原点として同条約を位置付けることは、帝国国制の複雑さを捨象した、乱暴なまでに単純な理解であると言わざるを得ないのである。

しかしながら、このような考察方法を採用することの結果として、専門研究として大きな問題が発生することが予測される。その問題としては、先ず、国際法史研究者が複雑極まりないドイツ国制史[73]（それは帝国全体に関わる諸々の制度及び問題の研究から、個別の領邦や都市の制度史研究等々にまで分化している）における厖大な先行研究をどこまで咀嚼できるかは大きな疑問であり、個々の事実の解釈や制度の理解等について、帝国国制史や都市史等の各専門分野の研究者にとって、余りに単純或いは奇異なものとして感じられる可能性が存在することが挙げられる。[74]また、このような方法は必然的に国際法史研究の対象を拡大することとなり、研究対象である「国際法史」の範囲が不明確なものとなってしまう可能性があることも問題となり得る。更に、この問題は「国際法史研究とは何か」という問い掛けを生み出すことになる。

以上の他にも、本書で試みられる考察方法には多くの問題点や困難が伴うことが予想される。特に、ドイツ人以外の（或いは非ドイツ語話者である）研究者にとって、（ドイツ語以外の言語で研究を発表しようとする場合の）訳語を巡る問題が帝国国制やウェストファリア条約の研究をより一層困難なものとする。即ち、帝国国制の複雑さに応じて創出されたドイツ語（或いはラテン語）の術語に対応する適切な言葉を他言語が有さない場合、当該他言語中の（完全な対応関係にはない）言葉に置換する際に、原語（ドイツ語・ラテン語）が有した特異な意味内容が改変或いは捨象されてしまうことによって、本来の意味とは異なる理解が流布する危険が存在するのである。勿論、このような現象は翻訳一般に伴う危険ではある。しかし、国際法史研究の主たる研究対象である近代国際法の発展過程において、まさに鍵概念となる「主権」や「国家」という概念が、訳語の選択による概念の改変の好例になってしまうという点で、この問題は国際法史研究、とりわけウェストファリア条約研究にとって死活的な意味を有することになるのである。

例えば、「主権」について（詳細は本論に譲るが[75]）若干説明を加えるならば、次の通りである。一七世紀ドイツ地域における諸領邦は（帝国国制史研究において通常用いられるドイツ語である）„Landeshoheit" を有した。そして、ウェストファリア条約中ではこの語に対応するラテン語として *"ius superioritatis"* やそれに類似する語が使用されている。この語は日本のドイツ国制史研究においては「領邦高権」や「領邦権力」と訳されるか、そのまま「ランデスホーハイト」と記述されるのが通常であるように思われる[76]。そして、このランデスホーハイトは主権が有する最高性・絶対性の観念を包摂せず、飽くまでも帝国国制内部の権限なのであって、主権とは異なるものである[77]。しかし、国際法史や外交史の研究ではこれが頻繁に「主権」とされている。このような事態の発生には、同条約以降の領邦権力を「主権的」であるとする「神話」の力が与っているものと推測されるのである。

同様の事柄は、「神話」において「主権国家」となったとされるドイツ内の諸領邦を指す語として使用される「帝国等族」(*status Imperii*) にも妥当する。この語も帝国国制の複雑さの中で、使用される場面に応じて訳し分けられなければ、誤解を招きやすいものとなるのである[78]。

以上のような、方法論上や訳語選択上等の様々な問題点が意識されつつ、本書の議論は展開される。本書における著者の試みが、ウェストファリア条約それ自体についての我々の理解をより正確なものとし、更に、近代国家や近代国家系の形成過程、そして近代国際法の形成過程の解明に資するものとなることを願っている。

（1）「ウェストファリア条約」の範囲については、IPO及びIPMに加えて、一六四八年一月三〇日の西蘭間条約（「ミュンスター条約」）(CTS, I, 1–118.) を含むとする見解もある。（一例として、次の文献を見よ。Repgen (1998, c), 615–618.）しかし、本書では、ミュンスター条約は基本的に考察の対象外とし、必要と考えられる範囲でのみ言及することとする。

（2）尚、ウェストファリア神話を巡る諸問題としては、政治史的観点からの検討（同神話が現実政治に及ぼした影響）も、歴史学的研究に価する。例えば、シリンクは、彼の論考において同神話に言及し、その否定的側面として、ヒトラー (A. Hitler) が一九三九年に或る意見書の中で「ウェストファリア条約以来のフランスの敵意に満ちた態度」の最終的排除を戦争目的とすることを論じたこと、またそこではナチズム的解釈において第二次大戦が三十年戦争に類似した「世界観を巡る闘争」(Weltanschauungskampf) であるとされたことを指摘している (Schilling (1998), 24.) が、このような事例が同神話を巡る問題として考察対象となり得ると思われるのである。しかしながら、こうした問題は本書における考察の射程外とせざるを得ない。

（3）〈神話〉には、超自然的存在や英雄による或る世界・社会の原初的創造行為・出来事の象徴的説話という（この言葉本来の）意味から、根拠なく絶対視される事柄という（比喩的な）意味まで多様な意味を含む。本書では比喩的な意味で用いられているが、国際社会や国際法の原初的創造行為という意味でも理解可能である点で、本来の意味にも近い。尚、〈神話〉の多様な意味について、一例として次の文献を見よ。Levin (1968), 103–114. また、次の文献は、〈神話〉を「神聖な神話」(sacred myth) と「政治的神話」(political myth) に区分して議論を展開している。Flood (1996), *passim*, esp. 27–44.

（4）したがって、本書における「神話」とは、「通説」とは異なるものである。即ち、「通説」とされる見解は、当該分野における多数の研究者によって共有されてはいるものの、後発学説による批判を通じて、常にその妥当性の（再）検証を受け続ける点において異なるからである。

（5）これは「物象化」(reification) についてのカーティによる定義を援用した表現である。Carty (1991), 67, n.1.

（６） Akehurst (Malanczuk) (1997), 11. アクハーストの概説書における国際法史に関する記述は、アクハースト自身が執筆した一九七〇年の初版から一九八七年の第六版までは極めて簡潔であり、しかも学説史的側面に重きが置かれており、ウェストファリア条約への言及は見られない。それに対して、改訂者 (Malanczuk) は国際法史に関する記述を大幅に増補しており、この引用部分も改訂者によるものである。

（７） Carreau (1999), 16–17.

（８） Nguyen Quoc Dinh (2002), 51.

（９） Nguyen Quoc Dinh (2002), 52.

（10） Cassese (2005), 24.

（11） Bleckmann (2001), 26.

（12） Falk (1998), 4. 但し、フォークは、この箇所では、このような理解について、過剰な一般化であり単純化であるとの留保を付している。

（13） そして、フォークはそのような認識を前提とする議論を展開する。例えば、次の箇所を見よ。Falk (1998), 14, 23 *et* 35. 尚、フォークのこのような認識は一貫したものと言える。例えば、一九七五年に発表された論文では、ウェストファリア条約以来支配的であった国際秩序の重大な変化を我々は現在経験しつつあるとの前提で議論を展開している。（フォークはこの変化の中に二つ主要な特徴、即ち、「集権的指導の増大」(increased central guidance) と「非領域的活動主体の役割の増大」(increased roles for non-territorial actors) を見ている。Falk (1975), 969.）

ところで、ブルはこのフォークの議論を批判している (Bull (2002), 266.) が、それは飽くまでもウェストファリア神話を前提としたものである。ここにも「神話」の影響の大きさが窺われる。

（14） 但し、*CTS* 第一巻冒頭には西・蘭間のミュンスター条約が置かれている。これは同条約をもウェストファリア条約に含むという理解の表れとも言えよう。この点については前註（１）を見よ。

（15） 例えば、ショウの概説書においては、国際法における実証主義が「一六四八年のウェストファリア条約後の近代国民国家系 (the modern nation-state system) が登場したのに伴って」発展した (Shaw (2003), 25.)、或いは「[同条約以後の] 実証主義と欧州の勢力均衡の決定的確立により」正戦観念が消滅した (Shaw (2003), 1015.) とされている。ここでは、「神話」を前提として、更にそれが実証主義国際法学や正戦論の消滅と関連付けられている。また、ドイツの複数の国際法学者によって執筆された概説書においても、「神話」が受容されると同時に、同条約を条約の高まりつつある重要性の象徴 (Symbol) としている。Vitzthum (2001), 56.

(16) Nussbaum (1958), 115–117.

(17) Nussbaum (1958), 115.

(18) Truyol y Serra (1995), 66.

(19) Grewe (1984), 323–498.

(20) 但し、後述するように、他にも「神話」に同調しない国際法史概説書が存在している。本書「序論」註（61）を見よ。

(21) Preiser (1984), 132–160.

(22) Verosta (1984), 160–179.

(23) 例えば、プライザーは「ウェストファリア条約がそれ以前の事柄の結末及び総括を意味するのか、それとも何か新しいものの始まりを意味するのかについて論争がなされ得る」のであり「両者共にそれなりの議論を主張する」ことを認めている。(Preiser (1984), 156.) また、ヴェロスタは、「神聖ローマ帝国の構成員」が「主権に匹敵する地位 (a status approaching sovereignty) に達した」としている。(Verosta (1984), 161.)

(24) ウェストファリア神話は、ウェストファリア講和会議に関する神話をも産み出す。例えば、フェンウィックは、「オスナブリュック及びミュンスターにおける交渉は、それ以降の国際社会の法と国際社会構成員の政治的関係を決定することとなった諸々の偉大な会議の最初のものである」(Fenwick (1965), 14.) とする。また、「グロティウスは国際法の父と称され、ウェストファリア条約は国際法社会の基礎と称されてきた」(Butler et Maccoby (1928), 100–101.) とするように、ウェストファリア神話とグロティウスを並列させる見解もある。

(25) Morgenthau (1949), 210. モーゲンソーのこの著作はその後版を重ねるが、ウェストファリア条約に関する見解は維持されている。例えば、第三版 (New York, 1963) の三一二頁を見よ。

(26) Knutsen (1997), 91–92. クヌッツェンは更に次のように続けて、国際法の実定法化現象までも説明している。「ウェストファリア条約は、諸国家の上にある国際法という見解から諸国家間の法への決定的な変移を刻印している。発想において神的なものという国際法の見方は、国際法が慣習又は条約、即ち、国家間関係を容易にするために国家自身により創出され規定される行為規範、の法典化された集合体であるとの主張によって置き換えられたのである。」

(27) G. Poggi (1978), 89. ポッジはこれに続いて、後述するグロスの論文 (Gross (1948)) を引用する。

(28) 若干の例として、次の文献を挙げておく。Armstrong (1993), *passim*, esp. 12–41: Blin (2006), *passim*: Jackson (1999), *passim*, esp. 438–441: Philpott (1997), *passim*, esp. 28–34: Rosenberg (1994), 138. 特に、Armstrong (1993) は「ウェストファリア的概念」(the Westphalian Conception) について詳細な記述を行っているが、それらも「神話」を肯定する内容となっている。

(29) Cutler (2001), 133.

(30) Lyons et Mastanduno (1995), 5.

(31) Lyons et Mastanduno (1995), 62.

(32) 更に、次の箇所を見よ。Lyons et Mastanduno (1995), 9, 15, 25, 30, 62, 83, 97, 235–236, 240, 250, 256–257, 264 *et* 268–269.

(33) 別の主権理論に関する著作は、「ウェストファリア会議は主権国家からなる欧州のシステムの確立を助長した」とやや控え目な表現を用いてはいるものの、条約締結や領土保全の尊重等「国際法の若干の初期の規則に関する限り、それらの主権国家は自己をその地域的な同等者 (its regional peers) と平等であるとみなした」として、「神話」を無批判に受容している。Fowler et Bunck (1995), 65.

(34) このグロティウスとウェストファリア条約を原点とする近代国際法史の叙述の典型例として、次のものを挙げておく。Hershey (1912, a), 30–69. この論考の表題は「ウェストファリア条約以降の国際法史」とされているが、その内容は「国際法学の創設者としてのグロティウス」に関する議論から開始されている。

(35) 「近代主権国家」の定義が困難を伴うことは言うまでもない。現在の国際法概説書においては、「国家」の定義のために「国の権利及び義務に関する条約」(モンテヴィデオ条約) 第一条の援用が一般的に行われている。しかし、特定の条約に含まれる規定を国家の定義として援用すること自体の正当性は説明されなければならない。また、法的な定義が近代国家の本質を反映し得るのかという点にも注意が向けられるべきであろう。本書では、国家に関するより本質的理解に役立つと思われる次のような定義を用いる。即ち、「近代国家」とは「対内的」及び「対外的」に自らの意思を最高のものとする（即ち、「主権」を有する）「領域的存在」である。

本書におけるこの近代国家の定義は、「主権」と「領域性」を重視したものである。近代（近世）国家の属性として主権を有することが最重要であり、またそれが近代国際法理論を支えてきた。本書では更に、領域性が重視されている。それは、近代以前の国家（中世国家）の形態との相異を強調するためである。即ち、歴史学においては、例えば、マイヤーがドイツの中世国家と近代国家の理念型的把握のために「人的結合国家」(Personenverbandstaat) と「（制度的）領域国家」(institutioneller Flächenstaat) という観念を用いている (Mayer (1938/39), 457–487.) ように、近代国家の本質的理解のためには領域性が重要であると考えられているものと理解され、本書でもこのような立場に立つことが意図されているのである。（尚、ドイツにおける中世国家から近代国家への移行に関する諸理論については、成瀬 (1988)、二八二–三一七頁を参照した。）

(36) このような認識を示すものの一例として、成瀬 (1969)、二七–一〇五頁を見よ。また、次の文献は、一五世紀イタリア半島における主要五勢力（ミラノ・ヴェネツィア・フィレンツェ・シシリー（実際にはナポリ）及びローマ教皇領）の間に存在した勢力均衡を伴う政治システムを論じている。Fubini (2000), 111–121.

(37) その一例として、次の文献を見よ。Durand (1999), 223.

(38) 歴史学一般における「近代」と国際法学における「近代」の相異は、ウェストファリア条約の評価にも影響を及ぼす。例えば、伊藤によれば、ドイツ史学において伝統的に同条約は「ドイツの国家統一を遅らせた、いわば反近代的な要素と考えられてきた」のに対して国際法学では同条約は近代国際法の始まりとされるのである。伊藤 (2005)、一四–一五頁。

(39) 明石 (1992–1995)、㈥、二七頁。

(40) Krasner (1993), 235–264. 特に、本「序論」㈣でも挙げられているグロスのウェストファリア評価に対して明白に誤りであるとしている。Krasner (1993), 264. 但し、クラスナーが参照している文献から見る限り、本書が意図するような（とりわけ、ドイツにおける）歴史研究の成果をも踏まえるという視点は全く欠如しているものと判断される。

(41) Beaulac (2000), 148.

（42）Beaulac (2000), 149.

（43）Beaulac (2000), 150–151. 尚、ボーラックは後にBeaulac (2004) を公刊している（その第五章はBeaulac (2000) に基づいている）が、同書においても本文の主張は維持されている。Beaulac (2004), 67–70.

（44）*Zacher* (1992), *passim*.

（45）Lyons et Mastanduno (1995), *passim*.

（46）Osiander (2001, a), 251.

（47）Osiander (2001, a), 284.

（48）Osiander (2001, b), 121.

（49）Osiander (2001, b), 119. また、オヅィアンダーはこの論考の結論部分において、旧体制期においてすら存在した支配権力とそれに支配される社会の「ずれ」（或いは「差異」）を次のように指摘している。「[旧体制の支配者たちは] 仮に、彼等が主権者と呼ばれたとしても、社会を創出するとは見られなかった。社会は支配者から独立して存在した。社会は、たとえ支配者が実効性を有しない（或いはそれよりも悪い）としても、存在した。実際に、社会はその主人ゆえに存続するのではなく、主人に関わることなく存続すると、中世の人々はしばしば感じたに相異ない。社会は支配者の権力から独立して存在したために、社会は支配者の支配地の限界をもって終了するのではなかった。社会は何れかの者の権力の限界によって限定されるのではなく、共通した文化と信仰の体系によって規定されたのである。」Osiander (2001, b), 144. 但し、以上のようなオヅィアンダーの解釈に対しては、（ブルクハルト (J. Burkhardt) が唱えるような）近世における諸国家体系の形成過程においてその形成主体は個々の権力集団（帝国においては領邦）のみならず、普遍的な諸権力（帝国においては皇帝）でもあったのであり、「皇帝」の称号が欧州において超国家的な上位観念の象徴であり、全欧州的支配の正当化原理として機能したとする「普遍主義」(Universalismus) の立場から批判されよう。帝国及び帝位が有した「普遍主義」的価値については、次の文献を見よ。Burkhardt (1997), 515–538: 伊藤 (2005)、二四–二七頁。

（50）Eyffinger (1998), 161–164. これにより、アイッフィンガーは「神話」批判へと向かうかに思われるが、実際には「ウェストファリア条約以前と以後」という区分及び発想のもとで議論が展開され（特に、次の箇所を見よ。Eyffinger (1998), 173–177.）、同条約の重要性を肯定しているものと思われる。但し、中世の「キリスト教共同体」(*Respublica Christiana*) から一六四八年以後までの長い歴史的経緯を彼が考慮している点は、評価されるべきである。

(51) ソーレンセンは次のように述べている。「世界は特定の時点で一夜にして変化したのではない。古いシステムの諸要素は長期にわたり存続した。一六四八年のある日から次の日に重要な変化があったのではない。」(Sørensen (1999), 591.) これは至極常識的な見解ではある。しかし、それでもなお歴史研究者は、或る条約が世に存在するようになったことの背景や意義を考察するのである。

(52) ファゲルソンは、「ウェストファリア条約における主権の淵源を彼ら［自由主義者］の多くが寛容と結び付ける」ことに疑問を呈し、次のように述べている。「［ウェストファリア］条約の署名者の中で他者を抑圧しようという熱望や他者に対する憎悪を放棄した者は殆どいない。講和は、暫定協定 (*modus vivendi*) を仕上げようと躍起になった交戦当事者の消耗の結果であったのであって、何らかのロック的啓示 (Lockean epiphany) によるものではないように思われる。」Fagelson (2001), 500.

(53) Teschke (2003). このテシィケの著作は、経済史の研究結果をも採り入れながら、国際関係論の立場から「神話」を否定する優れた研究であるが、(本書が重視する) 神聖ローマ帝国国制史や国際法史に関する記述は僅かである。

(54) 以上の他、Malettke (1999) は、一六四八年から一八世紀後半までの諸条約におけるウェストファリア条約の地位を巡る問題と同条約の基本原理、「欧州秩序」の存否等も論じようとしている。この論文は徹底した「神話」批判ではないが、「神話」の再検討を行おうとする問題意識は評価されるであろう。

(55) 特に、同書における国家主権や国家平等に関する解釈を見よ。Kegley et Raymond (2002), 131–132.

(56) ドゥフハルトは、ウェストファリア条約締結二五〇周年及び三〇〇周年の際と比較しつつ、三五〇周年を巡る学問的成果の豊穣さを指摘している。彼によれば、二五〇周年の際にはドイツで記念論文集が一編公刊され、また三〇〇周年の際には同じくドイツで三編が公刊されたのみであったのに対して、三五〇周年となる一九九八年の前後には欧州各地で多様な研究集会が開催され、同時に多くの学術的成果が生み出されたのである。Duchhardt (2000), 15–20.

実際に近年は、伝統的にウェストファリア条約を主要な研究対象の一つとしてきたドイツ国制史研究の枠内での取り組みの他に、同条約とドイツ以外の諸地域・国家との関係、同条約と政治思想（史）との関係等々についても研究が進められている。

それらについて若干紹介するならば、次の通りである。先ず、同条約とドイツ以外の諸地域・国家の関係を扱う論考としては、同条約の主要当事国であるフランスの講和会議への対応を詳細に論ずるティッシャーの著作（Tischer (1999).）や仏使節団の活動について検討するソニーノの論文（Sonnino (1998), 217–233. 尚、この論文が掲載された『歴史雑誌』(*Historische Zeitschrift*) 特別号に登場する諸論文も見よ。）、同じくスウェーデンの講和交渉について論ずるルントクヴィストの論文（Lundkvist (1998), 349–359.）、更にはオランダにとっての同条約の意義を問うルーロフセン (C. G. Roelofsen) の論文 (Roelofsen (1998), 175–188.) 等が挙げられる。更に、これらウェストファリア条約の主要当事国のみならず、それら以外の諸国・地域と同条約（或いは三十年戦争）との関係を論ずるものも多い。（例えば、英国に関して Giry-Deloison (2000), 401–410、ポーランドに関して Serwanski (2000), 135–145 を見よ。）また、ウェストファリア条約と政治思想（史）の関係を主題とする論考としては、同条約に対するグロティウスの思想的影響を論ずるホルツハオアーの論考 (Holzhauer (1999), 133–137.) やヒューグリンのアルトジウスの思想からのウェストファリア条約評価を試みた論考 (Hüglin (1998), 153–173.) がある。また、ルーロフセンのグロティウスと一七世紀国際関係との関連を論ずる論考 (Roelofsen (1997), 97–120.) もここで挙げられるべきである。

（57） 三十年戦争の評価を巡る近年の成果としては、近世の国家形成戦争として三十年戦争の再解釈を試みるブルクハルトの論考が代表例として挙げられる。（Burkhardt (1994), 487–499.（この文献については、第一部第四章「まとめ」でも触れられる。）また、次の文献も見よ。Burkhardt (1998), 592–612.）また、「三十年戦争は概ね擬制的観念であるが、それでもそれは不滅の神話となってしまった」という評価のもとで「三十年戦争」という観念自体を批判し、ハプスブルク家とフランス王家（ヴァロア家とその後継者たるブルボン家）の間の闘争の歴史（それは、一五世紀末から一八世紀初頭まで継続したものと解される）の一部として三十年戦争を捉え直すサザーランドの論考 (Sutherland (1992), 587–625, esp. 587.) や、「同時代人たちと同様、現代の歴史家も三十年戦争の原因と主要問題を巡り意見の一致を見ることがなかった」ことを認めつつも、サザーランドによる解釈に否定的な立場をとるアッシュの著書 (Asch (1997), esp. 1–2.) 等もこれに該当する。また、「三十年戦争」の名称問題に関しては、次の文献が有用である。Repgen (1982), 59–70: Repgen (1988), 1–84.

（58） 前述のファゲルソンの論考においては、その註を見る限り独語文献は全く参照されていない。ボーラックの論考において明示されている独語参照文献は、三十年戦争期のドイツの人口動態に関する研究である Franz (1961) のみである。勿論、オヴィアンダーは独語話者であり、独語文献もある程度参照されている。但し、彼の論考においても国際法史分野の先行研究への言及は見られない。

(59) 例えば、一九九九年の論考においてドゥフハルトは、政治学及び国際法学において使用されてきた「ウェストファリア＝システム」概念の不明確性を指摘しつつ（その中で彼は、本書でも採り上げる著作 (Gross (1948): Fowler et Bunck (1995)) にも触れ、次の点を指摘している。「主として英語圏の社会科学者は（明らかに用心深く定式化されているが）グロスの想定を確認している。即ち『ウェストファリア会議は主権国家からなる欧州のシステムを確立することを助けた』のである。」(Duchhardt (1999), 307.)）、次のような議論を展開している。先ず、彼は「国家形成過程について或る一点に焦点を当てること、そして最初の国家主権への転換を一七世紀中葉に置くこと、これらのことが最近何十年間かの恐らく殆ど全ての研究動向に矛盾する」として、「神話」を否定する内容を有する論考が既に多数存在することを示している。そして、ウェストファリア条約が近代主権国家への道を拓くというような理解に対して「この想定の傾向に誰も反対はしないだろうが、しかし、ここでも次のことは妥当しなければならない」とした上で、次のように断言する。「一六四八年に焦点を当てることは不適当である。」(Duchhardt (1999), 308–309.) 但し、ドゥフハルトは、「一六四八年」自体の重要性については否定しない。(Duchhardt (1999), 309–310.)（尚、ドゥフハルトのウェストファリア条約評価については、次の文献も見よ。Duchhardt (2004), 45–58.）

(60) ウェストファリア条約研究の近年の動向については、伊藤 (2005)、一–三二頁及び明石 (2002) を見よ。ここでは、特に参照されるべきものとして、ルサフェールの研究を紹介したい。彼は、先ず一九九七年の論考で、ウェストファリア条約を講和・基本法・宗教といった三つの側面における解決として肯定的に評価 (Lesaffer (1997), 71.) しつつも、「近代国際法に対する同条約の寄与は、実際にはそれ以後のドイツの基本法上及び宗教上の解決の欧州化、そして条約という三重の或いは混成的という極めて特異な性格に帰され得るのか、それとも逆に同条約は国際法の発達に影響を及ぼした国際関係に直接的に関わる新たなそして重要な革新的要素を含んだのか」(Lesaffer (1997), 76.) という疑問を提示している。そして、彼は、欧州に部分的とはいえ決定的な政治的解決をもたらしたとする見解を支持する (Lesaffer (1997), 74.) ものの、このような見解は「同条約のドイツの講和上・基本法上・宗教上の側面に関する限りにおいて妥当することであって、国際的講和に関してはそうではない」とする。その上で、同条約を「欧州の基本法」とみなすことを可能とするような要素は極めて僅かであるとし、同条約に与えられてきた伝統的評価（即ち、「神話」）は後世の学説によって産み出されたものであるとの結論が提示されている。(Lesaffer (1997), 94.) そして、一九九八年にルーヴァン＝カトリック大学に提出された彼の博士学位請求論文『講和条約及び同盟条約における古典的欧州国家系の法史的発展（一四五三―一七六三年）と最近の発展（一九四五―一九九六年）』は、一四五三年から一七六三年までの約四五〇の、そして一九四四年以降の約八〇の停戦・講和・同盟に関する条約を検討対象としているが、同論文の特色の一つはそこで採用された時代区分にある。即ち、同論文は三部構成とされ、その第一部は一四五三年から一六一〇年まで、第二部は一六一〇年から一七六三年まで、そして第三部が一九四五年以降とされているが、第一期と第二期の区分の根拠は次のようなものである。先ず、一四五三年から五五年の時期には、国際政治における三つの極めて重要な出来事、即ち、英仏間の「百年戦争」の終結、トルコによるコンスタンティノープル占領、ヴェネチア同盟条約の締結が生じている。(Lesaffer (1998), 2.) ルサフェールはそこから一六一〇年までの期間が「キリスト教共同体 (*respublica christiana*) から主権的諸国家により構成される欧州共同体 (Europese gemeenschap) への長期にわたる移行期間における重要な局面を形成する」(Lesaffer (1998), 42.) としている。そして、仏王アンリ四世の死とルイ一三世の即位に始まる一六一〇年から英仏間の「七年戦争」を終結させたパリ条約締結の年である一七六三年までは「欧州公法 (*ius publicum Europaeum*) の拡張期」とされる。(Lesaffer (1998), 208–366.) つまり、ルサフェールは時代区分の中でウェストファリア条約に対して、全く特別な価値を与えていないのである。（尚、ルサフェールは同様の思考のもとで、ウェストファリア条約以前の講和条約の検討の重要性も、次の文献において強調している。Lesaffer (2004), 9–44.)

(61) オランダの複数の歴史研究者によって公刊された『国際法史要論』は「神話」とは明確に異なる視点から編まれている。即ち、その「序論」においてルーロフセンは、同書で採用された時代区分が「特に、一六四八年に何らかの基本的な境界が設定されないことを理由として、通常のものから乖離している」ことを明言しているのである。（そして、同条約を欧州国際法の基礎とする見解が不適切であることの理由の一つとして、歴史記述においては通常一七一三年までの「初期近代（近世）」全体が一つの時期として扱われていることが挙げられている。）(Roelofsen (1991, a), 3–4.) 同様に、イタリアで公刊された国際法史概説書においても新大陸の「発見」からナポレオン戦争までが一章に纏められ (Focarelli (2002), 41–86.)、その中でウェストファリア条約に関する記述は一頁にも満たず、また同条約以降の帝国諸邦について「準主権的」(quasi sovrani) という若干慎重な表現が用いられている（同時に、宗教問題に重点が置かれている）(Focarelli (2002),42.) ことから、「神話」とは距離が置かれているようにも思われる。また、ツィークラーは、彼の国際法史概説書において「ウェストファリア条約は幾つもの規定において或る程度欧州公法の基本法であった」（Ziegler, K.-H. (2007), 146. 尚、この箇所は Ziegler, K.-H. (1994), 181 でも同文である。）という慎重な言い回しを用いて、「神話」とは一定の距離を保っている。

(62) 但し、ドイツ史研究者の全てが「神話」を克服していると筆者（明石）は主張するものではない。「神話」に満ちた論考の例として、次の文献を挙げておく。Kroh (2000), 11–26: Pieper (2000), 27–47.

(63) この点については、第二部第四章「はじめに」で論じられる。

(64) 二〇〇〇年に『国際法史雑誌』*(Journal of the History of International Law/ Revue d'histoire du droit international)* が創刊されている。

(65) 一九九〇年代初頭の国際法史研究への関心の高まりについて、次の文献を見よ。Roelofsen (1993/94), 52–58. また、二〇〇〇年以降次のような新たな国際法史概説書や従来の類書の翻訳版や改訂版の公刊が相次いでいる。Grewe (Byers) (2000)（Grewe (1984) の英訳版）: Focarelli (2002): Gaurier (2005): Ziegler, K.-H. (2007)（Ziegler, K.-H. (1994) の改訂版）.

(66) オヅィアンダーは、第二部第四章「はじめに」で触れられるように、このグロス論文に対して否定的評価を下している。また、ボーラックも、この論文の一部分を引用（「ウェストファリアはよかれあしかれ一時代の終末と他の時代の幕開けを刻する。それは古い世界から新しい世界の壮麗な入り口を象徴する。」Gross (1948), 28.）しつつ、批判的に論じている。Beaulac (2004), 68.

(67) Gross (1948), 39.

(68) Gross (1948), 20.

(69) グロスは、ブライス (J.Bryce) の「(ウェストファリア条約が) 既存の事柄の状況を合法化しただけに過ぎないが、それらは合法化されることによって新たな重要性を獲得した」という評言を引いている。（Gross (1948), 34. 尚、グロスはブライスの著書の一八八六年版（三七二頁）を引用しているが、本書で参照したのは一九二五年版 (Bryce (1925), 385.) である。両版の間でこの点に関する見解の変更はない。）このためグロスも同条約以前の歴史に対する一定の認識を有していたようにも思われるが、実際の彼自身の記述にはそのような認識は全く反映されていない。

(70) また、「神話」に依拠した場合、ウェストファリア条約が締結された「一六四八年」を決定的時期として扱い、その前後の歴史的経緯から同条約を切り離してしまいがちであることにも注意を向けねばならない。

(71) 同様の問題点は国際関係論における研究書においても看取できる。ホルスティは「神話」に依拠することなく、類書と比較してかなり詳細にウェストファリア条約を論じた上で、「[同条約が] 新たな外交的解決や……[中略]……諸国家により、諸国家のために創設された秩序……[中略]……を象徴したのであり、階層秩序(その頂点には教皇と神聖ローマ皇帝が存在した)の法的痕跡の殆どを置き換えた」(Holsti (1991), 28) としつつも、ウェストファリア=システムが新たな実効的国際秩序としては「不完全」であると結論付けている。(Holsti (1991), 24–42.) ここで注意されるべきことは、その結論は現代の国際関係理論に立脚している点である。即ち、飽くまでも現代国際社会において必要とされる基準(統治システム・武力行使に対する一般的制約・紛争解決のための手続及び組織等々)を充分に満たしていないゆえに、不完全であるとされているのである。皇帝権力や帝国秩序の衰退を指摘することはともかくとしても、普遍的秩序を喪失したばかりの三五〇年以上も過去の「国際システム」が現在のシステムと異なること(それは、通常「不完全であること」を意味しよう。しかし、現在も、そして予見し得る将来においても「完全な」国際システムは実現しないであろう。)は彼の指摘を待つまでもないことであり、彼の結論にどれほどの意味があるのであろうか。尚、ホルスティの後の著作における、ナポレオン戦争の目的が「ウェストファリア条約の諸原則からの著しい逸脱」であるとする評価の基底にある同条約の評価は「神話」の受容に退行しているようにも思われる。Holsti (1996), 3–4 を見よ。

(72) このような国際法史研究とドイツ国制史・法制史研究の「総合」を含む、ウェストファリア条約研究の方法論上の近年の傾向については、明石 (2002)、二九–五五頁を見よ。

(73) 例えば、ガリアルドは次のように記している。「神聖ローマ帝国に関する現代の学徒が負わねばならない負担の中で、その領域的構成と正式な国制の人を当惑させる複雑さよりも耐え難く且つ挫折に導くものは他にはない。」(Gagliardo (1991), 3.) また、フリートリヒスは、ドイツ都市の騒乱が有する「一七世紀危機」との関連についての考究の欠落について論ずる中で次のように述べている。「神聖ローマ帝国の国制の複雑さ (the constitutional complexities) が、帝国内の対立を [一七世紀の] 一般的危機の顕現であると解釈するための努力を挫いてきたように思われる。」(Friedrichs (1982), 28.) 同様のことは三十年戦争にも妥当する。この点に関しては、次の文献を見よ。Haan (1981), 95, n.20.

(74) 例えば、本書では領邦君主と領邦等族との関係を巡る諸問題については扱い得ない。一般的に言えば、領邦の近代国家化の過程の解明という問題において、領邦君主と領邦等族の関係の推移は重要な意味を有するし、本書の文脈の中にあっても、帝国等族が領邦内部で「対内的」な支配権力を確立する過程において、その客体として領邦等族を扱うことは可能である。この問題に関しては、次の文献を見よ。Reinicke (1975), 4–13: 成瀬 (1988)、一七七頁以下。また、次の文献は領邦議会における領邦君主と領邦等族の関係を個別ラント毎に論じている。Carsten (1959).

(75) 第一部第三章第三節㈢を見よ。

(76) 主権概念の歴史的分析については、次の文献を見よ。Hinsley (1986).

(77) 非ドイツ語文献としては、Gagliardo (1980), 4–5 においてランデスホーハイトの観念が、簡略にではあるが、正確に説明されているものと判断される。

(78) この語の説明のためには、先ず、「等族」（又は「身分」或いは「諸身分」：*status*, Stände）について説明を加えなければならない。通常の学術用語として用いられる「身分 (*status*)」とは、社会＝経済史的概念としての「階級」に対し、法制上の判断基準によって区分される特定の社会層（貴族・市民・農民等）を意味する。しかしドイツ帝国の国制史における“*status*”とは、それよりも限定されたものであり、一三・一四世紀頃から、欧州諸地域に君侯権力による領国支配が形成・強化されてゆく過程で、一領国内部の局地的支配権の所有者、即ち、君侯の直轄領に属さない諸々の領主（聖職者及び俗人貴族のグルントヘルや自治都市）が、君侯に承認された「特権」の共通性に基づいて、それぞれの「身分」に組織されたものを指す。したがって、“*status*”の直訳としては、「身分」或いは複数形としての「諸身分」が考えられることになるが、本書ではドイツ史学上の独特の意味を有するものとして「等族」という訳語を原則的に用いることとする。（ハルトゥング (1980)、八頁、訳註（2）。）

但し、ウェストファリア条約正文中で使用されている「帝国等族」の原語は“*status Imperii*”であり、このことが邦訳に際して更なる考慮を要求することになる。例えば、ＩＰＯ第八条第一項では“*electores, principes et status Imperii*”という表現が登場し、この場合は「帝国の選帝侯、諸侯及び等族」となる。しかし、同条第三項では“*ex communi statuum consensu*”とされており、

「帝国等族」よりも「諸身分」とした方が理解しやすい場合がある。当時の神聖ローマ帝国のような身分制国家が「等族国家」と呼ばれているのであるから、等族（*status*）にそれら諸身分を包含することは可能であるが、条約中では（また帝国国制上も）「選帝侯」及び「諸侯」とその他の等族（更には、「自由帝国都市」及び「帝国騎士」が帝国等族としての身分を有するのかも問題となる）が分けられている以上、これを原則的に尊重しなければならない。そこで、本書においては“*status Imperii*”を常に「帝国等族」とし、“*status*”（複数）については文脈により「等族」・「帝国等族」・「諸身分」を訳し分けることとする。（尚、カーステンは、「等族」（*status*；Stände）の英訳語に対して敢えて“Parliaments”の語を充て（通常は“Estates”が使用される）、その意図を説明している。Carsten (1959), Preface, v.)

第一部　ウェストファリア条約の全体像

第一章

ウェストファリア講和会議及び条約の概要と「当事者」

はじめに

ウェストファリア条約を作成した講和会議は同条約前文に記された（その意味では正式な）一六四三年七月の開始から四八年一〇月の条約署名に至るまでの五年以上の長期にわたる会議であった。しかし、全般的な講和実現の企図は一六三〇年代から断続的に行われており、一六三六年前後には教皇（ウルバヌス八世）の仲介によりケルンでの講和会議開催が、一六三八年前後には英国王（チャールズ一世）の仲介によりブリュッセルでの講和会議開催が、各々試みられている。[1] また、それらの試み以前には（直接的及び間接的）交戦当事者間での講和達成の努力もあった。それには一六三〇年（一〇月一三日付）の皇帝・フランス国王間レーゲンスブルク条約（仏国王による批准が為されず、講和は達成されなかった。[2]）、一六三五年（五月三〇日付）のプラハ和議（講和条約[3]）（フランス及びスウェーデンによる同意が得られず、講和は挫折する。[4]）、更にはプラハ和議直後に瑞宰相オクセンシェルナ(Axel Oxenstierna)の主導により進められた講和条約（シェーネベック条約(Shönebeck Traktaten)）（一六三五年）の構想[5]などのように、合意内容の条文化まで行われた例もある。

そして、それらの条約（案）はウェストファリアにおける講和交渉にも影響を与えた。例えば、ウェストファリア講和会議の当初、レーゲンスブルク条約やプラハ和議等を同会議の交渉の基礎とすべきことが皇帝によって主張されている。（この主張は仏瑞両国によって拒絶された。[6]）また、ＩＰＯ第一七条第三項（ＩＰＭ第一一三条）はウェストファリア条約の優先的効力を規定し、同条約以前の文書や合意の効力を否認しているが、そのような文書の一つとしてプラハ和議が明示的に挙げられていることから、これらの前例が講和条約本文の起草にも影響していることが推定されるのである。

それでも、ウェストファリア講和会議はそれ以前の講和の企図とは異なる特色を有しており、また、その結果としてもたらされた講和条約も同様である。本章では、ウェストファリア条約の内容に関する議論の前提を提示するために、講和会議と条約の概要を紹介することとしたい。以下では、先ずウェストファリア講和会議の概要を、会議参加者と経緯を中心に示す（第一節）。次に、条約の概要について述べる（第二節）。その上で、この講和会議及び条約が有する最重要な特色の一つと考えられる「当事者」の意味を考察することとする（第三節）。

第一節　ウェストファリア講和会議の概要

(一)　講和会議参加者

ウェストファリア条約は、ＩＰＯ及びＩＰＭの各々の前文から理解される通り、スウェーデン女王、フランス国王及び神聖ローマ帝国皇帝の三者を主要当事者（以下、これら三者を「三主要当事者」とする。）とする条約である。しかし、次々節で論じられるように、同条約の「当事者」は多様であり、また講和会議への参加者もまた同様であって、三主要当事者以外には次のような会議参加者があった。

先ず、スペインが挙げられる。西国王は皇帝と同じハプスブルク家出身であり且つ一六三五年以来対仏戦争を継続していたため、当時の欧州講和実現にとっては不可欠の存在であった。（西仏間の講和は一六五九年（一一月七日付）の「ピレネー条約」[7]まで持ち越される。）また、西国王は西領ネーデルラント（その全体がブルゴーニュ＝クライスを形成し、一五四八年に西領となった。）の領主として帝国等族資格を有した。[8]

次に、オランダ（「ネーデルラント連邦議会」(*Ordines Foederati Belgii:* de Staten-Generaal der Vereenighde Nederlanden)）[9]が挙げられる。概ね現在のオランダ及びベルギーを包摂する西領ネーデルラントは神聖ローマ帝国の一部を構成していたが、その北部地域（オランダ）はスペイン支配に抵抗して独立戦争（「八十年戦争」）を継続していた。そのため両者間には三十年戦争の講和とは別個の講和が必要とされた。（次章第二節㈡を見よ。）また、北部ネーデルラントと同様に帝国との紐帯を有したスイス（*Helvetia*）も参加した。[10]（次章第二節㈠を見よ。）

続いて、帝国等族が挙げられる。彼らは、かなり早い時期（一六三六年から翌年にかけて）の選帝侯会議（於レーゲンスブルク）で講和会議への参加についての合意が為されていたことに示されるように、自らの代表の講和会議参加が不可欠であるとの姿勢をとっていた。[11] しかし、この帝国等族の講和会議参加問題（Admissionsfrage）に関して皇帝は否定的であり、講和会議に先立って開催された一六四二年の準備会議においても、三主要当事者間の合意とすることが予定されていたという。[12] ところがその後、仏瑞両国の強力な後楯を得て、特に、プロテスタント派帝国等族が、皇帝の反対に抗して、単なる傍聴者として或いは討議権のみを有する者としてではなく、投票権を有する会議当事者として参加することを要求するという事態を迎えた。これに対して皇帝は、四五年八月二九日に全ての帝国等族を、皇帝の代表を補佐するためとの名目で、オスナブリュック及びミュンスターの講和会議に招き、同時に彼らに対して自由な投票権（*jus suffragii*）を与えたのである。[13]

更に、帝国等族としての地位が争われていた自由帝国都市もオスナブリュックでの講和交渉に参加した。諸都市は（本節㈡2で触れられる）一六四一年一二月にハンブルクで締結された「予備条約」の直後から講和会議参加に関する協議を開始し、四四年六月に至って都市部会として参加することで合意が成立した。[14]

また、帝国外からも当時の欧州諸国やその他の団体が参加している。即ち、三十年戦争初期（「デンマーク戦争」期）に交戦当事者であり、また帝国域内に領土的主張を行っていたデンマーク王国、[15] ＩＰＭ第一一九条において「仲介者」（*Mediatrix*）として名を挙げられているヴェネツィア共和国（*respublica Veneta*）[16] やその他周辺の諸君主も何らかのかたちで会議に参加した。また、ローマ教皇の使節も「仲介者」として参加した。[17] 更には、西国王フェリペ四世の支配に対して一六四〇年以来叛乱を継続していたポルトガル及びカタルニアの叛徒[18]までもが、この講和会議に代表を派遣している。[19] それは、彼らの叛乱が仏国王の支援を受けつつ遂行されており、そのため西仏間講和は彼らの活動にとって死活的な意味を持つことになるからであった。[20]

その結果、ウェストファリア講和会議に参加しなかった欧州諸国の方が圧倒的な少数派であることになる。それらは、イングランド、ロシア（モスクワ大公）及びトルコであった。[21] イングランドは、三十年戦争初期の一六二九年に仏と講和同盟条約（四月二四日付）[22]を締結し、また西とも翌（三〇）年一月五日のマドリー条約により講和を実現していた。[23] つまり、四四年の講和会議開催時点において、英国は大陸での戦争には直接的には参戦していなかったこととなる。[24] それに加えて、英国内では一六四二年以来の「清教徒革命」が講和会議期間中も進行しており、外交に国力を傾注し得る状況にもなかったのである。[25] ロシア及びトルコに関しては、地理的及び宗教的問題から当時の「欧州」社会の構成員からは除外されていたものと推測される。[26]

以上のような事情から、（ディックマンによれば）ウェストファリア講和会議に派遣された使節の総数は一四八に達し、その中でドイツ（帝国）域外からの使節が三七、皇帝をはじめとするドイツ（帝国）域内からの参加主体の使節が一一一となったという。更に、後者の内訳は、オーストリア家（皇帝の出身家）関係の使節数だけで一〇、帝国等族の使節数が九三、そして帝国直属資格を有しない等族の使節数が八であったという。[27] このように多数の参加者が存在したという事実には、当時の欧州諸国が何らかの関係を持たざるを得なかった三十年戦争の規模及び影響が反映されていると同時に、この講和会議により決定されると予想された事柄の重要性が広く認識されていたことも示されているものと思われる。更に、帝国等族の参加については、神聖ローマ帝国内の実情も映し出されているのである。そして、これらの事実から、一般的にはこの講和会議が欧州社会最初の普遍的会議であると評価されることになるのである。[28]

(二) 講和会議における交渉の形態と経緯

1　交渉の形態

講和会議はドイツ北部のヴェストファーレンの都市ミュンスター及びオスナブリュックを交渉地とした。前者は主として皇帝・仏間、西仏間、そして西蘭間の交渉地であり、後者は皇帝側と瑞及びプロテスタント派帝国等族の間での交渉地であった。

このように二都市に交渉地が分かれたことの主たる原因としては、次の二つが考えられる。一つは、一六三六年頃から講和会議開催のために仲介に当たっていたローマ教皇がプロテスタント派（特に、瑞女王）を無視する方針を採ったことにより、両教派が一堂に会することが不可能とされたためである。[29] 他は、既に欧州の強国となった瑞が同盟関係にあった仏と外交上同等の扱いを要求しており、仏瑞両国が同一の会議に参加した場合、仏が瑞に優越した扱いを受けることによって瑞の威信が傷付けられる可能性があったためである。[30]

また、会議開催地に関しては、講和会議の予備交渉中にフランクフルトやマインツ等も候補地として提案されるなどしていた。しかし、ケルン選帝侯管轄下にあってカトリック派都市であるミュンスターとその北東五〇キロメートル強の距離にあり（ルター派が多数を占めつつも）各教派の混在都市である（しかも、当時瑞軍の占領下にあった）オスナブリュックでの開催が合意された。[31] その結果、（後に触れられる）一六四一年一二月二五日付の「予備条約」の第一条で両都市が開催地として指定され、また同第二条ではこれら二都市での会議は一体のものとみなされ、使節団の両都市間の往来は自由であるとされたのである。[32]

講和会議開催地では交渉のための一定の議場は設けられず、また全当事者が参加する全体会議なども開催されることもなく、実際の交渉や記録作業は使節や仲介者の宿所で行われた。但し、仲介者を介する交渉方式は、ミュンスターでは一貫して活用されたが、オスナブリュックでは会議の初期の段階にデンマークが仲介の任に当たった後には、当事者の直接交渉が選好されたという。[33]

また、前述のように帝国等族の講和会議への参加が認められ、しかも彼らに投票権（*jus suffragii*）が与えられた。その結果、皇帝使節は帝国に関する事項について帝国等族の同意なくしては法的に拘束力あるものとし得ないこととなり、全ての交渉には帝国等族の意見が付された。そして、帝国としての意思決定は、基本的に帝国議会（Reichstag）におけるのと同様の方式において行われた。即ち、帝国議会出席資格者は身分に従って「選帝侯部会」（Kurfürstenrat）・「諸侯部会」（Fürstenrat）[34]・「都市部会」（Städterat）[35]の三つの部会に分かれ、各部会内での過半数[36]による部会としての意思決定を経て、二部会以上の合意によって帝国議会全体を拘束する決定とされたのである。（但し、ウェストファリア条約により承認されるまで都市部会は正式な機関ではなく、専ら他の二部会の合意により意思決定が為された。[37]）また、（これも当時依然として正式な会議体として認められていなかったが）宗教関連事項が議題となる場合には、帝国議会出席資格者が教派に従ってカトリック派団体（*Corpus Catholicorum*）とプロテスタント派団体（*Corpus Evangelicorum*）に分かれて討議及び決定した後に、両者の間での協議の上で合意が形成されるという方式（*itio in partes*）も採用されていた。[38]

ウェストファリア講和会議では、カトリック派帝国等族がミュンスターに、プロテスタント派帝国等族がオスナブリュックに集合したため、各都市での（身分毎の各会議体を通じての）合意形成後に、何れかの都市における両教派間での協議を経て帝国等族全体としての意思が決定されてから、初めて皇帝との協議が開始された。そして、皇帝と帝国等族間での協議による帝国としての意思決定の後に漸く、皇帝は仏及び瑞との交渉に臨むことができたのである。[39]このような協議及び意思決定方式が交渉過程の複雑化及び長期化の一因となったことは容易に理解されよう。[40]

因みに、当時は一八世紀とは異なり、フランス語が外交語として一般的に通用する状況にはなかった。そのためミュンスターでは日常的にラテン語が使用されると共に、場合に応じて、フランス語やイタリア語（仲介者であった教皇庁及びヴェネツィアの使節の使用言語であると共にヴィーン宮廷でも使用されたという。）(41)も使用され、オスナブリュックにおいては主としてドイツ語（瑞代表団も流暢に話したという。）が使用されたようである(42)。

2　交渉の経緯

ウェストファリア講和会議は、オスナブリュック及びミュンスターで実質的交渉が進められた期間だけでも一六四四年一二月から四八年一〇月（条約署名）まで、引続き行われた批准を巡る交渉を含めれば翌（四九）年二月乃至三月までに及ぶ長期間にわたるものであった。実際の講和交渉は、デンマーク国王の仲介により四一年一二月二五日にハンブルクで締結された皇帝・西国王と仏国王・瑞女王間の「予備条約」(Präliminarvertrag)(43)に結実する予備交渉(44)や、四三年一月に開始されるフランクフルトにおける帝国代表者会議(Reichsdeputationstag)(45)などにおいても行われており、一連の講和交渉の過程の中にこれらも含まれるべきものと考えられる(46)。

一六四一年の「予備条約」では、講和会議の開始期日が四二年三月二五日とされていた（第一一条）(47)。しかし、例えば、ルイ一四世のこの条約への批准書(48)の日付が一六四三年五月二一日とされていることからも理解される通り、条約の批准作業は停滞し、IPO及びIPM各々の前文によれば「新暦による西暦一六四三年七月一一日、即ち旧暦による同一日」に会議が開始されたとされている。但し、実際に交渉が開始されたのはそれよりも遅く、しかも、当初行われた交渉は委任状や席次等の儀典上の問題に充てられた(49)。それでも、この時期には、主要当事者の講和会議における主要目標や交渉方針を記した訓令（「主要訓令」(Hauptinstruction)）(50)が作成されており、以後の実質的交渉の或る程度の方向性が見え始めている(51)。

実質的な交渉開始の兆しが見えるのは、一六四四年一二月四日に最初の皇帝の提案(Propositionen)が提示されたときである。この日にミュンスターで皇帝（及び西国王）の使節は講和内容の提案を仏側使節と交換し、オスナブリュックの皇帝使節は瑞側への提案を口頭で行った。これに対して、瑞側は二日後に書面による自己の提案をもって回答したという。[52]（仏側は翌（四五）年二月二四日に当初の提案を（マザランの主導により）改訂した文書（「改訂提案」）を提出する。）これにより、相互の要求と申し出が初めて公式に交渉のテーブルに載せられたことになる。この際、仏瑞両国は実質的交渉の前提条件として、帝国等族の同等の権利を有しての参加 (die gleichberechtigte Zulassung)、即ち、単なる傍聴や意見表明のみならず、議決権を有しての参加を要望し、その他に仏はトリーア選帝侯の解放を求めていた。[53]

トリーア選帝侯は一六四五年春に解放され、交渉は進展するかにも見えた。しかし、彼の解放は、同年二月の「改訂提案」では既に要求事項から削除されており、[54]最早実質的な意義を持つものではなかった。[55]また、三主要当事者の「主要訓令」が出揃っていたにも拘らず、この時点での仏及び瑞の提案には領域移譲[56]に関する具体的要求が挙げられていない。そのためこれらの提案は実質的な討議の進展にはそれほど役立つものではなかったのである。結局、この時点では各当事者が相手の出方を窺うという状況であったと言えよう。[57]

実質的交渉の最初の具体的基礎となったものは、一六四五年六月一一日付で仏瑞各々が皇帝側に提示した「主要提案」(Hauptpropositionen) と呼ばれる提案である。[58]ここから交渉は「主要提案」に対する皇帝の「回答」(*Responsiones*) という形式で展開する。（尚、この「主要提案」では仏案と瑞案の両者は概ね同内容であったが、仏側は、一六一八年の状態への回復を俗界事項に限って主張したが、聖界事項に関する回復の期日は未定のままとして、両者を区別した。これにより、回復の「基準年」(Normaljaar) 問題[59]に関する仏瑞両国の対応の相異が始まる。）そして、四五年九月二五日付で皇帝側から仏瑞両国に対して具体的領域移譲要求の明示を迫ると、翌四六年一月に両国はこれを提示したのである。[60]

この間の一六四五年一一月末に皇帝側全権委員であるトラオトマンスドルフ伯 (Maximilian Graf von Trautmansdorff) がミュンスターに到着する。[61] また、この頃には交渉に関する提案は全て口頭によるものとせよとの仏側の主張が受け入れられると同時に、仏と瑞は別個に自己に関わる事項についての交渉に当たることとなる。（これにより、両者間で情報は常に交換されていたものの、仏瑞間の協力関係は弱体化する。[62]）これらの要素によって、実質的な交渉が本格化するのである。

また、「主要提案」には交渉を迅速化する要素が含まれていた。それは聖俗の交渉事項を分離するという考えである。「主要提案」の中では“*Gravamina Politica*”と呼ばれる俗界に関する検討事項を列挙した文書が提示されていた。これに対する皇帝の回答（四五年九月二五日付）は、若干の譲歩を示していたものの、概ね否定的であった。しかしながら、この皇帝側の回答についてプロテスタント派帝国等族の殆どは理解を示し、俗界の事項についてはカトリック派と概ね合意可能であると考え、聖界事項のみを扱った交渉文書 (*Gravamina Ecclesiastica*) を同年中に作成した。[63] これにより、宗教に関連しない帝国国制上の諸問題は翌四六年五月までに概ね解決されるところとなるのである。

さて、その後の「主要提案」と「回答」を巡る交渉の成果として、一六四六年八月三一日付でトラオトマンスドルフ伯が「最終一般宣言」(*Ultima generalis declaratio*) と共に条約草案を提出する。これに対して、翌（九）月一〇日に仏側が対案となる草案を提出している。それらを基に同（九）月一三日に皇帝・仏間で「暫定条約」(Vorvertrag) が成立するところとなる。この文書は主として仏への領域移譲を扱ったもので、講和交渉全体の妥結への大きな推進力となる。[64] なぜならば、皇帝・仏間の交渉妥結は、瑞側へのポンメルンの部分的移譲について抵抗していたブランデンブルクに対して交渉妥結のための譲歩を迫る圧力を高めることとなったからである。[65] そして実際に、翌（四七）年二月一八日付で皇帝・瑞間の「暫定条約」が署名され、領域移譲（仏及び瑞への「補償」）を巡る問題は大筋で決着を見るのである。

宗教問題については、一六四七年六月一三日にトラオトマンスドルフ伯が「トラオトマンスドルフ文書」(*Instrumentum Trauttmansdorffianum*)と呼ばれる条約草案を作成するなどして交渉妥結への努力が続けられる。[66]しかし、一六四七年夏には、休戦成立後に瑞軍が強化され、また交渉を主導してきた同伯が講和会議の場から辞去(七月)するなどして、講和の成立は脅かされる。[67]それでも、この時点までには大筋の合意は達成されていたのであり、交渉妥結までには更に一年以上を要するものの、同伯が残した草案が講和への唯一の道筋を示す妥協案であることが当事者によって認識されていたという。[68]また、この頃にはスペインに講和を強要する状況にはないことも認識されるようになっていたのである。[69]

一六四七年一一月の時点においてもなお、皇帝は講和内容を少しでも自己に有利にしたいとの希望を抱いていた。しかし、翌年初めに再開された戦闘の状況は皇帝軍に思わしくなく、最終的に草案改訂の見込みはなくなった。そして、瑞女王(及び講和を望む帝国等族)との講和締結を切望するマインツ及びバイエルンの強い勧奨によって、皇帝側及び瑞側(そして、瑞の指導の下での妥協の用意のある帝国等族の協賛を得て)で同(四八)年三月及び四月に特別会議が開催される。この特別会議においてそれまで未決着であった問題(帝国司法・自治・恩赦、更には、スウェーデンへの補償規定等)の殆ど全てに関する条文が作成され、同年八月六日に皇帝・瑞間講和交渉は妥結する。そして、その三週間後には、仏が要求していた対西援助の禁止を帝国等族が受け入れる。事態がここに至って初めて講和成立が確実となり、遂に同(四八)年一〇月二四日に皇帝と瑞女王を主要当事者とする講和文書(IPO)と皇帝と仏国王を主要当事者とする講和文書(IPM)の署名に至る。[70]こうして、予備交渉も含めれば約七年の年月を要し、「果てしない交渉に直面して、平和が戦争よりも高価となり得るとの懸念も生じた」[71]ほどの長期にわたった講和会議が終了したのである。

尚、署名地はIPOがオスナブリュック、IPMがミュンスターとされている。しかし、実際には両文書ともミュンスターで署名されている。ＩＰＯの署名地が書き換えられた理由は、瑞側が仏側との同等性を強調するために、事実とは異なる署名地の記述を要求したことにあるという。(72)

ところで、仏西間の講和交渉は一六四六年九月になって開始された。（同年三月以前にはミュンスターの西代表団は仏側との交渉さえ拒んでいた。しかし、他の講和交渉の進展と相俟って、他の講和会議当事者からの西代表団への圧力が高まった。）この交渉の仲介者は当初予定されていた教皇使節キージ (Fabio Chigi)（後の教皇アレクサンデル七世）及びコンタリーニ (Alvise Contarini) ではなく、オランダ使節がその任に当たり、約三箇月の間に仏西間交渉は大きな進展を示した。四七年一月及び二月には条約草案（要望事項）の交換を行い、同年九月には暫定条文への署名も何度か行われたものの、翌年に二つの問題によって交渉は停滞する。一つはロートリンゲン（ロレーヌ）の将来の地位であり、他は西から仏に移譲される都市に関して西が譲渡せねばならない正確な権利であった。特に、後者に関して、仏が西領ネーデルラントの諸都市を個別的に統治するのか、全体を統合的に統治するのかが争われた。それは、将来的に同地方全体を獲得するための仏にとっての重要な布石となり得たからである。この他にも、仏西間講和交渉停滞の理由には、双方が戦争継続による自己の優位の確保や確立の可能性を信じていたことが挙げられる。仏側は西領ネーデルラントとカタルニアのかなりの部分を占領しており、戦況自体が自己に有利に展開していると見ており、西側は仏国内の政情不安を見越していた（実際に、一六四八年にはフロンドの乱が発生する。（五二年に終結））のである。ウェストファリア条約締結以後も、両国は交渉地を変更しつつ断続的に講和交渉妥結を試みた。そして、五九年に「ピレネー条約」が締結されるまで、両国間の戦争は継続することになるのである。(73)

第二節　ウェストファリア条約の概要

本節では、ウェストファリア条約を構成する二つの文書であるＩＰＯとＩＰＭ各々の概要を説明する。但し、重複を避けるために、次節以下で考察の対象とされている条文についてはここでは説明を加えない。

(一)　ＩＰＯの概要

ＩＰＯは前文及び本文一七箇条から成る。本文各条の内容は次の通りである。

第一条及び第二条は、普遍的平和及び恩赦に関する一般規定である。即ち、三十年戦争の皇帝側及び瑞側の交戦当事者の「両者の間にキリスト教的にして普遍且つ永遠なる平和と真実且つ誠実なる友好が存在する」（第一条）ことや「相互に敵対的に行われたことの全てについて、永遠の忘却と恩赦が両当事者にある」（第二条）ことが宣言されている。(74)

第三条及び第四条は帝国等族の回復（*restitutio*）に関する規定である。二項からなる第三条では回復の一般原則及び条件について、そして五七項からなる第四条では帝国等族に対する個別的回復及び賠償について、各々定められている。

第三条は、全ての等族及び臣民等に戦争や同盟を理由として喪失させられた土地・権利等が原則として回復される（第一項）としている。この場合、これら土地・権利等の帰属について争いがあるときには、先ず回復が行われ、そしてその後に権限ある裁判官による審理に付されるものとされている（第二項）。

第四条では、第一項が帝国等族に対する個別的回復についての規定を設ける旨を述べた後に、第二項以下で個別具体的措置の内容が示されている。個別的回復に関する最大の問題は、第二項において「オスナブリュック及びミュンスター会議が全てに先立ち」採り上げられ、「既に長期にわたり紛糾してきた」紛争であると説明されている「プファルツ問題」[75]であった。この問題の解決に向けられた規定は第四条の三分の一以上（第二項乃至第二二項）を占めているが、それらの内容は問題領域毎に次のように大別され得る。第一に、プファルツ選帝侯位をこの地位に付随する特権その他諸々の権利と共に、バイエルン公（マキシミリアン一世）及びその家系に属することを確認し（第三項）、それに伴う請求権の放棄を規定する（第四項）と同時に、一三五六年のカール四世の「金印勅書」には存在していなかった「第八の選帝侯位」を設定し、これにライン＝プファルツ伯（カール＝ルートヴィヒ）及びその継承者が即くこととした（第五項）[76]。次に、プファルツ関連の様々な領土紛争の解決について規定されている（第六・七・一四・一八・二〇・二一・二二項）。第三に、ライン＝プファルツ伯の親族に対する年金等の給付を皇帝が保証している（第一二・一五項）。

　第四条では、プファルツ問題に続いて、「フランケン地方マイン河沿岸キッツィンゲンの城塞・都市・管領・修道院についての紛争」（第二三項）、ヴュルテンベルク家に対する回復（第二四・二五項）、バーデン家への回復問題（第二六・二七項）が扱われ、更に、その他個別の帝国等族への回復に関する規定（第二八項乃至第四五項）において、領土及びそれに付随する諸々の権利の帰属が決定されている。

　次に、暴力・威嚇のもとで行われた契約・取引等の破棄（第四六項）、暴力により発生させられた債務に関して、執行手続が命じられることがないこと（第四七・四八項）、戦争中に為された判決の取扱い（第四九項）、授封契約の更新が行われていない場合の手続（第五〇項）等に関する一般的規定がある。また、軍事上であれ、民生上であれ、一般兵士・官吏、更にはそれらの者の配偶者・子弟・僕婢をも含む、戦争に参加した者の全てが、自らの自由・権利等について、戦争以前に享受したか又は享受し得た状態へ回復されること（第五一項）、皇帝及びオーストリア家の世襲の封臣及び臣民に対しての、回復に関する前述の諸規定の適用及び故国への帰還の保障（第五二項）、戦争中に徴発された財産の処理（第五三・五四項）、これらの回復の適用除外とされる動産（第五六項）等といった、身体及び財産の戦後処理の方法が決定されている。最終第五七項はユーリッヒ継承問題を扱っているが、この問題については今後の解決に委ねられている。[77]

第五条及び第七条は、各々「アウクスブルク信仰告白派」（ルター派）[78]と「改革派」（カルヴァン派）[79]の帝国における地位について規定している。[80] ここでは、基本的に両派が同一の権利を享受することが承認されている他、領主の改宗の際の教派決定等についても定められている（第七条第一項）。但し、「上に名を掲げた教派以外の何れの教派も、神聖ローマ帝国内で承認又は耐忍されることはない」とされている（同第二項）。

第六条は、バーゼル市その他のスイス誓約同盟の帝国からの自由及び免除に関して規定している。[81]

第八条は帝国等族及び都市の権利についての規定であり、帝国の選帝侯・諸侯・等族、そして自由帝国都市の諸々の権利が確認されている（第一・二・四項）。また、講和会議において解決され得なかった重要な諸問題を次回の帝国議会の議題とすること（第三項）[82]、戦争による債務の過大な負担を原因とする害悪の発生を防ぐための適当な方法についての皇帝の配慮（第五項）といった、その解決が講和会議以降に持ち越されることとなった諸問題に対する今後の対応についても規定が設けられている。[83] 以上の中で本書の主題との関連において重要と思われる事柄は、帝国により行われる講和・同盟等の事項に関する帝国等族の同意権が確保されたこと（これにより、これらの事項についての皇帝の自由が失われたことになる。）、帝国等族が彼らの相互間及び帝国外の諸勢力との間での同盟条約（*foedus*）の締結権を承認されたこと、更に自己の領邦における「領域権」（*ius territorii*）の自由行使が承認されたことである。[84]

第九条は、通商の復興及び保護のための措置を規定する。具体的には、戦争中に皇帝及び選帝侯の同意を得ることなく導入された関税等の完全な廃止と戦争の遥か以前から存在していた港や河川等についての慣習の回復

（第一項）、選帝侯の同意に基づき皇帝により許与され、或いは長期の慣行により承認された河川に関わる特権・権利の保全（第二項）等が挙げられている。

第一〇条は、スウェーデン女王への領域移譲に関する規定である。参戦の主観的意図が何であれ、客観的には本条が瑞側にとって極めて重要な問題であると言えよう。(85) そして、それに続く第一一条乃至第一三条では、第一〇条においてスウェーデンに対して自らの領域及びそれに付随する諸々の権利を放棄させられた者に対する補償を規定する。それらは各々、世俗領ポンメルン（フォアポンメルン）公領及びリューゲン侯領、並びにそこに付属する支配地についての諸権利を放棄させられたブランデンブルク選帝侯（フリートリヒ＝ヴィルヘルム）への補償（第一一条）、ヴィスマール市等の放棄についてのメックレンブルク＝シュヴェリン公（アドルフ＝フリートリヒ）への補償（第一二条）、そしてブレーメン大司教領等の放棄についてのブラオンシュヴァイク＝リューネブルク公家への補償（第一三条）であり、より具体的には次のような内容となっている。

先ず、ブランデンブルク選帝侯に対しては、ハルバーシュタット司教領の占有の回復（第一一条第一項）、ミンデン司教領（同第四項）及びカミン司教領（同第五項）の皇帝からの譲渡、また瑞女王からもヒンターポンメルン、コルベルク及びカミン司教領、マルクブランデンブルク内の瑞の保護地、並びに聖ヨハネ騎士団管区の一部が返還（同第二項乃至第一四項）される。これらとは異なり、ホーヘンシュタイン伯領（同第二項）、ラインシュタイン伯領（同第三項）やクヴェールフルト（同第九項）等のように、ブランデンブルク選帝侯に移譲されることなく、長期の占有者に対してその占有が保証される地域も挙げられている。また、マグデブルク大司教領及び同市についての優遇措置も規定されている（同第六・七・八・一〇項）。更に、宗教問題についての規定も設けられており、本条によりブランデンブルク選帝侯に帰属することとなる地域におけるルター派の信仰が承認されている（同第一一項）。(86)

次に、メックレンブルク＝シュヴェリン公家に対しては、シュヴェリン司教領及びラッツェブルク司教領（第一二条第一項）、ミロウ及びネメロウの聖ヨハネ騎士団管区（同第三項）及びシュトラスブルク大聖堂教会聖職禄の一部（同第二項）が与えられる。また、エルベ河における関税権及び帝国分担金免除を、皇帝が同公家に対して認めている（同第四項）。

ブラオンシュヴァイク＝リューネブルク公家は、ブレーメン大司教領等の放棄の代償として、ヴァルケンリート及びシャオエンを皇帝及び帝国から譲渡され（第一三条第九項）、グレーニンゲン修道院（*monasterium Gröningense*）を返還される（同第一〇項）。更に、オスナブリュック司教領及びその地のカトリック派教徒をも継承するが、両教派間での争いを回避するために、カトリック派司教とルター派司教を交互に選定することとされた（同第一項）。しかも、この継承の際には、先ず当該司教領の現司教（フランツ＝ヴィルヘルム）に対してその地位が一旦回復され（同第三項）、同司教の死後にブラオンシュヴァイク公家に帰属する（同第五項）等の条件が付されている。この他に、宗教問題関連の条件も付されている（同第四・七・八項）。

第一四条は、ブランデンブルク辺境伯（クリスティアン＝ヴィルヘルム）に対する賠償についての規定である。同条では、マグデブルク大司教領から同辺境伯に対する賠償として、ツィンナ及びロブルクの修道院及び管領が、全ての付属物及び管轄権と共に、引き渡されるとされている。但し、領域権のみは除外され（*solo territorii iure excepto*）（第一項）、また同辺境伯の死後五年をもって元の大司教領に返還される（第三項）等の条件が付されている。

第一五条は、ヘッセン＝カッセル問題を扱う。ヘッセン＝カッセル家もプファルツ家と同様にドイツ内のプロテスタント派諸侯の中心的存在であった。同家にはヘルスフェルト大修道院（第二項）が、またヘッセン方伯（ヴィルヘルム）にはそれまでミンデン司教領に委ねられていたシャウムブルク等の管領（第三項）が、各々帰属することとなった。また、ヘッセンの保護者であるヘッセン方伯夫人が占領地を返還することに対する補償（第四項）、及びその保証のための措置等に関する詳細な規定が設けられている（第五項乃至第一二項）。その他、ヘッセン諸侯間に存在した若干の問題に対しても、解決がもたらされている（第一三項乃至第一五項）。

第一六条及び第一七条は、共にこの条約の実施のための手続的側面を規定している。前者は講和条約の当事者が個別具体的に執るべき措置に関する規定であるのに対して、後者は条約の批准等の一般的手続規定である。（後者は、現代の条約で「最終規定」として纏められている条項の内容を有していると言えよう。）

第一六条では先ず、この条約に「署名が行われると同時に、全ての敵対行為を中止する」ことが謳われている（第一項）。続いて、本条約により給付等を義務付けられている者がそれを履行するべきこと（第五項）、またその旨を皇帝が命令すること（第二項）、回復が為される者が必要とする場合には、その執行のため皇帝の特別委員（*Caesareanus commissarius*）が選出・派遣されること（第三・四項）、そしてこれら特別委員等による執行に対する抵抗は禁止されること（第六項）という、条約上の義務の履行のための具体的方策が示されている。第七項は捕虜の解放について、皇帝の裁可のもとで双方の軍司令官の合意する方法により行われるとする。更に、占領地返還の前提として、瑞軍の撤退が必要となるが、軍務解除に伴い瑞側に補償金が支払われることとされ、その方法についても規定されている（第八項乃至第一一項）。この瑞側への補償を確実にするための担保設定が義務付けられており（第一二項）、これらの措置及び捕虜の解放（第七項）が行われた後に、全ての交戦当事者に属する「各々の守備隊は、帝国都市及びその他の回復されるべき全ての土地から、異議・遅滞・損失・加害行為なく、同時に退去させられる」（第一三項）こととされている。また、これら守備隊が撤退する際には、各々の土地の臣民はそれらの兵士に対して、車両・馬匹・船舶並びに生活必需品等を提供する義務を負い、指揮官にはそれら運搬手段の返還義務が課せられている（第一六項）。以上の措置を経て、公文書及び証拠書類等と共に（第一五項）返還又は回復された土地は、守備隊から「今後永遠に解放され」る（第一七項）。そして、帝国内の全交戦当事者は、自己の安全に必要とされる規模の軍隊のみを自己の領地に移動させ、それ以上のものは一定の期限までに軍役を解除することとされた（第一九・二〇項）[87]。

第一七条では、批准手続とその期限（第一・一二項）[88]、この講和条約の帝国基本法としての法的地位の承認（第二項）とその他の規範に対するこの講和条約の優先的効力の承認（第三項）が規定されている。その他、この条約に反する者の処遇（第四項）、この条約を擁護する義務（第五項）、権利追求のための武力行使の禁止（第七項）等々の一般的義務に関する規定を掲げ、最後に皇帝側（第一〇項）及びスウェーデン側（第一一項）の当事者（この条約に「含まれる」者）、並びに皇帝側の実際の交渉者が列挙されている（第一二項）。

(二) IPMの概要

IPMは前文及び本文一二〇箇条からなる。IPOと異なり、IPMは一段落が一箇条を構成する場合が多く、数箇条にわたって関連条文が設けられていることも頻繁にある。また、実質的にIPOと同一の内容を有する規定も多い。このような事情を考慮して、以下ではIPOに準じながら一定の纏まりを設けて、IPM本文の概要を述べることとする。

第一条の普遍的平和及び第二条の恩赦に関する一般規定は、IPO第一条及び第二条と同内容である。（第一条の名宛人の一方は仏国王とされている。第二条は同文である。）また第三条は、条約当事者の現在又は将来の敵に対して、他方の不利となるような援助（敵対的援助）を禁止すると同時に、ブルグント（ブルゴーニュ）クライスが帝国クライスとしての地位に留まることを規定する[89]。ロートリンゲン紛争は平和的方法による解決に委ねられているとされる（第四条）。第五条では「帝国等族の回復」に関する一般規定が設けられている（IPO第三条第一項に相当）。また、第六条では、正当な要求に基づく場合であっても、回復に対する異議は回復を為した後に権限ある裁判官により審理されるものとされた（ＩＰＯ第三条第二項後段に相当）。

第七条乃至第四六条は帝国等族に対する個別的回復についての規定であり、多くの条文がＩＰＯ第四条の各項と同一である。[90] また第二八・三二・三五条は各々ＩＰＯ第四条第二〇・二一・二二・二四項及び第二八項乃至第四五項の準用規定であり、更にまた第三〇条は、ブランデンブルク辺境伯（クリスティアン＝ヴィルヘルム）への賠償に関するＩＰＯ第一四条の準用規定である。[91] したがって、第七条乃至第四六条において、ＩＰＯ第四条各項と同一内容又はＩＰＯの各条項の準用規定ではないという意味で、ＩＰＭ独自の規定としては、第八・九条のみが挙げられる。（第八条は、トリーア選帝侯に帰属する財産であるにも拘らず、ルクセンブルク公領に搬入されてしまった財産に対して皇帝が課した差押を無効とするものであり、第九条は、エーレンブライトシュタイン及びハンメルシュタインの城塞からの皇帝軍の撤退とそれら城塞のトリーア選帝侯及びその司教座聖堂参事会への引渡を命じている。）

以上に続く第四七条もまた、ルター派及びカルヴァン派の取扱いに関するＩＰＯ第五条及び第七条の準用規定である。更に、第四八条乃至第六八条は、ＩＰＯ第一五・六・八・九条と同内容である。[92]

ＩＰＭ第六九条乃至第九一条は、フランス国王と神聖ローマ帝国・皇帝・オーストリア家の間の領域及び権利の移譲に関係する規定である。それらの中では、第六九条がその一般規定、第七〇条以下が個別規定となっており、後者は内容により次の三つに分類可能である。第一には、皇帝、帝国又はオーストリア家から仏国王及び王国への領域の移譲及びそれに伴う諸措置についての規定であり、第二には、逆に仏国王から皇帝、帝国又はオーストリア家への同様の事柄についての規定、第三には、両当事者に共通の規定である。

第一のものは、主としてエルザス（アルザス）地方の移譲に関するものであり、メッツ・トゥール・ヴェルダンの司教領・諸都市（第七〇条）[93]、ピネローロ（第七二条）、ブライザッハ・オーバーエルザス・ウンターエルザス・ズントガウ及びエルザスの一〇帝国都市（Dekapolis）[94]（第七三・七四条）、並びにそれらの領域に属する諸権利の仏国王及び王国への引渡が挙げられる。そしてこれらの措置に伴い、当該地域の放棄及び仏国王及び王国への帰属の確認（第七八条）、仏国王のカトリック派教徒保護義務（第七五条）、フィリップスブルク城塞守備隊の恒久的駐留権とその維持のための帝国内自由通行権の皇帝による承認（第七六条）、シュパイアー司教の諸権利の仏国王による確認（第七七条）、更にこれら地域に関わる帝国勅法等の廃止（第七九条）と以上の措置についての帝国議会の同意（第八〇条）が規定されている。但し、ベンフェルト・ツァベルン等のエルザスの要塞は仏国王への当該領域の移譲後に破壊されるものとされた（第八一条）。また、以上の領域を放棄する代償として、仏国王から大公フェルディナント＝カール（オーストリア家）に三百万リーブル[95]の補償金が支払われることとなった（第八八条）。

第二のものとしては、両当事者間の直接的な領域移譲に限れば第八五条のみがこれに該当する。同条によれば、上下ブライスガウをはじめとするライン河上流の両岸地域やその他ノイブルクをはじめとする古来よりオーストリア家に帰属してきた若干の地域、並びにそれらに関する諸々の権利について、仏国王からオーストリア家に返還されることとなっている。これに伴う措置としては、それらライン両岸地域のオーストリア家臣民に対しても諸々の所領が返還されること（第八六条）、またそれらの返還される土地に関する諸々の証拠書類も同様であること（第九〇条）[96]、更にシュトラスブルク司教及び同市、バーゼル司教、その他の上下エルザスの等族が帝国直属身分に留まり、それに関わる地位及び自由等を保全されること（第八七条）が挙げられる。

第三のものとしては、ツァベルン市の中立義務及びバーゼルからフィリップスブルクに至るライン此岸における（*in citeriori ripa*）防御施設建設の禁止（第八二条）、戦争のために没収・強請された物品（動産）に関する返還請求権の放棄（第八六条但書）等が該当する。また特に、ライン河の航行・通商は自由とされ、従来から存在した通常の税以外の通行税・関税等の課税措置が禁止されている（第八五条後段）[97]。

第九二条乃至第九七条は、サヴォワ公とマントワ公間の主としてモンフェッラートを巡る紛争の解決に関する規定である。そこでは、両者間の紛争が「キリスト教国家に対する破壊を再びもたらさないよう」、「ケラスコ条約並びにその後にそのモンフェッラート公領に関して引き続き行われた措置が、その全ての条項について永遠に確実で安定した状態にあることが合意」され、それらが侵害されないよう、皇帝及び仏国王による保証が行われている（第九二条）[98]。更に、仏国王がサヴォワ公に代わり、マントワ公に一定の金額を支払い、それによりマントワ公及びその継承者は、この問題についてのサヴォワ公及びその継承者に対する全ての訴権を放棄すること（第九四条）、皇帝はサヴォワ公に対してモンフェッラートを譲渡する（第九五条）と同時に、ロシェヴェラーノ・オルミ・カエソラについての同公の支配権を認める（第九六条）こと、更に、イタリアの封土はイタリア諸侯の支配に委ねられること（第九七条）等が規定されている。

第九八条以下は、IPO第一六条及び第一七条に対応するかたちで、この条約の実施のための手続的側面を規定している。即ち、第九八条乃至第一一〇条がIPO第一六条に、また第一一一条乃至第一二〇条がIPO第一七条に対応しており、各々IPOと同一内容の条文が殆どを占めている[99]。それでも、それらの中にはIPM独自の規定も存在しており、そのようなものとして次の三つが指摘可能である。第一に、IPM第九八条に含まれている講和の公表方法を指定する部分である[100]。第二に、第一〇六条第二文であり、そこでは（IPOにおいて）皇帝・瑞間で行われる瑞軍への賠償その他を巡る合意事項がIPMにおける仏国王との関連において効力を有しないものとされている。第三に、条約の当事者に関する第一一九条の規定であり、そこでは特に「調停者（*mediatrix*）としてのヴェネツィア共和国」がこの講和に含まれることとされている。

第三節　ウェストファリア条約の「当事者」を巡る若干の問題点

既に確認した通り、ウェストファリア講和会議への参加者は多数であり、また、当事者の法的地位は多様であった。即ち、地上の聖界秩序の頂点に立つローマ教皇、世俗的支配秩序の頂点に立つ皇帝や国王と、帝国国制内の複雑な身分秩序に服する帝国等族や自由帝国都市、更には、独立戦争を展開中のネーデルラント連邦議会やその他の団体等々である。(101)

本節では、前節で確認したウェストファリア条約の内容を整理するための前提的作業として、条約に登場する多様な「当事者」を整理することを目的として、同条約において「当事者」の観念に関連すると思われる条約規定（及び署名者）を検討する。(102)

(一)　前文における条約当事者

先ず、条約前文の記述中に現れる当事者について検討したい。尚、ＩＰＯ及びＩＰＭの各々の前文においては、その形式及び内容はほぼ同一のものとなっているため、以下ではＩＰＯを中心に検討する。

ＩＰＯ前文はその冒頭に「神聖にして不可分なる三位の御名において、アーメン」(*In nomine sacrosanctae et individuae trinitatis, amen*)の一文を置き、それに続き、「関係者或いは幾らかでも関係を有し得る者の各々全てに、以下のことが知られるべし」(*Notum sit universis et singulis, quorum interest aut quomodolibet interesse potest*)とした上で、戦争の推移の略述と交戦当事者（当初は皇帝フェルディナント（*Ferdinandus*）二世と瑞国王グスタフ＝アドルフ（*Gustavus Adolphus*）並びに各々の同盟者及び支持者、両者の死後は皇帝フェルディナント三世と瑞女王クリスティナ（*Christina*）並びに各々の同盟者及び支持者）が挙げられている。そして、一六四一年の「予備条約」に基づきオスナブリュック(103)(104)(105)

及びミュンスターで会議が開催されたことが指摘され、皇帝及び瑞女王の各々の全権委員の名が示されている。最後に「相互に全権委任状 (*plenipotentiarum tabulae*)（それらの写しはその字句通りにこの文書の末尾に添付されている。）を儀典に則り交換した後に、神聖ローマ帝国の選帝侯、諸侯及び等族が出席し、承認、同意を行い、神の権威の栄光とキリスト教国家の安寧のため、相互に平和と友好についての法に合意し、それを以下のような内容に決定した」としてＩＰＯ前文は終了する。(106)

このように、ＩＰＯ前文で交渉当事者として挙げられているのは皇帝と瑞女王の各々の使節のみであり、ＩＰＭ前文では皇帝と仏国王の各々の使節のみであることから、条約の当事者は皇帝、瑞女王及び仏国王ということになる。しかしながら、「神聖ローマ帝国の選帝侯、諸侯及び等族が出席し、承認、同意」を行ったとされており、ここにこの条約の作成過程の特色が表されていると言えよう。即ち、形式的には帝国国制の枠内において皇帝に臣従するという意味において法的に平等な地位にはない者による承認や同意がこの条約の作成のためには必要とされた（しかも、既に見た講和会議の経過から理解されるように、それらの者が皇帝や国王等と実質的に同一の地位にあるとすることはできない）のである。

(二) 署名及び批准関連規定における当事者

1 署名欄に登場する当事者

ＩＰＯ及びＩＰＭの末尾に付された署名欄には、皇帝・瑞女王・仏国王の各々の全権使節と共に、帝国等族や都市の使節も署名及び捺印を行っている。但し、それら代表の全てが、条約に署名したのではない。実際の署名欄には、ＩＰＯでは皇帝の全権使節二名と瑞女王の全権使節二名に加えて、帝国等族（都市を含む。）の使節三六名、計四〇名の署名が見出される。またＩＰＭでは、皇帝の全権使節二名と仏国王全権使節一名に加えて、帝国等族の使節三五名、計三八名の署名が見出される。(両文書の書名欄に登場する帝国等族の使節の称号及び氏名は、若干の例外[107]はあるものの、概ね一致している。[108])

それでは、このウェストファリア条約への署名という行為は法的にどのような意義を有するのであろうか。以下では、「署名」について言及する規定を検討することとしたい。

2　署名者と署名の法的効果：IPO第一七条第一二項及びIPM第一二〇条の場合

先ず、IPO第一七条第一二項及びIPM第一二〇条を検討する。この二箇条では、列挙されている使節の称号及び氏名は同一であり、ほぼ同一の内容が規定されているために、ここでは前者を例に採り、考察を加えることとしたい。IPO第一七条第一二項は、次の通り規定している。

「以上の各々全ての事柄についての信義とよりよい効力のために、皇帝の使節及び国王の使節、並びに帝国の全ての選帝侯・諸侯・等族の名により……〔中略〕……それらの者自身によりこの交渉のため特別に選ばれた者、即ち、マインツ選帝侯の宰相である騎士ニコラウス＝ゲオルク＝フォン＝ライゲルスベルク閣下〔以下、一七名の使節の称号と氏名が列挙されている〕は、自らの手による固有の署名及び捺印により、この講和文書を証明及び確認した。また、それら等族の代表は自らの主君の批准書を、合意された形式により、上に規定された期間内に、相互に交換することを約束した。等族のその他の全権委員にとっては、自らの名を署名すること及び自らの君主の批准書を持ち寄ることを欲しようと欲しまいと、それはそれらの者の自由とする。しかし、署名及び批准を差し控えるその他の各々全ての等族は、現在の指名された代表の署名により、あたかも自らによって署名が行われ、批准書が提示されたが如く、この合意及び規則に従って、この講和文書に含まれる事柄の遵守及び実施の義務を負うものとする。上述の代表により行われた決定に反するローマ帝国執政者による何れの抗議又は異議も、認められ又は有効なものとはされない。[109]」

この規定は若干判読し難いが、その趣旨は次のように解される。即ち、マインツ選帝侯宰相以下帝国等族を代表する合計一八名が署名を行うことによって、条約内容を確認すると同時に、各々の領邦君主による批准を保証する（実際に、それら一八名は条約署名欄に名を連ねている。[110]また、それ以外の帝国等族の使節も署名を行うならば、その領邦君主の批准について保証することとなろう。）と同時に、帝国等族の代表団が署名する場合には、署名及び批准を行わない帝国等族についても署名・批准まで行ったものとみなされ、この文書の内容の遵守及び実施義務を負う。つまり、この条文に登場しない帝国等族は、それらの各々の署名や批准の有無に拘らず、これら帝国等族の代表団の署名によりこの条約に拘束されることになるものと解されるのである。

3　署名者と署名の法的効果：IPO第一六条第一項及びIPM第九八条第一文の場合

署名に関連する規定として次に挙げられるのは、IPO第一六条第一項（IPM第九八条第一文）である。同項は「［この］講和条約が全権委員及び使節により同意され、署名が行われると同時に、全ての敵対行為を中止するものとし、以上に合意された事柄は両当事者により直ちに実施が命じられる」[111]としている。

この規定はIPO（及びIPM）が署名と同時に、「両当事者」(*utrinque*) に対して「敵対行為中止」と共に「以上に合意された事柄」、即ち、IPO第一五条（IPM第九七条）までに規定された内容の「実施」を命ずることを義務付けていることになる。

この規定では、次の二つが問題となろう。第一は、「両当事者」の意味を巡る問題である。即ち、IPOでは皇帝及び瑞女王を、そしてIPMでは皇帝と仏国王のみを指すのか、或いは戦争の当事者であった帝国等族等も含むのか、更には後に考察する「この講和に含まれる」者までも含むのかという問題である。第二は、この規定により付与された署名の法的効果についての問題である。

第一の問題については、この「両当事者」とは皇帝及び瑞女王（仏国王）を指すものと考えられる。その理由は次のことによる。先ず、「この講和に含まれる」者をも含むとすることはできない。なぜならば、「以上に合意された事柄」自体は「この講和に含まれる」者（の全て）に直接的に関連するものでないからである。それはIPO及びIPM各々の第二条に規定される「普遍的恩赦」であっても、それらの者（の全て）の間では戦争は進行していないため、適用がないと考えざるを得ないのである。各文書の第一条で規定される「普遍的平和」については、その一般性故に適用可能とも思われるが、これも戦争当事者ではない者にとっては実質的な意味を有しないものと考えられるのである。

それでは、帝国等族は含まれるのであろうか。これについても、次の理由から否定されるべきであろう。既に確認したように、IPO及びIPM各々の前文で明示されている当事者は皇帝及び瑞女王・仏国王のみである。そして、IPO第一五条（IPM第九七条）までに規定された内容は、次章で論ずるように、形式的にはそれら主要当事者間の関係を規律するものとされている。つまり、「以上に合意された事柄」の実施を命ずるのは、主要当事者である三者のみであると解するべきことになるのである。

次に、IPO第一六条第一項（IPM第九八条第一文）によって定められた「署名」の法的効果を巡る問題についてであるが、その直接的効果は「敵対行為中止」と「以上に合意された事柄の実施命令」である。このことは、二つの点で興味深い。一つは、講和会議開催中も戦闘は継続していたことを示す点である。他は、署名と同時に条約内容の実施義務が課される点である。

第一点については、次のことが指摘され得る。一般的に考えるならば、講和条約の内容は戦争の「結果」に影響されるものであるから、その「結果」を確定させなければ講和交渉を（少なくとも、迅速に）進めることは事実上不可能であると思われる。ところが、ウェストファリア講和会議はこのような通常の理解とは異なる状況のもとで進行していたのである。実際に、一六三六年前後に開催されたケルン講和会議では、会議期間中の停戦が仲介者であった教皇から提案され、仏側も基本的に同意するといった状況もあったものの、結局それは実現しなかったという。[112] そして、ウェストファリア講和会議に先立つ停戦も成立せず、そのことが会議の長期化の主要因の一つとなったと解される。

第二点は、法的観点から興味深い。既に一七世紀中葉には批准 (*ratificatio*) を条約の発効要件とする学説が存在したことが確認される。[113] そして、実際にウェストファリア条約中にも（後述のように）「批准」に関する規定が設けられている。それにも拘らず、同条約では署名によって皇帝・瑞女王・仏国王間で条約内容の実施を命令する義務が発生するとされていることから、実質的に署名の時点で同条約が発効することとなる。これは、署名により同条約全体が法的に発効することを意味しているのか、或いはそれは事実上のことであって、法的には依然として批准が必要とされるのであろうか。この点は不明確なままである。

4　批准を行う者：ＩＰＯ第一七条第一項及びＩＰＭ第一一一条

批准に関しては、次のような条文が設けられている（ＩＰＯ第一七条第一項（ＩＰＭ第一一一条は概ね同内容である。[114]））。

「このようにして締結された講和条約を、双方に承諾された次の方式に従って、各々皇帝・スウェーデン女王並びに神聖ローマ帝国の選帝侯・諸侯・等族が誤りなく批准することを、皇帝・女王・帝国等族の使節及び全権は約束する。［その方式とは即ち、］正式な批准書が署名の日から起算して八週間以内に、このオスナブリュックで提示され、相互に且つ正当に交換されるというものである。[115]」

そして、後に論じられるように、この規定に従って（結果的には、「八週間以内」には完了しなかったが）批准手続も進められた。[116] しかし、前述のようにＩＰＯ第一六条第一項（ＩＰＭ第九八条第一文）によって、皇帝・瑞女王・仏国王間では署名の時点でこの講和条約は実質的に発効することとなる。その意味において、それら主要三当事者間では、批准自体には実際上の重要性は与えられていないのである。したがって、ここでの三当事者間の署名は、現在の国際法理論に照らすならば、「条約法に関するウィーン条約」第一二条（条約に拘束されることについての同意の署名による表明）に類似する観念であるとすることもできよう。しかしながら、結局のところ、署名により法的に発効するのか、批准書の交換が行われるまではそれは事実上のものに留まるのかについては、条文上明らかではないままである。

（三）「この講和に含まれる」者としての当事者

1　条文：ＩＰＯ第一七条第一〇項及び第一一項とＩＰＭ第一一九条

以上では、ウェストファリア条約の「当事者」に関連すると思われる諸条項を見てきたが、同条約にはそれら以外にも、「この講和に含まれる」(*hac pacificatione comprehendantur*) 者を列挙するＩＰＯ第一七条第一〇項及び第一一項が設けられている。各項の規定は次の通りである。

「この講和には次の者が含まれる。極めて清澄なる皇帝の側からは、皇帝陛下の全ての同盟者及び支持者、就中カトリック［スペイン］国王、オーストリア家、神聖ローマ帝国の選帝侯及び諸侯、特にサヴォワ公、並びに帝国直属自由騎士を含むその他の等族及びハンザ諸都市、同じくイングランド国王、デンマーク及びノルウェーの国王及び王国並びにそれに付属する諸地域（例えば、シュレスヴィヒ公国）、ポーランド国王、ロートリンゲン公、イタリアの全ての諸侯及び都市国家、ネーデルラント連邦議会、スイス、グラオビュンデン並びにトランシルヴァニア諸侯である。」[117]（Ｉ

ＰＯ第一七条第一〇項）

「極めて清澄なるスウェーデン女王及びスウェーデン王国の側からは、その全ての同盟者及び支持者、就中極めてキリスト教徒的なる［フランス］国王、並びに帝国直属自由騎士を含む選帝侯・諸侯・等族及びハンザ諸都市、同じくイングランド国王、デンマーク及びノルウェーの国王及び王国並びにそれに付属する諸地域（例えば、シュレスヴィヒ公国）、ポーランド国王、ポルトガルの国王及び王国、モスクワ大公、ヴェネツィア共和国、ネーデルラント連邦、スイス、グラオビュンデン並びにトランシルヴァニアの諸侯である。(118)」（同第一一項）

これに対して、ＩＰＭにおける条約当事者に関する規定としては、第一一九条に次のように規定されるのみである。

「この平和条約には、批准書の交換以前に又はそれ以後六箇月以内に、一方又は他方の当事者から［提案され］共通の同意に基づき指名される者が含まれる。これとは別に、本条約の仲介者としてのヴェネツィア共和国が両当事者の決定により含まれる。更に、極めてキリスト教徒的なる［フランス］国王に代わり、サヴォワ公及びモデナ公がイタリアにおいて戦争を遂行したこと、そして現在も遂行中であることは、それら諸公に対して、決して何らの不利益ももたらさない。(119)」

このように、ＩＰＯでは既に確認した講和会議参加者のみならず、実際には不参加だった英国王やモスクワ大公、そして会議途中で交渉の場を去ったデンマーク国王といった者も、皇帝又は瑞女王の「同盟者及び支持者」

(*foederati et adhaerentes*)(120)として、この文書に「含まれる」とされている。また、皇帝側と瑞女王側に共通して挙げられている者（英国王、丁国王、蘭連邦議会、スイス等）も多数見出される。これに対して、ＩＰＭでは「含まれる」者の列挙は行われず、「仲介者」(*mediatrix*)としてヴェネツィア共和国のみが明示されている。(121)

２　「この講和に含まれる」の意味

それでは、「この講和に含まれる」とはどのような意味を持つのであろうか。特に、それは、本条約における「当事者」とどのような関係にあると解されるのであろうか。この点を考察するために第一に問題となることは、ＩＰＯ第一七条第一〇項の冒頭にある「この講和に含まれる」(*hac pacificatione comprehendantur*)という文言の意味であろう。その意味を明らかにするために、先ず、「講和」(*pacificatio*)の意味について考察することとしたい。

この“*pacificatio*”の語に関して明白な事実は、ウェストファリア条約ではこれに類似する複数の文言が使用されていることである。それらの中では先ず、“*pacificatio*”と同一の語源に由来する“*pax*”が挙げられる。これら二つの言葉の意味を同条約中での使用例の中で考察するならば、次のような相異を見出すことができる。即ち、“*pacificatio*”は戦争状態から平和状態へと移行すること（例えば、ＩＰＯ第五条第七項、第六条（ＩＰＭ第六一条））を意味し、“*pax*”は平和である状態を強調したもの（例えば、ＩＰＯ及びＩＰＭ各々の第一条は“*pax*”が関係者間に存在するよう命ずる。更に、ＩＰＯ第一七条第八項（ＩＰＭ第一一七条）を見よ。）と解することができ、したがって、邦語としてはそれぞれ「講和」と「平和」とすることが適切であろう。また、以上の二語の他にも、“*transactio*”、“*pactum*”、“*conventio*”、更には“*tractatus*”の語が用いられている。これらの中で“*transactio*”は「講和」及び「平和」を作成又は達成するための交渉（例えば、ＩＰＯ第五条第一・二項、第一〇条第七項）という文脈で使われる場合が多いため「和議」とすることが適切であろう。また、“*pactum*”は合意自体（例えば、ＩＰＯ第五条第三三項）を示しているため「合意」、“*conventio*”及び“*tractatus*”は合意内容を記した文書（例えば、ＩＰＯ第五条第一四・二八項、ＩＰＭ第一一九条）であるため「条約」を指すものと考えられる。

このことは、「この講和に含まれる」者に関する規定が、ＩＰＯでは*“pacificatio”*が使用されつつ、欧州の大多数の国や政治体を列挙しているのに対して、ＩＰＭでは*“tractatus”*が使用されつつ、それに含まれる諸国の具体的な列挙を（「仲介者」であるヴェネツィア共和国を除いて）行っていないことの背景をも説明するように思われる。即ち、ＩＰＯは欧州全体における平和状態への移行を強調するのに対して、ＩＰＭでは皇帝と仏国王を主要当事者とする合意文書自体への参加が問題となるために当事者間の合意がなければその名前を挙げることはできないとの意識が働いたものと解し得るのである。

勿論、以上の区分が絶対的に妥当し、一貫して使用されているとは言い難い。[122] そして、そのことは*“pacificatio”*についても同様である。それでも、他の類語に比較してこの言葉が使用される頻度は少なく、[123] ほぼ「講和」として解すべき文脈で使用されており、そうではない場合には、「（講和）条約」として解すべき文脈において登場しているのである。（例えば、ＩＰＯ第一一条第四項、第一五条第一四項（ＩＰＭ第五九条）、第一六条第二項（ＩＰＭ第一〇〇条）・同第一八項（ＩＰＭ第一〇九条第二文））

次に、「含まれる」(*comprehendantur*)という語の意味について触れておきたい。この語は接続法で表現されている（したがって、法的義務が含意され得る）ものの、ウェストファリア条約に規定される多様な法的義務を当該「含まれる」者に課すというような意味を有するとは思われない。それは次の理由による。

これら条文は「この講和に含まれる」者を列挙するものであって、厳密な意味における「条約定立主体」に限定して挙げているものではない。例えば、デンマーク、ポーランド及びトランシルヴァニアの代表の参加は一時的なものであって、それら代表は最終的な合意文書の形成には与からなかったからである。[124] むしろ、「この講和に含まれる」者とは、事実として本条約の作成や講和会議に何らかの関わりを有した者、[125] より広義には、本条約作成の原因であった三十年戦争に参加した者、そして最広義の解釈としては、全欧州における平和状態への移行に参加する者という意味を持つものと思われる。特に、この最広義の解釈は、三十年戦争に直接的には参加することなく、またウェストファリア講和会議にもその全期間を通じて欠席した英国王が挙げられていることによって、その妥当性が確認されるであろう。

以上のことから、「この講和に含まれる」者とは、「ウェストファリア条約の諸規定に直接的に拘束される」者という限定的なものではなく、*"pacificatio"* を前述の意味での「講和」と理解し、「共に平和状態に移行する」者という程度の意味で用いられているものと解する方が、同条約の総体に即した解釈であると思われるのである。

3 評 価

以上のように「この講和に含まれる」者の意味はかなり広い範囲に及ぶものであり、しかも、ウェストファリア条約の何れかの条文中で具体的に名宛人として挙げられていない者が含まれている。それでは、このような規定を設けたことには、近代国家及び近代国際法の成立と発展という観点からはどのような評価が下され得るのであろうか。

第一に、皇帝、瑞女王や仏国王等と並んで、帝国の選帝侯以下の帝国等族その他の多様な法的地位にある主体が同一講和条約に「含まれる」ということは、原則的に条約の定立主体を均一な「国家」に限定する近代国際法理論と異なる観念がそこに存在することを示している。

第二に、（第一点と関連するが）多様な主体を包含することによって、ウェストファリア条約の諸規定は国家対国家の関係という枠組の中で捉えられないことが予想される。

第三に、「この講和に含まれる」者が欧州全域に広がることの意義を考えるべきであろう。それらの中で具体的な領域の移譲に関係しない者（例えば、英国王）であっても、「この和議の全ての関係者」(*omnes huius transactionis consortes*）に向けられた「条約擁護義務」（ＩＰＯ第一七条第五項（ＩＰＭ第一一五条））及び「講和に対する不正の除去に関する義務」（ＩＰＯ第一七条第六項（ＩＰＭ第一一六条第一文））は負うことになる。（但し、これは義務とされているが、実際には権利として援用され得る性質のものである。この点については、次章で論じられる。）つまり、「この講和に含まれる」者が広範囲に存在することによって、欧州全域にわたるウェストファリア条約の保証体制が（それが名目的なものに過ぎないとしても）構築されることになるのである。

㈣「仲介者」

最後に、「仲介者」（*mediator*）について触れておきたい。

ＩＰＭ前文では「［講和交渉が行われたことは、］極めて光輝に満ち且つ卓越したヴェネツィアの使節にして元老院議員であるアルヴィーゼ＝コンタレーニ（*Aloysius Contarenus*）閣下、即ち殆ど五年間にわたり公平なる仲介者としての任務を勤勉に履行した騎士、の仲立及び努力による（*interventu et opera*）」という文言が付加されている。また、既に確認した通り、ＩＰＭ第一一九条には、「ヴェネツィア共和国」（*respublica Veneta*）が「仲介者」（*mediatrix*）としてこの条約に含まれるとする一文が加えられている。（尚、ＩＰＯではその前文及び各条項中の何れにも、「仲介者」への言及はない。これは、（既に触れられたように）講和会議中にデンマーク国王が仲介の任から去ったのちに、直接交渉が選好されたことの結果であると思われる。また、ヴェネツィアは、ＩＰＯ第一七条第一〇項で「イタリアの全ての諸侯及び都市国家（*principes et respublicae*）」として皇帝側の当事者に含められると同時に、同第一一項では「ヴェネツィア共和国」（*respublica Veneta*）として瑞女王側の当事者の中に明示的に挙げられている。）

さて、一七世紀の国際法学関連文献において、紛争解決のための「仲介」には重要な地位を与えられていたように思われる。[126]（実際に、ウェストファリア講和会議においても当初はミュンスターではローマ教皇が、またオスナブリュックではデンマーク国王が仲介の任に当たることについての了解があったようである。[127]）しかし、法理論的に興味深いのは、ヴェネツィアが仲介者として挙げられているのみならず、「この講和に含まれる」者ともされている点である。ここには、先ほど述べられた「この講和に含まれる」者が「共に平和状態に移行する」者というような広い意味で捉えられていることの妥当性が示されていると言えよう。

まとめ

(一) ウェストファリア条約の「当事者」の分類

第三節で行われたウェストファリア条約の「当事者」を巡る議論から、「当事者」を次のように分類することができよう。

第一に、IPO及びIPM各々の前文に登場する主要当事者である神聖ローマ帝国皇帝・瑞女王・仏国王であり、第二に、講和条約の交渉及び作成過程に参加した帝国等族である。[128] 第三に、帝国等族に関する規定とは別個の規定を設けられた自由帝国都市は（その帝国直属資格も含めて）帝国等族とは別に当事者としての検討を要する。（尚、都市を巡る問題は、「この講和に含まれる」者との関連で、そしてまた実際にそれらを名宛人とした規定が設けられていることも考慮して、「ハンザ」についての検討をも必要とする。）第四に、「仲介者」も挙げられるべきであろう。第五に、「この講和に含まれる」者の中で、以上の四種の当事者以外で、実際に講和会議に参加した当事者（例えば、ネーデルラント連邦議会）、そして第六に、講和会議には不参加ではあったが、「この講和に含まれる」者の中に挙げられた者（例えば、英国王）である。

(二) ウェストファリア条約の諸規定の分類

以上のようにウェストファリア条約の「当事者」は分類されるが、その中で条約の実質的規定の中に実際に名宛人として登場するのは、第一から第三の範疇に分類される「当事者」である。そして、同条約の諸条項は、神聖ローマ皇帝・瑞女王・仏国王という、封建的秩序の最上位の存在の相互間の関係（例えば、ＩＰＯ第一〇条第一項、ＩＰＭ第七二条）のみならず、皇帝・女王・国王と帝国の選帝侯・諸侯・等族との間の関係（例えば、ＩＰＯ第一一条第一項、ＩＰＭ第八七条）、或いは等族相互間の関係（例えば、ＩＰＯ第四条七項）を規律し、更には、皇帝・女王・国王・諸々の帝国等族に共通に課される義務を設定する（ＩＰＯ第一七条第一項、ＩＰＭ第一一一条）のである[129]。このような諸関係を考慮して、同条約の諸条項を内容に従って分類するならば、以下のように纏めることが可能となる。

第一には、本条約全般にわたる基本的目的や原則を宣言する「原則規定」（ＩＰＯ及びＩＰＭ各々の第一条及び第二条）である。

第二には、領域の移譲とそれに付随する諸権利の移転、更にはそれらの移譲や移転から派生する諸措置に関する規定である。これには、それらの移譲及び移転の際の一般原則を示す規定（ＩＰＯ第三条、ＩＰＭ第三条乃至第六条及び第六九条）と個別的措置に関する規定（ＩＰＯ第四条、第一〇条乃至第一五条、ＩＰＭ第七条乃至第四六条、第四八条乃至第六〇条及び第七〇条乃至第九七条）が含まれる。また、これらの規定は、三主要当事者間での領域移譲に関連する規定と、当該移譲により不利益を被る帝国等族に対する補償措置としての意味を有する、三主要当事者と帝国等族間の規定を中心とする。

第三には、帝国等族（自由帝国都市を含む。）と皇帝（帝国）との権利・義務関係を設定又は確認する規定である。（ＩＰＯ第六・八・九条、ＩＰＭ第六一条乃至第六八条）

第四には、宗教問題に関連する規定である。（ＩＰＯ第五・七条、ＩＰＭ第四七条）
第五には、条約実施のための手続に関する規定である。（ＩＰＯ第一六・一七条、ＩＰＭ第九八条以下）
但し、次章以下の論述中で明らかとなるように、これらの五つの範疇の内の複数に該当するような複合的性格を有する条文も幾つか存在する。[130]それでも、以上の基準に従って分類することにより、逆にそれら複合的な性格を有する規定が析出されるのであり、一応の分類の基準にはなるものと考えられるのである。

(三)　ＩＰＯとＩＰＭの関係

次に、ＩＰＯとＩＰＭの関係、特に、両文書を法的に一体のものと解すべきか、否かについて触れておきたい。

ウェストファリア条約を構成する二つの文書であるＩＰＯとＩＰＭは法的に一体のものとみなされるとする見解もある。[131]しかし、その根拠となる規定を両文書や一六四一年の「予備条約」の中に見出すことはできない。この点は、（既に確認されたように）「予備条約」第一条においてミュンスターとオスナブリュックが会議開催地として一体とみなされる旨が明示されていたことに比較した場合に、両文書の一体性という意識が当事者の間にどれほど存在したのかは疑問である。多数の共通した内容の条項を有すること、そしてＩＰＯ第一七条第一一項により仏国王が瑞女王側に「含まれる」ことから、実質的に両文書が一体化するという側面は否定し得ない。しかしながら、ＩＰＭ第一一九条を見るならば、仏側はむしろ皇帝のみとの関係において講和条約を作成することを欲したようにも思われる。実際に、一体のものとすべき事柄は共通条項や準用規定という形式でＩＰＭに包摂されているのであるから、敢えて両文書を法的に一体のものとする必要はない。以上のことから、実質的な問題は別として、法的に両文書を一体のものとみなすことはできないのであり、また一体と解する必要もないものと判断されるのである。

IPO及びIPMは、前文に示されているように皇帝と瑞女王間、そして皇帝と仏国王間の合意である。しかし、両文書の諸条項は帝国等族との関係を含むものが多数存在する。そのために、帝国等族に関しては「署名者」として、或いは「この講和に含まれる」者として実質的に両文書の当事者とされている。更に、自己に直接的に関連する条項は存在しないものの、三十年戦争の帰趨から何らかの影響を蒙る者（例えば、IPO第一七条第一〇項に含まれる「イタリアの全ての諸侯及び都市国家」や同第一一項に含まれる「ポルトガルの国王及び王国」）が「この講和に含まれる」者として挙げられることとなる。そして、それらは少なくとも「条約擁護義務」を通じて、ウェストファリア条約の保証体制に組み込まれることになるであろう。

㈣　IPOとIPMは「二国間条約」なのか

このように、講和会議及び条約に多様な主体が関わり合い[132]、しかもそれらの中には法的地位が平等ではないと考えられる者が含まれたことから、一つの条約の中に多層的又は階層縦断的な関係（IPOを例に採れば、皇帝と瑞女王、皇帝と帝国等族、帝国等族相互間、「この講和に含まれる」者の相互間等）が存在することとなったものと考えられる。これは、当時の帝国国制内の身分制社会の反映であると共に、「法主体性」や「主権平等」といった観念が明確化されていない当時の「国際法」的観念の状況も反映されているものと解され得る。また、多数国間条約作成についての法技術的側面が依然として形成途上にあったことも事実であろう[133]。このような事情によって、二国間条約の形式の中に多辺的且つ多層的な内容を包含させるという結果となったものと推測されるのである[134]。

次章以下では、以上に纏めたウェストファリア条約の「当事者」の分類の中で、本条約の実質的内容を規定し、また本書における問題意識との関連において具体的に検討されるべきものと考えられる、第一（皇帝・瑞女王・仏国王）、第二（帝国等族）及び第三（自由帝国都市）に各々関連する諸条項を中心に考察を進めることとする。

宗教関連条項については、事柄の性質上別個に論ずることとしたい。また、スイス（誓約同盟）とオランダ（連邦議会）については、それらの法的地位の特異性（そして、「神話」との関連性）から、神聖ローマ皇帝の対外的関係（対瑞女王及び仏国王）を扱う次章で論ずることとする。

尚、本書では個別的な領域移譲は詳細に論じられない。それは、本書における問題関心が、個別具体的な領域移譲について知ることよりも、むしろどのような法的地位にある者の間で、そしてどのような条件のもとで、領域移譲が行われているかを確認し、その上でそれらの条件や領域移譲が近代国家間の関係におけるものとどのような相異を示しているかを検討することにあるからである。(135)

（1） Colegrove (1919), 455–463.

（2） *Du Mont*, V, ii, 615–619. この条約はフランスの三十年戦争への正式参戦以前にレーゲンスブルクで為された皇帝（フェルディナント二世）・仏国王間の合意で、本来は帝国領マントワ (Mantua) の継承を巡る問題の解決を目指したものであったが、条約当事者の敵対者に対する援助を行わないことを相互に約束すること（第一条）なども含まれた。この条約には交渉当事者による署名は行われたが、最終的に仏国王による批准は行われなかった。Hartmann, A. V. (1998), 20–33. 更に、批准拒否の背景やこの問題とグロティウスの関わりに関して、次の文献を見よ。O'Connell (1967), 71–90.

（3） *Du Mont*, VI, i, 88–99.

（4） 一六三五年五月に締結された「プラハ和議」(Pragerischer Friedens-Schluß) は、形式上は皇帝（フェルディナント二世）とルター派で新教派諸侯の中心的存在であったザクセン選帝侯（ヨハン＝ゲオルク一世 (Johann Georg I)）間の合意であるが、全ての帝国等族と帝国外の諸国も招請され、殆どの帝国等族が同意した。(Willoweit (1997), 141.) しかし、若干の帝国等族（特に、ヘッセン＝カッセル）が和議締結に反対すると共にフランスが締結の一一日前に公然と参戦し、スウェーデンもまた（一六三〇年参戦以来の）戦闘を継続したために、講和自体は失敗した。（Dickmann (1998), 70–74: *Croxton et Tischer* (2002), 236–237.）それでも、この和議の作成過程を通じて皇帝は帝国内での彼の地位を著しく強化した。また、（本文でも触れられるように）後の講和交渉において皇帝側は同和議を交渉の基礎としようとし、スウェーデンは同和議の撤廃を講和の条件とするなど、その後の講和交渉の中で同講和は重要な要素であった。（伊藤（2005）、六〇頁。）

（5）Dickmann (1998), 74–77.

（6）*Croxton et Tischer* (2002), 236–237, 248–250.

（7）*Du Mont*, VI, ii, 264–283: *CTS*, V, 325–402.

（8）*Croxton et Tischer* (2002), 277: *Köbler* (2007), 107.

（9）「ネーデルラント連邦議会」とは、元来はブルゴーニュ家支配体制における封建的身分制議会のことであった。それが、一五七九年の「ユトレヒト同盟」結成、そして一五八一年のスペイン国王のネーデルラントに対する王権の喪失に関する宣言（ネーデルラント独立宣言）を通じて、北部ネーデルラント各州の代表により議会が構成されるようになると、これを指すものとしてもこの言葉が使用されるようになったという。(Roelofsen (1978), 13–14. 両者の混乱についてのルーロフセンの指摘(Roelofsen (1978), 13, n.12.) も見よ。）尚、“de Staten-Generaal”を「（オランダ）全国議会」とする著作（例えば、朝倉（1980））も見受けられる。しかし、一七世紀のオランダは構成州の権限が極めて強く、現在の言葉を用いて表すならば「連邦」とすることが最適であると考えられる。そのため、本書では“de Staten-Generaal”に「連邦議会」という訳語を当てた。

（10）ウェストファリア条約中で「スイス」を指す言葉としては“*Helvetia*”（ＩＰＯ第六条）、“*foederati Helvetiae*”（ＩＰＯ第一〇条第一〇項）が使用されている。“*Helvetia*”は *Orbis latinus* によれば、„die Schweiz“であり、「スイス」としてよいものと思われる。そして、“*foederati Helvetiae*”は直訳すれば「スイスの同盟者」（複数）となろう。

　この“*foederati Helvetiae*”（これは一三世紀末に構築されたスイス地方の共同体間の一種の同盟関係に由来する。）は、通常ドイツ語で„(die schweizerische) Eidgenossenschaft“と呼ばれるものに対応している。ところが、この„Eidgenossenschaft“の邦訳語は確定されていないように思われる。例えば、イム＝ホーフ（森田）(1997) では「盟約者団」とされているのに対して、柳澤 (2006) では「誓約同盟」とされているのである。「盟約者団」という訳語は、当初の人的結合関係を理解する上では好ましいが、一七世紀中葉における領域的広がりをも有するスイス地方の政治体を指す言葉としては必ずしも適切ではないものと考えられる。そこで、本書では一応「誓約同盟」とする。

尚、IPO第六条では、スイス誓約同盟の同盟構成主体を指す語として*"cantones"*（複数）が使用されている。現在では「カントン」(Kanton) は通常（スイス連邦の）「州」と訳されることが多い。しかし、ベルヌその他の都市もまた「カントン」の名を帯びており (Städtekantonen)、領域的広がりを有する「州」とは若干異なる意味合いを与えられつつ、この語は使用されている。そこで、本書では「邦」という訳語を使用することとした。

(11) Becker, W. (1973), 133–138.

(12) 但し、後述する一六四一年末の「予備条約」では、皇帝及び西国王から発給される通行許可書 (Passeport) の受給予定者の一覧の中には、仏国王全権委員や瑞公使 (Resident)、サヴォワ公全権委員、蘭全権委員等と並び、「フランスの同盟者及び支持者 (Alliez & Adherans) である全ての帝国等族 (tous les Ordres de l'Empire) 又はその使節」（第五条）が挙げられている。(*Du Mont*, VI, i, 232.) このことから、この時点で既に、少なくとも仏側に立つ帝国等族の会議出席自体については合意されていたものと思われる。

(13) Dickmann (1998), 188–189. 但し、帝国等族の講和会議参加を要求する際の仏瑞両国の主張は矛盾するものであった。即ち、一方では、両国はハプスブルク家に対する戦争を遂行しているのであって、帝国に対する戦争ではないとしつつ、他方では、皇帝のみでは講和条件の交渉相手とはなり得ず、帝国等族の参加が必要であるとしたのである。Schröder, P. (1999), 974.

(14) *Croxton et Tischer* (2002), 135–136. 尚、実際に代表を派遣した都市の数について、*Croxton et Tischer* (2002), 135 では「一六四〇年代に存在した六三の自由帝国都市の内で一八都市のみ」とされているが、ランガーによれば、「帝国都市」の殆ど全てが何らかのかたちで代表を派遣し、その総数は約一四〇にのぼったが、一七都市のみが自己の代表団を有したという。(Langer (1987), 1066–1067.)

(15) デンマーク（国王クリスティアン四世）は、後述する一六四一年の「予備条約」の作成交渉において仲介の任に当たり、同条約の署名以降もその活動を継続していた。ところが、スウェーデンがその公平性に疑念を抱く（瑞の勢力拡大に対する警戒や嫉妬の念が丁国王にあると考えられた。）と共に、瑞丁間の緊張関係が一六四四年初めには武力衝突に至るなどしたため、その役割を放棄せざるを得なくなった。(Colegrove (1919), 467–469.) ディックマンによれば、丁国王は仲介者として講和会議当初の数箇月間参加しただけであったという。(Dickmann (1998), 199.)

(16) 但し、IPO（第一七条第一一項）ではヴェネツィアは瑞側当事者の一つとしても挙げられている。

(17) Schindling (1999), 43. 但し、後述（第一部第五章）のように教皇庁は最終的にウェストファリア条約自体に対して否定的となる。

(18) この叛乱もまた、一六三五年以降の西仏戦の影響（戦争の消耗戦化とそれに伴うそれら地域に対する西王室による人的・経済的圧迫の増大）の下で発生したものであった。そのため、それらの叛乱も三十年戦争との関連の中で考察されるべき事柄であると言えるのである。Elliott (1988), 197–199.

(19) 但し、それら叛徒はIPO第一七条第一〇・一一項及びIPM第一一九・一二〇条における「この講和に含まれる者」の中には挙げられていない。

(20) Parker (1984), 186: Dickmann (1998), 199. 更に、講和会議参加者の概観のために、次の文献も見よ。Ward, A. W. (1906), 398–403.

(21) 講和会議不参加国に関する記述に関しては、論者により若干の相異がある。ネイス・オッペンハイム（及びロウターパクト）・ワードは、ロシア・ポーランド・イングランドが (Nys (1912), 25: Oppenheim, L. (1905), 60: Lauterpacht (1955), 879, n.1: Ward, A. W. (1906), 403.)、ヌスバオムは、イングランド及びポーランドが (Nussbaum (1958), 115.)、そしてヘッケルは、ロシア・トルコ・イングランドが (Heckel, (1985), 307.)、各々不参加であったとしている。（また、ディックマンは、イングランド・ロシア・トルコを除く全ヨーロッパが参加したとしており (Dickmann (1998), 199.)、ヘッケルと同様の見解を示している。）

　ポーランドは三十年戦争については中立を維持した。それは、一六世紀後半以来のハプスブルク家との緊密な関係、北方のスウェーデンに対する安全保障とそのための仏の仲介や援助の必要性（実際にポーランドと瑞は一七世紀前半に交戦状態にあったが、仏の仲介により一六二九年に六年間の、また三五年に二六年間の休戦協定が両国間で成立している。）等の事情の考慮の結果として選択された政策であった。(Serwanski (2000), 135–136.) その結果、英国と同様にポーランドもこの時期における国際関係において周辺的役割しか果たさなかったとされ、ウェストファリア講和会議不参加国として挙げられることが多かったものと推測される。しかし、ポーランドは、一六四三年及び四六年に同講和会議に使節を参加させているようである。(*Croxton et Tischer* (2002), 229–230.)（ディックマンも同様に、ポーランド及びトランシルヴァニアの代表は（信任状を付与されなかったものの）一時的ではあるが参加したとしている。(Dickmann (1998), 199.)）

また、当時の欧州国家間関係における（特に、「勢力均衡」の維持という点から）ポーランドを含む東欧諸国の役割を論ずるものがある。（一例として、次の文献を見よ。Livet (1976), 84–86.）また、この時期の欧州諸国家間の関係におけるポーランドの真の役割を理解するためには、次の指摘も重要であるものと思われる。「ポーランドは一六〇〇年から一六二九年までの間、そしてまた一六五五年から一六六〇年までの間、色々な長さの休止期をはさみながら、スウェーデンと戦った。したがって、スウェーデン・ポーランド間の軍事的競争は、一六三〇年以降疑いもなくスウェーデンが重大な役割を演じた三十年戦争と多くの年月において重なっていた。」(Asch (1997), 2.)

但し、以上のような状況であったにも拘らず、本章第三節で論じられるＩＰＯ第一七条第一〇項及び第一一項には「イングランド国王」、「デンマーク及びノルウェーの国王及び王国」、「ポーランド王国」及び「トランシルヴァニア諸侯」が、また、第一一項のみには「モスクワ大公」が、「本和議に含まれる」ことが明記されている点には、注意を要する。

(22) *Du Mont*, V, ii, 580–582.

(23) Giry-Deloison (2000), 401.

(24) このように英国は通常三十年戦争に関して周辺的な関わりを有したに過ぎないと考えられてきたが、タックは、「実際には一五八四年から一六四二年にかけて殆ど途切れることなくオランダにかなりのイングランド軍が存在した」とし、三十年戦争への実質的関与があったものとしている。(Tuck (1989), 12.) また、既に触れられたように、一六三八年前後には英国王チャールズ一世はブリュッセルにおける講和会議開催のための仲介活動を行ったが、この企図は失敗に終った。(Colegrove (1919), 463.)

(25) Heckel (1985), 307: Giry-Deloison (2000), 401.

(26) ルーロフセンは、英国及びポーランドがウェストファリア講和会議に不参加であったとした上で、ロシア及びトルコは当時のヨーロッパ諸国家の共同体 (de Europese statengemeenschap) には含まれていなかったとしている。(Roelofsen (1991, b), 78.) 但し、一七世紀から一八世紀のロシア及びトルコの国際的地位（欧州に含まれるか否か）については、決して単純な解答があるわけではない。例えば、トルコは地政学的観点から欧州内の諸関係に含まれるものと認識されていたとする見解がある。

この点については、次の文献を見よ。Mohnhaupt (1982), *passim*, esp. 214.

(27) Dickmann (1998), 192–193.（また、ディックマンは、これらの参加者が何れも国王や領邦君主の使節であったため、この会議が「純粋な使節会議」(ein reiner Gesandtenkongress) であったとする。）

尚、講和会議参加使節数については若干の異説も存在する。例えば、パーカーは、講和会議参加者について、次のように記述している。「交渉は、欧州の一九四の大小諸君主を代表する一七六名の全権委員（彼等の殆ど半数は法律家を職業としていた）によって処理された。会議に参加したすべての国々が自らの代表団を派遣したのではない（一〇九の国々のみが派遣した）が、それでも一六四三年から一六四八年の間のミュンスターとオスナブリュックの道々には数千人の外交団が押し寄せた。代表団の規模は多様であり、成人男女及び子供を合わせて二〇〇人というフランス代表団から小規模なドイツ諸侯のたった一人のものまであったのである。」(Parker (1984), 178.) また、レープゲンは、一四〇の帝国等族が六六名の使節（一使節が複数の帝国等族を代表する場合が見られた。）によって代表されたとしている。(Repgen (1998, a), 355–372.)

(28) 若干の例として、次の文献を見よ。Nussbaum (1958), 115: Verdross (Simma) (1984), 20: Holsti (1991), 25. アームストロングは、ウェストファリア条約が「国際社会の観念そのもの」を含んでいたとする。(Armstrong (1993), 35.) 同様の見解については、更に次の文献も見よ。Nardin (1983), 57–58.

(29) 例えば、一六三六年前後のケルン講和会議の開催がローマ教皇の仲介により準備された際には、会議参加招請は瑞女王に対して行われなかった。Colegrove (1919), 456 *et* 471.

(30) Colegrove (1919), 471.

(31) Colegrove (1919), 472–473. 尚、「予備条約」締結以前の一六四一年夏には、ミュンスター及びオスナブリュックが将来の講和会議の開催地となる旨の決定が帝国議会（レーゲンスブルク）で為されたとの通知がミュンスター出身の皇帝書記官 (J. Detten) からミュンスター市参事会に対して行われていたという。(Lahrkamp (1999), 240.) ミュンスターを会議開催地として選定した理由として、「長期間の戦争において、その都市［ミュンスター］は深刻な攻囲を受けることなく、掠奪、宿営、免焼金及び破壊から免れ続けた」ことが挙げられている。(Stadt Münster, (1998), 1.) また、両都市を選択するに際して、グロティウスの提案があったともされている。(Gellinek (2000), 113–114.)

(32) *Du Mont*, VI, i, 232.
(33) *Croxton et Tischer* (2002), 188–189: Colegrove (1919), 467–469.
(34) 「諸侯部会」は「聖界諸侯団」(Prälatenbank) と「俗界諸侯団」(Fürstenbank) に分かれた。
(35) ウェストファリア講和会議の時点では、都市部会は六二都市により構成され、二五都市がライン都市団を、三七都市がシュヴァーベン都市団を形成した。Wheaton (1845), 75.
(36) 選帝侯部会（ウェストファリア条約以前は七選帝侯）では各選帝侯が一票を有した。(Virilstimme) 諸侯部会における投票権は、一五八二年までは各参加資格者が一票の権利を有する (Virilstimme) という意味において平等なものであった。(Planitz (1971), 268: Mitteis (1988), 347.) しかし、それ以降は領邦の分割や相続等に際して、投票数の整理・削減が行われ、独立して一票を有する領邦と、集団で一票を行使する (Kuriastimme) 領邦とが存在した。しかも、相続その他を通じて、複数の領邦（票）を有する諸侯に加え、選帝侯も諸侯部会での投票権を保持する場合があった。(Gagliardo (1980), 23.) したがって、一種の加重投票制度とも呼ぶべき制度となっていたのである。
(37) Gagliardo (1980), 21–24. 皇帝により議案 (Proposition) が提出されると、先ず選帝侯部会がそれを討議し、そこで起草された見解 (Relation) が諸侯部会に回付され、諸侯部会はその意見を独自の文書に纏める。(Korrelation) この間に不一致が発生した場合には、両会議体間での協議が行われる。そして、それらの間での合意形成の後に、都市部会での討議が為された。Willoweit (2005), 224.
(38) "*itio in partes*" については、第一部第五章第三節㈠で触れられる。
(39) Schröder, P. (1999), 974.
(40) ウェストファリア講和会議における交渉形態全般については、更に、次の文献を見よ。Dickmann (1998), 212–215.
(41) Braun, G. (2005), 147.
(42) 要するに、「[使用言語についての] 一般的規則は存在せず、特に口頭での交渉ではそうであった」(Dickmann (1998), 215.) という状態であった。因みに、西蘭間の交渉では、仏語及び蘭語（但し、西蘭間の交渉規則に関する合意文書では、フランドル語 (flammand: Flaams) とされている。）のみが使用されたという。Braun, G. (2005), 147–148 *et* n.25. 当時の会議使用言語に関しては、次の文献も見よ。Gellinek (2000), 116–118.

（43）但し、「予備条約」自体は、例えば、*Du Mont* (VI, i, 231–233.) において同条約に付された名称が、"Traité Préliminaire entre Ferdinand III. Empereur, & Philippe IV. Roi d'Espagne d'une part, & Louis XIII. Roi de France, pour l'Assemblée de Munster & d'Osnabruk"とされていることからも理解される通り、四者間の合意とはなっていない。これは、条約署名直前にスウェーデン代表が条約中で瑞（女王）が仏（国王）の後に名を挙げられていることに異議を申し立て、仏とは別個の条約の作成を要求したことによる。Hartmann, A. V. (1998), 492–493.

（44）Israel (1982), 349–350: Hartmann, A. V. (1998), 479–495.

（45）Dickmann (1998), 113–117.

（46）ウェストファリア講和会議の全体の経過は、幾つかの時期に区分することが可能であるが、通常その中に予備交渉期間も含まれている。例えば、アオアーは四期に区分するが、それは、第一期が予備交渉開始から一六四四年末の講和提案交換まで、第二期が当該提案に関する協議の時期、第三期が本交渉の期間（トラオトマンスドルフ伯到着から同伯による一六四七年六月の条約草案提示まで）、第四期が交渉の最終局面から講和条約締結まで、というものである。(Auer (1998), 145.) これに対して、パーカーは次のように三期に区分している。第一期は、一六四三年一月の会合（但し、フランクフルトで開催）から一六四五年一一月のトラオトマンスドルフ伯の到着までの時期であり、会議運営の手続的問題について交渉された。第二期は、同伯の到着から退去（一六四七年六月）までであり、オランダ（対西）及び帝国関係の主要問題が集中的に討議された時期である。そして、それ以降講和条約締結までが最終第三期であり、これは仏が西を最終的に屈服させるために戦争の終結を遅延させていた時期に当たる。(Parker (1984), 178–179.) つまり、パーカーは予備交渉期間を除外しているのである。

（47）*Du Mont*, VI, i, 232.

（48）*Du Mont*, VI, i, 233.

（49）講和会議開始当初の交渉は意図的に延引されたものと考えられている。その理由の一つとしては、戦争の帰趨を見極めることができなかった皇帝が最終的な全般的講和交渉の開始を了承しなかったことが挙げられる。Auer (1998), 149–150.

（50）皇帝は、一六四三年七月一五日付でミュンスター（ナッサオ伯 (Graf Ludwig von Nassau) 及びクラーネ (Dr. Johan Krane)

宛）及びオスナブリュック（アオアースペルク伯（Johan Weikhar Graf von Auersperg）及びフォルマル（Dr. Isaak Volmar）宛）に各々発出された二つの「主要訓令」(Hauptinstruktionen)（*APW*, I, i, (Nr.26), 397–406: *APW*, I, i, (Nr.27), 407–413.）に加えて、同年九月二三日付のオスナブリュック及びミュンスター宛「追加秘密訓令」(Fernere geheime Instruktionen)（*APW*, I, i, (Nr.28), 413–440.）を発している。（それらの内容は、例えば、ミュンスター宛「主要訓令」では対仏講和において一六三〇年のレーゲンスブルクでの皇帝・仏間合意が基礎となるべき旨などが述べられているが、一般的な表現が用いられており、やや具体性に欠けるという印象を与える。それに対して「追加秘密訓令」では、ローマ教皇庁を含む相手国毎の対処方針に加えて、帝国の個別の選帝侯や諸侯に対する具体的な方針も提示されている。このような両訓令の記述内容の相異は、次のような事情により生まれた。即ち、「主要訓令」は選帝侯に報告されるものであったため、可能な限り一般的な表現が用いられ、交渉の足枷とならないように工夫されており、その結果、正確な内容は「追加秘密訓令」に盛り込まれたのである。(Auer (1998), 146.) そして、分量的には「追加秘密訓令」が二つの「主要訓令」を合したものの二倍近くになっている。）

また、仏国王は仏の主要使節（ラングヴィル公 (le Duc de Langueville Henry d'Orléans)、アヴォー伯 (le Comte d'Avaux Claude de Mesmes) 及びラロシュ伯 (le Comte de la Roche des Aubiéz Abbel de Servien)）宛の一六四三年九月三〇日付「主要訓令」(*APW*, I, i, (Nr.5), 58–123.) を発している。（この訓令は、ハプスブルク家による普遍的支配 (monarchie universelle) の再生を予防する国際的政治体制構築の実現を意図してリシュリューにより示された素案が起源となっている。その素案は一六三七年二月から三月にかけての「主要訓令」(l'Instruction principale) で敷衍され、更に四一年に作成された一般的講和会議のための訓令に採り入れられている。そして、彼の死後マザランによってその大部分が引継がれるかたちで、四三年の訓令が作成されたのである。(Malettke (2000), 57.) この四三年の訓令の概要については、次の文献も見よ。Bély (1992), 152–154.）

尚、瑞女王の「主要訓令」(*APW*, I, i, (Nr.17), 231-266. 独訳版は、*APW*, I, i, (Nr.17a), 291–322.) は、皇帝及び仏国王のそれに先んじて、一六四一年一〇月五日（一五日）付で瑞代表団 (J. Oxenstierna, J.Adler Salvius, T. Bielke) に宛てて発出されている。

(51) 前註で挙げた「主要訓令」等から窺われる、主要三当事者の講和会議における基本方針について若干触れておきたい。先ず、皇帝側については、帝国の内部問題の処理を伴わないフランス及びスウェーデンとの和解が目標とされたと言えよう。(Ruppert (1979), 41–42.) また、瑞側の基本方針は、「恩赦乃至は平和の保障」(die Amnestie oder assecuratio pacis)・「王冠への補償」(die

satisfactio coronae)・「軍隊への補償」(die satisfactio militum) に纏めることができる。「平和の保障」は瑞にとっての「安全保障」であり、具体的には瑞指導下でのプロテスタント派の同盟が意図されていることから、帝国内の宗教問題と密接に関連するものと理解される。「王冠への補償」とは、領土移譲請求を意味する。「軍隊への補償」は、文字通りの意味であり、瑞軍の将校及び兵士への報酬や年金の支払いのため、補償金や土地を確保する必要があったという事情があった。(Lundkvist (1988), 219–240. また、伊藤 (2005)、九六–一〇七頁も見よ。) 仏側は基本的に領土の獲得を目指しており、「主要訓令」では、既に締結されている諸同盟が交渉成功の基礎であるとの認識のもとで、エルザスやピネローロ、ロートリンゲン(ロレーヌ)及びバール、メッツ・トゥール・ヴェルダン等の領域(但し、ライン沿岸では、右岸の要塞都市ブライザッハ (Breisach) を例外として、左岸の地域にのみ要求が限定されている。一六三八年のブライザッハ占領によってライン左岸の仏による支配は安定していたようである。Tischer (1999), 206.) の移譲を皇帝に要求すると共に、アルトワ及びフランドル等についてのスペインに対する移譲要求も挙げられている。

(52) Auer (1998), 151 *et* Anm.39. 一六四四年一二月五日付及び八日付皇帝宛(ランベルク伯 (Johann Maximilian Graf von Lamberg) 及びクラーネ作成)の報告 (*APW*, II, A, ii, (Nr. 46), 84–86 *et* (Nr.49), 88–90.) にはこれら提案の経緯等が記載されている。

(53) Auer (1998), 151. トリーア選帝侯は、一六三一年末にグスタフ=アドルフの軍隊の脅威に直面したとき、リシュリューから援助の申し出を受け、更に翌年四月九日には仏との保護条約を締結した。この条約により仏は、同選帝侯を保護し、またトリーアと瑞との間の中立条約を仲介することを約束するかわりに、同選帝侯領内(エーレンブライトシュタイン (Ehrenbreitstein)、フィリップスブルク (Philippsburg) 及びトリーア市内)での仏軍の駐留の権利を承認させた。その後、一六三五年三月にトリーアはスペイン軍の襲撃を受け、トリーア選帝侯は捕えられ、西領ネーデルラントに送られる。更に皇帝領内(リンツ)に身柄を移され、皇帝の管理下に置かれており、事実上の捕虜となっていた。Abmeier (1986), 9–11.

(54) *Croxton et Tischer* (2002), 299.

(55) 要求事項からの削除にも拘らず、皇帝がトリーア選帝侯を解放したことの背景には、同選帝侯が一六四四年春にトリーア内の選帝侯の敵対者に対する無制限の恩赦を与える旨の文書を皇帝との間に取り交わし、また翌年四月一二日に解放のための協定（これにより、選帝侯は、プラハ和議の受諾、エーレンブライトシュタインに対する上級支配権 (Oberherrschaft) の皇帝への移転、フィリップスブルクのフランスからの取戻しなどを義務付けられた。）に同意するなどした事情がある。Abmeier (1986), 12–14.

(56) 本書では領域の移転に関して「割譲」ではなく「移譲」という言葉を使用する。それは前者が近代国際法上の領域取得権原としての意味合いを帯びるが、本書（特に、第一部）を通じて明らかとされるように、ウェストファリア条約で行われる領域の移転は近代国際法の論理によっては説明され得ない側面が多々存在するからである。

(57) それでも、これらの提案から明白になることは、皇帝（及び西国王）と仏瑞両国の基本的相異点である。即ち、前者は後者が帝国内の問題に介入することを拒絶し、後者はそれを望むという点である。*Croxton et Tischer* (2002), 237–239.

(58) *APW* (Meiern), I, 435–442 *et* 443–448: *APW*, II, A, ii, (Nr.173), 336–339 *et* (Nr.177), 345–350.

(59) 後述第一部第五章第一節㈠1及び第三節㈡を見よ。

(60) *Croxton et Tischer* (2002), 239.

(61) Auer (1998), 158.

(62) *Croxton et Tischer* (2002), 239.

(63) この文書は一六四五年一一月にザクセン＝アルテンブルク代表 (Wolfgang Konrad von Thumbshirn) によって起草され、翌（一二）月二五日に採択された。カトリック側も同様の文書を作成した。*Croxton et Tischer* (2002), 109–113.

(64) ルッペルトはこの「暫定条約」を次にように評価する。「それ［暫定条約］は欧州規模での合意であった。それは欧州における優越的地位のハプスブルクからフランスへの移転を記す転換点の一つであった。」(Ruppert (1979), 199.) 但し、この評価に対してアオアーは疑念を提示している。(Auer (1998), 164, Anm.115.)

(65) Auer (1998), 164.

(66) Auer (1998), 167–168: Ruppert (1979), 296 *et* Anm.768: Dickmann (1998), 406–412.

(67) トラオトマンスドルフ伯の講和交渉からの離脱の理由については幾つか考えられるが、レープゲンは次の二つを挙げている。即ち、一六四七年夏の軍事行動の終了前に交渉の決定的前進が見込めなかったこと、そして、彼自身の体調が思わしくなかった（関節炎に由来する激痛に襲われていたという）ことである。Repgen (2000), 350–351.

（68）Auer (1998), 169.

（69）Auer (1998), 169–170. それでも、一六四七年二月には仏西間講和が目前に迫っているとの風評が依然として存在したようである。（同年二月一四日付トラオトマンスドルフ伯発皇帝宛書簡では「今日又は明日にも西仏間で［講和条約が］締結される」との情報が寄せられている旨が述べられている。（*APW*, II, A, v, (Nr.256), 507.））

（70）Auer (1998), 170–172. 何ゆえにこの講和会議はこのような長期にわたるものになったのであろうか。一般的には、会議期間中に休戦が為されなかったため、戦争の帰趨による交渉基盤の変化、或いはそれへの期待に基づく延引、更には、戦争の継続に伴う瑞側の要求の増大等が考えられる。（この点については、本章第三節㈡3でも触れられる。）これに対して、クロクストンは、主として次の二点を挙げている。一つは、仏瑞間（或いは、場合により仏蘭間）の同盟関係の強さである。即ち、同盟（又は協調）関係が強かったために、双方の足並みが揃わないという事態が発生しないように慎重な態度がとられたとする。他は、交渉の方式が一つの争点の解決の後に他に取り掛かるというものであって、一括交渉が為されなかった点である。勿論、本文中でも触れられた*"Gravamina Politica"*と*"Gravamina Ecclesiastica"*のように、争点を一括した文書が作成され、それによって交渉が迅速化されたと説明される事例もある。しかし、クロクストンは、二つの交渉地をトラオトマンスドルフ伯は往復しなければならず、実際には一括交渉文書はさほど役立たなかったとするのである。Croxton (1999), 278–281.

（71）Langer (1987), 1065. ウェストファリア講和会議の費用については、次の文献を見よ。Bosbach (1984).

（72）Repgen (1998, c), 617.

（73）*Croxton et Tischer* (2002), 91–94.

（74）ツィークラーは、このＩＰＯ及びＩＰＭの共通第二条について、そこには「キリスト教的平和倫理」が反映されていると評価している。Ziegler, K.-H. (1999, a), 143–145. しかし、この講和条約とそれを必要とした三十年戦争の経過を考えるならば、そのような評価に同意することには躊躇せざるを得ない。三十年戦争及びウェストファリア条約における宗教的側面については、第一部第五章で論じられる。

（75）プファルツはドイツにおけるプロテスタント勢力の中心であり、プファルツ伯フリートリヒ四世は一六〇八年五月一二日に結成されたプロテスタント諸侯連合 (Union) の盟主となり、また、三十年戦争の直接的契機となったベーメン（ボヘミア）の動乱においてはプファルツ選帝侯フリートリヒ五世がベーメン王となっている。それに加えて、隣接するバイエルン家が、一三五六年の「金印勅書」(*Bulla Aurea*: Goldene Bulle) により決定された七選帝侯の中に含まれず、その際に選帝侯位を争ったプファルツ家に対して、選帝侯位についての自らの主張を決して撤回しなかったこと、しかも同家が一六〇九年に結成されたカトリック諸侯同盟 (Liga) の盟主となったことにより、プファルツを巡る諸問題は宗教的にも政治的にも三十年戦争の大きな原因を成していた。ＩＰＯ第四条第二項以下の規定は、主としてこれら諸問題の解決を為したものである。（次註も見よ。）プファルツ問題に関しては、次の文献を見よ。Parker (1984), 25–38: Dickmann (1998), 27.

(76) ヴィッテルスバッハ (Wittelsbach) 家に属するプファルツは元来「金印勅書」において選帝侯位を認められていたが、その時点では同家の系統であるバイエルンに選帝侯位が与えられなかったため、同一家門内での紛争となっていた。三十年戦争中の一六二三年に皇帝フェルディナント二世の裁可により、プファルツは選帝侯位を失い、替わってバイエルンが選帝侯位を与えられると共に、オーバープファルツも移譲された。(*Croxton et Tischer* (2002), 219–221.) したがって、ＩＰＯ第四条第五項はプファルツにとっては選帝侯位の回復を意味するのである。

(77) 以上の他、プファルツ内のルター派に関する一定の宗教的寛容（第四条第一九項）及び皇帝世襲領内のルター派教徒が訴を提起する際のカトリック派教徒との平等に関する規定（同第五五項）といった、宗教問題に関連する規定が存在する。これらについては第一部第五章で触れられる。

(78) アウクスブルク信仰告白 (*Confessio Augustana*) とは、一五三〇年にバイエルンの帝国都市アウクスブルクで開催された「アウクスブルク帝国議会」において皇帝カール五世に上呈されたルター派教会の信仰告白を指す。これは主としてメランヒトン (Ph. Melanchthon (1497–1560)) が起草し、ルターが承認を与えたとされる。主たる内容は、プロテスタントは分派ではないこと、罪人は信仰により義とされること、幼児洗礼を妥当とする洗礼論等である。当初この信仰告白はザクセン選帝侯領内を対象としたものであったが、他の諸侯や都市も参加を申し出たために、その適用が拡大された。（『キリスト教大事典』、一〇–一一頁。）尚、訳語の問題として、“*Confessio Augustana*” はそれを信仰する人々の集団を指す場合（ウェストファリア条約でもそのような意味で頻繁に使用されている）には、「アウクスブルク信仰告白派」とすべきものと考えられる。本書では便宜的に通称としての「ルター派」を使用するが、条文の引用に際しては原文に即して、「アウクスブルク信仰告白派」とする。

(79) 「改革派」(***Reformati***) とは、カトリック派に対して、宗教改革の原理に立つプロテスタント派を総称する場合と、ルター派に対して、カルヴァン派を指す場合がある。(『キリスト教大事典』、一九〇―一九一頁。) ウェストファリア条約では、「アウクスブルク信仰告白派」(ルター派) との関係で用いられており、明らかに後者の意味である。本書では通称としての「カルヴァン派」を使用することを原則とする。但し、条文の引用に際しては原文に即して、「改革派」とする。

(80) IPO第五・七条については、第一部第五章において他の宗教問題関連の規定と共に論じられる。

(81) スイスに関しては、次章第二節(一)で論じられる。

(82) それらの問題の中には、皇帝の永久選挙協約の作成、等族に対する帝国罰令権の宣告の際の手続、帝国クライスの再編、帝国台帳の更新等が含まれている。それらについては第一部第三章及び第二部第二章第二節で触れられる。

(83) 帝国国制に関わる重要事項の多くについての解決が持ち越されたことから、帝国の改革に対してウェストファリア条約（講和会議）が積極的な寄与を行い得なかったとする評価が多い。しかし、帝国内の事項に関してはこの講和会議では決定されるべきではないというのが皇帝側の考えであった（そして、そこには帝国内の諸問題は一六三五年のプラハ和議によって本質的に解決されたのであり、また帝国外の諸勢力は帝国内の諸問題に全く無関係であるとの理解があった。Dickmann (1998), 325–326.）ことを考慮すれば、重要問題解決の持ち越しは皇帝側にとっての成功と評価できるのである。この点については、次の文献を見よ。Schröder, P. (1999), 974.

(84) 帝国等族の権利、特に、同意権、同盟条約締結権及び領域権に関しては、第一部第三章第三節で論じられる。

(85) IPO第一〇条については、次章第一節で詳説される。

(86) このようにブランデンブルク選帝侯は、瑞女王への自己領域の移譲についての補償という形式で多くの領域を譲り受けており、帝国等族中の「主要な受益者」であるとされる。この背景には、一六四〇年代に入ると同選帝侯が自己の軍隊を専ら領域獲得のために活用していたため、講和会議における交渉上の地位を有利なものとしていたという事実がある。Lee (1984), 122.

(87) この他、本条にはこの条約に基づく普遍的恩赦等が都市にも適用されること（第一八項）が規定されているが、これに関しては第一部第四章で論じられる。

(88) ウェストファリア条約の批准については、第二部第一章第一節で論じられる。
(89) 帝国クライスに関しては、次々章第四節で触れられる。
(90) 参考のため、IPMの条文と同一内容を有するIPO第四条各項との対応関係を以下に示しておく。(尚、各条項の表題は、筆者（明石）が便宜的に付したものであり、原文中には存在しない。)
・IPM第七条（IPO第四条第一項と同文）「個別的回復に関する一般規定」
・IPM第一〇条（同前第二項に相当）「プファルツ問題」
・IPM第一一条（同前第三項と同文）「プファルツ選帝侯位」
・IPM第一二条（同前第四項と同文）「バイエルンの請求放棄」
・IPM第一三条（同前第五項と同文）「第八の選帝侯位の設定」
・IPM第一四条（同前第六項と同文）「ウンタープファルツの回復」
・IPM第一五条（同前第七項と同文）「マインツ選帝侯によるベルクシュトラッセ管領買戻し」
・IPM第一六条（同前第八項と同文）「シュパイアー及びヴォルムス司教の要求」
・IPM第一七条（同前第九項と同文）「ヴィルヘルム家断絶の場合の措置」
・IPM第一八条（同前第一〇項と同文）「家門間契約」
・IPM第一九条（同前第一一項と同文）「ユーリッヒの封土に対するプファルツの権利」
・IPM第二〇条（同前第一二項と同文）「プファルツ選帝侯の兄弟への支払い」
・IPM第二一条（同前第一三項と同文）「プファルツ家の恩赦」
・IPM第二二条（同前第一四項と同文）「カール＝ルートヴィヒ（選帝侯）の上プファルツ放棄」
・IPM第二三条（同前第一五項と同文）「カール＝ルートヴィヒ（選帝侯）の母への年金と姉妹の嫁資」
・IPM第二四条（同前第一六項と同文）「ライニンゲン及びダクスブルク諸伯の保証」
・IPM第二五条（同前第一七項と同文）「自由帝国騎士身分の保証」
・IPM第二六条（同前第一八項と同文）「プファルツの封土の保証」

・ＩＰＭ第二七条（同前第一九項と同文）「プファルツの教会」
・ＩＰＭ第二九条（同前第二三項と同文）「キッツィンゲン紛争」
・ＩＰＭ第三二条（同前第二五項に相当）「メンペルガルト系ヴュルテンベルク諸侯への回復」
・ＩＰＭ第三三条（同前第二六項と同文）「バーデン・ホーホベルク辺境伯の回復」
・ＩＰＭ第三四条（同前第二七項と同文）「ホーエン＝ゲロルトゼック男爵領の回復」
・ＩＰＭ第三六条（同前第四六項と同文）「債務証書等の破棄・取消」
・ＩＰＭ第三七条（同前第四七・四八項と同文）「暴力による債権回収の場合の効果と手続」
・ＩＰＭ第三八条（同前第四九項と同文）「戦争中の判決の効力」
・ＩＰＭ第三九条（同前第五〇項と同文）「授封契約の更新」
・ＩＰＭ第四〇条（同前第五一項と同文）「士官・兵士等の回復」
・ＩＰＭ第四一条（同前第五二項と同文）「皇帝及びオーストリア家の臣民及び封臣の回復」
・ＩＰＭ第四二条（同前第五三項に相当）「徴発された財産の処理」
・ＩＰＭ第四三条（同前第五四項に相当）「前条の例外」
・ＩＰＭ第四四条（同前第五五項と同文）「皇帝世襲領内におけるルター派教徒の法的地位」
・ＩＰＭ第四五条（同前第五六項と同文）「普遍的回復から除外される物」
・ＩＰＭ第四六条（同前第五七項と同文）「ユーリッヒ継承問題」

(91)　但し、ＩＰＭ第三一条第一文では、ヴュルテンベルク公領内で仏軍占領下にあるテュービンゲン等の三都市を仏国王が同公に返還する旨の規定が設けられている。

(92)　前註（90）と同様に、ＩＰＯとＩＰＭの条文の対応関係を示しておく。
・ＩＰＭ第四八条（ＩＰＯ第一五条第一項と同文）「ヘッセン＝カッセル家に対する恩赦の適用」
・ＩＰＭ第四九条（同前第二項と同文）「ヘルスフェルト大修道院の帰属」
・ＩＰＭ第五〇条（同前第三項と同文）「シャオムブルク等の所有権の帰属」

・IPM第五一条（同前第四項と同文）「ヘッセン方伯夫人への賠償」
・IPM第五二条（同前第五項と同文）「ヘッセン方伯夫人のための保証措置」
・IPM第五三条（同前第六項と同文）「守備隊の給養等」
・IPM第五四条（同前第七項と同文）「ノイスの返還」
・IPM第五五条（同前第八・九項と同文）「支払強制権のヘッセン方伯夫人への付与と別段の合意の効力」
・IPM第五六条（同前第一〇・一一項と同文）「ヘッセン＝カッセルの占領地等の返還と当該占領地に存在するものの扱い」
・IPM第五七条（同前第一二項に相当）「ヘッセン方伯夫人による賠償の確保」
・IPM第五八条（同前第一三項と同文）「マルブルク継承問題の和議の効力」
・IPM第五九条（同前第一四項と同文）「ヘッセン・ヘッセン＝ヴァルデック間の和議の効力」
・IPM第六〇条（同前第一五項と同文）「ヘッセン家の長子の権利の確認」
・IPM第六一条（IPO第六条と同文）「バーゼル市等の自由及び免除」（「スイス条項」）
・IPM第六二条（IPO第八条第一項と同文）「帝国等族の諸権利の確認」
・IPM第六三条（同前第二項と同文）「帝国等族の同意権及び同盟権」
・IPM第六四条（同前第三項と同文）「次回の帝国議会における議題」
・IPM第六五条（同前第四項と同文）「自由帝国都市の諸権利」
・IPM第六六条（同前第五項と同文）「戦争中の債務についての皇帝の配慮」
・IPM第六七条（IPO第九条第一項と同文）「通商の復興」
・IPM第六八条（同前第二項と同文）「旧来の正当な権利及び特権の保全」

(93)　但し、ヴェルダン司教領の占有については、仏国王への誠実を前提としてロレーヌ公フランソワがこれを得るとされている（第七一条）。

(94)　エルザスの一〇帝国都市 (Dekapolis) のウェストファリア条約までの史的展開に関しては、次の文献を見よ。Becker, J. (1905), 195–225. またウェストファリア講和会議における Dekapolis の役割については、次の文献を見よ。Bardot (1899), 17–72.

（95）当時の貨幣単位については、次の文献を見よ。Parker (1984), xii.

（96）但し、その証拠書類が公文書であり「移譲された土地全体に関わるものである場合には、それらに関する認証謄本 (*exempla authentica*) が、要請がある度毎に」大公（フェルディナント＝カール）に手交される。（第九一条）

（97）以上の他、エンシスハイム市参事会が負っている債務について、フェルディナント＝カールがその三分の一（第八一条）を、そして仏国王が三分の二（第八九条）を各々引受けることも、両当事者に共通の規定であると言えよう。

（98）引用条文中に登場する「ケラスコ (Cherasco) 条約」とは、マントワの継承を巡る紛争の終結のために、仏国王（ルイ一三世）、皇帝（フェルディナント二世）及びサヴォワ公（ヴィクトール＝アマデウス一世）の間で一六三一年四月六日付で締結された条約を指す。これはその前年一〇月一三日のレーゲンスブルクの選帝侯会議において交渉された後に、仏国王により批准されなかった講和条約を引き継いだものである。その内容は、サヴォワ公が一万五千エスクードの支払いと引き替えに、モンフェッラート公領をマントワ公に譲渡することをはじめとする領域の帰属問題を主としている。この継承戦争の終結により、皇帝はその軍隊を瑞国王との戦いへと振り向けることが可能となったとされている。*Taddy* (1983), 203.

（99）本章前註（90）及び（92）と同様に、ＩＰＯとＩＰＭの条文の対応関係を示しておく。

・ＩＰＭ第九八条冒頭 “*Simulatque*” から “*mandentur*” まで（ＩＰＯ第一六条第一項と同文）「署名による敵対行為中止と講和条約実施」
・ＩＰＭ第九九条（同前第二〇項に相当）「土地の回復と軍隊の解除に関する合意の締結」
・ＩＰＭ第一〇〇条（同前第二項と同文）「回復等に関する勅令及び執行」
・ＩＰＭ第一〇一条（同前第三・四項と同文）「執行等のための皇帝の特別委員の選出」
・ＩＰＭ第一〇二条（同前第五項と同文）「回復等に関する義務の履行」
・ＩＰＭ第一〇三条（同前第六項と同文）「執行に対する抵抗の禁止」
・ＩＰＭ第一〇四条（同前第七項と同文）「捕虜の解放」
・ＩＰＭ第一〇五条（同前第一三項に相当）「守備隊の撤退」
・ＩＰＭ第一〇六条第一文（同前第一四項第一文に相当）「帝国内占領地の返還」

・IPM第一〇七条（同前第一四項第二文に相当（仏国王と瑞女王が入替わる。））「帝国内占領地返還からの除外」
・IPM第一〇八条（同前第一五・一六項と同文）「公文書等の返還と撤退する軍隊への運搬手段等の提供」
・IPM第一〇九条（同前第一七・一八項と同文）「返還された土地の解放と普遍的恩赦の都市への適用」
・IPM第一一〇条（同前第一九項と同文）「必要以上の軍隊の軍役解除」
・IPM第一一一条（IPO第一七条第一項に相当）「条約の批准及び批准書の交換」
・IPM第一一二条（同前第二項と同文）「この条約の帝国基本法としての地位」
・IPM第一一三条（同前第三項と同文）「この条約の優先的効力」
・IPM第一一四条（同前第四項と同文）「この条約に反する者の処遇」
・IPM第一一五条（同前第五項と同文）「この条約の擁護」
・IPM第一一六条（同前第六・七項と同文）「この条約に対する不正の除去と武力による権利追求の禁止」
・IPM第一一七条（同前第八項と同文）「帝国クライスの復興」
・IPM第一一八条（同前第九項と同文）「他者の領域における軍隊の通過」
・IPM第一一九条（同前第一〇・一一項に相当）「この講和に含まれる者」
・IPM第一二〇条（同前第一二項に相当）「署名及び批准手続」

(100)　IPM第九八条 "*utque id melius*" 以下の部分であり、それは次のような規定である。「署名の翌日に、厳格且つ通常の慣習に従って、ミュンスター市及びオスナブリュック市の四つ辻で講和の公表が行われるものとする。これとは別に、条約の署名が各々の地において行われたとの通知が受領され、そしてそれが公表された後に直ちに、［各］軍司令官の許に早馬を用いて向かう各々の急使が派遣されるものとする。急使は、それら司令官に対して講和が締結されたことを示し、司令官相互の間で合意された日に、個別の軍隊における講和及び敵対行為の中止が今一度公表されるように配慮する。」

(101)　但し、諸国王に対する皇帝の理念的権威の優越性は一七世紀中葉においても依然として外交使節の序列等の中に反映されている。ウェストファリア講和会議（及び条約）においては、仏国王の使節と瑞女王の使節との間で序列について争いがあった（そのために、二都市に分かれて交渉を行うことになった）のに対して、皇帝の外交上の優越的地位は疑われなかったのである。

（102）勿論、以下の議論の前提として、英国王その他を単純に「条約のパートナー」(Vertragspartner) とするような理解（そのような理解を示す一例として、次の文献を見よ。Pieper (2000), 30.）に対する疑念が存在する。

（103）ここに登場する二人の皇帝の称号には「ローマ人の常に尊厳なる選定された皇帝」(*electus Romanorum imperator, semper augustus*) も含まれており、帝国の歴史的正統性が依然として強調されているものと解される。

（104）瑞国王（及び女王）の称号には「スウェーデン人、ゴート人及びヴァンダル人の国王（女王）」(*Suecorum, Gothorum et Vandalorum rex (regina)*) が含まれているが、これも「神聖ローマ帝国皇帝」の場合と同様、歴史的正統性を強調する意図であると解される。この点については、前註の皇帝の称号問題も含めて、伊藤 (2005)、九二–九六頁を見よ。

（105）この前文では、一六四一年の「予備条約」において「両当事者の合意により、新暦［グレゴリウス暦］による西暦一六四三年七月一一日、即ち旧暦［ユリウス暦］による同一日」の会議開催が決定され、「その指定された期日と場所に、両当事者の正当に構成された全権使節が出席した」とされている。しかし、本章第一節でも確認している通り、「予備条約」（第一一条）では会議開催は「一六四二年三月二五日」とされており、この前文は事実を必ずしも忠実に反映してはいない。

（106）尚、ＩＰＭでは、仏国王の全権委員が列挙された後に、ヴェネツィアの使節の「調停」(*consilia*) の努力によって合意が達成された旨の言及がある。

（107）例えば、ヘッセン＝カッセル方伯の使節はＩＰＯとＩＰＭでは異なる。また、ＩＰＯではハイダー (*Valentinus Heider*) が代表する都市がエスリンゲン以下九都市であるのに対して、ＩＰＭでは八都市になっている。これはＩＰＭにはネルトリンゲンが含まれていないことによる。更に、その他の都市とその代表者との対応関係について両文書間で若干の相異があるといった僅かな差異は認められる。

（108）かつて筆者は、拙稿（明石 (1992–1995)、㈠、三五頁）において条約署名者に関して「ＩＰＯではザクセン選帝侯の代理（ヨハン＝ロイバー (*Joannes Leuber*)）の署名があるのに対してＩＰＭにはこれが見られず」としたが、これは写本の相異に由来する誤りのようである。当初の条約署名時には確かにロイバーは署名しなかったが、長期間喪失されていた原本（ヤコビによる推定）にはロイバーの署名が事後に挿入されているという。この点については、伊藤 (2005)、九〇頁、註（107）で指摘を受けている。*APW* 所収のＩＰＭにおいても、ロイバーの名が挙げられている。(*APW*, III, B, i, 43.) 尚、条約正文と写本の由来と行方等については次の文献を見よ。Jakobi (1997), 207–221: Oschmann (1998), LVI–LXX.

(109) IPO, XVII, 12: *"In quorum omnium et singulorum fidem maiusque robur tam Caesarei quam regii legati, nomine vero omnium electorum, principum ac statuum Imperii ad hunc actum specialiter ab ipso ...... deputati, nimirum electoralis Moguntinus, dominus Nicolaus Georgius de Reigersberg, eques, cancellarius; ...... praesens pacis instrumentum manibus sigillisque propriis muniverunt et firmarunt, dictique ordinum deputati principalium suorum ratificationes formula conventa termino supra constituto sese extradituros polliciti sunt reliquis statuum plenipotentiariis liberum reliquendo, velint an nolint nomina sua subsignare suorumque principalium ratihabitiones accersere, sed hoc pacto atque lege, ut subscriptione iam nominatorum deptatorum reliqui status omnes et singuli, qui subscriptione et ratihabitione supersedent, tam firmiter ad observantiam et manutenentiam eorum, quae in hoc pacificationis instrumento continentur, obligati sint, ac si ab ipsis subscriptio fuerit facta et exhibita ratificatio, nec ulla a directorio Imperii Romani contra subscriptionem a memoratis deputatis factam recipiatur aut valeat vel protestatio vel contradictio."*

(110) オッシュマンは、仏瑞の使節が一名の帝国全権代表を要求したが、それは帝国国制法上殆ど実現不可能な要求であった（なぜならば、帝国等族使節の全権委任状は対外的事項に関しての帝国全体の代理権を含んでいなかったからである）、としている。Oschmann (1998), LIV.

(111) IPO, XVI, 1 (IPM, 98 (1)): *"Simulatque vero instrumentum pacis a dominis plenipotentiariis et legatis subscriptum et signatum fuerit, cesset omnis hostilitas, et quae supra conventa sunt, utrinque e vestigio executioni mandentur."*

(112) Colegrove (1919), 475.

(113) 例えば、テクストルは「国際法によれば休戦は批准の時から効力を有するものとみなされる」(*"...de jure gentium videntur induciae demum a tempore ratificationis valere..."*) (Texter (1680), XIX, §25.) とした上で、講和条約の批准の必要性を論じている。(Texter (1680), XXI, §1–3.) 因みに、一九世紀に至るまで批准は条約の最終的承認の自由を主権者に与えるものではなく、全権委員の交渉権能を確認する行為と捉えられ、通常は批准を行うよう義務付けられていたとする説がある。*Bledsoe et Boczek* (1987), 263.

(114) ＩＰＭ第一一一条では、ＩＰＯにおいて「スウェーデン女王」及び「オスナブリュック」とされている箇所が、各々「極めてキリスト教徒的なる国王」及び「ミュンスター」となっているが、その他は同文である。

(115) IPO, XVII, 1: *“Pacem hoc modo conclusam promittunt Caesarei et regii ordinumque Imperii legati et plenipotentiarii respective ab Imperatore et regina Sueciae Sacrique Imperii Romani electoribus, principibus et statibus ad formam hic mutuo placitam ratihabitum iri seseque infallibiliter praestituros, ut solennia ratihabitionum instrumenta intra spatium octo septimanarum a die subscriptionis computandarum hic Osnabrugis praesententur et reciproce riteque commutentur.”*

(116) ウェストファリア条約の批准の実態については、後述される。(第二部第一章第一節)

(117) IPO, XVII, 10: *“Hac pacificatione comprehendantur ex parte serenissimi Imperatoris omnes suae maiestatis foederati et adhaerentes, imprimis rex Catholicus, domus Austriaca, Sacri Imperii Romani electores, principes, interque eos etiam dux Sabaudiae, caeterique status, comprehensa libera et immediata Imperii nobilitate, et civitates Anseaticae, item rex Angliae, rex et regna Daniae Norvegiaeque cum annexis provinciis ut et ducatu Schleswicensi, rex Poloniae, dux Lotharingiae omnesque principes et respublicae Italiae ordinesque foederati Belgii et Helvetiae Rhetiaeque, princeps etiam Transylvaniae.”*

(118) IPO, XVII, 11: *“Ex parte vero serenissimae reginae regnique Sueciae omnes eius foederati et adhaerentes, imprimis rex Christianissimus, tum electores, principes, status, libera et immediata Imperii nobilitate comprehensa, et civitates Anseaticae, item rex Angliae, rex et regna Daniae Norvegiaeque cum annexis provinciis ut et ducatu Schleswicensi, rex Poloniae, rex et regnum Lusitaniae, magnus dux Muschoviae, respublica Veneta, foederatum Belgium, Helvetii Rhetique et princeps Transylvaniae.”*

(119) IPM, 119: *“Sub hoc praesenti pacis tractatu comprehendentur illi, qui ante permutationem ratificationis vel inter sex menses postea ab una alteraque parte ex communi consensu nominabuntur. Interim tamen utriusque placito comprehenditur respublica Veneta uti mediatrix huius tractatus. Ducibus quoque Sabaudiae et Mutinae, quod pro rege Christianissimo in Italia bellum gesserint et etiamnum gerant, nullum unquam adferat praeiudicium.”*

(120) コッホによれば、「支持者」(les adhérens) とは「同盟者の中で、［三十年］戦争に参加した者であって、帝国直属資格のない都市や等族 (les villes ou états médiats) のような下位に位置付けられる者」とされている。Koch (1796–1797), I, 111.

(121) 尚、ＩＰＭ第一一九条に登場するサヴォワ公及びモデナ公は、ヴェネツィア・フィレンツェ及びフランスと共に教皇を敵として領域を巡り争った。（カストロ戦争）この紛争は、一六四一年に始まり、四四年のフェラーラ講和 (the Peace of Ferrara) により一旦は収束するが、最終的には四九年に教皇が係争地を再占領し、教皇領に統合するまで継続する。*Croxton et Tischer* (2002), 45–46.

(122) 例えば、"*pax*"については、これを「講和」又は「講和条約」（例えば、ＩＰＯ第一一条第七項、第一五条第七項（ＩＰＭ第五四条））、更には「和議」として理解すべき場合（例えば、ＩＰＯ第四条第二七項（ＩＰＭ第三四条）、第五条第二八項）がある。"*pactum*"及び"*conventio*"は互換的に用いられることがある（例えば、ＩＰＯ第一五条第三項（ＩＰＭ第五〇条））。"*transactio*"は「条約」又は「条約内容」として理解すべき場合もあり（例えば、ＩＰＯ第四条第三三項、第五条第五〇項）、ＩＰＯ第一七条全体の中では、"*pax*"と全く互換的に用いられているものとも解される。更に、"*pactum*"及び"*conventio*"と共に"*transactio*"が並列され、同義語の繰り返しによる強調として用いられている場合もある（ＩＰＯ第五条第三三項）他、私的な「和解」についても"*transactio*"が用いられることもある（ＩＰＯ第四条第四六項（ＩＰＭ第三六条））。

(123) ＩＰＯ全体の中でも一〇箇所に満たない。

(124) ウェストファリア講和会議への不参加国に関しては、本章前註（21）及び（26）を見よ。

(125) ブッシュマンによるウェストファリア条約の独訳版においては、ＩＰＯ第一七条第一〇項の"*pacificatio*"が„Friedensschluss"と訳出されており、ここでも「講和の締結」という交渉過程への参加を意識した解釈が施されているものと解される。*Buschmann* (1984), 378.

(126) 例えば、Texter (1680) では、その第二〇章が「講和及びその仲介者について」(*De pace et ejus mediatoribus*) とされ、本文約三〇〇頁の内、一四頁が当てられている。Texter (1680), 52–65 (Cap. XX).

(127) Colegrove (1919), 465–466.

(128) 但し、マレットケは次のような見解を示している。「仏及び瑞の外交官の立場によれば、帝国等族は仏・瑞・皇帝と並んで条約当事者とされるべきであった。皇帝によれば、帝国等族及び帝国の長（即ち皇帝）は単一の当事者のみを構成したのである。しかし、平和の保証に関する諸規定と署名の際に適用された手続の詳細な分析は、条約当事者として三者、つまり仏・瑞及び

『団体としての』(*in corpore*) 帝国が存在したことを証明する。」(Malettke (2000), 64–65.) ここで問題とされている皇帝と帝国等族を一体として見るか否かは重要な論点の一つではあるが、本章で概観された交渉の形態と作成された規定の名宛人という観点からすれば、両者を区分して論ずる方が議論としてより正確となるであろう。

(129) 尚、本文で挙げられた最後の範疇には、講和の擁護を定めるＩＰＯ第一七条第五項（ＩＰＭ第一一五条）も含まれる。同条の規定の名宛人は「この和議の全ての関係者」とされており、帝国等族もこの擁護義務を負うものと解される。この条約の擁護義務に関しては、次章で論じられる。

(130) 例えば、ＩＰＯ第四条第五五項（「皇帝世襲領内のルター派教徒の法的地位」）は、一応第二の範疇に入れたが、当然第四の宗教問題関連規定としての性格も有する。

(131) 例えば、次の文献を見よ。Nussbaum (1958), 115.

(132) オヅィアンダーは、ウェストファリア講和会議の参加資格は（法的なものというよりも）事実上のもの (*de facto* basis) であるとしている。Osiander (1994), 316–317.

(133) ボーラックは、ウェストファリア条約が基本的に二国間条約の形式を採用していることを、「多数国間条約締結が依然として発展していなかった時期の実行を反映している」としている。Beaulac (2000), 162–163.

(134) ある論者によれば、最も早くとも一七四八年に至るまで事実上の多数国間条約であっても外見上二箇国間条約の形式が採用され続けるという。(Marek (1980), 18–21.) また、別の論者によれば、実行上一八一五年のヴィーン会議まで二国間条約のみが知られており、三箇国以上が交渉に参加する場合には、二組に分かれて（したがって、二国間交渉の場合と同様の形式で）交渉したのであり、本来の意味での多数国間条約の最初の例は、クリミヤ戦争を終結させた一八五六年三月三〇日のパリ条約であるという。(Nguyen Quoc Dinh (2002), 166)（実際に、*CTS*, LXIV 所収のヴィーン会議において署名された諸条約の多くは二国間条約である。またヴィーン議定書（一八一五年六月九日）第一一八条 (*CTS*, LXIV, 492.) において同議定書に付属し、同議定書と同一の効力を有するとされる一七文書の中の「条約」についても同様のことが言える。）ウェストファリア講和会議はまさにそのような形態で交渉が行われているのである。

(135) 具体的な領域移譲の詳細に関しては、次の文献を見よ。Dickmann (1998), 216–324.

第二章

ウェストファリア条約における皇帝及び帝国の「対外的」関係

はじめに

ウェストファリア条約は、神聖ローマ皇帝、スウェーデン女王及びフランス国王間の合意を基本としている。「皇帝」の理念的優位性の問題を別とするならば、それら三者は何れも封建的身分秩序の最高位にあるものと考えられる。したがって、少なくとも俗界においては、[1]それらは各々最高の存在として平等な関係に位置付けられ得る存在である。（この点のみを捉えれば、近代国家間の関係としてこれら三者の関係を理解することも可能であろう。）

また、前章において述べられたように、ウェストファリア条約には帝国外の存在として英国王やその他の諸国王やオランダ[2]（ネーデルラント連邦議会）・スイス（誓約同盟）等も「含まれる」とされている（IPO第一七条第一〇・一一項）。この「当事者」の意味については、前章で同条約中にある「本講和に含まれる」という文言についての考察との関連において論じられたように、これを「条約定立主体」或いは「条約の直接的名宛人」として理解することはできない。皇帝・瑞女王・仏国王及び（条約中で直接的名宛人として登場する）帝国等族を除く「当事者」は、近代国際法理論における「条約当事者」として理解されるべきものではなく、単に「交渉参加者」、或いは「平和状態に共に移行する者」としての性格を有しているだけである。そして、実際に、英国王やその他の「国家」について実質的な意義を有する条文としては、スイス誓約同盟の帝国からの独立を確認したと理解されてきた規定（IPO第六条（IPM第六一条）：「スイス条項」）が挙げられるのみである。この点からすれば、それらの「当事者」については、スイスを除いて条約上の問題としては論ずる余地のないことになり、ここでもこの条約が皇帝・瑞女王・仏国王の三者間の合意を基本とするものであること、そして帝国等族を除くその他の「当事者」たる諸「国家」は条約中で実質的な意味を持たないことが窺われる。

それでは、ウェストファリア条約がこれら三主要当事者間の近代的国家間関係を規律するものであり、また

（「神話」が示すように）一六四八年に近代的国家間関係が設定されたとすることができるのであろうか。本章では、この点を確認するために、先ず、帝国（皇帝）とスウェーデン（女王）、帝国（皇帝）とフランス（国王）の各々の関係を巡る同条約の規定を考察する。その後に、（「神話」によれば）一六四八年に「正式に」国家として独立したとされ、これにより近代的な欧州国家間関係の主要な担い手が出揃うこととなったとされるスイス・オランダとウェストファリア講和会議及び条約との関係について考察することとする。

第一節　帝国（皇帝）とスウェーデン（女王）及びフランス（国王）の関係

（一）　帝国（皇帝）とスウェーデン（女王）の関係

1　条約規定

皇帝・スウェーデン女王間の関係を規律するＩＰＯの規定の概要は、次のようになっている。

先ず、両者間の関係には「キリスト教的にして普遍且つ永遠なる平和と真実且つ誠実なる友好が存在」すること（第一条）、そして永遠の恩赦があること（第二条）という原則規定が妥当する。

個別的規定では、第一に皇帝（実質的にはブランデンブルク選帝侯等を含む）から瑞女王への領域移譲について規定する第一〇条が挙げられる。(3) 同条では先ず、第一項で次のように宣言されている。

「更に、極めて晴朗なるスウェーデン女王［陛下］が、この度の戦争により占領した土地の返還についての自らへの補償と帝国内の公共の平和の回復に相応しい配慮が行われるよう要請したことに応じて、皇帝陛下は帝国の選帝侯・諸侯・等族、特に当事者であるそれらの者の同意、並びに本和議に基づき、その極めて晴朗なる女王［陛下］及び女王

［陛下］の将来の相続人、継承者、スウェーデンの王家及び王国に対して、帝国の永久直属封土に対する完全な権利と共に、次の諸々の支配権を付与した。」[4]

これに続いて、具体的な地域別の領域移譲について三群の規定が、そして領域移動に伴う諸措置乃至手続的側面を扱う一群（乃至は二群）[5]の規定が（したがって、五乃至六群に大別されるかたちで）設けられている。（但し、更に詳細に見れば、具体的領域移譲を扱う三群の規定中には、当該領域に関わる手続的側面を扱う規定が含まれている。）

「第一に」*(Primo)*、「リューゲン島を併せた、通常フォアポンメルンと称される世俗領ポンメルンの全域で、従前のポンメルン諸公に割当てられていた地域」や「ヒンターポンメルン」の諸都市等が瑞女王に移譲され（第二項）、それらポンメルン公領等について「スウェーデン女王陛下及びスウェーデン王国が、永遠に相続される封土として *(in perpetuum pro haereditario feudo)* 所有及び占有するものとし、それらを自由に享受し、不可侵のものとして使用する」（第三項）とされた。そして、「カミン司教座聖堂参事会の高位聖職位及び聖職禄」についても瑞女王に移譲される。（但し、これについては、カミン司教領並びにその領地・権利等はブランデンブルク選帝侯に帰属する等の条件が付されるなど、瑞・ブランデンブルク間の利害調整が図られている。）（第四項）更に、これらの領域移譲に伴う措置として、同選帝侯（及びその他全ての関係者）は、当該領域の等族や臣民を「これまで束縛してきた拘束及び誓約から解放し、それらの者がスウェーデン女王陛下及びスウェーデン王国に対する臣従の礼を通常の慣習に従って行うことを認容する」こと、そして、当該領域等について「スウェーデンが完全に合法的な占有状態にあるよう……［中略］……永遠にそれらについての請求を放棄する」ことを義務付けられている。（第五項）

「第二に」*(Secundo)*、「帝国の永久直属封土であるヴィスマール市及びその港」並びにその周辺の諸領域が瑞女王に移譲される。（第六項）（尚、「（ヴィスマールの）市域（*urbs*）からバルト海に至るそれらの土地・全ての港並びに両岸の陸地」については、瑞女王により随意に軍事的使用ができるものとされている。（同項））

「第三に」（*Tertio*）、「ブレーメン大司教領及びフェルデン司教領」その他の領地が瑞女王に移譲される。（第七項）但し、この移譲に際しては、「ブレーメン市とその領域及び臣民の聖俗両界における現在の地位・自由・権利・特権は、何ら害されることなく」存続するものとされている。（第八項）[6]

「第四に」（*Quarto*）、以上の領域移譲に伴う様々な措置として、「ブレーメン・フェルデン・ポンメルン公」等の称号の下に、皇帝が女王を「帝国直属の等族として指名する」こと（そしてこれに伴って、「帝国の会議において、俗界諸侯団の議席中、第五位の席次が与えられる」ことも規定されている。）（第九項）、移譲される各領域が属する帝国クライスにおける席次（第一〇項）、帝国代表者会議におけるポンメルンについての投票権の行使方法（ブランデンブルク選帝侯との事前協議の上で女王が行使する。）（第一一項）等が規定された。

「続いて」（*Deinde*）、皇帝が、以上に挙げられた封土について不上訴特権（*privilegium de non appellando*）を付与し、またこれらの封土の支配に関する訴が女王に対して合法的に提起される場合に、帝国宮内法院（*aula Caesarea*）又は帝国最高法院（*camera Imperialis*）を選択する自由（裁判所選択権（*privilegium electionis fori*））も女王に与える（女王は選択した法廷を訴訟の通告の日から三箇月以内に宣言する義務を負う。）こと（第一二項）、学校又は大学を設立する権利及びポンメルン及びメックレンブルクにおける現行の関税・免許を承認する権利が女王に認められること（第一三項）等が約束されている。

「最後に」（*denique*）、皇帝は、「［瑞女王に移譲される土地の］等族・行政官・官吏・臣民を（*status, magistratus, officiales et subditos*）」従前の支配者・所有者に対する全ての拘束及び誓約から解放し、同様の臣従・服属・忠誠をそれらの者が瑞女王及び瑞王国に示すことを認めるよう義務付けられている。（第一四項）また、その際に、皇帝は、「［当該領域の］平穏な占有を行っている他の帝国等族を、いかなる者に対しても不可侵なものとして保護」することを保証し、「これら全ての事柄は個別の授封契約書 (*litera investitura*) により」維持されることを承認している。（同）「反対に」(*Vicissim*)、女王はそれらを封土 (*feuda*) と認めることとされている。（第一五項）(7) 更に、移譲される諸領域、特にシュトラルズンドの等族及び臣民に対して、従来からの諸々の自由、権利、特権と共にルター派の実施の自由を確認し、それと同時にそれら諸領域においてハンザ諸都市が三十年戦争まで有していた航行及び通商の自由を保護することを女王が確認するものとされている。（第一六項）（ＩＰＯ第一〇条第一六項については次々章第二節で論じられる。）

以上の諸規定は皇帝と瑞女王の相互的な権利義務関係であるが、両者に共通に課された義務も存在している。それは先ず、捕虜の解放や批准書の交換等が行われた後に、回復される土地から、両者に属する守備隊を撤退させる義務（第一六条第一三項（ＩＰＭ第一〇五条に相当））であり、また、「この講和の各々全ての規定を、宗教上の差別なく何れの者に対しても、保護及び擁護する」（第一七条第五項（ＩＰＭ第一一五条））という条約擁護義務である。後者の名宛人は「本和議の全ての関係者」とされているが、勿論その中心的人物が皇帝と瑞女王であることは異論のないところである。

2　特　色

以上に概観してきたウェストファリア条約に規定された皇帝と瑞女王の関係の特色として、次の諸点が指摘されよう。

第一に、領域移譲が国家間の行為としてよりも、むしろ皇帝と瑞女王との間の或いは王朝間の行為として行われていることから理解されるように、国家と皇帝乃至女王の（法）人格が未分離である点が挙げられる。(8) この点については、更に関連条文を引用しつつ確認することとしたい。

例えば、神聖ローマ帝国と神聖ローマ皇帝の関係を見れば、次のような関係が明らかとなる。即ち、本条約作成当時の皇帝は、フェルディナント三世であるが、彼は同時にオーストリア家の当主であり、それゆえまたハンガリー・ベーメン等の国王である他、多くの領地の領主でもある。(9) 実際に本条約においても、「皇帝及び帝国(は)」(*Imperator et Imperium*)(例えば、IPM第七二条)、「皇帝陛下及びオーストリア家(の)」(*Caesareae maiestatis et domus Austriacae*)(例えば、IPO第四条第五一項(IPM第四〇条))、「皇帝及びオーストリア家(の)」(*Imperatoris et domus Austriacae*)(例えば、IPO第四条第五二項)というように皇帝が帝国又はオーストリア家と一体として扱われている条文は頻繁に登場し、更には「皇帝は、自ら、そして極めて清澄なるオーストリア家全体、また同じく帝国の名において」(*Imperator pro se totaque serenissima domo Austriaca itemque Imperium*)(IPM第七三条)という形式で三者が一体化している場合もある。このように、「フェルディナント三世」、「皇帝」、「帝国」、更には「オーストリア家」という各々異なった(法)人格が厳密に区別されないままに条文中に登場するのである。

勿論、このように(法)人格の観念的区別を論ずること自体が近代的な法理論のもとでの発想に基づくものであり、更にそこでは支配者と支配領域を一体化することによって、結局領域国家に法人格を付与するという近代国際法の思考が前提とされている。ここで確認されるべきことは、そのような近代的な法理論や法的思考がウェストファリア条約中には存在していないということである。そしてそれは、帝国政治の場において頻繁に使用される「皇帝及び帝国」(Kaiser und Reich)という表現の中での「帝国」が帝国等族の総体を意味し、またこの表現が皇帝と帝国等族の共同責任を前提としていることから理解されるように、神聖ローマ帝国は皇帝と帝国等族の(中世的な)人的結合としての政治体という性質を一七世紀中葉においても依然として帯びていたことを傍証しているのである。(10)

以上のことはスウェーデン女王についても妥当する。即ち、瑞女王クリスティナは、同時にフィンランド大公であり、インゲルマンラント等の領主であった。そして、ウェストファリア条約では、「スウェーデンの女王及び王国（の）」（*reginae regnique Sueciae*）（ＩＰＯ第一七条第一一項）や「スウェーデン女王及びスウェーデン王冠（の）」（*reginae et coronae Sueciae*）（ＩＰＭ第四七条）等々とされ、また、領域の移譲や継承の問題を含む場合には、「スウェーデン国王及び王国のみに対して」（*ad solos reges regnumque Sueciae*）（ＩＰＯ第一〇条第四項）や「スウェーデンの極めて清澄なる女王とその将来の相続人及び継承者、並びに国王及び王国（に）」（*serenissimae reginae et futuris eius haeredibus ac successoribus regibus regnoque Sueciae*）（同条第一項）という文言が使用されている。（更には、「スウェーデンの国王陛下及び王国（は）」（*regia maiestas regnumque Sueciae*）（ＩＰＯ第一〇条第四項）というように女王には直接言及しない場合もある。）これらの条文から、女王（国王）と王国や王家（継承者）が並置されており、それらの間の観念的分離は達成されていないことが理解されるのである。むしろ、ここでも、「女王と王国」とは、「皇帝と帝国」の場合と同様に、女王と王国の諸侯（貴族）等の総体を指し、その意味において「王国」とは領域的存在ではなく、人的結合として意識されていると解すべきであろう。

第二に、女王が従来の帝国直属領を取得することにより帝国等族としての地位を得るものとされている（ＩＰＯ第一〇条第九項乃至第一一項）が、その際に、女王への領域移譲は、帝国「内」の授封関係の変更として構成されており、当該領域は依然として帝国の枠内に留まる点が挙げられる。そして、この論理は、ブランデンブルク選帝侯が当該領域の等族や臣民を自己への誓約から解放し、瑞女王への臣従を承認することを義務付けられ（同第五項）、それらの事柄の実施を皇帝が保証し（同第一四項）、また瑞女王が当該領域を封土として承認する（同第一五項）という一連の措置においても、貫徹されているのである。

第三に、第二点との関連において、瑞国王としての女王と帝国等族としての女王は観念的に区別されていることが挙げられる。その区別は次のように現れる。即ち、「ブレーメン・フェルデン・ポンメルン公」等の称号の下に皇帝が女王を「帝国直属の等族として指名する」（IPO第一〇条第九項）とされていることから、これらの称号のもとで支配される領域は現実には女王がその直接の支配者となるのであるが、その支配は法的には瑞女王としてのものではなく、飽くまでも帝国等族としてのものであり、したがって、当該領域は帝国領内に留まることになる。そして、当該地域の支配に関しては、帝国国制上の関係の中で女王は帝国等族として規律される。（同条第一〇・一一項）つまり、「帝国等族としての女王対帝国」の関係においては帝国国制の論理が貫徹されており、帝国等族としての瑞女王の行為は、形式的には瑞王国とは無関係であると解されるのである。

更に第四点として、第三点に関連することであるが、瑞女王が帝国等族としての地位を認められたことにより、ウェストファリア条約において帝国等族に承認された諸権利を行使できることになる点が挙げられる。特に、皇帝に対する同意権[11]により、瑞女王は、帝国等族として、帝国内の重要問題に実質的に介入し得る立場を得たことになるのである。仏国王に対してはこのような地位が認められていないことに比較すれば、同女王と皇帝との関係における大きな特色と言えよう。

以上の諸点から、ウェストファリア条約においては、一方で、スウェーデン王国とその女王・王家・王冠（神聖ローマ帝国とその皇帝・オーストリア家）の観念や（法）人格が厳密に区別されないままに使用されており[12]、他方で、帝国領内に獲得された地域における瑞女王は帝国等族として帝国国制に服するという論理が貫徹されていることが理解される。（前記第四点もその論理的帰結である。）つまり、国家や皇帝（国王）、更には王家についての抽象的な（法）人格の分離が達成されていないが、皇帝（帝国）対瑞女王（王国）の関係と帝国等族としての瑞女王対帝国国の関係が異なるものであることは認識されている。そして、この相異に基づいて生み出されるものが（言わば「国家元首」である）瑞女王が同時に帝国国制上は帝国等族として皇帝の封臣となるという体制なのである。（実際に、同条約以降に瑞女王及びその継承者は帝国等族としても活動する。）[13]

㈡　帝国（皇帝）とフランス（国王）の関係

1　条約規定

ウェストファリア条約において皇帝とフランス国王間の関係を律するＩＰＭの規定は、次のような内容となっている。

先ず、ＩＰＯと同様に当事者間の普遍的平和と永遠の恩赦の存在を命ずる原則規定（第一・二条）が存在する。次に、個別的規定の中では、皇帝から国王への領域の移譲に関する第六九条以下の規定が重要である。そこでは先ず、両者間の平和と友好を堅固なものとし公共の安全により一層資するよう「帝国の選帝侯・諸侯・等族の同意、助言及び意思に基づき［以下の事柄が］合意されている」（ＩＰＭ第六九条）という宣言的規定が置かれた上で、領域毎に次のように四群の規定が設けられている。

「第一に」(*Primo*)、「メッツ・トゥール・ヴェルダンの司教領及び同名の都市、並びにそれらの司教管区」に対する「君主の諸権利」(*jura superioritatis*) その他の権利が「これまでローマ帝国に帰属したのと同様の方法で、今後フランス王冠に (*ad coronam Galliae*) 帰属し、また永遠に返還されることなく編入される」とする。（同第七〇条）そして、それらの中でヴェルダン司教領については、ロートリンゲン（ロレーヌ）公フランソワに回復される。（同第七一条）

「第二に」(*Secundo*)、ピネローロが皇帝から仏国王に移譲される。（同第七二条）

「第三に」(*Tertio*)、「ブライザッハ市及び上下エルザス方伯領」等、「並びにエルザスに存在する一〇帝国都市」（同第七三条）も同様に移譲される。[14] それに伴い、それら諸地域に属する人・財産等についても移譲が確認され、

「将来の何れの皇帝又はオーストリア家の君主も、ライン河此岸及び彼岸に存在する上述の地域について（*in eis praememoratis partibus cis et ultra Rhenum sitis*）何らかの権利又は権能を、主張又は行使することはできず、またそうしてはならない」とされた。（同第七四条）他方で、仏国王はそれらの地域におけるカトリック派の保護義務を負うとされている。（同第七五条）[15]

「第四に」（*Quarto*）、「フィリップスブルク城塞保護のための守備隊を維持する権利を永久に有する」ことが仏国王に認められた。（同第七六条）そして、その維持のため、「必要とされる軍隊・糧食その他全てのものを運び込むため、必要とされる度毎に、帝国の陸上及び水上の自由通行が、同国王に対して開放される」ことも規定された。（同条）また、フィリップスブルク城塞保持に関連して、シュパイアー司教の諸権利が確認されている。（同第七七条）

更に、以上の領域移譲等に関連して、「皇帝、帝国及びインスブルック大公フェルディナント＝カール陛下は、前述の各々の支配地及び土地の諸身分・行政官・官吏・臣民を（*ordines, magistratus, officiales et subditos*）、これまでそれらの者を自ら及びオーストリア家に結び付けてきた拘束及び誓約から解放し、またそれらの者がフランス国王及びフランス王国に対する臣従・服属・忠誠を示すことを、許容し［また、そうするよう］義務付ける」ものとする等、仏国王の支配権の確認が皇帝側に義務付けられている。（同第七八条）[16]この点に関しては、スペイン国王によっても同様の放棄が行われることを実現する旨が、付加されている。（同条）また、「以上に述べられた移譲及び放棄がよりよい効果を与えられるよう」当該領域に関する帝国法（布告・勅法・条例・慣習）を「明示的に廃止する」とされた。（同第七九条）尚、以上の領域移譲等についての同意を帝国議会が次回会期に与える旨も規定されている。（同第八〇条）

また、皇帝・仏国王間の直接的関係ではないが、同国王からオーストリア家に返還される領域も、ＩＰＭには規定されている。それは、「［仏国王は］オーストリア家、特に……［中略］……フェルディナント＝カール大公陛下に対して、ラインフェルデン・ゼッキンゲン・ラウフェンブルク・ヴァルツフートの四森林都市を（*quatuor civitates sylvestres*）、並びにライン河此岸及び彼岸の全ての領域・騎士団領」その他これら地域に存在し、「古き権利によりオーストリア家に帰属している」諸都市を、返還する（同第八五条）というものである。[17] 更に、「オーストリア家の若しくは帝国直属の臣民であるか、或いはその他の帝国等族を上位者として承認している、ライン河此岸及び彼岸の」何れの封臣・臣民等も不動産を返還される。（同第八六条第一文）そして、これに伴う措置として、「争訟を減少させるために」動産についての返還請求権が放棄されること（同条第二文）も定められている。[18]

また、IPOにおけると同様、IPMにも皇帝・仏国王両者の共通義務が規定されている。即ち、守備隊を撤退させる義務（IPM第一〇五条（IPO第一六条第一三項に相当））、条約擁護義務（同第一一五（IPO第一七条第五項）及び同一一六条（IPO第一七条第六・七項））が皇帝・瑞女王間におけるものと同様に規定されている。（但し、これらは条約の全当事者を名宛人としている。）しかしながら、IPMにおいては次の諸規定もまた「共通義務」としての性格を帯びるものと考えられる。それは、前述の仏国王がオーストリア家（特に、大公フェルディナント＝カール）に対して行う領域の返還に関連して、ライン河における航行・通商の自由を確保し、三十年戦争以前に「通常納付されていた正規の租税及び関税をもって、両当事者共に満足すること」（同第八五条第二文以下）とされている規定である。この規定には実質的に皇帝を含むと解される。（更には、前述の動産についての返還請求権放棄（IPM第八六条第二文）についても同様と考えられる。）また、モンフェッラート問題に関連して、ケラスコ条約が[19]「何れかの者によりいかなる理由によっても侵害されることがないよう、共通の権威により尽力することを、皇帝陛下及び極めてキリスト教徒的なる［仏国王］陛下は、相互に約束する」（同第九二条）とされており、ケラスコ条約の擁護義務も共通義務という性格を帯びるものと解される。

最後に、ＩＰＯとの関係についても言及されなければならない。ＩＰＭ第一〇六条第二項によれば、「皇帝とスウェーデン間の文書において行われている、カトリック［スペイン］国王への言及」等は「極めてキリスト教徒的なる［フランス］国王に対して、何らの不利益も与えるものではなく、またスウェーデン軍の賠償を巡り合意された事柄は、［仏国王］陛下とのいかなる関係においても効力を有しない」とされている。したがって、ＩＰＯに規定された事柄を援用して、皇帝が仏国王に負う義務を免れることはできないこととなる。ＩＰＯにはこのような規定が存在していないが、前述の条約擁護義務（ＩＰＯ第一七条第五項）からしても、仏国王に対する義務を理由として皇帝が瑞女王に対する義務を免れるということも許されないものと解される。

2 特色

以上に見てきた皇帝（帝国）とフランス国王（王国）との関係を律する諸規定から、次の諸点が指摘可能となる。

第一に、皇帝と瑞女王との関係におけると同様、皇帝と仏国王との関係においても、仏王国（王冠）とその国王の（法）人格の未分離という現象が見出される。（例えば、ブライザッハ市やエルザスの一〇帝国都市等を「極めてキリスト教徒的なるフランス国王及びフランス王国に」（*in regem Christianissimum regnumque Galliarum*）移譲するとするＩＰＭ第七三条、仏国王に移譲される地域の等族、人民、土地その他が「極めてキリスト教徒的なるフランス国王及びフランス王冠に」（*ad regem Christianissimum coronamque Galliae*）永遠に帰属すると規定する第七四条、仏国王に移譲される地域の等族や臣民が「フランス国王及びフランス王国に」（*regi regnoque Galliae*）服従と誠実を示すことを、皇帝側が許容し且つそのように義務付ける第七八条等）

第二に、帝国領域の移譲を受けた仏国王は、（瑞女王の場合と異なり）当該領域についての帝国等族として資格を与えられておらず、また逆に（そして特に）、ＩＰＭ第七八条乃至第八〇条に見られるように、当該領域の等族や臣民は皇帝及び帝国との紐帯を絶たれることになる。つまり、それらの条文を読む限りでは、領域移譲の際の関係が「皇帝」対「仏国王」又は「帝国」対「仏王国」という形式の、「国家間的関係」として構成されているのであり、その意味において「近代的」なものになっているとも解され得るのである。しかしながら、これについては次の第三点が問題となる。

第三に、第二点にも拘らず、皇帝から仏国王への領域移譲に関連して、当該領域の等族等の地位について規定するＩＰＭ第八七条が別の問題を提起する。同条は、「シュトラスブルク及びバーゼル司教、並びにシュトラスブルク市のみならず、その他の［上下］両エルザスのローマ帝国直属の等族」等に「これまで享受されてきた自由及びローマ帝国直属資格の保持について」(*in ea libertate et possessione immedietatis erga Imperium Romanum, qua hactenus gavisae sunt*)、従前通り承認することを仏国王に義務付けている。これにより、仏国王に移譲される領邦・都市は、前記第二点において示されたように、皇帝及び帝国との臣従関係を絶たれるとされながら、帝国との紐帯、特に帝国直属資格は維持されることになるのである。これについて第二点との矛盾を発生させないような解釈は、果たして存在し得るのであろうか。

ＩＰＭ第八七条を巡っては、更に別の点も問題となる。同条には次のような一種の但書が付されている。

「それら［移譲される領域］に対する同［仏］国王の優越性をそれ以上何ら付与し得るものではなく、オーストリア家に帰属した諸々の権利で、この度の平和交渉を通じてフランス王冠に譲渡される［こととなった］もののみをもって、同国王は満足するものとする。他方、現在のこの宣言により、前述の移譲される同国王の何れかの最高所有権が害されるものと解されてはならない。[20]」

この但書の内容は必ずしも明確ではない。[21] しかしながら、自らに移譲される領域に対して取得する仏国王の権限は皇帝（オーストリア家）に属したもの以上のものではないこと、そしてそれは「最高所有権」(*supremum dominii ius*) でもあるということは理解される。このことは、仏国王が移譲される領域について（少なくともその実質において）等族制国家としての階層制を内包する帝国国制を継承することを意味し、当該領域に対する権利は近代的な主権概念とは異なるものであることを示している。したがって、前記第二点として指摘した「帝国」対「フランス王国」間の関係の「近代性」は結局のところ貫徹されていないことになるのである。

(三) スウェーデンとフランスを巡る条約規定の比較と評価

それでは、これまで本節で確認してきた事柄を基にして、ウェストファリア条約において皇帝・瑞女王間関係を巡る規定と皇帝・仏国王間関係を巡る規定の異同とその法的問題点を論ずることとしたい。

先ず、ウェストファリア条約のこれらの三主要当事者について共通する事柄として、当事者（皇帝・女王・国王）とその支配領域（帝国・王国）とが観念的に分離されないままであることが指摘される。つまり、抽象的（法）人格としての国家という観念は未確立である。[22]（この点はむしろ、「帝国」や「王国」を、皇帝や国王の支配領域として理解するよりも、帝国等族や王国の貴族等の支配者群の総体を指すものとして理解すべきであろう。）そして、この（法）人格の未分離という共通点を前提としつつ、同条約における皇帝・瑞女王間関係と皇帝・仏国王間関係との間には、瑞女王と仏国王の「帝国内」での地位を巡り、次のような相異が存在する。

瑞女王については、従来の帝国直属領の譲受を通じて、帝国等族としての地位を付与され、それに応じた帝国国制上の措置に関する規定も設けられる（例えば、ＩＰＯ第一〇条第九項乃至第一一項）と同時に、当該領域の等族や臣民の臣従誓約をブランデンブルク選帝侯から瑞女王に変更すること（同条第五・一五項）とそのことについての皇帝の保証が与えられている。（同条第一四項）これに対して、同様に帝国領の一部を譲り受けた仏国王については、（当該領域の臣民による臣従誓約に関するＩＰＭ第七八条は存在するものの）このような規定が設けられておらず、仏国王に帝国等族としての地位は与えられていない。これは、同国王が皇帝から取得する領域は皇帝との臣従関係を絶たれるのに対して、同女王は依然として帝国の枠内にある地域をそのまま移譲されていることによる。つまり、同じ帝国領土の移譲ではあっても、仏国王に対する領域移譲が皇帝との（外見上）対等な関係として行われ、瑞女王へのそれが帝国国制内の皇帝を頂点とする授封関係の変更（同女王の帝国国制への組込み）として理解されていると考えられる。そして、このことから、共に国王としての地位にありながら、両者の条約上の取扱いが異なっていることが理解されるのである。（尚、瑞女王が譲り受けた帝国領と瑞王国を近代国際法理論によって説明するならば、それらが「身上連合」(Personal Union) を構成するとすることも可能であるように思われる。[23] しかし、このように理解する場合にウェストファリア条約で問題となることは、瑞女王が譲り受けた領域は帝国国制の枠内にあって、同女王は当該領域における「主権者」ではないという点である。[24]）

このような異なる取扱いの結果、領域移転に関する限りでは、皇帝と仏国王の関係は「帝国」対「仏王国」間の法的関係としてのみ理解し得るもののように思われ、それは、皇帝・瑞女王間の領域移転の場合に比較して、より一層近代的な「国家」対「国家」の関係として捉えることが可能となるようにも思われる。しかしながら、仏国王に移譲される領域の等族は、従来から享受してきた「自由及び帝国直属資格」を保持することが承認されたことによって、帝国との紐帯を維持する点で、このような一見近代的関係の成立も疑問視されることになるのである。[25]

また、瑞女王及び仏国王の条約上の取扱いの相異は、譲り受ける領域に対する支配の独立性や排他性という観点からして、帝国国制に組み込まれた瑞女王に比較して仏国王が有利な扱いを受けたことを示すようにも思われる。しかし、この点に関する評価は、当時の状況を考慮するならば、全く異なるものとなる。例えば、一六四五年の交渉段階でフランスは条約交渉中にスウェーデンと同様の扱いをエルザス地方について求めたが、この要求は拒絶されている。[26] 皇帝は帝国議会へのフランスの介入を嫌い、またドイツのプロテスタント諸侯もカトリックを奉ずるフランスの議会参加を拒否したからである。[27] つまり、瑞女王は、帝国国制内の関係の枠内に自らを組み込むことによって帝国議会出席の権利を確保し、直接的に帝国内の問題に介入することを可能としたのであり、その点では仏国王よりも有利な地位を獲得したのである。[28]

但し、ウェストファリア条約において、仏国王が帝国内の問題に対して介入する法的根拠が全く与えられなかったのではない。なぜならば、（既に部分的に触れられた）同条約の「当事者」の共通義務である同条約の「擁護義務」に関連する諸規定が存在するからである。この条約擁護義務は、次のような内容となっている。

先ず、「本和議の全ての関係者 *(omnes huius transactionis consortes)* は、この講和の各々全ての規定を、宗教上の差別なく何れの者に対しても、保護及び擁護する義務を負い、そしてそれらのうちの何れか［の規定］が、何者かにより侵害されるという事態が生じた場合には、被害者は侵害者に先ず紛争に至らぬよう警告し、友好的和解又は法的決定に *(vel amicabili compositioni vel iuris disceptationi)* 当該問題を付託する」。（IPO第一七条第五項（IPM第一一五条））しかし、これらの手段によって三年以内に紛争が解決されないときは、「本和議の各々全ての関係者は、友誼的手段によっても、また法的手段によっても事態が改善されないことが明らかとなった後に、不正を斥けるために、助言及び行動により *(consiliis viribusque)* 被害を受けた当事者と結束して武器を執る義務を負う」。（IPO第一七条第六項（IPM第一一六条第一文））また、これに関連して権利追求のための帝国等族の武力行使が禁止されている。（IPO第一七条第七項（IPM第一一六条第二・三文））[29]

条文上このウェストファリア条約擁護義務は、同条約により設定される体制全体の擁護のためのものと考えられる。これを「一つの集団的安全保障制度（紛争の義務的な調停、侵略者に対する共同行動）を初めて導入した」[30]ものとする見解も見受けられる。しかしながら、この条約擁護義務の実態は別の角度から理解されるべきである。即ち、これにより「ヨーロッパはその取極［ウェストファリア条約］を強制するための干渉権 (a right of intervention) をその当事者に与えた」[31]との指摘が示すように、この「義務」は、本来帝国の「国内問題」である筈の帝国等族の条約義務の履行（領域（封土）の引渡等）について、仏瑞両国の干渉を正当化する機能を有しており、帝国の「国内問題」に対する両国の「干渉権」を構成しているのである。

それでも、再度確認されなければならないことは、既に示されたように、帝国等族としての瑞女王が帝国の「国内問題」について（他者の条約違反行為を待たずして）直接的に関与することが認められていることと仏国王に認められた関与の法的根拠との相異である。即ち、瑞女王は帝国議会の決定に委ねられる全事項の審議及び意思決定に関与することが可能であり、それらには条約擁護義務に基づく「干渉権」以外の広汎な事項が含まれることになる。その意味で、瑞女王及び仏国王の両者に帝国の「国内問題」に介入する方途が制度的に認められてはいるものの、その内実にはかなり差があるのである。[32]

最後に、ウェストファリア条約の規定が規律対象とする事柄の性質が瑞仏両国間で異なる場合が存在する点を挙げておきたい。それは「賠償金」に関する条項の有無を巡って明らかとなる。即ち、ＩＰＯ（特に、瑞軍の軍務解除についての賠償を規定する第一六条第八項）では瑞側に対する賠償金についての詳細な規定が設けられているのに対して、ＩＰＭでは仏国王からの賠償金乃至補償金の支払いに関する規定（ＩＰＭ第八八・九四条）は存在するが、仏国王がこのような性質の金銭を受領する旨の規定は見出されない。これは、当時の国内体制や戦争目的についての両王国間の相異の存在によるものと推測される。しかし、より重要なことは、この相異がウェストファリア条約の実施段階において極めて深刻な問題、特に、瑞軍の撤収の遅延問題を提起するという事実であり、これについては後述することとする。[33]

以上に見てきたことから、ウェストファリア条約に見られる皇帝の瑞女王及び仏国王に対する関係について、領域移譲を中心に考察するならば、次のように評価することが許されよう。先ず、対瑞関係は、帝国国制の封建制的観念とその論理によって規律されている。また、対仏関係は、一見したところ近代的な「国家」を単位とした関係であるが、その内実を詳細に検討するならば、必ずしもそのような関係は貫徹されていないのである。（尚、これに関連して、帝国等族が瑞女王又は仏国王に領域を移譲する際に、帝国等族対女王（国王）の直接的関係としてではなく、皇帝が上位者として帝国等族にその移譲を命ずるという形式が採られており、それらの領域移譲が帝国国制の枠内と帝国対外国という枠組を維持したかたちで行われていることが理解される。この点については次章で再論することとする。）

第二節　帝国とスイス及びオランダの関係

(一)　帝国とスイスの関係[34]

1　ウェストファリア講和会議とスイス

スイスは三十年戦争に無関係であったわけではなく、一六三三年九月にはスウェーデン軍の侵入を受け、またグスタフ＝アドルフからの同盟結成の依頼により諸邦・都市間の関係が緊張するなどした。[35] そして、そのような交戦当事者による個々の領域侵害や諸々の危機が中立への意識を高め、一六四七年には「防衛軍事協定」(Defensionale) によって全スイス的な防衛組織が初めて誕生する。[36] これらの事例に示されるように、スイスの三十年戦争への関わり方は受動的・消極的なものであり、その基本政策は「中立」に重点が置かれ、また

「一六一八年から一六四八年の三〇年間に中立の意識が確固たるものとなった」[37]とも評されるのである。[38]

このような三十年戦争との関わりから推測されるように、スイスのウェストファリア講和会議への対応は積極的であったとは言えない。（それはウェストファリア条約の三主要当事者からしても、スイスを巡る問題は当面の最重要課題とは位置付けられていなかったものと考えられる。[39]）実際に、スイスからの参加者は、ミュンスターでの講和会議に参加した当時のバーゼル市長（Bürgermeister）ヴェットシュタイン（Johann Rudolf Wettstein（1594–1666））のみであり、しかも、彼の正式な参加資格はバーゼル市及びプロテスタント派諸邦[40]の代表としてであって、スイス全体を代表したものではなかった。[41]

それでは、以上のようなウェストファリア講和会議に対するスイス誓約同盟の対応の結果は講和条約の内容にどのように反映されているのであろうか。

2　ウェストファリア条約とスイス：「スイス条項」

既に触れられたように、スイス（*Helvetia*）はネーデルラント連邦議会と同様、ＩＰＯに「含まれる」者としてＩＰＯ第一七条第一〇・一一項の両項に明示され、皇帝側及び瑞側双方の「当事者」として挙げられている。（但し、ＩＰＯとＩＰＭの何れの署名欄の中にもスイス誓約同盟代表の名は見出されない。）しかし、ウェストファリア条約におけるスイスに関する実質的規定は、「スイス条項」とも称されるＩＰＯ第六条（ＩＰＭ第六一条）である。同条は次のように規定している。

「バーゼル市及びその他のスイス人の統一された諸邦、並びにそれらの市民及び臣民に対して帝国最高法院から発せられた若干の訴訟手続及び執行命令に関して、バーゼル市及びスイス全体の名により、この度の会議の皇帝陛下全権代表の面前で提起された申立てについて、皇帝陛下が、帝国等族の意見及び助言を要請した後、昨年五月一四日の一勅令により、そのバーゼル市及びその他のスイスの諸邦は、特に、帝国からの完全な自由及び免除を有していること、並びに帝国の法廷及び裁判所に決して服さないことを宣言したので、それと同一のことを公式講和に関する本条約に挿入し、有効且つ確実なものとすること、そして其故、その場合にいかなる命令によるものであれ、訴訟手続及び逮捕は完全に無効とされるべきことが承認された。[42]」

このスイス条項を根拠として、スイスの「独立」が正式に承認されたとする解釈が、国際法（史）学における通説としての地位を占めてきた。[43] また、ドイツ史研究者の中にも、「帝国裁判所の管轄権からバーゼル市及びスイスが免属されること」は「中世以来裁判権が君主権の中核とみなされていたことから、」「帝国からの離脱を意味するものとなった」とする理解を示す者もいる。[44]

しかし、そのような解釈は本当に正しいのであろうか。以下では、スイス条項中でスイスの「正式な独立」の承認についての中核となる文言であると考えられる「特に帝国からの完全な自由及び免除を有していること」という部分について、その意味を考察してみたい。

この文言の意味に関して論ずるために、先ず条文の拙訳について若干の説明が加えられなければならない。「特に、帝国からの完全な自由及び免除を有していること」と訳出した部分の原文は、"*in possessione vel quasi plenae libertatis et exemptionis ab Imperio esse*" であるが、その訳文として、例えば、*Du Mont* に採録されている仏訳版[45]では "estre en possession d'une quasi pleine liberté et exemption de l'Empire"[46] とされ、*CTS* に採録されている英訳版[47]では "to be in possession of *quasi* full Liberty and Exemption from the Empire"[48] とされている。これらの訳に従うならば、「帝国からの殆ど完全な自由及び免除を有していること」とすべきようにも思われる。しかし、ミューラーによれば、ローマ法学上の理解では "*possessio*" は本来有体物についてのみ使用され、無体物については "*quasi* “*possessio*”が使用されるという。（即ち、「準占有」と同様の観念であると解される。[49]）そして、彼は（ここでは「自由及び免除」という無体物が問題とされているのであるから）“*in possessione vel quasi*”という部分は“*quasi*”の次に“*possessione*”を補充して読むべきであり、したがって、スイス諸邦が有してきたのは「帝国からの完全な自由及び免除」であるとする。[50]

このように、ミューラーは“*in possessione vel quasi*［*possessione*］”と解すべきとしているが、その場合最初の“*possessio*”の対象は有体物であることになるが、本条文中ではそれに該当する言葉（例えば、「領域」がそれに該当しよう。）は使用されていないため、この“*possessio*”は無意味となってしまう。実際に、ミューラー自身の当該箇所の独語訳も„im Besitz voller Freiheit und Exemtion“とされており、“*in possessione vel quasi*”が“*in quasi possessione*”であるようにして訳出されている。[51] そのため、敢えてこの“*vel*”を訳出するならば、「特に」の意味に理解し、この部分は前述の拙訳に示したように「特に、帝国からの完全な自由及び免除を有していること」とするのが適切であると思われるのである。

この“*vel*”の訳出の仕方については議論もあろう。しかし、ＩＰＯの他の規定においても“*in possessione vel quasi*”（又はその語尾変化を伴った表現）が幾つか見出され、そこでは無体物のみが「占有」の対象となっていることは事実である。[52] このことからも、前述のミューラーにより示された“*quasi possessio*”についての理解が妥当なものと判断されるのである。[53]

スイス条項中の“*in possessione vel quasi plenae libertatis et exemptionis*”についての以上のような解釈を前提（仮に、“*quasi*”を「殆ど」という意味で理解するならば、それはスイス条項によりバーゼル及びスイス誓約同盟に認められた「殆ど完全な自由及び免除」が「主権」の観念から一層遠ざかることを意味し、後述する本書の趣旨をより強固にすることとなる。）として、次に「自由」及び「免除」の観念についても考察することとしたい。

先ず、「免除」の観念については、モムゼン (K. Mommsen) が次のように説明している。この観念はローマ（訴訟）法に由来するものであって、裁判所への出廷を第三者の権力行使 (Gewaltanwendung) を通じて阻止することと理解されていた。そこから、特に教会法を通じて、裁判制度において通常の審級からの解放を意味するものとなった。（教会法上、例えば、修道院は司教の裁判管轄権下に置かれなかった。）そこから更に、宗教改革期以降のドイツ法において、この観念を巡る理論が発展する。そこでは、或る領主の領邦内に点在する（他の領主の）飛地 (Inklaven) や他の領主の領邦内にある自己の飛地 (Exklaven) について、この「免除」の観念が適用された。そして、領邦君主の裁判管轄下に（全く又は部分的にしか）置かれない人、都市、修道院等についても「免除」が妥当するようになったのである。更に、近世の法学者は、帝国法における「帝国からの免除」(*exemptiones ab imperio*) を、「帝国内の免除」(*exemptiones intra imperium*) と「帝国外の免除」(*exemptiones extra imperium*) に区分し、前者は或る帝国直属者が他の領邦君主に臣従することによって帝国直属資格を喪失することを意味し、後者は或る帝国直属者が帝国から離脱することを意味するとした。但し、「帝国外の免除」は、それが帝国からの事実上の独立を認めるものであったとしても、（少なくとも、一七世紀後半までは）法的には皇帝の諸権利と帝国の最高裁判権が留保されており、その点で法的な独立を承認するものではなかったのである。(54)

また、ヨリオ (M. Jorio) は、「自由」及び「免除」について、伝統的な帝国法理論によれば、帝国からの完全な分離という意味での免除は不可能であったとし、同時に、「帝国からの自由としての免除は最上位の封建領主であり、全キリスト教世界の支配者にして全ての法の淵源である皇帝により維持され得るが、自由とされた者 (der Gefreite) は帝国の集団 (Reichsverband) の中に留まった」としている。(55) 更に、エッガー (F. Egger) は、スイス条項に盛り込まれた「自由」とは、「皇帝によって付与される行政上の自治に関する特権」と理解されるという。(56)

以上のような解釈に立ってＩＰＯ第六条を読む限りでは、「バーゼル市その他のスイスの諸邦」が「帝国からの完全な自由及び免除」と帝国の裁判所からの免除を一六四七年五月一四日付の勅令により皇帝から承認され、それを正式に確認するということが、ウェストファリア条約におけるスイスの取扱いであり、しかもその場合、「自由」や「免除」は、理論的には飽くまでも帝国との紐帯を維持した状態の中でのものであって、決して近代国際法理論における「独立」に対応するような観念ではないものと解されるのである。

では、スイスはどのような地位にあったと理解されるべきなのであろうか。以下では、ウェストファリア条約以前のスイスの欧州国家間関係における地位について考察を加えることとする。

3　ウェストファリア条約以前のスイスの法的地位

スイスはウェストファリア条約に至るまで、法的には帝国に帰属していたとすることも可能である。しかし、スイス諸邦の一三世紀以降の歴史、特に、スイス誓約同盟 (schweizerische Eidgenossenschaft) の展開からは、その地位の独自性が窺われる。

スイス地方における最初の地域同盟の構成主体となったのは、現在のスイスの中央部に位置する渓谷地帯に存在した「渓谷共同体」(Talgemeinde) であった。それら共同体の一つであるウーリ (Uri) が一二三一年に、その九年後にはシュヴィーツ (Schwyz) が、各々皇帝特許状を獲得しているが、このことは両共同体が帝国直属資格を付与されることを意味した。[57] 更に、一三〇九（又は二四）年にウンターヴァルデン (Unterwalden) 全体（但し、ウンターヴァルデンとは、その東半分を占めるニートヴァルデン (Nidwalden) と西半分を占めるオプヴァルデン (Obwalden) の総称であって、両者は異なる歴史を歩む。）が帝国直属資格を承認される。[58]（以上の三邦は「原初（三）邦」(Urkantone) と呼ばれている。[59]）更にその後も、一五世紀後半に至るまでに、チューリッヒ (Zürich)・ベルン (Bern)・ルツェルン (Luzern)・ツーク (Zug)・グラルス (Glarus) 等が帝国からの特権を獲得する。（ウェストファリア条約に当時の誓約同盟の一三邦の中で、以上の諸邦は「八古邦」(Acht alte Orte) と呼ばれる。[60] その他の五邦（「新邦」：フライブルク

(Freiburg)・ゾロトゥルン (Solothurn)・バーゼル (Basel)・シャフハオゼン (Schaffhausen)・アッペンツェル (Appenzell)）は当初「属邦」(Zugewandter Ort) であったが、一四八一年から一五一三年にかけて邦の地位を獲得した。[62]
以上の諸邦間では、例えば、一二四三年にベルンとフライブルク間の同盟が結ばれているように、一三世紀前半には上級領主への対抗手段としての同盟が構築されているようである。[63] そして、一二九一年七月一五日にハプスブルク家出身の皇帝ルドルフ一世が死亡すると、同年八月初めにウーリ・シュヴィーツ・ニートヴァルデンの三共同体が同家の支配に抗して同盟（原スイス永久同盟）を結成する。[64] この同盟は「誓約同盟」(Eidgenossenschaft) として一三一五年一二月九日の更新を経て次第に拡大し、一四八一年には（フライブルク・ゾロトゥルンの加盟により）スイス地域のドイツ語圏を越えるまでに成長するのである。[65]
一五世紀後半までのこのような勢力の増大を背景として、スイス誓約同盟は、帝国税の支払命令や皇帝軍への兵員供出要求を拒絶し、[66] また帝国最高法院 (Reichskammergericht) の命令の適用を拒否するなどした。[67][68] そして、武力衝突（シュヴァーベン／スイス（人）戦争）の末に一四九九年九月二二日に講和（バーゼル講和）が結ばれ、帝国最高法院の管轄権からの免除が誓約同盟に与えられると共に、一般帝国税（ゲマイナー＝プフェニヒ）も取り下げられたのである。[69]
以上のような帝国との関係を巡る歴史的経緯を見れば、スイス諸邦が既に一五世紀末には、（それが法的か事実上のものかは争いがあるが）[70] 帝国から独立した状態にあったことが理解される。[71] それでは、帝国外の諸国との関係において、それらはどのような地位にあったのであろうか。この点について、スイス諸邦が締結した「条約」を検討しながら考察することとしたい。
先ず、帝国外の存在としてスイス諸邦と最も密接な関係にあったと考えられるフランスがそれらとの間で締結した「条約」を見ることとしたい。例えば、一六世紀初頭に両者間に紛争が発生した際、一五一六年一一月に

「恒久平和条約」(Traité de Paix perpétuelle)[72]が締結されていることに表されているように、バーゼル講和後のかなり早い時期から仏はスイス誓約同盟を一体として条約の相手側当事者として認めていた。[73] そしてその後も、一五八二年七月の仏国王とスイス同盟間の「同盟条約」(Traité d'Alliance)[74]や一六〇二年一月の「同盟更新条約」(Traité de Renouvellement d'Alliance)[75]のように、スイス同盟は一体として条約の当事者となっている。[76]

しかし、常にスイス誓約同盟が一体となって条約当事者となっていたのではない。例えば、一五七九年五月八日付の「恒久条約」(Traité perpétuel)[77]は、アンリ三世とジュネーヴ・ベルヌ・ゾロトゥルン間で締結されたものである。(但し、この条約では、仏国王とベルヌ・ゾロトゥルン間の関係が先行し(前文)、それらの恒久平和に関する合意(前文・第一条)が先ず達成され、これにジュネーヴも加わる(第二条)という形式が採られている。[78]) また、八九年四月には仏国王の大使とベルヌ・ジュネーヴ間で条約[79]が作成されている。これらの事例から、個別の邦が条約当事者となる場合もあったという事実が確認されるのである。

また、スペインとスイス諸邦との間では次のような事実が見出される。一五八七年五月には西国王(フェリペ二世)とスイス六邦との間で同盟条約[80]が締結され、一六〇四年四月にはフェリペ三世により先王が締結した同盟条約が更新されている。[81] 更に、三十年戦争中の一六三四年三月には再度同盟更新のための条約[82]が締結されている。これらは何れもスイス内のカトリック派の邦を当事者とするものであって、スイス誓約同盟全体を当事者とするものではない。しかし、一五九五年九月には仏西両国王及びスイス誓約同盟全体が当事者となる条約[83]も結ばれている。

以上の他にも、一五五七年八月のコンスタンツ司教とスイス七邦間の同盟条約[84]や、一六〇三年七月のサヴォワ公・ジュネーヴ間の講和条約(サン＝ジュリアン条約)[85]等のようにスイス諸邦がウェストファリア条約以前に締結した条約の相手側当事者は多様である。

これらの事例から、三十年戦争以前からそれらの邦は帝国外の諸国と、個別の邦として、或いは邦の連合体として、条約を締結することが認められていたことが理解される。そして、その際に相手側当事者がそれら諸邦の条約当事者能力を疑問視していたとは考え難い。仮にこれを、近代国際法の理論によって説明するならば、条約締結主体であったスイス誓約同盟は、その構成各邦としても、また誓約同盟としても、国際法人格を各国に承認されていたということになる。しかしながら、このような「国家承認」に関する理論が当時存在していたとは考えられない。[86] ここでは、スイス誓約同盟とその構成邦が欧州国家間関係において条約締結主体として存在していたという事実を確認するにとどめるべきであろう。[87]

4 特色と評価

以上のように、ウェストファリア講和会議の遥か以前の一五世紀末においてスイス誓約同盟は既に帝国から（少なくとも事実上、また、帝国最高法院の管轄権や帝国税からの免除を考えるならば法制度上も）独立した状態にあり、また当時の欧州諸国からも条約締結能力を承認されていた。この点を考慮するならば、スイス誓約同盟からすれば、もはや同講和会議に積極的に参加する意義は見出されないことになるであろう。そして、このことを反映したものが、既に見た通りのスイスの同講和会議への対応であると理解されるのである。

しかしながら、このような理解は別の疑問を生じさせる。それは、ウェストファリア講和会議以前のスイスが前述のような状態にあったのであれば、実質的な条約交渉は不必要であったであろうし、またウェストファリア条約中で敢えて「スイス条項」を設ける必要もなかったのではないか、との疑問である。

この疑問に関しては、（後述のように）オランダがミュンスター条約によってスペインからの正式な（法的）独立承認を与えられたのと同様に、明確な条約規定をスイスが必要としたとも考えられる。しかし、既に確認されたように、ウェストファリア条約のスイス条項はそのような内容ではない。何ゆえに不必要とも思われる規定が設けられたのであろうか。この疑問を解く鍵は、この条文で特に言及されているバーゼル市の地位にあると考えられる。

スイス誓約同盟の拡大過程において、バーゼル市の加盟は一五〇一年に実現する。(88) 即ち、それは一四九九年に他の同盟加盟邦が帝国最高法院の管轄権や帝国税からの免除を皇帝から正式に獲得した後のことであった。この事実は当該免除が同市には及ばないとする見解を可能とし、実際に帝国最高法院はバーゼル市及びその市民が自己の管轄権からの免除を享受しないものとみなしていたという。その結果、バーゼル市は、一五二一年に新たな帝国制度が導入されたときに、帝国クライスの割当（Kreiseinteilung）に含まれ、帝国税の支払いを要請された。また、帝国最高法院への出廷を求められ、帝国議会とクライス議会への参加者のリストに必ず含まれたのである。(89)（同様に一四九九年以降に誓約同盟に加盟したという事実をもって、帝国最高法院の管轄権からの免除等を否定されていた邦として、シャフハオゼン及びアッペンツェルがあった。(90)）

当然のことながら、バーゼルは帝国最高法院への召喚に抵抗した。しかし、その理由付けは他の諸邦とは異なるものであった。「バーゼルは誓約同盟への帰属を論拠として採用せず（なぜならば、これ［誓約同盟への帰属］は、バーゼルが正しく認識したように、皇帝及び帝国に対する諸々の義務に関しては何らの新たな法的地位を創造するものではなかったからである）、古き諸邦と異なりバーゼルのみが皇帝の諸特権を援用し、それに加えて自らの自由都市としての地位を援用した」のである。しかし、実際にはバーゼルの諸特権は、同市が信じまた望んだほどには包括的なものではなく、同市は繰り返し帝国最高法院に召喚されたのであった。(91)

更に、ウェストファリア講和会議当時のバーゼル市に関しては、ウェストファリア講和会議に参加すべき個別の事情も存在した。その当時、バーゼル市民を相手側当事者とする訴訟において、満足のいく判決をバーゼル市の裁判所から得ることがなかった者の若干は、当該訴を帝国最高法院に提起した。そして、その場合にも、バーゼルの帝国最高法院の管轄権からの免除が問題となっていたのである。[92]

以上のように、当時のスイス諸邦の同盟内にあってバーゼル市のみが帝国との関係で重要な法的問題を抱えていたのであり、それが同市のウェストファリア講和会議参加の理由であったと考えられる。[93] そして、そのような立場を踏まえての交渉結果として、同市の主張が受け入れられ、バーゼル市の名が特に言及されるかたちでの条文が起草されたと解されるのである。[94]

そして、そのようにして起草されたスイス条項それ自体は、スイスの近代国際法上の「独立」を承認したものとは解され得ない。少なくとも、スイス条項が明示的な「主権」の観念に裏付けられていないことは確かであるし、また、同条項ではスイス誓約同盟の「独立承認」についても明示的に規定されていないのである。[95]

更に、この「帝国からの完全な自由及び免除」が近代国際法上の観念としての「独立」と等しいものであることが黙示的に承認されていたとすることも困難である。即ち、スイス条項に現れるのは飽くまでも「帝国からの完全な自由及び免除」であって、前節で挙げた、「自由」や「免除」の観念についての諸説に従うならば、それは帝国国制（法）の枠内の観念であり、法的には帝国や皇帝からの完全な独立を意味するものではない。そうであるとするならば、理論的にはスイス条項をもって「国際法上のスイス独立の承認」とすることはできないこととなるのである。

ところで、仮に、当時のスイスや帝国において近代的な「主権」観念が未成熟であったとするならば、[96]「主権」という言葉を使用することは不可能であったことになる。その結果として、「帝国からの完全な自由及び免除」とする表現を使用せざるを得なかったのであって、実態としてスイス誓約同盟が有した権能や法的地位が、「主権」や「主権者」に等しいものであったならば、誓約同盟が法的に独立したものと解釈することも許されよう。

実際に、ボダン (J. Bodin) が『国家論六篇』(*Les six livres de la République*) において抽象化された近代的主権概念を提示したのは一六世紀後半（一五七六年）のことであり、彼の主権理論（或いは、「主権」の観念）それ自体は（帝国やスイス諸邦にそれを適用するか否かは別の問題として）既に一七世紀前半にはスイス内に伝えられてはいたものの、そこで「主権」観念が一般的に受容されるのはより遅い時期であることが指摘されている。(97) つまり、ウェストファリア講和会議の時期のスイスでは近代的な「主権理論」や「主権観念」の受容が依然として不完全な情況であったために、講和交渉の全当事者にとって了解可能である（より旧い用語である）「自由及び免除」が使用されたのであって、交渉当事者の真意は（「通説」が主張する通り）スイスの「主権」や「独立」の正式な承認にあったとする解釈が成立し得るのである。

しかしながら、帝国においては、ボダンの主権理論は容易に受容されるものではなかった。なぜならば、「これ「ボダンの理論」が皇帝に何らの主権も認めなかったために、ボダンの理論は帝国法学者により拒絶された」(98)からである。したがって、スイス条項における帝国からの「自由及び免除」という表現の使用は、それが「主権」とは異なる（帝国国制上の）観念であるとする皇帝の側の意思表明であったものと解されるのである。（更に、このような皇帝による「主権」観念の拒絶とそれに対するフランス側の譲歩については、次章第三節(三)を見よ。）

(二)　帝国とオランダ

1　ウェストファリア講和会議・条約とオランダ

オランダは一五六六年以降一六四八年に至るまで、スペイン（ハプスブルク家）支配からの独立を目指した「八十年戦争」(99)を遂行しており、三十年戦争はこの独立戦争に並行して進展していたことになる。単純に考えるならば、この八十年戦争はオランダ対スペインの図式の中でのみ捉えられるべきものではある。しかし実際には、西国王フェリペ四世が一六三四年の「ネルトリンゲンの戦闘」以来一貫して皇帝に援助を与え続けており、また、ネーデルラント地方が帝国への補給路であった関係から、蘭西間の戦争の帰趨と三十年戦争の展開は常に影響を与え合っていたのである。

以上のような経過を考慮するならば、オランダのウェストファリア講和会議出席は或る意味で当然のことではあった。しかし、蘭側の同講和会議への対応は鈍いものであった。一六四二年一月には当時の指導者フレデリック＝ヘンドリック（Frederik Hendrik）が、ネーデルラント連邦議会に対して、講和会議に参加すべきか否か、そして参加する場合の全権代表の選任とスペインとの講和条件の決定を行うよう依頼していた。それに対して、連邦構成各州が連邦議会への講和条件を巡る勧告を作成し始めたのが翌（四三）年の春、それらが最終的に合意されたのが四五年一〇月、そして、講和会議への蘭代表団の出発はその翌年へとずれ込んだ。その結果、蘭代表団が交渉地（ミュンスター）に到着したのは四六年一月一一日とかなり遅かった。それでも、蘭代表の会議出席により、当時の欧州世界の政治諸勢力はほぼ出揃うこととなったのである。(100)

当時のオランダを取り囲む欧州国際関係は複雑であった。オランダは、最大の懸案として対西独立戦争の講和問題を抱えつつ、フランスやイングランドとの同盟関係に加えて、同じプロテスタント派であるスウェーデンやデンマークとの関係を考慮しなければならなかった。そして結果的には、プロテスタント派に立つオランダが自らの代表を、カトリック国たるフランスが最上位を占めたミュンスター会議に出席させるという事態となった。これは、スペインとの関係の処理を優先させたことによるものと解される。(101)

以上のような状況の中で、西蘭間の「八十年戦争」の講和に関する合意は、ＩＰＯ及びＩＰＭとは別個に作成された。(102) 即ち、一六四八年一月三〇日にミュンスターで締結された両国間（正式には、西国王フェリペ四世と「ネーデルラント諸州同盟連邦議会」の間）の「ミュンスター条約」(103)である。この講和に伴いオランダのスペインからの独立が西国王により正式に承認されるが、独立承認の中核となる同条約第一条は次の通りに規定している。

「第一に、前述の［スペイン］国王陛下は、次のことを宣言する。前述のネーデルラント連邦議会及びその各州を、それらに結合された支配地、都市及び領域と共に、自由且つ最高の議会、州及び領域であることを承認すること。それらの又はそれらに結合された支配地、都市及び領域について、今後自己のため或いは継承者及び子孫のために、何らの主張もしないこと。そして、以下に記され、宣せられた条件に従って、『永遠の平和を』当面いかにしてもたらすかを同連邦議会と交渉することに満足し、そうすることを決心していること。(104)」

これにより、ウェストファリア条約締結以前にオランダの独立はスペインにより正式に（法的に）承認されていた。したがって、オランダにとっての当時の外交上の最大の目的は、同条約への署名が行われる以前に達成されていたことになる。それでは、このような状況において条文の完成を見た同条約中のオランダの取扱いには、どのような特色が見出せるのであろうか。

この点で注目されるのは、ウェストファリア条約中でオランダを扱う条項は「当事者」に関する規定以外には存在しないという事実である。即ち、オランダの名は、既に挙げたIPO第一七条第一〇項（*ordines foederati Belgii*）及び第一一項（*foederatum Belgium*）に明示されており、皇帝側及びスウェーデン女王側の双方でこの講和に「含まれる」者として挙げられている(105)にも拘らず、オランダを巡る実質的な問題は同条約の埒外に置かれている(106)のである。（IPMにはオランダの名は登場しない。(107)）

このことから推測される事柄は、オランダはウェストファリア講和会議には参加したものの、IPO及びIPMに結実する討議への実質的な関与は行わなかったのではないかということである。このことは更に、ハプスブルク家の一方の中心であるスペイン王家からの正式な独立を獲得した以上、他方の中心であるオーストリア王家（皇帝）からのその承認や支持（後述のように、当時の蘭は形式的には帝国の枠内にあった。）を獲得するための無用な努力をしない、或いは皇帝との関係はもはや重要性を有しないという蘭側の判断の存在を推測させる。そして、このような蘭側の帝国との関係に対する無関心とも見える態度は、ウェストファリア条約締結以後のミュンスター条約第五三条の扱いの経過にも表されることとなるのである。(108)

但し、講和の成立は通商国家であるオランダにとって望ましいものであったと考えられる。実際に、講和会議への参加は遅かったが、蘭代表団は、対西講和交渉を他当事者に先駆けて妥結させた。更に、西領ネーデルラントを巡る仏西間の戦争はオランダにも大きな関心事項であり、既に触れられたように（前章第一節(二)2）蘭使節は両国間の講和交渉の仲介者として交渉を大幅に進展させた。最終的な仏西間講和はミュンスターでは実現しなかったものの、このような自国に直接的に関わる問題に関してのオランダの行動は極めて迅速であった点は看過されてはならない。

2　ウェストファリア条約以前のオランダの法的地位

以上に確認されたオランダのＩＰＯ及びＩＰＭ、更にはミュンスター条約に対する無関心とも見える態度を支えるものについて、オランダがウェストファリア条約以前にどのような「国際的地位」を得ていたのかを「条約」の締結実績という面から考察することを通じて、探ることとしたい。

低地地方（ネーデルラント）の諸貴族は一六世紀中葉以降、スペイン王家に対する抵抗のための幾つかの同盟を結んでいた。(109)そして一五七九年一月二三日には「ユトレヒト同盟」(Unie van Utrecht)(110)が結成され（これ以降、「諸州連合」(Vereenigde Provintien: les Provinces-Unies)と呼ばれるようになる。）、八一年七月二六日の「スペイン国王廃位宣言」(111)により実質的な独立が宣せられた。それ以降、諸州連合（条約締結主体としては「ネーデルラント連邦議会」）として、三十年戦争の発生までに多数の条約を締結することとなるが、その最初期の事例が八五年八月の英国（エリザベス一世）との間の条約である。(112)同条約では、英国からオランダへの派兵（第一条）等の軍事援助が約束されており、当然のことながらこれは対西闘争の援助を意味している。そして、九五年一〇月には仏国王・英女王・蘭連邦議会間の「攻守同盟条約」(Tractaet van Offensive en Defensive Alliantie)[113]が、九八年八月には英蘭間相互援助条約が[114]、更に一六〇八年一月には仏蘭間で「防御同盟条約」(Traité de Ligue defensive)[115]が締結されている。また、スウェーデンとの間でも、一六一四年四月五日付で二つの条約が締結されるなどしている[116]。[117]

また、この時期のオランダは帝国等族とも「条約」を締結している。一六〇五年四月には、ライン＝プファルツ選帝侯・ブランデンブルク選帝侯・ブランデンブルク辺境伯を相手側当事者とする条約において、選帝侯等の諸権利を保全すると同時にオランダに対する財政援助が行われる旨の約束がかわされている[118]。それに続き、一一年九月に蘭連邦議会は、ブランデンブルク選帝侯・ノイブルク公との間でライン河及びマース河を通航する船舶により運送される物品への課税に関する条約を[119]、更に、一五年一二月には「東部ハンザ諸都市」(de Oostersche Hansee-Steden)とも「同盟条約」(Tractaet van Unie)[120]を、各々締結している。

以上は何れも、三十年戦争の発生以前の事例であるが、同戦争の期間中にはより一層活発にオランダを当事者として含む同盟関係が構築されている。同戦争初期のものに限定しても、蘭連邦議会は、一六二一年五月のデンマーク（クリスティアン四世）との同盟・友好条約[121]、二五年九月の英国（チャールズ一世）との攻守同盟条約[122]、同二五年一二月のデンマーク・英国との三国同盟条約を[123]それぞれ締結している。そして、蘭仏間では、二四年六月の対蘭財政援助に関する条約[124]、同年一二月の仏軍艦派遣等の軍事援助に関する条約[125]、二七年八月の対蘭財政援助に関する条約[126]、三四年四月の財政援助に関する条約等々[127]、多数の条約（主として仏から蘭への支援を目的としている）が締結されている[128]。そして、フランスが対西戦争を全面的に展開するようになる三五年には複数の仏蘭間同盟条約が[129]作成されている[130]。また、この時期のオランダは、帝国等族（特に、ブランデンブルク選帝侯）との間でも同盟条約を含む複数の条約を締結し、更にそれらの他にも三十年戦争に関連して多数の条約を締結している[131]。

3　特色と評価

以上の事実から、オランダは既に三十年戦争以前から欧州内において条約締結主体として他国から認識され、同戦争中にはフランスやスウェーデンと同様に欧州社会における「国際的」活動主体となっていたことが理解される。このことはまた、オランダは自己の使節が西国王の使節（大使）と交渉及び儀典上同等に扱われることを交渉開始の絶対条件とし、それが結果的に一六四六年五月五日付の合意により認められたことを当然の結果であるとも思わせる。[132]

オランダがスペインからの「正式な」独立を獲得するということは、西蘭間の関係においては（政治的にも、法的にも）一定の意義は認められ得るであろう。しかしながら、以上のような当時の状況を勘案するならば、西蘭以外の欧州諸国にとっては、既に欧州国家間関係の独立した活動主体であり、条約当事者として認められてきたオランダに対して、更に何らかの措置を執る必要性は見出されなかったであろう。（そもそも、近代国際法上の「国家承認」制度のように、「国際法主体性」を「法的に」創設乃至確認する制度が存在しなかったことが想起されるべきである。）結局のところ、スペイン（及び両ハプスブルク家）以外の諸国にとっては、既にオランダはそれ以前に独立した存在として認められていたのであり、ミュンスター条約の締結はこのような実態の追認行為でしかなかったと判断されるのである。

そして、このことは帝国からのオランダの「法的な」独立は何時のことであったかという問題を再度我々に提起する。即ち、これまでの国際法史上の議論（及び本節における議論）は、専らスペインからのオランダの「独立」に焦点を当てたものであり、本来「低地地方」が帝国領内にあったことには殆ど意識が向けられてこなかったのである。[133] この点について、フェーンストラ (R. Feenstra) は、ユトレヒト同盟が成立した一五七九年以降帝国の消滅に至るまで、帝国と低地地方の法的紐帯を断絶又は変更するような両者間の条約やその他の文書は存在していないこと、そして、一六七〇年まで皇帝はユトレヒトやオーフェルアイセル等（即ち、オランダ領域）について西国王への授封を継続したことなどを指摘している。(134) つまり、帝国とオランダの法的関係は、（少なくとも一六世紀から一七世紀中葉にかけて）徐々に弛緩しつつあったが、遂に正式に解消されることはなかった、(135) とすることも可能なのである。

(三)　スイスとオランダを巡る条約規定の比較と評価

以上に見てきたように、スイス及びオランダは共にウェストファリア講和会議開催時において、実態としては（自主的な「外交」を展開し、「条約」の締結主体であったという意味において）「独立」していたことには疑念の余地はない。また、法的文書によるそのような地位の確認については、解釈は分かれるものの、どんなに遅くともスイスは一六四七年五月一四日の皇帝の勅令により、またオランダは一六四八年一月三〇日のミュンスター条約によって行われている。したがって、ウェストファリア条約によって正式に（法的文書によって）両国の独立が承認されたとすることは誤りである。

しかし、このように解した場合であっても、スイス誓約同盟の「帝国からの完全な自由及び免除」がＩＰＯ及びＩＰＭに規定されたことには、独自の法的意義が存在することは確かである。即ち、それ以前にそのような自由や免除を付与したのは皇帝であって、その意味では帝国内の関係として完結したものであったのに対して、両文書に規定されるということはその「保証国」である仏瑞両国（更にはこの条約に「含まれる」者）によってもスイス諸邦の自由及び免除が承認されるのであって、言わばその承認が「国際的な」法的関係の対象となっているのである。(136)

また、厳密に考えるならば、「独立であること」の態様がスイスとオランダの間で相異していることも留意されるべきである。即ち、スイス誓約同盟については「帝国からの完全な自由及び免除、並びに帝国の法廷及び裁判所に決して服さないこと」が認められたのに対して、ネーデルラント連邦議会は「自由且つ最高の議会、州及び領域」であることが承認されている。即ち、スイスについては、その存在が（帝国の裁判権からの免除を含め）「自由であること」に重点が置かれ、その「最高性」について触れられていないのに対して、オランダはそれ自体が「最高であること」を認められているのである。（因みに、*Du Mont* に採録されているミュンスター条約の仏語版[137]では "libres et Souverains Estats, Provinces et Pays" とされている。[138] この訳によるならば、オランダはまさに「主権的」存在とされることとなる。この点については後述する。）また、スイス諸邦の講和会議参加が前述した一六四八年以前のバーゼルの法的地位の不明確性（帝国最高法院の管轄権からの免除が承認されているのか否か）を理由とするものであって、帝国からの「独立」を明確に意図したものではなかったことを考慮するならば、スイスからの唯一のウェストファリア講和会議参加者であるバーゼル市長が「自由及び免除」を重視したことも当然であったと考えられるのである。その結果として、仮にスイスについて「主権的」存在としての承認が皇帝から与えられたとするとしても、それは明示的に規定されてはおらず、飽くまでもそのことが含意されているに過ぎないことは確認されるべきである。

以上のような相異を近代的主権概念の中で評価するならば、スイスの「自由及び免除」は「最高性」や「絶対性」の観念を明確に具備するものではなく、依然として帝国国制の中での自由や免除の享有という側面が強いように思われる。それに対して、オランダの「独立」は、「最高性」を伴う近代的主権観念により近いものと解されるのである。[139]

更に、オランダがウェストファリア条約中の実質的規定の中で一切言及されず、スイスがウェストファリア条約中の実質的な規定の中で扱われたこととの相異についても、考察を加えたい。この事実が発生した原因については、前述したバーゼル市の問題が作用したものと説明できる。しかし、それが国際法の歴史においていかなる意味を有するのかという別個の問題も考察されなければならないであろう。

少なくとも事実上は独立していたという点では、オランダとスイスは類似していた。それにも拘らず、前者は別個の条約により言わば能動的に正式な（「法的な」）独立を獲得したのに対して、後者は（仮に、スイス条項がスイス誓約同盟全体の独立を承認するものであるとするならば）ウェストファリア条約中で客体として言わば受動的にそれを承認されている。

これを仮に、条約締結能力が国際法主体性の具有を意味する[140]という近代国際法の理論に立つならば、このような相異が意味することは重大である。即ち、オランダについてはミュンスター条約締結以前に国際法主体性が承認されていたのに対して、スイスはそうではなかったとすることも可能である。しかしながら、（既に触れられたように）このような論理的帰結について、その当時に考慮が払われていたとは思われない。むしろ、事実状態（オランダ及びスイスは「事実上」独立していた）と法的状態（両国は「法的に」独立しているのか）が厳密に区分されておらず[141]、近代国際法の論理の中で「事実」と「法」を厳密に区分するような思考が当時の外交関係を担う者たちの間では依然として未確立であったと考える方が自然であろう。

まとめ

本章において述べられてきた事柄から、次の諸点を指摘することができよう。

先ず、ウェストファリア条約に見られる帝国の「対外的」な関係は、一方でフランスとの関係のように、領域移譲当事者のみに着目する限りでは（つまり、ＩＰＭ第八七条の問題を別とするならば）、「国家」を単位とした近代的関係に近接したものであるが、他方でスウェーデンとの関係に見られるように、必ずしも「国家」を単位としない封建制的な観念も包摂している。しかも、IPM第八七条を考慮するならば、一見「主権的近代国家」であるかのようなフランスであってさえも、国内体制は伝統的体制（封建制を原理とする身分制秩序）を引き継いでいるであろうことが、本条約の規定からも推測されるのである。

また、ウェストファリア条約の擁護義務によりフランス及びスウェーデンに対して結果的に認められたと解される帝国内の問題への「干渉権」に関しては、次のことが指摘されるべきであろう。

「不干渉義務」は国家が「主権」を有することに由来する論理的帰結の一つであり、それはまた複数の主権国家の併存状態を前提とする近代国際法理論の論理的帰結でもあると考えられる。そうであるとするならば、この「条約擁護義務」は主権概念と矛盾するものであることになる。勿論、主権的意思を有する国家間の合意に基づく「干渉権」の承認という論理構成は可能ではある。しかし、次章（特に、第三節㈢）で論ずるように、少なくとも神聖ローマ帝国においてはそもそも「主権」という観念が当時未発達であったことを勘案するならば、このような論理構成は妥当しない。むしろ、「主権」概念の希薄性乃至不存在をこの「条約擁護義務」が傍証しているものと理解すべきである。つまり、ウェストファリア条約においては「不干渉義務」の前提として存在すべき、対内的にも対外的にも独立な「近代主権国家」は成立していないと考えるべきなのである。

また、一般的に受容されてきた「一六四八年におけるオランダ及びスイスの独立承認」に関しても両国の「独立」の態様は異なるものであって、単純に通説的理解を支持することはできない。オランダについては「一六四八年に」「スペイン国王による条約規定上の（その意味において、正式な）独立の承認が行われた」という点でのみ「神話」は真実を伝えているに過ぎない、とさえ我々は言い得る。また、スイスについては「皇帝による」「独立の承認」という点においてすら疑問が提示され得るのである。（尚、ウェストファリア条約以降のスイスについて、

第二部第二章第五節で論じられる。）

これらのことから、ウェストファリア条約により設定された帝国の「対外的」関係は、「主権」観念を中核とする近代的国家間の関係としては捉えられ得ないものであることが理解される。そして、そこでは平等な主権国家(142)により構成される近代国家系及びそれらの意思により成立する近代国際法もまた未成立なのである。

（１）　この時期の国家形成における理論・実践両面における問題の一つとして、キリスト教共同体 (***Respublica Christiana***) の観念が依然として存続しているか否かが挙げられる。この点については第一部第五章で触れられることとなる。

（２）　本書において「オランダ」とは、一五七九年一月六日にネーデルラント南部諸州が結成した「アトレヒト（アルトワ）同盟」(Unie van Atrecht) に対して後のネーデルラント共和国建設の基盤となる北部七州 (Holland, Utrecht, Groningen, Friesland, Drent, Overijsel, Gelderland) と若干の有力都市が結成した同年一月二三日の「ユトレヒト同盟」(Unie van Utrecht) の支配地域を指す。但し、文脈によっては、同盟諸州の代表から成る「ネーデルラント連邦議会」(de Staten-Generaal) を指す場合もある。前章註（９）も見よ。

（３）　ＩＰＯ第一〇条各項の規定に関しては、伊藤 (2005)、一〇九－一二四頁も見よ。

（４）　IPO, X, 1: *"Porro quoniam serenissima regina Sueciae postulaverat, ut sibi pro locorum hoc bello occupatorum restitutione satisfieret pacique publicae in Imperio restaurandae condigne prospiceretur, ideo Caesarea maiestas de consensu electorum, principum et statuum Imperii, cumprimis interessatorum, vigoreque praesentis transactionis concedit eidem serenissimae reginae et futuris eius haeredibus ac successoribus regibus regnoque Sueciae sequentes ditiones pleno iure in perpetuum et immediatum Imperii feudum."*

（５）　これは、（本文中でも挙げられている）第一二項冒頭の *"Deinde"* をどのように解釈するかにより、同項以下が独立した一群を形成すると解することも可能となるからである。

（６）　以上のようにＩＰＯ第一〇条第二項乃至第八項により、スウェーデンはフォアポンメルンをはじめとする諸地域を獲得する。これによる同国の強大化については、第二部第二章第三節（特に、同章註（88））を見よ。

（7）この他、ヘッセン＝カッセル問題の解決における分担金拠出の確保について、皇帝及び女王がヘッセン方伯夫人と共に一定の義務を負うとする規定（第一五条第一二項（IPM第五七条に相当））も両者の関係を律するものと言えよう。

（8）これは所謂「家産国家観」に通じるものであろう。しかし、このような国家と国王の人格の未分離は、中世的な国家であることを必ずしも意味するのではない。福田によれば、絶対主義国家の性格として、支配の対象である国家が、私有財産或いは家代々の家産として見られることが挙げられるのである。（福田（1985）、二五四–二五五頁）この見解に従うならば、（絶対主義国家の成立をどの時点に求めるかという問題は別として）一七世紀中葉において家産国家観的思考が反映された条約規定が見出されることは不思議ではないと言えよう。

更に、マイネッケによれば、近代的な主権概念を提示したとされるジャン＝ボダンにおいても、「国家内における最高の強権（die höchste Gewalt）いかんという問題を、国家の最高の強権いかんという問題からいまだ区別していなかった」とされている。（Meinecke (1976), 67. 尚、この引用箇所の訳は同書の邦訳者（菊盛・生松）によるもの（邦訳版七七頁）に従った。）この見解が正しいとすれば、本書が考察対象とする時代において「国家内における最高の強権」である国王が国家そのものと同一視されることも当然と言えるであろう。

（9）IPO及びIPMの前文には、皇帝が有する他の称号が列挙されている。

（10）Mitteis (1988), 340–341. また、„Kaiser und Reich“という観念の重要性は、次の文献の表題にも示されている。*Buschmann* (1984): Gagliardo (1980).

（11）IPO第八条第二項。その詳細については次章第三節㈡を見よ。

（12）むしろ、このような「国王」と「国家」の法的・概念的繋がりなどは問題とはされていない、と考えた方がより実情に即しているものとも思われる。そしてそれが妥当な解釈であるとするならば、ますますウェストファリア条約の「前近代性」が露わとなるであろう。

（13）このようなかたちで帝国国制内の地位を獲得したスウェーデン女王（国王）のウェストファリア条約以降の帝国等族としての活動については、第二部第二章第三節を見よ。

(14)「上下エルザス方伯領」(*landgraviatus Superioris et Inferioris Alsatiae*) という称号は国法上それまで知られていなかったものだという。(Repgen (1972), 639.) エルザス地方及びその諸都市の移譲の前史に関しては、Repgen (1972) を見よ。

(15) 更に、シュトラスブルク及びバーゼル司教、シュトラスブルク市、その他上下エルザスの帝国直属等族等は、フランス国王に帰属することとなる一方で、同国王はそれらが従来有していた自由及び占有をそのまま認める義務を負っている。(IPM第八七条)

(16) IPM第七八条は前述(一〇三―一〇四頁)のIPO第一〇条第一四項に相当するものである。

(17) この返還に伴い、皇帝からの領域移譲の場合と同様、仏国王はこれらライン両岸の地域が自らの権利に帰属する旨のいかなる主張も禁じられるとされている。(IPM第八五条前段)

(18) 前章第二節㈡で紹介したように、インスブルック大公に対するこれら諸々の返還に伴い、これらの土地に関する証拠書類・公文書等も同大公に返還され(IPM第九〇・九一条)、更に、同大公に対しては、三百万リーブルが支払われる。(IPM第八八条)

(19) ケラスコ条約については、前章第二節註(98)を参照せよ。

(20) "*[I]ta ut nullam ulterius in eos regiam superioritatem praetendere possit, sed iis iuribus contentus maneat, quaecunque ad domum Austriacam spectabant et per hunc pacificationis tractatum coronae Galliae ceduntur, ita tamen, ut praesenti hac declaratione nihil detractum intelligatur de eo omni supremi dominii iure, quod supra concessum est.*"

(21) ディックマンはIPM第八七条を「[ウェストファリア]講和条約全体の中で最も議論の余地のあるもの (der meistumstrittene [Artikel])」としている。Dickmann (1998), 294.

(22) この点に関して、政治思想史的観点を交えて、若干敷衍しておきたい。ホッブズ (Th. Hobbes) が「国家」を「可死の神」として人格化して捉えた『リヴァイアサン』を公刊したのは一六五一年のことであり、ウェストファリア講和条約以後のことである。国家を(法)人格化することは、それが思弁的・哲学的方法におけるものであるか実定法的・実証主義的方法におけるものであるかを問わず、近代国際法認識に共通する前提である。そしてそれは同時に、古代ローマ法におけるユース・ゲンティウム (*jus gentium*) に始まる国際法の歴史において、個人や中世的「中間団体」とは別個の独立した「近代国家」のみを法主体とする理論構築の端緒となる。その意味において、（法）人格化された（そして、神学的基礎から解放された）国家に関する理論構築なくして、近代国際法理論も成立し得なかったこととなる。（この点については、次の拙稿を見よ。Akashi (2000), 214–216.）仮に、ホッブズをこのような理論を展開する先駆者として評価することが可能であるならば、本章で確認されたウェストファリア条約における皇帝・国王と国家の（法）人格の未分離という状態は、（時系列的に考えるならば）当然のこととして受けとめるべきこととなる。

(23) 次の文献はそのような見解を示している。Ziegler, K.-H. (1994), 182.

(24) 「不上訴特権」の獲得が、当時の観念では或る領域における最高支配者としての地位の表徴であったとするならば、ＩＰＯ第一〇条第一二項によりこの特権を獲得した帝国等族としてのスウェーデン女王が、移譲された帝国内の領域における最高支配者であると理解することもできよう。しかしながら、それは飽くまでも帝国国制の枠内での問題であって、「主権」を獲得したのではない。この問題については、次の文献を参照せよ。伊藤 (2005)、一三六–一五一頁。

(25) この点に関して、フランスが獲得したものを「完全な主権」(full sovereignty) であったとする見解が一般的に（「神話」として）受容されているように思われる（この点に関しては「神話」批判を展開しているオヴィアンダーにおいてすらも同様である。Osiander (1994), 69–70.）が、これを支持することはできない。

(26) このフランス側の要求については、次の文献を見よ。*APW*, II, B, ii, (Nr.172), 535–541.

(27) Osiander (1994), 69–70.

(28) このことは次章第三節㈡で触れられる「同意権」にも関連する。特に、和戦の決定が帝国議会における帝国等族の同意のもとに置かれることによって、この帝国等族としての瑞女王の帝国議会への出席は帝国国制の針路にも大きな影響を及ぼすことが予想される。皇帝権力の強大化による専制国家的体制を築くか、それとも等族制国家としての体制を維持し有力諸侯による寡頭政治の下に帝国を置くのかという選択肢の中で、帝国等族としての瑞女王の存在は前者を不可能とするであろう。そして、これは瑞（及び仏）が有した、帝国の強大化を防ぎ、帝国による戦争の遂行を可能な限り妨害する（皇帝一人の意思で戦争遂行可能な体制と多数者（帝国議会）の同意を必要とする体制の、何れが戦争遂行阻止に有効であるかは明白である。）という意図に適うものと言えよう。

(29) ＩＰＯ第一七条第七項（ＩＰＭ第一一六条第二・三文）は次の通り。「帝国等族に属する何れの者も、実力又は武力により自らの権利を追求することは、決して正当とはされず、争いが既に生じているか、或いは今後惹起される場合には、各々法的に審理されるものとする。それでも［それを］行う者は、平和破壊者 (*reus fractae pacis*) とされる。そして、裁判官の判決により決定された事柄は、判決の執行に関する帝国の法令の定めに従って、身分の区別なく執行される。」

(30) Bleckmann (2001), 26. そして、ブレックマンはこれに続けて、「それは後の国際連盟及び国際連合のシステムと同様に、その時代にはあまり成功しなかった」とする。

(31) Hill (1906), 602. 同様にリュアードは、フランスがウェストファリア条約履行のためにドイツに対する干渉権 (a right of intervention) を獲得した、としている。Luard (1992), 287.

(32) このような相異が明確に現われた実例の一つが、第二部第二章第一節㈡で触れられる「ライン同盟」であると言えよう。即ち、スウェーデンは帝国等族としてこの同盟に参加したのに対して、フランスはウェストファリア条約の保証国としてこれに参加したのである。

(33) 第二部第一章第二節㈡を見よ。

(34) 本書における帝国とスイスの関係を巡る記述は、第二部第二章第五節の記述も含めて、拙稿（明石 (2008)）に基づいている。

(35) Luck (1985), 191–199.

(36) Stadler (1998), 373. 但し、カトリック派諸邦は一六七〇年代には "Defensionale" から離脱してしまう。Im Hof, *et al.* (1982–1983), II, 302.（尚、"Defensionale" の「防衛軍事協定」という訳語は、イム＝ホーフ（森田）(1997)、一一二–一一五頁に従った。）

(37) Stadler (1995), 136.

(38) 三十年戦争中にスイスが、独自に中立的地位を維持しようとしたことにも、帝国からの（少なくとも、政治的な）独立性の高さが示されていると言えよう。

(39) シュタトラーは、*APW* に見られる三主要当事者の訓令の中でのスイス諸邦への言及はせいぜい付随的でしかない、としている。Stadler (1998), 373.

（40）「邦」という訳語については、前章註（10）を見よ。

（41）Luck (1985), 199. また、*APW*, III, D, i, 358では、ヴェットシュタインは都市の全権使節に分類されている。但し、Luck (1985)は、ヴェットシュタインが彼の正式な資格が限定されていたにも拘らず、スイス全体のために交渉に当たったとしている。尚、ヴェットシュタインの任務の詳細については次の文献を見よ。Gauss (1948), 179–182.

（42）IPO, VI (IPM, 61) : *"Cum item Caesarea maiestas ad querelas nomine civitatis Basiliensis et universae Helvetiae coram ipsius plenipotentiariis ad praesentes congressus deputatis propositas super nonnullis processibus et mandatis executivis a camera Imperiali contra dictam civitatem aliosque Helvetiorum unitos cantones eorumque cives et subditos emanatis requisita ordinum Imperii sententia et consilio, singulari decreto die 14. mensis Maii anno proxime praeterito declaraverit praedictam civitatem Basileam, caeterosque Helvetiorum cantones in possessione vel quasi plenae libertatis et exemptionis ab Imperio esse ac nullatenus eiusdem Imperii dicasteriis et iudiciis subiectos, placuit hoc idem publicae huic pacificationis conventioni inserere ratumque et firmum manere atque idcirco eiusmodi processus una cum arrestis eorum occasione quandocunque decretis prorsus cassos et irritos esse debere."*

（43）例えば、ヌスバオムは次のように論じている。「一四九九年にスイス (Switzerland) は、バーゼル講和を通じてあらゆる点で帝国から分離した。この分離はスイスとオーストリア（オーストリア大公は同時にドイツ皇帝であった）との間の長きにわたる闘争の結果であった。一四九九年以降もスイスはときには帝国の構成員として振舞い、またヴェストファーレン条約（一六四八年）によってのみその独立の法的承認を獲得したものの、スイスは一四九九年から主権国家 (a sovereign state) とみなされていた。」(Nussbaum, (1958), 61–62.) 更に、次の文献も見よ。Grewe (1984), 217: Roelofsen (1991, b), 79: Truyol y Serra (1995), 66: Ziegler, K.-H. (2007), 122.

（44）伊藤 (2005)、九九頁。

（45）当該仏訳版の出典として、"Heiss, *Histoire de l'Empire*, tome III"、その他が挙げられている。*Du Mont*, VI, i, 469.

（46）*Du Mont*, VI, i, 479.

（47）当該英訳版の出典として、"*General Collection of Treatys etc*, vol.I"が挙げられている。*CTS*, I, 119.

（48）*CTS*, I, 236. 尚、引用中の斜体字は原文のままである。

(49)「準占有」(*quasi possessio*) の観念はローマ法上のみならず教会法上も認められていた。原田 (1955)、一四六頁。尚、「準占有」の歴史については、岩田 (1932)、六八二–七〇六頁を参照した。

(50) Müller, Konrad (1946), 218–221.

(51) Müller, Konrad (1946), 221. ブッシュマンの独語訳も「帝国からの完全な自由及び免除」(völlige Freiheit und Exemtion vom Reich) としている。*Buschmann* (1984), 336.

(52) ＩＰＯの中では次のような例がある。*"Restituatur etiam domus Waldeck in possessionem vel quasi omnium iurium in dynastia Didinghausen et pagis Nordernau…"*（ＩＰＯ第四条第三八項）：*"…in possessione vel quasi percipiendi…"*（ＩＰＯ第五条第四六項）：*"…in possessione vel quasi iuris decimandi e bonis novalibus in alieno territorio fuerunt…"*（ＩＰＯ第五条第四七項）：*"… ubi catholici …in possessione vel quasi exercitii iurisdictionis ecclesiasticae fuerunt…"*（ＩＰＯ第五条第四八項）。

(53) 次の文献もミューラーの解釈を支持する。Stadler (1998), 390.

(54) Mommsen (1968), 441–443.

(55) Jorio (1999), 135.

(56) Egger (1999), 192.

(57) 斉藤 (1999)、四–五頁。

(58) *Köbler* (2007), 731–732.

(59) 森田 (1994)、八一頁。

(60)「八古邦」の各々による帝国からの特権獲得に関しては、次の文献を見よ。Mommsen (1958), 213–241.

(61)「属邦」とは、完全な権利を有する邦の集団と一種の条約により結合した共同体 (Gemeinwesen) のことであり、通常この結合は保護関係から発生する属邦の側の負担の根拠となった。属邦は誓約同盟の共同支配に全く参与することなく、また、同盟の会議における代表の参加も制限ないしは全く否定されていた。Im Hof, *et al.* (1982–1983), I, 379.

(62) イム＝ホーフ（森田）(1997)、七〇頁 : Im Hof, *et al.* (1982–1983), I, 376.

(63) Legras (1935), 57–58. また、スイス諸都市は上級領主の権利を頻繁に買い取るなど、自立の程度が高かったようである。

Legras (1935), 58 では、「[スイスの] 諸都市に対する領主の支配権 (Herrschaft) は保護権 (Protektorat) でしかなく、それが［都市にとって］有用であると思われる限りにおいて耐忍された」とされている。

(64) 原スイス永久同盟の設立文書は、渓谷共同体間の相互援助についての誓約を中心としている。その詳細については、斉藤 (1999)、一九–二五頁を見よ。

(65) *Köbler* (2007), 653.

(66) 特に、一四九三年に対トルコ戦費用捻出のために帝国全域に課された一般帝国税（ゲマイナー＝プフェニヒ (Gemeiner Pfennig) に対する拒絶反応は強かった。（一般帝国税については次の文献を見よ。Moraw (1986), 130–142.）このときスイスは、フランス（シャルル八世）との条約を一四九五年一一月一日に締結し、帝国を牽制したという。(Luck (1985), 108–109.) このことにも、当時のスイスが自主的に「外交」を展開し、「条約締結権」を行使していたことが示されていると言えよう。

(67) 一四九五年以来帝国最高法院の命令がスイスに適用されなかった要因の一つとして、この地域では所謂ローマ法の継受が弱かったことが指摘されている。Mitteis (1988), 323.

(68) 以上の経緯の詳細については、次の文献を見よ。Bluntschli, J. K. (1849), *7 et seq.*: Oechsli (1922), 1–207: Carlen (1988), *26–27: Köbler* (2007), 653–654.

(69) Luck (1985), 108–109: *Zaphy* (1980), 435–437.

(70) 一方では、一四九九年以降のスイスが「主権国家」(a sovereign state) とみなされていたとする見解 (Nussbaum (1958), 61.) があるが、他方では、一四九九年の講和は飽くまでも事実上の独立承認でしかないとの見解 (Luck (1985), 109.) もある。

(71) スイスの「独立」を巡る歴史学上の「通説」について、ズィクリストは次のように纏めている。「誓約同盟の帝国からの分離は、帝冠のハプスブルク家への移動を通じて準備され、シュヴァーベン戦争を通じて事実上完了され、一六四八年には形式的にのみ再度確認された、というエクスリの［一八九〇年の論文 (Öchsli (1890)) における］叙述は、全ての歴史の著作に受け入れられ、それ以降最早真剣に議論されることはなかった」のである。Sigrist (1947), 114. この他、スイスの「独立」を巡る諸説については、明石 (2008)、㈠、五–八頁を見よ。

(72) *Du Mont*, IV, i, 248–251.

（73）また、一五二一年には「永久同盟」(L'alliance perpétuelle) が締結されている。その内容は、仏国王から諸邦への金銭的援助に対して、スイス側からは兵力を提供するというものであり、このような制度は一五八一年までは充分に機能したとされている。Körner (1980), 409–410.

（74）*Du Mont*, V, i, 429–431.

（75）*Du Mont*, V, ii, 18–21. この条約の名称では「更新」とされているが、その前文を読む限り、シャルル七世（在位1422–1461）以来のフランスの諸国王によって維持されてきたスイス諸邦との同盟関係を「更新」するという意図のようである。尚、同様の「同盟更新条約」は、一五六四年一二月七日付でシャルル九世とスイス誓約同盟間とで締結されている。*Du Mont*, V, i, 129–131.

（76）尚、一六一三年一月二〇日付でチューリヒが一六〇二年の仏国王・スイス誓約同盟間の同盟に加盟する旨の文書がある。*Du Mont*, V, ii, 234–235.

（77）*Du Mont*, V, i, 347–349.

（78）ジュネーヴの地位を巡る紛争では、同じく一五七九年五月八日付でジュネーヴ保護のための条約が仏国王とベルヌ・ゾロトゥルン間で作成されている。(*Du Mont Supplement*, II, i, 180–185.) チューリヒは一六〇五年八月二八日付でこの同盟条約に加盟する旨の宣言を行っている。(*Du Mont*, V, ii, 55.) また、一五七九年の条約については、川合が次のように記述している。「宗教改革後、新教のローマとなったジュネーヴは、カトリックのサヴォワによる併合の脅威に絶えず脅かされ続けたが、巧みな外交と同盟関係によってかろうじて独立を維持した。フランスは、一五七九年、アンリ三世の時代に、ベルンとともにジュネーヴを保護する『ソルール協約』に参加した。フランスの参加は、ジュネーヴがフランスの進めるスイス政策の門口に位置するという地政学的事情と、スイスに食指を伸ばすサヴォワに対抗しようとする意図の結果であった。一五八四年には、それまでのベルンとジュネーヴ、二都市の相互防衛同盟に新たにチューリヒが加わり、三都市同盟に発展した。」川合 (2007)、一三四–一三五頁。尚、『ソルール協約』はゾロトゥルンの仏名 (Soleure) に由来するものと考えられる。

（79）*Du Mont*, V, i, 477–479.

（80）*Du Mont*, V, i, 459–462. 尚、この同盟の当事者となった邦は次の通りである。ルツェルン・ウーリ・シュヴィーツ・ウンターヴァルデン・ツーク及びフライブルク。（次註に挙げた一六〇四年四月の同盟更新条約の前文によれば、この同盟には一五九七年にアッペンツェルが加盟している。）これらはカトリックを奉ずる邦である。

(81) *Du Mont*, V, ii, 38–39. 一五八七年の同盟条約第一四条において同条約の有効期限がフェリペ二世の死去までとされていたことから、フェリペ三世により更新されることになったものと推定される。

(82) *Du Mont*, VI, i, 62–68.

(83) *Du Mont*, V, i, 517–518.

(84) *Du Mont*, V, i, 13–14. この同盟の当事者となった邦は次の通りである。ルツェルン・ウーリ・シュヴィーツ・ウンターヴァルデン・上及び下ケルンヴァルト (Ob- und Nid dem Kernwald)・ツーク。また、これら諸邦に帰属する諸都市・地域も含まれることになっている。

(85) *Du Mont*, V, ii, 26–30. サヴォワ公が、ジュネーヴ侵入に失敗し、同市に対する権利主張の放棄を約束した文書がサン＝ジュリアン条約である。これにより、ジュネーヴは一七九二年まで約二〇〇年にわたる平和を享受することになる。Luck (1985), 186.

(86) 例えば、クロフォードは、グロティウス、プーフェンドルフ、ヴィトリア、ヴァッテルの国家に関する理論を紹介した後に、次のように纏めている。「それら初期の学者たちは時折［国家］承認に関する諸問題を取り扱ったが、一八世紀中葉以前の国際法 (the law of nations) の中で、承認［問題］は独立した地位を有しなかった。」また、国際法における国家の存在が問題となるのは「一九世紀の学者による徹底的な実証主義の国家性の観念と承認理論への適用」が行われたときであるとされている。Crawford (1979), 5–10.（尚、この点に関しては、Crawford (2006), 4–16 においても基本的に同様であるように思われる。）

(87) 尚、以上に挙げた諸事例の中で、特に同盟条約に関して指摘されるべき事柄がある。それは、スイス誓約同盟内での教派的対立の問題がそれら同盟条約に反映されているという事実である。この時期にスイス誓約同盟を構成した一三邦は宗教的に三つの集団に区分することが可能である。即ち、プロテスタント派諸邦（チューリヒ・ベルン・バーゼル・シャフハオゼン）、カトリック派諸邦（ウーリ・シュヴィーツ・ウンターヴァルデン・ルツェルン・ツーク・フリブール・ゾロトゥルン）、そして両教派間の平等の確保に関する特別措置が導入された諸邦（グラルス・アッペンツェル）である。(Guggisberg (1987),

190–191.) これら各派は、特に、一五三一年の第二次カッペル (Kappel) 講和によって、各邦の教派が当該邦当局の決定に従うこと（即ち、これは後に *"cujus regio, ejus religio"* 原則と呼ばれるものである。）とされたことにより、他邦や誓約同盟全体に対して教派転向を促すことが不可能となったために、教派的対立は固定されていた。(Guggisberg (1987), 191–192.) そして、これにより教派集団毎に同盟結成が行われるようになり、そのために誓約同盟全体の結束は乱れ、様々な長期的悪影響が誓約同盟にもたらされた。しかしながら、宗教改革期以降の誓約同盟内部の深刻な教派的対立も、誓約同盟自体の崩壊をもたらすことはなかった。スイス諸邦は誓約同盟の維持を優先させたために、教派的対立を原因とする同盟崩壊が現実のものとなる以前に、妥協が常に達成されるのである。つまり、スイスにおいては「宗教改革は同盟全体のために妥協に終わった」のであり、「宗教改革の危機を国家としては (as a state) 概ね無傷で乗り切った」(Guggisberg (1987), 190 *et* 205.) のである。

(88) *Historisches Lexikon* (2002), I, 746: *Köbler* (2007), 45. バーゼルの加盟を含む一五・一六世紀中のスイス誓約同盟の拡大経緯については、次の文献を見よ。Vogler (2003), 102–106.

(89) Gallati (1948), 456.

(90) Stadler (1995), 137. 尚、ガラティの論考ではバーゼルと並んでシャフハオゼンのみが挙げられている。Gallati (1948), 456.

(91) Braun, B. (1997), 202.

(92) その種の事件のうちで最も有名な事例が、シュレットシュタット (Schlettstadt) のワイン商ヴァハター (Florian Wachter) の事件である。この事件については、次の文献を見よ。Gallati (1948), 457–458. 尚、この事件の経緯を含めたスイス条項の成立過程に関して、柳澤 (2001)、一一三頁も見よ。

(93) 実際に、バーゼルのウェストファリア講和会議参加の契機として、同市を巡る二件の法律問題が帝国の裁判所に付託されたという事実が挙げられている。Egger (1999), 191.

(94) Osiander (2001, a), 267. 尚、バーゼル市のヴェットシュタインに対する訓令では、帝国の裁判所に付託された事件のバーゼル市への移送とスイスの自由及び講和への参加の保証が記されており、「帝国からの正式な分離は論じられていなかった」のである。Egger (1999), 192. 但し、Egger (1999), 193 においては、ヴェットシュタインが一六四七年二月二〇日にスイス誓約同盟全体の名における信任状を受けたことによって、スイス全体の帝国からの独立とその国際的承認が目的とされるようになり、スイスを「自由にして主権的な国家」(État libre et souverain) とみなすよう彼が要求することになったとされている。

(95) この点について、クロクストン及びティッシャーの言葉を借りるならば、次のようになる。「[ウェストファリア] 条約によりスイスが『主権』(“sovereignty”) を獲得するであろうと、フランス人が幾つかの機会に述べたことは真実である。しかしながら、当該条項にそのような文言は何ら存在していないこと、そして一八世紀中葉までスイスが (何らの責任も伴わないものの) 帝国の一部であるものと、スイスの法律家たちが考え続けたということは、特筆に値するのである。」*Croxton et Tischer* (2002), 289.

(96) ヨリオは次のように論じている。「一六四八年及びそれ以降の数十年において、主権概念は依然として確定的に定義されていなかった。二つの国法上の原則が相互に競い合っていた。一方では、特に、フランス人及びオランダ人が従った、ジャン・ボダンの『近代的』主権観念が存在した。国家理論についての彼の著作である『国家論六篇』で、既に一五七六年にボダンは主権を『国家の絶対的かつ永遠の権力』と定義したのである。他方では、伝承されてきた帝国の理念 (Reichsidee) が存在した。」Jorio (1999), 135.

(97) ヨリオは、「スイスにおいては、近代的な主権概念の継承は [一七世紀から一八世紀への] 世紀のかわり目までに完了したものと思われる」とする。(Jorio (1999), 137.) また、モムゼンは、一七世紀初頭から一八世紀前半までのバーゼル大学における多数の博士論文を中心とする諸文献において「主権」観念、特に、ボダンの「主権」理論がどのように扱われているかを論ずる中で、その当時、近代的な主権国家は未だ実在するには至っておらず、依然として「帝国」とその下位秩序に組み入れられたドイツ領邦国家が問題とされていること、そしてボダンの主権観念は受容されておらず、せいぜいのところ言葉だけが受容されていたに過ぎないこと等を指摘している。(Mommsen (1970), 98–188.) この点に関しては柳澤 (2001)、三一–六頁も見よ。また、マイセンは、ヴェットシュタイン自身の主権観念が帝国国制に適合的なものであった (つまりは、ボダンの主権理論とは異なるものであった) ことを指摘している。(Maissen (2006), 187-198.) この点については、柳澤 (2009)、二六–二八頁も見よ。

(98) Jorio (1999), 135.

(99) 西国王フェリペ二世の義妹でありネーデルラント総督 (landvoogt) であったマルガレータ (Margaretha van Palma) に対してオラニエ公ヴィレム (一世) (Willem I, Prins van Oranje) を中心とする貴族が行った宗教裁判廃止の請願と総督によるその無視を直接的原因とする武力抵抗運動（一五六六年四月三日のヘイリヘルレーの戦）に始まり、「一二年休戦」（一六〇九年から二一年）（この休戦のための協定は、仏英両国王の仲介により一六〇九年（四月九日付）にアントワープで締結された。(*Du Mont*, V, ii, 99–102.)）を挟み、四八年まで続いた闘争を「八十年戦争」という。その推移については次の文献が詳細に扱っている。Israel (1995), 129–546. また、その間の同盟及びその他の法的制度に関しては、次の文献を参照した。Limm (1989), *passim*: De Monté ver Loren (1982), 203–261: Fruin (1924), *passim*: Roelofsen (1978), 4–28. また、関連邦語文献として、朝倉 (1980) 及び山下 (1987) を挙げておく。

（100）Israel (1982), 350: Parker (1984), 177: Geurts (1997), 57–66.

（101）Parker (1984), 177. 尚、スペイン側もウェストファリア講和会議への対応は鈍かった。その主要な理由の一つとして、同会議がフランス宰相リシュリューの策略ではないかとの疑念があったことが挙げられる。Israel (1982), 351.

（102）西蘭間の具体的交渉は一二年又は二〇年の休戦を予定する西側の提案と共に一六四六年五月一三日に開始されるが、当該提案は蘭代表団到着直後の同年一月二八日に提示されていた案を繰り返すものであった。Repgen (2000), 348, n.1.

（103）ミュンスター条約の批准書交換は一六四八年五月一五日にミュンスターで行われている。同条約の締結の背景や内容等に関しては、差し当たり次の文献を見よ。Altmeyer et Nys (1852): Dethlefs (1998).

（104）"*Imprimis declaret dictus Dominus Rex, et agnoscat dictos Dominos Ordines Generales unitarum provinciarum Belgicarum et provincias ipsas respective cum omnibus sibi associatis ditionibus, urbibus, et terris appartenentibus, liberos et supremos Ordines, provincias ac terras, in quos vel eorum earumve associatas ditiones, urbes, ac terras praedictas dictus Dominus Rex, nec nunc, nec posthac, pro se ipso, suis successoribus et posteritate, unquam quicquam praetendat, et idcirco se contentum certumque esse cum iisdem Dominis Ordinibus tractare, sicut facit per praesentes,* AETERNAM PACEM, *conditionibus deinceps scriptis et declaratis.*" CTS, I, 6–7.

（105）ＩＰＯ第一七条第一〇・一一項については、前章第三節㈢を見よ。

（106）この点は、スイス誓約同盟や英国王等も同様である。また、ＩＰＯ及びＩＰＭの何れの署名欄中にもオランダ代表の名はない。（この点についても、スイス誓約同盟や英国王等は同様である。）

（107）ＩＰＭにおける「当事者」に関する規定は第一一九条である。その内容については、前章第三節㈢を見よ。

(108) ミュンスター条約第五三条において、スペイン国王は「皇帝陛下及び帝国の名によるオランダ連邦議会との中立、友好及び善隣の継続と遵守」を実効的に提供（実際には、そのための仲介を行うことを意味するのであろう。）するように義務付けられていた。（蘭連邦議会側も「それらの継続と遵守について相互的に」義務付けられている。）また、同条では、「その［継続と遵守の］確認が、本条約の締結及び批准から皇帝からは六箇月以内に、帝国からは一箇年以内に行われる」ことも規定されていた。この義務に従うかたちで、スペイン国王の要請により一六四八年七月に皇帝はその旨の宣言（*"Ratificatio Romanorum Imperatoris Ferdinandi III"*（一六四八年七月六日付）*Du Mont*, VI, i, 446–447.）を発した。ところが、帝国議会（即ち、ミュンスター条約第五三条でいう「帝国」）がこの問題についての審議を開始したのは、五四年二月になってのことであった。しかも、この問題に関する帝国議会の決議は、中立維持等についての蘭側からの宣言の発出を条件として（つまりは、宣言が相互的なものとなることを条件として）、同条約で求められた宣言を発する用意があることを示すにとどまった。そして、このような結果は連邦議会側にも報じられたが、蘭側はこの問題の解決をそれ以上進めることはなかったという。(Feenstra (1952), 196–200.)

(109) その最初期の例として、「スペイン王家による侵害に対する特権維持のため」に結ばれた一五六六年一一月の同盟 (Verbondt) (*Du Mont*, V, i, 134–137.) が挙げられる。また、一五七六年四月のホラント・ゼーラントの等族や都市間の同盟条約 (Unie ende Verbondt) (*Du Mont*, V, i, 256–264.) や同年一一月の「ヘント同盟」（或いは「ガン講和」(la Pacification de Gand)）(*Du Mont*, V, i, 278–283.) 等も重要である。

(110) *Du Mont*, V, i, 322–333.

(111) *Du Mont*, V, i, 413–421.

(112) *Du Mont*, V, i, 454–455.

(113) *Du Mont*, V, i, 531–541.

(114) *Du Mont*, V, i, 589–591.

(115) *Du Mont*, V, ii, 89–91. この同盟条約は一六一〇年五月三一日付及び六月二〇日付の両国間相互の宣言 (*Du Mont*, V, ii, 138–141.) により更新されている。

(116) *Du Mont*, V, ii, 245–249 *et* 249–252.

(117) 更に、一六一〇年四月にはオランダ連邦議会とモロッコ国王間で友好通商航海条約とでも称されるべき内容を有する条約が締結されている。*Du Mont*, V, ii, 156–160.

(118) *Du Mont*, V, ii, 53–54.

(119) *Du Mont*, V, ii, 174–179.

(120) *Du Mont*, V, ii, 274–277. 尚、この条約については、次々章（特に、同章註（119））で触れられる。

(121) *Du Mont*, V, ii, 399–402.

(122) *Du Mont*, V, ii, 478–481.

(123) *Du Mont*, V, ii, 482–485.

(124) *Du Mont*, V, ii, 461–463.

(125) *Du Mont*, V, ii, 469–470. 尚、一六二五年四月一二日付条約 (*Du Mont*, V, ii, 471.) でもこの軍艦派遣が扱われている。

(126) *Du Mont*, V, ii, 522–524.

(127) *Du Mont*, VI, i, 68–72.

(128) 一六三〇年六月一七日付の仏蘭条約でも、仏国王は七年間にわたり毎年百万リーヴルを蘭に援助する旨を約束している。*Du Mont*, V, ii, 605–606.

(129) 一六三五年二月八日付同盟条約 (Traité de Confédération & d'Alliance) (*Du Mont*, VI, i, 80–85.) 及び同年四月一六日付同盟条約 (*Du Mont*, VI, i, 124–125.)。

(130) ブランデンブルク選帝侯（ゲオルク＝ヴィルヘルム）・オランダ連邦議会間の一六二四年一〇月二三日付同盟条約 (*Du Mont*, V, ii, 465–468.) 及び三一年四月二日付同盟条約 (*Du Mont*, VI, i, 33–35.)。

(131) 例えば、一六二二年三月一〇日付条約 (*Du Mont*, V, ii, 409–411.) 及び二九年七月三一日付条約 (*Du Mont*, V, ii, 586–588.) が挙げられる。

(132) Braun, G. (2005), 147. 尚、ブラオンは、オランダ使節が「大使」(ambassadeurs) として西国王との実質交渉を開始したことにより、既に「事実上国際法の局面における承認」があったとしている。(Braun, G. (2005), 147.) しかし、これが当時の「国際法」においていかなる意義を有するのかは（「国家承認」制度がその当時存在していない（本章前註（86）を見よ。）と考えられるゆえに）安易に判断を下すべき事柄ではない。

(133) 低地地方は、一五一二年に設定された「ブルグント帝国クライス」に組入れられていた。*Köbler* (2007), 107 *et* 467.

(134) Feenstra (1952), 211–212.

(135) Mout (1995), 145 *et* 168.

(136) 次の文献も同旨である。Müller, Konrad (1946), 227–228.

(137) 当該仏訳版の出典として、"Aitzema, *Historia pacis*" その他が挙げられている。*Du Mont*, VI, i, 429.

(138) *Du Mont*, VI, i, 430.

(139) このことから、スイスの「独立」が真の独立ではないとする論理も成立し得る。そしてその場合には、スイスの独立はウェストファリア条約によっては依然として達成されていないこととなり、同条約以後の何れの時期にスイス独立の法的承認が行われたのかを確定するという課題が残されることになる。（この点については、第二部第二章第五節で触れられる。）何れにしろ、ここでは同条約によって初めてスイスの独立が法的に承認されたとする通説的見解は正しくないということを確認しておきたい。

(140) 例えば、次の文献を見よ。Starke (1984), 56, n.2.

(141) このことは、「条約」と「国際法」の相異を表しているとも言い得る。即ち、本書で考察対象とする時代にあっては、個別の条約が存在し、その具体的条項の内容については問題とし得るものの、当該条約を締結する「主体」が法理論上適切な主体か否かというような抽象的問題（一般国際法上の諸問題）は論じられ得ないのである。そのため、現在の理論からすれば「事実上」独立しているに過ぎなくとも、そのような独立状態を他当事者が認識するならば、講和会議に参加し、条約を締結し得たと考えられるのである。

(142) そもそも国家平等原則を近代国際法の原則とすることに批判的な見解も存在した。（See, *e.g.*, Lorimer (1883), 168–181: Pillet (1899), 5–6. また、田畑 (1961)、五–一六頁も見よ。）しかし、歴史的背景がいかなるものであれ、また現実に存在する諸国家関の関係がどうあれ（例えば、ロリマーは「これまで実際上実現される可能性が皆無であったのがこの［国家平等の］理論である」（Lorimer (1883), 170.）と論じている。）、近代国際法及び近代国家主権理論（仮にそれが高度の擬制に過ぎないとしても）の論理的帰結として当該原則が導出されることとは別の事柄である。

第三章

ウェストファリア条約における帝国等族の法的地位

はじめに

帝国国制上「帝国等族」は皇帝の封臣とされ、封土として一定の領域を有する存在である。ところが、前々章において確認されたように、帝国等族が皇帝やスウェーデン女王及びフランス国王と並んでウェストファリア講和会議の「当事者」として参加し、またウェストファリア条約の多くの規定が帝国等族に関わっている。このような現象の中に現れる帝国と帝国等族の関係を近代国際法理論のもとで理解するならば、次のように説明されることになるであろう。即ち、帝国等族（領邦）[1]を「国家」という単位とすれば、皇帝（帝国）は「国家連合」或いは「連邦国家」に類似した存在として理解され、帝国（皇帝）を「国家」という単位で捉えるならば、帝国等族（領邦）はその中の「連邦構成州」としての性格を有するものと解されるのである。[2]

しかしながら、このような解釈は一定の前提条件が充足されなければ学問的意味をなさないことは明らかである。即ち、「国家」（更には、「主権」）をいかなるものとして措定するかという根本的問題である。[3]そして、それは同時に、ウェストファリア条約の「当事者」間で設定される諸関係の中で理解される帝国等族の法的地位を近代国際法理論の枠内で評価することが果たして妥当なことなのであろうかという疑問も生じさせる。（近代国際法理論では説明不可能な帝国の特殊な状況に発するこの疑問に対して提示された一つの解答が、主として一七七〇年代から一七八〇年代にかけて提唱された「ドイツ国際法」(teutsches Völkerrecht, Völkerrecht der Teutschen) 論であったことは容易に推測される。）[4]この疑問に答えるためには、ウェストファリア条約における領邦の主権化・近代国家化の意味を再評価せねばならず、そのためには、同条約の関連規定自体を検討することが必要とされる。そこで本章では、先ず同条約に規定された帝国等族の権利を明らかにした上で、それらが、「近代国家」、「近代国家系」及び「近代国際法」の形成過程において有する意義についての考察を行うこととしたい。

尚、ウェストファリア条約中ではしばしば「帝国の選帝侯・諸侯・等族」が一括して扱われているため、本章においては「帝国等族」とは、特に断らない限り、それら三つの身分を含むものとして用いる。但し、「自由帝国都市」は、その「帝国等族」としての地位に関して争いがあるために、次章で論じられる（したがって、本章の「帝国等族」には含まれない。）[5]。また、「等族」には「帝国等族」と「領邦等族」(Landstände) があるが、本書では「近代国家」形成の担い手としての前者に注目しているため、後者は考察の対象から一応除外する。[6]

第一節　帝国等族に関するウェストファリア条約の規定の概要とその評価及び問題点

(一) 概　要

本節では、ウェストファリア条約における帝国等族全般の法的地位に関わる規定の概要を示す。尚、この点に関するIPOとIPMの規定は同一内容を有するものが多いため、一応IPOを中心に論じ、適宜IPMの条文を併記することとする。

IPOにおいて帝国等族の法的地位、特にその権利を定める規定には、次のものが挙げられる。先ず、皇帝やフランス国王・スウェーデン女王の場合と同じく、普遍的平和及び一般的恩赦に関する原則規定（両文書第一・二条）が帝国等族にも適用される。そして回復に関する一般規定（第三条（IPM第五・六条））により、戦争により失われた支配地・封土・陪臣封土・自由所有地の財産、並びに威厳・免除・諸権利・特権を回復することが認められている。[7] そしてこの原則に従って、帝国等族への領域の回復を中心とする様々な個別的措置が規定されている。（第四条（概ねIPM第七条乃至第四六条に相当））[8] また宗教問題に関しても規定が設けられている。（第五条第三〇項は帝国直属等族に臣従する等族の宗教上の権利について規定する。また、IPM第四七条に準用規定が設けられている。(9)）しかしながら、帝国等族の権利に関して最も注目されるべき規定は、彼らの諸々の権利を確認する第八条、就中その第一・二項（IPM第六二・六三条）である。

IPO第八条第一項（IPM第六二条）は「ローマ帝国の選帝侯・諸侯・等族は各々全て、自らの諸々の古き権利・大権・自由・特権・聖俗両界における領域権の自由行使・支配権・レガーリエン並びにこれらのものの占有について……［中略］……害され得ないし、また害されてはならないことが、本和議により確定及び確認される」(10)としている。それに加えて、同第二項（IPM第六三条）は、帝国等族が「帝国の諸事務、特に、立法又は法解釈・戦争の宣言・課税・兵士の徴募又は宿営の実施・等族の支配権内での公共［即ち、帝国］の名による新城壁の建築又は旧来の要塞の補強、更には講和又は同盟条約の締結、その他同様の事務」の遂行についての、全ての審議における投票権を有すること、そしてこれらの事務は、帝国議会における自由な投票及び同意に基づかない限り、実施され得ないことを規定している。更に、同項は「自らの保護及び安全のため、各々の等族がそれらの者自身の相互間及び他国との同盟条約を締結する権利は永遠に自由である」ことも確認しているが、この同盟条約については「皇帝、帝国及びその公共の平和、そして就中この和議に反するものではあってはならず、各々が皇帝及び帝国に負っている誓約を、いかなる点についても害してはならない」という条件が付されている。(11)

また、第八条第三項（IPM第六四条）では、次回の帝国議会において協議されるべき事柄が列挙されている。それには「ローマ国王の選挙、皇帝の永久選挙協約の作成、一又はそれ以上の諸身分を帝国罰令権の下に置くことを宣告する際に遵守されるべき方法と手続、［帝国］クライスの再編、［帝国］台帳の更新、帝国の徴税の減額及び免除、帝国最高法院の裁判費用に関する政策及び法制の改革、公共の目的及び利益に応じた定例代表者会議の適正な召集、帝国等族議会の議長の正当な職務、並びに類似の国務で、ここでは説明され得なかった事柄」(12)が含まれている。これらは何れも帝国等族に関係するが、ウェストファリア講和会議においては最終的決定に至らなかった事項である。[13]

以上の諸規定の他、前章において論じた、皇帝と瑞女王及び仏国王との間の領域の移譲及びそれに伴う諸措置の中にも、帝国等族に関係する規定が設けられている。更に、特に帝国等族を名宛人とした規定として、武力により自己の権利を追求することの禁止が挙げられている。(ＩＰＯ第一七条第七項(ＩＰＭ第一一六条第二・三文))[14]

(二) 評価及び問題点

以上に挙げられた諸規定は、何れも皇帝と帝国等族の間の基本的な権利・義務関係を規律するものである。そして、それらは、次の諸点によって、帝国等族の(領邦を単位としての)対外的及び対内的側面における自立した地位を大幅に保証する内容となっているもののように思われる。

第一に、同盟条約を締結する権利(同盟権)が帝国等族に対して認められることによって、帝国等族は直接に帝国外の存在とも関係を「正式に」持つことが可能となっている。[15]

第二に、一定の事項について帝国等族の投票権(*jus suffragii*)(この権利は、皇帝の決定に対する同意の有無の表示のための投票権を意味するので、以下では、「同意権」とする。)が認められており、これによって当該事項に関する皇帝の決定の自由を制限し、実質的には帝国等族の意見が優先される場合も生じ得る。(但し、この場合に、帝国「外」の事柄については、帝権の行使に対する帝国等族の同意の有無が問題となっているために、基本的には皇帝に対する帝国等族の関係(即ち、帝国内の関係)という枠組みにおいて考察されるべきであって、同盟権の場合と異なり、帝国等族の直接的な対外的権能の問題となるのではない。)

第三に、帝国等族が自己の領邦内の事項に対する皇帝権力による介入を排除する権能の確認が挙げられる。元来、皇帝・帝国等族間の封建法上の関係は臣従関係であって、上位者と下位者の間の相互契約の形式で義務付けられるのが通常であり、その点で封臣(Vassallen)である帝国等族と臣民(Untertanen)とは異なるものである。[16] 帝国等族は帝国「内」の存在ではある。しかし、それは彼らが皇帝に対して完全な（一方的）従属的地位に置かれることを意味するものではなく、皇帝が帝国等族の各々の領邦内の事項に自由に介入することは、原理的に許されないものであった。そして、ウェストファリア条約では「領域権の自由行使」(*liberum iuris territorialis exercitium*)が帝国等族に承認され、この文言を文字通りに理解するならば、帝国等族（領邦）の権能は、領邦を単位とした場合の対内的事項について、絶対的とも言い得る程までに高められたとする解釈さえも可能となるのである。（尚、以上に関連して、「同盟権」が帝国等族のみに認められたのであって、領邦等族には認められなかったことも確認されるべきである。[17] これは、領邦内で領邦君主に抵抗する領邦等族や（帝国に直属しない）都市が他領邦や帝国外の勢力と同盟することを禁止することになり、その点において領邦君主権力強化の方向に作用することになるのである。）

　しかしながら、以上の諸点はいずれも、ＩＰＯ第八条第一・二・三項（ＩＰＭ第六二・六三・六四条）のみに着目したものであって、ウェストファリア条約中の他の諸条項との関連は考慮されていない。仮に、そのような考慮が払われるならば、同条約が皇帝と帝国等族との間で「支配と被支配」の関係をかなりの程度貫徹する内容を有していることが明らかとなるであろう。そして、この「支配と被支配」の関係の貫徹は、前章で論じられた帝国（皇帝）と瑞女王及び仏国王間の領域移譲の際に、次のような形式で登場する。

　例えば、ブランデンブルク選帝侯領であったポンメルン公領及びリューゲン侯領は、瑞女王に移譲されるものとされた（ＩＰＯ第一〇条第二項）が、条文上それらの土地を付与する者は皇帝であり、帝国等族がそれに対して同意を与えるという形式になっている（同第一項）。[18] また、それらの領域の喪失についての補償措置として、同選帝侯にはハルバーシュタット司教領その他の領域が移譲されることとなっているが、条文上は帝国等族の同意に基づき皇帝から同選帝侯に付与される旨の規定となっている。（IPO第一一条第一項）[19] つまり、帝国「外」の存在との間で行われる領域移譲の際には、当該領域が現実には特定の帝国等族に帰属していても、法的には帝国（の封土）の一部を構成しており、それゆえ皇帝が当該領域移譲の当事者となる、という形式が保持されている。そして、それに伴う補償問題は、飽くまでも帝国「内」のものとして、皇帝と帝国等族との間での調整に委ねるという方式になっている。[20] したがって、帝国「内」及び帝国「外」何れについても、帝国（皇帝）が基本単位となっているのである。

以上のことから、ウェストファリア条約の諸規定から窺われる帝国等族の地位は、一面においては、皇帝から自立したものとしても扱い得るが、他面においては、皇帝の封臣として（したがって、それらが関わる問題は帝国「内」の問題となる。）の地位に留まっているものとも捉えられ得る。勿論、この条約の締結の時点まではこのような構造が採用され、それ以降は帝国等族が、条約規定（特に、IPO第八条第一・二・三項（IPM第六二・六三・六四条））に従って、自立した地位を享受するという解釈は可能ではある。しかし、このような解釈（そして、それは「ウェストファリア神話」そのものに繋がる）は正当なものなのであろうか。

以下では、ウェストファリア条約において規定された帝国等族の諸権利を評価するために、先ず、同条約以前に認められていた皇帝の諸権利（帝権）について触れた上で、帝国等族に認められた帝国「外」の存在との関係を有することになる権利（即ち、「同盟権」）、そして帝国（皇帝）に対する権利（即ち、「同意権」）、そして領邦の対内的権能（即ち、「領域権」）の三つについて、同条約以前の状態を含めて考察を加えることとする。（その考察は、近代主権国家（系）の発生に関連する「神話」の中核部分の再検討を意味するであろう。）そして、最後に、これら三つの権利とは別に、帝国（皇帝）と帝国等族との関係を考察する際に重要であると思われる「帝国クライス制度」にも言及する。

第二節　ウェストファリア条約以前の皇帝の権利

ウェストファリア条約以前の神聖ローマ帝国において、強大な帝権の下で絶対君主制に類似した国制が確立していたならば、帝権の実態如何という問題自体が提起されないこととなろう。しかし実際には、皇帝の「権力の完全性」(*plenitudo potestatis*) は既に一六世紀には問題外のこととされており、特定の一群の権利についてのみ皇帝自身による行使が可能であると理解されていたのであった。[21] そして、それらの具体的権利は、一五一九年のカール五世の選挙以降、皇帝位への立候補者と帝国等族との間の契約としての「選挙協約」(*capitulatio:* Wahlkapitulation) の中に示されるようになった。選挙協約は個々の皇帝（候補者）により異なるものであり、その上、皇帝が帝国等族に対して専制的な皇帝権力の復活・確立を目指して絶えざる闘争を展開した（特に、何らかの特定の法によって帰属が確定していない事項は全て皇帝の専属的権利に属するものとの主張を皇帝は常に行っていた。[22]）ため、帝権の内容を一義的に確定することには大きな困難が伴う。[23] しかしそれでも、帝権の内容を次のように概括的に論ずることは或る程度可能である。

プラーニッツによれば、行使の形態から見た場合、帝権には大別して二種類、即ち、皇帝の専属的権利（皇帝留保権（*jura caesarea reservata*））と行使のために帝国等族の同意を必要とする権利があり、後者は更に、帝国議会の同意を得て行使される権利（議会権（*jura comitialia*））と選帝侯のみの同意の下で行使される権利（制限付皇帝留保権（*jura caesarea reservata limitata*））に分けられるという。第一の皇帝の専属的権利には、概ね次の諸権利が含まれた。即ち、帝国外部に対して帝国を代表すること（対外代表権。但し、宣戦布告及び条約の締結を除く。）、帝国議会の招集、法案の提出、帝国議会決議に対する拒否権の行使、帝国法の裁可、封土についての最高支配権及び裁判権、国有財産所有権、帝国司教職叙任の際の関与権等である。また、帝国最高法院の設置以後、皇帝は帝国の最高裁判権も行使した。その他、重要性が比較的低い権利として、身分昇進、公証人の指名、私生児認知、成年宣言、博士号授与（*jus doctorandi*）等についての権利が挙げられる。そして、以上に挙げられた以外の大多数の権利については、皇帝は帝国議会（或いは選帝侯）と共同で行使したのであり、それらには、貨幣鋳造権、関税権、互市強制権等が属したとされている。(24)

但し、帝権の分類に関しては、より詳細に論ずる説も見受けられる上、(25)"*jura caesarea reservata*"と"*jura comitialia*"の範囲や境界は明確ではないとの指摘にも示されているように、(26)以上の区分は絶対的或いは固定的なものではないことは再度留意されるべきである。また、"*jura caesarea reservata*"が皇帝の専属的権利であると言っても、それは皇帝の完全な自由裁量の下に置かれるのではなく、その行使に際しては常に帝国法や帝国の慣習（更には、各々の選挙協約）による制約を受けたことも留意されねばならないのである。(27)

以上の他に、皇帝と帝国等族との間の関係において焦点の一つであった重要な問題として、帝国の軍制とそれに関わる諸権利、特に武装権（*jus armorum*）、即ち自己の軍隊を保有する権利の帰属問題が挙げられる。なぜならば、武装権が帝国等族にも帰属するということは、帝国等族が独立した政治体であることの有力な根拠の一つとなるからである。（この問題の行方が、皇帝・帝国等族間の法的関係の帰趨を決定し得るものであったとさえ考えられる。）帝国における武装権を巡る歴史的経緯を概括的に述べるならば、次のようになろう。

三十年戦争以前の時代において、帝国軍制を巡り皇帝と帝国等族との間で最も激しく争われた事柄は、帝国（皇帝）に直属する常備軍の設置問題であったとすることができる。一五〇〇年の帝国議会で議決された一般徴兵制度（das allgemeine Volksaufgebot）は、帝国独自の行政組織が欠如していたために挫折し、一五二一年以降は一五世紀以来しばしば用いられていた供兵分担制度が活用された。(28)そのため、帝国等族は、帝国軍に供給するとの名目のもとで、自己の手許に兵力を保持し得たのであり、実際上、帝国等族が武装権を有していたことになるのである。ところが、三十年戦争中に皇帝軍設置への契機が生じ、一六三五年五月の「プラハ和議」[29]の結果、皇帝のみが武装権を有し、更に帝国等族軍の大部分を皇帝軍に編入させることとなった。（プラハ和議第二四条[30]）同和議によれば、帝国等族の軍隊を皇帝軍に合併し、皇帝の最高指揮権の下に置くことにより帝国軍とすることが予定され、これに対して、帝国等族は自律的な築城権のみを保持し得た。また、この統合された帝国軍は皇帝及び帝国に対して義務を負うものとされ、帝国等族には皇帝軍の給料の分担義務が課された。そして、これらの措置を通じて皇帝のみが武装権を独占するという原則が帝国国制上認められ、そのまま三十年戦争の終了を迎えたのである。[31]

さて、以上のような事情を背景としつつ、ウェストファリア講和会議が開催され、皇帝と帝国等族との間の権利・義務関係が「条約」化されたことになる。次節では、前節で挙げられた帝国等族の三つの権利について論ずることとする。

第三節　帝国等族の諸権利

(一)「同盟権」

帝国等族にとって等族相互間及び帝国外の勢力との同盟関係の形成は、自己保存のための重要な手段であると共に、皇帝の専制を牽制・抑止するための手段でもあった。そのため、「同盟権」が帝国等族に認められるか否かは皇帝、帝国等族、更には他の諸国にとっても重大な問題であったと考えられる。実際に、（後述のように）プラハ和議において皇帝は帝国等族に対して同盟結成の禁止を明示的に課すことに成功したが、ウェストファリア講和会議においては、「一部は自己の利益のために、また一部は個々の帝国等族の要求により、フランスとスウェーデンは要求事項の中で帝国等族の同盟の自由の承認に重要な地位を与えた」[32]のである。そこで本節では、この重要な権利がウェストファリア条約において規定されたことの意義について考察することとする。

先ず、帝国等族による「同盟権」の行使の歴史的背景について考察するが、その際に注意されるべき点は、法的な権利及び義務の所在とそれに関する事実状態との乖離という現象の存在である。これについて明らかにするため、帝国等族が関係した同盟の実態から見てみたい。

帝国内での同盟に関する先駆的事例としては、一三・一四世紀において諸都市が諸侯及び騎士に対抗して締結した同盟が挙げられる。[33]そのような都市同盟については、一二五四年の「ライン都市同盟」(Rheinischer Städtebund) をはじめ、多くの事例を見出し得る。[34]そして一四世紀以降には、都市のみならず帝国等族も皇帝や都市同盟への対抗手段として身分的な集合体を形成するようになっている。その例として、一三三八年七月にレンゼで合意された選帝侯連合（*Unio Electoralis*: レンゼ選帝侯連合 (Kurverein von Rhense)）[35]や一四二四年六月の選帝侯連合（Verein des Heyligen Römischen Reichs Churfürsten: ビンゲン選帝侯連合 (Kurverein von Bingen)）[36]等が挙げられる。その後も、このような連合体が形成されるが、それらの中で帝国等族（都市を含む。）相互間の同盟の例としては、一五三〇年一二月の合意を基に結成された「シュマルカルデン同盟」(Schmalkaldischer Bund)[37]や一六〇九年にヴュルツブルクで結成されたカトリック派帝国等族相互間の「カトリック連盟」(*Liga Catholica*)[38]等が挙げられる。更に、帝国等族と帝国外勢力との同盟に関しては、一六一二年三月の英国と帝国の選帝侯・等族間との防御同盟条約[39]や、その翌年五月のオランダ（連邦議会）と帝国の選帝侯・等族間の同盟条約等の実例が存在している。[40]このように、三十年戦争以前から帝国等族相互間の、そして帝国等族と帝国外の勢力との間での同盟関係が形成されていたのである。[41]

また、三十年戦争中には、当然のことながら、それ以前と同様の同盟条約が多数締結されている。例えば、プロテスタント側に立つスウェーデン国王（グスタフ＝アドルフ）は、一六三〇年八月にヘッセン＝カッセル方伯との同盟関係に入り、[42]三三年四月には同国女王（クリスティナ）が四つの帝国クライス（クール＝ライン・フランケン・シュヴァーベン・オーバーライン）内のプロテスタント派等族との同盟条約を締結している。[43]また、フランス国王（ルイ一三世）は一六三一年五月にバイエルン選帝侯との間で八年間の防御同盟条約を、[44]オランダは一六三二年四月にブランデンブルク選帝侯との同盟条約を、[45]各々締結している。[46]

それでは、帝国等族が関わる同盟関係が以上のように存在していたという実態に対して、法的権利としての帝国等族の「同盟権」はどのように理解されていたのであろうか。

例えば、一一五八年のフリートリヒ一世の「ロンカリア法」(Ronkalische Gesetze) に含まれるラントフリーデには、都市 (*civitas*) 内外における全ての盟約 (*conventicula*) 及び誓約共同体 (*conjurationes*) の形成を禁ずる条項が見られる。[47]このラントフリーデの対象は都市同盟であると解されるが、それ以後の法書、帝国法やラントフリーデ、例えば、一三五六年の「金印勅書」(Goldene Bulle)、一三八三年の「ニュルンベルク＝ラントフリーデ」(Nürnberger Reichslandfriede)、一四九五年の「平和と法の司掌」(Handhabung Friedens und Rechts) においては、都市同盟のみならず、帝国等族が関わる同盟に対する禁止規定が設けられている。[48]このような諸事例を見れば、遅くとも一二世紀中葉以降（これらの事例では、一五世紀末に至るまで）、法的には帝国等族に対して同盟条約締結権は認められていなかったものと考えられるのである。

但し、これらは必ずしも全面的な同盟禁止を意味するものではない。例えば、以上に挙げた諸事例の中で、「平和と法の司掌」第七条は次のような規定となっている。

「朕、朕の親愛なる大公 (Erzherzog) フィリップス、並びに朕の帝国の選帝侯・諸侯・帝国等族は、通常の議会

(Versamblung) の承認に基づき、何らの戦争及びフェーデ (Fechte) も宣言してはならず、また帝国に被害・損失を与え、帝国に反抗する恐れのある、帝国外の国家又は勢力との同盟又はアイヌンクを結成 (ainich Bundtnus oder Ainigung mit frembder Nacion oder Gewelten machen) してはならない。」

つまり、ここで禁止されている同盟は「帝国に被害・損失を与え、帝国に反抗する恐れのある」(die dem Reich zu Schaden, Nachteil oder wider sein möchten) ものであって、それ以外のものは許容されていることになるのである。これに対して、三十年戦争中の一六三五年のプラハ和議においては、その第二六項の中で外国軍隊が帝国内に入ることが禁止され、また第二七項では全ての同盟 (jede *Uniones*, *Ligae*, *Foedera* und dergleichen Schlüsse) の廃棄が命じられている。[49] これによって法的には帝国等族により結成される同盟が全面的に禁止され、また帝国外の勢力からの軍事的援助を帝国内で受けることも禁止されたことになる。[50] これはまた同時に、同盟条約締結権が皇帝の手のみに帰したことも意味するであろう。(但し、帝国議会における帝国等族の「同意権」の下に置かれるために、皇帝が同盟条約を全く自由に締結できるのではない。[51])

しかしながら、プラハ和議以降に実際に生じた事態は、次のようなものであった。

先ず、プラハ和議の翌年である一六三六年九月にブランデンブルク選帝侯がオランダとの同盟条約を締結している。[52] そして、その翌月にはヘッセン(=カッセル)方伯が仏国王と同盟条約(ヴェーゼル条約)[53]を締結している。また、三九年八月にも同盟条約が仏国王とヘッセン方伯夫人の間で締結されている。[54] 更に、同(三九)年一〇月にはブラオンシュヴァイク=リューネブルク公とヘッセン方伯夫人の間での同盟条約も作成されている。[55]

このように帝国等族は、プラハ和議以降も帝国外の勢力とも、また帝国等族相互間でも、同盟条約を締結し続けたのである。こうした実態を前にすれば、仮に同和議において帝国等族の同盟権が否定されたとしても、それは事実上意味をなさなかったものと解さざるを得ないのである。[56]

以上のことから理解されるように、帝国国制上、特にプラハ和議に従うならば、帝国等族の同盟権は認められていなかったと解されるが、実際には帝国等族は帝国外の勢力とも、また彼等相互間でも同盟関係を形成していたのである。[57] また、多くの法的文書において同盟禁止命令が繰り返し出されているという事実こそが、実態としては多くの同盟が締結されていたことを推定させるとも言えよう。したがって、帝国等族の同盟権の承認に関してウェストファリア条約が有する意義は、従来からの事実状態が法的に承認されたことに求められるのである。

ところで、ウェストファリア条約により法的に帝国等族の同盟権が承認又は確認されたことは明らかであるとしても、以上とは別の幾つかの問題点が、条文の内容を巡り提起され得る。

先ず、ウェストファリア条約の規定を見る限り、従来から皇帝・帝国等族間の関係における重要な争点であった帝国等族自身が軍隊を保持する権利（武装権）についての明示的な言及が行われていない。同盟関係と武力の保持が密接な関係にあるために、この権利の存否は重大な問題となる筈であるが、同条約において帝国等族には武装権は認められないのであろうか。この点を考察するに当たり、先ずその背景に簡単に触れておきたい。

一六三五年のプラハ和議においては（既に前節で触れられたように）、皇帝軍の設置を通じて皇帝は帝国における武装権を（少なくとも理論上は）独占することとなった。しかし、この構想は実現しないままにウェストファリア講和会議を迎えている。[58] そして、帝国等族の武装権については、同盟権の場合と異なり、講和会議における仏瑞両国の要求項目に明示的に挙げられることなく、そのまま講和条約が締結されたという。[59] それでは、ウェストファリア条約の関連規定からはどのような解釈が導出されるのであろうか。

我々は先ず、前章（第一節㈢）でも論じられた「講和の擁護義務」に関する規定（IPO第一七条第五・六項（IPM第一一五条及び第一一六条第一文））に着目すべきであろう。この規定は、「この和議の全ての関係者」(*omnes huius transactionis consortes*）に対して、IPO及びIPMの何れかの規定が侵害された場合に、紛争を「友好的和解又は法的決定」に委ねることを義務付けるものであるが、当該紛争が三年以内に解決されず事態が改善されないことが明白である場合には、「不正を除去するために」「結束して武器を執る義務を負う」ことも定めている。即ち、ここでは、帝国等族を含む「この和議の全ての関係者」に対して、ウェストファリア条約を擁護するための実力行使を認めており、その前提となる武力の保持、つまりは武装権をも当然に承認しているものと解されるのである。

　更に、IPO第八条第一項（IPM第六二条）では、帝国等族の「諸々の古き権利・大権・自由・特権」が害されない旨が確認されているが、仮に、前述した帝国等族が当事者となった同盟の多数の実例において、その前提となると考えられる「武装権」も事実上であれ承認されていたとするならば（前節で見た通り、帝国等族の武装権は少なくとも一五二一年以降プラハ和議に至るまでは法的にも承認されていたものと考えられる。）、この権利を「古き権利及び自由」の一部と理解することによって、ウェストファリア条約で正式に承認又は確認されたとすることができよう。また、プロテスタント派等族にとっては、この権利を彼らが三十年戦争中実際に行使していたが故に、同盟権の前提として含意されていることは自明であったとすることもできよう。[60]

　以上の解釈によって帝国等族の同盟権（及び武装権）がウェストファリア条約において承認又は確認されたとすることが正しいとするならば、それは領邦権力の自立化（主権化）にとって重要な権能を提供するものと言えよう。しかしながら、ウェストファリア条約は、帝国等族の同盟権を無条件に認めたのではなく、一定の制約を付している点が注意されねばならない。そのような制約の一つが、「自らの保護及び安全のため」（*pro sua cuiusque conservatione et securitate*）（第八条第二項）というものである。これを字義通りに解する限り、防御的な同盟のみが許されることとなる。それでは、攻撃的性格を有する同盟は認められないのであろうか。

この問題を考える際に考慮されるべき事柄は、この制約が内包する主観性である。ある同盟の性格が防御的であるか攻撃的であるかの評価は、評価する主体により異なるであろうし、同一の評価主体であっても、個々具体的な状況により評価は変わり得るであろう。更に、自らが締結する同盟を「攻撃的」であると自称する帝国等族が存在することは想像し得ない。したがって、この制約は実際には機能しないものであったと推測される。

この「自らの保護及び安全のため」という制約と並んで帝国等族の同盟権に対する制約とみなされるものが、「[この同盟権行使により締結される条約が]皇帝・帝国及びその公共の平和、そして就中この和議に反するものではあってはならず、各々が皇帝及び帝国に負っている誓約を、いかなる点についても害してはならない」という文言である。この皇帝及び帝国を害さないとする制約も、「自らの保護及び安全のため」という制約と同様に主観的要素を含むことは確かである。それでもこの制約には、公共の平和（ラントフリーデ）や誓約といったある程度内容確定が可能な（その意味で、客観的な）判断基準が設けられており、帝国等族が同盟権を行使する際に考慮せざるを得ないものと考えられる。(61) したがって、帝国等族の同盟権行使は条文上制約されたものであり、実際上も制約として機能し得たようにも思われる。

しかし、現実に最も重要な問題である「皇帝に反する」同盟を考えた場合には、帝国国制の複雑さがこの制約を機能させなくしてしまうことになる。なぜならば、皇帝は同時に、例えば、ハンガリー国王であるために、「皇帝」に対してではなく「ハンガリー国王」に対して向けられた戦いであるとするならば、許容され得るからである。(62)

このように、帝国等族の同盟権に対して条文上課された二つの制約は現実には機能し得ないものであると判断される。その点で、確かに帝国等族にとっての自立した対外的活動のための法的根拠をこの同盟権の承認に見出すことができるのである。(63)

以上に見てきたように、ウェストファリア条約により等族に対して承認された「等族相互間及び他国との」同盟を締結する権利の意義は、少なくとも事実上は従来から存在していた状態を法的に承認したか、法的に許容されていたことを確認したことにある。また、その前提として武装権も承認されているものと解される。その際に皇帝に対抗しようとする帝国等族に意識された同盟相手国は、欧州の権力闘争における皇帝（ハプスブルク家）の対抗勢力であり、三十年戦争を経て欧州の強国となったフランスやスウェーデンであったであろう。また、これら諸国にとってもそれが欧州における権力政治の手段として望まれていたであろうことは、容易に推察されるところである。なぜならば、帝国等族との同盟は、それら諸国が帝国内の問題に対する影響力を（潜在的であるにしろ）増大することを意味するからである。(64)

(二)「同意権」

本章第一節で引用されたＩＰＯ第八条第二項の条文中で挙げられている帝国等族に認められた諸権利の中で、帝国等族の投票による同意が必要とされている事項は、その性格上三つに分類可能であろう。一つは、立法又は法解釈という帝国の立法・司法に関わる事項であり、二つには、帝国による同盟条約の締結及び宣戦・講和、並びに徴兵等を含む帝国の軍事に関わる事項であり、最後に、課税に関する事項である。(65)以下各々について検討を加えることとする。

先ず、第一の種類の事項、即ち、帝国の立法・司法に関わる事項については、前節で示されたように、原則的に法案の提出や帝国法の裁可は皇帝の専属的権利（*jura caesarea reservata*）とされており、しかも帝国の最高裁判権、つまりは最終的な帝国法の解釈権も同様とされている。したがって、本条約の規定は、これら従来皇帝の専属的権利とされたものを、帝国等族の監督下に置くという転換を意味することになると解される。（但し、立法権に関しては、次の点に注意する必要がある。即ち、「立法大権（das Majestätsrecht der Gesetzgebung）は、帝国においては皇帝に排他的に帰属するのではなく、皇帝はこの権能を諸侯及び等族と分有しなければならなかった」[66]という原理が貫徹されていたとする見解に基づくならば、ウェストファリア条約によって帝国等族に承認された帝国の立法に関する事項への同意権は、新たな権能の承認ではなく、既存の慣行の内容が同条約により「明示的に確認された」ことを意味すると解すべきことになるのである。）

このような転換の中で、特に皇帝が有した帝国基本法の解釈権に対して加えられることになった制約の重要性は、指摘されるべきであろう。即ち、この解釈権の対象となる帝国の基本法には、パッサウ和議及びアウクスブルク宗教和議[67]といった重要な宗教和議が含まれるものとみなされていた。そして、このような宗教問題に関わる基本法についての解釈権が皇帝の専権に属するということは、皇帝がそれらの和議を自らが奉ずるカトリック派の立場から解釈し得ることを意味するのであり、それはまた（他の教派からすれば）実質的に宗教和議に関する新たな立法を行う権能を皇帝が有するのと同様の結果をもたらすものと解されるのである。（実際に、皇帝により行使された帝国基本法の解釈権がこのような結果をもたらし、それにより宗教的対立が激化し、それが更に三十年戦争発生の要因の一つとなったことが明らかにされている。[68]）したがって、この規定はそのような現象の発生を防止するためのものであり、それは同時に宗教問題における帝権の大幅な後退を意味するものと言えるのである。[69]

それでは、第二の帝国の軍事に関わる事項についてはどのように評価されるのであろうか。軍事関連事項は、皇帝と帝国等族との間の権力闘争が繰り広げられた重大な分野の一つであり、帝国「内」の軍制に関する議論において既に見られたように、基本的には帝国等族の同意権に服していたものが三十年戦争中のプラハ和議により皇帝の専属的権利に含められることになったものである。また同じく、帝国の名による宣戦・講和及び同盟条約締結、即ち、帝国「外」との軍事的関係も元来、帝国議会の同意（*jura comitialia*）や選帝侯の同意（*jura caesarea reservata limitata*）と共に実施に移されていたものである。[70] したがって、これら諸事項について帝国等族に認められた同意権は、三十年戦争中に皇帝の専属的権利に転化してしまった帝国の軍事関係の諸権利が、再び帝国等族の管理下に置かれることとなったことを意味するのである。しかし、それにも拘らず、ウェストファリア条約の中に何らの新しい意味もないとは言えない。それは次のような事実があるからである。

帝国の戦争開始に対する帝国等族の同意権については、既に一五世紀末に認められていたと考えられている。[71] 例えば、一五一九年のカール五世の選挙協約（第一一条）[72] においては、内外の戦争の開始及びフェーデ権の行使について「帝国等族の協議及び承認」（Rat und Bewilligen der Reichsstände）に基づくとされており、明確に帝国等族の同意に拘束される旨について規定している。しかしながらそこでは、「少なくとも六選帝侯の」（zum wenigsten der sechs Churfursten）同意とされており、選帝侯の同意のみで要件を満たすものとされている。したがって、他の帝国等族の同意権は実質的に排除されていたのである。そして、その後も帝国の和戦の決定に関する同様の規則は踏襲されていた。それに対して、ウェストファリア条約における帝国等族の同意権は、帝国等族全体に付与されており、従来のような選帝侯のみによる同意権行使の承認については言及されていない。[73] それゆえ、この点が同条約の一つの特色となり、また皇帝からの帝国等族の自立の程度を相対的に高めているものと評価できるのである。[74]

また、課税権に関連する事項に対する帝国等族の同意権については、次のような評価が可能である。帝国には帝国直轄の税務行政組織が存在しておらず、租税徴収は一四七一年以来等族の任務とされていた。[75] また、帝国等族は、租税はそれに同意した者のみにより支払われるべきであるとの原則に固執した。（尚、ウェストファリア条約締結後の一六五四年には租税問題についての多数決が拒否されるに至り、帝国の税制改革は不可能となる。[76]）このような経過を考慮するならば、課税問題に対する帝国等族の同意権の承認は従来の帝国等族の権利を確認したものに過ぎないとも言えよう。しかしながら、プラハ和議において皇帝軍兵士の給料支払いについての分担義務を課されたという帝国等族の経験から、彼等が皇帝の課税権行使に対する制約（同意権）の存在を明文化することを必要と考えたであろうことが推測されるのであり、その点でこの問題に関するウェストファリア条約の規定は一定の意義を有したと評価され得るのである。

以上、帝国等族の「同意権」について対象分野毎に、ウェストファリア条約以前の状況との比較を行いながら検討を加えてきた。その結果として、同条約により帝国等族の「同意権」に服するものとして規定された諸事項は、その総体として見るならば、皇帝との関係における彼等の法的地位を（皇帝の恣意に対する制約となるという点で）向上させたものと評価される。しかしながら、これは「神話」が語るような領邦の「主権」の成立という現象として捉えられるべきではないことは明らかである。何故ならば、「同意権」は飽くまでも帝国国制上の事項を巡る権限であって、帝国等族の皇帝からの「独立」（更には、「主権」の享受）というような性質を有するものではないからである。この点についての確認のために、ここで「同意権」が実際に行使される場である「帝国議会」(Reichstag) の構成とそこにおける投票の態様について触れておきたい。

「帝国議会」という名称は一五世紀以降のものであり、それ以前（既に、一一世紀中にはドイツ国王が統治のために諸侯との協議を行っていた）から存在していた身分制の会議体には「全体会議」(*conventus generalis*) や「宮廷会議」(*colloquium curiale*) という名称が使用されていたという。[77] また、帝国議会の開催地の決定と召集とは皇帝の手に委ねられていたため、議会は不定期に開催されていた。（これが常設化されるのは一六六三年以降レーゲンスブルクにおいてのことである。[78]）

一六四八年の時点で帝国議会は身分別の会議体、即ち、選帝侯部会 (Kurfürstenkollegium)、帝国諸侯部会 (Reichsfürstenrat)、及び都市部会 (Städtekollegium) の集合体となった。選帝侯部会は、前述（本章第三節㈠）の一三三八年以来の選帝侯連合に起源を有し、ウェストファリア条約以前には「金印勅書」に基づき七選帝侯により構成されていた（議長はマインツ選帝侯）。[79] 同条約では、（前々章第二節で触れられたように）プファルツ問題に関連してIPO第四条第五項（IPM第一三条）により「第八の選帝侯位」が設定され、これにプファルツ家のカール＝ルートヴィヒ及びその継承者がつくこととされた。[80]（更に、一六九二年に第九の選帝侯位が加わり、帝国の崩壊直前の一八〇三年には選帝侯位は一〇となる。）[81] 諸侯部会は、選帝侯を除く帝国の諸侯及び等族により構成され、更に身分に応じて幾つかの小部会に分かれていた。都市部会は帝国都市により構成され、その起源は一四七一年の反抗（当時問題化していた「トルコ税」（**Türkensteuer**）に反対するもの）の中で生まれた都市の結集に求められる。[82] そして、それは急速に制度化し、一五〇〇年の（帝国）統治院規則（**Regimentsordnung**）で帝国議会の構成員に加えられるものの、完全な投票権（***votum decisivum***）が初めて与えられるのはウェストファリア条約による。[83]

以上のように、帝国議会での意思決定は、身分別の各部会内における合意形成とその後の各部会間の合意形成を通じて行われた。この点で、帝国議会では身分制原理が強く反映されており、特に、都市部会は長きにわたり劣位に置かれてきた。（帝国議会における意思決定の態様や都市部会の法的地位の評価については、次章第一節㈢で論じられる。）そして、「同意権」についても、帝国国制に従った各人の身分に応じてその権利の重要性は異なるものであった。つまり、帝国等族に「同意権」が付与され、その対象となる範囲がいかに拡大しようとも、その権利は「主権」（そして、そのコロラリーとしての「主権平等」）に裏付けられたものではないのである。

最後に条文を離れた問題の一つを指摘しておきたい。既に触れられた（前々章第一節㈡）ように、帝国等族はウェストファリア講和会議に、討議権のみならず、投票権（***jus suffragii***）を有する「当事者」として参加している。これは事実上、ウェストファリア条約作成以前に、帝国等族が帝国の講和に参加し、同意権を行使していたことになる。この時点では、一六三五年のプラハ和議の下で、講和については皇帝が専権を有していた筈である。つまり、ウェストファリア講和会議に出席し、条約の作成に帝国等族が参加すること自体に法的な問題があったと考えられるのである。(84)

㈢「領域権」(*jus territoriale*)(85)

本章においてこれまで考察が加えられてきた帝国等族の権利は、帝国等族の支配領域（領邦）を単位とする場合の、その「対外的権能」としての側面を有するものと言えよう。それに対して、ウェストファリア条約において規定された帝国等族の「対内的権能」はどのようなものと評価されるのであろうか。

この問題についての中心的規定は（本章第一節で挙げられた）ＩＰＯ第八条第一項（ＩＰＭ第六二条）である。その中でも特に、同項に示されている「聖俗両界における領域権の自由行使」(*liberum iuris territorialis tam in ecclesiasticis quam politicis exercitium*)が、実際的且つ具体的にどのような権利を帝国等族に付与するものであるのかが問題となろう。果たしてそれは、近代的な「領域主権」に該当する概念なのであろうか。

ウェストファリア条約における「領域権」概念についての考察を行う際に、先ず問題となる事柄は、同条約中では「領域権」と同義乃至類義であると思われる言葉が多数使用されているという事実である。それらは、「直接（上級）所有権」(*directum dominium*)(86)（ＩＰＯ第三条第二項、第四条第一八項（ＩＰＭ第二六条）、ＩＰＭ第七二条。尚、ＩＰＯ第一五条第三項（ＩＰＭ第五〇条）では"*jus directi et utilis dominii*"とされている。）、「君主の権利（上位支配権）」(*jus superioritatis*)（ＩＰＯ第一三条第八項、第一五条第六項（ＩＰＭ第五三条）、第一六条第一八項（ＩＰＭ第一〇九条第二文）、ＩＰＭ第七〇・七二・九六条）、「統治権」(*jus regiminis*)（ＩＰＯ第一三条第八項）、及び「領邦高権」(*sublime territorii jus*)（ＩＰＭ第八五条）等々である。(87)これらの各文言がどのような内実を有するかについては、条約中では何らの説明も加えられておらず、またこれらを含む様々な諸権利が並列的に列挙されている場合すらある。[88] この点については、（次々章で論じられる）「宗教決定権」（*jus reformandi*）のように、究極的には各々の帝国等族の領域権に包含されることになると思われる権利がウェストファリア条約中に明示的に挙げられている場合もある。しかし、宗教決定権について言えば、その帰属が具体的な争点であったという、同条約作成過程における特別な状況を反映するものであって、「領域権」の内実を明らかにするという積極的な意図に発するものとは思われない。つまり、ここでもウェストファリア講和会議の「当事者」が「領域権」という場合に、何らかの明確な概念規定を前提とする共通理解の上に立ってそれを使用していたのかについての疑念は益々大きなものとならざるを得ないのである。

この点は、そもそも*„jus territoriale"*や*„jus superioritatis"*等の言葉の内実を具体的且つ一義的に確定することに多大な困難が伴うことと軌を一にする。これらの言葉は帝国内の各地域で（或いは、封建制下の欧州全般で）、個別的な地域的及び歴史的背景を有しつつ獲得乃至形成された権利内容を有している。或る論者は、ドイツにおいて*„jus territoriale"*を„Landeshoheit"と捉える一般的理解の中で、「では一体„Landeshoheit"とは何か」という問題を設定し、次のような結論に達している。即ち、「„Landeshoheit"を巡っては、諸々の個別的権利の上位に立つ高権（hohe Obrigkeit）の多様な変遷や発展形態が存在し、それらを通ずる単一の叙述を為し得ない」[89]というものである。また、同様の指摘は別の論者によっても行われている。即ち、„Landeshoheit"が「中世後期いらい、大小さまざまな領域的諸権力の競合のなかから、さまざまな具体的権原を基礎として次第に成長発展してきたものであ」り、「それゆえ、十六世紀いらい領邦君主の<Obrigkeit>」や「<*superioritas territorialis*>という文言が用いられたとしても、その内容を一義的に規定することはおよそ不可能」である、というものである。[90]

このような結論は、一七世紀のドイツにおける領邦君主の権力の法的性質を巡る議論において、例えば、「領邦権力」（„Lands Obrigkeit"）についてフーゴー（Ludolf Hugo）が「立法によって定義されたものではなく、また成文法により承認されたのでもなく、ただ慣習によって導入された」(*"non legibus definita, adeoque iure scripto incognita, sed solis moribus introducta"*)[91]としていることと相通ずるものと言えよう。[92]

以上のような事情のもとで、ウェストファリア条約の「領域権」自体の定義付けを行うことはほぼ不可能であると言ってよいであろう。しかし、本書の問題意識との関連においては、「領域権」が近代的な「主権」概念と同一のものとして理解可能か否かという問題に答えることこそが重要であろう。

この点で先ず確認されるべき前提として、「フランスにおいてジャン＝ボダンが制約されない最高の統治権力に関する思想を提示したのと同時期に、ドイツでは理論と実際において支配権 (Herrschaft) の領邦権力と帝国権力への分裂、即ち *"superioritas territorialis"* と *"superioritas imperialis"* への分裂が確定した」[93]ことが挙げられる。これによって、ドイツにおいてはフランスで説かれる「主権」とは異なる形式で統治権力が存在することとなり、領邦と帝国の間での権力の分有や共有といった状態が生み出され、その枠内で領邦の「領域権」も論じられることになるのである。（そして、この点においても、「主権」とは異なる性質を「領域権」が帯びていることが示唆されている。）

このような事情は、一七世紀前半のドイツにおける「主権」(Souveränität) という言葉の使用にも影響を及ぼしていると考えられる。クヴァーリッチ (H. Quaritsch) によれば、ドイツの文献におけるこの言葉の最古の使用例としては、一六〇九年のオランダに関係する外交報告書 (Aviso) の二例が確認されているが、この二例を除いて、同時期の文献ではこの言葉の使用例は殆ど見られず、別の言葉（例えば、„vollmechtiger Gewalt"）が使用されるなどしたという。「何れにしろ、この時代のドイツの文献では［「主権」(Souveränität) という］概念は依然として異国風の風変わりなもの (ein exotischer Einzelgänger) だったのである。」[94]

以上のような歴史的事情を背景として発生する「主権」と「領域権」の相異は、「領域権」自体の定義を巡る次のような議論によっても確認される。

ヴィロヴァイト (D. Willoweit) は、彼の著作『領邦権力の法的基礎』(*Rechtsgrundlagen der Territorialgewalt*) において、一七・一八世紀ドイツにおける領邦法 (Territorialstaatsrecht) の展開を一六〇〇年のクニッヘン (Andreas Knichen) の著作から始めている。[95] 同書は領邦権力及び領邦に関連する法文を一貫した体系の中で論じた最初の文献として評価され、この年以降急速に国制法に関する個々の資料が体系的論考の中で扱われるようになったという。[96]

クニッヘンは、領邦君主の権利を次のように定義している。「領域権と呼ばれるものは、裁治権 (*jurisdictio*) に関する崇高なる国王の法により、領邦権力という名称及び属性のもとで適切かつ固有の力で諸君主［諸侯］に譲与された上位支配である。[97]」また、神寶によれば、クニッヘンは、"*jus territorii*" について「一般的支配権」(*universale dominium*) について妥当するものではあるが、臣民や個々の封臣に対する「個別的裁治権」(*particularis jurisdictio*) には妥当しないとしているという。[98] これらのことから、クニッヘン（及びボダン）によって個別の権能 (Regalien) の集合体から単一の領邦権力の観念への移行が為された、[99] 或いは「[クニッヘンは、"*jus territorii*" を] 具体的-個別的な権限（例えば、裁判権や封主権）と関連させずに、統一的—完結的な権力として解釈した[100]」との理解が生まれることになる。

このようなクニッヘンの議論（及びその評価）を追うならば、統一的且つ完結的な権力としての領域権の観念が一六世紀末には登場しており、それはまた近代的な「主権」観念に類似するものであったとも考えられる。しかし、この「領域権」の観念は、「崇高なる国王の法」により譲与された「上位支配」(*superioritas*) であって、それは絶対的な権力ではなく、依然として相対的に上位に置かれる権力である点は看過されてはならない。

実際に、一七世紀のドイツでは独立した領邦君主権力の存在を現実に見出すことは困難な状態にあり、学術文献における用語法としては、*"superioritas territorialis"*とそのドイツ語の訳語が急速に普及するという。（*"superioritas"*という語が有する比較（相対性を前提とする）の意味合いが、ドイツの当時の状況に適合的であったと推察される。）そして、「これにより*"ius territorii"*の観念は余分なもの、更には誤解を招くものとなる。」何故ならば、「この観念には臣従関係が表現されていない」からである。[101]

このような事情から、主要な記述対象となった*"superioritas territorialis"*については、一七世紀後半の多数の学者により、「最高の、しかし、帝国国制の枠内で行使される支配権力」(einer höchsten, jedoch im Rahmen der Reichsverfassung ausgeübten Herrschaftsgewalt) とする概念規定が用いられていたという。[102] つまり、当時の学説上の*"superioritas territorialis"*は飽くまでも帝国国制の存在を前提としており、それを無視するかたちでの領邦（帝国等族）の自立を認めるという見解は示されていなかったものと判断されるのである。

しかしながら、ウェストファリア条約との関連において、*"superioritas territorialis"*という用語は大きな問題を孕む。なぜならば、同条約ではこの用語は使用されていないからである。前述した学術上の論争における中心の*"ius territoriale"*から*"superioritas territorialis"*への移行が何時完了するのかについての確定的解答を見出すことは不可能である。それでも、ウェストファリア講和会議以前に後者について論ずる著作は既に公刊されていることから、*"superioritas territorialis"*の観念は（同会議に参加した全権委員の殆ど半数が法律家だったことを考慮するならば）[103] 同会議における交渉当事者にもかなり普及していたものと推測される。[104] 彼等がこの言葉の使用を意図的に回避したのか否かは明らかにすることはできない。これが全くの偶然に発生したという説明は可能ではある。しかし、それが意図的であるとするならば、この言葉が回避された理由としては、少なくとも次の二つが考えられる。

一つは、*"superioritas territorialis"*が使用されていないのは、この言葉の法的意味が講和会議時点では依然として未確定であった（前述のようにヴィロヴァイトによれば、文献上その意味が確立するのは一七世紀の後半である）ため、内容未確定の言葉の使用が避けられた、というものである。他は、この言葉が有する帝国国制（臣従関係を含む。）の枠内の意味においてこの条約の規定内容が理解されるという事態の発生を交渉当事者が避けた、というものである。

これらの何れも、*"jus territoriale"*が使用された積極的な理由を示すものではない。しかし、仮に後者を主たる理由としたのであるならば、矛盾のない一貫した積極的理由を付することが可能である。即ち、「主権」が有する「絶対性」や「最高性」とは異なる封建的階層秩序を含意する*"superioritas territorialis"*の使用を回避し、そのような意味を伴わず、単一の絶対的権能とも解し得る*"jus territoriale"*を敢えて使用した、というものである。そして、これは、交渉当事者が帝国等族に対して「主権」のような絶対的な権利を付与することを意図した、という解釈に繋がり、ひいては「神話」の正当性を証明することにもなるのである。（逆に言えば、ここまで証明しないと、「神話」の正当性は積極的には証明されないことにもなる。）

しかし、ウェストファリア条約の諸条文を解釈する限りでは、*"jus territoriale"*の使用がそれほどまでに積極的な意味を有するとは考えられない。その理由は次の通りである。

先ず、（前章第一節(二)で論じられたように）ＩＰＭ第八七条において皇帝から仏国王に移譲される領域について、仏国王が「最高所有権」(*supremi dominii ius*)を有することが承認されつつ、移譲後も当該地域の帝国等族の従来からの自由及び帝国直属資格の保持を仏国王が認める旨が規定されていることが挙げられる。これは仏国王であってすら「主権」のような包括的・排他的権力を自己の支配地に行使し得ないことを示すものであって、帝国等族にそれに優る権利を「領域権」が付与するものとは考え難いのである。(105)

次に、「領域権」に類似する複数の言葉が使用されており、仮に「領域権」を単一の絶対的権能として理解するならば、それらの言葉の間で抵触が発生する可能性があることが挙げられる。例えば、「ヘッセン＝カッセル問題」を扱うＩＰＯ第一五条の中で、その第五項（ＩＰＭ第五二条）ではヘッセン方伯夫人が補償金受領の保証のためにノイス・コエスフェルト・ノイハオスを保有し、守備隊を置くことが認められるが、それに続く第六項（ＩＰＭ第五三条）では「それらの要塞及び都市の聖俗両界における収入についての君主の諸権利（*iura superioritatis*）及び管轄権は、ケルン大司教猊下のもとに留保される」とされている。ここではヘッセン方伯夫人にＩＰＯ第八条第一項のもとでの「領域権」がこれら地域に認められるのであろうか。仮にそうであるとすれば、それは同一地域について留保されたケルン大司教の「君主の権利」と並存することになる。したがって、その場合には「領域権」は包括的権力を示すものではないことになるのである。勿論、ここでは当該地域の完全な移譲が問題とはされておらず、或る土地を保有すること（*retinere*）は「領域権」を付与するものではないとする解釈に立てば、同一地域における（包括的権力としての）「領域権」と「君主の権利」の並存という矛盾は回避される。しかし、このような解釈は、領域に対する支配権の包括性や排他性といった観念が薄弱であることを意味することになる。或る領域について、自己が当該地域に対する「君主の権利」を保持したまま、「補償金受領の保証のために保有」することを他者に認めるという構造自体が、包括的・排他的観念としての「領域権」が当時の帝国において存在しなかったことを傍証しているものと考えられるのである。そして、仮に、「領域権」が「主権」と同様のものと理解され、行使されるならば、ウェストファリア条約において「領域権」に類似した文言が使用されている諸条項やその他の条項における帝国等族の諸権利と矛盾・抵触が発生することとなるのである。[106]

以上とは別種の理由として、条約交渉過程における "*ius territoriale*" の扱いについても触れておきたい。一六四五年六月の「主要提案」[107]の第七項目において、仏側は帝国等族の特権や自由の回復、同意権や和戦の権利等々の確認といった、最終的にＩＰＯ第八条第一・二項（ＩＰＭ第六二・六三条）に結実する内容を提示した後に、第八項目において帝国等族が「主権に基づく他の全ての諸権利」（tous les autres droits de Souveraineté）を保持すべきことを提案していた。[108] これに対して、皇帝側の対案（“*superioritas territorialis*” の使用）が示され、最終的に“souveraineté” に該当する言葉を仏側が放棄したという。即ち、「三十年戦争の勝者は……［中略］……自己の観念をも強要し得るほど充分な勝者ではなかった」[109] のである。そして、この交渉過程にも、「領域権」が「主権」とは異なるものとして使用されていることが示されていると解されるのである。

最後に、「領域権」を巡る交渉当事者の意識を示唆するものとして、ウェストファリア条約条文の仏語訳についても触れておきたい。同条約条文の仏語訳が条約締結の翌月（一六四八年一一月）から翌々月にかけてフランスの『ガゼット』(Gazette) 誌（同誌は、一六三一年発刊の同国では恐らく最古の定期刊行新聞であり、現代の『官報』のような機能を果したとされている。）[110] に掲載されているが、そこには帝国等族に関する限り「主権」(souveraineté) という訳語は登場しないという。例えば、ＩＰＯ第八条第一項では、“*jus territorii*” には “droict de leur territoire” が充てられ、[111] またＩＰＯ第一三条第八項（ブラオンシュヴァイク＝リューネブルク家の補償に関連する。）では “*caereta superioritatis et regiminis iura*” は “les autres droits de supériorité et gouvernement” とされているのである。[112] このことから、「領域権」(*jus territorii*) や「君主の権利」(*jus superioritatis*) が「主権」(souveraineté) とは異なる観念であることが当時のフランスにおいても意識されていたものと考えられるのである。

以上に述べてきた事柄からは、先ず、ウェストファリア条約において帝国等族に承認された「領域権」(*jus territoriale*) の内実を正確に定義することは不可能であることが理解される。そして、同条約が「領域権」や„Landeshoheit“ の観念を創出した、或いはその内実を確定したと考えることはできない。結局、「一八〇三年の帝国の終焉に至るまで、„Landeshoheit“ の正確な意味を巡る論争は、概ねウェストファリア条約、特にＩＰＯ第八条を巡る論争であり続けた」[113] のであり、「“*jus territoriale*” の解釈を巡る争いが帝国の終焉までドイツ的自由の歴史を決定する」[114] こととなるのである。しかし、次の点は確認されなければならない。

ウェストファリア条約で承認された帝国等族の「領域権の自由行使」（*liberum iuris territorialis exercitium*）における「領域権」は、「自由」（*libertas*）や「特権」（*privilegium*）と併用されつつも、（帝国等族の特権を個別的権利（例えば、築城権・貨幣鋳造権等）の列挙という形式で承認するのではなく）或る程度の包括的概念として使用されており、そこに近代的な「主権」概念により近接した包括的権力の萌芽を見出すことは可能である。(115) 但し、それでもなお、同条約の諸条文や同時代の資料から判断するならば、それを近代的な「主権」そのものと解することは誤りなのである。

第四節　帝国クライス制度

前節までに検討されてきた事柄は、その実態は別としても、一見したところでは、帝国（皇帝）権力からの帝国等族の独立性を強化する方向に作用する（つまり、「神話」の正当性を裏付ける）要素であるとも評価できる。そして、そのような評価が正しいとすれば、それらの要素は帝国を解体へ導くことになろう。しかしながら、ウェストファリア条約中には（「神話」においては語られることがない）それらの要素とは異なる方向で作用する要素が存在した。それが「帝国クライス」（*Circlus:* Reichskreis）の制度である。

帝国クライスは、本章第一節で見たように、ウェストファリア講和会議においては決着せず、条約中に次回帝国議会の協議事項として明記された諸事項（IPO第八条第三項（IPM第六四条））に含まれている。しかし、それに止まらず、帝国クライスに関する次のような複数の条文が存在している点には注意を要する。

先ず、IPO第一七条第八項（IPM第一一七条）において平和維持のための帝国クライスの復興（*redintegratio circulorum*）が約束されている。(116) また、回復に関する勅令及び執行について規定するIPO第一六条第二項（IP

M第一〇〇条）では、「この講和により何らかの回復又は給付を義務付けられている者に対して、拒絶又は加害行為（noxa）なく講和の締結の時から批准までの間に、給付を行い、合意されたことを履行するよう」皇帝が勅令を布告することと共に、「回復が行われるべき者の要求がある場合には、執行命令及び本条約により、何れの者の回復をも促進させ履行するよう、指導者（außschreibenden fürsten）及びクライス長官（craiß-obristen）に命ずる」[117]ことを規定し、これを受けて同条第六項（ＩＰＭ第一〇三条）はクライス長官等による執行に対する抵抗を全ての者に禁止している。更に、ＩＰＯ第一六条第八項乃至第一二項はスウェーデン軍の軍役解除に伴う賠償金の支払いが帝国クライスに課される旨を規定し、その分担額や徴収方法についても規定している。[118]またこれらの他にも、帝国最高法院に関して、その陪席者を五〇名に拡大するに当たり、特にルター派等族からの陪席者の割当及び選出等について、ザクセン・ブランデンブルク・プファルツの各選帝侯と並んで、各クライスが中心的役割を担うことが予定されている。（ＩＰＯ第五条第五三・五四・五七項。これら三項は、ＩＰＭ第四七条によりＩＰＭにも準用される。）更にまた、ブルグント＝クライスについては、仏西間の紛争の鎮静後に帝国の構成員となる旨が合意されている。（ＩＰＭ第三条第二文[119]）

このように、帝国クライスを名宛人とする条文がウェストファリア条約中には多数見出される。それではこの帝国クライスとはどのような制度なのであろうか。

帝国クライス制度とは、帝国を複数の地域（クライス）に分割し、当該地域の帝国等族により構成される協同組織に一定の帝国事務執行の権能を委ねるという制度である。このような制度の導入は一三八〇年代から試みられてきたが、帝国の正式な制度となるのは、一五世紀末の帝国改革運動の流れを受けた一五〇〇年のアウクスブルク帝国議会における帝国統治院規則（Regimentsordnung）[120]によってのことである。[121]当初は六クライスで発足し、一五一二年の帝国最終決定（Abschied des Reichstags: Reichsabschied）[122]以降一〇クライスとなり、[123]帝国の全土を覆う体制となった。[124] それ以来、帝国クライスは一定の帝国事務の執行機関であり、一五二一年以降はラントフリーデの保証及び執行の権限も委ねられるなどした。その後もクライス制度には変更が加えられるが、最も重要なものは、一五五五年の「帝国執行令」(Reichsexekutionsordnung)[125] であり、そこではラントフリーデの保証及び執行[126] がクライスの権能であることが最終的に確認されると同時に、帝国の裁判所（帝国最高法院と帝国宮内法院）の判決執行の任務も委ねられたのである。[127]

更に、帝国クライスは帝国の外部勢力からの防衛の役割も果たしている。即ち、一五九三年から一六〇七年の対トルコ戦争において、帝国クライスは初めて全面的に対外戦争に動員されており、この戦争の遂行過程において、帝国クライスが帝国軍動員の基本単位に位置付けられることになったのである。[128]

このようにして、帝国クライスは安全保障上の権能を担ったが、後には帝国の幣制の維持等の経済政策に関わる事項も所掌するような帝国クライスも西南ドイツに登場した。（本書第二部第二章第二節(一)を見よ。）これは帝国自体には行政組織がないことと個別の帝国等族が充分な経済力・財政力を有しなかったという事情によるものと解されている。[129]

三十年戦争中の帝国クライスの活動を巡る評価は分かれる。[130] 一方では、クライスは地域を基礎にした制度であるため、クライス内は必ずしも教派的に統一されておらず、その結果として、例えば一六三三年にスウェーデン女王と四クライス（クール＝ライン・フランケン・シュヴァーベン・オーバーライン）のプロテスタント派等族が「ハイルブロン同盟」[131] を結成したように、各クライス内にも宗教的対立が波及し、クライスの機能はかなり低下したものと考えられている。[132] 他方では、三十年戦争中のクライスの活動は、幣制と軍需政策を主要な活動分野としつつ、[133] クライス会議を根幹とするその体制を保持し続けたとの評価がある。[134]

しかし、三十年戦争中の帝国クライスの活動が何れの評価を受けようとも、元来帝国クライスが帝国事務の執行機関として設定された制度であり、少なくとも帝国と領邦が存在し、帝国事務が存在する限り、帝国クライス制度は各領邦と帝国との間の或る程度の紐帯を確保する役割を担い得たもの考えられる。[135] そして、実際に、先に挙げたウェストファリア条約中の帝国クライス関連諸条項に見られる諸々の役割を各クライスは担うこととされたのであり、このことは講和会議における交渉において帝国クライスの役割の一定の重要性が再認識されたものと解される。[136] 更に、ウェストファリア条約以後にクライス機関（Kreisorgan）及びクライス法が司法・ポリツァイ・経済等の分野において大きな意義を有した実例も指摘されている。[137] これらの事柄を勘案するならば、同条約において設定されることとなった帝国国制は、（「神話」が描くような）帝国を分裂させる要素ばかりではないことが理解されるのである。[139]

まとめ：帝国等族に関するウェストファリア条約規定の評価

以上本章で論じられてきたことから、ウェストファリア条約により承認されたとされる帝国等族の主要な諸権利、特に、「同盟権」・「同意権」・「領域権」について、次のように評価することができよう。

先ず、それらの諸権利は三十年戦争以前にも帝国等族に対して認められていたか、或いは事実上行使されていたものである。また、軍事関係の諸権利については戦争中、特にプラハ和議により一旦は皇帝に（法的には）帰属することとされたものを、帝国等族の手に取り戻したものであると判断される。そして、各々の権利の起源に拘らず、一見してそれらは皇帝及び帝国からの帝国等族の自立を促進させる方向に作用するように思われる。即ち、帝国等族が対内的諸権利、特に「聖俗両界における領域権の自由行使」を認められることにより自己の領邦内統治における自律性が確保され、「同意権」により皇帝の意思を抑制し、更に「等族相互間及び他国との」同盟権により軍事上・「外交」上も皇帝及び帝国から自立することが確保され得るように見えるのである。

これらの諸権利が明示されることによって、帝国等族の法的地位は次のような評価を受けることになる。既に、中世における諸侯による領邦君主制の形成の程度は、「帝国の内部に、帝国国境の彼方にみられるのと同様の、独立の国家構成体（selbständige Staatsgebilde）が成立するに至った」[140]との評言を得る程であった。また、どんなに遅くとも、ウェストファリア条約以降の帝国等族は、限定的ではあれ、「国際法主体」であったとの見解も提示されている。[141]更に、より積極的に、同条約における帝国等族を「独立の国家、即ち、国際法上の意味における国家」とする見解さえも存在する。[142]仮にこれらの見解に従うならば、帝国等族の自立の程度は、早ければ三十年戦争の遥か以前から、また遅くともウェストファリア条約の時点で、極めて高いものであり、「神話」は正当なものとなる。

しかし、帝国等族がいかに自立した存在であったとしても、事実としては、最有力であったブランデンブルク（プロイセン）であっても帝国等族に課された制約を恒常的に無視するようになるのは一七四〇年以降のことであって、一六四八年以降のことではない。[143]また、法理論の側面においても、本章において論じられたように、ウェストファリア条約における帝国等族に関わる諸問題は、形式上帝国「内」の問題として規定されている。「他国」との同盟権をはじめとする諸々の権利を皇帝（帝国）から承認又は確認されることによって、実質において帝国等族がいかに自立（場合により「独立」）しているとしても、法的な存在としての帝国は依然として存続しているのである。更に、帝国クライス制度が存続することにより、或る程度積極的な帝国への紐帯を確保するための方途も用意されている。それゆえ、帝国等族は、領邦内の事項については（仮に、「神話」の支持者が主張するように、「領域権」が「主権」と同様の権利であるとして）「領域権の自由行使」が承認されることにより完全に自律的な存在であり得ると仮定しても、帝国との関係においては完全な自由を享受しているのではないのである。

また、同様のことは、帝国最高法院及び帝国宮内法院が帝国等族に対してウェストファリア条約以後も依然として帝国等族に対して管轄権を有し続けたという事実からも理解されよう。[144]

更に、帝国等族間での個別の領域処分に関する条文において、その当事者に「帝国の他の選帝侯及び諸侯と同様に皇帝陛下に対して服従と忠誠を示す」(*Caesareae maiestati obedientiam et fidelitatem sicut caeteri electores principesque Imperii praestet*) ことが規定され（IPO第四条第一四項（IPM第二二条）[145]）、また三十年戦争中に更新されなかった授封契約 (*investitura*) の請求に関する規定（IPO第四条第五〇項（IPM第三九条））が設けられていることを考慮するならば、皇帝と帝国等族の関係（或いは、帝国内の関係一般）は帝国国制或いは封建的秩序の枠内で理論構成されていることまでもが理解されるのである。[146]

以上のことから、再度ここで強調されなければならない事柄は、このような議論や前述の帝国等族を「近代国際法上の国家」とする見解（それは「神話」の内容に合致する。）の前提をなす、ウェストファリア条約で規定された帝国等族の「領域権」（それ自体の内容を明確にすることは不可能であるとしても）を「主権」とする理解が誤りであるということである。同条約において規定された「領域権」は近代的な「主権」とは異なるものである。「領域権」は飽くまでも帝国国制の枠内で承認された権利にとどまるのであって、それに（法的に）優位する存在を認めないというような、最高性や絶対性という主権の属性を帝国等族の「領域権」は具有しなかった。したがって、同条約によって与えられた帝国等族の法的地位は、近代国際法の用語としての「主権的」なるものから依然として隔たりがあるのである。

また、ウェストファリア条約において承認された帝国等族の「対外的」な権能としての同盟の自由（同盟権）については、仮にそれが（「神話」が主張するような）帝国等族の「主権的」地位確立の証拠として援用可能であるとしても、その権利の実態を考えるならば、やはり帝国等族が主権的存在になったとすることはできないであろうし、それどころか、領邦の事実上の帝国からの独立状態（「主権的」であること）についてすらも疑念が発生することとなる。なぜならば、帝国等族（領邦）が「同盟権」を必要としたことの理由として、当時の欧州の政治状況の中でそれらが単独では存続し得ないという自己認識があったと解することもできるからである。このような自己認識に基づいて、皇帝と帝国外の諸勢力との間に立たされつつ両者からの自立（自由）を確保するためにこそ、「自らの保護及び安全のため、各々の等族がそれらの者自身の相互間及び他国との同盟条約を締結する権利」（IPO第八条第二項（IPM第六三条））が必要とされたと考えられるのである。（この点については、第二部第二章で再論される。）

この帝国等族の「同盟権」に関して更に付言するならば、この権利はウェストファリア講和会議における主要当事者ではなかった帝国等族の要求によってのみ講和条約中に明示されたのではない。それはフランス及びスウェーデンにとっても、それらが皇帝権力を牽制するために、必要とされたのである。仏にとっては、皇帝及びスペインのハプスブルク家との対抗関係において、イタリアの諸勢力との同盟と並んで帝国等族との同盟が重要であった。[147] また、瑞の側では、グスタフ＝アドルフが構想した「平和の保障」(*assecuratio pacis*) の意味するところは、「スウェーデンの指導のもとでのプロテスタント派の同盟であり、帝国の分裂乃至は恐らく全くの解体」[148] であったのであり、実際に講和会議において瑞側は帝国等族に帝国国制上固有の外交政策を遂行する権利（戦争及び講和の権利 (*jus belli ac pacis*)）を付与することを講和条件として考えていたのである。[149] そして、このような仏瑞両国、更には帝国等族の思惑はウェストファリア条約以降の帝国等族による同盟権の行使の実例において確認される（とりわけ、「ドイツの自由の保護者はフランス」[150] となる。）こととなるのである。[151]

しかも、この場合に帝国等族が仏瑞両国にとって政治的及び法的に対等の当事者であるとは認識されていなかった点は確認されなければならない。例えば、瑞側においてはオクセンシェルナが、「ドイツ等族は国際法上、

封建法の下にある *(sub jure feudi)* 自由且つ平等な諸国家間の平和と正義を守るための同盟者」であり、「選帝侯は自由であったが、それは、例えば、スウェーデンが主権的であるのと同様の態様において主権的であるのではなかった」と考えていたとされる。[152] 即ち、講和会議主要当事者にとって、帝国等族は（少なくとも、完全な）「主権」を有するものとはみなされていなかったのである。そして、このような認識もまた、ウェストファリア条約以降の諸事例において確認されることになるのである。[153]

結局、ウェストファリア条約において規定された帝国等族の諸権利は、領邦「内」の事項について高度に自律的であり、また領邦「外」の活動分野について「独立」である領邦君主の存在を予想させるが、歴史的背景及び条約全体の中でそれらを考察するならば、実質的にそのような存在とはなってはおらず、それを実現する能力も帝国等族一般にはなかったと考えざるを得ないのである。更に、当時の法的観念に照らした場合にも、帝国等族の諸権利は帝国国制の枠組の中で認識されているのであって、同条約において近代国際法上の「主権」が領邦君主に承認されたとすることは決してできないのである。

（1）　本書においては、「帝国等族」と「領邦」は互換的に用いられている。このような用法が許されることの理由は、両者の法的概念としての分離がウェストファリア条約の時点においては未だ達成されていないことにある。

（2）　この点に関して、ベルバーは一六四八年以降の神聖ローマ帝国を、「或る種の国際連合、或る種の国際連盟、或る種のコモンウェルス」としている。Berber (1964), 177.

（3）　例えば、フィンチはウェストファリア条約直後の様子をブライスの言葉を引用しつつ次のように論じている。「三十年間の宗教戦争を終結させたウェストファリア講和条約は、［神聖］ローマ［帝国］の主権を廃棄し、政治的権能を帝国の首長からその構成員に委譲させた。この条約に従って、アルプスとバルト海の間に三〇〇を超える小君主国が存在し、それらは『各々自らの法・裁判所・小規模な軍隊・個別の通過・国境には関税及び税関を有していたのである。』」Finch (1937), 15.（尚、フィンチが引用しているブライスの著書は一九二一年版（三九四―三九五頁）であるが、本書では新版 (Bryce (1925), 390–391.) を参照した。引用箇所に関しては、両版の間で見解の変更はない。）このような記述には、「国家」や「主権」という概念に対する考察や思考が全く存在していないものと思われ、このような思考が「ウェストファリア神話」を支えているものと推測される。

（4）但し、「ドイツ国際法」を正面から論じた研究書は多くない。カンプツによる一八世紀末の国際法関連文献の目録には九点が挙げられているにとどまる。Kamptz (1817), 56–58. また、「ドイツ国際法」に関しては、次の文献も見よ。柳原 (1993)、六八二頁：柳原 (1996)、八一―一一五頁。

（5）「自由帝国都市」を除く「帝国の選帝侯・諸侯・等族」を一括して論ずることについては、それらの各々の法的地位や政治的立場の特性を考慮した場合に、若干の疑義が提示され得よう。しかしながら、ウェストファリア条約における一般的規定は、これらの帝国等族を一括して扱っており、本章で考察対象とされる事柄は、それら諸身分に共通する問題に限定されている。（尚、ブランデンブルク選帝侯のように個別的規定が設けられている者については、個別的考察を要するが、基本的にそれらについては本章における考察の対象外となる。）また、自由帝国都市は、第一部第一章及び次章で論じられている通り、明らかに他の帝国等族とは異なった取扱いを受けている。このような事情から、これら諸身分に共通する同条約における取扱いについては、「自由帝国都市」を除いた上で一括して論じ得るものと思われるのである。尚、「自由帝国騎士」については次章で触れられる。

（6）領邦等族については、「序論」註（74）を見よ。

（7）回復に際しては、回復に関わる者及び第三者の権利、並びに帝国の直属又は非直属の法廷において係属中の未決訴訟（*lis pendens*）は害されない。しかし、（前々章第二節㈠で触れられたように）先ず回復が実施され、しかる後にそれらの権利や訴訟について、権限ある裁判官により審理されることとされている。（第三条第二項。ＩＰＭでは第六条がこれに相当する規定となっている。）

（8）ＩＰＯ第四条及びＩＰＭ第七条乃至第四六条に含まれる個別的措置については、既に第一章で言及しており、ここでは触れられない。

(9) 帝国等族に関わる宗教問題関連規定については、次々章で論じられる。

(10) IPO, VIII, 1 (IPM, 62): "*Ut autem provisum sit, ne posthac in statu politico controversiae suboriantur, omnes et singuli electores, principes et status Imperii Romani in antiquis suis iuribus, praerogativis, libertate, privilegiis libero iuris territorialis tam in ecclesiasticis quam politicis exercitio, ditionibus, regalibus horumque omnium possessione vigore huius transactionis ita stabiliti firmatique sunto, ut a nullo unquam sub quocunque praetextu de facto turbari possint vel debeant.*"

(11) IPO, VIII, 2 (IPM, 63): "*Gaudeant sine contradictione iure suffragii in omnibus deliberationibus super negociis Imperii, praesertim ubi leges ferendae vel interpretandae, bellum decernendum, tributa indicenda, delectus aut hospitationes militum instituendae, nova munimenta intra statuum ditiones exstruenda nomine publico veterave firmanda praesidiis nec non ubi pax aut foedera facienda aliave eiusmodi negotia peragenda fuerint. Nihil horum aut quicquam simile posthac unquam fiat vel admittatur nisi de comitiali liberoque omnium Imperii statuum suffragio et consensu. Cumprimis vero jus faciendi inter se et cum exteris foedera pro sua cuiusque conservatione ac securitate singulis statibus perpetuo liberum esto, ita tamen, ne eiusmodi foedera sint contra Imperatorem et Imperium pacemque eius publicam vel hanc inprimis transactionem fiantque salvo per omnia iuramento, quo quisque Imperatori et Imperio obstrictus est.*"

尚、拙訳中の「同盟条約」の原語は"*foedus*"であり、この語の訳語としては、「同盟」・「条約」・「盟約」・「同盟条約」等が考えられる。このように"*foedus*"が多義的であることの理由は、「盟約」や「同盟条約」という形式には、常に「同盟」という実体が付着しており、事実上これらの概念は一致していたことに由来するものと推測される。本書では通常これに「同盟条約」、それを締結する権利について「同盟権」という語を充てることとする。

(12) IPO, VIII, 3 (IPM, 64): "Habeantur autem comitia Imperii intra sex menses a dato ratificatae pacis, postea vero, quoties id publica utilitas aut necessitas postulaverit. In proximis vero comitiis emendentur inprimis anteriorum conventuum defectus, ac tum quoque de electione Romanorum regum, certa constantique Caesarea capitulatione concipienda, de modo et ordine in declarando uno vel altero statu in bannum Imperii praeter eum, qui alias in constitutionibus Imperii descriptus est, tenendo, redintegrandis

circulis , renovanda *matricula reducendis statibus exemptis, moderatione et remissione Imperii collectarum, reformatione politiae et institiae, taxae sportularum in iudicio camerali, ordinariis deputatis ad modum et utilitatem reipublicae rite formandis, legitimo munere directorum in Imperii collegis et similibus negotis, quae hic expediri nequiverant, ex communi statuum consensu agatur et statuatur.*”

尚、拙訳中にある「帝国台帳」(*matricula*: Reichsmatrikel) とは、帝国等族構成員が帝国のためにする諸給付の際の基礎とされた台帳のことである。帝国租税の徴収は帝国等族の任務とされており、一四二二年に最初の帝国台帳が制定された。一六四八年の時点で納税方式の基礎とされた台帳は一五二一年の通称「ヴォルムス台帳」(Wormser Matrikel) であったが、その台帳は個々の帝国等族の経済的負担能力が殆ど考慮されておらず、極めて不正確且つ不公平なものであった。そのためしばしばその改定が試みられたが成功せず、改定が加えられないままビスマルクの時代においても用いられた。また、この台帳では帝国等族や諸都市に確定数の割当軍が課されていたために、帝国軍制との関連を有したが、後に軍隊の割当が金銭代納となり、帝国軍隊は等族税に転化してしまう。以上については、次の文献を参照した。Conrad (1966), 122–123: Mitteis (1988), 240 *et* 354. また、一五二一年のヴォルムス台帳は、次の文献に収められている。*Zeumer* (1913), 313–317.

(13) 尚、IPO第八条には更に第四・五項（IPM第六五・六六条）がある。第四項は自由帝国都市についての規定であり、次章で論じられる。また、第五項は「戦争の惨禍のために資産を喪失し、或いは利息の過大な増大に苦しむ債務者に対する訴権の行使が、適正に制限され、それにより生ずるより大きな損害と公共の安寧に対する害悪を防ぎ得る、何らかの衡平且つ妥当な論拠 (*ratio*) 及び方法 (*modus*) を模索することに関しては、今後の［帝国］議会に提案され、一定の勅法中に採り入れられ得るような、帝国宮内法院及び帝国最高法院の決定及び助言が行われるよう、皇帝陛下が配慮するであろう」(但書部分は省略) との規定である。

(14) IPO第一七条第七項（IPM第一一六条第二・三文）の条文については、前章註 (29) を見よ。

(15) 尚、ここで認められた同盟条約締結権に基づく同盟条約は、既に確認されたように、皇帝・帝国及び公共の平和（ラントフリーデ）、更にウェストファリア条約に反するものではなく、また皇帝に対して負っている誓約を害してはならないことが条件とされており、形式的には皇帝の優越的地位は維持されているとも言い得る。しかしながら、その実効性は疑問視され得ることも確かである。この点については、本章第三節㈠を見よ。

(16) Rieder (1984), 40-41.

(17) この点については一六五八年のレーオポルト一世の選挙協約において確認されているという。Frensdorff (1897), 141-142.

(18) ＩＰＯ第一〇条第一項については、前章第一節㈠１及び註（４）を見よ。

(19) ＩＰＯ第一一条第一項は、次のように規定している。「……両王国［即ち、帝国及びスウェーデン］及び帝国等族による講和が協定され、批准されたときに直ちに、帝国等族、特に関係者の同意に基づき神聖なる皇帝陛下より、ハルバーシュタット司教領、並びにいかなる名称によるものであれ例外なくその聖俗両界の全ての権利・特権・レガーリエン・領地・財産が、［ブランデンブルク選帝侯及びその継承者に対して］永久直属封土として譲渡される。」

(20) 尚、この領域移譲に際して、ブランデンブルク選帝侯は瑞女王に移譲された領域についての請求権等を放棄することとされている（ＩＰＯ第一〇条第五項）。この場合、「皇帝陛下」が瑞女王に対してそれらの領域を付与する（同第一項）のであり、その際に、同選帝侯が当該領域に対する請求権等を放棄するという形式になっている。つまり、ここでも女王と選帝侯との間での直接的な法的関係は形式的には存在しないのであって、帝国の「対外的」問題の処理は皇帝が行うという論理が妥当している。

(21) Planitz (1971), 267. ミッタイスによれば、一四九五年のヴォルムス帝国議会での諸立法により皇帝の「権力の完全性」は失われたという。Mitteis (1988), 340.

(22) Schröder, P. (1999), 977.

(23) 皇帝と帝国等族間の権力闘争とそれに伴う皇帝の権利の消長についての評価は、極めて困難な問題であり、また実際に、論者によりその評価は異なる。その原因は、どのような（具体的）権利に着目して評価するかという点が、一定していないことにあるものと思われる。例えば、プラーニッツは「皇帝の権利は絶えずその効力を減少しつつあった」(Planitz (1971), 267.) としているのに対して、ディックマンは「皇帝と帝国等族との間の永続的闘争の振り子の往復」(Dickmann (1965), 15.) という表現を用いて、プラハ和議以前まで帝権が単純に縮減していったのではないものと見ている。このような相異が発生する原因は、前者が名目的に皇帝に帰属した権利に着目しているのに対して、後者が後述する帝国法の解釈権の実質的な意味等を考慮し、名目的な権利よりもむしろ実態に重きを置いていることにあるものと推測される。

また、この問題を考察する際に、帝国等族に対する権力闘争を展開するためには皇帝が自己の直轄領における自らの地歩を確乎たるものとすることも当然必要とされたものと考えられることから、皇帝によるハプスブルク領の支配の実態についても考慮すべきであろう。この点において、三十年戦争中に皇帝フェルディナント二世が君主制的統治形態をハプスブルク領内で進めたことは、重要な意義があったものと評価できよう。（この問題に関しては、次の文献を見よ。Bireley (1991), 226–240. バイアリーは、フェルディナント二世がハプスブルク領を統一的な支配の下に置くよう試みたことから、彼を「ハプスブルク君主制の創設者」としている。）

（24）Planitz (1971), 267.

（25）一例として、次の文献を見よ。Buschmann (1993), 44–46.

（26）Dickmann (1965), 10.

（27）Buschmann (1993), 44–45.

（28）Hartung (1969), 19. 尚、この時に導入されたのが帝国台帳 (Reichsmatrikel) である。この帝国台帳の提供兵員数査定の基礎としての欠陥等について、本章前註（12）を見よ。

（29）*Du Mont*, VI, i, 88–99. プラハ和議については、前々章註（4）を見よ。

（30）*Du Mont*, VI, i, 96–97.

（31）プラハ和議における皇帝軍の導入に至る三十年戦争中の経緯は、次の通りである。

先ず、皇帝フェルディナント二世は、フリートラント公ヴァレンシュタイン (Albrecht Eusebius Wenzel von Wallenstein) を最高司令官とする。ヴァレンシュタインは、その最初の司令官在任中（一六二五年から三〇年）に強力な軍隊組織の構築に成功し、これにより皇帝は戦争の遂行をカトリック派諸侯の好意に依存するという状態から脱することになった。そして、皇帝は、全ての帝国等族に対して同盟締結を禁止し、また、皇帝の承認を得ずに自己の軍隊を保持する古来の権利（武装権）について異議を唱えた。これに対して、諸侯は皇帝権力の増大を警戒し、バイエルン選帝侯の指導の下にヴァレンシュタインの解任、皇帝軍の縮小、並びに皇帝の軍指揮及び外交政策に対する帝国等族のコントロールを要求する（一六三〇年）。皇帝はヴァレンシュタインを解任したが、その後戦況が皇帝側に不利に展開するのに伴い、彼に再び皇帝軍の指揮を委ねる（一六三二年）。しかし、彼の復帰とその後の戦勝は、諸侯、更には皇帝の羨望と警戒を招き、最終的にヴァレンシュタインは暗殺される（一六三四年）。それでも、その後も皇帝は、皇帝軍設置計画（そして、皇帝自身のみによる武装権保持の主張）を堅持しており、遂に一六三五年のプラハ和議において皇帝軍設置実現のための法的基礎を獲得するのである。（但し、後述のように、その設置は実現しないままに、ウェストファリア講和会議開催を迎える。）以上の経緯については、次の文献を見よ。Conrad (1966), 124: Rieder (1984), 69: Hartung (1969), 30–34.

(32) Götschmann (1993), 274.

(33) Planitz (1971), 195–197. これらの同盟の根本には一一・一二世紀において各都市の市民が自らの都市領主に対抗して結成したアイヌンク (Einung) があり、それは更に中世の誓約共同体 (*conjuratio*) に発するとされる。

(34) 都市同盟に関しては、次章第一節(二)3を見よ。

(35) *Du Mont*, I, ii, 168.

(36) *Du Mont*, II, ii, 178–180. Hartung (1969), 11–12.

(37) シュマルカルデン同盟は、皇帝カール五世のプロテスタント派教徒圧迫に対して、ドイツのプロテスタント派諸侯・諸都市が、テューリンゲンの小都市シュマルカルデンにおける一五三〇年一二月三一日付の暫定決議 (Praeliminar-Recess der Schmalcaldischen Vereinigten) (*Du Mont*, IV, ii, 75–76.) に基づき、翌年二月二七日付で正式に結成した同盟 (*Du Mont*, IV, ii, 78–79.) のことである。この同盟の中心には、ザクセン選帝侯やブラオンシュヴァイク公が存在した。

(38) *Du Mont*, V, ii, 118–119. カトリック連盟は、一六〇八年に結成されたプロテスタント連合 (Union) に対抗する目的で、その翌年の七月にバイエルン公マキシミリアン一世の指導の下で、カトリック派諸侯・諸都市により結ばれた同盟である。その軍隊の指揮官が、著名なティリー (Johann Tserclaes, Reichsgraf von Tilly) であった。カトリック連盟は、三十年戦争では皇帝側に立って参戦し、プロテスタント連合を圧倒したが、ヴァレンシュタインが皇帝軍総指令官に就任すると、その役割は消極的なものとなり、戦争終結前に解散した。（*Zaphy* (1980), 62–63:『キリスト教大事典』、一一二六頁。）尚、プロテスタント連合は、一六〇八年にドイツのプロテスタント諸侯がプファルツ選帝侯フリートリヒ五世の下に結成した同盟である。イギリス及びオランダと同盟し、プロテスタント勢力の拡大に努めたが、ボヘミア国王位を巡る紛争で、カトリック連盟に敗れて衰退し、結局一六二一年五月に解散した。Parker (1984), 27–28, 31–32 *et* 64:『キリスト教大事典』、一三〇頁。

(39) *Du Mont*, V, ii, 637–639 (Supplement).

(40) *Du Mont*, V, ii, 226–231.

(41) ここに挙げたシュマルカルデン同盟以下の諸事例に含まれるものの多くは、何れも宗教的対立を背景にした、同教派諸侯間で結成されたものである。それゆえに、宗教問題独自の性格を読み取るべきであり、通常の同盟関係とは異なるものとすべきであるとの批判があるかもしれない。しかし、三十年戦争の発端がまさにそうであったように、当時の社会状況においては、宗教問題は直ちに政治問題化し、政治問題は軍事問題化するという事実を考えるとき、それら諸同盟を軍事同盟として評価し得ないとすることは正しくないであろう。また、近年のドイツ史研究においては、近世前期を„Konfessionalisierung“(「教派(宗派)体制化」、「信仰統一化」、「信仰告白体制化」等々の訳語が使用されている。)の時代として捉え、特定の教派に依拠した国家形成がこの時代に進行したと理解される傾向にある。このような理解に立つならば、前記の諸同盟形成における宗教・政治・軍事の各側面の分離は不可能であるとする方がむしろ当然であろう。„Konfessionalisierung“(特に、その国家間関係との関連における議論)に関して、次の文献を見よ。Schilling (1993): Schilling (2000).

(42) *Du Mont*, V, ii, 611–612. この同盟条約は、三十年戦争中にスウェーデンと帝国等族間で締結された最初の事例と思われる。

(43) *Du Mont*, VI, i, 50–52. この同盟には、翌三四年二月に瑞宰相オクセンシェルナの働きかけによってニーダーザクセン＝クライス諸侯が参加したようである。*Du Mont*, VI, i, 58–60.

(44) *Du Mont*, VI, i, 14. フランスはブランデンブルク選帝侯との間でも一六三三年二月に同盟関係に入っている。*Du Mont*, VI, i, 44–46.

(45) *Du Mont*, VI, i, 33–35.

(46) 更に、一六三四年八月にはフィリプスブルク(要塞)の管理に関する仏・瑞及びプロテスタント派等族間の条約が締結されている。*Du Mont*, VI, i, 74–75.

(47) このラントフリーデの規定に関しては、次章第一節(二)3で触れられる。

(48) 金印勅書第一五条 (*De conspiracionibus*)、ニュルンベルク＝ラントフリーデ第一九条、「平和と法の司掌」第七条。（各々のテキストは、*Zeumer* (1913), 205, 219 *et* 292 に収められている。）また、一三世紀前半に纏められたザクセンシュピーゲル (Sachsenspiegel) にも同様の規定が見られるという。Böckenförde (1969), 456–457.

(49) *Du Mont*, VI, i, 97.

(50) 但し、プラハ和議による帝国等族の同盟の全面的禁止という解釈には異論もある。次の文献を見よ。Repgen (1998, a), 360.

(51) Böckenförde (1969), 466.

(52) *Du Mont*, VI, i, 126–127. 両者間にはその四年前に（既述の）同盟条約が存在していたことを考慮するならば、プラハ和議が両者間の同盟関係に実質的な影響を与えなかったものと思われる。

(53) *Du Mont*, VI, i, 128–129.

(54) *Du Mont*, VI, i, 178–180. ヘッセン方伯ヴィルヘルム五世は一六三七年に急逝している。（*Croxton et Tischer* (2002), 9 *et* 125.）このため、同方伯夫人による同盟の更新が行われたものと推測される。

(55) *Du Mont*, VI, i, 187–188.

(56) ゲッチュマンは明確に、プラハ和議において皇帝が意図した帝国等族の同盟禁止と皇帝軍創設（武装権の独占）の何れも実現されることはなかった、とする。Götschmann (1993), 274.

(57) 外交史・国際政治史分野の研究書では、帝国等族の同盟権がウェストファリア条約において初めて承認されたとする理解が一般的であるように思われる。例えば、類書の中では比較的詳細に同条約を分析しているホルスティの著作では、ＩＰＭ第六五条（本書では第六三条）の全文が引用された後に、次のように述べられている。「この一箇条を通じて、欧州における国際関係のパターンが徹底的に変更された。即ち、三〇〇を超える政治体が今や対外的活動を行う（同盟を結ぶ）資格を与えられ、また神聖ローマ皇帝は帝国の個別の構成員の同意なくしては対外政策実施において武力を使用できなくなったのである。」(Holsti (1991), 35.) しかし、同条約以前の実態を考慮するならば、このような評価は正しくないと判断されるのである。

(58) プラハ和議における帝国を専制政体に改変する旨の皇帝の意図と皇帝軍の実態等について、次の文献を見よ。Haan (1968), 297–345.

（59）Götschmann (1993), 274–275.

（60）武装権（*jus armorum*）についての明示的言及がないことについて、エーストライヒは次のような解釈を加えている。「このことは、どれほどフランスとスウェーデンが帝国等族の外交的自由と能動的・受動的使節権のみに価値を置いたかを示唆している。」Oestreich (1969), 240.

（61）モーザーはこの制約を強調しているように思われる。Moser (1772), 282.

（62）Hill (1906), 603. またヌスバオムもこの制限について、「強制し難い」と評価している。Nussbaum (1958), 115–116.

（63）一八世紀にはこの同盟権の性格を巡って活発な議論が展開されたが、結局はその結論を見ないままに帝国は終末を迎えてしまったという。Rieder (1984), 70: Böckenförde (1969), 472.

（64）Schröder, P. (1999), 979.

（65）講和交渉の過程において、皇帝は帝国等族に対してこれらの事柄についての同意権を付与することに当初強い抵抗を示した。しかし、最重要事項である宣戦と講和の権利（*jus belli ac pacis*: 戦争と平和の権利）に関する同意権について、結局一六四五年八月二九日に譲歩するところとなった。そして、この日が、講和条約作成にとっての決定的な日となったという。Parker (1984), 174.

（66）Merzbacher (1967), 148. この点に関して、メルツバッハーによれば、ウェストファリア条約の同時代人であるフリッチュ（Ahasver Fritsch (1629–1701)）も、新法の制定、現行法の補充、削除、廃止について皇帝権力を制約する帝国等族の協働が必要であったことを記しているという。Merzbacher (1967), 148.

（67）パッサウ和議及びアウクスブルク宗教和議については、次々章で触れられる。

（68）Dickmann (1965), 16–17.

（69）但し、この点に関連して、ディックマンは次のような指摘も行っている。「身分制的秩序が機能した間は差し当たって殆ど意味を持たなかったものの、それが動揺した際には重大な利点を示した重要な皇帝の権限もまたその下に留まり続けた。即ち、直ちに帝国議会を招集し、同議会に対して議事日程を提示し、法案を提出することを、皇帝は行い得たのである。つまりは、一人皇帝のみが帝国の立法についてのイニシアチブを有したのであった。」Dickmann (1965), 16.

(70) 但し、帝国による講和に対する帝国等族の同意権については、一六三六年の選挙協約まで特に規定した文書はなかったとされており (Rieder (1984), 43.)、明文の根拠規定については問題がある。

(71) Rieder (1984), 35–36.

(72) カール五世の選挙協約のテキストは、次の文献に収められている。*Zeumer* (1913), 309–313.

(73) Rieder (1984), 36–37.

(74) 同意権が帝国等族一般に拡大されるという点からすれば、これは単に皇帝対帝国等族というだけでなく、選帝侯対その他の帝国等族という図式での権利を巡る闘争であったとも言えよう。Rieder (1984), 43.

(75) Mitteis (1988), 354.

(76) Mitteis (1988), 353–354.

(77) Planitz (1971), 175–176.

(78) Planitz (1971), 267–268.

(79) Planitz (1971), 267: Mitteis (1988), 346.

(80) 前々章第二節、註（75）及び（76）を見よ。

(81) 一六九二年に加わるのはハノーファー選帝侯であり、一八〇三年にはケルン・マインツ・トリーアの三選帝侯が資格を喪失し、ザルツブルク・ヴュルテンベルク・バーデン・ヘッセン＝カッセルが選帝侯位を獲得する。Mitteis (1988), 346–347.

(82) Willoweit (2005), 148.

(83) Planitz (1971), 268.

(84) Rieder (1984), 45.

(85) 本書において *"jus territoriale"* の邦訳語として使用されている「領域権」という語は、従来使用されてきた訳語とは異なるものであり、勿論定訳ではない。この語を選択した理由は次の通りである。

"jus territoriale" の訳語としては「主権」(Sovereignty: Souveränität)、「領域主権」、「ランデスホーハイト」(Landeshoheit:「領邦高権」)、「領邦権力」、「領邦権」が考えられる。しかし、次のような事情から、それらは何れも本書における使用には適さな

いものと考えられる。

先ず、前二者については、（本書「序論」においても触れられたように）「主権」という観念が入り込むことによって、（本章における主題の一つは、*“jus territoriale”*が「主権」とどのように異なるものであるかを明らかにすることにあるのであるから）それ自体が予断を与え、また誤解を招く原因となるため、それらを使用することは（少なくとも当面は）回避されなければならない。

「ランデスホーハイト」については、例えば、ブッシュマンによるウェストファリア条約のドイツ語訳 (Buschmann (1984), 285–402.) では、*“jus territoriale”*（ＩＰＯ第八条第一項）及び*“territorii jus”*（同第一四条第一項）に対して共に„Landeshoheit“が当てられている。しかし、本章後註（88）で触れられているように、ブッシュマンは„Landeshoheit“を他の言葉、例えば*“jus superioritatis”*の訳語としても使用しており、彼の用語法は一貫しているとは思われない。このような事情を勘案した場合、*“jus territoriale”*を単純に„Landeshoheit“とすることにも躊躇せざるを得ないのである。勿論、„Landeshoheit“を採用するならば（その邦訳語としては「領邦高権」が有力な候補として挙げられる。）、「主権」とは異なるものであることが理解される点で有益である。しかし、その場合にはその語の定義とウェストファリア条約における*“jus territoriale”*の意義が合致するものであるのか否かの検証が必要となる。そして、その場合に最大の問題点に逢着することになる。即ち、本節で後述するように、„Landeshoheit“自体があまりに多義的であるという点である。

「領邦権力」は近年の邦語専門文献において一般的に使用されているように思われる。（神寶 (1994)、皆川 (2005) 等を見よ。）しかし、「権力」という語を法文書（ウェストファリア条約）中で使用されている*“jus”*の邦訳語とすることには躊躇せざるを得ない。それに比して、「領邦権」は「領邦権力」が内包する問題点を回避することができる。しかも、*“territorium”*を„Land“、即ち「領邦」とする点で内容的により正確であるように思われる。しかしながら、この訳語もまた、それを「領邦」の権利であると断定することによって、それが（近代国家が有する）「主権」とは異なるという、（「主権」の場合とは反対の）予断を与えるという点で問題が発生するであろう。（勿論、本書の結論からすれば、この訳語が最適であるとも言えるのであるが。）

そこで本書においては、一応「条文に即して」原語である*“jus territoriale”*の直訳に最も近いと思われる「領域権」という訳語を使用することとしたのである。（因みに、CTS に採録されている英語版では、*“jus territoriale”*及び*“territorii jus”*について、各々“territorial Right”と“the Right of Territory”とされている。また、Gagliardo (1991), 13においては、„Landeshoheit“の英訳語として“territorial lordship”が恐らく最適であろうとされている。）

（86）その対概念としては*“utile dominium”*が用いられている。（ＩＰＯ第三条第二項）

（87）この他、「完全な占有及び使用の権利」(*plenum jus possidendum et fruendum*)（ＩＰＯ第一一条第九項）、「自由及び占有」(*libertas et possessio*)（ＩＰＭ第八七条）等も使用されている。

（88）個別的権利の名称を並列させる規定の例としては、「全ての権利・所有権・支配権・占有・管轄権」(*omnia jura, proprietates, dominia, possessiones ac jurisdictiones*)（ＩＰＭ第七三条）、或いは「所有権、何れの形態の管轄権、全ての占有……［中略］……権利・レガーリエン」(*proprietas omnimoda jurisdictio, possessio omniaque....jura, regalia*)（ＩＰＭ第七七条）が挙げられる。同様に、本文で用いたＩＰＯ第八条第一項（ＩＰＭ第六二条）においても、諸権利が列挙されている。因みに、ブッシュマンによる独訳(*Buschmann* (1984))では、その最も基本になる*“proprietas”*と*“dominium”*に各々„Eigentum“と„Herrschaft“という訳語が当てられている。

尚、ブッシュマンによるラテン語からの独訳語は必ずしも統一されていない点も指摘されるべきであろう。例えば、*“jus superioritatis”*の訳語として、„Landesherriche Rechte“（ＩＰＯ第一三条第八項、第一五条第六項）、„Hoheitsrechte“（同第一六条第一八項）、„Landeshoheit“（ＩＰＭ第七〇・七二条）、及び„Landesherrschaft“（ＩＰＭ第九六条）が用いられており、これらについての厳密な訳し分けは行われていないものと思われる。尚、*“jus superioritatis”*以外については、例えば、*“directum dominium”*（ＩＰＯ第三条第二項）及び*“jus directi dominii”*（ＩＰＭ第七二条）は共に„Obereigentum“、それに対して*“supremum dominium”*は„Oberherrschaft“とされている。また、*“sublime territorii jus”*には、*“jus superioritatis”*と同様に„Landeshoheit“が充てられている。

（89）*Hoppe* (1958), 598.

（90）成瀬(1979)、一六八–一六九頁。

（91）Hugo (1689), 52. これに類似した表現は、Reinkingk (1651), 561に次のように登場する。“*...cum et nomen et res* der Fürstlichen Landes Obrigkeit und Oberherrlichkeit *nec legibus expressa, nec usu juris satis definita aut certis limitibus circumscripta* *reperiatur, adeoque juri nostro scripto incognita, et solis moribus introducta, varieque usurpata…"*

（92） *Geschichtliche Grundbegriffe*, V, 403. 尚、*Geschichtliche Grundbegriffe* では、L. Hugo, *De statu regionum Germaniae, et regimine principum*, in Ahasver Fritsch (ed.), *Exercitationum variarum iuris publici*, Tl. III (Rudolstadt, 1670) の一九頁以下に依拠しているが、筆者（明石）は Hugo (1689) に依拠した。

（93） *Geschichtliche Grundbegriffe*, V, 402. 例えば、一七世紀中葉のラインキンクの著作では、「帝国の君主の後に至高の権利は、皇帝の上位支配権と領邦の上位支配権に区別されている、と私は論じた」(*Dixi autem, esse jus summi post Principem imperii, tum ad differentiam imperialis et territorialis superioritatis.*) とされている。Reinkingk (1651), 561. 尚、*"superioritas territorialis"* に対しては「領邦優位権」という訳語が神寶により使用されている。例えば、神寶 (1994)、一四五頁を見よ。

（94） Quaritsch (1986), 81–82.

（95） A. Knichen, *De sublimi et regio territorii iure, synoptica tractatio, in qua principum Germaniae regalia territorio subnixa, vulgo Landes Obrigkeit indigitata, nuspiam antehac digesta, luculenter explicantur"* (Frankfurt am Main, 1600). ヴィロヴァイトによれば、クニッヘンは一六〇〇年以降もこの著作の改訂増補を継続し、一六二二年版が彼自身の手による最後の改訂版となっており、彼の没後には別の編者による版が公刊されているという。(Willoweit (1975), 121, Anm. (1).) 本書執筆に際しては一六〇三年版 (Knichen (1603)) 及び最終版となった一六八八年版（クレンベルク (Christian Kremberg) 版）(Knichen (1688)) を参照した。尚、一六〇三年版が本文一九五頁であるのに対して、一六八八年版では八〇二頁となっており、（版型の相異から単純な量的比較はできないが）大幅な増補が行われている。

（96） Willoweit (1975), 121.

（97） *"…jus territorii vero perhibetur superioritas Principibus sublimi et regia jurisdictionis lege sub nomine et qualitate* der Landes Obrigkeit *ordinario et proprio marte concessa."* Knichen (1688), 168.（尚、この引用文については、次の文献も見よ。Willoweit (1975), 123.）類似の表現は、Knichen (1688), 189 においても次のように登場する。*"Diximus sublimi et regia jurisdictionis lege concedi jura superioritatis sub nomine et qualitate* Landes=Obrigkeit.*"* 尚、ここでの拙訳中で *"jurisdictio"* は「裁治権」としているが、これは神寶 (1994) やその他の日本のドイツ史研究者による定訳（例えば、次章註（30）を見よ。）に従っている。本書中の

他の箇所における拙訳では、„*jurisdictio*"を「管轄権」としている。

(98) 神寶(1994)、一四一–一四二頁。

(99) Quaritsch (1986), 79.

(100) 神寶(1994)、一四二頁。但し、引用中の傍点は原文のまま。

(101) Willoweit (1975), 125. クヴァーリッチは、帝国内の学者や外交官が領邦権力の定義付けを行う際に、一七世紀には„*superioritas territorialis*"を、そして一八世紀には„Landeshoheit"を用いたとしている。Quaritsch (1986), 79.

(102) Willoweit (1975), 127–128.

(103) 例えば、ヴィロヴァイトは一六一九年の著作を挙げている。Willoweit (1975), 124.

(104) 前々章註(27)を見よ。

(105) レープゲンによれば、「最高所有権」(*supremi dominii ius*)という表現の使用は、条約交渉過程において仏側が„Landeshoheit"と„souveraineté"の言い換えを意図して主張したものとされている。(Repgen (1999), 431.) しかし、本章で論じられているように、„Landeshoheit"と„Souveraineté"の互換的使用は原理的に不可能であったであろう。

(106) 以上の二つの理由の存在は、「神話」がIPO第八条第一項(IPM第六二条)のみを見る者によって生み出されたことを示唆していると言えよう。

(107) 「主要提案」については、第一部第一章第一節(二)2を見よ。

(108) *APW* (Meiern), I, 444. 尚、この項目のラテン語訳の中では„*jura souverenitatis vel supremitatis*"という文言が使用されている。*APW* (Meiern), I, 447.

(109) Quaritsch (1986), 82–84. また、ボーラックは、IPO第八条の起草過程においてフランスが一六四五年六月一一日に行った提案では、「主権」(souveraineté)の言葉を含む形式での条文が企図されていたのであり、その点では「ミュンスター条約の妥協的な規定である第六五条[本書では第六三条]は、神聖ローマ帝国の側の勝利を構成したと主張され得る」としている。Beaulac (2000), 167–168, n.118.

(110) Braun, G. (1999), 283–284.『ガゼット』誌発刊の背景や発行部数、更には一七六一年に外務省の管轄下に入るまでの同誌の経営者の変遷等については、森原 (1988)、一二一―一四四頁を見よ。

(111) Braun, G. (1999), 288–291. 引用文中の仏語の綴りは Braun, G. (1999) による。

(112) Braun, G. (1996), 142. ウェストファリア条約の仏語訳版の中で、ＩＰＯ第一三条第八項の *"jura superioritatis"* が "droits de souveraineté" とされているのは、一六八四年公刊の Jean Heiss によるもの（この版が現在に至るまで権威を有するという）と、一七五一年から一七五四年の間に公刊された Christian-Louis Scheidt によるものにおいてであるという。(Braun, G. (1996), 136, 140 *et* 142.) 尚、ＩＰＯとＩＰＭ各々の全文の仏語訳版は、一六五一年から一七七五年の間に少なくとも、前者が一三版、後者が二三版上梓されているという。更に、抄訳版が、一六四八年から一六五〇年の間だけでも、各々三版及び七版存在しているとされる。(Braun, G. (1996), 131–132.)

(113) *Croxton et Tischer* (2002), 159–160.

(114) Oestreich (1969), 240.

(115) ベッケンフェルデは、この点について積極的評価を下している。即ち、彼は、帝国等族の個別的諸権利と並んで、「領域高権」(Territorialhoheit) という統一的支配権が承認されたのは、ウェストファリア条約が初めてのことであるとしているのである。Böckenförde (1969), 473.

(116) ＩＰＯ第一七条第八項（ＩＰＭ第一一七条）は次の通りである。「更に、公共の平和［ラントフリーデ］がよりよく保全され得るよう、帝国クライスが復興されるものとし、また何処からか混乱又は動乱の何らかの糸口が現れ出る場合には、直ちに公共の平和の実施及び保全に関する帝国勅法に規定されている措置が執られるものとする。」

(117) ＩＰＯ第一六条第二項（ＩＰＭ第一〇〇条）のこの引用部分中では、"...*tam directoribus* (außschreibenden fürsten), *quam praefectis militiae circularis* (cräiß-obristen)..." というように、独語が併記されている。

(118) スウェーデン軍の軍役解除に関しては、第二部第一章第二節㈡で論じられる。

(119) この規定は、ブルグントクライスに西領ネーデルラント、更にはスペインとの関係が緊密であったフランシュ＝コムテが含まれ、しかも両国間の戦争が継続中であるという事情により設けられたものと推測される。

(120) *Zeumer* (1913), 297–307.

(121) 帝国を複数の区域に分割し一定の権能を委ねるという制度は、一三八三年のニュルンベルク＝ラントフリーデ中にその嚆矢を見出し得る。（そこでは帝国を四地域に分割することが規定された。）それ以降、一四一五年の皇帝（ジギスムント）の帝国改革草案、一四二七年のフランクフルト帝国議会、一四三八年のラントフリーデ草案及び一四八六年の皇帝（マキシミリアン）の帝国改革草案等々において、帝国クライス制度導入が試みられている。(Mohnhaupt (1975), 5–6.) したがって、帝国クライス制度導入は一五〇〇年になって初めて議論の対象となった問題ではなく、一四世紀後半以来帝国国制の問題として検討されていたと言える。尚、一三八〇年代以降の帝国クライス導入の企図に関しては次の文献も見よ。Müller, J. (1914), 139–169. また、帝国クライス制度の成立過程については、山本 (1995)、四七–七二頁を見よ。

(122) クライス関連条項を含む一五一二年帝国最終決定の抜粋が次の文献に収められている。*Zeumer* (1913), 308.

(123) 発足当初の六帝国クライスはフランケン・バイエルン・シュヴァーベン・ライン（後に、オーバーライン）・ヴェストファーレン（後のニーダーライン＝ヴェストファーレン）・ザクセン（後のニーダーザクセン）であり、これらは「古クライス」(**die alten Kreise**) と呼ばれることがある。一五一二年の帝国最終決定では、一五〇〇年の段階ではクライス制度が導入されていなかったハプスブルク家及び選帝侯領について四クライス、即ち、クールライン・オーストリア・ブルグント・オーバーザクセンが割り振られ、合計一〇クライスとされている。更に、一五二一年のヴォルムス帝国議会ではこれら一〇クライスの再編が行われ、またそれと同時にラントフリーデの維持がその職務に加えられている。Mohnhaupt (1975), 6–7: Vann (1975), 21–22.

(124) 但し、帝国騎士は独自の騎士クライスに結集したため、終始帝国クライス制度の枠外に立ち続けた。Mitteis (1988), 357.

(125) 「帝国執行令」全般については、山本 (1995)、一七九–一九五頁を見よ。

(126) 帝国クライス制度がラントフリーデ実施を確保するための軍備の保持を内包したものであったことから、同制度の整備により帝国等族の武装を禁じていた皇帝の命令に対抗するための議論の余地のない法的根拠が付与されたとの評価がある。Menger (1988), 28.

(127) 帝国クライス制度導入の当初の目的は、帝国統治院 (Reichsregiment) の構成員選出にあった。そして、その他にも一定の帝国事務の執行が帝国クライスに委ねられたが、その当時には未だラントフリーデの維持・執行といった重要な権能は付与されていなかった。（一五一二年に皇帝（マキシミリアン）がそのような権能をクライスに与えようとしたが、失敗に終っている。）一五二一年のヴォルムス帝国議会では、クライスの改編が決定されると共に、ラントフリーデの保証及び執行がクライスに委ねられることとなった。翌年の帝国統治院宣言（*Zeumer* (1913), 327–327.）では、一〇クライスの編成と執行手続が規定されている。(Mohnhaupt (1975), 6–8: Mitteis (1988), 339 *et* 357–358.) また、帝国クライス制度全般については次の文献も参照した。Dotzauer (1989): 渋谷 (2000)、一五–二三頁。

(128) この対トルコ戦争におけるシュヴァーベン＝クライスの活動について、渋谷 (2000)、一〇九–一二五頁を見よ。

(129) Frotscher et Pieroth (2002), 51.

(130) 三〇年戦争中の帝国クライスの活動については、次の文献を見よ。Magen (1982): 山本 (1995)、二一六–二二〇頁。

(131) 四月一三日付。(*Du Mont*, VI, i, 50–52.) また、スウェーデンは、帝国騎士との同盟について、帝国等族とは別個の協定 (Neben-Recess) を四月一五日付で締結している。(*Du Mont*, VI, i, 52–54.) 翌年（二月一七日付）にはニーダーザクセン＝クライスの諸侯が参加している。(*Du Mont*, VI, i, 58–60.) 尚、ハイルブロン同盟に先立ち（四月九日付）スウェーデンはフランスとの同盟関係を確認する条約を締結している。(*Du Mont*, VI, i, 48–49.)

(132) アレティンは、一六四八年以前の帝国クライスを「見捨てられた、そして国制法上全く曖昧な存在を取り扱っていたに過ぎない」としている。Aretin (1975), 36.

(133) Magen (1982), 428.

(134) 渋谷 (2000)、二一二頁。山本は「[クライスが] 三〇年戦争においても多彩な活動を展開している」との評価を与えている。山本 (1995)、二一六–二一七頁。

(135) ヴィロヴァイトも帝国クライス（及びクライス間の同盟 (Kreisassoziation)）を帝国の統合に益する役割を担ったとの見解を示している。Willoweit (2005), 225–226.

(136) 渋谷も類似の解釈を示している。渋谷 (2000)、二一二頁。山本は、ウェストファリア条約及び一六五四年の「帝国最終決定」における帝国クライスに関する決定は「内容として目新しいものではなく、それは一五五五年以降の様々な場面でクライスが行ってきたことの再確認と言うことができる」としている。山本 (1995)、二二〇頁。

(137) „Polizei“は、近世においては、治安維持を含めた行政活動一般を意味したため、本書では「ポリツァイ」としている。この点についてはクレッシェル(1982)、一四〇四頁以下を見よ。また、ポリツァイ事項の具体例に関しては、次の文献に挙げられている。『西洋法制史料選』、七四-八八頁。

(138) この点も含めて、ウェストファリア条約以後の帝国クライス制度の展開については、第二部第二章第二節で論じられる。

(139) 但し、これが帝国全体の統一には直結するものではないことは、全クライス規模での協力にまでは至っていないことから理解されよう。また、クライス制度自身が中小領邦の独立確保の手段としての側面を有することも指摘されている。(Magen (1982), 460.) それでも、山本は「帝国等族は相互に協力することにより、帝国というまとまりを担ったのであり、そこにおいてはクライスが基本単位として機能した」として、クライス制度に対してより肯定的な評価を下している。(山本(1995)、二二一頁。)

(140) Mitteis (1988), 262.

(141) Rieder (1984), 51.

(142) Randelzhofer (1967), 193. この文脈において、ランデルツホーファーは、帝国等族がウェストファリア条約の「自由で、無制限の条約締結権を有する条約当事者(Vertragspartner)」であるとする見解に立っている。そのため、本章で挙げた同条約に規定された帝国等族に対する諸々の制約についても、「以前の統一的秩序の遺物であるか、或いは究極的には領邦の条約上の意思に基づいているのであり、したがって、領邦の独立を廃しているのではない」としている。この点に関しても、本書の問題意識からすれば、別の問題が提起されるべきであろう。即ち、仮に領邦の意思が自由であったとしても、それらの制約の一切の廃棄を諸々の領邦が欲した場合に、果たして、それが実際に可能であったか否かである。つまり、領邦の意思がどれほど貫徹され得たのかが、更に問題となり、その点の吟味が、領邦の主権的「近代国家」としての地位の確立を検討する際に必要となるのである。

(143) そして、「中小領邦の支配者によって、それらの利益のために、帝国法は尊重された」のであり、「[帝国法を]破ることは、一九世紀初頭まで神聖ローマ帝国の政治秩序において、西欧及び北欧の君主制国家(the national monarchies)とは根本的に異なった特異な政治組織の形態が維持されたという事実を変更するものではない」のである。Willoweit (1997), 123-124.

(144) クレッシェルは、「ドイツの各領邦君主が上位の裁判官に服していたこと——これこそが、他の何にも増して、かれらの最高権力を諸外国の君主の主権と異質のものたらしめたのである」としている。クレッシェル (1982)、一四一五頁。

(145) これはプファルツ問題に関して、ライン＝プファルツ伯カール＝ルートヴィヒ (*Carolus Ludovicus*) に対して課された義務である。

(146) 更に、ヴェルダン司教領の回復に関するＩＰＭ第七一条では、仏国王への「誠実の誓約」(*juramentum fidelitatis*) について触れられている。

(147) これらの同盟構築の必要性は、ウェストファリア講和会議の仏代表団宛の仏国王の「主要訓令」中に明示されている。*APW*, I, i, (Nr.5), 70–72.

(148) Dickmann (1998), 152.

(149) Lundkvist (1988), 225.

(150) Brunner (1973), 316.

(151) ウェストファリア条約以後の同盟権行使の実態については、第二部第二章第一節で触れられる。特に、「ライン同盟」を巡る事態の推移を見よ。

(152) Lundkvist (1988), 225. それでも「それらとスウェーデンとの同盟は決して私的契約ではなく、国際法上拘束力を有する国家間的同盟条約であった」とされている。

(153) 第二部第二章第一節㈢を見よ。

第四章

ウェストファリア条約における「都市」関連規定を巡る諸問題

はじめに

第一部第一章でも触れられたように、シュトラスブルク・レーゲンスブルク等の自由帝国都市(*libera Imperii civitas*)[1]がウェストファリア講和会議に代表を派遣し[2]、またウェストファリア条約への署名を行い、更に批准書も提出している[3]。

ウェストファリア講和会議への都市の何らかの形式での参加は、都市の側からするならば、ある程度の必然的な結果であったとも言える。なぜならば、三十年戦争中に諸都市は武器や戦費の調達のために交戦当事者から収奪を受けてきたのであり[4]、その賠償は実現され得ないものとしても、帝国国制の枠組内での自己の存在を維持するための方策は探られねばならず、そのためには講和会議への参加が不可欠であったと考えられるからである。

そして、ランガー(H. Langer)によるならば、ドイツ諸都市は「固有の『市民的』(bürgerlich)と表現され得る幾つかの本質的な共通点」に支配されていたのであり、その一つが、帝国を崩壊させないためには「帝国は最終的に講和を実現しなければならない」という点であり、これは(帝国直属であるか否かを問わず)諸都市が、(若干の変更を伴いつつも)三十年戦争前の比較的安定した帝国国制への回帰の中に自らの存続と営利の保証を見たことを意味したのである[5]。

しかし、それらの都市が、ウェストファリア条約の三主要当事者(皇帝・瑞女王・仏国王)と同一の当事者能力を有していたものとは考え難く、また、帝国の選帝侯や等族との関係においても同様である。なぜならば、帝国等族の場合と類似した事項を規律する規定であっても、それらとは別個の規定が自由帝国都市について設けられていることから、両者の法的地位が相異なるものであることが認識されていたものと推定されるからである。

このように、条約の作成交渉・署名・批准という行為がそれらの間の平等な法的地位の存在を予想させながら、実際には異なる法的地位が与えられるということは、近代国際法理論における法主体の認識とは異なる認識がウェストファリア条約当事者間に存在したことを窺わせる。そして、この相異がいかなるものであり、その原因が何にあるのかを考察することが、同条約により設定される帝国内及び帝国外の諸関係の特徴の明確化に繋がることが期待される。

また、ウェストファリア条約における都市の法的地位を巡る諸問題に関連して、別個に検討を要すると思われるものが「ハンザ諸都市」(*Civitates Anseaticae*) の取扱いである。「ハンザ諸都市」は同条約では皇帝側及びスウェーデン側の当事者（「含まれる」者）として明示的に挙げられている。(ＩＰＯ第一七条第一〇・一一項)[6] また、僅かではあるがハンザに明示的に言及する規定が存在し、また、都市関連規定の中にもハンザに適用可能と思われるものがある。

以上のようなウェストファリア条約における都市関連諸規定の存在を考慮し、以下では、先ず、都市を巡る同条約の規定の概要と特色を示し、それに基づいて同条約における都市の法的地位についての考察を行い、その後にハンザについて同様の作業を行うこととしたい。[7]

第一節　ウェストファリア条約における自由帝国都市

(一)　ウェストファリア条約における都市関連規定の概要と特色

1　概　要

ウェストファリア条約における都市関連規定は、その当該規定の名宛人という観点から見て、四種類に区分することが可能である。即ち、都市一般に共通する規定、自由帝国都市の法的地位を扱う規定、個別都市を名宛人とする規定、そして、「ハンザ」を対象とする規定である。以下ではこの分類に従って、同条約の都市関連規定の概要を紹介するが、ハンザに関しては次節で論じられるため、本節では扱わない。

都市一般に共通する規定としては、次のものが挙げられる。先ず、それらの中心的条文と考えられるものが、IPO第一六条第一八項（IPM第一〇九条第二文）である。同項では、先ず「一方又は他方の戦争当事者により占領又は占拠されたことが、現在又は将来において、何れの都市にとっても何らの不利益又は損失となるものではない」ことが確認された上で、「各々全て［の都市］は、各々全ての市民及び荘民と共に（*cum omnibus et singulis civibus et incolis*）、普遍的恩赦並びに本和議によるその他の恩恵を享受する」とされ、また「その他のことに関しては、この度の動乱以前に有した聖俗両界におけるその全ての権利及び特権は、元通り害されることなくそれらに帰属する」とされている。

この規定は、普遍的平和及び恩赦を命ずるIPO及びIPM各々の第一条及び第二条が、「神聖なる皇帝陛下、オーストリア王家、その全ての同盟者・支持者並びにそれら各々の相続人・継承者、就中カトリック［スペイン］国王、帝国の選帝侯・諸侯・等族を一方とし、神聖なるスウェーデン女王陛下及びスウェーデン王国、その全ての同盟者・支持者並びにそれら各々の相続人・継承者、就中極めてキリスト教的なる［フランス］国王、そして帝国の各々の選帝侯・諸侯・等族を他方とする」ものであって、都市や市民が明示的には含まれていないために、必要とされたものと解される。(8) 更に、この規定により、諸々の旧き権利・自由等が今後害されないことを確認する規定（IPO第八条第一項（IPM第六二条））も都市に適用されるであろうし、通行及び取引の復興のための諸措置（IPO第九条第一・二項（IPM第六七・六八条））や守備隊の退去に関する規定（IPO第一六条第一三項（IPM第一〇五条に相当））等の利益を得ることも認められることとなるであろう。

しかしながら、IPO第一六条第一八項（IPM第一〇九条第二文）には重大な但書が付されている。即ち、

「個々の領主に帰属する君主の権利並びにそれに基づく［諸権利］は、害されることはない」(*salvis tamen iuribus superioritatis cum inde dependentibus pro singulis quarumcunque dominis*) というものである。[9] これにより都市の上級領主（帝国直属資格を有する都市にとっては皇帝）の権利の優越が確保されることになると解される。

次に、自由帝国都市のみに適用される条文としては、ＩＰＯ第八条第四項（ＩＰＭ第六五条）が挙げられる。同項は次のように規定している。

「［帝国の］全体的並びに個別的議会において、自由帝国都市は他の帝国等族に劣らぬ議決権を有する。それら都市のレガーリエン・公課・毎年の所得・自由・徴発及び徴税の特権、そしてそれらから派生する他の諸権利で、皇帝及び帝国から適法に獲得されたもの、或いはこの度の動乱以前に長期の慣習により取得・占有・行使が為されていたものは、市壁内及び領域内の各種の管轄権と共に、有効且つ完全なものとして保持されるものとし、戦争中に何れかの口実により開始され、或いは他の方法により遂行されたか、また今後権利及び執行に関する従来の適法な手続なしに開始又は遂行され得る、報復・差押え・街道閉鎖その他の不利益を与える行為は、破棄され、無効とされ、更に将来にわたり禁止される。その他のことに関しては、全ての称賛すべき慣習、神聖ローマ帝国の勅法及び基本法が、今後誠実に遵守されるものとし、戦時中の不正により惹起された全ての混乱は除去される。[10]」

この規定では、「他の帝国等族に劣らぬ」(*non minus quam caeteris statibus Imperii*)「議決権」(*votum decisivum*)、適法に帝国・皇帝から獲得した特権等の有効性、戦争中に都市に加えられた不利益行為の破棄・無効等が確認されている。特に、「議決権」について付言するならば、立法・法解釈・宣戦・課税等々の帝国事務に関しての皇帝に対する帝国議会での「同意権」(*jus suffragii*) が帝国等族に認められている（ＩＰＯ第八条第二項（ＩＰＭ第六三条）」が、これと形式的には同様の権利が自由帝国都市に付与されることを意味する。(11) また、長期の慣習に基づく占有等は「市壁内及び領域内の各種の管轄権と共に」その有効性が確認されているが、これは帝国等族に認められた「聖俗両界における領域権（*jus territoriale*）の自由行使」（第八条第一項）と同様の性質を有し、自由帝国都市の支配領域における「領域権」が認められたものとも言えよう。(12)

また、ＩＰＯ第八条第四項（ＩＰＭ第六五条）と同様に、自由帝国都市にとって重要な意義を有すると考えられるのが、ＩＰＯ第五条第二九項（第一文）である。これは宗教問題の解決に関する条項の中に置かれているものであるが、そこには次のような規定が設けられている。即ち、「自由帝国都市は、各々全てが宗教和議及び本宣言においてのみならず、他のいかなる場合においても、帝国等族の名の下に疑いなく置かれていることにより……［宗教決定権について］……他のより上位の帝国等族と同一の権利を有する」(13) というものである。自由帝国都市が「帝国等族」に含まれるか否かという問題は、以前からその法的地位を巡って展開されてきた重大な問題であったが、この規定によって、これを肯定する決定が下されたとの解釈が可能となったのである。(14)

更に、以上の他にも、自由帝国都市の権利に関して規定すると解し得る条文が存在していることには留意する必要がある。(15)

最後に、個別都市に関する規定についてであるが、それらの中心となっているものは、ウェストファリア条約における領域移譲の対象となった都市の法的地位を確認する旨の規定である。そのような規定としては、次のものが挙げられる。先ず、同条約によりスウェーデンに移譲されることとなったヴィスマール市について、移譲後も同市の特権は「害されることはなく、その通商はスウェーデン王国の保護と好意により、全面的により一層促進される」（ＩＰＯ第一〇条第六項）とされている。同様に移譲されるブレーメン市については、「市とその領域及び臣民の聖俗両界における現在の地位・自由・権利・特権は、何ら害されることなく残される」（同第八項）

ことになっている。また、マグデブルク市は「九四〇年一月七日にオットー一世［大帝］により付与された」特権が皇帝により更新されること（IPO第一一条第八項）を保証され、フランスに移譲されるシュトラスブルク市やエルザスの諸都市についても、[16]「これまでに享受されてきたその自由及びローマ帝国直属資格の占有［という状態に］に留まること」を仏国王がそれらの諸都市に認める（IPM第八七条）こととされている。[17]これらの規定は、移譲の対象とされた都市が何れも帝国国制の枠内に留まることを確認しているといえよう。

以上の諸規定と異なる性格を有する個別都市を巡る規定としては、戦争中の特定の債務についてメックレンブルクの諸公と並び「ハンブルク市が、将来そのことにより提訴され得ることや義務を負うことがないよう、完全に無効なものとして破棄される」（IPO第一二条第四項）こと、エンシスハイム市参事会が負っている金銭債務をインスブルック大公と仏国王が分担して引き受ける（IPM第八三・八九条）ことといった、都市の債務問題に関する規定が挙げられる。その他にも、ツァベルン市の中立義務（同第八二条）に関する規定、そして、特に宗教問題と関連する、アウクスブルク他四都市の公職者の選定等に関する規定（IPO第五条第三項乃至第一二項）、及びオスナブリュック市の宗教に関する事柄が「一六二四年一月一日の状態が維持され、或いはその状態に復帰される」（同第一三条第四項）とする規定等が挙げられる。

2 特色

以上のウェストファリア条約中の都市関連規定を、特に前章で検討された帝国等族に関する規定との比較において考察すれば、次の諸点がその特色として指摘されよう。

第一に、諸々の当事者が、「普遍的恩赦並びに本和議によるその他の恩恵を享受する」とするIPO及びIPMの第一条の規定の中に、都市についての言及が為されていないこと自体が特色となる。これは、都市（自由帝国都市ですらも）が帝国等族とは基本的に異なる法的地位に置かれるべきことが講和会議交渉当事者の間で認識

されていたことを意味するものと思われる。(18)

第二に、（第一点とも関連し得るが）ウェストファリア条約において自由帝国都市が認められた諸権利は、帝国等族が認められた諸権利と比較した場合、より制限されたものであることが挙げられる。(19)　即ち、ＩＰＯ第八条第二項では、帝国等族の権利として、前述の皇帝に対する同意権の他に、等族相互間及び他国との同盟条約（*foedus*）の締結権が認められているのに対して、自由帝国都市にはこの権利が認められていないのである。(21)　それでも、「議決権」(22)については、形式上は帝国等族と同様の地位に立つように思われる。

最後に、個別の都市に関する規定は、他の帝国等族の領域の移譲・宗教問題の解決等の結果を受けてのものであり、付随的な性格を有しているに過ぎないことも挙げられよう。

それでは、以上の諸点は近代国家の形成や近代国際法の展開にとってどのような意義を有するのであろうか。この点を検討する前提的作業として、以下では一六四八年以前のドイツ都市の状況について考察することとしたい。それは、ウェストファリア条約を評価する際には、都市が有した自治権やその獲得の前提として存在した「都市共同体」(23)の状況を知ることも必要であると思われるからである。即ち、都市君主からの特許状により一定の乃至は全面的な自由や自治を獲得し、事実上も法律上も一定の独立した存在となった「都市共同体」が神聖ローマ帝国や各領邦内に存在することは、主権的近代国家（領域国家）の観念とは相容れないように思われ、またそのような存在が近代国家や近代国家系の成立に対する重大な障害となったことが予想されるのであり、一六四八年以前にこのような存在が法的に或いは事実上どのような地位を有していたかを知ることは、同条約における都市関連条項、そして同条約全体を評価する上で必要とされると考えられるのである。

(二) ウェストファリア条約以前の都市

1 都市の法的地位の概観

中世における「都市」とは何かについて画一的定義を下すことには、次のような事情によって大きな困難が伴う。そもそも、その起源についてすら多様な見解が存在する。[24] また、どの時代の都市を研究対象とするかによっても、都市像は異なるものとなり得る。[25] 更に、各々の都市の人口[26]や領域的広がり[27]という点における規模も多様である。その結果、個別都市の特定の時代における状況の解明については厖大な先行研究が存在しているが、統一的な中世都市像を描き出すことは不可能であると考えざるを得ないのである。[28]

それでも、その発展過程に着目するならば、一般に欧州の中世都市は自治都市として発達したことは共通している。この点については、ドイツ地域の中世都市もその例外ではなく、むしろそれらは他の欧州諸地域の自治都市よりも高度な自治権を確立したとされている。[29] 勿論、この場合、何をもって「自治権」の表徴とするかについては、これもまた多様な説明が可能である。だが、都市の立法権及び裁判権、[30] 並びに（自己を単位とした）対外関係の処理能力（「外交能力」）が「自治権」の最重要な表徴であることについて異論はないであろう。しかも、これらの諸権利の中で、前二者が都市の「対内的」自律性を、そして後者が「対外的」自立性を、各々表す重要な指標であると考えられることから、近代国家との比較においても極めて有用な指標であると考えられる。そこで、以下では三十年戦争以前のドイツ（神聖ローマ帝国）内の都市のこれら諸権利について瞥見することとする。

2 都市の対内的自治：立法権と裁判権

先ず、都市の立法権についてであるが、ドイツ中世都市は高度な自治権に基づく固有の法を設定しており、一般法（帝国法及びラント法）の効力が及ばない特別な法領域を形成していたという。[31] これらは元来、ラント法・慣習法・誓定（Willkür: 都市条例）等であったが、その起源が何であれ同価値の法とされた。そして、当初は誓約した市民にのみ妥当する属人的法であったが、都市領域全体に妥当する領域的（属地的）法へと変化した。またこれとは別に、締約（Satzung）と局地的慣習から「都市法（誓定）はラント法に優先する」との命題が生じ、特別な法領域を形成したという。(32)

また、都市の裁判権は次のようなものであった。都市の法的地位は、当該都市が何れの君主に帰属しているかにより決定されることが基本である。一二世紀末までは、法的には都市は何処においても国王に属していた。そして、その具体的表徴として、市場開設権（Marktregal）及び築城高権（Befestigungshoheit）が国王の手に存した。これらの権利は譲渡可能であり、最初は教会諸侯に、後には世俗諸侯に譲渡された。その結果フリートリヒ二世（在位一二一五年から一二五〇年）の時代以降には都市の建設は領邦君主の手に帰し、それにより都市の種類も、国王都市以外に、司教都市及び領邦君主都市が存在するようになったのである。そしてこれら都市は、自由意思に基づく仲裁裁判権を認められていたが、一三世紀以降都市君主から下級裁判権を獲得し、更に大都市は上級裁判権（„Hochgerichtsbarkeit" 又は „Blutbann"）をも取得した。このことを通じて、都市は制限されることのない裁判君主となったのである。(33) したがって、少なくとも大都市については、一三世紀以降それらの内部問題については独立した裁判権を獲得していたものと言えよう。

ここで問題となることは、以上のような高度の自治権の表徴としての立法権及び裁判権が都市に認められていたとしても、それらは本書がこれまで主たる考察対象としてきた一七世紀前半においても、依然として存続していたのか否かという点である。この点についての概括的理解のために、エネン（E. Ennen）の次の評価を引用したい。

「近代的官僚制度と常備軍とを備え、絶対主権と単一的代理関係（einheitlicher Delegationszusammenhang）を要求する中央集権的に組織された国家が、中欧においては、特に一六世紀以降、明らかに都市を抑圧し、平準化的干渉により(in nivellierendem Eingreifen) 都市の自治権、都市の裁判権、都市の政治的諸権利、更には都市の行政的自立性をも制約する。それから国家は自己が経済的組織体であることを自覚し、今や国家は諸都市を包摂する経済政策を遂行し、もはや個々の都市ではなくして国家が経済政策上の単位となる。但し、この国家への都市への編入は中世に始まっていた。[34]」

即ち、都市の法的・政治的独立性は、一般に中央集権化が遅れたと考えられている中欧においても、一六世紀以降の中央集権的国家の発展により損なわれていた。そうであるとすれば、当然に一七世紀前半から中葉にかけての時代にあっては、都市の自治権は一五世紀以前のそれと比較して縮小されていたと考えるべきであろう。しかしながら、都市毎に事情は異なるものの、都市の自治権は、ウェストファリア講和会議の時期に消滅していたのではない。例えば、前述した「都市法はラント法に優先する」という命題は、一般法としての近代国家法(典型的にはナポレオン法典及びそれをドイツ各地に導入したデクレ)が局地法(都市法)に優先する効力を主張するまで、命脈を保ったことが指摘されている。[35] これによって、少なくとも立法権については、市民間の誓約又は慣習という形式で帝国及び領邦から独立したものが、かなり遅い時期(最終的には、ナポレオン戦争による帝国の消滅)まで存続していたことが理解されるのである。

3　都市の対外関係処理能力：同盟と条約締結の事例

それでは、都市の対外関係処理能力はどのような展開を遂げているのであろうか。この点については、「同盟権」行使の事例を中心に論ずることとしたい。[36]

先ず、「都市同盟」(Städtebünde) について考察したい。ドイツ諸都市は、かなり古い時代から交通・商取引の保護のために商工業条約 (Gewerbes- und Handelsverträgen) を締結しており、そのような都市間の関係は、既にカール大帝の時代乃至それ以前の時代にも存在していたという。[37] これに対して、一一五八年には都市同盟の禁止に関する命令がドイツ国王（皇帝）により発せられている。即ち、同年一一月のフリートリヒ一世によるロンカリア法 (Ronkalische Gesetze) に含まれるラントフリーデ第六条は次のように規定している。

「全ての盟約 (*conventicula*) 及び共同宣誓 (*conjurationes*) を、それが都市 (*civitates*) 内のものであれ、都市外とのもの、即ち、都市と都市の間、人と人の間、或いは都市と人の間のものであれ、そしてそれが親族であることを理由とする (*occasione parentelae*) 場合であっても、いかなる方法によっても行うことを、朕は禁じ、過去において行われたものを無効とする。盟約者の各々は、一ポンド (*libra*) の黄金［という罰金］の刑罰により威嚇される。[38]」

この事実から、この頃には商業上の結び付きが政治的結合に転化し、政治問題化していたことが窺われる。同様の禁止令としては、一二三一年一月二三日付のものが存在し、[39] 一三五六年の「金印勅書」においても都市同盟の禁止が規定されている。[40] 更に、一三八三年の「ニュルンベルク＝ラントフリーデ」においても等族と並んで都市にも同盟 (eynünge oder pünde) が禁止されている。[41]

しかし、このような同盟禁止命令にも拘らず、一三・一四世紀には諸都市が等族や騎士に対抗して締結した同盟が存在した。[42] そのような都市同盟としては、一二五四年のライン都市同盟 (der Rheinische Städtebund) [43] をはじめとして、シュワーベン及びバイエルンの自由帝国都市に対抗する同盟を帝国の選帝侯や等族が構築した際にマインツ・シュトラスブルク・ヴォルムス等の七都市が一三八一年三月に締結した共同防衛のための同盟 (Verbündnuß) [44] や、また同年六月のシュヴァーベン及びライン両クライスの四一帝国都市間の同盟 (Verbündnuß) [45]

の他、多くの事例が挙げられ得る。(46)

これらの事例によって、一四世紀末までは法的に禁止されてはいたものの、実行上は帝国都市が同盟条約を締結していたことが確認される。(47)そして、当時の都市は相互の同盟関係の構築を通じて重大な政治問題（große Politik）に関わっていたのである。また、このような同盟関係は都市間のみならず、都市と帝国等族との間でも形成されており、(48)都市の重要な「外交手段」であったと考えられる。これらの「同盟」（それが近代的意味における「外交能力」の行使の結果としてもたらされたとすることはできないとしても）に見られるように、この時期には諸都市が（自己を単位として）対外的問題の処理について高度に自立した地位を有していたことは疑い得ないのである。

しかしながら、そのような都市の高度に自立した対外関係処理能力が一五世紀以降もそのまま維持されたのか否かについては、一般的には否定的解答を与えざるを得ない。なぜならば、前述の諸都市同盟の多くは、一般に短命に終わっているからである。(49)それでも、対内的自治権（立法権・裁判権）の場合と同様、都市の自立した対外関係処理能力そのものが消滅してしまったのではない。とりわけ、若干の都市が一七世紀前半においても「対外的」な法的関係を独自に構築していたことに関しては、次の諸事例を見る限り、疑念を挿む余地はないのである。

例えば、一六一三年五月にリューベック市がオランダ連邦議会との間で条約を締結している。(50)この条約は、北海・バルト海域における通商・航海の自由の維持のための条約であって何者をも攻撃対象とするものではなく（第一条）、また神聖ローマ帝国及び皇帝、更にはフランス国王等との友好関係を害するものでもない（第二条）とされている。しかし、通商・航海を妨害する者が現れた場合には、通商・航海の自由を確保するために努力し（第六条）、相手が武器を執る場合には武力をもって戦い、またこのために相互に援助する（第七条）とされていることから、この条約は実質的に通商・航海の自由の確保のための同盟条約であるとみなし得る。尚、リューベック市はハンザの中心都市であるが、この条約においてはハンザの名は一切用いられていない。

また、帝国等族と都市間の「条約」締結の例も見られる。即ち、一六〇七年六月にハンブルク市がホルシュタイン＝シャオエンブルク伯及び聖ヨハネ (St. Joannis) 修道院との間で境界紛争解決条約 (Gräntz-Vertrag) を[51]、また一六一五年三月にレーゲンスブルク市がバイエルン選帝侯及びザルツブルク大司教との間で当事者間に長期にわたり存在していた紛争の解決のための条約 (Vertrag) を[52]、各々締結している。これらは同盟以外の問題でも都市が主体（当事者）となっていた例として理解されよう[53]。

三十年戦争中には、一六二八年七月にシュトラルズント (Stralsund) 市が瑞国王との間に同盟条約を[54]、一六三五年八月に帝国都市コルマル (Colmar) が仏国王との間に同市保護のための条約を[55]、更に、一六三〇年二月にはダンツィヒ市が瑞国王との間に通商条約を[56]、各々締結している。

以上の諸例が示すように、都市は同盟及び条約の締結主体としての地位を一七世紀前半に至っても維持していたのである。勿論、このことが都市一般について妥当するものであるとは言うことはできない。また、特定国との同盟関係の設定は、当該都市が独力で自己保存を行い得なくなったことの表れであり、当該都市の勢力の衰退を示すものとも考えられる。しかし、ここで重視されるべきは、仮に都市の勢力衰退が事実であったとしても、なお都市が主体となって同盟関係を設定し、また「条約」を締結し得たという点である。このことから、都市の相対的地位の低下があったとしても、直ちに全ての都市から自立的な対外関係処理能力が奪われたのではないことが明白となるのである。

(三) ウェストファリア条約の都市関連規定の評価

1 帝国国制の展開との関連における評価

前項（本節(二)）において確認されたように、一七世紀前半においてもドイツ諸都市の中には対内的にもまた対外的にも高度の自治的・自立的地位を維持していたものが存在した。そのような状況を前提として、ウェストファリア条約の都市関連諸規定を評価するならば、それらは諸都市が帝国国制の中で享受してきた（そして、当時の諸都市が維持し得た）自由や特権を確認するものであると考えられる。それは、個別都市の従来の特権や特別の法的地位（IPO第一一条第八項におけるマグデブルク市の「九四〇年一月七日にオットー一世［大帝］により付与された」特権、IPM第八七条におけるフランスに移譲されるエルザス諸都市の帝国直属資格）の維持として規定されると同時に、自由帝国都市一般についての特権等（IPO第八条第四項（IPM第六五条）における諸権利）としても規定されていることに表されている。

また、ウェストファリア条約は都市の自由及び特権の現状維持を意味するに止まらず、IPO第八条第四項（IPM第六五条）によって認められた自由帝国都市の「議決権」(*votum decisivum*) を考慮するならば、より積極的な意義を見出すことが可能である。即ち、この権利は同条約以前には帝国国制上正式には認められていなかったものであり、その点で都市の権利の拡大という現象として評価することもできるのである。

このような都市の権利の拡大という現象は、帝国国制上の都市の法的地位の上昇を意味し得る。そして、それはとりわけ、「自由帝国都市を帝国等族に含み得るのか」という長年争われてきた問題に解決の道を与えるものとも考えられる。そこで、ウェストファリア条約の都市関連規定の評価に関わるこの重要問題を、同条約における帝国都市の法的地位を帝国等族のそれとの比較を通じて、論ずることとしたい。

2　ウェストファリア条約における自由帝国都市の法的地位：帝国等族に含まれるのか

既に確認されたように（本節㈠1）、自由帝国都市の議決権（*votum decisivum*）を承認するＩＰＯ第八条第四項（ＩＰＭ第六五条）では、それら諸都市が「［帝国の］全体的並びに個別的議会において、他の帝国等族に劣らぬ議決権を有する」とされている。同様に、ＩＰＯ第五条第二九項第一文は、自由帝国都市が「宗教和議及び本宣言においてのみならず、他のいかなる場合においても、帝国等族の名の下に疑いなく置かれていることにより」宗教決定権について「他のより上位の帝国等族と同一の権利を有する」（*idem cum reliquis statibus Imperii superioribus ius habeant*）と規定している。更に、聖界事項に関する回復を一六二四年一月一日の状況を基準とすることを定めるＩＰＯ第五条第二項の第二文が「自由帝国騎士並びに例えば帝国直属の都市及び村落を含む（*comprehensa libera Imperii nobilitate ut et communitatibus et pagis immediatis*）、全ての選帝侯・諸侯・等族の回復は完全且つ絶対的なものとされる」(57)としており、ここでも自由帝国都市（及び自由帝国騎士）が帝国等族に含まれることとされている。(58)（自由）帝国都市が帝国等族に属するか否かを巡っては、これを肯定する都市の側と否定する選帝侯及び諸侯の側との間の長期にわたる論争が存在した。そして、これらの規定はこの論争に決着を付け得るものであった。(59)

しかし、自由帝国都市が帝国等族に含まれるということと、その権利が他の帝国等族（特に、諸侯部会に属する帝国等族）の諸権利と平準化されるということは別個の事柄である。特に、帝国議会における議決権の有無及びその行使を巡る議論は、帝国等族資格の実態を理解する上で極めて有意義であると思われる。そこで、以下では議決権の有無及びその行使を巡る歴史的背景を概観することとしたい。

帝国議会に議席を有し議決に参加すること（*sessio et votum*）についての権利を有することは完全な帝国等族資格を意味し、帝国内の政治において重要な意義を有した。既に一三世紀には時に応じて、そして一四世紀には定期的に、帝国都市及び司教都市は帝国議会に参加したが、それにも拘らず、一五世紀に至るまでそれらの帝国議会への参与は議論の余地を残したままであった。[60] そして、一四八九年のフランクフルト帝国議会において諸都市は選帝侯及び諸侯と同様に部会 (Reichskollegium: Kurie) を初めて形成し、更に、一五〇〇年の帝国統治院規則（それによって、帝国統治院 (Reichsregiment) が帝国の最高統治機関とされた）において都市の帝国等族資格の帝国法上の承認が行われた。しかし、一六世紀に至っても選帝侯及び諸侯は帝国議会において帝国都市に「協議権」(*votum consultativum*) のみを許容するという態度を堅持した。その後、帝国都市は宗教改革期の帝国議会でその存在を際立たせるようになるが、[61] それでも、例えば、一六四〇／四一年の帝国議会（レーゲンスブルク）においてさえ都市部会は依然として議決権ではなく、協議権のみを有したのである。[62] ウェストファリア講和会議においても自由帝国都市の側は自己の議決権を要求し、選帝侯及び諸侯の側からの激しい反発を呼び起こした。そして、最終的には、スウェーデンの支持によって都市側の要求が講和条約中で実現されたのである。[63]

このような経過からすれば、ウェストファリア条約（ＩＰＯ第八条第四項（ＩＰＭ第六五条））により自由帝国都市への帝国議会における議決権の正式な付与が為されたことは、他の帝国等族の投票権 (*votum*) との平等化が認められたことを意味し、それはまたそれらの都市の帝国国制内での法的地位の上昇を意味する。

更に、この地位上昇は帝国議会における審議手続の変更への期待を自由帝国都市に抱かせるものであった。即ち、それまでの帝国議会における慣行では、先ず選帝侯部会及び諸侯部会の各々が審議し、更に両部会の合同協議 (Re- und Correlation) で決定が為された後に、帝国都市部会が審議に加わるものとされていたが、このような前二者の先議権も否定され、帝国都市部会が審議当初から参加すること (simultane Re- und Correlation) となることが期待されたのである。[64]

このように、ウェストファリア条約においては、都市の従来の自由及び特権が確認されるに止まらず、長年にわたり（自由）帝国都市が主張してきた自らが帝国等族に含まれること、更には、帝国等族としての権利の平準化（同格化）も一定程度承認されたものと評価され得る。この点において、同条約は自由帝国都市にとっての法的地位の向上を意味し得たのである。しかしながら、それらの規定内容を現実のものとすることはまた別の問題であり、条約締結後の実際の条約内容の運用の実態についても確認する必要がある。その点については、後述することとしたい（第二部第二章第四節(一)）。

第二節　ウェストファリア条約におけるハンザ

(一)　ウェストファリア条約におけるハンザ関連規定

ウェストファリア条約において「ハンザ諸都市」(*Civitates Anseaticae*)という名称が明示的に挙げられているのは、IPO第一七条第一〇・一一項において皇帝側及び瑞側の双方で「この講和に含まれる」者とされている箇所（IPO第一七条第一〇・一一項はIPM第一一九条に相当するが、後者では「ハンザ諸都市」は明示されていない。）と、IPO第一〇条第一六項である。同項は、瑞女王に移譲される地域、特にシュトラルズンドに属する等族及び臣民が従来から保有した自由や特権等について瑞女王が臣従の礼を受ける際に確認するとした後に、次のように規定している。

「就中、ハンザ諸都市に対しては、［それらが］この度の戦争に至るまで有していた、航行及び通商の自由を、帝国内と同様、他の王国・都市・地方においても、［スウェーデンの現女王及び将来の国王は］完全に保護するであろう。」[65]

これにより、瑞女王に移譲されることになったポンメルンをはじめとする諸地域・都市において、ハンザ諸都市は三十年戦争以前まで有していた「航行及び通商の自由」を完全に保護されることとなったのである。ウェストファリア条約（IPO第一〇条）により新たにスウェーデン領となる地域（ブレーメン＝フェルデン、フォアポンメルン等）を加え、スウェーデンが北海のドイツ沿岸海域のみならず、バルト海の主要港の殆どをその管理下に置く(66)という状況を考慮するならば、両海域を主要な航路とするハンザにとってのこの規定の重要性は強調されねばならないであろう。

以上が、ハンザへの明示的言及が行われている規定であるが、その他にもハンザ諸都市に影響を及ぼすと解される規定がウェストファリア条約中には存在する。そのような規定としては、IPO及びIPM各々の第一条及び第二条といった全当事者に共通に関連する原則的規定、ハンザが都市によって構成されることから前節で確認された都市一般に関する原則的規定（IPO第一六条第一八項（IPM第一〇九条第二文））、更には、自由帝国都市に関する原則規定（IPO第八条第四項（IPM第六五条））や個別都市に関する諸規定（当該ハンザ都市が自由帝国都市や個別の名宛人である場合）が挙げられる。また、それらに加えて、通商の復興に関して規定するIPO第九条（特に、第一項（IPM第六七条））が有するハンザにとっての重要性も確認されるべきであろう。

IPO第九条第一項は、「講和が行われた後に、相互に通商が復興することは公共の利益となる」との認識に立ち、「皇帝及び帝国選帝侯の同意なくして独断で戦争の際に帝国に新たに導入された関税（***vectigal***）及び徴税所（***telonium***）」、「全ての通常なものでない負担・損害で、それらにより通商上及び航行上の利益の低下がもたらされたものは、完全に廃止され」、また、三十年戦争以前からの「地域・港・河川についての全ての安全・管轄権・慣習が回復され、不可侵のものとして保全される」ことを規定している。（また、同条第二項（IPM第六八条）は、「選帝侯の同意に基づき皇帝により許与された」、或いは「長期間の慣行により導入された」正当な権利及び特権の効力を完全に保全する旨の規定である。）

この規定はハンザのみを或いは都市一般を名宛人としたものではないという意味で、一般規定としての性質を有するものである。しかし、この規定の最大の直接的受益者が通商都市であることは明白である。そして、特に、ハンザ諸都市は、帝国内での三十年戦争以前に有していた独自の自由・特権等をこの規定によっても回復することになるのである。また、ＩＰＭにおいては、第八五条第二文でライン河の航行の自由について規定されているが、これは仏国王に移譲されるライン沿岸地域における通商にとって重要な意味を持ち得たであろう。[67][68]

以上のように、ハンザに関連し得るウェストファリア条約の規定は決して少なくない。それでは、それらの規定が向けられた「ハンザ」とは、どのような存在であり、それは近代国家の成立や近代国際法の生成とどのような関連性を有するのであろうか。この点についての検討のため、以下では同条約成立までのハンザの法的地位や活動（特に、自立的対外関係処理能力の顕現としての条約締結事例）、ウェストファリア講和会議との関わり等について検討することとする。

(二)　ウェストファリア条約以前のハンザ

1　ハンザの概観

「ハンザ」(Hanse)[69]は、他の都市同盟の場合と同様に、その起源を一一世紀の遠隔地商人(reisende Kaufleute)の協同組合的な団体に有するとされる。[70]この団体は、一三五六年に商人自身を構成員資格とするものから、彼等が帰属する都市を構成員とするものへと変化した。[71]しかし、その設立文書に該当するような文書は存在せず、設立期日を特定することは不可能である。[72]

この団体は一三五〇年頃から都市同盟としての性格を帯びるようになったという。[73]その最盛期は一四世紀から一五世紀にかけてであり、[74]ドイツ域外にも通商拠点を設け、特に、ロンドン・ブルージュ・ベルゲン・ノヴゴロドに設けられた商館（Kontore）は有名である。また、その衰退、即ち、当時の「国際関係」における経済面（そして、それに伴う政治面）における地位の低下は、一六世紀に始まると考えられている。(75)

さて、以上のようなハンザの発生や盛衰に関する一般的記述は可能である。ところが、それ以上に踏み込んでハンザについて論じようとすると、我々は大きな問題に直面することになる。「ハンザ」や「ハンザ都市」の定義は、実際上も理論上も確定していない。また、既に触れられたように、ハンザの設立文書は作成されておらず、いかなる都市が構成員たる資格を有したのかという基本的問題すらも明らかにされていないのである。

「ハンザ都市」の定義を例にとるならば、「都市であって、それに帰属する商人が外国で営業を許可され、ハンザの特権を享受するに至ったもの」、「ハンザから発生する負担の自己の割当を担うことによって、ハンザの組織や活動に積極的に参加する都市」、「直接的又は間接的にハンザ会議に招集された都市」等々の相異なる定義が使用され得る。(76)その結果、例えば、ハンザ構成都市の総数についての見解の相異が発生することになる。或る論者は、ハンザの最盛期、即ち一四世紀において、七〇乃至八〇の主要都市と一〇〇乃至一二〇の小都市が構成員であったとしている。(77)他の論者は、ハンザとしての意思決定に常時参加した活動的都市が最大七七、そしてそれらに準ずる構成員として一〇〇都市程度が存在したと考えている。(78)その他にも、最盛期における構成都市総数が一六〇を超えるとした上で、その中で活動的参加都市が七〇余とする説(79)や、ハンザの最盛期を一五世紀中葉とした上で、その時点で八〇近い都市が参加し、また全体で約二〇〇の都市がハンザとしての何らかの特権を享受したとする説(80)もある。

更に、同一の定義のもとでハンザ構成都市の総数を推計する場合であっても、例えば、議事録等を通じて比較的利用し易い「ハンザ会議（総会）」（Hansetag）への出席を基準とした場合、ハンザの中で周辺的な役割しか演じなかった都市は他都市の代表を代理として出席させたため、何れの都市が構成都市とみなされるかについては、必ずしも明確ではなくなるという事態が生じてしまう。[81]まさに、何れの都市がハンザ構成員であるのかの決定ですら、「ハンザ史の最も困難な問題の一つ」[82]なのである。[83]

また、定義や構成員資格の場合と同様、ハンザの組織としての性質や在り方も明確ではない。

先ず、ハンザの同盟としての性質については、次の点を指摘することが可能である。ハンザはしばしば「ハンザ同盟」と呼ばれることがあるが、ハンザ諸都市間の結合の度合いは、通常の（軍事）同盟よりも弱いものであった。[84]確かに、ハンザ諸都市が軍事同盟を結成し、「戦争」を遂行した事例もある。（特に、対デンマーク戦争のために結成された一三六七年から八五年の「ケルン同盟」が有名である。[85]）しかし、ハンザ都市の一つがハンザ以外の存在と「戦争」状態に陥っても、他のハンザ構成都市は自動的に参戦する義務は負わなかったという。[86]

また、ハンザの組織に関しては、次のような事実に目を向けるべきであろう。即ち、「事務局」と呼び得るような常設機関は存在しなかったという事実、そして、ハンザは自己の組織の象徴としての印璽を有さず、それらの必要のある場合は、実際の当事者であった都市の印璽が利用されたという事実である。[87]これらの事実から、ハンザがその組織面において決して整備されたものではなかったことが理解される。

ところで、ハンザの中心機関としては、所謂ハンザ会議（総会）が存在した。これはハンザの発生期にハンザ都市相互間の意見交換や共同行動が必要とされる際に、地域的な枠組のもとで不定期に開催された会議体に起源を有する。ハンザ全体会議開催の最初の試みは一二八四年から翌年にかけて行われているが、この試みは失敗に終っている。ある程度定期的に（二乃至三年に一回）全体会議として開催されるようになるのは、一三五六年にリューベックで開催された会議からであるとされている。[88]しかしながら、ハンザ会議は、何かを協議する必要がある場合に、各都市が使節を派遣しただけのものであって、決して常設機関ではなく、また定期的に開催される会議体でもなかった。[89]しかも、その開催の頻度は、最も頻繁な時期（一四世紀）で、平均して一年に一度弱、そ

の後（一五世紀）にはせいぜい三年に一度程度であったとされている。(90)

ハンザ会議では、ハンザの本来の活動分野である経済に関する広範な諸問題のみならず、ハンザとしての使節や戦争に関しても討議・決定が為された。(91) 同会議にハンザ構成都市の全て（これは勿論、前述の「ハンザ都市」の定義に関連する問題であるが）が出席することはなかったが、定足数は問題とされなかったため、当該会議出席都市の単純過半数により決議（Rezeß: Rezesse）という形式で会議の意思決定が行われた。(92)

ここで問題となるのは、ハンザ会議において採択された決議が全てのハンザ構成都市（当該会議不参加の構成都市を含む。）を拘束するのか否かについてである。この問題に関しては、かつてはこれを肯定する見解が支配的であったものと判断される。(93) しかし、これに対して現在は有力な否定説としてピッツ（E. Pitz）の次のような学説が提示されている。

ピッツは先ず、「ハンザの体制」（die hansische Verfassung）において「決議が有効となり、承認を通じて遵守されるようになるためには、公表（Publikation）が必要とされた」ことを幾つかの事実により確認する。(94) 彼はまた、「決議の公示（Notitia）に関して我々が経験する事柄の全ては、都市法を通じて幾重にも制約された都市参事会使節の全権（die Vollmacht der Ratssendeboten）は諸都市共通の決議に何らの直接的効力をも得させることはないという事実を、確認する」(95) と述べると同時に、次のようにも記している。

「都市参事会使節の全権［この場合には、人ではなく権限それ自体］は、［ハンザ会議の］共同決議（die gemeinsame Rezesse）が直接的に法的効力を発生させるためには充分ではなかった。その結果、決議は、押印された証明も公正証書も伴わない公示の形式以外の何らの他の外交的形式も必要としなかった。個々の決議は最終的にその独自の適用領域を見出した。それというのも、それらを公表するのか、これをしないのかは、個々の都市の自由とされたからである。(96)」

このようにして、ピッツは、ハンザ会議における決議の拘束力の前提となる各都市使節の権能の制約について論じ、そして当該拘束力発生の要件として各都市による公表・公示を挙げ、しかもそれを行うか否かが各都市（参事会）の裁量に委ねられていた点を指摘し、当該決議の全ハンザ都市への自動的な法的拘束力の発生を否定するのである。(97)

このようなピッツの所論に従うならば、ハンザ会議の決議の拘束力という面にもハンザの組織としての脆弱性を読み取ることが可能であろう。そして、以上のような組織面での不確定性は、ハンザの法的性質の評価にも反映されることになる。即ち、ハンザの団体としての一般的な法的性質について、伝統的（ローマ）法観念のもとでの一致した見解は存在せず、(98)また、一七・一八世紀の既存の帝国法の諸観念のもとでの説明は不可能なのであった。(99)

結局のところ、組織や法的性質といった観点からハンザを理論的に説明することは困難を極める作業なのであって、ここにおいて、フィンク (G. Fink) の次の評言が妥当することが理解されるのである。

「ドイツハンザの本質は、それをある程度正当に評価する言葉をもって簡略に表現することは殆ど行われ得ない。歴史研究がハンザの歴史を解明すればするほど、人はその観念的定義付けについてより一層慎重になるのである。(100)」

尚、（既に触れられたように）ハンザの没落については、一六世紀に始まると考えられている。(101)没落の原因については、ハンザ諸都市の内在的要因（金融資本家的行動への変化と商人気質の喪失・都市共同体内部の闘争等）によるとする見解から外在的要因（領邦権力による都市共同体の包摂・貿易に対する領邦君主の介入等）に帰する見解まで多数存在する。(102)確かに、その経済的（更に、それに伴う政治的）地位の相対的低下は、この時期に発生していた幾つかの根拠によって説明可能である。[103] しかし、本書における問題意識との関連においてより重要なことは、このように制度的にも法的にもその性格が不明確であるハンザが、ウェストファリア講和会議に参加し、その結果締結された講和条約に「含まれる」とされ、自己を名宛人とする規定を設けられたこと、そして、一六世紀以降ウェストファリア条約に至るまで（更には、後述のように、それを超えて）ハンザが（たとえそれが名目的であるに過ぎない場合があるにしても）帝国国制の枠組の内外で活動を継続したという事実なのである。

2　ハンザの帝国国制上の地位：ハンザは「主権的存在」であるのか

神聖ローマ帝国域内のハンザ諸都市は、個々の都市としては、その他の都市と同様に形式的には皇帝又は各々の領邦君主に従属していた。一般的に言えば、一六世紀初頭に至るまで、ハンザの活動に対して皇帝は容喙しなかったし、ハンザも帝国の援助を切望することはなかったようである。[104] また、或る論者は、宗教改革期に至るまでのハンザと帝国（及び皇帝）との関係を「絶対的必要最小限」(ein absolut notwendiges Minimum) のものであったとしている。[105] つまり、両者の関係は決して深いものではなく、ハンザは帝国の枠組からかなり自由に活動していたものと考えられるのである。[106]

このようなハンザと帝国の関係は、帝国が戦争を遂行する際の状況においても確認される。即ち、帝国の戦争にハンザとして参戦するか否かの決定はハンザの側の主体的判断に委ねられていたと判断されるのである。例えば、一四七四年から翌年にかけての帝国の対ブルゴーニュ戦争にハンザ諸都市は参戦したが、その際にハンザ側で最も深く考慮された事柄はハンザの自由を脅かしていたデンマークがブルゴーニュと有した協力関係であって、帝国との関係ではなかった。[107] また、ハンザは帝国や皇帝の意思からは独立して自己のための戦争を遂行したのである（例えば、一三六一年から七〇年の対デンマーク戦争[108]や一四三八年から四一年の対ホラント・ゼーラント戦争[109]）。

その結果、ハンザ諸都市は「完全に独立した対外政策を遂行した」のであり、特に、ドイツハンザは、一四世紀以降独立した都市同盟として、条約締結や戦争等を行ったと評されることとなる。[110] そして、ハンザを国際法上の存在として評価する論者も現れる。[111] 更に、そのような評価からより一層積極的に、当時のハンザが「戦争及び同盟の権利・バルト海艦隊・同盟の要塞・同盟の租税を有する、殆ど一つの主権国家 (fast ein souveräner Staat) であった」[112]、或いは「一四・一五世紀においてドイツハンザは暫時バルト海の覇権者として主権者の地位 (Stellung eines Souveräns) を占めた」[113] とする見解も提示されるのである。

しかし、このようにハンザを「主権国家」に類似したものとする説明は誤解を招き易いものと言える。それは、次のような理由による。そもそも、ハンザは飽くまでも経済的諸特権を共同して享受することを目的として設立されたものである。そのため、（既に触れられたように）「同盟」としての結合の程度は通常の軍事同盟関係よりも弱かった。より一般的に表現するならば、ハンザ都市間には共通する対外政策が実施されてもいなかったのであり、各都市は自己の利益に従って行動したと言えるのである。[114] したがって、そこにハンザ総体としての「主権的」な意思を見出すことはできない。更に、ハンザの協力関係の本質は、その時代の領邦君主の支配権の確立とは全く異なり、「可能な限り確固としたそして広範囲な組織を構築するというのではなく、ただその結合を通じて同盟の個々の参加都市・個人・地域の経済的自由と国制に合致した (verfassungsmäßig) 自立性を可能な限り包括的に保証すること」にあったのである。[115] この点においても、ハンザが実際に行った「主権的」活動を「主権国家としての」活動と理解することはできないのである。

ところで、（本書の問題関心との関連において）ここでより重要と思われるのは、ウェストファリア条約に至る期間におけるハンザの対外的地位が他の国際的活動主体によってどのように認識されていたかである。そこで、次に帝国等族や都市に関する議論の場合と同様に、ハンザが締結した（主として、一七世紀前半の）条約について検討することとしたい。

3　ハンザの対外関係処理能力：条約締結権行使の事例とその意義

既に確認したように、通説的見解はハンザの没落の始まりを一六世紀としている。仮に、そのような見解が正しいものであるとしても、ハンザによる「条約」の締結活動（それは、当該主体の「対外的」な関係についての自立的処理能力を示すものと解し得る。）が行われている点は看過されてはならない。そのような事例としては、例えば、一五六〇年七月にデンマーク国王とハンザ諸都市間での通商・航海に関して合意された条約（Verdrach of Tractaat）[116]が挙げられる。また、一七世紀においても、一六〇六年にハンザの使節がスペインに赴き、翌年両者間で通商条約が締結されている。[117]（その際には、当然のことながらハンザは条約締結能力あるものとして扱われると同時に、ハンザが任命する領事を駐箚させることもスペイン国王により承認されたという事実が指摘されている。[118]）更に、一六一五年一二月にはオランダ連邦議会と「東部ハンザ諸都市」（de Oostersche Hansee-Steden）間で周辺海域の航行・貿易の自由の確保のための同盟条約（Tractaet van Unie）が締結されている。[119]その他にも、「国際的」性質を有する文書にハンザの名前は登場している。[120]

三十年戦争は、ハンザにとって「その衰退過程の加速化[121]」を意味したと理解されるのが通常である。[122]しかし、そのような状況においても（或いは、そのような状況であるからこそ）、ハンザは他「国」との条約を締結している。そして、その例として、先ず、一六一八年一〇月のザクセン選帝侯とドイツハンザ都市間の合意が挙げられる。[123]この合意は、「和議」（Vergleich）と題され、同選帝侯領内に搬入される物品に対する権利・通行料等についての諸規定を設けている。そして、ハンザは「自由帝国都市にして連合したドイツのハンザ諸都市」（die frey Reichs- auch Unirten Teutschen Hansee-Städte）としてこの和議を締結している。また、四五年八月にはブレーメン・ハンブルク両市とオランダの間で通商・航海及び同盟に関する条約（*Tractatus*）が結ばれている。[124]この条約ではこれら二都市をハンザ代表とみなしているような文言は登場しない。しかし、その前文では、前述の一六一五年のオランダ・「東部ハンザ諸都市」間の条約が言及されつつ、[125]オランダと両都市間の同盟関係の維持等が扱われていることから、両都市がハンザ都市であることが当事者間に意識されていたことは明らかである。更に、四六年一〇月には同様の条約を（その前文によれば）リューベック市の代表とその他のハンザ都市の代表がオランダとの間で締結している。[126]この条約は前年のブレーメン・ハンブルク両市による条約を「他のハンザ諸都市にも」(*aliis quoque Hanzeaticis Civitatibus*)（前文）適用するという趣旨を有していた。

この時期にはまた、スペイン・ハンザ都市間の条約も記録されている。その一例が、ウェストファリア講和会議開催中の一六四七年九月一（一一）日付でミュンスターにおいて西国王（フェリペ四世）と締結された通商条約である。[127]この条約では、個別のハンザ都市名は挙げられることなく、「ハンザ諸都市」(*Civitates Hanseaticae*) のみが条文中に登場している。署名欄にはリューベック・ブレーメン・ハンブルク三市の代表者の名前が挙げられていることから、これら三都市以外からの条約作成への参加はなかったものと思われる。それでも、この条約は全てのハンザ都市の名において締結されているのである。[128]尚、この条約と同日付で、西国王からハンザ諸都市に譲許された諸特権を記述した条約も作成されている。[129]

以上に見てきた諸事例から理解されるように、ハンザの衰退が明らかとなるとされる一六世紀以降であっても、ハンザは一定の条約関係を諸国と有していた。勿論、その実態はリューベック・ブレーメン・ハンブルクの三都市のみが活動していたのであって、その他のハンザ都市が活発な「外交」活動を行っていたとすることはできない。特に、三十年戦争中は、集団として武力を行使することもなく、また相異なる上級領主に従属していたハンザ諸都市が共通した政策を実行することはできなかった。そして、ハンザの全体会議の成立が殆ど不可能となった状況で、一六二九年のハンザ会議がそれら三都市にハンザ全体の利益を守り、その名において行動するよう要請し、それを受けて翌年に三都市は一〇年間の防御同盟関係を構築する。[130]この三都市同盟の結成はハンザの衰退の中で「法的には依然として存在する古き同盟の相続[131]」として行われたのである。更にこの同盟は、四一年一一月にこれら三都市間での「特別同盟」(Special-Verbündniß) に関する条約[132]という形式で更新される。（但し、他のハンザ都市の加盟に開放されていた[133]。）したがって、他の諸都市に比較してそれら三都市が特別な地位にあったことは充分に理解される。しかしながら、これら三都市が「ハンザ」の名において条約を締結していることは、少なくとも当該条約の当事者がハンザを当時の「国際的」な活動主体であると認識していたことを示すものであると言えよう。

しかしながら、先に論じた一四・一五世紀におけるハンザの諸実行やその評価の場合と同様に、以上の事柄はハンザやその構成都市が「主権」を有することを意味しないことは確認されなければならない。なぜならば、先に挙げた一六一八年のザクセン選帝侯との「和議」(Vergleich) において「自由帝国都市にして連合したドイツのハンザ諸都市」として表現され、或いは一六四五年及びその翌年のオランダとの条約において、「帝国及び皇帝に対するものではない」（両条約共に第二条）とされており、これらの事実は（仮にそれが名目的なものであったとしても、そして、ハンザが帝国及び皇帝の意思からかなり自由に外交（戦争）を行っていたとしても）、当該条約の当事者間ではハンザを帝国国制内の存在として認識していたことを示すものと考えられるからである。そして、このような認識の存在については、一七・一八世紀の法律家にとって何よりも重要であると思われた問題は、ハンザが帝国国制上合法な同盟 (ein verfassungsmäßiger Verband (*"foedus"*・*"societas"*・*"collegium"* 等)) なのかというものであったという旨の指摘[134]によっても裏付けられるのである。

結局のところ、ハンザ自体（そしてまた、その活動を実際に担ったリューベック・ハンブルク・ブレーメンの三都市）の外交能力は帝国の内外において疑念を持たれるものではなかったものの、ドイツハンザ都市は皇帝や各々の上級領主に従属しており、法的には帝国国制の枠内の存在として認識されていたのである。[135]

しかも、ウェストファリア講和会議の時点においてハンザの中心であった三都市の中で、ハンブルクやブレーメンであってすら、それらの帝国都市（Reichsstädte）としての地位は争われざるものではなかった。[136] 即ち、ハンブルクは一六一八年に帝国最高法院により帝国直属資格を認められていたが、一六四一年のレーゲンスブルクにおける帝国都市会議（Stätdekurie）で議席を与えられなかったことや、一六四五年にデンマークの抗議に屈服してオスナブリュックにおける講和交渉に出席できなかったことに見られるように、「一七世紀中葉であっても、ハンブルクの帝国直属資格は未決定のままだった」のである。[137] また、ブレーメンの帝国直属資格は一六四六年に付与されたのであって、[138] ウェストファリア講和会議にハンザ三都市がオスナブリュックに到着した時点（一六四四年末）では当該資格を認められていなかったことになる。[139] したがって、当時の「ハンザ代表団」の中ではリューベックのみが疑念の余地なき帝国都市として参加し得たことになるのである。[140]

以上に見てきたことから、ハンザ自体（そして、その活動を実際に担った、少なくとも前述の三都市）は、対外的には条約締結主体としての地位を認められていたにも拘らず、それは常に帝国国制の法的枠組の中に留まるものであったことが理解される。そして、このような近代国際法理論からすれば一見矛盾する法的地位に立ちつつ、ハンザはウェストファリア講和会議に参加したのである。

4　ウェストファリア講和会議におけるハンザ

三十年戦争当初、ハンザ諸都市は中立を維持しようとしたが、戦争の経過に伴って次第に戦乱に巻き込まれていった。[141] そして、最終的にこの戦争はハンザ全体とその各構成都市に深刻な影響をもたらしたのであり、三十年戦争をもってハンザはその歴史を事実上閉じるとする評価は根強い。[142]

ハンザが通商活動を自己の存続基盤とし、大規模な戦争の継続はその基盤の破壊を意味することから、ハンザが講和を希望したことは当然のことであった。[143] また、前項で見たようなハンザとしての「外交」上の権能をも考慮するならば、ハンザが欧州初の一般的外交会議であるウェストファリア講和会議に参加することもまた当然のようにも思われる。そこで、以下では、ウェストファリア条約のハンザ関連規定の評価を行う前に、ハンザの講和会議への対応について触れておきたい。

ハンザの主たる（そして実質的にはそれらのみである）活動都市であったリューベック・ブレーメン・ハンブルクは、講和会議への「ハンザの名における」(*nomine Hansae*) 参加を一六四三年の中頃には決定していた。しかし、ハンザの会議参加には皇帝及び帝国諸侯の反対があり、また、ハンザ内でも内陸部最大のハンザ都市であるケルンを代表団に含めるための交渉が行われるものの、結局、ケルンが参加を拒絶するなど、会議参加への道程は平坦ではなかった。そして、フランス及びスウェーデンによる参加招請を経て、リューベックの市法律顧問 (Syndikus) グロクシン (Dr. David Gloxin) を中心とするハンザ代表団がオスナブリュックに到着するのは一六四四年一二月後半になってのことであった。(144)

それでは、ハンザ代表団の会議参加の目的は何であったのであろうか。ハンザ代表団に対してリューベック市参事会 (Rat) から講和会議全般に関する訓令は伝達されていないようであるが、外交文書等に基づいて著された或る研究によれば、その交渉目的は次の四点に纏められ得るという。即ち、①帝国都市の法的地位の強化、②講和条約への参加を通じてのハンザの承認、③現存する通商上の負担の撤廃と新たな負担の導入の阻止、④帝国都市の宗教決定権の保障、である。(145)

以上の四点が何れも重要であることは理解される。しかし、ハンザ構成都市が通商を自己の存続基盤としていることを考慮するならば、特に第三点が最重要であったものと推定される。実際に、皇帝の全権使節であったランベルク (Johannes Maximilian Lamberg) 及びクラーネ (Johann Krane) から皇帝に宛てられたオスナブリュック発一六四五年一月二日付報告では、次のように記されている。

「リューベック・ブレーメン・ハンブルクの代表が先週到着した。彼等は一二月二九日に我々に信任状を呈示したが、その際に彼等は次のように述べた。それらの諸都市がその代表団を全ハンザ都市の名において派遣したが、それは自らが条約当事者となることを意図するものではなく、通商とそれについて有する諸特権の維持というそれら諸都市の多くの利益に関して、そしてそれと共にそれらが条約のもとで守られ得ることに関しての必要な情報を皇帝の使節に伝達することのみを意図している、と。[146]」

この報告からは、講和会議参加の当初からハンザ諸都市は、条約当事者となることよりも、通商上の利益・特権を維持又は回復することを主要な目標とする旨を公言していたことが理解される。更に、これに続き、同月一九日付（オスナブリュック発）ランベルク及びクラーネ発皇帝宛報告では、ハンザ代表団が皇帝使節に対して、スウェーデン及びデンマークがバルト海での全通商を遮断しており、それがハンザ諸都市のみならず、皇帝及び帝国全体に甚大な損害を与えている旨を訴えたことが記されている。[147]

以上の事実から、その真の意図がいかなるものであったにしろ、ハンザの代表団が公言していた彼等の講和会議における目的は通商活動及びハンザの特権の回復・維持であったことが理解される。[148]そして、この目的自体は通商都市としては当然とも考えられるが、特に、三十年戦争の過程で各国王や領主によって多様な税が新たに課され、或いは既存の税がより重いものとされたという事情により、その切実さは増大していたものと考えられる。そのような都市の負担増大に関しては、次のような事例がある。

一六二八年にヴァレンシュタイン麾下の皇帝軍に攻囲され、更に都市内に動揺が発生したシュトラルズントは同年七月にスウェーデンとの「同盟条約」[149]を締結しているが、これによってスウェーデン国王はドイツ侵攻のための橋頭堡を獲得し、更にバルト海沿岸地方の穀物取引を自己の管理下に置く可能性を持つに至り、実際にそれらに高率の関税を導入した。[150] また、より一般的には、ドイツ諸都市の財政負担は戦前のそれを大幅に上回っていたという。[151]

このような事情から、三十年戦争中に発生した多数の通商に対する障害を除去することは、ハンザ諸都市（そして、ドイツ都市一般）にとって極めて重要な目的として認識され、それが前述のハンザ代表団が皇帝側使節に訴えた事柄に反映されているものと考えられるのである。[152]

(三) ウェストファリア条約におけるハンザ関連規定の評価

既に確認された通り、「ハンザ諸都市」は、ハンザ代表団をウェストファリア講和会議に参加させ、その結果、皇帝側及び瑞側の双方で「この講和に含まれる」者（IPO第一七条第一〇・一一項）とされた。（但し、「ハンザの名における」署名は行われていない。）また、それのみならず、ハンザ諸都市が帝国内で三十年戦争以前に有していた独自の航行及び通商の自由といった特権を瑞女王により保証される旨のハンザを明示的名宛人とする条項と共に、帝国内での通商復興のための諸措置やライン河通航の自由を保証する条項（そこでは、ハンザは明示的名宛人とはされていない。）も設けられた。これらの条項は、通商上の利益確保の前提を提供するものと解されるのである。

これらの諸規定は、ハンザがウェストファリア講和会議において第一の目的としたと考えられる通商上の利益・特権の維持や回復がかなりの程度達成されたことを意味する。[153]（当然のことながら、ハンザを名宛人としない規定に基づく利益や特権は個別の都市にとっても重要である。）その点でハンザの会議参加は、その地位や「ハンザの名において」の署名が行われなかったといった形式的問題点は別として、[154] 実質的な成果をあげたものと評価できよう。

しかも、このような「外交上の成功」は西蘭間の講和条約においても観察される。即ち、一六四八年一月三〇日のミュンスター条約の第一六条では[155]（西蘭間の条約であるにも拘らず）「スペイン王国及びスペインに服属する領域」において同条約によりオランダ（人）に認められた航行及び通商に関する諸々の特権や自由を全てのハンザ諸都市 (*Civitates Hanseaticae*) 及びその市民に与える旨が規定されたのである。（同条では、ハンザ諸都市がスペイン領内で享受する特権や自由をオランダ（人）に許与する旨も規定されている。）

このようにして、ウェストファリア講和会議においてハンザは多大な成果を収めている。そして、この点においてハンザは「国際法的な承認の最高潮[156]」に達したとも評価される。しかし、この成果はハンザにとって大いなる歴史的皮肉であるとも考えられている。なぜならば、この成果はハンザが経済活動主体としての最盛期を過ぎて既に久しく、また、三十年戦争中にハンザ全体の利益が「次第に亡霊に等しいものとなった[157]」という状況のもとで獲得されたものだからである[158]。つまり、名目的には正式に条約中に名を挙げられ（これはハンザが当時の国際関係における活動主体であることを承認されたものと解し得る[159]。）、経済的利益の確保に役立つ条項を設けることに成功しながら、実質的にはそれらの成果を充分に活用することのないままに、歴史の表舞台から去って行くことになると考えられているのである。

確かに、次に本章の「まとめ」で確認するように、「中世の存在」としてハンザ（そして自治都市一般）を理解する通説的見解に従うならば、ウェストファリア講和会議（及び条約）についてのハンザの「歴史的皮肉」は妥当な解釈となろう。但し、この解釈を支持するためには、更に一七世紀中葉以降の「国際」関係におけるハンザの活動を検証する必要があろう。しかしながら、（本書の構成上）この点は第二部に譲ることとし、本節ではウェストファリア条約におけるハンザ関連規定がハンザにとって重要な外交上の成功であったことを確認するにとどめることとしたい。

まとめ

歴史研究一般において、都市やハンザは「中世」の文脈の中で論じられることが多く、近世以降の存在として扱われることは極めて少ない。[160] このことを例証するものがハンザの通史的記述を試みる著作における近世のハンザの活動についての記述量であり、それらは極めて簡略化される傾向にある。例えば、代表的なハンザ研究書であるドランジェ (Ph. Dollinger) の著作では本文四八六頁の内で、三十年戦争とハンザの終末には一〇頁が当てられているに過ぎない。[161] また、フリッツェ (K. Fritze) らによる『ハンザ史』も「三十年戦争とハンザの終末」と題する章は本文全二三〇頁の内七頁を占めるに過ぎない。[162] 更に、ツィークラー (U. Ziegler) の『ハンザ』では、本文全三四四頁中「終末（一五五五年から一六六九年）」と題する節で僅かに四頁の紙幅でハンザの最後期の一世紀以上の期間が記述されている。[163] そして、他の類書も同様である。[164]

国際関係史研究においても、近世以降の時代の事象を考察する際の研究対象から都市やハンザは除外される傾向にあり、そこにもそれらを「中世的存在」として捉える共通認識が存在しているものと推測される。このような認識はまた、欧州における（三十年戦争を含む）一七世紀前半の長期の紛争を「国家形成戦争」(Staatsbildungskrieg) とする見解[165]によって強化されることになる。なぜならば、これに従うならば、非国家的主体である都市やハンザがこれらの紛争の過程でその独自の地位を喪失することが必然的帰結であると理解されることになるからである。[166]（逆に、個別の都市史研究においても、一七世紀前半までの都市の（自由及び自治を喪失し、領邦権力に組み込まれたという意味において）没落を実証するものは多い。[167]）

しかしながら、本章で確認したように、三十年戦争期においても都市及びハンザは条約締結をはじめとする多様な分野で自立的な活動を展開している。その結果として、本章で以上に考察してきたウェストファリア条約におけるハンザを含む都市関連諸規定が存在するのである。そして、一七世紀中葉までの都市及びハンザの実態と同条約の諸規定から、本書の問題意識との関連において幾つかの指摘が可能となる。（勿論、都市とハンザを一括して論ずることは、ウェストファリア講和会議の経緯からするならば、必ずしも妥当でない場合があることが予想される。そのため、ここでは両者を一括して論じ得る限りにおいての指摘を行うこととする。）[168]そしてその際に、近代国家の形成との関連という側面と近代国際法の生成との関連という側面に分けて論ずることとしたい。

1　近代国家の形成と都市及びハンザ

先ず、近代国家の形成との関連においては、ウェストファリア条約締結当時において近代国家や包括的・抽象的観念としての近代的な「主権」観念が（少なくともドイツ地域では）依然として未成立である点が指摘される。このことを示す事柄を幾つか論ずることとする。

中世ドイツ都市は通商の要衝乃至は市場としての機能を担いつつ発達した。その機能が固定された空間を本質的に必要としないという点で、都市は非領域的存在であると言える。確かに、都市も自らの領域を市壁の内側に有したし、それのみならず周辺にも支配地を有する場合もあった。しかも、当該支配地では農村形成と農業生産が行われもした。しかしその目的は、（緩衝地帯設定による）交易の安全確保であり、また（食糧調達というよりも商品としての穀物生産を目指したとされている。[169]つまり、その本質において、都市は、通商の要衝及び市場機能、即ち経済活動を目的とした存在であり、その意味で「機能的存在」として理解可能である。[170]

それに対して、領邦（帝国等族）は、領域（Territorium）を基盤するという意味において、領域的存在であった。通常、ドイツにおける近代国家の形成は、領邦を単位として進展すると理解されてきており、そうであるからこそウェストファリア神話が受容されてきたのである。そして、近代国家の特性が「領域」（領域国家）と「主権」（主権国家）によって表現されるとするならば、その領域を確定させ、その領域内で主権を確立することの裏面には、都市のような機能的存在の否定（消滅）が必要であったことになる。近代国家の形成過程とは、機能的存在が領域的存在に包摂されていく過程を意味するとも解されるのである。(171)

ウェストファリア条約の都市関連規定の中に見出される事柄は、都市の消滅とは全く異なる現象である。講和会議への参加、講和条約への署名そして批准という行為を通じて都市の自立的対外関係処理能力が依然として存在することが証明され、ハンザや都市の旧来の自由及び特権が確認されただけではなく、自由帝国都市の「帝国等族」としての地位及び「議決権」の承認のように実質的に権利の拡張を意味する規定までもが存在する。更に、都市の「領域権」の承認を加えるならば、少なくとも自由帝国都市の法的地位は他の帝国等族（領邦）とかなり近似したものとされたと考えられるのである。

次に、都市やハンザが「主権」を有したとは言えない点も確認されなければならない。

確かに、その最盛期において、都市やハンザは、自己の主体的判断のもとで戦争の遂行や条約の締結を行い、(172)多様な自由及び特権を保持しつつ、皇帝や上級領主からの干渉を排除し得た。そして、それらの自由や特権の若干はウェストファリア条約において確認されている。しかし、これらの能力や特権及び自由は、主権に包含され得る個別的権能ではあっても、「主権」それ自体を意味するのではない。近代的な主権の観念は包括的・抽象的観念であって、その個別具体的権能（裁判権・課税権・貨幣鋳造権等）をどれほど挙げることができたとしても、それは主権観念自体を説明することにはならないのである。

また、近代的主権観念は（少なくとも、自己の領域内における）最高性と絶対性の観念を具有し、その結果として、主権者は上位者を認めず、それと同時に観念的に平等な地位に置かれる。本章で検討された自由帝国都市やハンザの諸々の実行やウェストファリア条約の都市関連規定から理解される事柄は、それら都市やハンザが帝国国制の枠内の存在として活動し、またそのようなものとして条約上の権利を享受しているということである。帝国国制の頂点には皇帝が存在し、自由帝国都市は、仮に帝国直属身分を認められることによって事実上自立した存在になろうとも、依然として皇帝を上位者として承認しており、したがって主権者たり得ない。

2　近代国際法の生成と都市及びハンザ

ウェストファリア条約の当事者となった都市やハンザは、他の条約当事者である帝国等族のみならず、皇帝や国王との、条約当事者であるという次元では同一の立場に立ち得る程の自立した法的地位を保持していた。そして、本章で示されたように、多数の「条約」の当事者として都市やハンザが登場している。このような事実から、それらを国際法上の存在として論ずる余地が発生する。とりわけ、ハンザの活動の「国際性」に注目し、ハンザを国際法上の存在とする見解が多数提示されている。

確かに、都市やハンザが締結した「条約」が近代国際法上の条約に該当するのか否かも問題とすることは可能であろう。しかし、この問題設定は、近代国際法理論を基準として、それを過去の一定の状況に適用して、それを評価することになる。より重要なことは当時の観念としては、このような存在が帝国国制上は皇帝に従属しつつも「国際的」活動主体であることを承認され、帝国の他の等族との間や皇帝や自己の上級領主ではない国王との間でも「条約」を締結し得たという事実である。つまり、「国際的」活動主体が「国家」に一元化されず、「国際法主体」が「平等」であるという観念が妥当しない状況の中で多様な活動主体間での「非対称な関係」の中で「条約」が締結されていたという事実は、一六四八年の状況においては未だ近代国際法理論が妥当し得ないものであったことを示している。(173)

ウェストファリア条約やそれによって設定された社会関係（「ウェストファリア＝システム」）は、仮に（「神話」がいうように）帝国等族が主権的存在であるとしても（実際には、前章で示された通り、そうではないのであるが）、主権的存在のみから構成される近代的国家関係とは異なり、都市という自立（自律）的権力を、そしてハンザのような特異な存在をも依然として内包したままなのである。

（1）ウェストファリア条約においては、一般的に「都市」を指す場合には *"civitas"*（例えば、IPO第一六条第一八項（IPM第一〇九条第二文））が、自由帝国都市を指す場合には *"liberae Imperii civitates"*（例えば、IPO第八条第四項（IPM第六五条））が各々用いられている。但し、IPO及びIPMの署名欄では、例えば、シュトラスブルク、レーゲンスブルクやリューベックには *"respublica"* シュパイアーやランダウには *"civitas"*、そしてコルマルやドルトムントには *"libera Imperialis civitas"* が都市名に加えられている。

「自由帝国都市」(*libera Imperii civitas*) の観念を理解するためには、ドイツ都市の起源に若干遡って説明する必要があるが、この問題については、差し当たり次の文献を見よ。Planitz (1965), 1–23, 35–46 *et* 60–70: Köbler (1973), 61–76: Mitteis (1988), 277–287: 高村 (1980, a)、四頁。尚、中世以来継承されてきた「自由都市」と「帝国都市」の名称の区別が失われる時期について、コンラートは、近世のこととし、それを例証するものとして、一五〇〇年及び一五二一年の帝国統治院規則 (Regimentsordnung) (*Zeumer* (1913), 297–306 *et* 318–324.) や一五八二年の帝国最終決定 (Reichs-Abschied) ではそれらが別個に使用されていたのに対して、IPOでは「自由帝国都市」とされていることを挙げている。(Conrad (1963), 494.) しかし、プーフェンドルフの『ドイツ帝国国制論』（一六六七年）では、帝国都市について論ずる第三章第一三節において、*"numerus liberarum urbium, quae, quod nulli Statuum, sed Imperatori et Imperio immediate subsunt, Imperiales vocantur"* 或いは *"inter liberas civitates"* (Pufendorf (1667), c.III, §13.) といった表現（即ち、「自由都市」）が使用されていることから、ウェストファリア条約以後に「自由帝国都市」という用語が一般的に使用されていたとすることはできないように思われる。

（2）尚、実際に講和交渉に自己の代表を参加させた自由帝国都市の数について、第一部第一章註（14）を見よ。

（3）IPO及びIPMについての都市の批准状況は、次の文献に示されている。*APW*, III, B, i (Nr.24), 182–185: *APW*, III, B, i, (Nr.5), 58–61. ウォーカーによれば、ウェストファリア条約では、法的に帝国直属資格を有する都市が五一挙げられているという。Walker, M. (1971), 20.

（4）援助金・軍税・免焼金・軍隊駐屯費用等々の名目で都市から軍費が調達された。三十年戦争中の都市収奪の実態については、次の文献を見よ。佐久間 (2001)、二一五–二三一頁。

（5）Langer (1987), 1068. ランガーは、ウェストファリア講和会議における諸都市の共通した目的となった事柄として、帝国国制の維持の他に、帝国及びその他の諸国における水上及び陸上の通商拠点の確保、軍隊の補償と退去の問題の解決、更に宗教講和の法的解決の達成を挙げている。Langer (1987), 1069–1071.

（6）本章第二節で論ずる通り、ウェストファリア講和会議にハンザの使節としてリューベック・ブレーメン・ハンブルクの代表が派遣される。しかし、ハンザとしての署名は行われず、これら三都市の内ではリューベック代表のみが「リューベック市の名において」(*Nomine Reipublicae Lubecensis*) 署名している。

（7）尚、以下本書におけるハンザに関する記述は、次の拙稿に基づいている。明石 (2006): Akashi (2008).

（8）但し、ＩＰＯ及びＩＰＭの第二条はそのような名宛人が明示されていない。

（9）ウェストファリア条約における *"ius superioritatis"* という文言が有する問題点については、前章第三節㈢を見よ。

（10）IPO, VIII, 4 (IPM, 65): *"Tam in universalibus vero quam particularibus diaetis liberis Imperii civitatibus non minus quam caeteris statibus Imperii competat votum decisivum, iisque rata et intacta maneant regalia, vectigalia, reditus annui, libertates, privilegia confiscandi, collectandi et inde dependentia aliaque iura ab Imperatore et Imperio legitime impetrata vel longo usu ante hos motus obtenta, possessa et exercita cum omnimoda iurisdictione intra muros et in territorio, cassatis, annullatis et in futurum prohibitis iis, quae per repressalias, arresta, viarum occlusiones et alios actus praeiudiciales sive durante bello quocunque praetextu in contrarium facta et propria autoritate hucusque attentata sunt sive dehinc nullo praecedente legitimo iuris et executionis ordine fieri attentarive poterunt. De caetero omnes laudabiles consuetudines et Sacri Romani Imperii constitutiones et leges fundamentales inposterum religiose serventur sublatis omnibus, quae bellicorum temporum iniuria irrepserant, confusionibus."*

（11）自由帝国都市が「議決権」を有すべきことについては、一六四五年一二月の *"Gravamina Politica"*（プロテスタント派等族と都市が共同で作成）に明示的に挙げられている。(*APW* (Meiern), I, 825.（この点については、次の文献も見よ。Buchstab

(1976), 62.) また、*APW* (Meiern), II, 98–172 に掲載されている同（四五）年一二月の交渉概要 (Summarischer Inhalt) の中でも、都市の議決権 (Votum) についての記述がある。(*APW* (Meiern), II, 104.) 更に、この時期の諸侯会議において（場合により、各都市の代表と合同で）かなり頻繁にこの問題が論じられている。若干の例として、*APW* 中の次の箇所を見よ。*APW*, III, A, iii–2, (Nr.53), 271–287; (Nr.54), 295–305; (Nr.76), 412–441.

(12) 都市領域については、本章後註（27）を見よ。

(13) IPO, V, 29 (1): "*Liberae Imperii civitates, prout omnes atque singulae sub appellatione statuum Imperii non tantum in pace religionis et praesenti eiusdem declaratione, sed et alias ubique indubitate continentur, ...idem cum reliquis statibus Imperii superioribus ius habeant...*"尚、この規定はＩＰＭ第四七条により、ＩＰＭの当事者にも準用される。

(14) ポシュテルはＩＰＯ第五条第二九項により「[自由帝国都市が] 明示的に帝国等族に加えられた」とする。Postel (1998), 536. この点については、次の文献も見よ。Spies (1982), 119–120 *et* 123.

(15) コンラートによれば、自由帝国都市の裁判権は売買ではなく皇帝との間での質権の設定 (Reichspfand) という方法でのみ取得され得たため、ＩＰＯ第五条第二七項において質権が設定されていた財産 (*bona*) で、三十年戦争中に先行する法律関係を考慮することなく又は元金を支払うことなく占有されたものについて、直ちに全て返還されるものと規定されたことによって、自由帝国都市の裁判権も保護されれものと解されるという。(Conrad (1963), 495.) その意味では、同項も自由帝国都市の権利を規定していることになる。

(16) ＩＰＭ第七三・七四条により仏に移譲される諸都市については、前々章第一節(二)1を見よ。

(17) これらの他、スウェーデンに自らの領地の一部を放棄させられたブランデンブルク選帝侯のための補償措置に伴う、マグデブルク市の自由及び特権の保全に関するもの（ＩＰＯ第一一条第八項）が挙げられる。

(18) この点については自由帝国騎士も同様であり、等族や都市に関する規定とは別個の規定が設けられている。（例えば、ＩＰＯ第四条第一七項、第五条第二八項を見よ。）

(19) シュミットは、「[ウェストファリア] 条約は政治的自立 (politische Selbständigkeit) を帝国等族に対してのみ保証したのであり、したがって、[都市としては] リューベック・ケルン・ゴスラル (Goslar)・ドルトムント・ミュールハオゼン (Mühlhausen)

及びノルトハオゼン (Nordhausen)、そして制限された範囲でハンブルク・ヘルフォート (Herford) 及びブレーメン」のみが保証されたとしている。Schmidt, G. (1998), 42.

(20)　帝国等族の同盟条約締結権に関しての詳細は、前章第三節(一)を見よ。

(21)　この場合、前述のウェストファリア条約の恩恵の都市への適用を認めた規定（ＩＰＯ第一六条第一八項（ＩＰＭ第一〇九条第二文））との関連により、自由帝国都市（更には、都市一般）にも同盟条約締結の権利が認められるのではないかとの解釈も存在し得る。しかし、この準用規定は、典型的にはＩＰＯ及びＩＰＭ各々の第一条のような一般原則に関する規定を対象とするものと考えられる。また、自由帝国都市に限って付与された議会での投票権（及びそれにより確保される皇帝に対する同意権）が、帝国等族の同盟条約締結の権利を規定している同じＩＰＯ第八条の中に置かれており、両者の権利を対比させていると考えられることからも、自由帝国都市そして都市一般には同盟条約締結権は認められないものと解すべきである。

(22)　ウェストファリア講和会議における帝国都市の「議決権」を巡る交渉経過については、次の文献が詳しい。Buchstab (1976), 127–142.

(23)　都市の起源については多様な説が存在するが、そこに何らかの共同体が存在し、それが主体となって都市君主（国王・司教等）からの特許の獲得が、（その獲得過程もまた多様であっても）自治都市の成立に大きな意味を持ったことについては争いがないものと思われる。尚、現在伝えられている最古の特許状は、一〇六六年のユイ (Huy) 市の特許状であるとされており、その内容については、林 (1978)、一四〇–一四八頁を見よ。

(24)　本章前註（1）に挙げられた文献を見よ。

(25)　単純にドイツ都市の総数だけを比較しても、一一世紀に約五〇であった都市が一四世紀には約四千にまで増加しているという説もある。Czok (1968), 14.

(26)　中世都市の人口規模の大小は相対的な問題であり、それについての絶対的な尺度は存在しない。また、それらの数字がどれほど信頼に足るものかは、その算定の基礎となった資料との関係で判断されるのであって、確定的に述べることは困難である。それでも、一応の目安として、エネンによる説明を紹介しておきたい。それによれば、中世都市は、その人口が一万以上であれば大都市、二万を超えれば主要都市とされ、二千乃至一万で中都市、五百乃至二千で小都市、そして五百未満では微小都市と分類されるという。そして、一三・一四世紀のドイツ帝国内で最大の都市であったケルンの人口はその最盛期に約四万であり、また低地地方南部では一四世紀にトゥールネ (Tournai) が四万乃至五万、ヘント（ガン）が六万に達する人口を擁していたのである。(Ennen (1975), 199–203.) 因みに、ウェストファリア講和会議の舞台となった両都市は、共にヴェストファーレンの司教都市であり、当時の住民数は一万に満たなかった。

(27) 都市は、市壁で囲繞された土地 (Stadtmark) 以外に領域を全く有さなかったのではなく、都市に従属する領域 (territorium) を有する場合もあった。コンラートによれば、そのような領域は大都市（アーヘン・ブレーメン・フランクフルト・ハンブルク・リューベック・ニュルンベルク・シュトラスブルク・ウルム）のみならず、中小都市（プフレンドルフ (Pfullendorf)）にも存在したが、実際に支配権を及ぼしていた都市は少数（ロットヴァイル・シュトラスブルク（一六八六年まで）・ウルム）であり、他は殆ど名目的なものだったという。Conrad (1963), 497.

(28) まさに、都市は常に「変転の中の都市」(Städte im Wandel) であったのである。Ennen (1975), 223.

(29) 林 (1978)、一三七頁。

(30) 封建社会において裁判権の担い手であることは、様々な面において重要な意味を有した。その一つとして、裁判権が重要な収入源を意味したことが挙げられる。しかし、それ以上に重要な点は、当時の裁判権は現代の司法権よりは遥かに広い内容を有するものであり、それが封建的支配関係を維持するための基礎であった点である。これについては、「一切の政治的権力が裁判に基礎づけられていたばかりでなく、すべての権利は裁判権を伴い、すべての権力は裁判権を通して機能した」とされ、「裁判権は中世における一切の支配関係の維持者であり、従ってその構造を理解するための鍵」とまで言われている。（堀米 (1976)、二一九頁。）また、「近世に入ってまで、裁治権 (*juridictio*) とは領邦高権一般を意味した」（クレッシェル (1982)、一四〇九頁。）という。それゆえ、我々が都市の法的地位を論ずる際に、裁判権が都市に存したか否かという問題は、極めて重要となるのである。

(31) 林 (1978)、一三七頁。

(32) Ebel (1988), 54–55.（尚、Ebel (1988) からの引用（及び参照）部分の訳語はエーベル (1985)、八八–八九頁に従った。）

(33) Mitteis (1988), 280.

（34）Ennen (1975), 223–224.（尚、訳出に際しては、エネン (1987)、三一二頁を参考にした。）

（35）Ebel (1988), 54–55.

（36）「同盟権」の重要性については前章第三節㈠において論じられた。

（37）Maurer (1869–1871), III, 13.

（38）ロンカリア法は次の文献に収められている。*Zeumer* (1913), 15–18.

（39）*Zeumer* (1913), 50.

（40）第一五条 (Cap. XV.)。*Zeumer* (1913), 205.

（41）第一九条。*Zeumer* (1913), 219. これらの同盟禁止令については、既述の帝国等族の同盟権に関する議論（前章第三節㈠）も見よ。

（42）プラーニッツによれば、これらの同盟の基盤として、一一・一二世紀において各都市の市民が自らの都市領主に対抗して結成したアイヌンク (Einung) が存在し、それは更に中世の誓約共同体 (*conjuratio*) に起源を有するとされる。Planitz (1971), 195–197.

（43）*Zeumer* (1913), 89. ライン同盟には七〇以上の都市が参加したが、それが大空位時代における「帝国改造の企図」であるとの評価もある。Czok (1968), 14.

（44）*Du Mont*, II, i, 154–155. この同盟は、翌（一二八二）年五月に更に三都市を加えて、一〇年間の相互援助同盟とされている。*Du Mont*, II, i, 172–174.

（45）*Du Mont*, II, i, 159–160.

（46）例えば、マオラーは、一二五四年のライン都市同盟、一二六五年のヴェテラオ諸侯・都市同盟 (der Bund der Herren und Städte in der Wetterau)、一二七三年のライン・ヴェテラオ都市同盟 (der Bund mehrerer Städte am Rhein und in der Wetterau)、一二七八年のエルザス・ライン・ヴェテラオ諸領邦君主及び一七都市同盟 (der Bund mehrerer Landherren mit 17 Städten im Elsass, am Rhein und in der Wetterau)、一二八五年のヴェテラオ都市同盟 (der Bund einiger Städte in der Wetterau)、一四世紀のブライスガウにおけるフライブルク・フィリンゲン・ロットヴァイル等々の都市同盟 (die Städtebündnisse von Freiburg,

Villingen, Rottweil u.a.m. im Breisgau)、一四・一五世紀のバーゼル・シュトラスブルクの相互間及びシュヴァーベン・ライン諸都市との都市同盟 (die Bündnisse der Städte Basel und Strassburg unter sich und mit den schwäbischen und rheinischen Städten)、一三〇八年及び一三九六年のブランデンブルク及びベルリンを中心とする一四マルク都市の同盟、及びハンザ都市同盟 (der hanseatische Städtebund) を挙げている。Maurer (1869–1871), III, 14.

(47) Mitteis (1988), 288.

(48) Bog (1953), 88.

(49) 但し、エルザスの一〇都市同盟 (Zehnstädtebund) とハンザは例外的存在として挙げられ得る。エルザスの一〇都市同盟は、一三五四年に皇帝（カール四世）の同意を得て結成され (*Du Mont*, I, ii, 292.)、三十年戦争中も存続した。そして、（前々章第一節㈡1で確認されたように）ウェストファリア条約によりこれらエルザス諸都市は仏王国及び仏国王に移譲され（ＩＰＭ第七三条）、その後同盟は衰退過程を辿る。(Mitteis (1988), 288.) また、次節で論じられるように、ハンザは元来遠隔地商人の協同組合的団体であったものが一四世紀中葉から政治同盟化し三十年戦争中も、（そしてそれ以降も）存続するのである。

(50) *Du Mont*, V, ii, 231–233.

(51) *Du Mont*, V, ii, 85–86.

(52) *Du Mont*, V, ii, 266–271.

(53) 同様の例として、三十年戦争勃発直前の一六一八年四月にエルフルト市がマインツ選帝侯とルター派信仰の自由について合意した文書 (Accords-Puncta) も挙げられよう。*Du Mont*, V, ii, 312–315.

(54) *Du Mont*, V, ii, 549–551.

(55) *Du Mont*, VI, i, 114–115. また、コルマルは一六四四年五月にルイ一四世と同盟及び保護の更新と継続のための条約を締結している。（第一条によれば、帝国都市コルマルは一六三三年の「ハイルブロン同盟」（同年九月五日付で仏・瑞と帝国の四クライス間で批准）を支持する宣言を行っているとされており、同市が三十年戦争における対ハプスブルク陣営に完全に組入れられていることが理解される。）*Du Mont*, VI, i, 299–300. 尚、コルマル市は前述のエルザス一〇都市同盟の加盟都市の一つである。*Croxton and Tischer* (2002), 70.

（56） *Du Mont*, V, ii, 598–599.

（57） Spies (1982), 120 によれば、この条文はリューベックの法律顧問 (Syndikus) グロクシン (Dr. David Gloxin) によって提示された妥協案の結果であるという。

（58） ウェストファリア条約における身分間の平準化という点では、帝国騎士身分 (Reichsritterschaft) が帝国都市との同格化を要求した問題も挙げられる。(Spies (1982), 119–120.) 講和会議におけるこの要求は帝国都市側が拒絶した。(Langer (1987), 1063.)（この問題に関するニュルンベルク代表の見解を見よ。*APW*, III, A, vi, (Nr.73), 335.）しかし、最終的にはＩＰＯ第五条第二項第二文及び前註で示されたように、妥協が成立したのである。

（59） 自由帝国都市が帝国等族とされたとする解釈については、次の文献を見よ。Postel (1998), 536: Spies (1982), 119–120 *et* 123.

（60） そして、諸都市の代表が帝国議会に参加する場合であっても、彼らは実質的審議から排除されることがあった。例えば、一四九五年のヴォルムス帝国議会における帝国改革に関する審議の過程で、永久ラントフリーデと帝国最高法院規則について都市は全く知らされておらず、また、帝国最高法院の裁判官の等族への割当に際しても都市は排除されたという。勝田 (1972)、三二一–三二五頁。

（61） Conrad (1963), 495–496.

（62） Bierther (1971), 7.

（63） Spies (1982), 120–121.

（64） Neugebauer-Wölk (1990), 32. 前章第三節㈡で触れられたように、帝国議会は三つの身分別部会、即ち、選帝侯部会、諸侯部会及び帝国都市部会から成っていた。

（65） IPO, X, 16: "[I]*nterque eos civitatibus Anseaticis eam navigationis et commerciorum libertatem tam in exteris regnis, rebuspublicis et provinciis quam in Imperio integram conservabunt, quam ibi ad praesens usque bellum habuerunt.*"

（66） ウェストファリア条約以降のバルト海沿岸地域におけるスウェーデンの優越的地位については、第二部第二章註（88）を見よ。

（67） ＩＰＭ第八五条第二文は、「ライン両岸及び両岸に隣接する領域の荘民間の通商及び輸送は、一般に自由とする」と共に、

「ライン河の航行は自由とし、何れの当事者も、遡航又は下航する通航船舶に対して、阻止、留置、拿捕又は妨害を行うことは、商品を調査又は査察するために通常行われていた検査のみを例外として、いかなる理由によっても許されない」とした上で、「通常のものではない新しい租税 (*vectigalia*)・道路通行税 (*pedagia*)・橋通行税 (*passagia*)・関税 (*datia*) その他の同様な貢賦を、ライン河について課すことも許されず、この度の戦争以前にオーストリアの統治者の下で、その地で通常納付されていた正規の租税及び関税をもって、両当事者共に満足する」という規定である。

(68) ハンザの主要通商路は北海・バルト海にあったが、ライン河もまた重要であった。特に、ライン河岸都市であるケルンはライン河を通ずるイタリアからの香辛料や奢侈品とオーバーライン産ワインや北海産塩漬魚等々の集散地として重要な地位を占めた。また、リューベック商人ですらも陸路でリューベックとフランクフルトを結び、そこからマイン河経由でライン河に達する通商路を有していた。Dollinger (1984), 223–225.

(69) 「ハンザ」の名称に関して若干の説明を付しておきたい。

「ハンザ」(Hanse) という名称は、ラテン語の "*ansa*" (取っ手・柄) に由来するとされ (Henn (1999), 15.)、或いは "*cohors*" (「群」や「隊」、ドイツ語で „Schar") という意味で使用されていた (Hammel-Kiesow (2004), 27.) ともされる。ドイツにおいて「ハンザ」の名前がこの団体を示すために使用されたのは一三五九年のことであるという。(Gelsinger (1985), 90.) また、「ハンザ」は、「ハンザ同盟」(Hansebund) と称されることが多いが、「同盟」という名称は「軍事同盟」(そのような同盟が結成されたこともあるが) の意味合いが強く、(後述のように) この団体の実態には適合しない。また、「ドイツハンザ」――この名称は中世北ドイツ商人の仲間・組合 (商人ハンザ (Kaufmannshanse)) 或いは北ドイツ諸都市の経済組織 (都市ハンザ (Städtehanse)) 自らが称していたものとされる――とすることも可能だが、その場合には、ドイツ又は神聖ローマ帝国の域外にも存在したハンザ都市を排除することになってしまうであろう。(以上に関しては、高村 (1980, b)、三―七頁も見よ。) そのため本書では単に「ハンザ」とし、その構成員たる都市を指す場合には「ハンザ (諸) 都市」とする。

(70) *Taddy* (1983), 503. 更に、一四世紀までハンザ史の概観のために、次の文献を見よ。Ennen (1975), 174–191.

(71) Gelsinger (1985), 90.

(72) Postel (1999), 165: Fritze *et al.* (1985), 228. 「ハンザの設立期日は存在しない。なぜならば、ハンザは決して『設立された』

(gegründet) のではないからである。それは発生した (entstanden) のである。」Henn (1999), 19.

(73) Mitteis (1988), 289.

(74) 但し、ハンザの対外的勢力拡大が一四世紀に実現されているとしても、同時期（特に、一四世紀の最後の約三〇年間）に多数のハンザ都市がその内部で社会的・政治的闘争を経験していた点は注意されなければならない。Fritze *et al.* (1985), 132. この点に関しては、次の文献も見よ。Wernicke (1983), 176–179: 斯波 (1997)、三―一九頁。

(75) 一般的にはハンザの最盛期を一四世紀及び一五世紀とする説が受容されている。しかし、複数の異説が存在し、例えば、ロイシュナー (Leuschner (1983), 169.) はハンザの最盛期を一五世紀とし、ドランジェ (Dollinger (1998).) は一五世紀初頭にはすでにハンザには衰退（危機）の兆しが見えていたとする。

(76) Dollinger (1998), 117. ハンザ構成員資格に関しては、次の文献も見よ。Wernicke, (1983), 100–106.

(77) *Taddy* (1983), 503.

(78) Gelsinger (1985), 90.

(79) Leuschner (1983), 169.

(80) Du Boulay (1983), 133.

(81) この点については、次の文献を見よ。Spruyt (1994), 125.

(82) Dollinger (1998), 117.

(83) ハンザ構成都市の基準確定の難しさは、ハンザの通商活動を担った船舶、即ち「ハンザ船」とは何かという決定における困難を招く。このことは、船舶登録制度が未確立であった時代に、当該船舶に対する裁判管轄権・適用規範の決定や船舶の所有権者の確認等の法的諸問題がどのように解決されたのかという点で、別箇の研究対象を我々に提示することになる。

(84) 但し、このことはハンザが「武力」を保持しなかったことを意味するのではない。当時の船舶（商船）は短期間で軍用艤装が可能であったために、多数の商船を有したハンザ諸都市はかなりの武装艦隊を動員できたことになる。因みに、一五世紀のハンザの全船舶数は「八百乃至九百、最大一千」と推定されている。Krause, G. (1998), 210.

(85) ハンザの対デンマーク戦争については、次の文献を見よ。Fritze *et al.*(1985), 98–112. この戦争自体はハンザ側の勝利のうちに一三七〇年のシュトラルズント講和条約により終結するが、同盟は八五年まで延長されている。Dollinger (1998), 99. また、ケルン同盟及びシュトラルズント講和条約に関しては、高橋（理）(1980)、一〇三–一一四頁を参照した。

(86) 高村 (1980, b)、七–一〇頁。

(87) Henn (1999), 15.

(88) Wernicke, (1983), 168–169.

(89) Henn (1999), 15–16.

(90) Dollinger (1998), 125. 高橋は、ハンザ会議の開催は「一三五六年から一四八〇年までの間に七二回、つまり平均して一・七年に一回であった」としている。高橋（理）(1980)、一四三頁。

(91) Dollinger (1998), 124–125.

(92) Sprandel (1982), 272–276.

(93) ハンザ会議決議が全ハンザ都市を自動的に拘束するとの見解を提示している例として、次の文献を見よ。Wernicke, (1983), 33–34: Sprandel, (1982), 272–276.

(94) Pitz (2001), 408.

(95) Pitz (2001), 409.

(96) Pitz (2001), 421.

(97) また、ハンザが組織としては整備されたものではなかったという事実を勘案するならば、ハンザ会議決議の加盟都市に対する自動的拘束力の発生を承認するという見解は、拘束力を各都市の判断に委ねるという見解に比較して、根拠が弱いように思われる。

尚、ハンザ会議決議に関しては、その名宛人についての疑問も存在する。即ち、ハンザ会議決議は、都市（又は都市参事会）、都市民、都市商人の何れを拘束するのかという疑問である。（因みに、ハンザ会議決議の公示の必要性を巡る問題を条約の批准の要否を巡る問題と関連付けて論ずることも可能であろう。）

(98) ハンザの法的地位や観念の不一致を示す事例が、一四六八年に発生した英国王（エドワード四世）・ハンザ間の紛争である。

この紛争は、国王がロンドンのハンザ商人を勾留し、商品を没収したという措置を巡るものであるが、この勾留と没収は、それ以前に発生していた英国船襲撃にハンザ商人が加担していたことを理由とした（言わば連帯責任の観念を基礎とする）一種の報復的措置として別のハンザ商人に対して行われたものである。この事件において、英国側は"*societas*"、"*collegium*"、"*universitas*"といったローマ法の観念を援用しつつ「ドイツハンザ」(*Hansa theutonica*)を一体のものであるとして、自己の措置を正当化し、これに対してハンザ側はその何れもがハンザには妥当しない旨の反論を行ったのである。Cordes (2004), 245–247: Henn (1999), 15.

（99） Henn (1999), 16–22. エーベルによれば、ハンザ諸都市が内包した帝国法理論上の矛盾を解消乃至説明するために提示された理論が、自由帝国都市 (*liberae civitates imperiales*) と従属都市 (*civitates subditae*) との中間的存在として「混合都市」(*civitates mixtae: civitates mixti status*) という新たな類型を設定するものであったという。(Ebel (1940/41), 154–155.) つまり、既存の帝国法理論によってでは、ハンザは説明不能なものであったのである。（但し、この「混合都市」理論は帝国国制内の理論として援用可能ではあるが、ハンザと帝国国制外の存在との関係を規律する理論として援用可能であるか否かは別個の問題となる。それは特に、ハンザが（後述のような）独自の「外交」（戦争を含む。）を展開したという事実に対して、法的な説明を加える際に、大きな問題点となるものと思われる。）

（100） Fink (1936), 122.

（101） ハンザの没落の始まりを一六世紀とする理解は、既述のハンザの最盛期を一四世紀及び一五世紀とする通説に対応するものであり、またハンザの衰退が「新大陸発見」後の商業革命期に始まるとする理解に基づくものと思われる。確かに、商業革命により通商の形態・経路等が大幅に変更され、それがハンザにも影響を及ぼしたであろうことは容易に推測される。しかし、それが直ちにハンザの衰退に繋がるものか否かについては異論もかなりあるであろう。（この問題については次の文献を見よ。高村 (1980, a)、二〇三–二三〇頁 : Dollinger (1998), 401–468.）

（102） Friedland (1991), 176–178. ハンメルは、経済史的観点から一三世紀末から一七世紀末までのリューベックにおける不動産売買の動向を検討する中で、ハンザの消長との関連性も考察している。Hammel (1988), 101–106.

（103） ハンザ衰退の外在的要因に関しては、例えば、（それが商業革命の結果か否かは別として）北海・バルト海域へのオランダ及び英国商人の進出、領邦君主による都市の自由の縮減等々考慮されるべき要素は多いが、とりわけ、一六世紀のバルト海の支配権（*dominium maris Baltici*）を巡る諸国（デンマーク・スウェーデン等）の対抗関係の中でのハンザの没落という観点は重要であるように思われる。（この点については、本章後註（121）も見よ。また、バルト海支配権については、次の文献を見よ。Fritze *et al.* (1985), 207–220.）

（104）Frensdorff (1897), 135–136. 皇帝（帝国）がハンザに対して積極的に関わるようになる契機は、一六世紀中葉のオスマン・トルコとの戦争に直面し、戦費調達の必要が生じたことにあるとされている。Frensdorff (1897), 136.

（105）Schmidt, G. (1998), 27.

（106）ディルマイヤーは、南部ドイツの諸都市とハンザ諸都市の交流の状態を考察した論考の中で、両者の関係が個々の都市の利益を基準として展開されたのであって、帝国の枠組とは無関係であったことを指摘している。Dirlmeier (1990), 214.

（107）Schmidt, G. (1998), 28.

（108）ハンザの対デンマーク戦争については、本章前註（85）を見よ。

（109）Roelofsen (1978), 5–6 *et* n.2. ルーロフセンは、この戦争の当事者が「国際法の主体として活動していた」し、このような現象は絶対主義が台頭する「一七世紀に至るまで西欧の殆ど全域に共通した」ものであったとしている。

（110）Bezemer (1991), 25.

（111）例えば、ベルバーはウェストファリア条約以前の帝国等族の連合（Association）に言及する中で、それら「中世的な連合は、連邦的な国内法の下で締結されたのであって、一六四八年以降の帝国における連合と異なり、国際法の局面に属するものではない」としつつ、「ハンザ」をそこから明確に除外している。Berber (1964), 179–180.

（112）Mitteis (1988), 290. また、ライプシュタインも、ワード（Robert Ward）の見解を引用しつつ、ハンザ同盟が実際には主権的存在ではないとしても、「少なくとも、全ての主権的権利を日常的に行使していた」としている。Reibstein (1956/57), 39.

（113）Ziegler, K.-H. (1994), 125. 但し、引用中の傍点部分は原著ではゴチック体となっている。

（114）例えば、リューベックがデンマークに対して積極的政策を展開していた時期（一五〇九年から一五一二年頃にかけて）にダンツィヒ及びハンブルクはそれに追従しなかった。そして、特に、ハンブルクはその抑制的な通商政策によって利益を生み出したという。ところが、ハンブルクは、リューベックの対蘭戦争（一五一一年から一四年）へは参加した。これは、オランダにおける自己の通商上の利益に対応したものであったが、殆ど利益を生み出さなかったという。Postel (1999), 165–166.

(115) Stoob (1982), 14. ヘンは、ハンザ諸都市がときどきの自己の通商上の利益に応じて集合した点を指摘する。Henn (1999), 15.

(116) *Du Mont*, V, i, 67–76.

(117) 関谷 (1973)、六四三頁。当時スペインはハンザを通じての基本的生活物資の供給を重視しており、ハンザ側はスペイン港湾における通商の独占を企図し、交渉に臨んだと言われる。(Fink (1931), 119.) 尚、この一六〇七年の条約原文を筆者（明石）は未確認であるが、後述する一六四七年のスペイン・ハンザ間条約（第一・二条）(*Du Mont*, VI, i, 402–403.) には、この条約と推定される条約が言及されている。

(118) Fink (1931), 119–120: 関谷 (1973)、六四三頁。初代領事はリューベック商人である Hans Kampferbeck であった。

(119) *Du Mont*, V, ii, 274–277.「東部ハンザ諸都市」とは、同条約前文によれば、バルト海 (Oost-Zee) 沿岸及びヴィクセル (Wixel) 河・オーデル河・エルベ河・ヴェーゼル河沿岸のハンザ都市を指している。但し、同条約の批准書の内容からは、リューベックが中心的存在であったことが推定される。

(120) 例えば、一六〇四年一一月に仏国王がハンザに譲許した自由及び特権に関する文書が挙げられ得る。同文書では、個別の都市名への言及はなく、“la Hanse Teutonique”に譲許されるという形式になっている。*Du Mont*, V, ii, 43.

(121) Postel (1999), 189. ポステルは、諸列強の対立、特にデンマーク及びスウェーデンによる帝国内の事柄への関与が、ハンザにとっての独立した統一的政策の空間を奪ったことを指摘している。

(122) より明確に、三十年戦争がハンザにとって「止めの一突き」(der Gnadestoß) であったとする論者もいる。Van der Wee (1984), 413.

(123) *Du Mont*, V, ii, 324–325.

(124) *Du Mont*, VI, i, 311–312. 尚、一般論として言えば、戦争が発生した場合に、通商都市にとっては中立を維持することには（中立法規の制約の下であるにしろ）貿易を継続し得るという大きな利点が存在する。しかし、当時の状況において中立を維持するためには自己防衛可能な実力を有しなければ、交戦国によって中立は容易に侵犯され得た。その意味で、ハンザ諸都市がハンザ以外の何れかの勢力と同盟或いは何らかの結合関係に入るということは、ハンザの勢力の衰微を示すものとも言える。三十年戦争中には、よりよい通商条件を求めてハンブルク及びブレーメンは英国及びオランダと、シュトラルズントはスウェーデンとの関係を深める方向に進んだとされる。Fritze *et al.* (1985), 225.

(125) 但し、一六一五年の条約は翌年批准されているため、一六四五年の条約では、その前文で「一六一六年に確認された同盟 (*Foedere*)」として、また第一条で「一六一六年の条約 (*Tractatus*)」として言及されている。

(126) *Du Mont*, VI, i, 350–351.

(127) *Du Mont*, VI, i, 402–403. 尚、この文書はラテン語を正文としているが、*Du Mont* ではその正式名称が付されておらず、仏語で「条約」(Traité) とされている。

(128) Wohlwill (1899), 6.

(129) *Du Mont*, VI, i, 403–427. 尚、*Du Mont*, VI, i, 445–446 には一六四八年五月三日付でスペイン国王からハンザに譲許された諸特権に関する条約の表題のみが掲載され、前年の条約を参照するようにとの指示がある。これは、一六四七年の条約が一六四八年五月三日に正式に確認されたということを意味するのであろう。

(130) Dollinger (1998), 472–473.

(131) Stoob (1982), 13–14.

(132) *Du Mont*, VI, i, 228–231. この条約では、これら三都市は「帝国都市にしてハンザ都市」(Reichs- und Hansee-Städte) と称されている。尚、これら三都市は一六三〇年に同盟条約を締結していたが、三十年戦争の渦中では無意味であったとの評価がある。Postel (1998), 526.

(133) Wohlwill (1899), 6.

(134) Ebel (1940/41), 150–151.

(135) フィンクは、この時期を通じて欧州各国の首都や宮廷において、「ハンザの国法上の使節権 (die staatsrechtliche Gesandtschaftsfähigkeit) について深刻な疑念が抱かれることは殆どなかった」(Fink (1931), 8.) としているが、それはハンザが「国際法」的問題として認識されなかったことの裏返しでもあろう。

(136) Postel (1998), 526–527: Cordes (2004), 248.

(137) Schmidt, G. (1998), 40–41: Buchstab (1976), 68. 尚、シュピースによれば、このような取扱いが生じた主たる理由は、ハンブルクの帝国直属資格に対してデンマークが異を唱え、一七六八年になって漸くこれを承認したという事情があるという。Spies (1982), 111.

(138) Schmidt, G. (1998), 41. グラスマンは、ハンブルクの帝国直属資格の取得は、一五一〇年又は一六一八年に事実上行われていたが、法律上は皇帝の裁可が下される一七六八年まで待たねばならない、としている。Graßmann (1998), 263. また、ケーブラーは、一五一〇年の（アウクスブルク）帝国議会でハンブルクがニーダーザクセン帝国クライスの帝国都市と宣言され、一六一八年に帝国最高法院が同市の自立的地位 (Selbstständigkeit) を確認し、一七六八年にデンマーク国王が同市を帝国都市として承認した、としている。*Köbler* (2007), 248–250.

(139) Spies (1982), 111. 但し、ケーブラーは、「一五四一年及び一六六六年に［ブレーメンの］帝国自由資格 (Reichsfreiheit) が獲得された」とする。*Köbler* (2007), 96. また、ブレーメンの帝国等族資格を巡っては、ＩＰＯ署名直後にも皇帝使節と瑞使節の間で争いがあった。Oschmann (1998), LXXVI.

(140) リューベックの帝国直属身分は一二二六年のフリードリヒ二世の書簡を根拠とした。(Spies (1982), 111.) しかし、ケーブラーは、「［リューベックは］実際の帝国等族資格を一度として獲得しなかった」としている。*Köbler* (2007), 395.

(141) 三十年戦争当初におけるハンザ都市の中立政策とその崩壊についてのマグデブルクの例について、次の文献を見よ。Tullner (1998), 50–61.

(142) ハンザの始期と同様、その終期についても確定的な解答は存在しない。(Fritze *et al.* (1985), 228.) しかし、三十年戦争をもってハンザの歴史は事実上終末を迎えるとする評価は多い。若干の例として、次の文献を見よ。Dollinger (1998), 478: Ziegler, U. (1994), 165.

(143) リューベック・ブレーメン・ハンブルクは、講和会議開催以前の一六四一年に皇帝に対して平和を希求する旨の上奏をハンザの名において行っている。Postel (1998), 527. 三十年戦争中のハンザの状況については、次の文献を見よ。Dollinger (1998), 469–478: Fritze *et al.* (1985), 222–228.

(144) Postel (1998), 527–530. 一六四四年一二月一五日付のフランス代表の報告書（オスナブリュック発）には、メックレンブルク公の使節のオスナブリュック到着と、同使節がハンザ諸都市の使節も間もなく到着する旨を告げたとの記述がある。(*APW*, II, B, i, (Nr. 325), 766.) これは後述の皇帝宛翌（四五）年一月二日付報告の記述と合致する。

(145) Spies (1982), 112.

(146) *APW*, II, A, ii, (Nr. 70), 129.

(147) *APW*, II, A, ii, (Nr. 81), 150–153.

(148) また、ハンザが講和条約の当事者となることを意図していない旨を表明したことの背景には、正式な条約当事者たり得ないであろうという、当時の欧州国際関係における自己の地位の低下についての自覚があったとも考えられる。

(149) *Du Mont*, VI, i, 114–115.

(150) Fritze *et al.* (1985), 227.

(151) Friedrichs (1982), 32. フリードリヒスは、一七世紀におけるドイツ諸都市内の反乱や騒擾に関して論じているが、三十年戦争中の都市の財政負担の増大という状況で予想される都市反乱の発生について、むしろそれらが殆ど消滅したとしている。その理由として、軍隊による略奪や占領等に対して都市支配層が抵抗していたことを都市民が認識し、都市内部の闘争ではなく、対外的側面に彼等の目が向けられていたことが挙げられている。そのことはまた、同戦争の終結直後に各地で都市反乱が発生するという事態をも説明していると言えよう。Friedrichs (1982), 32–33.

(152) 尚、ハンザ代表団の講和交渉の模様に関しては、次の文献を見よ。Postel (1998), 531–540.

(153) 但し、ヴェーゼル河の関税に関わる問題では、ハンザ諸都市の努力は全くの不首尾に終わったようである。Oschmann (1998), LXXVI-LXXVII.

(154) それでも、ハンザがＩＰＯにおいて「この講和に含まれる」者として明示されたことは、ハンザの独自の地位を承認させる上で重要であった。シュミットは、リューベック法律顧問グロクシンがオスナブリュックでの講和交渉の間にハンザを独自の団体として条約中に受容させることに成功したことを指摘している。Schmidt, G. (1998), 41.

(155) *CTS*, I, 13–14.

(156) Spies (1982), 124.

(157) Schmidt, G. (1998), 41.

(158) Cordes (2001)（及び Cordes (2004)）は、むしろこのような状況において、ハンザの法的地位が明確になったことに着目する。

(159) コルデスは「オスナブリュックにおける講和交渉（一六四四年から一六四八年）においてハンザは国際法の当事者 (an international law partner) とみなされていた」(Cordes (2004), 245.) とするが、このような表現の妥当性については疑問が残る。

(160) 但し、「中世都市はそれ自体は封建的性格のものであるが、しかし、諸々の近代的なものを生み出すための重要な要素をその中で数多く作り出した」（林 (1972)、三一六頁。）との評言からも理解されるように、都市の活動や権能は近代的側面を多数内包している。しかしながら、都市やハンザは、近代国際法の理論的基盤となる主権を有しなかったという根本的事実は確認されなければならないのである。

(161) Dollinger (1998), 469–478.

(162) Fritze *et al.* (1985), 222–228.

(163) Ziegler, U. (1994), 162–165.

(164) 例えば、Friedland (1991) は、その最終章（「ハンザ共同体の解体と終焉」）でシュトラルズント講和（一三七一年）から最後のハンザ会議（一六六九年）までを扱っているが、その紙幅は本論全一八一頁中の五頁強に過ぎない。

(165) Burkhardt (1994), 487–499.

(166) この点については、次の文献も見よ。Duchhardt (1998), 24.

(167) その一例として、次の文献を挙げておく。Tullner (1998), 47–61. この論考は、ハンザ都市であるマグデブルクの衰退過程（一六世紀末からブランデンブルク選帝侯に屈する一六六六年まで）を描いている。

(168) ランガーは、ウェストファリア講和会議において、帝国都市の代表の殆どはハンザとの徹底的な区別を望んでいたことのみならず、ハンザ諸都市の要望事項 (die Desiderata) が南部ドイツの帝国諸都市の使節の反対にあい、またその逆の事例もあったこと、つまり、両者の間で利益が背反する場合が存在したことをも指摘している。Langer (1987), 1063 *et* 1068.

(169)「市民が実際に農耕労働にたずさわろうと、または家畜を飼養しようと、それら農業生産は都市を特徴づけるものではない。都市は、手工業的生産と商品売買との場所である。」高村 (1980, a)、一四二頁。

(170) ミッタイスは次のように述べている。「イタリアとは対照的に、ドイツ帝国都市では、ベルン、ルツェルン及びチューリッヒを除き、いくらかでも重要な領邦国家 (Territorialstaat) を形成したものはない。……［中略］……それは、強力な諸侯国家 (Fürstenstaaten) に隣接していたということよりも、むしろ都市が圧倒的に経済中心的な考え方をとったからである。」(Mitteis (1988), 287.) 確かに、同じく遠隔地商人や金融業者が支配層を占めながら、イタリアの中世都市が周辺の領域支配を拡大し、遂には領域的な国家にまで成長したのに対して、ドイツ中世都市は著しい対比を示している。（イタリア中世都市の展開については、差し当たり、清水 (1975)、三―一七、五九―一二五頁を見よ。）

(171) 君主の支配が及ぶ範囲としての領域的な国家の成立過程に関連して、ハーツは次のように記述している。「［ウェストファリア条約以降］城塞や、既に廃れた市壁に守られた都市が、不可侵性の単位として、以前に保持していた場所を、大規模な領域国家 (area-state) が占め始めた。市壁に守られた都市や城塞及びその他の『自立的』防御施設がその新しい単位の内部から消滅してしまうまで、そしてそれに代わり中央の権力により領地の周囲を結ぶ要塞が建設され、武装兵が配備されるまでは、その新しい単位は統合されたものとはみなされ得なかった。」(Herz (1959), 47.) 確かにこのような状況も存在したであろうし、また「神話」に合致することから、この記述は理解しやすい。しかし、これとは異なる状況も存在し、しかもそれは長期間にわたり存続するのである。（ウェストファリア条約以後の都市やハンザの存続については、第二部第二章第四節を見よ。）

(172) 但し、都市が遂行した戦争と領邦（君主）や王国（国王）が遂行した戦争とは本質的な相異が存在したと考えることも可能である。その相異は、（既述のような）機能的存在としての都市が領土の獲得を自己の戦争の目的としなかったのに対して、領域的存在である領邦や王国が、戦争による領土獲得を通じて、国家形成に向かったという点に求められるのである。

(173) ドゥフハルトは、一七世紀の外交関係において当事者 (Partner) としてハンザが受容されていたのは、最早軍事力を備えた政治体としてではなく、依然として保持されていたハンザの通商上の重要性によってのことであったとする。つまり、「そこから本当の国際法上の資格は生成し得なかった」のである。Duchhardt (1998), 23–24.

第五章
ウェストファリア条約における宗教問題の解決

はじめに

ＩＰＯ及びＩＰＭの前文冒頭には「神聖にして不可分なる三位の御名において」(*In nomine sacrosanctae et individuae trinitatis*) という一節が置かれている。また、ＩＰＯ第五条冒頭では「各々の教派に属する帝国の選挙侯・諸侯・等族の間に生じた諸々の争いが、この度の戦争の原因及び契機のうちの大きな部分を占めた」として三十年戦争が、キリスト教世界内のカトリック派諸身分とプロテスタント派諸身分との対立、つまりは教派的立場の相異に基づく対立に端を発しているとの考え方が示され、ウェストファリア条約には宗教的対立を解消するための多くの条項が含まれている。

これらの条文のみを読む限りにおいて、ウェストファリア条約が宗教和議としての重要性を有することには、疑念の余地がないものと思われる。実際に、「同時代人の目には、ウェストファリア条約の本質的要素はその宗教的重要性であった」(1)とされ、或いは、「[同条約は] その核心部分において宗教法的作品である」(2)との評価すら存在する。また、講和交渉が教派的対立を理由として二都市に分かれたこと自体が、その果実である条約の宗教性（少なくとも教派的性格）を説明しているとも言えよう(3)。

ところが、ウェストファリア条約の宗教的性質を否定する議論を展開することも可能である。例えば、先に挙げたＩＰＯ及びＩＰＭの前文冒頭については、古くからの条約起草上の慣行であったことが指摘されており(4)、形式的・儀礼的表現を超えるものではない。また、このような慣行は既に（欧州）国家間関係において宗教的対立を克服したと考えられる一九世紀に入ってもなお見出される(5)。即ち、この一節が当該条約作成時の宗教の影響力を忠実に反映したものとは必ずしも言えないのである。

このように、ウェストファリア条約の宗教的性格については、単純な一面的評価はできない。そして、同様のことは「三十年戦争」についても言えるのである。[6] 以上の事情を踏まえるならば、重要なことは、ウェストファリア条約自体がどのように宗教関連問題を扱っているかを確認した上で、その結果を本書の問題意識に照らして検討することであろう。そこで、本章における議論の重点は、ウェストファリア条約の宗教的性格それ自体を巡る問題には置かれない。専らの関心は、同条約に存在する宗教関連諸規定自体を検討し、それらが近代国家（特に、ドイツ地域におけるそれ）[7] の生成に対して意味する事柄を提示し、更に近代国家関係及び近代国際法におけるその歴史的意義を考察することにある。[8]

第一節　ウェストファリア条約における宗教問題関連規定の概要

本節では、ウェストファリア条約の宗教問題に関連する諸条項の概要について説明する。但し、この問題を扱う主要な条項はＩＰＯ第五条（「アウクスブルク信仰告白派の帝国における地位」）及び第七条（「『改革派』の帝国における地位」）[9] であること、またＩＰＭ第四七条にはそれらの準用規定が設けられていることから、先ず、ＩＰＯの二箇条を中心に概観することとしたい。

(一)　ＩＰＯ第五条の概要

ＩＰＯ第五条は、五八項にわたってルター派の帝国における地位について規定している。（因みに、*APW* 所収のＩＰＯにおける一箇条の項数としてはこの五八が最多である。）その各項は、宗教問題の取扱いに関するこの条約の基本的な立場を示すものであり一般的又は原則的性質を有するもの（以下、「原則規定」とする。）と、それら原則規定の内容を実現するために設けられた規定であって、個別具体的な問題や名宛人に関わる規定であるという点で個別的又は具体的性質を有するもの（以下、「個別規定」とする。）に分類可能である。そして、原則規定には第一・二・一三・三一・三二・三五・五〇項が該当し、他は個別規定に属するものと考えられる。

1　原則規定

ＩＰＯ第五条中の原則規定は次のような内容を有する。

先ず、第一項（第一文）は、一五五二年のパッサウ和議[10]及び一五五五年のアウクスブルク和議[11]が「その全条項について有効とされ、神聖且つ不可侵なものとして遵守される」ことを宣言する。（但し、同項第二文で、本条約による別段の合意は有効であるとされる。）これにより、特にアウクスブルク和議によって承認された帝国等族の「宗教決定権」（*"cujus regio, ejus religio"* 原則）が確認されることになる。そして、同項第三文は「その他の全てのことに関しては、両教派の各々全ての選帝侯・諸侯・等族の間に（*inter utriusque religionis electores, principes, status omnes et singulos*）、帝国の国制及び勅令並びに本条約に合致する限りにおいて、厳格且つ相互的平等（*aequalitas exacta mutuaque*）が存在する」として、カトリック派とルター派の平等を宣言している。

第二項は、「聖界の事柄及びそれに関連して俗界において変更が行われた事柄に関する回復の時点」を「一六二四年一月一日」（第一文）と定める。同項はまた、「自由帝国騎士」並びに「帝国直属の都市及び村落」を含む、全ての帝国等族の回復を「完全且つ絶対的なもの」とし、第一文に挙げられた事柄に関してこの期日から本条約締結までの間に行われた判決・和解等は全て破棄され、前記期日の状態への回復が「全てのことについて行われる」（第二文）ことを命じており、回復が全面的なものであることを確認している。そして、これらの事項に関連して、第一三項は「一六二四年という期日は、恩赦の原則その他の方法に基づき回復が行われる者に対して、何らかの不利益となるものであってはならない」としている。

第三一・三二・三五項は（後述のように）何れも帝国等族に従属する臣民の宗教上の地位に関わるものである。

即ち、一六二四年における帰属教派を基準として、第三一項はカトリック派等族に従属するルター派臣民の、第三二項はルター派等族に従属するカトリック派臣民の当該教派の維持を各々承認し、また第三五項はカトリックを奉ずる臣民とルター派を奉ずる臣民との間の平等を規定している。

第五〇項は、「両教派の指導者 (*magistratus*)」に対して「何者かが公的又は私的に演説・説教・研究・著述・協議することによって、パッサウ和議・宗教和議、そして特にこの宣言又は和議を、何れかの点で批判し、疑念をもたらし、或いはそれらに反する主張を導き出そうと企図することを、厳格且つ厳重に禁止する」よう義務付けており、パッサウ和議・アウクスブルク和議及びウェストファリア条約に対する批判の禁止を規定している（第一文）。また「これまでに布告、公布又は公示されたそれらに反する諸々の事柄は、無効とされる」（第二文）とする。更に、「宗教和議若しくは本和議に関する問題から疑義が発生する場合、それについては両教派の高位者 (*proceres*) 間で、帝国議会又は他の会議における友好的手段により取極が行われる (*amicabili ratione transigatur*)」（第三文）ことも規定されている。

以上のIPO第五条中の原則規定の概要を纏めるならば、次の三点に集約することができよう。

①ウェストファリア条約の効力の優越性を前提としつつ、同条約とパッサウ和議・アウクスブルク和議を帝国の宗教問題に関する基本文書とすること（そして、それに伴う帝国等族の「宗教決定権」(*"cujus regio, ejus religio"* 原則）の確認)。

②カトリック派・ルター派間の平等の承認。（カルヴァン派を奉ずる帝国等族及び臣民については、後述のIPO第七条第一項（二種の準用規定）を通じて、他の二教派の帝国等族及び臣民との平等が確保されることになる。）

③宗教上の地位の一六二四年（基準年 (Normaljahr)）の状態での確定と、宗教問題に関する回復の基準日を同年一月一日とすること。

そして、このような基本原則の下で、以下のような個別規定が設けられているのである。

2　個別規定

ＩＰＯ第五条に含まれる個別規定は、次のような諸事項に関するものとなっている。即ち、第三項乃至第一一項はアウクスブルク（第三項乃至第一〇項）・ディンケルスビュール・ビーベラッハ・ラーフェンスブルク（第一一項）の各都市の宗教及び公職の教派毎の配分等に関する措置、第一二項はドナウヴェルトの回復、第一四項乃至第二六項は教会の財産及び権利の帰属決定の方法について規定している。また、第二七項は帝国等族の、第二八項は帝国直属自由騎士（*libera et immediate Imperii nobilitas*）の、第二九項は自由帝国都市の宗教上の諸権利の確認を各々行っている。第三〇項乃至第三七項は帝国等族の臣民等の諸権利の確認、第三八項乃至第四〇項はシュレージェン内のルター派諸侯の諸々の特権及び権利の保護、第四二項乃至第四四項は宗教決定権の帰属、第四五項乃至第四八項は教会財産に関連する諸々の収入の帰属、第四九項は両教派が混在する帝国都市における司教の管轄権、第五一項以下最終第五八項までは帝国代表者会議や帝国最高法院等の帝国国制に関連する諸問題における各派の構成人数・選出方法・権利等、を各々定めている。

また以上の他に、未決事項に関するスウェーデン女王の権利の留保（第四一項）も規定されている。

(二)　ＩＰＯ第七条の概要

次に、ＩＰＯ第七条は「改革派」（カルヴァン派）の帝国における地位を規定し、二項から成っている。その第一項では、宗教和議及びウェストファリア条約を含む全ての帝国勅法における宗教上の対立に関わる決定がカトリック派信徒又はルター派信徒である等族・臣民に付与した権利及び恩典と同一の権利及び恩典が「『改革派』とそれらの者の間で称されている者らにも帰属する」ことが承認されている。また同項では、各人の「良心の自由」(*conscientiae libertas*)[12]の保障も規定されている。その他にも、第一・二項を通じて、領主又は教会保護者が改宗や継承により、従来その土地で実施されてきた教派とは異なる教派に属することになる場合の措置を定め、更に、本条における諸々の措置が、特定の諸侯（アンハルト侯他）の権利を害するものではないことが確認されている。そして最後に、次のような重要な一文が付されている。即ち、「但し、上に名を挙げられた教派以外の何れの教派も、神聖ローマ帝国内で承認又は耐忍されることはない」(*sed praeter religiones supranominatas nulla alia in Sacro Imperio Romano recipiatur vel toleretur*)というものである。

(三) その他の宗教関連条項

以上に見てきたIPO第五・七条の他にも、宗教問題に関連する規定が存在する。それは、IPO第四条における個別的回復の中で、プファルツのルター派信徒である都市市民及び荘民に対する一定の宗教的寛容（第一九項（IPM第二七条））、皇帝世襲領内のルター派臣民が、債権者又はその相続人として、自ら訴を提起する場合に、カトリック派信徒と平等な法的地位を付与されること（第五五項（IPM第四四条））である。また、スウェーデンに対する領域移譲に伴う措置の一つとして、それらの土地におけるルター派の宗教儀式実施の自由が保障される旨の規定（第一〇条第一六項）、それと同時に、ブランデンブルク選帝侯への補償措置に関連して、同選帝侯に属することになる土地におけるルター派宗教儀式実施の自由の確認（第一一条第一一項第一文及び同第一二項）やブラオンシュヴァイク＝リューネブルク公家への補償に関連して、オスナブリュック市の宗教の状態を一六二四年一月一日のものとすること（第一三条第四項）等の規定も宗教問題と関連する。更に、領域移譲に関する各条項の中には、教会領及び聖職禄の移転をも含むものが多い。

第二節　帝国等族・臣民・自由帝国都市にとっての宗教問題関連規定

以上に見てきたような基本原則と個別規定の中で、名宛人を身分（若干の自由帝国都市を含む。）により区別しているものについては、ウェストファリア条約における宗教問題の取扱いの実態を理解する上で重要であると思われるため、帝国等族（支配者）、その臣民（被支配者）、自由帝国都市に区分して、各々概観することとしたい。

㈠　帝国等族

ウェストファリア条約における帝国等族に関わる宗教問題の具体的措置を巡る諸規定を考察する際に、先ず確認されるべき事柄が基本原則の中に存在している。即ち、ＩＰＯ第五条第一項第三文及び第七条第一項により（ウェストファリア条約において新たに規定された事柄を除いて）[13]認められたとされる教派間の「厳格な且つ相互的な平等」とは「両教派［ＩＰＯ第五条ではカトリック派とルター派］の選帝侯、諸侯及び等族の間」で認められるものであって、それらの身分を有しない者にはこの条項の効力は及ばないという点である。そして、この基本原則の枠内での平等を担保するための措置として、次のような諸規定が設けられている。

先ず、帝国国制上の機関におけるカトリック・ルター両教派の代表者数の平等が挙げられる。例えば、「帝国代表者会議（*conventus deputatorum Imperii*）[14]において両教派の高位者（*proceres*）の人数は等しい」（第五条第五一項）ものとされること、[15]また、帝国議会等において帝国等族が両教派に分かれる問題については多数決によらず「友好的和解」（*amicabilis compositio*）によってのみ解決されるべきこと（同条第五二項）、更にまた、紛争当事者である等族が異なる教派に属する場合、或いは共に同一教派に属する等族間の紛争に他方の教派の等族が介入する場合には、帝国最高法院及び帝国宮内法院における審理は、両教派同数の陪席者により行われ、決定されること

（同第五四項）[16]等が定められている。

また皇帝自身がカトリック派であることから、皇帝による措置がルター派等族に対して不利益とならないよう、一定の保障制度が確保されている。そのような措置として、例えば、皇帝により大司教等の高位聖職者に選出されたルター派信徒は、その選出から一年以内に通常の手続である皇帝に対する臣従の誓約・授封に関する税の支払いに加えて、「授封のためにその税額の二分の一を」支払うこととされてはいるものの、それらを履行すれば「何らの例外もなく神聖なる皇帝陛下により授封される」（同第二一項）ことが挙げられる。

(二) 帝国等族臣民

次に、帝国等族に従属する臣民は、宗教上の地位に応じてどのような法的地位に置かれることになるのであろうか。ここでも先ず、帝国等族臣民を規律する基本原則を確認しておきたい。

既に確認されたように、三教派間の平等を規定するIPO第五条第一項第三文及び第七条は原則として帝国等族間にのみ妥当する事柄である。そのため、IPO第五条第三五項はそれらの者に従属する臣民について別個の原則規定を設けている。即ち、カトリック派信徒又はルター派信徒である臣民は「宗教を理由として何処においても侮辱されず、……［中略］……［商人及び職人組合への参加や他の市民生活上の権利について］同一市民の権利と同様の平等な正義及び保護に基づき処遇されるものとする」とされている。これに加えて、IPO第七条第一項では、カトリック派及びルター派に付与した権利及び恩典と同一の権利及び恩典がカルヴァン派の「等族・臣民」にも帰属するとされているため、結果的にこれら三教派の何れかに属する臣民間の平等が承認されていることになるのである。（勿論、第七条一項にいう「各人の良心の自由も害されることはない」旨の一文は、カルヴァン派臣民にも適用されると解される。）

このような形式での臣民間の平等の承認の下で、その具体的保障措置として次のような諸規定が設けられている。先ず、臣民の宗教上の地位について、「一六二四年中の何れかの時点で、一定の合意又は特権・長期の慣習に基づき、更にはその年限りのこととして、公的又は私的にアウクスブルク信仰告白派を実施した、カトリック派等族にいかなる関係であれ属する自由借地人・封臣・臣民 (*landsassii, vasalli et subditi*) が、当該年にそれらの者がその教派を実施した範囲で、或いは［場合により］実施したことを証明し得た範囲で、今後もその教派並びにそれに付随する事柄を維持する」(第五条第三一項) こと、また逆にルター派帝国等族に属するカトリック派臣民についても同一のことが妥当する (同第三二項) ことが認められている。(これらについて、第七条第一項によりカルヴァン派信徒が他教派の帝国等族の臣民である場合にも妥当するものと解される。) これらによって、一六二四年を基準年とする臣民の宗教的地位の確定が原則であり、また (当該臣民自身による証明を要するという点では若干制約されてはいるが) 自己の教派を決定できるという意味での一定の宗教的自己決定権の承認も原則であることになる。

それでは、以上に見てきた臣民の宗教上の地位の平等や自己決定権や平等は、どのようにして担保されることになるのであろうか。この問題に関しては、先ず、「領主と異なる教派の信仰を告白し、それに改宗しようとする者は、寛容をもって許されるものとし、審問又は侵害を受けることなく自由なる良心に基づき自己の家で私的に信仰に専念すること、近隣での公的な宗教儀式に望む度毎に参加すること、自らの子弟をその領外にある自己の教派の学校に通わせ、或いは家庭で家庭教師による教育を行わせることは、禁止されない」(第五条第三四項) とされ、実際の具体的な宗教活動に対する寛容の義務が領主に課されている。これと同時に「何れの者も他人の臣民を自らの教派に引き入れてはならないこと、またそのことを目的として弁護や保護を請負い、或いはそれらの者をいかなる根拠によっても保護してはならない」(第五条第三〇項) とされ、自己教派への勧誘も禁止されているが、これは特に領主の側からの勧誘活動の禁止としての意味合いが強いものと解される。

また、「自らの教派が領主の教派と異なる場合に、移住の恩典 (*beneficium emigrandi*) が久しい以前より宗教和議において認められている」(第五条第三〇項) ことが確認されている。これに関連して、宗教上の理由により移住する臣民に対しては「財産を保有し又は譲渡により手放すこと、管財人を通じて残された財産を管理すること、自らの財産の調査・訴の提起・債務の回収のために自由に且つ通行許可証なしに［従来の土地に］赴くこと」の自由 (同第三六項) までもが認められている。つまり私的な宗教活動の自由を認めた上で、それでも不満な者については、当該領邦から退去することの自由 (「移住権」(*jus emigrandi*: das Auswanderungsrecht)) [17] を享受させることにより、前述の宗教上の臣民の地位を確保しようとするのである。

この「移住権」は、アウクスブルク和議によって (教派により解釈の相異は存在したが) 導入された権利であり、“*cujus regio, ejus religio*” 原則によって居住地の領主が決定した教派が自己のものと一致せず、しかも改宗を欲しない場合に行使し得る権利である。つまり、領主の権力と領民 (個人) の信教の自由との調整装置としての役割を担うものである。[18] この権利はまた、居住移転の自由が否認されていた封建的身分拘束が依然として存在する時代において、重要な意味を有したものと考えられる。[19]

これらの規定により、領主は臣民に対して改宗を強制してはならず、また前述の実績を有する臣民の良心の自由及び平等に対して、或る程度の保障を確保する義務を負うことになる。このようにして、帝国等族臣民については、自らの宗教についての或る程度の自己決定権を認められ、また三教派の何れかに属する臣民間の平等が確立されるものと一応は解されるのである。

(三)　自由帝国都市[20]

自由帝国都市一般に妥当する原則を定めるものとしては、次の規定が挙げられる。先ず、「自由帝国都市は、各々全てが宗教和議及び本宣言においてのみならず、他のいかなる場合においても、帝国等族の名の下に疑いなく置かれていることにより、それらの中で一六二四年に一の宗教のみが実施されていた都市も含めて、宗教決定権並びに宗教に関わる他の事項に関して、市壁内も郊外も異なることなく、それらの領地及び臣民について、他のより上位の帝国等族と同一の権利を有する」（第五条第二九項第一文）という規定である。これにより三教派間の平等やその実効性を担保する具体的措置が、自由帝国都市についても同様に妥当することになる。（また、（既に前章で触れられたように）この規定は自由帝国都市（及び同条第二八項により自由帝国騎士も）が帝国等族資格を有することを承認するものと解されている。）[21]また、カルヴァン派帝国都市については、カトリック派とルター派の等族及び臣民に付与された権利及び恩典が妥当することが確認されている。（第七条第一項）

以上の原則を保証するための措置として、ウェストファリア条約では若干の自由帝国都市について個別に規定が設けられている。明示的に言及されている都市は、アウクスブルク（第五条第三項乃至第一〇項）・ディンケルスビュール・ビーベラッハ・ラーフェンスブルク（同第三・一一項）及びドナウヴェルト（同第一二項）である。これらの中でドナウヴェルトを除く四都市については、カトリック派とルター派の市民が混在することを前提として、「[一六二四年一月一日時点での]財産・権利及び宗教の実施を維持する」が、「しかし、市参事会員その他の公職上の地位に関しては、両教派信徒の数を衡平に同数とする」（同第三項）との基本方針が先ず確認されている。

アウクスブルクについては、市書記局参事会員（*senator consilii secretioris*）・市法律顧問（ヴィンディクス：*syndicus*）・財務官（*quaestor rei nummariae*）（第五条第四項）、軍需監督官（*praefectus rei tormentariae*）及びその他（同

第五項）の公職についての、教派別の人数の指定が行われている。その方法は、定数が偶数である官職については両教派を同数とし、奇数であるものについては、或る年には一方教派をn人、他方をn+1人とし、その翌年にはその数を逆転させ、以後それを繰り返すというものである。また或る官職にある一方教派の信徒が死亡する場合には、同一教派の者がそれを継承することとされている。（同第八項）その他、「宗教に直接又は間接に関わる問題において、多数決（*pluralitas votorum*）は決して実施されてはならず」、また多数決がルター派信徒である帝国等族や市民を害してはならない旨（同第九項）も規定されている。

ディンケルスビュール・ビーベラッハ・ラーフェンスブルクの各都市については、アウクスブルクに関するものほど詳細ではないが、官職を巡り「同一の衡平が妥当する」との基本方針が確認され、また選挙の方法・多数決等に関してアウクスブルクと同一のことが遵守される（第五条第一一項）旨が定められている。更に、ドナウヴェルトに関しては、「次回の普遍的［帝国］議会において帝国等族により、［同市が］従前の自由を回復することが決定されるならば、本和議により他の自由帝国都市が享受するのと同一の権利を、聖俗両界において享受する」（第五条第一二項）とされている。

尚、（自由帝国都市とは別個の問題ではあるが）皇帝がカトリックを奉ずることから生じ得る差別的取扱いを是正するための措置が（帝国等族の場合と同様に）ハプスブルク家直属領であるシュレージェン内の都市（シュヴァイトニッツ・ヤウアー・グロガウ）に関して規定されている。即ち、それら都市おいて、「［ルター派信徒から］その教派の実施のための三つの教会を、それらの者自身の支出により建築する旨の要請があった場合に、可及的速やかに許可することを、神聖なる皇帝陛下は約束する」（第五条第四〇項）というものである。

第三節　宗教関連規定の諸原則に関わる問題点

さて、以上に見てきたウェストファリア条約における宗教関連諸規定により、三十年戦争の主要な原因の一つであった（少なくとも帝国内の）教派的対立が完全に解消されるのであろうか。これについては、同条約が内包する幾つかの問題点を理由として、否定的に回答せざるを得ない。(22)（例えば、それらの規定は、僅かな例外を除いて、皇帝（ハプスブルク家）直轄領内のことを扱うものではなく、皇帝が本条約で規定された宗教的寛容のための諸措置を直轄地内で実施することは条約の枠外に置かれていることが挙げられる。(23)）以下では、それらの問題点の中から、前節で確認された「原則規定」が内包する矛盾や「個別規定」との関連で発生すると考えられる現実的又は理論上の問題点について考察することとする。

(一)　三教派間の平等の実態

先ず、「教派間の平等」を巡る問題が挙げられる。一般にウェストファリア条約はカトリック・ルター・カルヴァン(24)の三教派の何れかに属する帝国等族間の完全な平等を確立したと理解されてきた。(25)確かに、このような平等は原則としては認められているが、具体的適用においては、次の点を考慮するならば、その実現は達成されないものと解される。

ＩＰＯ第五条と第七条を比較した場合に、三教派間の平等という原則の実現を担保するための具体的措置に関する諸規定に関して、カルヴァン派は他の二教派に与えられた平等実現のための制度的保証が（少なくとも明文上）与えられていない点が明らかとなる。即ち、前節で触れられたように、帝国国制上の機関（例えば、「帝国代表者会議」）におけるカトリック・ルター両教派の代表者数の平等は規定されているが、第七条では、帝国勅法・

宗教和議・本条約がカトリック派信徒及びルター派信徒である「等族・臣民に付与した権利及び恩典と同一の権利及び恩典が、『改革派』(*reformati*)」にも帰属することが、皇帝及び全帝国等族の一致した意見により承認された旨(第一項)が述べられるのみである。仮に、三教派の平等という原則を帝国機関における代表者数に適用し、三教派各々の代表者を同数とすることは(新教二派の側が有利になるため)カトリック派にとっては受け入れ難いことである。(そして実際には、次に述べる"*itio in partes*"の方式を適用することによって、三教派間の平等ではなくカトリック派と新教派との間の平等のみが実現されることになる。)したがって、このようなＩＰＯ第五条に規定された具体的措置であって、第七条に挙げられていない事柄については、カルヴァン派の権利は保障され得ないのであって、同派が他の二派とは完全な平等を享受しているのではないと解されるのである。[26]

また、これに関連して、教派間の平等を確保する具体的措置が帝国全体での問題解決の障害になる可能性を内包することも指摘されなければならない。ＩＰＯ第五条第五二項第一文は次のように規定している。

「カトリック派等族及びアウクスブルク信仰告白派等族が二派に分かれて存在することにより、等族が一体のものとしてみなされ得ないような宗教及びその他全ての問題については、多数決に考慮を払うことなく、友好的和解によってのみ紛争を解決する。[27]」

この規定は、帝国議会等における議決に際して、教派的対立が反映されている事項についての多数決による決着を禁止するものであり、何れかの「多数派の暴走」を抑制するという点で教派間の平等の実現のための前提となると考えられる。そして、「友好的和解」(*amicabilis compositio*)の実現のために、採用されるのが"*itio in partes*"(「諸派に分かれること」)と呼ばれる協議方式である。

この*"itio in partes"*方式は、宗教改革期以降、帝国議会における審議に先立ち、帝国等族がカトリック派団体(*Corpus Catholicorum*)とルター派団体(*Corpus Evangelicorum*)に分かれて各々で協議した後に、両団体が意見を調整したことに由来する。この協議方式は、帝国議会におけるその他の教派に対抗する共闘のための手段として、宗教改革開始後の早い時期から採用されていたが、帝国議会においてカルヴァン派等族がルター派に合流した後にも、その名称はそのまま*"Corpus Evangelicorum"*が使用されていた。そして、ＩＰＯ第五条第五二項はこの方式を帝国基本法の中で正式に認めたことを意味するのである。(28)

しかし、この規定によって教派的対立が反映された問題についての帝国全体としての解決が不可能となることは容易に予想される。シュレーダー(P. Schröder)によれば、プロテスタント派は直ちにこの方式を彼ら自身の目的のために活用し、紛争となっている事項の殆どを宗教上の紛争であると主張することによって(したがって、*"itio in partes"*方式の実施を主張することによって)、プロテスタント派内で達成された特定の決定が自教派のみを拘束すること、そしてカトリック派は当該論争に介入する権利を有しないことを、主張し得たという。(30)その結果、「皇帝が帝国の一体性を強調しようとする一方で、この戦術は帝国議会を深刻に妨害した」(31)。つまり、ＩＰＯ第五条第五二項により、帝国議会における帝国全体を視野に収めた紛争解決は達成が極めて困難なものとされたと考えられるのである。

(二)　宗教的地位確定の「基準年」と「基準日」の問題点

次に、宗教的地位確定の「基準年」(一六二四年)或いは「基準日」(同年一月一日)を巡る問題が挙げられる。この日付は、ＩＰＯ及びＩＰＭの第二条による「一般的恩赦」が「この度の動乱の始まり」(*ab initio horum motuum*)、即ち、一六一八年の開戦時を基準としていることと相異する。この相異は、一六四五年六月の「主要提案」においてフランスは一六一八年の状態への回復を俗界事項に限って主張し、聖界事項に関しては（期日は未定のまま）これと区別したことに由来し、それ以降聖俗各々の問題の回復の「基準年」は区別されるようになっていた。そして、一般的恩赦（政治的恩赦）の基準日を開戦時とすることについて講和会議では争いがなかったが、宗教問題の解決の基準時は長期にわたる交渉の対象となった。プロテスタント派は全ての問題解決の基準時を一六一八年とすることに固執したのに対して、皇帝（及びカトリック派）及びフランスはそれを避けたからである。[32]

皇帝（及びカトリック派）にとっては、一六三五年のプラハ和議や一六二九年三月六日の「復旧勅令」(Restitutionsedikt)（ルター派に改宗した聖界領邦君主に対する再改宗命令を含むもので、カトリック派にとって大きな利益をもたらす。[33]）で獲得した利益を確保するためには一六一八年を「基準年」とすることは避けねばならなかったと考えられる。また、フランスにとっては、戦争以前の状態への復帰を全てに適用することは、同国が新教派等族から奪取した領地を返還することを意味したため、受け入れられるものではなかった。[34]

この問題を巡る交渉では、皇帝側が「一六二七年」（つまり、「復旧勅令」以前）とする譲歩案を提示し、プロテスタント側も一六四六年の夏に「一六二一年」とする対案を示すことによって、両者間で交渉妥結の可能性が生まれた。そして、その最終的妥協の結果がこの「一六二四年一月一日」なのである。[35]（ここでは、宗教的地位の確定という問題が、純粋な精神的活動という側面のみならず、領域及び財産の帰属決定という世俗的問題と同様の側面にも関わること、したがって、この時代の政治（俗事）が宗教的問題から切り離し得ないことがよく理解されよう。）

そして、この基準日の確定によって、例えば、カトリック派とルター派が混在する土地における教会聖職禄の取扱いについて、「一六二四年一月一日に存在した［各教派の］司教座聖堂参事会員又は司教区参事会員の人数が、その土地における両教派の［これら参事会員の］人数について永続的なものとされる」（ＩＰＯ第五条第二三項第一文）[36]というような個別規定が設けられたのである。

ここで問題となることは、一六二四年以降四八年までに発生した事態がウェストファリア条約による解決策を（特に、都市に対して）非現実的なものとしてしまう恐れがあることである。回復の基準年における状態と四八年における実態の相異の解消のための措置はある程度規定されてはいる。[37]また、両教派が混在する都市（特に、アウクスブルク・ディンケルスビュール・ビーベラッハ・ラーフェンスブルク・カウフボイレン）[38]については、一定の配慮が払われている。（第五条第三項、第二九項第二文、第四九項等）[39]しかしながら、ＩＰＯ第五条第二九項は、自由帝国都市に対して帝国等族であることを認め、宗教問題に関して帝国等族と同一の権利を承認しつつ、一六二四年以前にルター派のみが信仰されていた都市にその後カトリック派市民も存在するようになったという事実（「カトリック派が盛んに実施されている」(*catholicae religionis exercitium vigeat*) 場合であっても）は考慮されないとしている（第一文）。つまり、両教派平等という原則にも拘らず、一方（この場合はカトリック派市民）は基準年以降の実績を無視されるのであり、これにより生活実態との乖離が発生することは避け難い。宗教に基づく諸準則が日常生活を依然として大幅に規律していた時代において、この問題は無視できないものと考えるべきであろう。[40]

(三)　帝国等族の宗教決定権：領邦は「主権的」であるのか

最後に、帝国等族の宗教決定権（"*cujus regio, ejus religio*" 原則）の実態についての考察を行うこととしたい。

周知の如く、この原則は一五五五年のアウクスブルク宗教和議によって確立されたものであり、（既に述べられたように）ＩＰＯ第五条第一項によりその効力が確認されている。[41]その結果、これまでの通説的理解は、ウェストファリア条約において "*cujus regio, ejus religio*" 原則の確認や合法化が行われたことを強調すると同時に、個人の私的な信仰の自由が承認されたとする。[42] "*cujus regio, ejus religio*" 原則を近代国家形成との関連で評価するならば、同原則により領主（帝国等族）が自己の領域（領邦）内の教派を自由に決定できることから、領邦君主の対内的権力の絶対性の確立、即ち、領邦の主権化へと繋がるとすることができよう。しかし、以上のような通説的理解は全面的に支持され得るものなのであろうか。

先ず、ウェストファリア条約における個人の信仰の自由に対する一般的制約について考察したい。前節で確認した帝国等族臣民の信仰の自由に関する規定を見る限り、領主と異なる教派に属する臣民であっても、私的には殆ど完全な信仰の自由を認められているようにも思われる。しかしながら、より詳細に条約の規定を検討するならば、このような解釈を妥当なものとすることには躊躇せざるを得ない。それは次のような事情による。

前節で確認された帝国等族臣民の信仰の自由の保証には、その前提として「帝国全土を通じてこれまで頻繁に用いられてきた共通の慣習に基づき、領域権及び君主の権利（*jus territorii et superioritatis*）と共に、宗教の実施に関する決定権（*jus reformandi exercitium religionis*）もそれら［帝国］直属等族に帰属している」（第五条第三〇項）との条件が付されている。つまり、宗教決定権自体は飽くまでも帝国等族の手にあることを認めた上での、臣民の信仰の自由の保障なのであって、臣民の信仰の自由が領邦君主の宗教決定権に対抗し得るものではない。実際に、先述した移住に関する規定において、その名宛人は「自発的に移住を欲し又は領主から［移住を］命じられた臣民」（第五条第三六項）とされており、領主と異なる教派を信仰する臣民に対して領域外への退去要求をすることが領主に認められていることからも理解されるように、依然として宗教を理由として領邦君主から不利益（領邦からの強制的退去）を被る場合のあることが、制度的にも承認されているのである。

その意味で、*"cujus regio, ejus religio"* 原則はここでも貫徹され、その点では「帝国等族の自由な教派の決定」、即ち、宗教問題に対する領邦君主の「主権的」地位の確認という部分についての通説的理解が妥当するものとも思われる。しかし、これに関しても更なる検討の余地がある。それはＩＰＯ第五条第二項の規定内容が次のような問題を提起し得るからである。

既に確認されたように、同項は「聖界の事柄及びそれに関連して俗界において変更が行われた事柄」は「一六二四年一月一日」（回復の基準日）時点の状態に回復される旨を規定している。したがって、ウェストファリア条約発効時には *"cujus regio, ejus religio"* 原則は排除され、領邦君主の宗教決定権は行使され得ないことになるのである。（尚、回復の基準日（及びその前後）において領域帰属が争われていた場合については、別の規定（ＩＰＯ第五条第四三項）が設けられている。）[43]

また、これに関連して解釈上の問題となることは、宗教上の地位が「一六二四年一月一日」の状態へ回復された後に、当該状態は固定されるのか否かである。仮に、ウェストファリア条約による基準日への回復が最終的決定であるとの解釈に立つならば、当該状態が固定されることになる。そして、それは *"cujus regio, ejus religio"* 原則が認められないことを意味する。[44] このような解釈に立たず、当該状態が固定されないとするならば、同原則が認められ、それに基づいて領邦君主の宗教決定権が行使されることになる。しかし、その場合であっても、領主は自らが奉ずる教派を臣民に強制できるのではなく、前節で挙げた一定の信仰の自由の擁護を義務付けられることになるのである。

更に、当該状態が固定されるのか否かについての紛争が生じた場合には、ウェストファリア条約が規定する制約や手続に従うことが求められる。[45] また、宗教決定権行使の妥当性が（何れかの「当事者」により）争われる際にも、それらの制約や手続が適用されることになろう。

以上のように考えた場合、ウェストファリア条約において個人の（私的）信仰の自由が確立されたとすることも、また領主の宗教決定権が確立したとすることも、必ずしも適切でないことは確かである。少なくとも、同条約発効直後の教派の決定権は帝国等族（領主）には認められない。また、その後の教派の決定（実態としては、変更のみ）が可能か否かについては解釈が分かれるのであって、仮に可能であるとしてもそれに対する制約は大きく、領主による恣意的な決定ではあり得ないのである。[46]（この制約という点では、IPO第一七条第五・六・七項（IPM第一一五・一一六条）に規定された「条約擁護義務」を、教派の変更に関連して、他の当事者に恣意的に利用される可能性も考慮されねばならない。更に、教派の変更がもたらす政治的危険性も考慮されるべきである。そして、これらが、事実上の制約として機能し得たであろう。）結局、ウェストファリア条約において帝国等族が宗教問題に関して「主権的」な権能を獲得乃至承認されたとする理解は、（近代的な主権の観念が有する絶対性を前提とするならば）妥当なものではないのである。

それでは、このように帝国等族の宗教問題に対する「主権的」な権能が存在しないものと捉えるならば、ウェストファリア条約の宗教関連規定は（領邦を単位とする）近代国家形成に対して何らの意義も有しないのであろうか。この問題の考察のために、個人（臣民）の信仰問題を再度採り上げることとしたい。

既に確認されたように、宗教問題に関する回復の基準日は「一六二四年一月一日」（IPO第五条第二項）であるが、個人の教派の決定は「一六二四年」を「基準年」とし、この一年の中で実際に行われた教派であればよい（同第三一項）。また、それが公式（領主の許可等を伴う）なものでなくとも、実際に当該教派を信仰したことが証明されればよいと考えられる。その意味で領域の回復に比較して、極めて寛容な規定であると評価できる。[47] これにより、領邦内において臣民が自己の宗教上の地位を巡る問題を政治問題化する危険性は、大幅に減少するであろう。寛容とは結局「非政治化」であり、政治的問題として宗教問題を顕在化させないことであると言えよう。（これは他面から見れば、国家（王朝）的利益との関連では、個々人の信仰自体がもはや重要性を有していないことの証拠でもあろう。）

また、個人の信仰とは別の問題についても同様の傾向を見出すことができる。即ち、自由帝国都市及び帝国等族については、アウクスブルクやその他のカトリック派とルター派が混在する都市における宗教関連問題の多数決による解決が禁止され（ＩＰＯ第五条第九・一一項）、或いは、帝国議会等において宗教的分裂により帝国等族が一体とみなされ得ない場合に、宗教その他全ての問題について「多数決に考慮を払うことなく、友好的和解によってのみ紛争を解決する」（同第五二項）とされているが、これらも宗教問題に発する全ての対立を「友好的和解」(*amicabilis compositio*)のみに委ね、政治問題化させない措置であると考えられる。そして、この「友好的和解」が「寛容」の精神を必要とすることは明白である。（但し、既に指摘した通り、この紛争解決方法が問題解決を不可能とする場合があることは、認識されねばならない。）

以上の諸点から導き出され得るのは、ウェストファリア条約における宗教関連規定は、帝国（及び領邦）内における宗教問題の政治問題としての価値を縮減する方向に作用するものであるか、或いは既にその価値が低下してしまったことを示すものであるということである。

そして、このような「寛容」や「宗教問題の価値低下」が、最終的には近代国家における政治と宗教の分離に繋がり得ることは重要である。ウェストファリア条約における宗教問題の取扱いから理解されるように、少なくともドイツ地域における政教の分離は積極的な近代国家形成という志向の中で生じたものとは考えられない。それは、私的に自己の教派の儀式を行う自由（限定的な信仰の自由）を臣民に認めつつ、領邦内の公式宗教については領主に或る程度の決定権を帰属させるという妥協的乃至は消極的問題解決方法を通じて、次第に確立していったものと考えられるのである。

更に、このことはウェストファリア条約による領邦（君主）の主権化という通説的理解から逸脱することにもなる。即ち、同条約に規定される帝国等族の宗教決定権は（主権が内包する）絶対性の観念から期待されるような性格を与えられておらず、様々な制約の下に置かれている。それらの制約は、条約当事者たちが自領内の宗教的少数者を迫害しないことに同意したことを意味するが、実はそれによって同条約が宣言した対内的自治権（「領域権」：*jus territoriale*）の絶対性を放棄したことを意味するのである。[48] そして、このことが、同条約による領邦の主権化と近代主権国家間の関係としての近代国際関係の成立という「神話」に対して再考を迫る事柄でもあることは理解されよう。[49]

第四節　ウェストファリア講和会議（及び条約）の宗教問題の取扱いと欧州国家間関係

本章のまとめを行う前に、ウェストファリア講和会議及び講和条約の宗教問題への対応が当時の欧州国家間関係の展開の中でどのように評価され得るのかという点についても考察しておきたい。

この点の考察に際して、最初に確認されるべきことは、本章で論じられてきた事柄は全て「帝国内」にのみ妥当することであり、主要当事者であるフランス及びスウェーデン（帝国等族としての支配地を除く。）に対しては、これらのウェストファリア条約の宗教関連規定は原則的に適用されないということである。[50] 勿論、IPM第四七条は、IPO第五条及び第七条のIPMへの準用を規定しており、仏国王がIPOの宗教関連規定と全く無関係ではあり得ない。しかし、この準用規定が意味するところは、仏国王も帝国内の（新たな）宗教制度の「保証者」となることを意味するという程度に止まるのであって、[51] 仏国内での問題には関わらないと解されるのである。[52]

このようにウェストファリア条約の宗教関連規定は帝国外には直接的影響を殆ど及ぼさない。そして、このことは帝国外の当事者にとって宗教問題が外交上の問題としての重要性を既に喪失していたことを意味するのであり、それを我々は、三十年戦争終結のための講和会議開催までの経過の中でローマ教皇が外交上置かれた状況を見ることによって、確認することができる。

教皇は（それまでもしばしばそうであったように）「仲介者」としてウェストファリア講和会議（ミュンスターのみ）に使節を参加させた。[53] 既に、一六三六年前後に教皇は同様の立場でケルンにおける講和会議開催を試みており、その点からすればミュンスターにおける講和会議は「ローマから見れば、ケルンでの講和会議の延長と実現」[54]であったとも言える。[55] しかし、ケルン講和会議開催の失敗という事実、そしてその原因を考えるならば、既にそこには、教皇の欧州外交上の影響力の低下を看取することもできる。その原因の一つとしては、教皇がプロテスタント派当事者を軽視乃至無視したこと、或いはそのような態度に象徴される教皇庁の硬直した思考が挙げられる。[56] だが、それ以上に問題となることは、教皇による会議参加招請に対してスペインは応じたが、同じくカトリックを奉ずるフランスが参加しなかったという事実である。この仏側の態度は、リシュリューが全欧規模での講和会議の開催と、それによる宗教を基準としない解決を意図していたことに由来すると解されている。[57] この理解に立つならば、欧州国家間関係の在り方を巡る見解の相異がケルン講和会議の失敗の本質的要因と考えられるのであり、既にこの時点で教皇の欧州世界における政治的影響力の低下が示されたことになるのである。

教皇の欧州国家間関係における政治的影響力の低下は、ウェストファリア条約に対する教皇庁の態度と、それへの諸国の対応からも読み取ることができる。

「仲介者」としてミュンスター会議に参加した教皇使節は、講和交渉の内容がプロテスタント派に対する過大な譲歩であるとの判断から、次第に講和条約自体に対して批判的となる。[58] そして、条約作成後の一六四八年一一月二六日付[59]（公開は一六五〇年八月乃至九月）の教皇小勅書 (Breve) (*Zelo domus Dei*) において教皇イノセント一〇世は、ウェストファリア条約における宗教関連諸条項を「法律上無価値で、破棄、無効、非衡平、不正、非難に値する、堕落した、軽率な、効力の一切ないものでこれまであったし、[60]「現在も」そうであり、永遠にそうである」し、「神の目からすればそれらが無効であること」を宣言するに至る。[61]

しかしながら、既に講和会議中に条約交渉当事者は、教皇庁からの批判（破門宣告を含む。）を予測し、これに対抗するためウェストファリア条約の優先的効力を規定するＩＰＯ第一七条第三項（ＩＰＭ第一一三条）を設けていた。(62) 教皇庁の反発と行動はまさにその予測の範囲内にあったのである。

ＩＰＯ第一七条第三項では、「本和議、その何れかの規定又は条項に反する」聖俗両界における命令や判決、誓約等（そこには皇帝の選挙協約までもが含まれている。）、更にはいかなる異議や抗議も認められない旨が規定されている（ＩＰＯ第一七条第三項（ＩＰＭ第一一三条）については、第二部第三章第二節(二)2①で再度触れられる）。つまり、教皇の異議や破門宣告に対して同条約が優位することを、「神聖ローマ」皇帝や「極めてキリスト教徒的なる国王」(*Christianissimus Rex*)と呼ばれる仏国王等のカトリック派の条約当事者でさえもが合意していたのである。また、本来カトリック派の擁護者である皇帝（フェルディナント三世）は教皇によるウェストファリア条約批判を帝国内で公表することを禁じた。(63) この措置は帝国内の事項に対する教皇の影響力を懸念したものとも解され得るが、(64) より重要な点は教皇の立場を無視するような命令を皇帝が発したことである。このように、教皇庁による同条約への反対という立場は、カトリック派を奉じた世俗的諸勢力からも支持されることなく、当時の欧州の外交関係に大きな影響を及ぼすことはなかったのである。

更に、教皇が「仲介者」としてもウェストファリア条約中に登場しなかった(65)（これはプロテスタント派の存在すらも承認していなかったローマ教皇庁としては当然の帰結であったと言えよう。）ことも考慮すれば、同条約以降の教皇の欧州外交上の地位は儀礼的なものにとどまり、「教皇は全欧州の国際法の基本体系から除外された」(66)とする評価もある程度妥当なものと判断されるのである。(67)

以上の諸点から、ウェストファリア講和会議（及び条約）の宗教関連問題の取扱いに示されていることは、欧州の国家間関係における「宗教問題の価値低下」であると言えるのである。そして、このことは既に三十年戦争の過程で相当程度に進行していたと考えられる。なぜならば、異なる教派を奉ずる国家（王朝）間での合意可能性が認識され、異なる教派間の交渉と妥協が成立する余地が生じていたからこそ、その戦争の終結のための講和会議の開催が可能となったからである。[68] 換言するならば、遅くとも三十年戦争の経過の中で、欧州の諸国家間の関係が、ある程度教派を意識しつつも、それにより決定的な影響を受けないという意味で、「世俗化」されていたのである。[69] そして、このような欧州国家（王朝）間の関係における合意達成の可能性についての認識や関係自体の「世俗化」は、少なくとも宗教問題における「国家平等」へと連なるのである。[70]

まとめ：ウェストファリア条約の宗教関連規定の評価

以上に見てきたウェストファリア条約における宗教関連の諸規定から、次の諸点が指摘されよう。[71]

先ず、同条約の評価の中で通説的見解の一つとして受容されてきた *"cujus regio, ejus religio"* という一五五五年のアウクスブルク宗教和議以来の原則が同条約により承認され（ＩＰＯ第五条第一項）、その結果、領邦君主（帝国等族）の宗教決定権が確立したとする見解の問題性が挙げられる。少なくとも条約発効後の基準日（一六二四年一月一日）への回復という点では、帝国等族は宗教決定権を行使できないのである。また、その後の教派の決定（変更）についても、帝国等族の宗教決定権の行使には、同条約の規定による制約が課されるのみならず、政治的にも（つまり、事実上も）その行使についての裁量の幅は極めて限定されたものであったと解される。これらのことから、通説的理解が示すような、近代的主権概念の枠組の中で帝国等族の宗教決定権を理解し、それを主権的権利の一部（それゆえに、「領邦主権」の強化）であるとすることは誤りであると考えられる。[72]

また、ウェストファリア条約における個人の信仰の自由についての取扱いに関する評価にも触れておきたい。

同条約において承認された臣民の信仰の自由は、カトリック派、ルター派及びカルヴァン派の何れかの教派の宗教的行為を私的に行うこと、その限りにおいての良心の自由の承認であって（現在の用語で言うならば「内心の自由」は認められるが、外形的に認識される宗教活動の自由は否定されている。）、*"cujus regio, ejus religio"* 原則や「領域権」が領邦君主に付与する諸々の権利に対抗できるものではない。（領邦君主は自己と教派の異なる臣民を「合法的に」自領から強制的に退去させることが可能である。）また、抽象的・包括的観念としての人権観念は同条約には存在せず、「私的な宗教儀式実施の自由」や「移住権」といった個別的な自由や権利が承認されるにとどまるのである。つまり、同条約で認められたこれらの自由や権利は、近代的な人権観念に包摂されるような「良心の自由」や「人権」とは本質的に異なるものなのである。[73]

但し、そうではあっても、国家（領邦）が依然として宗教（教派）的であることが当然と考えられていた時代に、（厳格な）宗教決定権が放棄され、極めて限定的な信仰の自由ではあっても、これを臣民に保障しようとした点は積極的に評価すべきであろう。[74]「それは未だ手探りであるにしろ、ドイツの領域国家の枠組における純粋な寛容への道を歩む第一歩であった」[75]のである。

更に、帝国等族による一定の宗教決定権や極めて限定された信仰の自由のもとであるとはいえ、各教派の平等が確保されていることには宗教問題の解決にとっての一定の意義が認められる。但し、その意義は、アウクスブルク和議では承認されなかったカルヴァン派が、ウェストファリア条約ではカトリック派及びルター派と同一の地位を認められるという点に専ら存している。[76]本章で見た通り、ツヴィングリ派をはじめとする他教派については「何れの教派も、神聖ローマ帝国内で承認又は耐忍されることはない」ことが明示されており、依然として主要三教派間のみの平等に止まっているのであり、この点でも完全な信仰の自由は存在しないのである。

最後に、一七世紀前半の欧州国家間関係における宗教問題を論ずることの意義についても述べておきたい。その意義とは、本章第四節で見たように、ウェストファリア講和会議（及び条約）を通じて、神聖ローマ帝国の内外における「宗教問題の価値低下」が明白となった点に求められるであろう。[77] 即ち、同条約の宗教関連条項は、教皇の外交上の権威の喪失と相俟って、欧州の国家間関係における宗教問題の価値低下を明白なものとし、[78] また帝国内においても、宗教的対立が根本的に解決されるのではないにしろ、それが社会的混乱を招かない程度までには管理されるという体制を生み出した。これによって、「諸国家及びそれらの体制の教派的な特性は、次第に解消し、それらの対内的・対外的政策の教派的動機付けは消滅[79]」することになる。それはまた同時に、「国家理性」(raison d'état) が国家の政策決定において決定的な役割を演じ始めることを意味するのである。[80]

（1）Gantet (1999), 73.
（2）Robbers (1999), 71.
（3）例えば、Schindling (1999), 43 ではそのような理解が示されている。
（4）Ziegler, K.-H. (1999, b), 109.
（5）一例として、一八一五年のヴィーン議定書が挙げられる。同議定書の冒頭には次の文言が置かれている。"Au nom de la très-Sainte et Indivisible Trinité."*CTS*, LXIV, 454. ヴィーン会議におけるこの問題について、次の文献を見よ。Osiander (1994), 187.
（6）「三十年戦争」は「宗教戦争」であったのであろうか。（この問いに対する解答の前提として、「宗教戦争とは何か」という問題に答えねばならないであろうが、本書では一応レープゲンに従って、次のような理解に立つこととする。即ち、「宗教戦争」(Religionskriege) とは「戦争の少なくとも一交戦当事者が、その戦争行為を正当化し、また或る政治権力に対するその軍事力の行使が何ゆえに正当戦争 (*bellum justum*) であるのかを公に具体化するために、『宗教』、即ち宗教法に基づく主張を行う戦争」

である。Repgen (1987), 313.）少なくとも、この戦争が有した宗教的側面を否定することは困難であるとの指摘（Schilling (1998), 12–15.）の正当性は疑い得ない。特に、三十年戦争が主として宗教的動機に端を発するものであったとすることは、一定の真実を含んでいる。（Kearney (1998), 871 においては、「神聖ローマ帝国の歴史における最も劇的な瞬間の一つは、一六一八年年五月二三日のプラハ王宮窓外放出事件である」との認識が示され、その結論部分（Kearney (1998), 884.）では三十年戦争の直接的発端となったこの事件の文化的意味の検討が行われており、このように或る人物を窓の外に放り出すという行為自体も宗教的意義を有したとされている。）しかしながら、このようにして開始された戦争が宗教的対立のみを理由として継続したとすることはできない。（実際に戦闘を行う軍隊（傭兵）の構成が教派的に均一であったのは、三十年戦争の初期（ドイツ侵入開始当時の瑞軍と西軍）のみのことであったという。Schilling (2000), 427.）なぜならば、三十年戦争の経過の中で生じた戦争の性質の次のような変化を無視することはできないからである。

戦争の性質変化を明白にした事件の一つは、一六三五年に本来カトリック教国であるフランス（そして宗教的にはカトリック派であり続けた。しかし、スペイン国王が「カトリック国王」(*Rex Catholicus*)と称された（例えば、ＩＰＯ第一条）のに対して、フランス国王は「極めてキリスト教徒的なる国王」(*Rex Christianissimus*)という称号で呼ばれた（例えば、ＩＰＭ前文）。この事実は本条約における宗教問題の扱いの難しさを例証するものと言えよう。）が、同じくカトリック派勢力である神聖ローマ皇帝及びスペインに対して宣戦すると同時に、プロテスタント派勢力に援助を開始したことである。（フランスの主たる公式の（対西）参戦理由は、スペイン軍により拉致され、皇帝の下で幽閉されていた聖界領主であるトリーア選帝侯（Philipp Christoph von Sötern）（彼は同時にシュパイアー司教でもあった。）の解放のためであり、（第一章第一節(二)2でも触れられたように）同選帝侯解放の要求は一六四四年一二月の講和交渉の最初の提案中にも明記されていた。つまり、この限りでは仏の参戦は教派的矛盾を生じさせない。しかし、実態としては、仏はリシュリュー及びマザランの指導の下で「一方では、自己のカルヴァン派臣民を弾圧し、他方では、皇帝権力による侵略に対する長期のそして成功に満ちた対抗のためにドイツのプロテスタント派を援助する」(Phillimore, R. (1854), 450–451.) のであって、教派的観点からは矛盾するものであった。但し、仏とドイツ内プロテスタント派諸侯との同盟関係、更には仏とトルコ間の協力関係といった宗教の枠を超えた提携関係は、一六四八年の遥か以前から存在していた。(Roelofsen (1990), 19.) また、本来カトリックに属したヴェネツィアが一六一七年から翌年にかけて、スペインに対抗して自国利益を確保するためにプロテスタント派であるオランダと同盟したことからも理解されるように、一七世紀前半において宗教的対立を超越した外交政策を展開したのは仏だけではない。(Luard (1992), 6.) ここではこの戦争を教派に基づく友敵関係により説明することが不可能となっている。しかも、このような変化は、例えば一六二九年四月八日付で教皇（ウルバヌス八世）が仏国王（ルイ一三世）・ヴェネツィア共和国・マントワ公との間で対墺同盟条約 (*Du Mont*, V, ii, 580.) を締結したことからも理解される通り、この戦争のかなり早い時期から欧州の国家間関係において発生していたのである。（更に、三十年戦争中に行われた教皇庁の各国への政策的働きかけは、聖俗両界を明確に区分することが当時の欧州世界に関する理解を誤らせる危険性を示唆している。当時の教皇庁の外交政策を扱う論考の一例として、三十年戦争初期の教皇グレゴリウス一五世のドイツ政策を論ずる次の文献を見よ。Koller (2000), 123–133. そこでは、同教皇の世俗的なドイツ政策がある程度の成功を収めたことが示されている。）また、戦争遂行過程において、帝国等族に対する自らの地位の強化にこの戦争を利用しようとする皇帝の姿勢が露わとなったこと（例えば、前々章第三節(一)でも触れられたように、一六三五年の「プラハ和議」の結果、全ての帝国等族に対して皇帝の承認を得ない武装権を否定する等、皇帝は帝国等族に対する自己強化策を教派の違いを超えて遂行しようとした。）も、この戦争の性質変化を例証している。更にまた、専門文献においては、宗教戦争として開始された三十年戦争が変質する過程が論じられることが多いことも事実である。特に、皇帝（ハプスブルク家）の戦争目的が宗教的目的から最終的に領域的・王朝的利益追求に変化したとする理解（例えば、Bireley (1988) では、ハプスブルク家のカトリック擁護という観点を中心として、次のように論じられている。この論考では、三十年戦争が三期（一六一八年（プラハ王宮窓外放出事件）から二七年後半（ミュールハオゼン (Mühlhausen) 選挙協約）まで、同協約から三五年（プラハ和議）まで、それ以降四八年まで）に分けられている。その第一期には、ハプスブルク家とヴィッテルスバッハ家（バイエルン）が協力し、主として帝国内のカトリック派の地位を維持及び統合するために戦い、両者は領域的及び王朝的目標を抱懐してはいたものの、目的自体は宗教的目標に適切に対応していたとする。第二期には、「復旧勅令」（一六二九年）によってカトリック派が一五五五年の時点で享受していた地位の回復が目指され、宗教的目的が最重要視された時期を経て、次第に領域的及び王朝的目的が重要性を有するようになり、「プラハ和議はカトリック派の回復の試みの放棄と神聖なる戦争の段階の終結を刻印」(Bireley (1988), 86.) することとなる。そして、第三期には、フランスに対するハプスブルクの利益を支持することに重点が置かれ、宗教的目的はますます重要性を失うこととなるのである。また、Bireley (1991) では、皇帝フェルディナント二世がその治世（一六一九年から三七年）において、ハプスブルク領をハプスブルク家・貴族（領内の等族）・カトリック教会の協力体制を基礎とした君主制の下で統一的に統治することに成功したとする。(Bireley (1991), 240.) この点では、少なくとも三十年戦争のほぼ全期間を通じて、皇帝権力の基盤であるハプスブルク領内ではカトリック教会の協力が不可欠であったものと考えられるのである。）は妥当なものと思われる。（但し、ここでは王朝間の関係としての三十年戦争の解釈を行っているに過ぎない点は、確認されるべきである。個々人の日常生活にとって何れの教派が自己の生活領域を律するのかは重大な関心事であり続けたのである。（一例として、ＩＰＯ第五条第三・一一項でも言及されている教派混在都市ディンケルスビュールにおける三十年戦争中の動揺について次の文献を見よ。Gantet (2001), 287–300.)）これらの事実からすれば、三十年戦争を全体として宗教戦争とすることはできないものと判断せざるを得ないこととなる。（三十年戦争の時代における宗教問題と政治問題の分離、そして宗教の政治への組み込みという現実は、同時代人により既に認識されている。特に、アンリ・ド・ロアン公 (Herzog Heinrich von Rohan) の見解について、次の文献を見よ。Meinecke (1976), 192–231. また、一五一九年の皇帝マキシミリアン一世の死去に伴う相続問題に関して、次のような指摘がある。「血縁親戚関係から、孫のスペイン王カルロス一世（カール五世）、フランス王フランソワ一世、更にイギリス王ヘンリー八世の運動がみられ、特に前二者は同一信仰をもちながらも、その対立感情がルター信仰を広める一因を作った。ここに政治問題には、信仰問題を意に介しない近代国家君主の性格がみられる。またこの相続問題に教皇レオ一〇世も関与したことに、ルター問題を重大化させた一因があったように思う。」（小野 (1972)、三一八–三一九頁。）この指摘からも理解されるように、世俗的政治問題と宗教問題の分離という現象は、三十年戦争期に初めて発生したのではない。）

結局のところ、三十年戦争の宗教的性格が「全か無か」となるのではなく、「宗教」が契機乃至は決定的要素となる場合と、「国家理性」がそのような役割を果たす場合が常に存在し、三十年戦争中に両者に関係が逆転し、後者の役割が相対的に高まったと考えるべきであろう。（このような理解を示すものとして、次の文献が挙げられる。Repgen (1956), 96–97.）そして、このような情況を背景として作成されたウェストファリア条約の性質もまた、宗教戦争の解決のみを目的とする条約ではあり得ないし、同時に宗教的要素を全て喪失したということでもないのである。（例えば、一六四八年の西蘭間ミュンスター条約一九条には、一方当事者の臣民が他方当事者の領域内で平穏に宗教儀式（教派は特定されていない）を行うべきことが規定されているが、これは平穏に実施される限り信教の自由が保障されることを意味している。蘭独立の要因として教派の相異を完全に無視してよいとは言えないが、同条約中に宗教関連規定が存在することをもって、「八十年戦争」を「宗教戦争」であったとすることはできないことは確かである。）そもそも、外交経路が国家によって独占されることのなかった一七世紀前半（Schilling (2000), 420–421.）において、重要な外交情報伝達組織として教会が存在していた点を考慮するだけでも、政治的平面において聖俗を分離することが意味をなさないことが理解されるであろう。

（7）Stein (1971) では、三十年戦争中に民衆の中の信仰心高揚に加えて、後の「ドイツ民族主義」の萌芽が見られるとされている。この現象はルターによる聖書のドイツ語訳（一五二二年から一五三四年）がドイツ語自体の統一を促進した結果、ドイツ語を共有する民族としての自覚が発生したことを契機とするという。そして、これに加えて、三十年戦争の悲惨な状況に直面した民衆が、一定の寛容を伴う平和を希求したことが、民族の一体性への道を拓いたと説明される。(Stein (1971), *passim*, esp. 133–135 *et* 146–148.) ドイツにおける近代国家形成におけるこのような側面もまた興味深いが、本書では扱われ得ない。

（8）したがって、本書では当時の国家間関係全般に対する宗教問題の影響についての考察は行われず、また、ウェストファリア条約がキリスト教の教義や教皇庁による聖界支配の形態等に及ぼした影響に関しても論じられない。しかし、これらは欧州の近代国家（系）形成過程の研究にとって重要な研究テーマであり得るし、また、世俗的支配権確立のための宗教的支配権の意義、或いは近代国家の支配機構としての官僚制と教会の支配制度の関連等、キリスト教及び教会制度と近代国家（系）形成過程の関係を巡って考究されるべき事柄は多い。

（9）「アウクスブルク信仰告白派」及び「改革派」に関しては、第一部第一章註（78）及び（79）を見よ。

（10）パッサウ和議とは、一五五二年（八月二日及び五日付）にザクセン選帝侯モーリッツを中心とするプロテスタント諸侯と皇帝の間で結ばれた講和条約である。シュマルカルデン戦争（一五四六年から四七年）においてプロテスタント派諸侯側に立たなかったモーリッツ（彼自身はカトリック系のアルベルト家に生まれたが、後にプロテスタントとなる。）が、五二年に北ドイツ諸侯と結び皇帝軍を破り、バイエルンの都市パッサウでプロテスタント諸侯と皇帝の間でこの講和が成立した。これにより、教会の状態は一五四五年の状態まで戻され、カトリック側はシュマルカルデン戦争で獲得したものを剥奪された。また、獄中の身であったザクセン侯ヨハン及びヘッセン伯フィリップは放免された。しかし、全面的解決はアウクスブルク帝国議会（一五五五年）（次註を見よ。）に持ち越された。*Hoppe* (1958), 898:『キリスト教大事典』、八三〇及び一〇六九頁。

(11)　アウクスブルク和議とは、一五五五年のアウクスブルク帝国議会で締結され、同議会の最終日である九月一五日に布告された、皇帝（カール五世。但し、弟であるフェルディナントが代理として交渉に当たった。）とドイツプロテスタント派諸侯との宗教和議を指す。その主たる合意点は、カトリック派教会と同様にルター派教会の存在を承認すること（ツヴィングリ派及びカルヴァン派は排除）、諸侯には何れかの教派の選択権が与えられ、住民は自己の領主の信仰に従い (*cujus regio, ejus religio*)、それを欲しない住民には移住が認められること (*beneficium migrandi*)、自由帝国都市は両教派の共存を認めること、カトリック教会領の宗教諸侯は、ルター派に改宗すると同時にその世俗的地位も喪失し、カトリック派の後継者が選ばれること (*reservatum ecclesiasticum*) 等である。*Hoppe* (1958), 51:『キリスト教大事典』、一〇頁。

(12)　「良心の自由」*"conscientiae libertas"* という用語は、ルターにより創出されたという。Gantet (1999), 74.

(13)　宗教問題に関するウェストファリア条約の規定の優越性を承認する条文は、ＩＰＯ第五条第一項第二文であり、それは次の通りである。

「しかし、その中で議論のある若干の条項に関して当事者の合意に基づくこの和解により規定されたことは、神の恩寵により宗教そのものについての合意が為されるまでの間、前述の永遠の平和の証として、裁判その他の場において遵守されるものとする。［この場合、］聖俗両界の何れの者かが帝国の内外で、何れかのときに提起した異議又は抗議も考慮されることなく、またこれらの規定により、それらは全て無益且つ無効であると宣言される。」

(14)　帝国代表者会議 (Reichsdeptationen) とは、一五五五年の決議に基づいて設置された、帝国議会の負担の軽減のための常設的な会議である。帝国代表者会議では、その都度一名の皇帝の受任者が議長として置かれ、その者が皇帝の提案権を行使し、会議の意見を拘束力ある議決に高めた。（ここでは議決は „Abschied" ではなく、„Conclusa" と呼ばれた。）一五六四年には二つに分裂し、一つは選帝侯により、もう一つはその他の帝国等族により構成された。Mitteis (1988), 349–350.

(15)　但し、「特別な授権により解決されるべき問題が帝国内に生ずる場合に」それが一方の教派のみに関わる問題であるならば、当該教派の信徒のみが任命される。（第五条第五一項）

（16）　本文に挙げられたような原則は定められたが、「この度の戦争により生じた変更及びその他の法律問題について」の裁判長や陪席者、その他「裁判所官吏」(*iustitiae minister*)を「両教派同数選出すること」等は、「問題の重大性に鑑み、この度の会議では充分な解決が達成され得ないので、公表される次回の［帝国］議会で」「合意に達するべきこと」（第五条第五三項）とされ、戦争に伴う重要問題の審理における陪席者数の平等化と確定は、将来の問題として残されている。

それでも、帝国最高法院の陪席者については、「全く不明確な状態に留まらないよう、皇帝陛下によってのみ任命される一名の裁判官及び四名の裁判長（その内の二名がアウクスブルク信仰告白派とする。）を除く(*praeter judicem et quatuor praesides*)、帝国最高法院の陪席者数は全体で五〇名に増員すること、その内、カトリック派等族からは皇帝による推挙に委ねられた陪席者二名を含む二六名の陪席者が、またアウクスブルク信仰告白派等族からは二四名の陪席者が、出席し得るものとし、且つその義務を負うものとする」（同項）との規定が設けられている。

（17）　ウェストファリア講和会議における *"ius emigrandi"* の取扱いや意義に関しては、次の文献に詳しい。May (1988).

（18）　Robbers (1999), 74.

（19）　シントリンクは、「移住権」を「ドイツ史における最初の基本権」であったとする。(Schindling (1999), 47.) また、ロッベルスは（当時の状況における）「宗教的自由の一つの核」と解する。Robbers (1999), 74.

（20）　メラーは一六世紀中の都市の宗教改革に関連して、次のような数字を掲げている。即ち、一五二一年の帝国議会で作成された帝国台帳 (Reichsmatrikel)（ヴォルムス台帳）において八五都市が「自由帝国都市」の称号を与えられ、その中の概ね六五都市が帝国直属資格を承認されていた。更に、その中の五〇都市以上が一六世紀中にカトリック派からの改宗を公式に行っており、その半数以上が完全に且つ永続的にプロテスタント派に留まり、その他の多くは他教派を黙許した。それに対して、この間一度も公式にプロテスタント派を容認しなかった都市は一四だけであった。(Moeller (1987), 9.) この数字からも理解されるように、宗教改革の波は帝国内において、とりわけ都市を覆ったのである。（尚、メラーのこの著作の初版（一九七七年）が、森田 (1984)、三五頁において紹介されている。）

その結果、ウェストファリア講和会議開催時には、大多数の自由帝国都市が非カトリック派を信奉しており、その表れの一つとして、同講和会議における都市に関する記録はオスナブリュックにおけるものの方が多いことが指摘されている。(Langer

(1987), 1064.)

（21） ＩＰＯ第五条第二九項が自由帝国都市を帝国等族と認めるものであるとの解釈については、前章第一節㈢2を見よ。

（22） 例えば、（前節で触れられた）ハプスブルク家直属領であるシュレージェン内の三都市のルター派教会建設の許可に関する規定（ＩＰＯ第五条第四〇項）を見よ。

（23） この点については、次の文献でも触れられている。Lee (1984), 118.

（24） アウクスブルク和議がカルヴァン派を含まず、また一五五五年から一六一八年までの時期に同派が最も闘争的であり、更にこの時期の主要な宗教対立は同派と（反宗教改革で勢力を回復した）カトリック派の間で発生した。(Lee (1984), 118.) これらの事実を考慮するならば、宗教的寛容に関してウェストファリア条約は同和議をより一層現実に合わせて変更したものと評価できる。

（25） 例えば、ヤコビは細部を除いて、ウェストファリア条約の宗教関連規定の要点を次の四つに纏めている。①カトリック派帝国等族と新教派帝国等族の完全な平等の承認、②三教派間の平等という原則の帝国国制に対する影響の調整、③個別の帝国等族の宗教上の地位の一六二四年（基準年）の状態での確定、④自律的宗教活動 (autonomia) についての個人的権利の原則的保障。Jakobi (1999), 91.

（26） ガンテは、本文中で次に触れられる *Corpus Catholicorum* と *Corpus Evangelicorum* に関連させて、「数的平等」よりも「手続的平等」が重要視されているとしている。Gantet (1999), 73.

（27） IPO, V, 52: *"In causis religionis omnibusque aliis negotiis, ubi status tanquam unum corpus considerari nequeunt, ut etiam chatolicis et Augustanae confessionis statibus in duas partes euntibus, sola amicabilis compositio lites dirimat non attenta votorum pluralitate."*

（28） 以上の *"itio in partes"* に関する説明については、次の文献を見よ。Wolff, F. (1966), 6–46.

（29） 前註関連箇所で述べたように、ウェストファリア条約締結時点ではルター派等族団 (*Corpus Evangelicorum*) には既にカルヴァン派が合流しており、プロテスタント両派が共同してカトリック派に対抗した。

（30） Schröder, P. (1999), 979–980.

(31) Schröder, P. (1999), 980.

(32) *Croxton et Tischer* (2002), 207–208 *et* 237–239.

(33) *Zophy* (1980), 117–118: Dickmann (1998), 15–16.

(34) *Croxton and Tischer* (2002), 207–208.

(35) Ruppert (1979), 257–260: Auer (1998), 166.

(36) ＩＰＯ第五条第二三項では更に、「［或る者の］死亡の場合には、［その者と］同一教派の者からのみ補充が選出される」と規定されている。

(37) 例えば、ＩＰＯ第五条第二三項第二文では、「［何れかの土地で既にカトリック派又はルター派の］司教座聖堂参事会員又は司教区参事会員が、一六二四年の時点よりも多くの聖職禄を占有している場合には、［一六二四年の］定数以上の司教区参事会員聖職禄及び司教座聖堂参事会員聖職禄は、［その占有者の］生存期間中はそれらの者が保有する」が、死亡した場合には、当該定数が回復されるまでの間、他派により継承されるとされた。

(38) ＩＰＯ第五条第二九項ではこれら五都市を明示的に両教派混在都市としてはいないが、前節で触れられたように、カオフボイレンを除く四都市は同条第三項以下で混在都市であることを前提として条文が設けられている。また、コンラートはこれら五都市が両教派混在都市であるとしている。Conrad (1963), 497.

(39) 第五条第四九項は、両教派が混在する帝国都市の管轄権について、次のように規定している。「しかし、両教派が混在して実施されている帝国都市では、カトリック派司教はアウクスブルク信仰告白派市民に対して、何らの管轄権も有するものではなく、他方で、カトリック派信徒は前述の年即ち一六二四年の慣行に基づき、自らの権利を認められる。」

(40) とりわけ、婚姻をはじめとする家族関係においてはこの問題は大きい。その他にも、例えば、暦法を巡る問題が挙げられる。（本書「凡例」中の「暦法について」で述べられているように）グレゴリウス暦（新暦）の導入期が教派・地域によって相異したため、一六二四年から一六四八年の間に教派が変更された領域では、暦法まで変更されることになるのである。両教派混在都市における暦法問題については、次の文献を見よ。Warmbrunn (1983), 359–386.

(41) 例えば、ブルンナーは、ウェストファリア条約が有する宗教和議としての一面を評して、同条約により「一五五五年以降の全ての世俗化［のための措置］が合法化された」とする。Brunner (1973), 315.

(42) 国際法史の概説書の中で、このような理解を典型的に示しているのがNussbaum (1958) である。ヌスバオムは、アウクスブルク和議においてルター派帝国等族とカトリック派帝国等族の間の平等と *"cujus regio, ejus religio"* 原則が承認されたことにより「帝国内の分権的傾向 (the centrefugal trend)」が強化されたとし、更に、ウェストファリア条約において同様の事柄が確認されると同時に、領主と異なる教派を奉ずる臣民に対して「『良心の自由』及び彼らの公民権 (civil rights) の保護が与えられた」とする。(Nussbaum (1958), 61 *et* 116.) 但し、Truyol y Serra (1995), 65–66では、同原則のカルヴァン派への適用について触れられているが、それが単純な宗教上の自由を確立するものではなく、領主と異なる教派を奉ずる臣民は（移住の権利を認められつつも）同原則に従わなければならないことが指摘されている。

(43) ＩＰＯ第五条第四三項は、領域権が争われている土地における宗教実施権について、次のように規定している。「一六二四年以前又は以後に領域権に関して争われた場合には、占有及び請求についての審理及び決定が行われるまでの間、同年におけるその占有者に実際上の［宗教の］公的実施に関する権利が帰属する。但し、領域問題の係争中に、その臣民が移住を強制されることはない。カトリック派及びアウクスブルク信仰告白派の等族が、平等に君主の権利 (*ius superioritatis*) を享受している土地においては、［宗教の］公的実施並びにその他宗教に関係する諸々の事柄について、前述の期日［一六二四年一月一日］にあったと同一の状態が存続する。」

(44) オヅィアンダーは、ウェストファリア条約における *"cujus regio, ejus religio"* 原則に関して、一六二四年一月一日における領邦の公式教派がそれ以後も継続するのであって、その後に当該領邦の君主が教派を変更してもそれは当該領邦の公式教派の変更はもたらさないと解し、「原則は放棄された」としている。Osiander (1994), 40. 尚、この見解は彼のその後の論考においても維持されている。Osiander (2001, a), 272–273.

(45) 特に、「講和の擁護の義務」に関する第一七条第五・六・七項が適用されるものと解される。これら三項については、第一部第二章第一節㈢を見よ。

(46) この点に関して、ボーラックは次のように帝国等族の領邦主権確立にとって更に厳しい評価を下している。「宗教事項に関して、ドイツ諸侯は既存の権能すら維持しなかった。それとは逆に、*"cuius regio, ejus religio"* 原則は少数者のための教派的保護により制限され、カトリック派及びプロテスタント派のために平等の保障が規定されたのである。」Beaulac (2000), 168.

(47) *Croxton and Tischer* (2002), 207–208も同旨である。

(48) Fagelson (2001), 500.

(49) 以上の事柄は、宗教問題と国家主権の関係について示唆することが多い。特に、国家主権は宗教事項に関して、或る種の矛盾した対応を迫られる点は強調されねばならない。

宗教は本来的には国家それ自体を信仰の対象とするのではない。人間は、自己という存在が或る国家に帰属しているという意識の下で、当該国家の主権的行為に（積極的にしろ、消極的にしろ）従う。（それは契約論的国家観であれ、有機論的国家観であれ同一である。）これに対して、宗教的信念は国家には向かわず、超越的存在に向けられる。当該存在が「国家自体を信仰せよ」或いは「国家に服従せよ」と命令しない限り、国家と個人の宗教的信念は何処かで抵触を生む。そして、皇帝と帝国等族との関係において、更に帝国等族と臣民の関係において、信仰の対象に齟齬が生じたのが宗教改革以降の帝国の状態であり（三十年戦争を宗教戦争として理解する立場からすれば、このような帝国の状態によって生じた混乱の最後の、そして最大の紛争が三十年戦争なのである。）、その状態の解消のために採用された基準が *"cujus regio, ejus religio"* 原則であるということになる。

この原則は皇帝と帝国等族との関係においては機能し得るが、それは相互に合意が存在する限りにおいてのことである。（一六二九年「復旧勅令」はその合意が破棄された事例と考えられる。）帝国等族とその臣民との関係においては、そのような合意は形成されておらず、当該原則が解決基準として充分に機能し得るとは考えられない。服従しない臣民に対して帝国等族が服従を強制する場合、結果は服従か抵抗かの何れかである。結果から見る限り、アウクスブルク和議以降の帝国内では抵抗が多く発生した。しかも、それが他の帝国等族や帝国外の諸勢力による介入を招くところとなり、三十年戦争にまで至るということになった。

抵抗を生み出した原因は多数考えられる。しかし、より強く（絶対性を旨とするという意味において）「主権」的に振舞う帝国等族に対しては、抵抗を決意した臣民の抵抗はより激しいものとなったであろうことは充分予測される。その経験から、ウェストファリア条約においては、*"cujus regio, ejus religio"* 原則に服従しない臣民に対する妥協が図られ、それが結果的に「宗教上の私的活動」を認め、或いは領外への移住を行う者に対しての特別な措置を規定することとなったものと解されるのである。

これらは、「絶対的な主権」の観念に抵触することは確かである。しかし、本質的に異なる事柄が現実に並存し、それらが衝突しあっており、何らかの解決を必要とし、しかも何れかの絶対的勝利が不可能であるならば、何らかの妥協が必要となる。そして、この「妥協」という行為は、「(対内的) 主権の絶対性」の観念と矛盾するのである。(この矛盾を矛盾として意識させない解釈を可能とするものが「宗教的寛容」であり、更には国家の宗教的中立といった観念であると考えられるのである。)(尚、高橋(和)(2001)、七九-八〇頁では、宗教改革後の状況とウェストファリア条約による解決について、次のように論じられている。「教皇の影響力が後退するということは、何が神の命ずる正しさであるかという点に関する理解が、最終的に統一できないということであろう。[改行] ウェストファリア条約において決定されたのは、こうしたキリスト教のいずれの教派を採用するかに関しては、各国家に委ねるというものであったが、それは法的にはまさに、何が神の命ずる正しさであるかということの理解の分裂を解消するという意味を持っていたことになる。」ここでは、国家(正しくは、帝国等族)の主権が宗教にも及ぶ点が強調されているが、このような解釈を採るならば、「寛容」や更には「政教分離」といった観念の歴史的発展過程を説明できなくなるであろう。)

(50) フランスについては、既に第一部第二章で確認されたように、IPM第七〇条では、メッツ・トゥール・ヴェルダンの領域移譲に際して、「君主の諸権利」(*jura superioritatis*) その他の権利が「これまでローマ帝国に帰属したのと同様の方法で、今後フランス王冠に帰属」するとされていることから、仮にこれらの都市において個人の宗教の自由或いはそれに類似した自由がウェストファリア条約以前から承認されていたならば、これを仏国王は承認しなければならないことになる。それでも、既に宗教問題それ自体については帝国ほど深刻な問題ではなく、したがってウェストファリア条約の宗教関連規定は仏国王にとっては皇帝ほどには重大な意義を有さないものと解される。(実際に、フランス国内で一連の宗教戦争後にカルヴァン派に与えられたのは、若干の地域における少数派としての権利だけであったという。(Gantet (1999), 73.)) この点については本章後註(52)も見よ。

(51) Schindling (1999), 44.

(52) 勿論、「ナントの勅令」が一六八五年に廃止された際に、多数のユグノーが亡命するという事態が発生したことに表されているように、一七世紀中葉以降も依然としてフランス国内にも宗教的緊張は存在していた。

(53)　Schindling (1999), 43. 当初はジネッティ (Martio Ginetti)、次にロセッティ (Carlo Rossetti) が正式な教皇使節であったが、実際には彼らの代理であったキージ（Fabio Chigi: 後の教皇アレクサンデル七世）が重要な役割を果たしており、ウルバヌス八世の死後に新教皇イノセント一〇世はキージを正式な使節として任命した。*Croxton et Tischer* (2002), 58.

(54)　Minnerath (1999), 383.

(55)　一六三五年には、少なくとも瑞・仏・西は各々の事情によって戦争継続よりも、講和を必要としていた。(Parker (2001), 178.) その意味ではケルンにおける講和会議開催の試みは、その時期については適切であったと考えられる。

(56)　Colegrove (1919), 455–463.

(57)　Minnerath (1999), 383. この点で、ウェストファリア講和会議がプロテスタント派を含む全欧州規模の会議となったという事実は、仏側の外交上の大きな勝利であると言える。

(58)　この間の事情については、次の文献を見よ。Repgen (1998, b), 487–561.

(59)　この日付はレープゲンに従っている。彼によれば、教皇の抗議宣言の公表は一六四九年三月初めに決定されており（当初は教書 (*Bulle*) として公開する予定だった。）、宣言自体は翌年に印刷されていたが、ウェストファリア条約の署名日（一六四八年一〇月一四（二四）日）に近接させるために、「一六四八年一一月二六日」まで日付を遡らせたという。Repgen (1998, b), 539–541.

(60)　ここでいう宗教関連諸条項の意味はかなり広く、教皇やカトリック教会にとっての損害となり得る全ての条項を指すと考えられる。例えば、小勅書では第八の選挙帝位の設定（ＩＰＯ第四条第五項）が問題とされている。それは、同選帝侯位が同小勅書中で「異教徒」(*haereticus*) とされるライン＝プファルツ伯に与えられるからである。

(61)　*"...ipso jure nulla, irrita, inualida, iniqua, iniusta, damnata, reprobata, inania, viribusque & effectu vacua ominino fuisse, esse, & perpetuo fore, ... contra illa deque eorum nullitate coram Deo protestamur."*(*Magnum Bullarium*, IV, 269–270.（引用箇所は§3 (p.270).）（尚、同教書の英訳が次の文献に収められている。*Ehler et Morrall* (1967), 193–198.）また、ウェストファリア条約のもとで行われた宣誓にまで、その無効は及んだという。Repgen (1956), 94–122: Nussbaum (1958), 116.

(62)　Kremer (1989), 24.

(63) Aretin (1993–2000), I, 319.

(64) 教皇のウェストファリア条約批判を実際に利用したのがトリーア選帝侯であった。皇帝による禁止にも拘らず、彼は一六五〇年に発せられたイノセント一〇世の小勅書 (*Zelo domus Dei*) を公開した。これは講和交渉過程で彼の要求が満たされず、選帝侯としては唯一人同条約に反対し、条約署名を拒否し、更に抗議声明をも発していたという事情による。Abmeier (1986), 197–202.

(65) 第一部第一章第三節㈣を見よ。

(66) Repgen (1956), 95. また、Repgen (1962/65) の第二巻は、教皇庁関係の書簡及び各種文書を纏めたものであり、一五五五年のアウクスブルク宗教和議に対する教会法の観点からの批判文書から始まって、ウェストファリア講和会議中の書簡や各種文書を所収し、第一巻ではそれらをもとに一五五五年の事例からウェストファリア条約に対する批判までの教皇庁の態度を分析している。ガンテは、レープゲンがイノセント一〇世の小勅書 (*Zelo domus Dei*) を欧州全体、そして特に帝国におけるローマ教皇の政治的権力の終焉として分析しているとする。Gantet (1999), 74.

(67) 次の文献も同旨である。Kremer (1989), 24.

(68) その際に、ウェストファリア条約において「キリスト教諸国」(*Christianae reipublicae*)（特に、ＩＰＯの前文を見よ。）という観点から欧州諸国の関係が規定されており、同条約の作成の時点で単一の「キリスト教共同体」(*Respublica Christiana*) という中世的観念は消滅し、欧州の問題は個別のキリスト教諸国家間（そこには教派間の対立が内包される。）の問題として論じられていた点にも注意が払われるべきであろう。

(69) オヅィアンダーは、国際関係における宗教の重要性の低下、十字軍的精神の衰退とそれによる異教派間の合意形成可能性の発生等により、確立した宗教的アイデンティティーについての不可侵という合意が国際システム参加主体間で形成されたとする。Osiander (1994), 30.

(70) ツィークラーは、同原則の国際法的な確認とスペイン及びその他のカトリック派諸国によるオランダの承認により欧州におけるキリスト教諸国の平等が広く受容されたとする。Ziegler, K.-H. (1994), 181.

(71) 宗教問題と近代国家の形成の関係という文脈については、本章で論じた事柄の他にも、領邦教会制 (Landeskirchentum) とウェストファリア条約の関係についての問題が残ろう。この点については、一例として次の文献を見よ。Müller, Konrad (1988), 1–12.

(72) アームストロングは、少なくとも宗教問題に関する「内政不干渉」原則がウェストファリア条約において確立されているとする。(Armstrong (1993), 38–39.) これは通説的理解よりも正確であると判断される。しかしながら、一六四八年以降に基準日（年）の状態からの変更を領邦君主が試みる場合に、「条約擁護義務」に依拠する干渉行為が法的に否定されるのか否かは論じられていないものと判断される。

(73) この点に関する評価としては、自らの領邦君主が信仰する教派に反する者に対して、「良心の自由及び市民的権利、即ち人権、の保護が付与された」(Verosta (1984), 161.) とするものがある。また、次の文献も同旨である。Nussbaum (1958), 116. しかし、本章において述べられた事柄が考慮されるならば、このような単純な評価は支持され得ない。

(74) グレーヴェは、宗教問題に対するウェストファリア条約の意図が「個々人の宗教的自由を保障することではなく、むしろ異なった教派間の均衡を確立し安定化することにあった」としながらも、「それでも兎も角この意図は、一定の範囲では個人の良心の自由にとって役立つものとなったのである」としている。Grewe (1984), 373.

(75) Dietrich (1963), 583.

(76) 尚、教派間の闘争という面では、次のような評価がある。「[宗教的]平等はルター派の勝利であった。ウェストファリア条約はプロテスタンティズムの本質的要求、即ち『良心の自由』の観念、に捧げられているように思われる。」Gantet (1999), 74.

(77) リュアードは、「一六四八年以前には勢力均衡政策を規制した二つの要因が存在した」として、「宗教的感情」(religious sentiment) と「スペインの覇権」を挙げている。Luard (1992), 5–7. この指摘を踏まえるならば、ウェストファリア条約においてはこれら二つの要因が共に消滅へ向かうことが決定付けられることになる。

(78) 但し、宗教問題がウェストファリア条約以後の欧州国家間関係において重要性を完全に喪失したのではない。例えば、（第二部第三章で論じられる）ライスヴァイク条約（更には、ユトレヒト条約）における宗教的対立の存在や（第二部第二章第五節で論じられる）スイス誓約同盟内の教派的対立の存続が想起されるべきである。

(79) Grewe (1984), 372.

(80) この点については、次の文献を参照せよ。Hroch (1993), 44.

第二部　ウェストファァリア条約以後の帝国と欧州国際関係、そして「神話」

第一章

ウェストファリア条約の批准及び実施について

――第二部の序に代えて――

はじめに

本書第一部の中心的課題は、ウェストファリア条約の条文それ自体とその歴史的背景の検討を通して同条約を評価することにあった。その最終的評価については本書全体の結論に譲るが、少なくとも、同条約によって設定された神聖ローマ帝国国制そしてそれに関わる諸「国家」の関係が、対外的にもまた対内的にも近代国際法が前提とするような主権概念やそれに基づく諸々の原則によって説明することが不可能なものであることは容易に理解されるであろう。そしてこのことから、本書の問題関心との関連において、幾つかの疑問が発生するが、ここでは特に次の二つを挙げたい。

第一に、以上の考察結果にも拘らず、ウェストファリア条約はなぜ、そしてどのように「神話」とされるほどの地位を得たのか、第二に、近代国際法の理論に従って説明可能な近代国家及び近代国家系は何時確立したのか、という疑問である。

本書第二部では以上の二つの疑問に対する解答のための一定の手掛かりを得るために、次のような考察を行う。先ず、ウェストファリア条約以後の神聖ローマ帝国内の状態について検証する（第二章）。そこでは、主として一八世紀初頭までの時代の神聖ローマ帝国国制を概観することを通じて、帝国内で帝国又は領邦（帝国等族）を構成単位とする主権的近代国家の誕生を見ることができるのか否かが検証される。次に、ウェストファリア条約以後の諸条約に対して同条約がいかなる影響を及ぼしたのか、更にそれが「神話」の形成とどのように関わるのかという問題について考察する（第三章）。そして最後に、一七世紀後半以降の「国際法学」関連文献においてウェストファリア条約がいかなる評価を与えられていたかを検証することを通じて、国際法学における「神話」形成過程が探られる（第四章）。

ところで、第二部の本論の記述に入る前に、確認しておかなければならない問題がある。それは、ウェストファリア条約の批准及び実施についてである。これらの問題は、同条約がどの程度の実効性を有していたのか（つまり、条約上の規定と実態の乖離の程度）を考える上で、大きな手掛かりになるものと思われるのである。

第一節　ウェストファリア条約の批准について

既に（第一部第一章第三節㈡3において）確認された通り、署名に関してウェストファリア条約（ＩＰＯ第一六条第一項（ＩＰＭ第九八条第一文））は、「［全権委員等により］同意され、署名が行われると同時に、全ての敵対行為を中止する」こと、そして「合意された事柄は、両当事者により直ちに実施が命じられる」としている。したがって、同条約は署名によって効力が実質的に発生することとなるが、それでも、批准に関する規定が設けられている。即ち、ＩＰＯ第一七条第一項（ＩＰＭにおいてもほぼ同内容の規定（第一一一条）が設けられている。[1]）では「［ＩＰＯが］皇帝・スウェーデン女王並びに神聖ローマ帝国の選帝侯・諸侯・等族により」「署名の日から起算して八週間以内に」批准され、「オスナブリュックで」批准書が交換されることが約束されていた。[2]（更に、ＩＰＯ第八条第三項（ＩＰＭ第六四条）では、「［本］講和の批准の日から六箇月以内に」帝国議会が開催され、そこで一定の未解決事項が議題とされることが規定されている。）

批准に関して先ず留意されるべきことは、批准が三主要当事者（皇帝・瑞女王・仏国王）によるだけでなく、「神聖ローマ帝国の選帝侯・諸侯・等族」によっても行われるものとされている点である。実際に個別の帝国等族による批准が行われ、ウェストファリア講和会議の記録（*APW*）によれば、ＩＰＯに関する瑞宛批准書が四五（皇帝の批准書を含む。）、皇帝宛批准書が三四（瑞女王の批准書を含む。）記録され、[3]同様にＩＰＭについては仏国王宛批准書が四三（皇帝の批准書を含む。）、皇帝宛批准書が三〇（仏国王の批准書を含む。）記録されている。[4]

三主要当事者による批准手続自体は次のように進められた。先ず、皇帝側では「一六四八年一一月七日付でIPO及びIPMについて各々別個の批准書を作成したが、それらは一六四九年二月一八日にフランス全権委員とスウェーデン全権委員に手交」された。[5] また、瑞女王は「一六四八年一一月一八（二八）日付で三通の同内容のIPO批准書を作成した」が、それら「三通の執筆と定式化には殆ど三週間が費やされた」という。[6] また、「[仏国王の三通のIPM批准書は]（当時若年（一〇代）であった）国王［ルイ一四世］と国務大臣ブリアンヌ(Brienne)により署名」されており、また、「[批准書の]交換の日付は一六四八年一一月二六日とされているが、実際にはそれらの文書は一六四八年一二月の末と一六四九年二月初頭に執筆された」という。[7] そして、「一六四九年二月一八日に皇帝側使節に手交された」模様である。[8] 結局、批准書交換は一六四九年二月八（一八）日に持ち越されたため、条約に規定された「署名の日から起算して八週間以内」という条件は満たされなかったことになる。

ここで再度確認されるべき事柄は、ウェストファリア条約における「批准」の意義である。（第一部第一章第三節㈡で論じられたように）署名に関する規定（IPO第一六条第一項（IPM第九八条第一文））以外に、同条約の発効に関する規定は見出されないため、署名によってこの条約は実質的に発効するものとも考えられる。その意味において、主要三当事者間での批准書の交換は、当事者の意思の最終的確認としての意味は有し得るものの、条約の効力発生自体にとっては実質的重要性を有しないこととなる。それでも、帝国等族をも含めた意思の最終確認はこの条約の当事者の（特に、帝国内の）構造を考慮するならば、次のような法的意義が見出されるであろう。

署名により皇帝・瑞女王及び仏国王により敵対行為の中止と条約の実施が命じられるのではあるが、帝国等族が当該命令に従う意思を示すことは署名のみによっては確認されておらず、（これも第一部第一章第三節㈡で論じられたように）帝国等族の使節の代表一八名が自己の領邦君主による批准書の交換を約束している。（IPO第一七条第一二項（IPM第一二〇条とほぼ同文）つまり、批准書の交換という手続は、帝国等族にとっては、最終的にこの条約に拘束される旨の意思表示なのであり、その意味でこれが条約の最終的（帝国等族を含むかたちでの）発効要件となっているものとも解されるのである。

この点は、三主要当事者間では署名と同時に合意内容の実施命令発出が義務付けられるという前述の署名の効力を認めつつも、それら三者と異なる法的地位に置かれる帝国等族もまた条約の「当事者」となっているというこの条約の「当事者」の重層的構造によってもたらされた特有の効力発生要件であると言えよう。しかも、それが条約の「発効要件」として、明確に認識されていない。（少なくとも、そのような法的意味を帝国等族の批准書交換に与える規定は設けられていない。）これらの事柄から、ウェストファリア条約においては、条約実施に関わる手続的側面についての近代国際法における厳密な観念や論理は未確立であることが理解されるのである。

第二節　ウェストファリア条約の実施について

(一)　ウェストファリア条約における未解決問題と条約の実施

さて、以上に見てきたように、三主要当事者間では署名によって、ウェストファリア条約は事実上効力を発生することになる。しかし、同条約には、その内容の具体的実施方法に関して、講和会議では最終的解決には至らず、将来の更なる協議に解決が委ねられている問題が幾つか存在した。その例として挙げられるのは、帝国等族の諸権利を定めたIPO第八条において、その第三項（IPM第六四条）で次回の帝国議会で「ここ［IPO］では説明され得なかったことが論じられ、諸身分の共通の合意に基づいて決定される」とされた事柄である。それらは、「ローマ国王の選挙、皇帝の永久選挙協約の作成」に関わる諸問題や「帝国クライスの再編、帝国台帳

の更新」、「帝国の徴税の減額及び免除」、「帝国最高法院の裁判費用に関する政策及び法制の改革」等々である。(9)

勿論、これらは何れも一六四八年以降の帝国国制にとって重要な問題ではあった。しかし、講和それ自体の実現にとってより喫緊の問題がその他にも残されていた。その第一のものとして挙げられるのが、スウェーデン軍隊（約一〇万名で、その殆どがドイツ内に駐留していた）の撤収とそのための「補償」(*satisfactio*)に関する問題であった。(10)また、その他にも幾つかの条約実施に対する障害があった。以下ではそれらの中で、別個の条約や合意によって処理された事例について検討することとしたい。

(二)　スウェーデン軍撤収問題

スウェーデン軍の撤収を巡り、そのための補償金（その総額、分担及び支払いの方法）と撤収方法についての規定が講和条約中に設けられている。補償金については、IPO第一六条第八項で「スウェーデン軍隊の軍役解除のために」(*pro militiae Suedicae exauctoratione*)支払われる補償金の総額とその帝国内での分担方法が示されている。即ち、賠償金総額は五百万帝国ターレルであり、分担方法については「七つの帝国クライス、即ち、クールライン・オーバーザクセン・フランケン・シュヴァーベン・オーバーライン・ヴェストファーレン・ニーダーザクセンの各々全ての選帝侯・諸侯・帝国直属自由騎士を含むその他の等族」の間で分担することとされ、個々の帝国等族の具体的分担金額の決定は「講和の締結と批准の間に、衡平及び善に基づき(*ex aequo et bono*)、委任された官吏と共に合意を行う」とされた。また、同条第九項では「その［割当に関して］合意がなされ、批准書の交換が行われた後、直ちに」最初の一八〇万帝国ターレルが支払われ、同時に(*pari passu*)軍役解除及び土地明渡しが実施されることとされた。しかしながら、軍役解除及び土地明渡しの実施方法についてまでは条約中に示されておらず、IPO第一六条第二〇項で「しかし、指定された時期までの軍役解除並びに土地の返還は、軍隊の最高指揮官（*generales exercituum duces*）の間で合意される規則及び方法により行われるものとする」とされたことから、この合意が成立しない限り、補償金の支払いと共に軍役解除及び撤収も実施されない恐れがあった。そして、この恐れは現実のものとなり、瑞軍の撤収は遅延するのである。

スウェーデン軍の撤収が遅延した要因としては、瑞軍司令官カール＝グスタフ（Karl Gustav）（後の瑞国王カール一〇世グスタフ（在位一六五四年から一六六〇年））がＩＰＯにおける補償金支払いの保証が不充分であるとみなしたことが挙げられる[11]。

実際に、ＩＰＯでは、第一六条第九項で「他の者のいかなる理由によろうとも、それら七クライスにはスウェーデン軍に対して［の支払いについて］のみ、割当が行われるものと了解されており、それらの個別の選帝侯・諸侯・等族は、帝国台帳（*matricula*）及び各地の慣習に従って、ここで課され各々に提示された分担金を支払う義務を負う」とされてはいるが、その支払いの保証に関して具体的に定められた事項は、同条第一二項において「スウェーデン女王陛下が個々の条件の誤りなき実行に関してより一層安全確実であるよう、本条約により、上述の七クライスの各々の選帝侯・諸侯・等族は、各々自らの割当を約束された時と場所で信義誠実に基づき支払うまで、自発的に自己の全財産を抵当とするよう義務付けられる」というもののみである。（勿論、皇帝は条約全体の遵守及び履行確保の一般的義務を負う。）そのため、ＩＰＯの規定に従った支払方法では不充分であると考えた瑞軍司令官が、補償金確保のため瑞軍を威嚇の手段として帝国内に駐留させ続けたのである。

ＩＰＯ第一六条第二〇項に従った軍隊撤収方法の協議のために、ＩＰＯ署名後の一六四八年一一月末（即ち、ＩＰＯ第一七条一項に規定された「批准書交換期限」まで既に四週間を切っていた。）から翌年一月にかけてプラハで会議が開催される。（瑞代表はカール＝グスタフ、皇帝側代表は皇帝軍司令官ピッコロミニ（Octavio Piccolomini）であり、帝国等族は参加しなかった。）当初この会議は予備会議として予定されていたが、事態の推移と共に実質的な協議の場となった。そして、批准書交換期限の迫る中で集中的な協議が続けられたが、ベーメン王国からの瑞軍撤退以外の問題についての実質的な合意を見ないままに協議は終了してしまう。[12]

その後、一六四九年二月八（一八）日の批准書交換を経て、[13] この軍隊撤収（及び補償金）に関しての具体的協議の場となったものが、同年五月から翌年一一月にかけて開催された「ニュルンベルク執行会議」（Nürnberger Exekutionstag）である。

ニュルンベルク執行会議ではプラハ会議の場合とは異なり、（ウェストファリア条約上は何らその必要がないにも拘らず）多数の帝国等族が参集し、帝国議会と同様の方式（それはウェストファリア講和会議とも同様である。）で協議を重ねた。その結果、補償及び軍隊撤収に関する基本事項についての合意が達成され、[14] 先ず一六五〇年六月二六日付で皇帝・瑞間で合意文書（「主要決定」（Hauptrezeß））[15] への署名が行われ、また同年七月二日付で皇帝・仏間でも同様の合意文書[16] への署名が行われたのである。[17]

尚、フランスはこの執行会議において重要な役割を演じなかったように思われる。その理由としては、先ず、ＩＰＭの諸規定から理解できるように、仏側では（領土的関心が中心であって）補償金に対する関心は高くなかったこと、また、この時期には「フロンドの乱」（一六四八年から五三年）が発生しており、外交に力を傾注できる状態ではなかったことが考えられる。

さて、ニュルンベルク執行会議を通じて補償及び軍隊撤収に関する基本事項についての合意が達成されたことにより、ウェストファリア条約中で予定された同条約実施のための手続は実質的に終了することになる。このことから、前記の一六五〇年の二つの合意文書をもって「ウェストファリア条約は最終的な成立を迎えた」[18] とされ、[19] また、このときに漸く「[三十年]戦争は『政治的に』終了した」[20] とも評されることとなる。（実際にこの合意成立に瑞軍指導部も満足の意を表したという。[21]）しかし、現実には瑞軍撤収について別の問題が存在し、瑞軍の撤収開始は更に遅延した。それはＩＰＯ第一〇条により瑞女王に移譲されることとなったポンメルンを巡る次のような問題であった。

ポンメルンの処分については、（第一部第二章第一節㈠1で触れられたように）ＩＰＯ第一〇条第二項において、「リューゲン島を併せた通常フォアポンメルンと称される世俗領ポンメルンの全域で、従前のポンメルン諸公に割当てられていた地域」や「ヒンターポンメルンのシュテッティン・ガルツ・ダム・ゴルノウ［の諸都市］及びヴォリン島」等が瑞女王に移譲される旨が規定された。ところが、移譲の対象に含まれたオーデル河については、講和会議は重要な問題を将来の決定に委ねてしまっていた。即ち、移譲される都市や島に加えて、オーデル河の東岸も一定の幅を伴って瑞女王へ移譲されることとされ、「その幅に関わる明確な境界その他の詳細に関する規定について、女王及び［ブランデンブルク］選帝侯の代理人の間で友好的に合意されるであろう（*inter regios et electorales commissarios......amicabiliter convenietur*）」とされたのである。そして、これにより、スウェーデンはこの部分についての明確な境界画定がなされない限り、ポンメルンからの自国軍隊の撤収を行わないという立場を採るところとなったのである。[22]

この境界画定問題は一六五三年（五月四日付）の瑞女王・ブランデンブルク選帝侯（フリードリッヒ・ヴィルヘルム）間の「シュテッティン条約」[23]により決着する。同条約では、ＩＰＯ第一〇条第二項に従って任命された複数の委員（*Commissar*）による具体的決定内容（特に、ポンメルン公領（*Ducatus Pomeraniae*）についての正確な境界）がその第一条乃至第二三条に記されている。更に、この条約の第三〇条では当該地域の関税収入の半分を瑞女王が受領するとされた。[24]それでも、瑞軍の撤収が完了は五四年五月にまでずれ込んだのであった。[25]

(三)　フランケンタル要塞のプファルツ選帝侯への回復を巡る問題

ウェストファリア条約では多くの領域移譲や戦争中に占領された土地の回復に関する規定が設けられている。その一つが、プファルツ地方に関する問題を扱うＩＰＯ第四条（第二項乃至第二二項（ＩＰＭ第一〇条乃至第二八条とほぼ同文））である。プファルツ問題は同条約の中で「オスナブリュック及びミュンスター会議は全てに先立ち、プファルツ問題を採り上げ、既に長期にわたり紛糾してきたことに関する争いであるこの問題が、次のようにして解決されるものとした」（同条第二項（ＩＰＭ第一〇条））とされている通り、講和実現にとって極めて重大な問題であった。そして、条約上プファルツ問題は一応の決着を見ているが、その合意内容の実現にとって大きな障害が残されていた。それがスペイン軍によるフランケンタル要塞 (die Vestung Franckenthal) の占拠問題である。この要塞都市は三十年戦争の帰趨の中で、最終的にバイエルンが大半を占拠したプファルツ地方の中で、西軍が最後まで確保した唯一の都市であった。[26] この地方に関して、ＩＰＯ第四条第六項（ＩＰＭ第一四条と同文）は次の通り規定した。

「次に、ベーメンの動乱以前にプファルツの選帝侯及び諸侯が所有した、聖俗両界の各々全ての財産・権利及び［それらの］付属物を含むウンタープファルツ全域は、全ての文書・名簿・統計その他これに属する書類と共に、元来の所有者に完全に回復されるものとし、これに反して行われたことは無効とされる。このことは、カトリック［西］国王やその他の者であって、これらのうちの何らかのものを有する者が、この回復に対して何らかのかたちで反することがないよう、皇帝の権威により効力を与えられている。[27]」

しかし、この規定が対象とする地域に含まれるフランケンタル要塞は西軍の占領下にあり、しかも西仏間の戦争が継続中であったことから、この要塞の取扱いはフランスにとっても大きな関心事であった。[28] このような状況は、条約によって当該領域の回復を約束されたプファルツ選帝侯にとって、その実現が危ぶまれることを意味し、この規定の実施のための確実な保証が必要とされたのである。（そうであるからこそ、「皇帝の権威」による解決が明文化されたものと考えられる。）

この問題の決着はニュルンベルク執行会議に持ち越された。この問題は同会議の議題の一つとされ、一六五〇年六月九（一九）日付で皇帝、選帝侯及び帝国等族によるプファルツ選帝侯への保証に関する文書[29]が作成されている。それは、フランケンタル要塞のプファルツ選帝侯への返還が実現するまでの保証として、ハイルブロン市を同選帝侯の管理下に置くことを骨子としている。しかし、これだけでは最終的な解決をもたらすことはできなかった。そこで、翌年五月一五日付の合意文書[30]によって、帝国都市ブザンソンの西国王への移譲と引換えにフランケンタルは同選帝侯に返還され、これをもって最終的解決とした。[31] また、この問題に関連して五二年三月四（一四）日付での諸選帝侯・帝国等族間のハイルブロン及びフランケンタル両都市の移譲に関する協定[32]がフランクフルトで作成されている。

(四) ウェストファリア条約の実施のためのその他の条約

以上に挙げてきたウェストファリア条約の諸条項の他にも、その実施のために別個の条約やその他の文書が作成された。例えば、ブランデンブルク辺境伯とマグデブルク大司教との間でローブルク (Loburug) 及びツィンナ (Zinna) の修道院やそれらの管領の処分を巡るＩＰＯ第一四条[33]の実施のために、一六五〇年一月二六日付で「講和条約の内容」(Inhalt des *instrumenti pacis*) に従って締結された両者間の協定[34]が挙げられる。また、翌（五一）年三月二四日付のケルン選帝侯・ヒルデスハイム司教・ヒルデスハイム司教領内新教派等族間の合意（於ハイルブロン)[35]は、同司教領内の新教教会会議 (the Evangelical Consistory) の復旧のための協定である。[36]更に、同(五一)年四月にフランクフルトで締結された帝国の諸選帝侯とオーバーライン＝クライス間の協定は、[37]ニュルンベルク執行会議への使節参加という事態を受けて、マインツ大司教(選帝侯)、ケルン大司教(選帝侯)、クールライン＝クライス・オーバーライン＝クライス間で作成されたものと思われる。更に、同(五一)年一〇月一一日ブランデンブルク選帝侯・ノイブルク公間の協定も、[38]宗教実施やクレフェスを巡るウェストファリア条約実施に関する合意文書であると理解される。

まとめ

或る論考によれば、ウェストファリア条約の実施のためには、約一四〇件の大小の領域回復、そして二〇〇箇所近い土地での軍隊の解役と撤収が行われねばならなかったという。[39]それでも、同条約に規定された領域移譲は殆ど直ちに実施され、宗教関連規定ですらも一六四八年から翌年にかけての冬の間には履行され始めたという。[40]

しかし、本章で確認されたように、三十年戦争の講和条約としてのウェストファリア条約が批准等の「法的」な手続を経て、その合意内容の実質的な実現を見るまでには、同条約自体の交渉妥結から約五年の年月を要した。また、同条約において規定された帝国内部の事項(例えば、IPO第八条第三項に規定された、帝国議会において議題とされるべき諸事項)の履行については、更に別個の検証が必要とされるものの、条約内容の実施のためには、更に多くの交渉が行われ、条約やその他の文書が作成されねばならなかった。

以上の過程から理解される事柄は、ウェストファリア条約には(既に第一部で示されたように)当時の「国際社会」や帝国国制の状況が反映されており、現在の条約作成から実施に至る手続とは異なる過程を経て同条約が効力を有し、また実際に実施されるようになったという事実である。そして、それは同時に、ウェストファリア条約中の条文のみからでは、同条約の実態を理解することは困難であることをも意味しているのである。

（1） 第一部第一章註（114）を見よ。

（2） ジョーンズによれば、一七世紀の主要な条約は「全て一定の方式で批准書を交換するとの明示的約束を含む」（例：一六六八年のエクス＝ラ＝シャペル条約、一六七五年から七九年にかけてのケルン及びナイメーヘンにおける交渉、一六九七年のライスヴァイク条約）とされる。「これらの何れの条約においても、批准が選択的であることの示唆は存在していない」のであり、「逆に、この時期の全権委任状には、条約中で合意された期間内に批准書を提供する旨の明確かつ無条件の約束が存在した」のである。(Jones (1949), 4.) ウェストファリア講和会議において批准問題が討議されたことの原因の一つには、第一部第一章「はじめに」で触れられた一六三〇年のレーゲンスブルク講和条約が未批准のままとされたという事実が挙げられよう。

（3） *APW*, III, B, i, (Nr.24), 182–185. 更に、帝国大書記長 (Reichserzkanzler) であったマインツ選帝侯が管理する帝国書記局 (Reichsdirektorium) 宛批准書が二一（瑞女王の批准書を含む。）記録されている。

（4） *APW*, III, B, i, (Nr.5), 58–61. ＩＰＯの批准書と同様に帝国書記局宛批准書が一七（仏国王の批准書を含む。）、それに加えて、ルター（プロテスタント）派団体 (*Corpus Evangelicorum*) 宛批准書が一六（仏国王の批准書を含む。）記録されている。

（5） Oschmann (1998), CXIV. 皇帝のＩＰＭ批准書は、*APW*, III, B, i, (Nr.2), 50–51 所収。皇帝のＩＰＯ批准書は、*APW*, III, B, i, (Nr.19), 171–173 所収。

（6） 尚、瑞女王の三通のＩＰＯ批准書は全て保存されているという。Oschmann (1998), CXX. 瑞女王の批准書は、*APW*, III, B, i, (Nr.20), 173–175 所収。

（7） 仏国王の三通のＩＰＭ批准書もそれらの全てが保存されているという。Oschmann (1998), CXVII.

（8） Oschmann (1998), CXIX. 仏国王のＩＰＭ批准書は、*APW*, III, B, i, (Nr.3), 52–53 所収。

(9) ＩＰＯ第八条第三項（ＩＰＭ第六四条）については、第一部第三章第一節㈠を見よ。

(10) Gagliardo (1991), 87. 尚、この問題を理解するためには、ウェストファリア講和会議において「回復」(*restitutio*)と「補償」(*satisfactio*)という言葉が使用されていたことを念頭に置かれねばならない。「回復」が決定されればその地の占有（占領）は放棄され、それに伴い「補償」が考慮される。つまり、占領地の「回復」（占領軍の撤収）は「補償」と一体のものであったのである。

(11) *Croxton et Tischer* (2002), 209.

(12) この「プラハ執行会議」に関しては、次の文献を見よ。Oschmann (1991), 101–124. また、この時期には、一六四九年一月一（一一）日付でミュンスターにおいて恩赦等に関する条約執行のための条約が皇帝・仏・瑞間で締結されている。CTS, I, 385–388.

(13) 尚、「批准書交換に際して」条約の実施に関する帝国内（皇帝・帝国等族間）の合意文書がミュンスターで作成されている。(CTS, I, 399–401.) その日付は「一六四九年二月　日」と空欄となっている。

(14) 一六四九年一〇月五日付で、ピッコロミニとカール＝グスタフとの間の具体的合意書が作成されている。CTS, II, 1–8.

(15) この文書は、Ziegler, K.-H. (1999, b), 103–104 において、「講和執行帝国決定」(der Friedensexekutions-Reichsabschied)と呼ばれる「皇帝及びスウェーデン王冠並びに帝国等族の間」で作成された文書とされているものに該当するものと思われる。

(16) その合意内容については、一六五〇年六月二六日付署名（この文書の作成年月日は、CTS, II, 117 のラテン語版の記述に従っている。）の「帝国及びスウェーデン間のウェストファリア条約執行のための条約 (Public Convention)」(CTS, II, 89–201.) が該当するものと思われる。そして、それは一六四九年九月一一（二一）日付でニュルンベルクにおいて作成された予備合意文書（仏語版。CTS, II, 153–160 を見よ。）をそのまま収めているものと判断される。

(17) ニュルンベルク執行会議の経緯に関しては、次の文献を見よ。Oschmann (1991), 204–417.

(18) Ziegler, K.-H. (1999, b), 103–104. フリートリヒスによれば、ネルトリンゲンでは一六四九年一月一日にウェストファリア条約署名を祝したが、スウェーデン軍が同市から撤退したのは一六五〇年の夏になってからのことであったという。Friedrichs (1979), 31.

（19）但し、帝国等族間での瑞への賠償金支払いに関しての合意文書の作成は一六五〇年七月三〇日付で行われているため、「ウェストファリア条約の最終的成立」はこの日をもってのこととすることもできよう。*CTS*, II, 211–218.

（20）Repgen (1998, b), 539.

（21）Oschmann (1991), 410.

（22）ＩＰＯ第一〇条第二項については、伊藤 (2005)、一一一頁を見よ。

（23）*Du Mont*, VI, ii *et* iii, 47–59: *CTS*, III, 1–50.

（24）*"...pro parte dimidia communium Vectigalium in Portubus ulterioris Pomeraniae..." CTS*, III, 35.

（25）Gagliardo (1991), 87–88.

（26）*Croxton et Tischer* (2002), 219–220.

（27）IPO, IV, 6: *"Deinde ut Inferior Palatinatus totus cum ominibus et singulis ecclesiasticis et secularibus bonis, iuribusque et appertinentiis, quibus ante motus Bohemicos electores pincipesque Palatini gavisi sunt, omnibusque documentis, regestis, rationariis et caeteris actis huc spectantibus eidem plenarie restituantur cassatis iis, quae in contrarium acta sunt, idque authoritate Caesarea effectum iri, ut neque rex Catholicus neque ullus alius, qui exinde aliquid tenet, se huic restitutioni ullo modo opponat."*

（28）*Croxton et Tischer* (2002), 209.

（29）*CTS*, II, 83–88.

（30）*CTS*, II, 367–373.

（31）*Croxton et Tischer* (2002), 209では、ブザンソン譲渡に加えて五〇万ターレルの現金も与えられたとされている。しかし、この合意文書では現金支払いに関する言及は見出されない。

（32）*CTS*, II, 441–446.

（33）ＩＰＯ第一四条は、ローブルク及びツィンナ両修道院領の五年後のマグデブルク大司教への返還とブランデンブルク辺境伯への補償金の支払いを骨子とする。

（34）*CTS*, II, 65–70.

（35）CTS, II, 319–326.

（36）この協定は、その前文において、「講和条約第三条第一二項の規定に従って」（nach Anweisung des *Instrumenti Pacis* Art 3 §12）締結されたものと位置付けられているが、そのような内容に該当する条項はウェストファリア条約中には見出されない。ヒルデスハイム司教領に関するＩＰＯの規定は（ルター派の帝国内での地位を規定する）第五条の第三三項のみであると思われる。また、ＩＰＭにはその第四七条によりＩＰＯ第五条（及び第七条）が準用されることとなるが、同司教領に関するＩＰＭ独自の規定はない。

（37）CTS, II, 327–340. 正確な日付は空欄となっている。

（38）CTS, II, 383–400.

（39）Repgen (1998, b), 539.

（40）Gagliardo (1991), 87.

第二章

ウェストファリア条約締結以降の帝国

はじめに

ウェストファリア条約締結直後の神聖ローマ帝国域内には、三五五を下回らない数の聖俗両界の領邦が存在しており、そのうち聖界領は一二三、俗界領は一五〇、更にその他に六二の自治的な帝国都市が存在していたとされる。(1) そして、既に本書で論じられてきたことから理解されるように、従来の帝国国制に加えて同条約によって設定された皇帝と帝国等族との関係は、近代国際法が規律対象とする主権国家間の関係として理解することは困難であり、また、帝国等族相互間の関係も同様である。しかも、各領邦の内実は多様であり、当然のことながら、各々の持つ政治的重要性は異なっていた。(2)

これらの事実のみによっても、当時の「神聖ローマ帝国」が主権的な「近代国家」としての体裁をなしていないことが推察される。(3) しかしながら、以上の事柄はウェストファリア条約によって帝国が解体されたことを意味するのではない。実際に帝国と皇帝は存続し、また帝国の機関、特に、帝国議会や帝国の二つの裁判所（帝国最高法院 (Reichskammergericht) と帝国宮内法院 (Reichshofrat)）、更には帝国クライス制度が存在することにより、或る程度帝国の一体性を保持する機関が維持されていたのである。（短絡的な比較や類推は危険ではあるが、一応これらを「三権分立」の枠組で説明するならば、帝国議会を立法権の、そして帝国の二つの裁判所を司法権の帰属主体として捉えることも可能であり、行政権についても、極めて分権的なかたちで実施されたにしろ、帝国クライス制度がそれを担ったとも解し得る。したがって、近代的な国家の制度的枠組を基準として評価した場合であっても、帝国国制は一定の「近代的制度」を有したとすることは可能であり、その限りにおいて、帝国がそれ自体を単位とする「国家」であったとしても、完全な間違いと言い切れないのである。）

また、ライン＝プファルツやオーバープファルツにおけるように三十年戦争によって中小の領邦が消滅し、より大きな勢力に統合された地域もあるが、多数の中小領邦は（他の西欧諸国の場合とは大きく異なり）帝国国制の中で一定の役割を演じ続けるのであって、絶対君主制国家としての体制整備を着々と進めるブランデンブルク（ホーヘンツォレルン家）のような存在から、ウェストファリア条約により承認された諸々の「中世的要素」を多分に含んだ中小領邦（とりわけ、ザクセン・ハノーファー・ヴュルテンベルクの各地域）[4]まで、帝国内には多様な領邦が存在し続ける。[5]

以上のような帝国の状況を理解した上で、以下本章では、ウェストファリア条約によって規定された事柄の中から帝国国制に関わる若干の重要と思われる事項を選び、それらが同条約以降どのような展開を遂げたのかを検証することを通じて、同条約以後の帝国の実態[6]の理解を進めることとしたい。より具体的には、先ず、同条約以降の帝国等族による「同盟権」行使の実例について論じ（第一節）、続いて同時期の帝国クライス制度（第二節）及びIPOにより帝国等族としての地位を獲得乃至確認されたスウェーデン（女王）（第三節）の活動実態を瞥見する。（以上は、主として帝国等族に関連する事項である。）更に、自由帝国都市及びハンザ（第四節）とスイス（第五節）についても論ずることとする。

第一節　帝国等族の「対外的」活動：同盟権行使

(一)　帝国等族による同盟権行使の事例

ウェストファリア条約においては、帝国等族に対して「領域権の自由行使」、「同意権」及び「同盟権」が承認され、更に「同盟権」の前提となる「武装権」の保持もまた認められているものと解される。これらの諸権利により、帝国等族（領邦）の帝国からの自立性は確かに極めて高いものとなったように思われる。しかし、それらの行使は「神話」が想定するような主権国家としての行為であったのであろうか。以下では、同条約以降の帝国等族の（自己を単位とする）「対外的」活動の実態を理解するために、同盟権行使の実例を挙げ、検討を加えることとしたい。

先ず、帝国等族間の同盟条約について見れば、次のようなものが挙げられる。一六五四年（一二月一五日付）には、ケルン大司教（選帝侯）・トリーア大司教（選帝侯）・ミュンスター司教・バイエルン選帝侯間に相互防衛とウェストファリア条約の擁護のための防御同盟(Defensiv-Alliance)が成立している。[7] その翌年（八月一一日付）にはマインツ選帝侯が中心となり、トリーア選帝侯・ケルン選帝侯・ミュンスター司教・プファルツ＝ノイブルク間の相互防御同盟協定(Bunds-Recess)が締結されている。[8] この同盟は五八年（八月四（一四）日付）に参加者を拡大して更新され所謂「ライン同盟」(Rheinbund: l'Alliance du Rhin)となる。[9]（以下で触れられるように、その直後（同年八月一五日付）にこの同盟には、仏国王が参加する。[10]）また七三年（二月一〇日付）にはバイエルン選帝侯とヴュルテンベルク公間でウェストファリア条約擁護を目的とした防御同盟条約(Defensiv-Alliantz)が締結されるなど、[11] 同様の事例は多い。[12]

また、帝国内においては、皇帝と帝国等族間での同盟関係も構築されている。その例としては、一六六八年（一一月三〇日付）にザクセン選帝侯が皇帝と結んだ防御同盟条約(*Foedus Defensivum*)[13]や七二年（一〇月一〇日付）の皇帝・マインツ選帝侯・トリーア選帝侯・ザクセン選帝侯・ミュンスター司教・ブランデンブルク＝バイロイト辺境伯間の防御同盟条約(Defensiv-Alliantz)[14]等がある。[15]

次に帝国外の勢力との間で締結された帝国等族の同盟条約に関する事例を挙げるが、ウェストファリア条約以後の約半世紀間には諸列強（オランダ・スウェーデン・フランス等）と帝国等族（とりわけ選帝侯やその他の有力諸侯）との（同盟）条約の例は多い。

先ず、オランダ（連邦議会）との関係では、一六五五年（七月二七日付）にブランデンブルク選帝侯が同盟条約 (Tractaet van Alliantie) を締結している。[16] また、同盟条約そのものではないが、ブラオンシュヴァイク＝リューネブルク家の諸侯が一定の条件のもとでオランダに兵力提供を行うための条約 (Tractaet) が六八年（三月一六日付）に締結されている。[17] 更に、七二年（四月二六日付）にはブランデンブルク辺境伯（選帝侯）が相互援助・防衛に関する条約を締結している。[18]

スウェーデンとの間では、一六五六年（六月一五日付）にブランデンブルク選帝侯が同盟条約 (*Foedus*) を締結した例が挙げられる。[19]（ところが、同選帝侯は五八年（一月七日付）にデンマークとの間で対瑞同盟を成立させている。[20]）また、一七〇四年（四月二八日付）にはブラオンシュヴァイク＝リューネブルク公（選帝侯）[21] が瑞国王（カール一二世）との間で同盟関係の更新を行っているが、これは（その際作成された条約の前文によれば）一六九〇年（一〇月三日付）に締結された三年間の同盟条約及び九八年（三月一〇日付）に締結された五年間の同盟条約に続くものであり、後者を更新するという形式になっている。（その延長期間は五年間とされている。（第一五条）[22]）尚、瑞国王と帝国等族が共に当事者となる場合には本章第三節で論じられるような、「帝国等族としてのスウェーデン国王」である場合も多い。[23]

フランスとの関係では、一六五八年（八月一五日付）にマインツ選帝侯やトリーア大司教をはじめとする多数の帝国等族（ブレーメン＝フェルデン公としての瑞国王を含む。）が「ライン同盟」に参加するための条約をルイ一四世との間で締結している。[24]（この仏国王との同盟関係は、六〇年（八月二一（三一）日付）及び六三年（一月二五日付）に各々三年間の延長という形式で更新される。[25]）また、六九年（二月一六日付）にケルン選帝侯が仏国王との間で同盟条約を締結しているが、これは「ライン同盟」の継続を謳うものである。[26] 更に、同国王との間では七二年（一二月一〇日付）にハノーファー公（ブラオンシュヴァイク＝リューネブルク）が兵員供給（同公による仏国王への兵員供給と仏国王による一定額の支払い）に関する条約を締結している。[27] そして、この間の六七年（二月二八日付）にはマインツ選帝侯が、ライン同盟の三年間延長（第一条）と仏軍が同盟諸邦を通過しない旨の保証（第二条）等を規定した条約を仏国王と締結している。[28] 更に、八三年（一〇月一五（二五）日付）に仏国王・ブランデンブルク間の秘密同盟条約が、[29] そして一七〇一年（四月七日付）には仏国王・ケルン選帝侯間での同盟条約が各々締結されている。[30]

また、デンマークとの間においても帝国等族は同盟条約を締結している。即ち、一六八四年（二月一六（二六）日付）には、丁国王とケルン選帝侯・ブランデンブルク選帝侯間の防御同盟（ケルン）条約、[31] 一七〇〇年（四月六日付）丁国王・ブランデンブルク選帝侯間秘密同盟条約等々である。[32] とりわけ、一六九二年から九三年にかけて丁国王と帝国等族間で締結された幾つかの同盟条約は、その後繰り返し更新されている。例えば、九二年四月五日付で丁国王とブラオンシュヴァイク＝リューネブルク＝ヴォルフェンビュッテル諸公間に締結された相互援助条約[33]は有効期間を三年間としていた（第一一条）が、その後九六年二月六日付の合意文書、[34] 九九年三月七日付の合意文書、[35] 更に一七〇〇年一月一六日付の同盟延長のための秘密協定[36]によって延長されている。同様に、一六九三年（三月一四（二四）日付）にはこの九二年の同盟条約の当事者にミュンスター司教を加えた防御同盟が成立し、[37] その有効期間を五年間としていた（第一二条）が、九八年（六月一〇（二〇）日付）に三年間の延長が合意されている。[38] そして、これら以外の帝国等族ともデンマークは同盟条約を締結・更新しているのである。[39]

またその他にも、ロシアとの同盟条約を帝国等族が締結した事例[40]や皇帝が当事者となって他国と締結した同盟条約に帝国等族が参加した事例[41]等もある。

(二) 帝国等族の同盟の実態：ライン同盟

以上のように帝国等族は、それら相互間及び皇帝との、更には帝国外の勢力との同盟条約を多数締結していた。これらは、ウェストファリア条約（IPO第八条第二項（IPM第六三条））により認められた「同盟権」の行使の結果であると考えられる。しかし、これらは同盟権行使に対して付された制約、即ち「［この同盟権の行使の結果締結された条約は］皇帝、帝国及びその公共の平和、そして就中この和議に反する(*contra Imperatorem et Imperium pacemque eius publicam vel hanc inprimis transactionem*)ものではあってはならず、各々が皇帝及び帝国に負っている誓約を、いかなる点についても害してはならない」との条件を満たすものなのであろうか。この点に関して、先に挙げた帝国等族が仏国王と一六五八年に結成した「ライン同盟」を例にとり、考察してみたい。

ライン同盟条約では、この同盟が「ウェストファリア条約のための誠実且つ堅実な団結(union)」であること（第一条）、また同条約のもとでの一般的及び個別的義務の枠内にあること（第二条）、そして仏国王は帝国に対して武器を執らないこと（第五条）などが規定されている。[42] つまり、条文上はウェストファリア条約第八条第二項（IPM第六三条）に付された但書に合致している。しかし、それはこの同盟の実態を反映しているのであろうか。

ライン同盟はマインツ選帝侯シェーンボルン(J. P. v. Schönborn)の指導の下に結成された。（マインツは活発な外交活動を展開しており、その一環をなすものとしてこの同盟は位置付けられる。[43]）この同盟には、異なる教派の帝国等族が共に参加しただけでなく、帝国等族としてのスウェーデン、ウェストファリア条約の保証国としてのフランスも加わった。（一六六五年にはブランデンブルクも加盟する。）そして、この同盟は、先に挙げたこの同盟条約中のウェストファリア条約や帝国に対する配慮にも拘らず、実際には、皇帝軍の西領ネーデルラントへの通過を妨害することを直接的目的とするものであり、このことは仏国王の利益のために皇帝（ハプスブルグ家）に対立することを意味した。[44]（そして、この同盟が成立すると仏は帝国等族を自らに従属させようと試み、これにより帝国等族の自由が仏の脅威に晒されていることが明らかになると、帝国等族は反発し、同盟は崩壊する。[45]）また、ブランデンブルクも仏と同様、ライン同盟をハプスブルク家に対抗するための基盤と考え、ドイツにおける覇権獲得に利用しようとしたのであった。つまり、この同盟は、その実態において、皇帝に対抗する仏及びブランデンブルクの外交政策上の道具であったのである。[46]

更に、ライン同盟の形成過程を考慮するならば、帝国等族に認められた同盟権は外国勢力や有力な帝国諸侯に利用されていたとの印象を拭えない。[47] それでもなお、帝国等族（領邦）が有力諸侯や帝国外の勢力と結ばざるを得なかったのは、まさにその存在の脆弱性を自ら認識していたからであると考えられる。各領邦は各々が単独で帝国内外の諸勢力に伍して自らを存続させていくだけの実力を欠いていたのである。[48]

(三) 評価：「同盟権」の行使は「主権」の行使であったのか

以上のような同盟権行使の事例によって例証されるように、ウェストファリア条約により帝国等族（領邦）に認められた諸権利や法的地位にも拘らず、各領邦間に「国力」の著しい格差が厳然として存在していたため、幾つかの有力な領邦を除いては、それら諸権利の行使により獲得し得た筈の自立性を現実のものとすることはできなかったものと推測される。

それでは、ブランデンブルク選帝侯をはじめとする有力な帝国等族は、主権的存在として欧州諸国に承認されていたのであろうか。これについても否定的に考えざるを得ない。なぜならば、主権の属性としての主権を有する者の間での同等性（主権平等）の観念が当時の有力帝国等族と皇帝及び帝国外の諸国との関係にあっても見出されないからである。この点について、ドゥフハルト (H. Duchhardt) は次のように論じている。

ＩＰＯ第八条第二項により帝国等族に認められた「同盟権」（及びそれに内在する「武装権」）の論理的帰結とし

て、同盟関係のもとで参加した戦争の講和会議への「同等のパートナーとしての参加」が生ずることになる。しかし、欧州列強は「[そのような帝国等族の参加に対して]制約を加えるように介入するための、そして帝国等族にその政治的・国際法的劣位を感知させるためのかなり多くの方策及び手段（旅券発給の拒否・信任状受取の拒絶等）」を考案することによって反対した。また、「帝国等族の進展しつつある外交政策上の自立性」を一般的に規制することができない点に皇帝もまた抵抗し、帝国等族との平等性に反対した。その結果、ナイメーヘン(Nijmegen)講和会議（一六七八―七九年）において「帝国諸侯の外交官の参加及び地位を巡る激しい紛争」が発生し、また、ライスヴァイク(Rijswijk)講和会議では帝国等族として最有力であったブランデンブルク選帝侯の使節でさえも差別的冷遇を受けたのである。(49)

そして、このライスヴァイクでの経験から、ブランデンブルク選帝侯フリートリヒ三世は、実力をもって国王の称号の獲得へと邁進することとなる。「それによって欧州の諸々の王冠との少なくとも形式上の平等を達成できるからであった。」(50)しかしながら、このような帝国等族に対する差別的扱いは、スペイン継承戦争を経た時期の「プロイセン王国」（ブランデンブルク選帝侯は一七〇一年に「王位」を獲得していた。(51)ザクセン・ツヴァイブリュッケン・ヘッセン・ハノーファーも外国の王位を獲得した。）に対してすらも存続し、同国はその同盟者からも「対等な権利を有する国家(ein gleichberechtigter Staat)」として扱われなかったのである。(52)

結局のところ、ウェストファリア条約締結以降帝国等族が同盟権を行使し、いかに多くの同盟関係を構築しようとも、皇帝は勿論のこと、欧州列強もまたそれらを自己と同等の存在とみなしてはいなかったのである。したがって、皇帝や欧州列強にとって、帝国等族の同盟条約締結行為は近代的な主権観念に裏打ちされた行為として認識されていなかったと判断される。更に、このことは、既に確認された（第一部第三章）ウェストファリア条約において承認された帝国等族の諸権利（特に、領域権(*jus territoriale*)が、「主権」ではなく「君主の権利」(*jus superioritatis*) やその他の帝国国制の枠内における観念によって説明されたこととも符合するのである。[53]

第二節　帝国クライス

(一) 帝国内部におけるクライスの機能

既に確認された（第一部第三章第四節）通り、ＩＰＯ第一七条第八項（ＩＰＭ第一一七条）において帝国クライスの復興 (*redintegratio circulorum*) が約束されている。また、ＩＰＯ第八条第三項（ＩＰＭ第六四条）では、帝国国制上の諸問題で「[ウェストファリア条約では] 説明され得なかったことが論じられ、等族の共通の合意に基づいて (*ex communi statuum consensu*) 決定がなされ」るための帝国議会が「講和の批准の日から六箇月以内に」開催されることとされ、そこでの審議事項として具体的に列挙されている事柄の中に「帝国クライスを復興すること」(*redintegrandis circulis*) が挙げられている。

ＩＰＯ第八条第三項（ＩＰＭ第六四条）中で予定された帝国議会は一六五二年になって漸く開催されるが、これらの事項についての迅速な処理・解決は達成されなかった。[54] しかし、その時点での具体的な復興措置や再編の有無に関わらず、帝国クライス制度は、ウェストファリア条約以降の帝国国制の中で、領邦を帝国へ（或いは、地域的に）結び付ける紐帯としての機能をある程度担い得たものと考えられている。即ち、或る論者は、対内的治安維持と対外的安全保障をも含む帝国の執行権能 (Exekutivgewalt) に関して論ずる中で、「帝国の実際の国家としての機能の全てはクライスにのみ存したのであって、帝国議会等［の帝国の機関］にではない」とする評価を下し、[55] また、別の論者は、同条約以後、シュヴァーベン・フランケン、更にはオーバーライン・ヴェストファーレンの各クライスにおいては、クライス機関 (Kreisorgan) 及びクライス法 (Kreisgesetze) が、司法及びポリツァイに関する任務、道路建設・維持、貨幣の統一及び経済建設等の分野において大きな意義を有したことを指摘しているのである。(56)

ここでは、帝国クライスが担ったこれら多数の諸機能の全てについて考察することはできない。そこで、帝国等族の「対外的」自立性維持との関係で重要であると思われる安全保障上の機能について概観することとする。

(二) 帝国クライスの安全保障上の機能と同盟条約締結の事例

前述の帝国の「内政」上の機能のみならず、帝国クライスはウェストファリア条約以降の帝国全体の安全保障にとっても一定の役割を演じていた。それを示すものとしては、一六六〇年代中葉に帝国が対トルコ戦争を遂行する過程において、一六六四年四月にはフランケン゠クライスがハンガリーに派遣されるクライス軍の編成・維持に関する決定(Recess)(57)を行い、また、同年七月にはオーバーライン゠クライスも同様の決定を行っていること(58)が挙げられる。(59)そして、一六八一年には「帝国軍事令」(Reichskriegsordnung)によって、常備軍としての帝国軍(Reichsheer)の徴募及び給養の任務が帝国クライスに委ねられることによって、制度的に帝国クライスは帝国の安全保障上の機能を担うようになる。(60)

このような状況において注目されることは、帝国クライスが単位となって(つまりは、帝国等族が一集団となって)様々な同盟関係が構築されているという事実である。そして、そのような同盟は、帝国の安全保障という観点からすれば、帝国外の勢力に対抗するために皇帝との間で構築されるのが当然であろう。

実際に、そのような例として、ルイ一四世の膨張政策への対抗の過程(特に、一六八一年の仏軍によるシュトラスブルク奪取が重要な契機となった。)(61)で、一六八二年六月に皇帝とフランケン及びオーバーラインの二クライス(並びに他の若干の帝国等族)との間で結成された同盟(ルクセンブルク同盟)が挙げられ得る。(62)この同盟は、「帝国の防衛」と「ミュンスター条約」（ＩＰＭ）及びナイメーヘン条約の擁護が主要目的とされており、翌年にバイエルン選帝侯が、更にその翌（八四）年にはシュヴァーベン＝クライスが加入するのである。[63]

また、皇帝を含むことなく複数の帝国クライス間で同盟を結成する（「クライス同盟」(Kreisassoziation)）という事例も見られる。この場合には、帝国全体の安全保障というよりも、むしろ関係する帝国クライス（及び帝国等族）の安全に目が向けられていると言えよう。そのような同盟として、一六七三年にはフランケン・ニーダーザクセン・オーバーザクセンの三クライス間で結成された同盟が挙げられる。（しかし、この同盟は、一六八〇年代に後二者が相次いで機能を停止したために、事実上崩壊してしまう。[64]）また、九一年にはフランケン・シュヴァーベン両クライス間の相互防衛のための同盟協定(Associations-Recess)が締結されている。[65]更に、九七年一月には、クールライン・フランケン・バイエルン・シュヴァーベン・オーバーライン・ヴェストファーレンの六クライス間での相互防衛と治安維持のための同盟協定が締結されている。[66]

尚、クライス間の同盟関係はスペイン継承戦争期に一層活発に構築されているように思われる。先ず、戦争勃発の恐れが高まる一七〇〇年にフランケン・シュヴァーベン両クライス間の相互安全保障協定（ハイデンハイム同盟協定：Heydenheimischer Associations-Recess）が締結される。[67]そして、翌（〇一）年にはこれら二クライスは相互援助とそのための一定数の常備軍の設置のための同盟協定に合意する。[68]同年にはまた、クールライン・フランケン・バイエルン・シュヴァーベン・オーバーラインの五クライス間の同盟協定も結ばれている。[69]更にその翌（〇二）年（三月二〇日付）にクールライン・オーストリア・フランケン・シュヴァーベン・オーバーラインの五クライス間で相互援助のための協定（ネルトリンゲン同盟協定：Nördlingischer Associations-Recess）が締結されている。[70]この五クライスの中でオーストリア＝クライスを除く四クライスが[71]翌々日（三月二二日）付で、皇帝・英国王・オランダ連邦議会間で一七〇一年（九月七日付）に締結された同盟に加わることに合意している。[72]更に、この同盟にはニーダーライン＝ヴェストファーレン＝クライス（かつてのヴェストファーレン＝クライス）が同（〇二）年九月二九日付の加入文書をもって加わる。[73] 以上の他にも、クライスと有力な帝国等族間で同盟関係が構築された例も見られる。[74]

(三) 評価

或る論者は、「ウェストファリア条約における帝国クライスの復興は、ドイツ国制史の記述において、一六四八年以降の帝国国制の展開にとって本質的なものとして際立っている」[75]とし、三十年戦争後の帝国国制の展開の中で帝国クライスが演じた役割を高く評価している。[76] また、これまでに確認された帝国クライスの帝国事務執行の担い手としての機能や安全保障上の役割に着目するならば、帝国クライスを媒介として帝国と各領邦の関係が強化され、帝国が政治体としての一体性を高めることが予想される。そして実際に、「帝国の多様な構成体を政治システムとして機能させるための鍵となる役割は、帝国クライス及びその機関（クライス議会と事務局）によって演じられた」[77]との評価もある。

しかし、次のような幾つかの事実から、帝国クライス制度が帝国全体の一体性を確保するような機能を必ずしも充分に果たし得なかったものと解されることも指摘されなければならない。

先ず、この帝国クライス制度を帝国統合のために実際に運用する際の本来の主体となるべき皇帝が、ウェストファリア条約以後一度もクライス議会を召集していないことが挙げられる。[78] また、全てのクライスにおいて自律的な新しい活動が展開されたのではなく、地域的な差異が大きかった点も考慮されねばならない。即ち、シュヴァーベン・フランケン・オーバーライン・ヴェストファーレンの四クライスではクライス機関の活動やクライス法が重要な地位を占めたのに対して、オーバーザクセンのクライス議会は一六八三年に終了しており、また、クールラインのクライス議会は一六七九年になって同条約以後初めて召集されたという状態であった。更に、ハプスブルグ家の領邦においては何らのクライス議会も開催されなかったという。[79] だが、それらの事実以上により重大な問題点とて、帝国クライス制度が帝国の紐帯として次のような制度的な矛盾を内包していたことが挙げられねばならない。

既に一五一二年の帝国最終決定において、帝国クライスにおける義務が領邦の領域権（領邦高権（Landeshoheit））を害する場合には、後者が優位することが認められていた。[80] このことは、領邦の意思が帝国クライスのそれに対して優位することを意味し、それは結果的に帝国クライスに課された帝国事務の履行が各領邦の意思によって妨げられ得ることを意味する。そして、この領邦の意思（領邦高権）の優位については、ラントフリーデの維持等の重要な権能がクライスに委任された一五五五年の帝国執行令によっても手を触れられることなく存続した。即ち、帝国クライスは、その設定当初の時期から、帝国と領邦の意思が衝突する場合に、帝国の一体性を実現する方向で機能するものではなかったし、それはウェストファリア条約以後も変わることはなかったのである。

また、皇帝との関係においても同様のことが看取される。即ち、一六五二年に開かれたニーダーザクセンのクライス議会が皇帝により提案された税の支払いを拒絶したという事例[81]からも理解されるように、帝国クライスは皇帝の意思を覆し得たのである。

更に、（前述のように）一六八一年の「帝国軍事令」により常備軍としての帝国軍の徴募及び給養の任務が帝国クライスに割当てられ、それは帝国の安全保障にとって重要な意義を有したと考えられるが、この制度も矛盾を内包していた。即ち、この制度では帝国等族が自ら軍隊を保持するか、金銭負担によって出兵割当分を自己の常備軍を有する「武装等族」（armierte Stände）に委任するかの決定が各帝国等族に委ねられているが、実際に自力で「武装等族」となり得る大領邦が自己の軍隊を帝国クライスの管理に委ねることは殆ど考えられないため、

「一六八一年の軍事制度は当初から成功するような解決ではなかった」のである。[82]

以上のように、帝国クライス制度は、分権的な帝国統治のための帝国事務の執行機関としての一定の機能を果たし、その限りにおいて皇帝（帝国）と帝国等族の紐帯としての機能を果たしはする（その機能は、帝国等族が自らの利益に合致する範囲でのみ果たされ得たと考えた方が、実態により近いものと言えよう。）ものの、制度的に矛盾を抱えるものであった。そして、このような理解に立つならば、むしろ、帝国クライス制度は帝国等族にとって必要とされる存在であったという側面が重要となろう。例えば、本節で確認したように帝国クライスを主体とする同盟関係が多数構築されたことは、特に、中小の領邦にとっては、必然的な現象であったとも言える。即ち、数の上では圧倒的に多数を占める中小の領邦は、個別には充分な武装を整える能力を有しなかったため、クライス制度の枠内で自己の安全保障を実現する必要があったのである。つまり、中小の領邦の自己保存の手段として帝国クライス制度が必要とされたのである。[83]

更に、帝国クライスは欧州全体の国家間関係の中での帝国等族全般の地位との関わりを有したものと考えられる。即ち、前節で確認されたように、ウェストファリア条約で承認された諸権利にも拘らず、帝国等族は皇帝や他の欧州列強と平等な存在とはみなされなかったのであるが、このような状況の中で欧州国際政治（「大政治」(grosse Politik)）に参加するためには、帝国等族が結合し、協力し合うことが必要とされ、その結合の形式が帝国クライスや帝国クライス同盟であったのである。[84]

結局、帝国クライスは帝国の執行機関というだけでなく、帝国等族の政治的立場の脆弱性を相互に補うための制度でもあったと言えよう。そして、その後の帝国の歴史的経過からするならば、この制度はその二面的役割をかなりの程度まで果たしたと言ってよいであろう。例えば、前者の役割については、大革命期のフランスに対する防衛調整の枠組として一七九〇年代にあってもクライスの活用が検討されたことに見られるように、帝国末期までクライスは帝国の維持に役立ったものと評価されている。(85) また、後者の役割については、一六四八年以降のバイエルン＝クライスにおいてバイエルン選帝侯は、クライスの組織を尊重し、その結果、中小領邦は維持されたのであり、圧倒的な地位（同クライスの総面積の三分の二はバイエルン選帝侯領が占めた。）にある同選帝侯であってもクライス制度の存在は無視できないものであったことが検証されているのである。(86)

何れにしろ、ウェストファリア条約以降の帝国が「主権的」な領邦の並存（「神話」）によって崩壊の道を辿るとするような単純な理解が誤りであることは、この帝国クライス制度が帝国末期まで存続し、一定の機能を担い得たという事実だけからも指摘可能となるのである。(87)

第三節　帝国等族としてのスウェーデン女王（国王）

(一)　帝国統治と帝国等族としてのスウェーデン女王（国王）

既に（第一部第二章第一節(一)において）触れられたように、ＩＰＯ第一〇条第九項では「［ＩＰＯ第一〇条第二項乃至第八項によりスウェーデン女王に移譲される］支配地及び封土を理由として、ブレーメン・フェルデン・ポンメルン公、更には、リューゲン侯・ヴィスマールの支配者という称号の下に、スウェーデン女王及び［将来の］スウェーデン国王もまた、その他の帝国等族と共に」帝国議会に召集されるとの条件のもとで、「帝国と共に皇帝は、極めて晴朗なるスウェーデン女王［陛下］及びスウェーデン王国の継承者を、帝国直属等族として指名する」とされ、「帝国の会議における俗界の諸侯団の議席中の席次は、第五位が割当てられる」ことも規定されている。これは、スウェーデン内の身分制秩序の最高位にある瑞女王が同時に帝国国制上は帝国等族として皇帝の封臣となることを意味している。

また、このような地位を瑞女王に認めることは、皇帝の旧敵国であり当時の欧州の強国としての地位を確立したスウェーデン王国が支配する領域[88]（法的には帝国等族である瑞女王領）が帝国内に存在することとなるため、帝国クライス制度を含めた帝国国制の安定にとって重大な障害となることが予測される。そして、実際にウェストファリア条約締結以後もスウェーデンの存在自体が帝国にとっての脅威であり、また帝国内での紛争の原因の一つであり続けた。[89]

そもそも、（前章第二節(二)で確認された通り）自国領域外に駐留し続けた瑞軍隊の撤収に関する皇帝・瑞間の合意が一六五〇年六月に漸く達成されたことに示されているように、外国軍の撤収問題は遅延し、帝国にとって大きな問題であった。[90] 特に、（ＩＰＯ第一〇条第四項により）ブランデンブルク選帝侯領とされたヒンターポメルンからの瑞軍隊撤収については、五三年五月の「シュテッティン条約」により同選帝侯からの財政上の譲歩を得るまで、スウェーデンは拒絶し続けたのである。[91]

更に、ウェストファリア条約で瑞に移譲された領域についても紛争が生じている。皇帝が瑞女王クリスティナの退位（一六五四年）後に即位した瑞国王（カール一〇世（カール＝グスタフ））に対して（譲受領域についての）授封を行ったのは、対トルコ戦の迫った一六六四年四月二五日（五月五日）（於レーゲンスブルク）のことであった。[92] しかし、それ以前の五二年にスウェーデン式の統治政策を示されたブレーメン市は瑞女王に対する臣従の礼を拒絶し、これに対して女王は翌（五三）年にブレーメン市に対して武力攻撃を開始する。[93] 同市の抵抗は頑強であり、皇帝や周辺諸侯の仲介を経て、五四年になって漸く妥協が成立する。[94] ところが、その後、カール一〇世の死後に王位を継承したカール一一世への臣従の礼を拒絶したため、同市は六六年に再度瑞軍の攻撃を受けることとなる。この攻撃に対しても同市は頑強に抵抗し、デンマークやオランダの介入等によって講和への道が拓かれる。そして、同（六六）年一一月一五日付の講和文書（ハーベンハオゼン (Habenhausen) 講和）[95]によって、漸くにして両者

間に和平がもたらされたのである。(96)

この一連の抵抗活動の中で、ブレーメンは自己の自由帝国都市としての地位の維持を主張した。この主張は、「ブレーメン市とその領域及び臣民の聖俗両界における現在の地位・自由・権利・特権は、何ら害されることなく残される」とするＩＰＯ第一〇条第八項を勘案すれば、妥当なものとも思われる。しかし、前述の一六五四年の妥協に基づく講和文書においては、ブレーメンの自由帝国都市としての地位は未決のままとされており、その地位を瑞側が正式に承認したのは、六六年の講和文書においてのことであったものと判断される。(但し、一七〇〇年まで同市は帝国議会に代表を派遣することを許されなかった。(97))

以上のようなブレーメンを巡る事態の推移と並行して、一六五〇年代から六〇年代にかけてスウェーデンはデンマークとの二度にわたる短期の戦争によって大きな領土的拡張を実現するなどして、「バルト海帝国」とも呼ばれる大国に成長している。(98)しかし、ブレーメンに対するような高圧的態度は、欧州の大国としての地位を確立したスウェーデンの当時の政策を必ずしも特徴付けるものではない。(99)例えば、「一六六〇年代のスウェーデンの外交政策は、獲得された地点まで退き、当面は更なる拡張を見合わせるという意味での、安全保障政策であった(100)」とする見解があるように、一七世紀後半の同国の外交では、三十年戦争中及びその直後に見られた積極的(乃至は膨張主義的)性格は薄められる。その結果、先述のブレーメンを巡る事例とは異なり、一七世紀後半において帝国領域内にあるスウェーデン支配地で、その地域的特性を考慮した柔軟な当地政策が実施されたものと判断されるような事例も多く挙げられるのである。

そのような事例としては、先ず、スウェーデン本国では一六八〇年にカール一一世が絶対主義体制を布いているにも拘らず、帝国内領域ではこれを強行しなかったことが挙げられる。即ち、八六年に同王が自己のドイツ領内の領邦等族と交渉した際に、領邦等族の同意権は廃棄されなかったのである。(101)また、同様に、瑞領ポンメルンに関する研究においても、瑞国王が領邦等族に対して妥協的であったこと、そして、そこでは帝国国制が決定的な役割を果たし、帝国国制が当該領域の領邦等族制度の地位を一八〇六年の帝国の終焉まで保障したことが指摘されている。[102]更に、同様の傾向は経済政策においても見出され、ポンメルンに存続した農業や都市における生産活動を巡る様々な封建的拘束についても維持する政策が採られたという。[103]

また、以上のようなスウェーデンの帝国内支配地における内政面での妥協的又は協調的態度は帝国との関係においても示されている。即ち、一七世紀後半の帝国の対トルコ戦争に際して、瑞側は帝国内領域の領邦君主として当該領邦が含まれるクライス議会に参加し、皇帝の求めた軍備・兵員の供出に応じている。[104]また、帝国等族としての地位から生ずる義務の履行について（それをどの程度厳格にするかについても）、近隣の帝国等族と同程度のものとするよう注意し、クライス議会にも可能な限り参加したのである。[105]

(二) 帝国等族としてのスウェーデン国王による条約締結

次に、この時期にスウェーデン国王が帝国等族として締結した条約に目を向けてみたい。例えば、一六五八年（四月四（一四）日付）の「フランクフルト同盟」結成のための条約において、「ブレーメン及びフェルデン公としてのスウェーデン国王」(Ihro Königl. Majest. in Schweden alß Hertzog zu Bremen und Vehrden) が当事者に名を連ねている。[106]同様の事態は六一年（三月一六（二六）日付）の同盟条約にも見出される。[107]これに対して同時期の条約、例えば、同（六一）年（九月二四日付）の仏国王との同盟更新に際しては、「スウェーデン国王」として当事者となっている。[108]つまり、同じ瑞国王であっても、条約に参加する際には、その身分を帝国国制の枠内にあるものか否かを明確に使い分けていたことが理解されるのである。[109]

この点は更に、条約中の当事者列挙の際の序列にも現れる。スウェーデン国王が帝国等族の一員として参加した前述の二つの同盟条約では、同国王はマインツ選帝侯・トリーア選帝侯・ケルン選帝侯・ミュンスター司教・ライン＝プファルツ伯の後に置かれているが、これは帝国国制内の序列に従っているものと解される。これに対して、一六八六年（六月二八日（七月九日）付）の「アウクスブルク同盟」結成のための条約では、瑞国王は皇帝及び「ブルグントを理由とするスペイン王冠」(der Cron Spanien wegen Burgund) の次に挙げられ、バイエルン選帝侯や他の帝国等族の上位に位置付けられている。(110)この序列には、ブレーメン公その他の帝国等族としてではなく、「神聖ローマ帝国内にある所領を理由とするスウェーデン王冠」(der Cron Schweden wegen dero im Heiligen Römischen Reich gelegenen Landen)、即ち、瑞国王としての参加であることが示されていると解されるのである。(111)

(三) 評　価

以上のことから、スウェーデン国王の地位は帝国国制内の存在（ブレーメン公等）である場合と国王である場合を明確に区分して使用されており、前者の場合には帝国国制を遵守しつつ帝国の活動に参加していたものと理解される。しかし、スウェーデンのこのような体制は、事実上一国内に二つの統治形態、即ち、瑞本国における統治形態と帝国国制に原則的に従う帝国領邦における統治形態、を内包することになり、国内の政治的安定が脅かされるのではないかという疑問が生ずる。特に、帝国領邦である地域においては、帝国の他の領邦において見られたと同様の等族の自由の主張や抵抗といった事態の発生が予見され得る。

しかし、このような統治上の危険は次のような理由からかなりの程度で回避されたものと考えられる。先ず、帝国領内の瑞支配地域については、（本節(一)において論じられたように）当初はブレーメンに対するような強硬な姿勢も見られたものの、一七世紀後半全体を通観するならば当該領域の実態に合わせた柔軟な政策が採用されたことにより、混乱は少なかったものと推測される。また、瑞本国内では、一七世紀の瑞王国内も（グスタフ＝アドルフに見られるように、国王が軍人王として早世し、後継王が幼少であることが常態化していたため）国王と高級貴族による二元的統治形態をとっていたこと、また、帝国の場合よりも両者の関係がはるかに協力的であったこと[112]などから、帝国におけるような深刻な対立は回避し得たものと思われる。また、そのような組織形態や関係が存在したからこそ、瑞国王領となった帝国領邦内の領邦等族（彼らは国王への対抗関係という点で瑞貴族と利害が一致した）との妥協が可能であったと解されるのである。

尚、このように帝国等族として瑞国王が帝国領内に領邦を獲得するという現象は、次章で触れられる一六九七年の「ライスヴァイク条約」においても見出される。同条約中に含まれる皇帝・仏国王間講和条約第九条において、同条約当事者間の仲介者（*mediator*）として活動した瑞国王（カール一一世）に対して、ウェストファリア条約以降ライン＝プファルツ伯等に与えられていた帝国内領域が移譲されているが、その移譲は「ライン＝プファルツ伯、シュポンハイム及びフェルデンツ伯としてのスウェーデン国王に」（*Sueciae Regi, ut Comiti Palatino Rheni, Comiti Sponhemii et Veldenziae*）対して行われている。[113] また、瑞国王のポンメルン支配は、一七二一年にノイポンメルン及びリューゲンに縮減されるものの、ヴィーン会議の結果としてそれらの領域をプロイセンに移譲するまで続く。[114] したがって、この「帝国等族としての瑞国王」という体制は一九世紀初頭に至るまで見出されるのである。[115]

第四節　自由帝国都市及びハンザ

(一)　自由帝国都市：その帝国国制上の地位

三十年戦争後の都市領主の移動（仏国王へのアルザス一〇都市の移譲とゲルンハオゼン（Gelnhausen）のヘッセン＝ハナオへの臣従）を経て、自由帝国都市の総数は五一となった。帝国議会においてそれら諸都市は、一四都市が

ライン都市団 (die rheinische Städtebank) を、三七都市がシュヴァーベン都市団 (die schwäbische Städtebank) を各々構成した。[116] そして、既に確認された通り（第一部第四章第一節㈠）、それらはウェストファリア条約により帝国議会等における「議決権」(*votum decisivum*) の保持を認められ、また「市壁内及び領域内の各種の管轄権は、有効且つ完全なもの」と確認される（ＩＰＯ第八条第四項（ＩＰＭ第六五条））などした。（但し、帝国等族に認められた「同盟権」の都市への帰属に関する明示的規定は設けられないままであった。）

それでは、ウェストファリア条約締結以降、自由帝国都市に認められたこれらの権利は、実際にはどのように享受又は行使されたのであろうか。以下では、自由帝国都市にとって帝国等族との同格化という点で重要な争点であった帝国議会等における「議決権」の行使を例に採り、同条約以降の帝国国制上の都市の地位の実態について検討することとしたい。

ウェストファリア条約締結後の最初の帝国議会は一六五三年にレーゲンスブルクで開催される。同議会に参集した諸都市の代表は、ＩＰＯ第八条第四項（ＩＰＭ第六五条）中の「自由帝国都市は他の帝国等族に劣らぬ議決権を有する」(*liberis Imperii civitatibus non minus quam caeteris statibus Imperii competat votum decisivum*) という文言が、都市部会を選帝侯部会及び諸侯部会と法的に平等な地位に置くことを保障する規定であると信じ、帝国議会における意思決定手続[117]も変更されるべきであると考えた。しかし、後二者は従来の手続の変更の必要性を認めなかった。[118] そのためこの問題は議論の対象となり、結果的に一六五三年九月に選帝侯部会及び諸侯部会の名において（帝国大書記長である）マインツ選帝侯により帝国議会全体会議で読み上げられた「最終解釈」(Endliche（又は、Endgültige）Erklärung) によって解決が図られた。

ラオフス (A. Laufs) によれば、「最終解釈」は次のような内容であったという。「諸都市が最近希求した事柄は『上位の両団体［即ち、選帝侯部会と諸侯部会］に享受された諸権利・特権・卓越性・尊厳・高権の侵害』なしには承認されない。」「講和条約中の『劣らぬ』(*non minus*)という言葉は、諸都市が『その投票(Votum)を実行しなければならず、それなくしてはなんらの帝国決定も為され得ない』ということ以外のことを意味しない。同条約はそれ以上のことを含意しない。[119]」即ち、都市部会が要求する帝国会議における他の二部会との平等な地位はそれら二部会の諸権利・尊厳等を害するものであることを明確に示した上で、「劣らぬ」とは法的地位の平等ではなく、手続上都市部会の議決権行使が必要であるという意味に限定してしまうのである。

そして、選帝侯・諸侯両部会により呈示された手続は次のようなものであった。「[先ず]三部会が個別に協議する。その後上位の二部会が双方の決定の一致を達成するための合同協議(Re- und Correlation)を行う。その後両部会の共通意見が都市部会に審議と議決権行使のために送付される。三部会の一致した決定が達成された場合には帝国鑑定書(Reichsgutachten)が皇帝又はその首席委員(Prinzipalkommissar)に選帝侯大書記長(Kurerz-kanzler)を通じて届けられる。皇帝がそれに同意を与えるならば、この裁可が当該帝国鑑定書を帝国決定(Reichs-schluß: *conclusum Imperii*)とする。[120]」つまり、上位二部会による協議及び決定(*conclusum duorum*)の後に初めて都市部会は帝国議会全体としての審議に参加できることになるのである。[121] それでも、この説明を読む限りでは、都市部会が反対するならば帝国決定は作成され得ず、都市の議決権は言わば「拒否権」としての機能を有するかのように思われる。

しかしながら、「[上位二部会は]それらの鑑定書(Gutachten)のために都市の意見を斟酌することを義務付けられなかった」のであり、「[仮に]最終的に都市との間で何らの和解(Vergleich)も達成され得ない場合には、都市の見解は上位二部会の決定と並んで個別意見(Separatvotum)として帝国鑑定書に添付される」のみであるとされた。[122] つまり、実質的には、上位二部会間の合意が形成されさえすれば[123]帝国鑑定書は作成され、皇帝に送付され得るのであって、都市部会の「議決権」とは「追認権」か「意見表明権」の何れかでしかないことになるので

ある。(124)

このようにして、ＩＰＯ第八条第四項（ＩＰＭ第六五条）により承認された帝国都市の「他の帝国等族に劣らぬ議決権」は、都市が期待するような解釈（条約の文言自体からはその期待は決して不当なものとは思われない）とは全く異なる解釈が与えられ、「議決権」としての実質を喪失してしまう。(125)その結果として、帝国議会における意思決定過程への都市の参加はその実質において「殆ど欠落していた」(126)、或いは、「都市の議決権は一六四八年以降事実上何らの役割も演じなかった」(127)と評されることになるのである。

帝国議会における都市部会に対するこのような処遇は、都市の自治及び自由の縮減或いは消滅という現実と並行して生じたものであった。即ち、既にウェストファリア条約以前から発生していた都市の脆弱性を看取した領邦権力が、実力行使を通じて都市支配を確立し、それにより当該都市が諸々の自由・特権（或いは、帝国直属資格）を喪失するという現象が、同条約以降も継続するのである。例えば、一六六一年にはミュンスターがライン同盟の軍門に下り、六四年にはエルフルトが仏軍に蹂躙される。(128)更に、六六年にはマグデブルクがブランデンブルクに、八一年にはシュトラスブルクがフランスに従属し、帝国直属資格を喪失する。（また、前節で触れられたスウェーデンによるブレーメン攻撃も同時期に行われていることにも我々は留意すべきであろう。）勿論、この間に都市の側は自己の旧来の自由や特権の保持のための抵抗を試みた。(129)しかし、それらは奏功することなく、結果的に従来のような自立した都市の総数は常に減少し続けたのである。(130)

また、このような都市勢力の衰退は、都市を巡る政治的問題に対する関心の帝国全体における低下を生じさせる。それを物語る一つの現象が、次のような一都市内の紛争が有した帝国全体への影響（逆に、それゆえの当該都市への外部からの関心）の三十年戦争の前後における相異である。

或る研究では、一六一二年から一四年のフランクフルトにおける叛乱と一六八〇年から八六年のケルンにおける叛乱が比較され、両事件を巡る周囲の対応の異同が検討されている。それによると、両事件とも、首謀者が反逆者として帝国罰令（Bann）の下に置かれ、逮捕・尋問・処刑されたのみならず、その者の家屋が焼却され、叛乱に対する警告を記した碑がそこに建立されたという点で共通していたという。しかし、ドイツ全体に対する影響は両事件の間で全く異なったものであった。前者はプロテスタント諸侯連合（Union）とカトリック諸侯同盟（Liga）を巻き込んだ宗教的対立と帝国内全域にわたる勢力の均衡に影響を及ぼすと考えられ、そのため、他の諸都市は、多大な関心を寄せ、（結局は無益であったものの）紛争解決に乗り出した。「要するに、ドイツにおけるカトリック派とプロテスタント派の敵対関係が一六一四年のフランクフルトにおいて暴発する深刻な危険性が存在したのである。」最終的に、このフランクフルトの叛乱自体は首謀者が逮捕・処刑されることにより収束したが、この叛乱はキリスト教の新旧両派の対立を激化させた。「フランクフルト革命は、三十年戦争へと連なる危機的状況と分ちがたく結ばれていた」のである。これに対して、ケルン紛争の場合には、帝国全体としては第二義的な重要性しか有しなかったとされるのである。[131]

このようにして、法的に又は事実上発生した自由帝国都市と帝国等族との差異は結局のところ埋められることのないまま事態は推移し、一八〇三年の「帝国代表者会議主要決議」（Reichsdeputations-Hauptschluß）第二七条により、都市部会は帝国の戦争に関する決定にも参与できなくなる。これにより、最終的に選帝侯部会及び諸侯部会が帝国の上位機関とされ、自由帝国都市との差異は制度上も確定するのである。[132]

しかしながら、自由帝国都市やその他の都市の没落はウェストファリア条約直後に発生したものではなく、ましてや、帝国国制上の都市の固有の地位が完全に喪失されるということは一七・一八世紀を通じて生じなかったという事実は看過されてはならない。即ち、既に確認されたような差別的扱いであったとしても、ウェストファリア条約により形式的には帝国等族としての地位を確認された自由帝国都市は、一八世紀末であっても、依然として五一都市が帝国議会に議席と投票権を有したのである。[133] また、皇帝及び帝国との結び付きという側面においても、政治的地位の低下と領邦君主からの脅威の中で、自由帝国都市は皇帝及び帝国を自己の特殊な地位の保証者とみなし、皇帝及び帝国への忠誠を示すことにおいては帝国内で最も献身的であった。[134]（勿論、この事実は都市の脆弱性の表明として理解し得るものである。しかし、より重要な点は、帝国が一九世紀初頭まで存続し、一定の都市はそれ以降も、対外的・対内的に特別な法的地位を維持したということである。）

また、ウェストファリア条約以降にも都市は、独自の「外交」活動を展開したのであり、例えば、「プファルツ継承戦争」後のライスヴァイク講和会議（一六九七年）には、自由帝国都市としてアウクスブルク・ケルン・フランクフルト（更には、後述のように、ハンザ都市でもあるリューベック・ハンブルク・ブレーメン）が参加している。[135]

更に、個別の都市が「条約」或いは「国際的」性質を有する文書の当事者となる場合があった。例えば、デンマーク＝ノルウェーとリューベック間で一六八三年（三月一七日付）に「条約」が締結されている。[136] また、六一年にはブレーメン・[137]ハンブルク・[138]リューベック[139]の各都市に対して、英国王からの別個の文書によって英国内の自由通商の特権が譲許されている。これら三都市は何れも、ハンザ都市であるが、何れの文書においても「ハンザ」には言及がなく、各都市は「自由帝国都市」としてのみ登場する。（例えば、ハンブルクとの文書では、「自由帝国都市ハンブルクより」（*a libera Imperiali Civitate Hamburgensi*）といった表現が使用されている。）

このようなハンザ構成都市が単独で「条約」の当事者となるという現象は、一八世紀における（三十年戦争中に衰退したかつてのハンザの盟主リューベックに代わり、戦争後も繁栄を続けた）ハンブルクについて顕著である。例えば、一七一一年に英国との間にニシン貿易に関する「条約」を締結し、[140] また一六年（五月二二日付）にはプロイセン（既に王国）との間で同市とシュテッティン間の郵便業務に関する条約を締結している。[141] そして、一九年（二月八日付）には一一年のニシン貿易に関する条約をその内容を拡大して更新するための条約が同市と英国との間で作成されている。[142]（尚、郵便業務に関する条約については、一七七七年にリューベックとデンマークとの間で、[143]またニシン貿易に関する条約については、一七三一年にブレーメンと英国との間で、各々締結された例などがある。[144]）更に、六九年（四月一日付）には、「ドイツハンザ（la hanse Teutonique）に属する自由帝国都市ハンブルク」として仏国王と通商航海条約を締結している。[145]

更にまた、ナポレオン戦争後のヴィーン会議において作成された「ドイツ連合」（Deutscher Bund: Confédération Germanique）[146]の設立に関する議定書には、「自由都市」（Les Villes Libres）の名の下でリューベック・フランクフルト・ブレーメン・ハンブルクが参加しており、それらが「独立」であること（第二条）、そして「主権的君主」（les Princes Souverains）とされる他の構成国と「権利において平等」であると同時に、平等に義務を負うものとされている（第三条）。したがって、ドイツ連合の枠組の中では、これらの都市は主権を有する他の連合構成員と同等であることになり、一六四八年当時に比較してそれらの法的地位は一層主権国家に近い存在となっているものとさえ解され得るのである。[147]

(二) ハンザ

1 ウェストファリア条約以降のハンザの一般的傾向

ウェストファリア条約以降もハンザは存在し続けるものの、昔日の栄光を取り戻すことはなかった。それを象徴するものとしてしばしば紹介されるのが、結果的に最後となった一六六九年七月のリューベックにおけるハンザ会議が開催された際に、僅かにリューベック・ハンブルク・ブレーメン・ダンツィッヒ・ロストック・ブラオンシュヴァイク・ヒルデスハイム・オスナブリュック・ケルンの九都市のみが参加したという事実である。[148]また、七一年にはリューベック・ハンブルク・ブレーメンの交渉も効果なく、ブラオンシュヴァイクがブラオンシュヴァイク＝リューネブルク家の支配下に置かれている。[149] 更に、一六八四年及び八七年に皇帝（レーオポルト一世）が、オスマン・トルコの脅威が帝国南方に迫る中で、リューベック（市参事会）宛に戦費調達のためのハンザ会議の招集を要請する書簡を発した際に、結局はハンザ自体としては何らもこれに応じることはなかったのである。[150]

以上のような事実を前にすれば、「一七世紀の第二四半世紀以降、ハンザは事実上死滅した」[151] とする評価が一般に受容されていることも当然であると考えざるを得ない。しかし、そのような状況においてさえも、ハンザが完全に過去の存在となってしまったと断言することはできない。

例えば、ブレーメン・オルデンブルク間のヴェーゼル河の関税（Weserzoll）を巡る紛争を契機として提出された、ブレーメンの権利及び通商上の利益を実効あるものとすることを求めた一六五〇年一二月二三日の皇帝宛の請願書は、リューベック・ケルン・ハンブルク・ブラオンシュヴァイクの市長及び参事会によって「ドイツハンザの同盟諸都市の名において」署名されている。[152] また、前述の一六八四年及び八七年に発された対オスマン＝トルコの戦費調達に関する皇帝の書簡発出の事例は、帝国内での経済的側面において一定の役割を担い得るものとのハンザ諸都市への期待が依然として存在していたことを示すものとも解し得る。更には、リューベック・ハンブルク・ブレーメンのハンザ三都市の少なくとも皇帝及び帝国に対する独立性は、ナイメーヘン（Nijmegen）講和条約（一六七八／七九年）の時期まで強化されていたとする見解も提示されている。[153] そして、一八世紀中葉においてさえも、一七四五年のフランツ一世の選挙協約中（第七条第二項）でハンブルク・ブレーメン・リューベックが特権を保障されているという事実も看過され得ないのである。[154]

このような見解や事実から、ハンザ都市（少なくともその主要三都市）は、一七世紀後半や更にそれ以降においても、帝国内における独自の地位を維持していたものと判断される。そして、この時期にはまた、ハンザの名は

「条約」やその他の「国際的文書」に登場し、またハンザやその構成都市は独自の「国際的」活動を展開していたのである。[155]そこで、以下では、それらの事例を検討することとしたい。

2　一七世紀中葉以降のハンザによる「条約」締結の事例

先ず、「条約」そのものではないが、ハンザの対外的意思表示の例として挙げられ得るものが、一六四八年三月にスペイン国王からハンザ諸都市 (las Ciudades Anseaticas) に対して譲許された特権の受諾に関するハンブルクの五〇年八月一二日付宣言である。[156]また、五五年五月にはルイ一四世からもハンザ諸都市 (les Villes Anseatiques) に特権を付与する旨の宣言が発せられている。[157]この文書は、過去に仏国王からハンザ諸都市に譲許された特権の前例を列挙しつつ、[158]それらの有効性を新たに承認し、更には、仏国王・ハンザ間の友好・同盟関係を確認する内容となっている。また両者間では同月一〇日付で「通商・航海・同盟条約」としての内容を有する文書も作成されている。特に、その第一条では、ハンザ市民及びその船舶・商品のフランス領内の自由通行・通航が保障されている。（但し、戦時禁制品を除く（第二条）。[159]）

このように、一七世紀後半にあっても依然としてハンザは「条約締結主体」と呼び得る存在であったが、それと同時にハンザやその構成都市が非当事者である条約中にそれらの名が登場する場合もあった。例えば、一六四九年一〇月九日付デンマーク・蘭間防御同盟（ハーグ）条約第一四条では、同条約が他国との通商航海条約を害するものではないとされ、そのような条約の中に「フランス王冠及びスウェーデン王冠との間、並びにリューベック・ブレーメン及びハンブルクの諸都市との間」で一六四〇年、四五年、四六年に締結された条約が挙げられている。[160]

また、このように単にハンザやその構成都市の名が言及されるにとどまらず、ハンザが第三者として一種の「権利付与」を受ける場合もあった。後述のように、ブレーメン・ハンブルク・リューベックのハンザの三主要都市はナイメーヘン講和会議に参加する。その結果として、ナイメーヘン条約に含まれる一六七九年の皇帝（帝国）・瑞間講和条約の第六条において、陸海における通商の自由の回復が約束され、両国臣民が相互に相手国でこの自由を享受することが規定される中で「皇帝及び帝国の臣民、特に、ハンザ諸都市」が言及されることとなったのである。[161] また、九七年のライスヴァイク条約の作成交渉にも、ハンザの三主要都市（但し、ブレーメンは実際の交渉を他都市の代表に委ねていた。）が参加していた。[162] そして、ナイメーヘン条約の場合と同様に、皇帝・仏国王間講和条約の第五二条で、通商の自由の回復が規定される中で、「特に、帝国都市及びハンザ諸都市」が言及されている。[163]

以上のようなハンザ（特に、その三主要都市）が「条約」やその他の「国際的」性質を有する文書の中に登場するという現象は、一八世紀においても同様に観察される。「条約」に関しては、例えば、一七一六年（九月二八日付）にフランスと「ハンザ都市ブレーメン・ハンブルク・リューベック」間で「通商条約」が締結されている。[164] この条約は、本文四二箇条、第一分離条項及び第二分離条項から成る詳細なものである。

また、ハンザが、或る条約の非当事者であるにも拘らず、当該条約中で特権を認められた事例も存在する。即ち、ユトレヒト条約に含まれる英仏間の「講和・友好条約」[165] の第二七条は、英仏両国王が「ハンザ諸都市、特に、リューベック・ブレーメン・ハンブルク及びダンツィヒ」を同条約に含むことを望むこと、そして、諸々の条約や古き慣習により両国においてハンザが享受してきた通商上の利益を今後も享受し得ることを規定している。また、この条約に関連して、一七二五年（一二月四日付）のフランスとダンツィヒ（「ハンザ都市の一つ」として登場している。）間の協定では、[166]「一七一三年三月三一日及び四月一一日のユトレヒトで締結された条約の第二七条により」ルイ一四世及び英女王が当該条約に「ハンザ諸都市、特に、リューベック、ブレーメン、ハンブルク及びダンツィヒ市」が含まれることを欲した旨が述べられている。（尚、この協定には、「一七一六年九月二八日の条約により譲許された特権をダンツィヒ市民が享受することについての特許状」が付され、その中では同年九月にリューベック・ブレーメン・ハンブルクに対して条約により特権・自由等が与えられた旨が記されている。）更に、一八世紀後半に英国対仏・西間で発生した戦争に際して一七八〇年七月二一日（八月一日）付で締結されたロシア・スウェーデン間条約の戦時禁制品の関する規定[167]（第二条）において、仏領内で享受されてきたハンザの古き特権に言及が為されている。（但し、何らの具体的内容も明示されていない。）

以上の諸事例においては、（ダンツィヒが登場する場合はあるものの）当時のハンザの実態はウェストファリア条約の交渉に当たった三都市の連合体でしかなかったことは明らかである。（この点は、前述の一六五五年の仏国王との条約の批准書を、「われら、リューベック市・ブレーメン市・ハンブルク市の顧問官及び元老は、ハンザ諸都市同盟の名により」（*Nos Consules & Senatores Civitatum Lubecae, Bremae & Hambrugi, nostro, Sociarumque Hanseati-carum Civitatum nomine*）作成する、[168]としていることに典型的に現れている。）

3　一七世紀中葉以降のハンザによる「国際的」活動の事例

ウェストファリア条約以降のハンザは条約当事者や条約中の名宛人として登場するだけでなく、それ以外の「国際的」活動についても、少なくともハンザの主要都市であるブレーメン・ハンブルク・リューベックが、次に述べられるようなかたちで継続している。

ハンザの三主要都市の帝国に対する独立性がナイメーヘン講和条約（一六七八／七九年）の時期までに強化されていたとする見解があることは既に触れられたが、実際に同条約の交渉会議にこれら三都市が参加した。（その代表団は依然として「ハンザ全体の利益において」交渉するよう訓令を受けていたという。[169]）また、（既述の通り）一六九七年に締結されたライスヴァイク講和条約の作成過程にも、三主要都市は参加した。これらの条約では、ハンザが直接的な当事者となることはなかったものの、（これも既述の通り）その名が言及され、「通商の自由」

を享受することが認められており、ハンザ三都市が条約交渉に加わり、一定の外交上の成果を挙げていたものと推定されるのである。

その後も、三主要都市は（また、時に応じてダンツィヒも）帝国外の列強との何らかの直接的関係をハンザ都市として有し続けた。そして、帝国の解体（一八〇六年八月六日）後間もない一八〇六年一〇月中に三主要都市の代表は、「三都市のもとに現存する古き同盟の強化」のために、ハンザの存続を誓約している。[170] また、ハンザが各地に有してきた商館のうち、ロンドンの商館は一八五三年まで、アントワープの商館は一八六二年までハンザの名において所有されていた。[171] 更に、ハンザの三主要都市は、世界各地に「領事館」(Konsulat) を設置しており，各都市又はハンザの名において領事（総領事及び副領事を含む。）が派遣された都市数は、一八六六年の時点で、欧亜大陸・アフリカ大陸・南北アメリカ大陸・豪州の港湾都市を中心に三〇〇を超えていた。[172] 更にまた、ハンザは、一九二〇年六月三〇日をもって停止するまで、プロイセンへの使節の派遣を継続していたという。[173]

また、自由帝国都市に関する議論において触れられたように、ナポレオン戦争後の「ドイツ連合」内でリューベック・フランクフルト・ブレーメン・ハンブルクが「自由都市」の名のもとで「主権的君主」とされる他の構成員（国）と「権利において平等」な存在として参加していたことも、（それがハンザの名によるものではないにしろ）当時のハンザ都市の欧州国家間関係における地位を示唆するものとして重要な事実であろう。

以上に見てきたように、ハンザは二〇世紀に至るまで、その明確な終期を我々に告げることもないまま、近代国際関係の中で独自の歴史を歩み続けたのである。

(三) 評　価

ウェストファリア条約以降のドイツ都市一般の（帝国等族との比較における）相対的地位の低下傾向は明白であ

る。しかし、それは欧州国家間関係からの都市の消滅を意味するのではない。同条約が設定した神聖ローマ帝国を中心とする欧州地域の「国際」関係には、ハンザのような都市を主体とする団体が（そして、その構成都市も）包含されていたのであり、決して主権国家間の関係のみがそこに存在しているのではない。また、一八世紀にあってもなおハンブルク・ブレーメン・リューベックはハンザ都市として独自の条約締結主体として活動していた。そして、帝国内においても、先に見たような都市が領邦に包摂される事例が存在する一方で、特に帝国の経済政策に関しては諸都市が実質的な発言権を維持し続けたとされているのである。[174]

また、本論では扱い得なかったが、以上のような「国際的」活動主体であったハンザは一七世紀中葉以降の「国際法」理論書においても論じられており、当時の「国際法」学者にとってハンザは研究対象として認識され続けた。[175]それと同時に、ハンザは特に海（商）法分野の発展において一七世紀以降も依然として重要な役割を担っていたという事実も忘れられてはならないであろう。[176]

但し、若干のハンザ都市が欧州諸国との間で条約を締結し、或いはその前提となる使節権を行使したとしても、それらの実行からそれら諸都市（或いはハンザ）が近代的な「国際法主体性」を有していたとすることは誤りである。その理由は幾つか考えられる。先ず、既に（第一部第四章第二節で）論じられたように、それらの実行は「主権」の観念のもとで生み出されたものではない。次に、一七世紀の欧州諸国が、ハンザを条約当事者として受け入れ、またハンザと外交関係を維持したとしても、それはハンザを「軍事的勢力及び自己の意思を貫徹し得る政治体（*corpus politicum*）」として認識したためではなく、通商上の利益のみを理由としたのであって、ハンザ及びその構成都市を自己と対等な存在とみなしていたのではない。[177]更に、ハンザの同盟としての性格は、活動の最盛期であっても領土の獲得や海洋領有主張を行わなかったことから理解されるように、領域国家としての存在を維持することを活動の目的としなかったため、近代国際法における（「領域国家」である）主体とは根本的に異なるものなのである。

以上のように考えるならば、本書の問題意識との関連においてより重要な事実が明らかとなる。即ち、一七世紀後半、そして一八世紀においてもなお、欧州国際関係には都市やハンザといった本質的に非領域的な活動主体が存在し続けたのであり、「ウェストファリア神話」が構想するような近代国家間の関係のみがそこに存在したのではないのである。

第五節　スイス

(一)　スイス誓約同盟と帝国の関係

「神話」に従うならば、スイス（誓約同盟）は帝国との法的紐帯を完全に断ち切って、「主権」に基づく活動を行うこととなるはずである。確かに、ウェストファリア条約以後のスイスにおいては、「帝国への帰属を示す象徴と肩書きは、一六四八年以降徐々に廃止され」また、「一六五一年にバーゼル市参事会は、毎年古い皇帝の特権を公開の場で市民団に読み上げることをもはや行わないことを決定[178]」するなどの象徴的形式で、帝国への従属的関係の断絶が示されているようでもある。

同様の実行はゾロトゥルンにおいても見られ、ゾロトゥルン市参事会と市民によって市当局に対する忠誠が確認され、それと同時に帝国にもはや拘束されないことも確認されたという。しかし、それは一六八一年六月のこととされており[179]、スイス誓約同盟の諸邦によるこのような意思表明は、バーゼル市が行ったようにウェストファリア条約直後の時期に行われたものばかりではないようである。

このゾロトゥルンの実行は、「神話」が示すようなＩＰＯ第六条（ＩＰＭ第六一条）（「スイス条項」）によるスイス独立の正式な承認という理解が当時の実態と乖離していること示唆するようにも思われる。そして、実際に、スイスの帝国からの「自由」に関しては、少なくとも二つの点が、それを「独立」の意味に解することに疑義を生じさせる。それは、一六四八年以降のスイス諸邦が依然として帝国の構成員である可能性が残る点と「属邦」(Zugewandter Ort) がスイス条項に含まれない可能性がある点である。

先ず、一六四八年以降のスイス諸邦を帝国の構成員とするか否かを巡る議論について紹介したい。「神話」に従うならば同年以降当然にスイス諸邦は帝国の構成員ではあり得ないものと思われる。しかし、ウェストファリア条約以降も依然としてスイス諸邦と帝国の紐帯の存在を認めるとする説が存在している。

例えば、一六四八年以降の帝国の対トルコ戦争に際してスイス諸邦が帝国に行った援助を「誓約同盟の帝国への結び付きが最も印象的に読み取られる」事実と解する説がある。[180] また、ガオス (J. Gauss) は、ウェストファリア講和会議にも参加したヴェットシュタイン（バーゼル市長）が一六五一年に皇帝の宮廷において、スイス人の呼称及び宛名が依然として古い時代の形式のままであることや「[スイス条項が]ヴィーンでは国際法上の分離 (Lostrennung) とは解釈されていないこと」等を経験したと論じている。[181] 更に、ヨリオ (M. Jorio) は、フォン＝ヤン (Freiherr Ludwig Friedrich von Jan) の著作 (*Staatrechtliche Verhältnis der Schweiz zu dem deutschen Reiche*, 3 Bd. (Nürnberg/Altdorf, 1801–1803)) について、「筆者［von Jan］は、スイスが一八世紀末においても依然として神聖ローマ帝国の邦 (Provinz) であることを証明する無数の典拠 (Belege und Belegchen) を収集した」[182] と紹介しているのである。

以上の諸説に加えて、ライスヴァイク条約に含まれる皇帝・仏国王間講和条約（一六九七年一〇月三〇日付）の第五六条が「神話」に対して問題を提起する。同条は次のように規定している。

「更に、神聖なる皇帝陛下及び帝国の名により、既に［この条約中で］名を挙げられた帝国の構成員の他に、帝国の残余の選帝侯、諸侯、等族及び構成員、特に、バーゼル司教及び司教領が、それらのすべての支配地、特権及び権利と共に、この講和に含まれる。同様に、スイスの一三邦及びそれらの同盟者、特に、ジュネーヴ共和国及び市、ノイエンブルクの属領、都市、付随地、ザンクト＝ガレン市、ミュルハオゼン市、ビール市、ライン又はグリソンの三同盟、ヴァリスの一七同盟、及びザンクト＝ガレン修道院［も含まれる］(183)。」

この規定においては、少なくとも「バーゼル司教及び司教領」が「帝国の構成員」であるとされていることは確実である。また、条文内の位置によって若干曖昧にされているが、その他のスイス一三邦及びそれらの属邦も「帝国の構成員」に含まれるものと解されるのである。

以上のように、スイスの「帝国からの法的独立」を否定する根拠となり得る資料が、ウェストファリア条約締結直後から一八世紀末に至るまで存在しているのである。

次に、誓約同盟の「属邦」と帝国の関係について検討したい。この関係については、ウェストファリア条約の解釈との関連において困難な問題が提起されていた。即ち、「スイス条項」にスイス一三邦が含まれることは明白であったが、何れの属邦が含まれるかは不明なままであった(184)。確かに、同条約中には属邦やそれらに対する支配権についての明示的規定は存在していないが、その理由は、例えば、ミュルハオゼンやバーゼル司教領のように、実際に帝国内に存在する属邦を放棄することを帝国側が欲しなかったことにあると考えられる(185)。

そしてこの規定の曖昧さは、実際上の問題を惹起した。即ち、一六五六年の誓約同盟内の紛争（第一次フィルメルゲン戦争（Villmergerkrieg））に関連して、バーゼル司教区に帰属する都市（Neuenstadt (Neuveville) am Bielersee）が帝国最高法院に出廷させられ得るかという問題が提起されたのである。帝国議会はこれについて肯定的に回答したが、皇帝は、免除が誓約同盟の領域全体に及ぶことを理由として、誓約同盟に有利な決定を下した。ところが、一七一二年の誓約同盟の内紛（第二次フィルメルゲン戦争）では、ザンクト＝ガレン大修道院長がトッゲンブルク（Toggenburg）に対する彼の支配権を巡る問題を皇帝に提起したときに、皇帝側は外交政策上の理由から一六五六年の事例におけるよりも、属邦の帝国からの独立に関して属邦に不利な態度をとったのである。（このとき誓約同盟は、属邦が同時に帝国等族ではあり得ず、それゆえにウェストファリア条約による免除は属邦にも妥当するという立場を、苦難の末に貫徹したのであった。(186)）

このように、属邦の帝国への帰属を巡っては対立が一八世紀まで存続していたのであり、この対立は当時作成された条約中にも反映されている。例えば、一七一三年四月一一日付フランス・プロイセン間講和友好（ユトレヒト）条約第一二条は次のように規定している。

「この講和文書には、極めてキリスト教的なる［フランス国王］陛下の側から、並びにプロイセン［国王］陛下の側からも、スイスのすべての一三邦とそれらのすべての同盟市及び同盟者、個別的には、ノイエンブルク、ファランギン、ジュネーヴ共和国及び市並びにそれに属するもの、更にザンクト＝ガレン市、ミュルハオゼン市、ビール市、ヴァリスの七領又は一〇領、ライン又はグリソンの三同盟並びにそれらの属領、が含まれる。(187)」

この規定においては、先に挙げたライスヴァイク条約中の皇帝・仏国王間講和条約第五六条における場合とは異なり、スイスの邦が帝国の構成員であるとされていない上に、諸々の属邦の名が挙げられ、それらがスイス（誓約同盟）に含まれることが明示されている。（但し、これが本当に属邦を含めた誓約同盟全体が帝国から完全に独立した存在であることを必ずしも保証するものではない点は留意されねばならない。なぜならば、この条文では仏普両国王間の講和条約に属邦を含むスイス諸邦が「含まれる」という形式が採られているが、このような形式は既に触れられたウェストファリア条約（IPO第一七条第一〇・一一項）の形式と同様であるため、依然としてウェストファリア条約においてスイス誓約同盟の地位を巡って発生した問題（特に、「帝国からの完全な自由及び免除」の解釈を巡る問題）と同様の問題が発生し得るからである。）

この仏普間条約の他にも、仏蘭間講和友好（ユトレヒト）条約（一七一三年四月一一日付）において、同条約の当事者（「含まれる」者）に関する規定である第三七条でも類似した事柄を見出すことができる。即ち、同条では、オランダ（連邦議会（Etats Généraux: Staaten-Generaal））の側からこの条約に含まれるとされる者の中に「スイス同盟の賞賛されるべき一三邦とそれらとの同盟及び連合をなした者（Alliez et Conféderez）」が挙げられ、更に個別的に「プロテスタント派の都市（Républiques）及び邦であるチューリッヒ、ベルン」等々と並んで、属邦である「ザンクト＝ガレン、ミュルハオゼン」等が列挙されているのである。(188)

このように、属邦がスイス誓約同盟に含まれる旨が明示的に言及されているという事実は、属邦の地位を巡る対立は一八世紀初頭においても依然として存続していたことを示唆しているものと解されるのである。(189)ところで、ここで更に注目されることは、先に挙げた仏普間講和友好条約の第一二条にはバーゼル司教領が含まれていない点である。パイアー（H. C. Peyer）によれば、同条は誓約同盟の属邦の「完全な一覧」であるとされ、この除外はその時点においても依然としてバーゼル司教領が帝国に帰属しているものとみなされていたことによるという。(190)

以上に見てきたように、一六四八年以降も一八世紀初頭に至るまで、帝国とスイス誓約同盟の構成員（邦）との関係や誓約同盟の範囲といった問題について、未確定な状態が続いていた。そして、そのことは、それらの事柄についてウェストファリア条約締結の前後で大きな相異は発生していないことを示していると考えられるのである。(191)

それでは次に、スイスの「対外的独立」を示すと思われるウェストファリア条約以降におけるスイスの「条約」締結の事例について瞥見することとしたい。

(二) スイス誓約同盟の対外的関係：条約締結の事例

一六四八年以降にスイス誓約同盟やその構成諸邦が一方当事者となって締結された諸条約を見るならば、本書における問題意識との関連において重要と思われる事柄を二つ指摘することが可能となる。その第一は、(「スイス条項」では「スイス人の統一された諸邦」(*Helvetiorum unitos contones*)とされているにも拘らず)それら諸条約の中で、スイス(誓約同盟)が単一の当事者として締結したものを見出すことは殆ど不可能であり、スイスは依然として単一の国際的活動主体ではないという事実である。第二には、ウェストファリア条約以後であっても、スイス誓約同盟内の宗教的対立が依然として同盟の一体性を阻害する要因の一つであったと考えられるということである。

第一の対外的関係におけるスイスの単一性の欠如(或いはスイス各邦の高度な自立的地位の維持)に関しては、例えば、一六八五年一〇月のサヴォワ公とゾロトゥルン間の「トリノ同盟条約」[192]のように、個別邦がスイス域外の勢力と同盟条約を締結する例から理解されるであろう。また、一八世紀前半においてもスイス内では個別邦間の武力衝突が発生する[193]など、スイスの国家としての一体性は全く未確立であった。更に、同様の状況は一九世紀初頭においても看取可能である。即ち、一八一五年(六月九日付)のヴィーン議定書の第一一八条[194]において、ヴィーン会議における合意の「不可分の部分」とみなされる諸文書の中に、サルディニア国王によりジュネーヴ(Canton de Genève)に対して行われた譲渡に関する同年三月二九日付の議定書が含まれており、依然として邦が独立した外交主体であったことが窺われるのである。勿論、それらの独立した「外交」活動は、必ずしも各邦が自発的に展開したものばかりではなく、外在的要因により強制されたものも当然のことながら存在する[195]。しかし、そもそもスイス誓約同盟には自己の一体性を阻害する内在的要因が存在しており、そのような要因の一つであったと考えられる事柄が、先に挙げられた第二点、即ち、スイス誓約同盟内の宗教的対立である。

宗教的対立の存在に関しては、スイス内の同一教派を奉ずる諸邦が一方当事者となって、スイス域外の勢力との間で同盟条約を締結する事例によって確認される。

例えば、一六五一年（四月一四日付）にサヴォワ公とカトリック派諸邦間（ルツェルン・ウーリ・シュヴィーツ・ウンターヴァルテン・オーバーヴァルテン・ツーク・フライブルク）の同盟を更新するための条約がルツェルンで締結されているが、(196) その後カトリック派とプロテスタント派の対立は武力紛争（第一次フィルメルゲン戦争）にまで至り、五六年二月から三月にかけて複数の講和条約が作成されている。(197)

また、その後もプロテスタント派諸邦（チューリッヒ・ベルン・バーゼル等）がルイ一四世と一六五八年（六月一日付）の条約により同盟関係に入り、(198) 更に六三年にルイ一四世はカトリック派諸邦との同盟に転ずるなどして、(199) スイス諸邦は宗教的対立を解決できない。そして、このような情況は一八世紀前半にも継続し、それは武力紛争（第二次フィルメルゲン戦争）をも惹起することとなる。この紛争は同年八月の「アラオ (Arau) 講和」(200) により終息するが、この講和条約はプロテスタント派二邦（チューリヒ・ベルン）とカトリック派五邦（ルツェルン・ウーリ・シュヴィーツ・ウンターヴァルデン・ツーク）との間で作成され、更に他の諸邦は連合加盟時の条件（バーゼル・シャフハオゼン・アッペンツェル）や政治的考慮（フライブルク・ゾロトゥルン及びバーゼル司教）から中立を維持した。(201) また、その後も仏国王が一七一五年にカトリック派諸邦と同盟を更新し、(202) 一七六四年にも仏国王によるカトリック派諸邦の新たな兵制の提案に基づいて、事実上の同盟条約が締結されている。(203)

誓約同盟においては、宗教改革以前から政治秩序における宗教的観念の重要性が認識されていたとされる。(204) そして、以上に挙げた諸条約の存在を勘案するならば、宗教的要素が誓約同盟内で有する政治的重要性は、一七世紀後半以降一八世紀に至っても依然として存在していることが理解されるのである。

(三) 評価

以上本節で確認された事柄から次のことが導き出される。「神話」によれば、ウェストファリア条約によりスイス誓約同盟は帝国からの独立を承認されたとされ、また、あたかも「スイス」が一体として国際法人格を認められ、当時の欧州国際関係の中に組入れられたとされる。しかし、このような理解は誤りである。また、帝国からの独立に関しては、同条約の「スイス条項」により帝国とスイス誓約同盟(又は各邦)との紐帯が完全に絶たれたとすることは必ずしもできないことは第一部(第二章第二節(一))で論じたが、同条約以降もライスヴァイク条約(即ち、一七世紀末まで)までは確実に皇帝の側には「スイスの正式な独立」という認識は存在しなかった。また、同時期には属邦の帰属に関しても争いが存在した。次に、「スイス」の一体性に関しても、同条約以降も教派的対立を要因として一体ではなかったのである。(況や、「スイス」が一体として国際法人格を認められたとするような理解は、近代国際法理論の歴史を無視したものである。)

更に、この一六四八年以降のスイス誓約同盟内での教派間の対立の存続という事実は、ウェストファリア条約(及び三十年戦争)により、(国際)政治における宗教的契機が失われたとすることが、欧州全般について妥当するとは言い難いことを示している。[205] 但し、内戦(邦間の武力衝突)は起こしても、完全な分裂や分離独立までには至らないという事実は、宗教的対立により政治的(現実的)考慮(諸邦にとっての同盟維持の重要性)が覆されるほどのものではなかった(これはスイスにおいてウェストファリア条約以前にも妥当した)ことを示しているのである。(これがスイス特有の現象であるのか否かは、また別個の検討を要する主題である。)

まとめ

本章で以上に論じてきたことから、ウェストファリア条約以降一八世紀初頭にかけての神聖ローマ帝国内の状況の複雑さが理解される。ここでは先ず、その複雑さを帝国（皇帝）・帝国等族間の関係に注目して論ずることとしたい。

ウェストファリア条約においては、帝国の解体を進める要素と統合維持の要素が並存していたが、同条約以降の帝国（皇帝）・帝国等族間関係にはそれがそのまま反映されている。即ち、一方においては、帝国等族が帝国内外の諸勢力と同盟条約を締結することに示されているように、帝国を解体する方向に導くと思われる要素が存在しつつ、他方では帝国クライスが帝国の執行機関或いは防衛組織として帝国の統合維持のために一定の機能を担ったのである。

従来の研究では、一六六三年以降レーゲンスブルクにおいて常設化された帝国議会(206)においては、教派間の対立や帝国全体の団結が実現されないことによって、重要な決定は殆ど実現されなかった（したがって、帝国の改革も実現されなかった。）ことを理由として、帝国国制の発展はウェストファリア条約をもって概ね終了してしまい、同時に同条約によって承認された諸権利によって帝国等族は主権的存在となり、逆に帝権は衰微し、帝国は遂に崩壊したものと理解されてきた(207)。その結果として、ドイツの歴史学界においてさえも神聖ローマ帝国は「政治的無能と国家分裂の代名詞(208)」とされてきたのである。

しかし、本章で確認された諸々の事柄は、このような伝統的評価に合致するものではない。むしろ、それらは、近年の帝国国制史の研究成果の多くが、帝権の維持や強化といった側面や帝国の統合維持の要素を発見や再評価し、伝統的評価に対する修正を迫っていることと軌を一にしている。それら近年の研究成果の若干の例を挙げるならば、次のようなものがある。
先ず、ウェストファリア条約において明確に規定されなかった帝国事務に関する権限や方式に関して、皇帝が伝統的な帝権を援用しつつ、帝権の拡大を実現したことが指摘されている。[209] また、帝国議会の常設化は帝国等族の使節の常駐を必要とすることになるが、中小領邦はその費用負担を考慮して、他の参加者に代理を依頼せざるを得ず、皇帝がそれら領邦の意思を代表する（その結果、皇帝の権威が増大する）という状況を生み出したことを指摘する論考がある。[210] 特に、「皇帝を帝国から押し退けることを、ウェストファリア条約は試みた」ものの「三十年後に彼は復帰し、それは確かにウェストファリア条約を根拠としてでさえあった」とするシントリンク (A. Schindling) は、レーオポルト一世の治世（一六五八年から一七〇五年）に「皇帝の帝国への回帰」(Rückkehr des Keisers in das Reich) という現象が生じたとも主張している。[211] その他にも、ウェストファリア条約以後に帝権の実質的な増強という現象が看取されることを論ずる近年の研究は少なくない。[212]
また、帝国の組織、特に帝国議会の役割についても再評価が進められている。例えば、実際に帝国議会が機能しなくなるのは一八世紀中葉のことであり、それまではこの議会が帝国全体に関わる事項の審議の場を提供したことは事実であり、「帝国」の存在をその構成員に意識させたとの議論がある。[213]（また、皇帝との関係においては、一八世紀末に至るまで、帝国議会の諸権利は剝奪されるどころか、むしろ強化されていると論ずる者もいる。[214]）ヘルター (K. Härter) は、それよりも更に歩を進め、一六四八年以降の帝国議会は活動を停止するどころか、フランス革命戦争期の帝国の最終的な解体に至るまで帝国国制の中心的機関として（特に、革命への対応において）能動的な活動を展開したことを実証している。[215] その他にも、フランス革命期の対仏戦争の遂行を巡る議論は、従前の帝国国制の維持の観点からするものが多く、特に、戦争自体を「帝国の戦争」(Reichskrieg)（即ち、交戦主体は帝国（皇帝）となる）とするか否かを問題としたとする論考もある。[216]（更に、同様の再評価は、帝国の裁判所（帝国最高法院及び帝国宮内法院）についても進められている。[217]

また、都市に目を向けるならば、都市全般の衰退傾向は見出されるものの、若干のものはウェストファリア条約以降も一定の自由や特権を維持したこと、特に、ハンザ諸都市（殆ど主要三都市の活動に限定されるものの）にはそれが妥当することが看取される。そして、「ハンザ」それ自体も命脈を保ち、欧州国家間関係の中で固有の地位を維持し続けるのである。更に、スイス（誓約同盟）やその構成諸邦は、一七世紀末乃至一八世紀初頭まで帝国国制との関連を有するものとみなされ得たと同時に、欧州社会における外交上の主体でもあり続けた。しかも、そこにおける「主権」の所在（誓約同盟それ自体がその享有主体なのか、個別の構成邦なのか）は不明なままなのである。

以上のような諸々の論考や事実が考慮されるならば、神聖ローマ帝国国制に対する伝統的な評価は大きな変更を加えられるべき状況にあり、それはまたそのような伝統的評価を支えてきたウェストファリア条約に対する評価の変更の必要性を含意することが理解されるのである。

ドイツというこの欧州中央部の広大な地域には、帝国を単位とする主権国家も、また帝国等族を単位とする主権国家も、ウェストファリア条約によってもたらされることはなかった。そして、そのような帝国の本質的状態は同条約締結以降一八世紀（そして、一八〇六年八月の帝国の終末[218]）に至るまで維持される。つまり、一八世紀（そして、一九世紀初頭）においてすら、神聖ローマ帝国（及び領邦）は近代国際法理論によっては説明不可能な存在であったのである。

ヘーゲル（G. W. F. Hegel）は、ナポレオンによりもたらされる帝国崩壊の直前である一八〇二年の著作の冒頭において、「ドイツはもはや国家ではない」（Deutschland ist kein Staat mehr）[219]と断じている。しかし、次々章で見るようにプーフェンドルフ（S. Pufendorf）がウェストファリア条約締結後間もない時期に帝国を「何か変則的で、怪物に類似したもの」(*irregulare aliquod corpus et monstro simile*)[220]としたときから一世紀半近くの年月が経過してから漸くこのヘーゲルの言葉が述べられているのである。そうであるとするならば、近代国家の形成とは異なるかたちでの、帝国国制の強靭さや帝国独特の安全保障体制の重要性にもあらためて思いを巡らせるべきであろう。[223]

何れにしろ、「ウェストファリア神話」[221]が伝えるような領邦（帝国等族）の主権国家への転換、そして主権国家の並存体勢の誕生という現象はウェストファリア条約によってもたらされていないことは明白である。そして、同条約が近代的な主権国家間の関係を規律する文書ではないこともまた同様である。[222]

（1） ウェストファリア条約締結直後の領邦の数について、ホィートンは「三五五を下回らない」とする (Wheaton (1845), 72.) が、ボンフィス・オッペンハイム・ネイス・リスト等は領邦の数を三五五に断定している。(Bonfils (1901), 40: Oppenheim, L. (1905), 60: Nys (1912), 26: Liszt (1927), 18.)

（2） ウェストファリア条約直後の有力諸侯としては、次のものが存在していた。第一には、依然としてオーストリア（ハプスブルク）家が挙げられる。同家は単に皇帝を世襲する（皇帝の選挙は、八選帝侯の手に委ねられていたが、慣行上オーストリア家の王が皇帝に選出された。）のみならず、オーストリア、シュタイアーマルク、ケルンテン、ハンガリー及びベーメンの広大な領域を有していた。（ＩＰＯ及びＩＰＭ両文書前文における、皇帝の支配地域についての記述の長さを見よ。）それに続くのが、プファルツ家であろう。同家は二つの系統（バイエルン公マキシミリアン一世の系統とカール＝ルートヴィヒの系統）に分かたれたが、共に選帝侯位を得ている。（ＩＰＯ第四条第三・五項）更に、ザクセン及びブランデンブルクの両選帝侯家が続き、その他にブラオンシュヴァイク＝リューネブルク、ヴュルテンベルク、ヘッセン、ホルシュタイン及びメックレンブルク等々が挙げられる。また、宗教的には、ドイツ北部及び西部を占めるザクセン、ブランデンブルク及びヘッセン家が何れもプロテスタント派に属し、南部及び東部では、オーストリア及びバイエルン両家を中心として、カトリック派が優勢であった。

以上は何れも世俗領であるが、聖界領では、ライン河沿岸のマインツ、ケルン及びトリーアの大司教領が有力であった。また、ザルツブルク大司教は広大な領域を有すると同時に、カール五世時代の帝国台帳をもとにして、選帝侯と同一の割合で兵力を保持していた。これらの他、ミュンスター、ヴュルツブルク、バンベルク、リエージュ、パーダーボーン及びヒルデスハイム等々が、各々兵力を有し、優勢な地位にあったとされている。Wheaton (1845), 72–73.

（3）それは当然のことながら、当時の欧州社会において用いられる「ドイツ」(Deutschland) という言葉の意味にも影響した。その言葉は、国家としてのドイツを意味しなかった。フィーアハオスによれば、「ドイツ」とは「帝国と帝国領邦を意味し、その当時のドイツ史に属しているものと理解されねばならない事柄が生じた文化的・政治的空間」なのである。Vierhaus (1985), 357.

（4）例えば、ヴュルテンベルクにおいても三十年戦争直後に統治体制は重大な構造変化を受けた。しかしながら、それは中央集権的な統治構造の創出を意味するのではなく、依然として領邦君主と伝統的・慣習的権利の維持を主張するラント等族との間の妥協の産物でしかなかったのである。Vann (1984), 89–132.

（5）Carsten (1985), 119–120.

（6）ウェストファリア条約以降の神聖ローマ帝国の展開に関しては多数の先行研究が存在する。若干の例として、次の文献を挙げておく。Feine (1932), 65–133: 絹川（1973）、一–二二頁。

（7）*Du Mont*, VI, ii, 97–102: *CTS*, III, 383–404.

（8）*Du Mont*, VI, ii, 113–114: *CTS*, III, 465–471.

（9）*CTS*, V, 141–160.

（10）*CTS*, V, 161–167. Gagliardo (1991), 89 によれば、フランスはこの同盟の「保護者」(protector) として加盟したという。

（11）*Du Mont*, VII, i, 219–220.

（12）後にも触れられる一六六七年（八月二二日付）のヴェストファーレン＝クライス内の諸侯とケルン選帝侯・ブランデンブルク選帝侯その他との間の防御同盟条約 (*Du Mont*, VII, i, 57–58.) にはクライスの名称は登場するが、クライスが主体となってこの条約を作成したものではないと判断される。この他にも、若干の例として、八三年六月三〇日付のヘッセン＝カッセル方伯・ヘッセン＝ラインフェルス (Hesse-Rheinfels (Rheinfelsz)) 方伯間のラインフェルス要塞等の防衛に関する条約 (*CTS*, XVI, 443–447.)、一七〇〇年七月一五日付の帝国諸侯間の防御同盟条約（ヴュルツブルク・ミュンスター他一一諸侯（ホルシュタイン公としてのデンマーク王を含む。）(*CTS*, XXIII, 33–44.)、同年一一月二三日付のフランケン＝クライス・シュヴァーベン＝クライス間の共通安全保障等のための連合に関する協定 (*CTS*, XXIII, 181–186.)（尚、この協定は、一六九一年五月二九日（六月八日）付及び一六九二年二月二九日（三月一〇日）付の協定の更新とされている。（前文及び第一条）また、その後一七〇一年五月六日付 (*CTS*, XXIII, 305–314.)、同年八月三一日付及び翌（〇二）年三月二〇日付の協定で延長されている。）等が挙げられる。因みに、一七〇一年六月一四（一八）日付のプロイセン・ヘッセン間の条約 (*CTS*, XXIII, 331–335.) では、プロイセンのフリードリヒが「国王」を既に名乗っている。

(13) *Du Mont*, VII, i, 102–103.

(14) *Du Mont*, VII, i, 210–212.

(15) その他にも、一六八三年（一月一四日付）には皇帝とブラオンシュヴァイク＝リューネブルク公（オスナブリュック司教）との間のウェストファリア条約及びナイメーヘン条約の擁護を目的の一つとする一種の同盟条約が締結され (*Du Mont*, VII, ii, 51–54: *CTS*, XVI, 304–315.)、また同年（一月二六日付）には皇帝とバイエルン選帝侯との間の防御同盟条約も締結されている。(*Du Mont*, VII, ii, 54–55: *CTS*, XVI, 317–323.) 更に、八六年三月二二日（四月一日）付の皇帝・ブランデンブルク間の秘密同盟条約もある。(*CTS*, XVII, 471–482.)

(16) *Du Mont*, VI, ii, 108–113.

(17) *Du Mont*, VII, i, 79–80.

(18) *Du Mont*, VII, i, 194–196. また、同盟条約以外の例として、ケルン選帝侯が一六六七年（二月一四日付）にオランダ連邦議会との間で締結した或る都市 (Rhynberg) を巡る合意 (Accord) が挙げられる。*Du Mont*, VII, i, 9–10.

(19) *Du Mont*, VI, ii, 136–141.

(20) *Du Mont*, VI, ii, 201–202.

(21) ブラオンシュヴァイク＝リューネブルク公（ハノーファー）は一六九二年に選帝侯 (Kurbraunschweig) となっている。

Köbler (2007), 89–91.

(22) *Du Mont*, VIII, i, 150–154. 尚、この条約で言及されている一六九〇年の同盟条約及び九八年の同盟条約は *Du Mont* には収録されていないものと思われる。

(23) 例えば、一六八六年二月一〇日付の瑞・ブランデンブルク間防御同盟条約が挙げられる。*CTS*, XVII, 461–469.

(24) *Du Mont*, VI, ii, 239–240: *CTS*, V, 161–167.

(25) *CTS*, VI, 175–179: *CTS*, VII, 311–315.

(26) *Du Mont*, VII, i, 103–104.

(27) *Du Mont*, VII, i, 212–214.

(28) *Du Mont*, VII, i, 13–14. この他にもバイエルン選帝侯は一七〇〇年代初頭に仏国王との同盟条約を作成、更新している。*CTS*, XXVII, 127–133.（特に、その第一条を見よ。）

(29) *CTS*, XVI, 465–470.

(30) *CTS*, XXIII, 201–211.

(31) *CTS*, XVI, 485–499.

(32) *CTS*, XXII, 483–491.

(33) *CTS*, XIX, 453–460.

(34) *CTS*, XXI, 143–146.

(35) *CTS*, XXII, 299–301.

(36) *CTS*, XXII, 419–426.

(37) *CTS*, XX, 205–218.

(38) *CTS*, XXII, 167–171. 尚、この一六九三年の同盟条約の当事者の内、丁国王とミュンスター司教の二者は九九年一一月二（一二）日付で同条約を更新する旨の合意を独自に行っている。*CTS*, XXII, 387–391.

(39) 例えば、一六九三年（三月三日付）に丁国王とザクセン選帝侯間で防御同盟条約 (*CTS*, XX, 181–192.) が成立し、同条約は翌（九四）年七月一二日付 (CTS, XX, 399–405.) 及び九八年三月二九日付 (CTS, XXII, 117–126.) で各々更新されている。また、同じく九三年三月三日付で丁国王とヘッセン＝カッセル方伯間で防御同盟条約 (CTS, XX, 193–203.) が成立し、同条約は九八年七月一五日付の文書 (CTS, XXII, 173–177.) により四年間延長されている。

(40) 例えば、一六九七年六月二二日付ブランデンブルク・ロシア間同盟条約（CTS, XXI, 305–312.）が挙げられる。

(41) 例えば、一六八九年の皇帝・蘭及びそれらの同盟者間の同盟を更新するための九五年八月八日付条約 (CTS, XXI, 27–72.) がある。この条約には、蘭・ミュンスター・ブラオンシュヴァイク＝リューネブルク・バイエルン・ブランデンブルク・西・皇帝・ロレーヌ・サヴォア・ブラオンシュヴァイク＝リューネブルク＝ツェル・英・ブラオンシュヴァイク＝リューネブルク＝ヴォルフェンビュッテル・ケルン・フランケン＝クライス・シュヴァーベン＝クライスが加盟している。

(42) この時期の他の多数の同盟条約の中にも、同様の規定は見られる。例えば、一六六七年（八月二二日付）のヴェストファーレン＝クライス内の諸侯とケルン選帝侯・ブランデンブルク選帝侯その他との間の防御同盟条約 (*Du Mont*, VII, i, 57–58.) 第二条は次のように規定している。「この防御同盟は、いかなる点においても、誰に対しても攻撃的なものではなく、皇帝陛下及び帝国に対してはより一層そうであり、ただ祖国、人民、それらの権利及び特権の防衛と維持のためだけのものである。」

(43) マインツは一六五一年から一六七四年の間に二四の（同盟）条約を締結していたとされている。Aretin (1975), 34.

(44) Willoweit (2005), 225.

(45) Conrad (1966), II, 119–120.

(46) ライン同盟の他、一六九七年のフランクフルト連合（Frankfurter Assoziation: 一七〇七年解体。）及び一七八五年の諸侯同盟（Fürstenbund: 一七九一年解体。）等の同盟も、名目的には皇帝・帝国及びその公共の平和（ラントフリーデ）、そしてウェストファリア条約に反するものではなく、帝国の利益に適うものとされていた。(Mitteis (1988), 366.) しかし、このような同盟が実際には帝国及び皇帝に向けられ得ることについては、第一部第三章第三節㈠を見よ。

(47) ミッタイスは、これを「大国の領邦政策の道具」(Instrument ihrer [der Gross-Staaten] Territorialpolitik) と評している。Mitteis (1988), 366.

(48) Hartung (1969), 151–159.

(49) Duchhardt (1990), 8.

(50) Duchhardt (1990), 8.

(51) ポーランド領であったプロイセンの地を一六一八年に相続を通じて獲得していたブランデンブルク選帝侯家は、一六五七／六〇年にその宗主権をポーランド国王により承認され、その結果、ブランデンブルク＝プロイセンとして領域の拡大を実現する。またそれと共に、軍制の整備や法制度の改革等を通じて国力を充実させるが、帝国の選帝侯であることには基本的に変わりなく、したがって、帝国との紐帯は依然として維持されていた。ところが、一七〇一年一月一八日にブランデンブルク選帝侯フリートリヒ三世が、皇帝の同意のもとにプロイセン国王フリートリヒ一世として戴冠し、プロイセン王国は神聖ローマ帝国に従属しない存在として承認される。この皇帝による同意は、戴冠の前年（一一月一六日）に与えられているが、これは予想される病弱な西国王の死去とそれに伴うフランスとの西王位継承を巡る争い（スペイン継承戦争）に備えて軍備の充実を図っていた皇帝が、当時既に常備軍を設立していた同選帝侯からの援助の交換条件として、国王としての戴冠を認めたものであった。(*Köbler* (2007), 537–541.) また、プロイセンの軍制及び司法制度の改革、並びに領域の拡大等については次の文献を見よ。Hartung (1969), 92–127: 吉川 (1987)、一〇七頁以下。

(52) Oestreich (1969), 248.

(53) ドゥフハルトは次のように論じている。「[帝国等族の権利は] 客観的にも、また皇帝及び欧州諸国の目からも、疑念を発生させない『主権』ではなかった。「主権」のかわりにより低位の“*superioritas*”について帝国国制論では論じられた。何れにしろ「帝国への拘束（それはレーエン制度にその表徴を見出すことは勿論だが）と同盟権の制限（防衛的な性格を有しなければならず、皇帝及び帝国に対するものではあってはならなかった）」によって「ドイツ諸侯と他の国際法主体との平等が自発的に承認される見込みはなかった。」帝国等族の国家間関係への完全な参加主体としての承認は、一六四八年以後の長期間に実際に特段の議論があったのであるが、それは成功しなかったのである。Duchhardt (1990), 11.

(54) Willoweit (2005), 222.

(55) Hofmann (1962), 393. クライスが帝国の諸機関、特に帝国議会に比してよく機能し得た理由として、クライスの主要機関であるクライス議会 (Kreistag) が（身分別の部会は有するものの）構成員の多数決による意思決定が行われていたことが挙げられている。Wines (1967), 5 *et* n.23.

(56) Oestreich (1999), 45. 尚、ウェストファリア条約以降のシュヴァーベン・フランケン・オーバーライン・ニーダーライン—ヴェストファーレンの各クライスについて、各々次の文献を見よ。Wunder (1994), 23–39: Sicken (1994), 61–77: Dotzauer (1994), 114–125: Neuhaus (1994), 90–96.

(57) *Du Mont*, VI, iii, 5–7.

(58) *Du Mont*, VI, iii, 15–23.

(59) 帝国の対トルコ戦争（一六六二–六四年）における帝国議会及び個別のクライス会議の議論について、渋谷 (2000)、一四九–一五七頁を見よ。

(60) Böhme (1984), 166: Mitteis (1988), 352.

(61) Wines (1967), 7.

(62) *Du Mont*, VII, ii, 22–26. この同盟は、後に触れられる一六七三年のフランケン・ニーダーザクセン・オーバーザクセンの三クライス間同盟が崩壊した後に、八二年一月にフランケン＝クライスが中心となった小規模な同盟を形成したことに起源を有するという。Wines (1967), 7.

(63) Wines (1967), 7.

(64) Wines (1967), 7.

(65) *Du Mont*, VII, ii, 289–291.

(66) *Du Mont*, VII, ii, 377–381: *CTS*, XXI, 269–285.

(67) 一一月二三日付。*Du Mont*, VII, ii, 493–495. ハイデンハイム同盟協定成立の背景については、次の文献を見よ。Hofmann (1962), 402.

(68) 五月六日付。*Du Mont*, VIII, i, 8–10.

(69) 一七〇一年八月三一日付。*Du Mont*, VIII, i, 88–89.

(70) *Du Mont*, VIII, i, 99–103.

(71) *Du Mont*, VIII, i, 89–92.

(72) *Du Mont*, VIII, i, 104–105.

(73) *Du Mont*, VIII, i, 121–122.

(74) 例えば、バイエルン選帝侯・バイエルン＝クライスとフランケン＝クライス間の防御同盟条約（一六八三年三月二八日付）が挙げられる。（この同盟の目的として、ウェストファリア・ナイメーヘン両条約の擁護が謳われている。）*Du Mont*, VII, ii, 59–62: *CTS*, XVI, 381–397.

(75) Magen (1982), 409.

(76) また、クライス議会に身分制的議会制度の先駆的事例を見出すとする見解もある。これについては、次の文献を見よ。Hartmann, P. C. (1992), 29–47.

(77) Strauss (1978), 295.

(78) Mitteis (1988), 357. 尚、クライス議会 (Kreistag) の召集権は元来皇帝の手中にあったが、一六五八年のレーオポルト一世の選挙協約によりクライスに対して自由な集会権 (Versammlungsrecht) が保障されている。

(79) Oestreich (1999), 44–45. このようにクライスの活動は地域差が大きい。このことは主として、当該クライス内の領邦の構成とクライスの地理的位置を原因として発生しているものと考えられる。ウィルソンは、比較的弱小な領邦が多数を占めるクライスでは各領邦が個別に展開し得ない行政・軍事・財政等の事項について協力し合う必要があったこと、また、強大な外国勢力と隣接するクライス（オーバーライン・ヴェストファーレンの二クライスはフランスと地理的に近接していた）は、外国からの軍事活動に備えて共同防衛組織を構築する必要があったことを指摘している。(Wilson (1999), 58.) 尚、ミッタイスは、帝国クライス制度が、特に領邦的分裂の激しかったドイツ西南部地方において、自治の重要な要素であったとしている。Mitteis (1988), 357.

(80) Mohnhaupt (1975), 7.

(81) Mohnhaupt (1975), 10. 但し、ベーメによれば、一六五四年の帝国議会決議第一八〇条において帝国等族に対してクライス税納付が明示的に義務付けられたという。Böhme (1984), 172.

(82) Oestreich (1969), 246.

(83) シュトラオスは次のように述べている。「[クライスの集会では] 小領邦 (states) と大領邦、古風な小領邦 (principalities) と偉大なる公国 (ducies) 及び選帝侯国 (electrates)、プロテスタント派とカトリック派、貧しい邦 (lands) と豊かな邦、都市と農村 (country) の共存のための闘争が展開された。特に小領邦にとって、帝国クライスは国制上の死活的な政治的舞台であった。」Strauss (1978), 295.

(84) ドゥフハルトは次のように論じている。帝国等族が他国から同等者とみなされない状況で、帝国等族が個別には「大政治」(grosse Politik)、即ち、欧州国際政治に参加し難いのであれば、帝国等族が結合すること（帝国クライスや帝国クライス同盟）によって欧州列強のパートナーとして講和会議に参加し、それをもって国際法主体としての地位に達し得るのではないだろうか。「この疑問に関しては、ライスヴァイク［講和会議］（そこではクライス同盟が実際に或る期間列強と協調して交渉した）とユトレヒト［講和会議］の間に活発な議論があった。とりわけ、［複数の］準主権的なものの総体は主権以上のものを有するのか、という疑問は法的に不明であった。［しかし］何れにしろ政治的には、スペイン継承戦争（一七〇一年から一七一四年）後クライス同盟は再度脚光の外に消え去り、二度と大政治の因子として姿を現すことはなかったのである。」Duchhardt (1990), 8–9.

(85) Härter (1992), 226–229. クライスの防衛調整の枠組としての役割は、若干の歴史的皮肉ではあるが、仏革命戦争の過程において、シュヴァーベン＝クライスが仏との休戦条約 (*CTS*, LIII, 225–230.) の主体となり、同様のことがフランケンについても生じた (*CTS*, LIII, 251–256.) ことにも現れているものと言えよう。

(86) Hartmann, P. C. (1992), 46–47: Wilson (1999), 59.

(87) 一八世紀の帝国クライスの状態については、次の文献を見よ。Hofmann (1970), 969–985.

(88) ＩＰＯ第一〇条に基づく領域の移譲によって、スウェーデンはフォアポンメルンをはじめとする諸地域を獲得する。そしてこのことは、単なる領域の獲得のみならず、バルト海や北海に注ぐオーデル・エルベ・ヴェーゼルの各河川の河口（即ち、戦略上及び通商上の要衝）を管理する地位に同国がつくことを意味した。(Carsten (1964), 430.) 実際に、バルト海沿岸の主要港で同国の管理下に置かれないものはダンツィヒとケーニヒスベルクのみであったという。(Roberts (1979), 101.) また、ロバーツは、一七世紀後半の「スウェーデン帝国」を性格付ける際に、それが多数の異質な地域や多様な諸民族と諸言語を包摂していたことから、「ハプスブルク帝国」に最も類似しているとしている。(Roberts (1979), 83.)

(89) ウェストファリア条約直後のドイツにとって、「最悪の諸問題の幾つかはスウェーデンによって惹起された」とする論者もいる。Gagliardo (1991), 235.

(90) Carsten (1964), 430.

(91) Gagliardo (1991), 87–88 *et* 235.

(92) この授封に際しては、ヒンターポンメルンにおいてスウェーデンと依然として緊張関係にあったブランデンブルク選帝侯ですらも、トルコの脅威を重視して、皇帝に瑞国王への授封のみならず、シュテッティンにおける境界画定紛争解決の裁可を行うよう勧めたという。その背景には、帝国等族としてのスウェーデンからの対トルコ戦に備えた帝国への援助についての期待があったのである。Buchholz (1989), 23.

(93) Roberts (1979), 79 *et* 97. 尚、Carsten (1964), 430 では「一六五二年」の戦争開始とされている。

(94) 一六五四年一一月二八日付でスウェーデン国王・ブレーメン市間で講和文書が作成されている。*Du Mont*, VI, ii, 94–97.

(95) *Du Mont*, VI, iii, 131–133.

(96) Carsten (1964), 430–431: Conrad (1963), 498–499.

(97) Carsten (1964), 431.

(98) Nordstrom (2002), 45–48.

(99) Roberts (1979), 97.

(100) Backhaus (1969), 137.

(101) Böhme (1984), 174. つまり、スウェーデン本国においては絶対主義的な近代的主権国家形成を志向する政策が採られ、帝国内で領邦君主として統治する領域では封建的体制（等族国家体制）を維持する政策が採られたのである。勿論、近代以降においても一国家内の特定領域について一定の自治権を認めるという体制は存在する。しかし、当時のスウェーデンは帝国国制に組入れられた部分については当該制度に法的には従わねばならない（政治的にもそれを考慮せざるを得ない）という状況に置かれていたことは理解されるのであり、ウェストファリア条約以後もスウェーデン支配領域の全体が近代的主権国家としての体制を整えていたのではなかったこともまた理解されるのである。

(102) Buchholz (1989), 28 *et* 32. バックハオスは、ポンメルンにおいて瑞王国の基本法は妥当せず、同地域の自治が尊重されたことを強調している。何れにしろ、ウェストファリア条約のもとで同地域が瑞王国に統合されることは考えられ得なかったのである。Backhaus (1969), 139 *et* 141. また、伊藤は、スウェーデンのドイツ領獲得の過程で多数の瑞高級貴族が当該地域との関係を有するようになり、王権強化を望まない点で領邦等族と広く利害が一致するようになったことから、当該領邦に対する寛容な姿勢が規定されるようになる、と纏めている。伊藤 (2005)、一六八頁。

(103) Peters (1966), 36–38. これによりスウェーデン支配下のポンメルンでは、農業経済の自由な発達は不可能となり、また、都市は資本主義的生産形態を生み出すことを不可能とされたという。

(104) Böhme (1984), 167–171. このことはまた、一六六四年に皇帝が瑞国王に授封した際の期待（本章前註（92）を見よ。）に、後者が応えたことを意味すると言えよう。

(105) Backhaus (1969), 138.

(106) *Du Mont*, VI, ii, 235–239.

(107) *Du Mont*, VI, ii, 351–353.

(108) *Du Mont*, VI, ii, 381–382.

(109) このような地位の使い分けは、当時珍しいものではなかったと考えられる。類似の現象は英国王となったハノーファー選帝侯についても妥当する。（例えば、一七一五年一〇月一七（二八）日付のロシア皇帝とハノーファー選帝侯としての英国王間の同盟条約 (*CTS*, XXIX, 311–317.) を見よ。）

(110) *Du Mont*, VII, ii, 131–139.

(111) 尚、このような扱いはデンマーク国王にも妥当する。例えば、一六九三年（二月一（一一）日付）の「レーゲンスブルク同盟条約」（その前年の「諸侯同盟」を更新するもの）において、「ホルシュタイン公としてのデンマーク国王」(der König zu Dennemarck als Hertzogen zu Holstein) が参加しており、序列においてもミュンスター司教その他の下位に置かれている。(*Du*

Mont, VII, ii, 323–325.) また、九五年（三月一四（二四）日付）の同盟条約においても同様である。(*Du Mont*, VII, ii, 351–353.)

(112) 伊藤 (2005)、一六八頁。

(113) *CTS*, XX, 12. 尚、瑞国王が仲介者として活動したことは同条約の前文に紹介されている。

(114) Peters (1966), 33.

(115) 但し、「帝国等族としての瑞国王」という体制のスウェーデンにとっての意義は一七二〇年頃を境に変化する。即ち、この時期に自らの大国としての地位が揺らぐことによって、スウェーデンは帝国国制の維持をポンメルン及び自国の安全保障に活用するようになるのである。Buchholz (1990), 17–33.

(116) Bornhak (1968), 86–87. そして、帝国議会においては各々の都市団が一票を行使した。Mitteis (1988), 348.

(117) 帝国議会における従来の審議手続については、第一部第四章第一節㈢2を見よ。

(118) Buchstab (1976), 142. 特に、選帝侯部会は自らこそが最重要な審議機関であることについて何らの疑念も抱いていなかったという。Aretin (1993–2000), I, 139.

(119) Laufs (1974), 38–39. 尚、引用文中の『　』内はラオフスによる引用部分を示している。

(120) Laufs (1974), 39. ウェストファリア条約以後の都市部会の議決権の取扱いに関しては、次の文献も見よ。Buchstab (1976), 143–145: Neugebauer-Wölk (1990), 32–33.

(121) Mitteis (1988), 348.

(122) Neugebauer-Wölk (1990), 33. 尚、ホィートンは、国制上は三部会の同意がなければ議会の正式な決定 (Recess) にならないが、慣行上は上位二部会と皇帝の意見の一致があれば都市部会の反対は覆され得たと説明している。Wheaton (1845), 74.

(123) プーフェンドルフは、選帝侯部会と諸侯部会の合意が形成される以前に都市部会との協議は開始されなかったとしている。(Pufendorf (1667), cap.V, §26.) 尚、プーフェンドルフは、都市部会が同意しない場合には皇帝が仲介を行い、それでも合意が達成されない場合には、後の帝国議会での交渉に委ねられるとしている。これは、前註のノイゲバオアーの説明とは異なる。仮に、プーフェンドルフの記述通りであるとすれば、都市部会の「議決権」が実際上も「拒否権」としての機能を有した可能性が発生する。

(124) シュピースは、都市の同意権は現実的な重要性を有さず、単なる「協賛権」(Mitwirkungsrecht) でしかないとしている。Spies (1982), 121.

(125) 但し、ノイゲバオアーは、以上に述べた都市の「議決権」の実質的無力化について、その前提として選帝侯・諸侯両部会の合意が前提とされている点に注意を払い、この前提の脆弱性を指摘している。Neugebauer-Wölk (1990), 33 ff.

(126) Mitteis (1988), 348.

(127) Schindling (1980), 139. また、次の文献も見よ。Buchstab (1976), 145.

(128) Bog (1953), 95.

(129) 例えば、一六七一年八月にウルムにおいて四都市（シュトラスブルク・フランクフルト・ニュルンベルク・ウルム）の代表が会合し、都市同盟の復活についての協議を行っている。そこでは同盟に加えられるべき二五の都市が選択されたりしたが、結局この企図は挫折する。Wohlwill (1899), 44–45.

(130) Conrad, (1963), 498–499. このような一般的傾向の中で、ハンブルクに関しては、他都市と若干異なる事実が挙げられる。即ち、直属の上級領主であったデンマーク国王が、永らく否認していたハンブルクの自立的地位（帝国最高法院により一六一八年に確認されていたもの）を一七六八年に承認し、ハンブルクは一七七〇年に帝国議会における議席と投票権を獲得するに至ったのである。*Köbler* (2007), 248–250.（尚、第一部第四章註（138）を見よ。）

(131) Friedrichs (1982), 33–37.

(132) Conrad (1963), 496.

(133) Conrad (1963), 496.

(134) Gagliardo (1980), 11–12.

(135) Graßmann (1998), 262.

(136) CTS, XVI, 375–379.

(137) *Du Mont*, VI, ii, 456.

(138) *Du Mont*, VI, ii, 365–366.

(139) *Du Mont*, VI, ii, 378–379.

(140) 一月三一日付。但し、この文書ではハンブルクがハンザ都市として言及される箇所はない。*CTS*, XXVII, 49–64. また、翌（一七一二）年一一月にはハンブルクはデンマークとの間で占領地からの撤収等のための補償に関する条約を締結（*CTS*, XXVII, 341–345.）しており、同市に対するデンマークからの圧力が継続していたことが窺われる。

(141) *CTS*, XXIX, 447–451.

(142) *CTS*, XXXI, 21–25.

(143) *CTS*, XLVI, 375–382.

(144) *CTS*, XXXIII, 439–443.

(145) *CTS*, XLIV, 255–289. 特に、前文を見よ。

(146) 一八一五年から六六年に存在したドイツ域内の連合 (Deutscher Bund) は、通常「ドイツ連邦」と訳される。しかし、その設立文書 (*CTS*, LXIV, 443–452.) では、その目的として、ドイツ内外の安全の維持と共にその構成国の「独立と不可侵」の維持が掲げられており（第二条）、また、各構成国が同盟権を有している（但し、同盟又は個別の構成国を危うくするものは禁止されている。）（第一一条）など、各構成国の独立性は高く、更に、主権が各構成国に保持されているように思われる文言（前文及び第一条）が見受けられるといった事情を考慮して、本書では「ドイツ連合」とする。因みに、「主権的君主」とされる各構成国は「権利において平等」（第三条）とされているが、この連合の議会では加重投票制が採用されており（第四・六条）、主権平等原則は貫徹されていない。

(147) グラスマンは、「ヴィーン会議以降獲得された主権は「リューベック・フランクフルト・ブレーメン・ハンブルクの」四都市に、自由な国家として海外のパートナーとの条約を締結する可能性を与えた」として、四都市が明確に主権を有したと解している。Graßmann (2001), 43.

(148) Dollinger (1998), 476–477: Ziegler, U. (1994), 165: 関谷 (1973)、六六四頁。

(149) Wohlwill (1899), 45–47.

(150) Jörn (2000), 418–423. ヨルンは対トルコ戦の戦費調達を巡る交渉経過を論じた後に、一七世紀末にはハンザの観念は既に極めて抽象的なものとなっており、リューベックは往時のハンザの同盟としての役割を再度演じることには何らの意味もないことを認識していた、としている。Jörn (2000), 423.

尚、既に触れたように、この時点においても、ハンブルクの帝国直属資格は争われており、また、ブレーメンの帝国等族資格はウェストファリア講和会議期間中に認められたものの、ブレーメンに対する上級君主権を主張するスウェーデンとの関係で依然として帝国議会への出席が実現しないという状況にあった。そのため、皇帝にとってはこれら二都市との間には、戦費調達交渉において、（帝国等族資格確認という）一種の取引材料があったものと推測される。

(151) Dollinger (1998), 478.

(152) Wohlwill (1899), 7.

(153) Graßmann (1998), 269.

(154) Conrad (1963), 498.

(155) シュミットは、一七世紀中のハンザの活動を支えた要因として、「帝国都市として三ハンザ都市の自治を保障した帝国」を挙げている。Schmidt, G. (1998), 46.

(156) *Du Mont*, VI, i, 563. 但し、*Du Mont* に収められたこの文書には表題と註のみが掲げられており、本文は採録されていない。

(157) *Du Mont*, VI, ii, 102–103. 尚、この文書の正確な日付は付されていない。

(158) 同文書中では、ルイ一一世による一四六四年及び一四八三年の、シャルル八世による一四八九年の、フランソワ一世による一五三六年の、アンリ二世による一五五二年の、そしてアンリ四世による一六〇四年の特権譲許の前例が挙げられている。

(159) 前註に挙げた前例も第一〇条で確認されている。

(160) *CTS*, II, 17–18. また、第八条では、ハンブルク及びアムステルダムが言及されている。

(161) *CTS*, XV, 76.

(162) ライスヴァイク条約交渉におけるハンザ都市にとっての法理論的基盤が「国際法」(*jus gentium*) にあったことも指摘されている。(Graßmann (1998), 264.) しかしながら、ライスヴァイク講和会議の時点において、三主要都市には「ハンザ意識」(hansisches Bewußtsein) はもはや殆ど残っていなかったとの指摘もある。(Hammel-Kiesow (2004), 120.)

(163) CTS, XXII, 26.
(164) CTS, XXX, 19–34.
(165) CTS, XXVII, 475–501. ユトレヒト条約におけるハンザの特権の確認は、後に触れられる一七八〇年のロシア・スウェーデン間条約第二条で行われている。
(166) CTS, XXXII, 249–254.
(167) CTS, XLVII, 357–365. 尚、この条約については次の文献でも言及されている。Reibstein (1956/57), 91–92.
(168) CTS, III, 426.
(169) Postel (1999), 192.
(170) Hundt (2001), 1.
(171) Postel (1999), 192.
(172) Graßmann (2001), 58–65 に掲載されている一覧表及び地図を見よ。
(173) Fink (1931), 153–154. このようなハンザの国際的活動を支えたものが、その経済力であったことは疑い得ない。ハンザの欧州経済に対する影響力は一八世紀末から一九世紀初頭においても無視できないものであった。例えば、フランス革命直前の一七八八年において、フランスの輸出（総額）の過半をハンブルク一都市で扱っていた。（但し、この好況は一七九八・九九年の経済危機で終止した。）また、革命戦争期には、特に大陸封鎖の結果としてフランスの海上輸送の大半をハンブルクとブレーメンが担うなどして、ハンザ主要都市の経済は繁栄したという。Hundt (2001), 3–4.
(174) 帝国の経済政策と都市の関連については、次の文献を見よ。Blaich (1970): Winzen (2002).
(175) 当時の「国際法」理論書の中でハンザに触れるものについての若干の例を挙げておきたい。
先ず、ウェストファリア条約締結後間もない一六五〇年に初版が公刊されたズーチ (R. Zouche) の『フェーキアーリスの法と裁判』では、「外国人と合意された通商上又は取引上の特権は廃棄可能か?」(*An Commercii sive Negotiationis privilegia, de quibus cum exteris convenit, revocare liceat?*) との問題を巡る議論において、英国の諸国王により付与されてきた特権が無効とされたことに対して一五九五年にハンザが皇帝及び帝国等族に苦情を申し立てたという事例が挙げられている。(Zouche (1650),

Pars secvnda, Sec.4, Quaest.30.)
また、一六八〇年に公刊されたテクストル (J. W. Textor) の『国際法要論』においては、次のような文脈の中でハンザへの言及が行われている。先ず、「諸国民の通商と契約に関して」(*De commerciis et conventionibus gentium*) と題された第一三章では、通商の有用性と（テクストルの）当時には一般市民のみならず貴族や国王までもが通商に直接・間接に関わっていたことが述べられた後に、「それ故、かつてそれら公衆と極めて有名なハンザ諸都市の同盟が結び付けられた」(*Quo intuitu olim publica illa & notissima Hanseaticarum civitatum foedera coaluere*) とされている。(Textor (1680), Ch.XIII, para.38.) また、第二六章（「中立法について」(*De jure neutralitatis*)）では、ハンザ都市からの抗議に対して、英女王エリザベスがハンザ所属の船舶から奪ったものは（英国の敵のための）戦争用の物品のみであったのであるから、英国の行為は妥当なものであるとのテクスターの評価が述べられている。(Textor (1680), Ch.XXVI, paras. 28 *et* 34.)
更に、バインケルスフーク (C. van Bynkershoek) は、一七三七年に公刊された『公法の諸問題』の第一巻第四章（「敵国の動産、及び特に船舶は何時捕獲者の物となるのか」(*Ecquando res hostium mobiles, et praesertim naves, fiant capientium?*)）において、一六六六年一一月二九日付のオランダ連邦議会布告 (*Edictum Ordinum Generalium*) に基づいて、（当時英国ともオランダとも友好関係にあった）ハンザに対する（蘭領内でハンザが購入する何れの船舶も敵性品とみなす旨の）警告を行うことは支持できないとの議論が展開されている。(Bynkershoek (1737), Liber I, Cap.IV (p.33).)
一八世紀においても、例えば、モーザー (J. J. Moser) は、彼の国際法学分野における主著である『平時及び戦時における最新欧州国際法試論』で次のような言及を行っている。彼は「使節について」(Von Gesandtschafften) に関する論述を行っているが、そこで「一定の半主権者」(Halbsouverän) についても論じ、その中でブレーメン・ハンブルク・リューベックの三都市について、「連合した三つの帝国都市にしてハンザ都市」(drey vereinigte Reichs- und Hanseestätte) とし、それらが共同して使節を派遣してきたこと（但し、その地位は第二級のものとされる。）を指摘している。(Moser (1777–1780), IV, 21.)

(176) 例えば、一七・一八世紀におけるスウェーデン・プロイセンでの海法 (Seerecht) 関連立法に際して、ハンザ海法が継受されている。また、一九世紀におけるドイツ連合の四自由都市（リューベック・ハンブルク・ブレーメン・フランクフルト）の上告裁判所 (das Oberappellationsgericht: 最上級審裁判所) はリューベックに置かれた（一八二〇年から新たな裁判（所）制度が導入される一八七九年まで）が、当該裁判所は、有力且つ重要な裁判所であったし、商事事件に関してはドイツ連合内で最重要な裁判所であったとの指摘がある。Landwehr (2003), 145–147.

（177）Duchhardt (1998), 23–24.

（178）Peyer (1978), 79–80.

（179）Schwinges (1996), 451–452.

（180）Sieber-Lehmann (1999), 29. 但し、このスイス諸邦の帝国への援助は、トルコに対する全キリスト教世界の対応という枠組の中で解釈することも可能である。

（181）Gauss (1948), 189. ヴェットシュタインがヴィーンにおけるスイス条項の解釈について理解したときの状況を、ガオスは次のように記している。「帝国最高法院宛の皇帝の書簡の草案を［ヴェットシュタイン］自らが作成することが許可された際に、彼は大胆にも次のような言葉を記した。『朕フェルディナント三世は』皇帝の名においてシュパイアーの帝国最高法院に対して誓約同盟の『自由且つ主権的な地位』(der freie, souveräne Stand) を尊重するよう命じた。しかし、この文言はフェルディナントによる最終的な発布においては昔から知られた形式である『帝国からの免除』(Exemtion vom Reich) という形式に慎重に変更された。」Gauss (1948), 189.

（182）Jorio (1999), 133. 同様に、ヨリオは「一七九八年に至るまで誓約同盟の厳密な範囲は正確に定義されることはなかった」(Jorio (1999), 140.) のであり、「イゼレ (Eugen Isele) によるならば、一八〇三年に初めてスイスは閉鎖領域 (*territorium clausum*) となったのである」としている。(Jorio (1999), 134.)

（183）“*Porro quoque Sacrae Caesareae Majestatis & Imperii nomine Pace hac comprehenduntur praeter nominata jam Imperii Membra etiam reliqui Electores, Principes, Status & Membra Imperii, interque ea sigillatim Episcopus & Episcopatus Basiliensis, cum omnibus eorum Ditionibus, Praerogativis & Juribus, tum & tredecim Helvetiorum Cantones cum eorum Foederatis, nominatim cum Republica & Civitate Genevatum & Dependentiis, Urbe & Comitatu Neocomensi ad Lacum, Civitatibus Sancti Galli, Mulhusae & Biennae, tribus Ligis Rhaeticis seu Grisonibus, septemdecim Valesianis & Abbate Sancti Galli.*”(CTS, XXII, 27.) 因みに、同条約第五七条では「同様に、極めてキリスト教的なる神聖な［フランス］国王陛下の名により、スイスの一三邦及びそれらの同盟者、特にヴァレシア市が、

［この講和に］含まれる」と規定されている。

(184) Jorio (1999), 140.

(185) Peyer (1978), 79.

(186) Peyer (1978), 79–80: Jorio (1999), 140. 尚、この二次にわたるフィルメルゲン戦争は、誓約同盟内の主導権争いと宗教的対立、そして欧州の国際情勢が絡み合った紛争でもあった。即ち、二大改革派邦であるチューリヒとベルンが、カトリック派五邦に対して戦いを挑んだのがこの紛争であり、その背景にはカトリック派諸邦の後ろ盾であったスペインの衰退、そして、とりわけ第二次フィルメルゲン戦争に際してはスペイン継承戦争により、皇帝もスペインも対応できないという状況があったのである。イム＝ホーフ（森田）(1997)、一一七–一一八頁。

(187) *"Praesenti hoc Pacis Tractatu tam ex Majestatis suae Christianissimae, quam ex Majestatis suae Borussicae parte comprehenduntur omnes tredecim Pagi Helvetiae, cum ominibus eorum Sociis ac Foederatis, singulatim Principatu Neo-Castri & Valengiae, Republica & Civitate Genevatum cum iis quae ab ea dependent, Civitatibus item Sancti Galli, Mulhusia, & Bienna, & septem Jurisdictionibus seu Decimis Valesianis, tum etiam Tres Ligae Rhaeticae seu Grisones cum eorum dependentiis."* (CTS, XXVIII, 149.)

(188) CTS, XXVIII, 58–59.

(189) そして、属邦の地位を巡る対立の結果、「ライスヴァイク（一六九七年）、ユトレヒト（一七一三年）及びバーデン／アールガオ（一七一四年）において、スイスは所謂属邦をそれら［各地で締結された］の講和条約中に含ませたのである」。Jorio (1999), 140: Peyer (1978), 84.

(190) Peyer (1978), 84. パイアーは、一八世紀初頭においても若干の属邦が、教派的及び政治的共感から、スイス誓約同盟中に名を挙げられなかったとし、このことは特に、ノイエンブルクとバーゼル司教領について妥当する、としている。

(191) ヨリオは、スイス誓約同盟と帝国（及び帝国等族）との関係について、次のように述べ、本節で我々が考察対象とした一八世紀初頭までの時期を超えるものとしている。「一三邦の誓約同盟の急速に薄れ行く帝国法上の紐帯と並んで、アンシャン＝レジームの終末まで、今日のスイスの個々の領域の若干の帝国等族への多数のそして部分的には依然として重要な関係が存在した。そのため、一六四八年は一つの発展の終末ではなく、国家形成への道程の上で、スイスの重要な一段階であった。

一三邦とそれらの従属地 (Verbündeten) は、ヴェストファーレンにおいて疑いなく帝国からの或る種の独立 (eine irgendwie geartete Unabhängigkeit) を承認された。それ［その独立］は一七世紀及び一八世紀の経過の中で、近代的な『対外的』(äusseren) 主権へと発展した。しかし、一八〇三年にレーゲンスブルクにおいてようやく『帝国の紐帯』(*nexus imperii*) が最終的に解消されたのである。」Jorio (1999), 144.

(192)　*CTS*, XVII, 369–373.

(193)　例えば、或る武力衝突の結果として、一七一八年六月一五日付で三邦（ベルヌ・ウーリ・ザンクト＝ガレン）間の講和条約が締結されている。*CTS*, XXX, 311–340.

(194)　*CTS*, LXIV, 492.

(195)　例えば、一七八二年六月にジュネーヴが仏軍に侵略された際に、ジュネーヴの占領の条件に関する合意文書が仏・サルディニア・ベルン間で作成され (*CTS*, XLVIII, 85–92.)、同年一一月にはそれら三者間でジュネーヴの中立に関する条約が締結されている。(*CTS*, XLVIII, 211–215.)

(196)　*CTS*, II, 341–365. この条約は一五七七年・一五九一年・一六三四年の同様の同盟条約を更新するものとされている（前文）。

(197)　*Du Mont*, VI, ii *et* iii, 130–132: *CTS*, IV, 49–57. *Du Mont*, VI, ii *et* iii, 132–133: *CTS*, IV, 59–66. *Du Mont*, VI, ii *et* iii, 133–136: *CTS*, IV, 67–70.

(198)　*CTS*, V, 117–135.

(199)　後述の一七一五年五月九日の同盟更新条約の前文 (*CTS*, XXIX, 250.) による。

(200)　*Du Mont*, VIII, i, 306–308.

(201)　以上の諸カントン間の紛争の経過については、次の文献を見よ。Luck (1985), 225–228.

(202)　*CTS*, XXIX, 247–262.

(203)　*CTS*, XLIII, 89–116.

(204)　例えば、柳澤は、一五世紀後半のブルゴーニュ戦争（一四七四年から七七年）において「スイスの自己意識にとって、政治秩序に関する宗教的な観念が重要であること」を論じている。柳澤 (2005)、六三頁。

(205) スイスだけではない。東欧では「国家への忠誠よりも宗教がより重要な基準であり続けた」のである。Butler et Maccoby (1928), 69.

(206) 帝国議会の常設化は、帝国議会召集の権限が皇帝の手中にあったため、帝国等族が皇帝の召集権不行使を恐れ、解散を拒絶したために発生した事態であった。その結果、理論的には帝国議会は帝国が解体する一八〇六年まで常に開催されていたことになるのである。Gagliardo (1980), 21.

(207) 一例として、次の文献を見よ。Oestreich (1999), 42.

(208) Wilson (1999), 1.

(209) ウェストファリア条約以後の帝国の宣戦を巡る帝権の実質的拡張について、次の文献を見よ。Kampmann (1993), 41–59. 同様に、ミュラーは、一六八九年以降のフランスの帝国への影響力の縮小と共に、皇帝の主導により帝国の敵に対する宣戦が帝国議会で発されるようになったことを論じている。Müller, Klaus (1973), 246–259.

(210) Schröder, P. (1999), 978.

(211) Schindling (1991), 224.

(212) 例えば、レーオポルト一世の時代には、帝権の隆盛傾向と共に、ハプスブルク家の版図も拡大したことが指摘されている。Osiander (1994), 136.

(213) Beaulac (2000), 171–172: Beaulac (2004), 93–94.

(214) Kimminich (1994), 118.

(215) Härter (1992), 643–654.

(216) Aretin (1993–2000), III, 395–400.

(217) 例えば、次の文献は一八世紀後半のヴュルテンベルク内の紛争の解決において帝国宮内法院が果たした役割を論じている。Haug-Moritz (1993), 105–133. また、次の文献は一八世紀後半における諸々の「自由」の保護を巡る帝国最高法院の活動を論じている。Weitzel (1993), 157–180.

(218) 帝国の終末について若干付言しておきたい。一般に帝国はナポレオンにより解体されたとされる。厳密には、帝国の終末は、フランスが帝国を最早承認しない旨の通告を発したのに応じて、一八〇六年八月六日に皇帝フランツ二世がローマ帝冠を放棄したことにより確定する。（それ以降「皇帝」の権威はハプスブルク領（オーストリア）内に限定されたものとなる。）しかも、その際に皇帝は全ての帝国等族と帝国役職者（帝国最高法院裁判官等）を全ての帝国・皇帝に対する義務から解放した。これは、仮に帝国としての何らかの紐帯が存続したまま退位すれば、ナポレオン（又は、彼の影響下にある者）が帝位に即くことが予見されたための措置である。(Gagliardo (1980), 279–281.) したがって、フランスによる当該通告が皇帝に対する退位の最終通告の役割を果たしたことは事実ではあっても、（極めて限られた選択肢の中ではあるが）皇帝の退位には能動的側面があったのである。

(219) Hegel (1802), 461.

(220) Pufendorf (1667), c.VI, §9.

(221) 帝国国制が（主権的）近代国家への途を歩むことなく独特の統一体を保持したことに関して、若干の例として次の文献を見よ。Schmidt, G. (1999), 32–44: Reinhard (2002), 339–357.

(222) 帝国の安全保障体制に関しては、次の文献を見よ。Härter (2003), 413–431. ヘルターは、一八〇六年の帝国の解体まで欧州の権力秩序及び平和秩序が帝国国制と分ち難く結び付いていたとする。Härter (2003), 430. また、ブフホルツは、帝国等族としてのスウェーデンから見れば、帝国の終末に到るまで帝国は無意味であったどころか、「その裁判上の及び軍事上の機能において帝国は現存した」とする。Buchholz (1990), 32.

(223) プレスは、一八〇六年の帝国の崩壊により、帝国国制が時代遅れとなっていたことやフランスと帝国の諸侯との間での協力による革命の緩和が必要であったことが明らかとなっただけではなく、「帝国の伝統が多くの点において一九世紀にまで継受されたこと」も明らかとなったとしている。Press (1987), 52–53.

第三章

一六四八年以降の諸条約におけるウェストファリア条約

はじめに

本章では、先ず、一六四八年以降の諸条約(1)においてウェストファリア条約がどのように言及されているのかを検証することを通じて、一七世紀中葉以降の欧州国家間関係における同条約の地位を確認し、次に、そこに内在する近代国際法の形成に関連する問題点を考察する。(そこには、「ウェストファリア神話」生成と関連する問題も含まれる。)また、その際に、帝国等族が当事者である場合とそうではない場合に区分して、論ずることとする。それは、本章の本来の目的に加えて、本書第二部の目的の一部であるウェストファリア条約以後の帝国等族の欧州国家間関係における実態をも確認するためである。

尚、本章第一節で考察対象とされる諸条約を整理する際に、時代区分の基準とされるのは、ナイメーヘン(Nijmegen)条約、ライスヴァイク(Rijswijk)条約及びユトレヒト(Utrecht)条約である。それは、これらがウェストファリア条約以降一八世紀初頭までの諸条約の中で、欧州国家系の形成に重要な意義を有したと思われる「多数国間条約(2)」であるとの認識に基づいている。これらは各々、ルイ一四世治下のフランスの東北方(ネーデルラント。「オランダ戦争」)、東方(ドイツのプファルツ地方。「プファルツ継承戦争」)及び南西方(スペイン。「スペイン継承戦争」)の隣接地域への領土的野心の結果として生まれたものであり、また当時進行しつつあった欧州域外での勢力拡大を巡る抗争にも関連したものである。当時のフランスは、三十年戦争及びウェストファリア条約を通じて欧州の最強国家としての地位を占めることとなった。そして、その地位故に同国の対外政策が当時の欧州社会の関係に重大な影響を与え、その結果として、これらの条約も重要な意義を有したと考えられるのである(3)。

(一) 帝国等族を当事者とする諸条約

1　ナイメーヘン条約（一六七八／七九年）までの諸条約

先ず、帝国等族相互間で作成された合意文書の中で、ウェストファリア条約に言及されている事例を挙げることとする。尚、前々章では同条約の批准及び実施のための帝国内（皇帝・帝国等族間及び帝国等族相互間）で締結された諸条約についても触れられ、また前章第一節では同条約以降一八世紀初頭までの帝国等族による同盟条約締結の事例が検証されているため、ここではそれらとの重複は最小限のものとしたい。

先ず、一六五四年（一二月一五日付）にケルン大司教（選帝侯）・トリーア大司教（選帝侯）・ミュンスター司教・バイエルン選帝侯間に成立した同盟条約を例に挙げたい。[4] 同条約の前文では次のように同盟の目的が示されている。即ち、「[ウェストファリア条約締結以降も]神聖ローマ帝国の危険な紛争は沈静化せず」、「帝国の様々な選帝侯や等族に対して暴力が行使されるなどした状況にあるため、条約当事者が「帝国執行令（Reichs-Executions-Ordnung）及び［ウェストファリア］講和条約に従って」「相互の防衛及び援助のため」同盟関係に入るというものである。つまり、ここでは帝国国制及びウェストファリア条約に従ってこの同盟が作られるとされている。同様に、六一年に（次に挙げる「ライン同盟」とほぼ同一の当事者によって）同盟条約が締結されているが、[5] そこでも「ウェストファリア条約によって［当該同盟当事者に］付与された諸権利に基づき」当該同盟が結成されることが謳われている。[6] これらは何れも、ウェストファリア条約を直接的に援用することにより同盟条約締結を正当化していると言えよう。

また、一六五八年（八月四（一四）日付）にマインツ選帝侯・トリーア選帝侯・ケルン選帝侯・ミュンスター司教・ライン＝プファルツ伯・ブレーメン及びフェルデン公（スウェーデン国王）・ブラオンシュヴァイク＝リューネブルク諸公・ヘッセン方伯間で「ライン同盟」が結成されているが、そこでは「ウェストファリア条約の維持」が目的の一つとして挙げられている。[7] 同様に、七三年（二月一〇日付）のバイエルン選帝侯とヴュルテンベルク公間の防御同盟も「ウェストファリア条約の維持」を目的に掲げ、[8] 更に、（ナイヘーメン条約締結後の事例ではあるが）八三年（三月二八日付）のバイエルン選帝侯・バイエルン＝クライスとフランケン＝クライス間の防御同盟条約においてもウェストファリア条約（及びナイメーヘン条約）の擁護がこの同盟の目的とされている（前文及び第一条）。[9] つまり、これらにおいては、「ウェストファリア条約の維持・擁護」を同盟の目的とすることによって、当該同盟が正当化されている。[10]

以上のように、一七世紀後半における帝国等族相互間の同盟条約においては、直接的にウェストファリア条約を援用するか、同条約の擁護を目的とすることによって、当該同盟が正当化されているのである。

皇帝・帝国等族間の合意文書の中でも「ウェストファリア条約の維持」が明示的に掲げられる場合がある。その事例としては、一六七二年（一〇月一〇日付）に皇帝・マインツ選帝侯・トリーア選帝侯・ザクセン選帝侯・ミュンスター司教・ブランデンブルク＝バイロイト辺境伯間で結ばれた「ヴュルツブルク防衛同盟」（Defensiv-Allianz）[11] や、一六七四年四月の皇帝・プファルツ選帝侯間の同盟結成のための文書が挙げられる。[12] 後者の前文では、「ウェストファリア条約が最大限に存続するように」（*ut constaret maxime Westphalica Pax*）との目的が述べられている。

以上の諸文書と同様に、帝国等族と帝国外の勢力の間で作成された文書においてもウェストファリア条約への言及が行われている。例えば、前章第一節で挙げた一六五八年の（ルイ一四世とマインツ選帝侯をはじめとする多数の帝国等族（ブレーメン・フェルデン公としての瑞国王を含む。）を当事者とする）「ライン同盟」がその例であり、この同盟はウェストファリア条約を擁護するものであるとされている。[13] また、七二年にハノーファーで締結されたルイ一四世とブラオンシュヴァイク=リューネブルク公間の兵員供給に関する合意[14]では、その前文で「ウェストファリア条約によりかくも幸福に樹立された帝国の一般的平和」や「同条約により確認された帝国の諸侯の自由と権利」が害されることのないことを切望するとの仏国王の意図が示されている。

2　ナイメーヘン条約及び一七世紀末までの諸条約

「ナイメーヘン条約」とは、一六七二年三月に勃発した「第三次英蘭戦争」（七四年二月の「ウェストミンスター条約」[15]で終結。）に乗じてフランスが開始した対蘭戦争の講和条約である。[16] この条約は七八年から翌年にかけてオランダのナイメーヘンで締結されたものであり、一〇余の二国間条約によって構成されているが、その中には後述（本節㈡２①）の諸条約の他に、仏・ミュンスター間条約（七九年三月一九（二九）日付）[17]、瑞・ミュンスター間条約（同日付）[18]のように帝国等族が当事者となったものが含まれている。また、ナイメーヘン条約に対するバイエルンの加入を認める仏の宣言[19]が発されている（同年四月一二日付）。更に、ナイメーヘン条約が対象とした紛争に関連してこの時期にナイメーヘンで締結された条約として、仏・瑞・丁・ブランデンブルク間停戦条約（七九年三月二一（三一）日付）[20]、仏・ブランデンブルク間のアメリカにおける停戦条約（同年五月六（一六）日付）[21]がある。

仏・ミュンスター間条約では、その前文中で「ウェストファリア条約に基づく帝国の安寧（repos）の回復に協力する」ことが謳われ、また、第九条では、宗教問題に関してウェストファリア条約に従って一六二四年の宗教状態への復帰が行われる旨が規定されている。[22] つまり、この条約ではウェストファリア条約の効力の確認という趣旨が示されているのである。これと同様の趣旨は、瑞・ミュンスター間講和条約第四条においても、「ウェストファリア条約によりスウェーデン国王に帰属することとされた諸領域で、今回の戦乱の中でミュンスターに占領された土地を」同国王に返還すべきことが規定されるというかたちで示されている。しかしながら、この条約には別の重要な要素が含まれている。即ち、その第三条でウェストファリア条約が「本講和条約の堅固なる基礎及び各種の規範として」(*pro firma basi et omnimoda norma hujus Pacificationis*) 理解される旨が宣言されているのである。(23)

ナイメーヘン条約と同時期の一六七九年六月二九日付で署名された「サン＝ジェルマン条約」（仏・瑞・ブランデンブルク間講和条約）では更に異なるウェストファリア条約の位置付けが見られる。この条約の第四条では「[ウェストファリア条約が] 帝国の平和及び平穏の最も堅固な且つ最も確実な基礎 (le fondement le plus solide et le plus assuré de la Paix et de la tranquillité de l'Empire) であると常にみなされねばならないため……［中略］……[IPO及びIPMが] が完全な効力を有し続ける」とされている。(24) ここではウェストファリア条約が「帝国の平和及び平穏の基礎」であるとされ、それゆえにその効力が確認されているのである。

このように、ナイメーヘン条約（及び同時期のサン＝ジェルマン条約）においては、ウェストファリア条約への言及は、その効力の維持乃至確認、同条約を新たな条約の基礎とすること、同条約を「帝国の平和及び平穏の基礎」とすること、というかたちで行われている。そして、それはナイメーヘン条約以降の諸条約においても、とりわけ前二者について妥当する。（「帝国の平和及び平穏の基礎」とすることについては、後述される。）

ウェストファリア条約の効力の維持乃至確認に関しては、例えば、一六八三年（一月二六日付）の皇帝・バイエルン選帝侯間同盟条約第一条で、(25) 当該同盟の目的として「ウェストファリア及びナイメーヘン両講和条約の維持」が挙げられ、その第二条では両条約の諸条項が妥当することが規定されている。また、八六年（二月一〇日付）の瑞・ブランデンブルク間防御同盟条約第三条でも、当該同盟がウェストファリア条約維持の基盤であるべきことが規定されている。(26)（尚、九五年（三月一八日付）の皇帝・英・蘭・ミュンスター間条約第四条では、オスナブリュック及びミュンスター講和への聖俗両界の復帰が規定されている。)[27]

また、ウェストファリア条約を新条約の基礎とする例としては、一六八一年一月一(一一)日付の仏・ブランデンブルク間の防御同盟条約が挙げられる。その第二条は[28]「一六四八年にミュンスター及びオスナブリュックで締結されたウェストファリア講和条約、一六五七年にブロムベルク(Bromberg)において署名された条約及び六〇年のオリーヴァ(Oliva)条約が、この同盟条約の基礎(fondement)及び一般規則(régle général)の役割を果たす」としている。[29]

更に、これら二つを併せ持つ文書も存在している。即ち、一六八三年(一月一四日付)皇帝・ブラオンシュヴァイク＝リューネブルク公間の条約前文で[30]「ウェストファリア条約及びそれを基礎としたナイメーヘン条約の完全な維持」が謳われると共に、「ウェストファリア条約がナイメーヘン条約の基礎である」との認識が示されている。

3　ライスヴァイク条約(一六九七年)及び一八世紀初頭までの諸条約

「ライスヴァイク条約」とは、ルイ一四世が「アウクスブルク連合」(皇帝・西国王及び若干の帝国等族を中心とする反仏同盟)を相手として一六八八年一〇月に開始した「プファルツ継承戦争」並びにこれと並行して英蘭連合軍を相手に翌年五月に開始した「ウィリアム王戦争」の終結のため、九七年九月から一〇月にかけてオランダのライスヴァイクで締結された(本節(二)3で触れられる)複数の二国間条約の総称である。

少なくともCTSに収められたライスヴァイク諸条約中には、帝国等族を当事者とするものは含まれていない。(因みに、後述する皇帝・仏国王間ライスヴァイク講和条約の前文では、一方当事者が皇帝及び帝国、他方当事者が仏国王とされている。)これは、前章第一節(三)で触れられたように、ライスヴァイク講和会議において帝国等族の地位の低下(差別的冷遇)が明白となり、その結果(仮に、帝国等族が当事者となった文書があったとしても)、彼らが当事者となる文書の重要性が認められなくなったことを示しているものと解される。
ライスヴァイク条約以降に締結された条約の中で、帝国等族が当事者となったものにおけるウェストファリア条約への言及の方式はナイメーヘン条約以降の諸条約における場合とほぼ同様である。
ウェストファリア条約の維持を謳う条約としては、一七〇一年（二月一三日付）の仏国王・ケルン大司教（選帝侯）間同盟条約が、その第一条において「ウェストファリア条約、ナイメーヘン条約及びライスヴァイク条約が確立した帝国との平和を正確に遵守することを［仏国王は］欲する」とした上で、第二条で「ケルン選帝侯は［それら諸条約で］規定された諸条件の維持及び遵守を約束する」[31]とし、また、同年（三月九日付）のバイエルン・仏間（ヴェルサイユ）条約が、その第二条において「この同盟の主要目的は、ウェストファリア条約、ナイメーヘン条約及びライスヴァイク条約が確立した平和を維持すること」[32]であるとしている例などが挙げられる。[33]
また、ウェストファリア条約を新条約の基礎とすることに関しては、一七〇〇年（七月一五日付）の帝国・諸侯（ヴュルツブルク・ミュンスター他一一諸侯（ホルシュタイン公としてのデンマーク王を含む。））間の防御同盟条約が好例である。即ち、同条約第一条には、「ウェストファリア・ナイメーヘン・ライスヴァイクの諸条約をこの同盟の基本 (fundament dieses foederis)」とする旨が明言されているのである。[34]

4　ユトレヒト条約（一七一三―一五年）及びそれ以降の諸条約

「ユトレヒト条約」とは、一七〇一年に開始された「スペイン継承戦争」を終結させるためにユトレヒトで合意された（本節(二)4①で論じられる）一〇余の条約の総称である。そして、同条約（少なくともCTSに収められるような主要な諸条約）中には、帝国等族が当事者となったものは見出されない。（但し、後述のように、この時点でブランデンブルク選帝侯はプロイセン国王となっており、同国王は条約当事者となっている。）

ユトレヒト条約以降に帝国等族が当事者となった諸条約におけるウェストファリア条約の言及の態様は、基本的にこれまでに確認されたものと同様である。

先ず、ウェストファリア条約の効力を維持乃至確認する条約としては、一七二七年のブラオンシュヴァイク＝リューネブルクとヴュルテンベルク間の条約（「宗教和議及びウェストファリア条約に規定された諸原則を維持し、保全するために」）(35)が挙げられる。但し、この時期の諸条約においては、これまでに見られた包括的な言及よりも、ウェストファリア条約が扱った個別的な側面についての効力の確認が行われる場合が頻繁に見受けられる。例えば、一七二八年（六月六日付）のプロイセン・ザクセン間の条約の前文及び第一・二条では、宗教問題の解決についてウェストファリア条約が言及され、特に、その第二条では、修道院等の財産についてIPO第五条第一五・二五項の効力が確認されている。(36)翌年（二月一五日付）の仏・プファルツ間条約では、その第二条でプファルツ選帝侯と仏との係争地における選帝侯のレガーリエンや「ランデスホーハイト」(supériorité territoriale)(37)が「ウェストファリア条約及びライスヴァイク条約によりもたらされたものを留保」した上で承認されている。(38)

このようにウェストファリア条約全体が言及される場合と同条約の一部が言及される場合があるが、同様の状況はウェストファリア条約が新条約の基礎や基本とされる場合においても観察される。即ち、一方で、一七五九年（四月三〇日付）の仏・プファルツ間条約が「帝国国制、ウェストファリア条約、ライスヴァイク条約」等を自らの「基礎」として挙げている（第二条）(39)例があり、他方で、同じく仏・プファルツ間の五七年の文書では、第三条でプファルツの諸公の地位についてウェストファリア条約と一六六六年のクレーフェ (Clèves) 条約を基礎とする旨が宣言され、(40)また、一七六六年（二月一五日付）の仏・ナッサオ＝ザールブリュッケン間の条約では「ウェストファリア条約及びライスヴァイク条約のナッサオ家に関する諸規定が本条約の基礎及び基本 (base et fondement)」（第一条）(41)であると宣言されている例等が見られる。そして、これらの何れかの態様によって、新たに締結される条約が、ウェストファリア条約を当該条約自体の「基礎」とするものの例は多い。(42)

ところで、一八世紀前半を迎えると、ウェストファリア条約の維持・擁護や同条約を基礎とするという形式とは異なる言及の態様が観察されるようになる。例えば、一七二七年（一一月一二日付）にバイエルンが仏と締結した友好同盟条約では、その第二条において「帝国の平和を樹立した」ものとしての、そして「ドイツの法 (loi en Allemagne) として受容された」ウェストファリア条約（そして、後続の諸条約、とりわけラシュタット・バーデン両条約）が正確に遵守されることが「公共の平穏の維持にとって (pour le maintien de la tranquillité publique en général)、そして特に、帝国の諸侯の利益にとって本質的である」とされている。[43] ここでは、ウェストファリア条約が「ドイツの法」として位置付けられ、また、帝国等族にとっての同条約の重要性に力点が置かれると同時に、前述の一六七九年のサン＝ジェルマン条約における「帝国の平和及び平穏の基礎」に類似する観念が提示されていると解されるのである。

この一七二七年条約とも異なるのが、一七四四年の皇帝・ブランデンブルク・ヘッセン＝カッセル・プファルツ間の同盟条約である。[44] 即ち、同条約第一条では「ウェストファリア条約及び他の帝国の基本法 (Reichs-Grund-Gesetze) に従って」帝国がその通常の国制の枠内で維持される旨が規定されている。また、（「条約」ではないが）一八〇三年の帝国代表の決定に付された帝国鑑定書 (Avis de l'Empire) の第二項目では、「特に、ウェストファリア条約及びそれに引き続く諸講和条約を帝国の基本法と確認すること」が謳われている。[45] つまり、これらの文書においてはウェストファリア条約が「帝国の基本法」として位置付けられているのである。

(二)　帝国等族が当事者とはならない諸条約におけるウェストファリア条約

1　ナイメーヘン条約（一六七八／七九年）までの諸条約

一六四八年以降一六七〇年代末にかけて帝国外の諸国間で締結された条約の中で、ウェストファリア条約に言及するものの一つが、六一年九月に仏瑞両国王間で新たな同盟関係構築のために締結された条約である。その第一〇条では、この同盟が「[IPO及びIPMの]安定及び遵守、帝国等族の保護……[中略]……航行及び通商の自由のため」(*pro firmitudine & observantia Monasterii & Osnaburgae factae Pacis, pro conservatione Ordinum Imperii … tum pro libertate Navigationis & Commerciorum*)のものであるとされ、第一一条では、この同盟の主要目的として「両国王及び王国の生存と安全(*salus et securitas*)、[IPO及びIPMの]擁護(*conservatio*)、並びにそれら講和条約の利益を両国王のみならず各々全ての帝国等族が完全に享受すること」[46]が明記されている。また、同じく仏瑞間で七二年(四月一四日付)に締結されたストックホルム同盟条約では、その第三条で、この同盟の主要目的が、「[IPO及びIPMにより]規律されてきた[聖俗両界の]全ての事柄が当該講和の条項に従った状態にとどまること」にあるとされ、また第四条では、ウェストファリア条約の規定に反する攻撃がある場合に、その平和の侵害者(l'infracteur de la Paix)に対して共同で武力を行使する旨が約束されている。[47](尚、この時期のウェストファリア条約への言及に関連する興味深い事例が、一六七三年(一〇月六日付)の皇帝・西・蘭・ロートリンゲン公間の同盟条約である。その第一条では、「[仏国王により生じた]損害及びその他の全てのウェストファリア条約の侵害(infractions)」についての賠償の獲得が同盟の目的とされており、この条約は対仏同盟構築のためのものであることになる。[48]つまり、先に挙げられた一六六一年及び七二年の仏瑞同盟条約を勘案すれば、この時期の親仏・反仏何れの側もウェストファリア条約を自己の立場の正当化根拠として提示していたのであり、そこにはウェストファリア条約援用の政治的性格が強く示されていると考えられるのである。)

　このように、これら二条約の目的はウェストファリア条約の擁護や維持にあるとされているが、これは、両当事者が同条約の「保証者」としての地位にあることからすれば、当然のことであるとも言えよう。むしろ、ここで注目されるべきことは、条約の擁護にとどまらず、条約上の利益の享受という言わば履行確保にも目が向けられている点である。[49]

2　ナイメーヘン条約及び一七世紀末までの諸条約

①　ナイメーヘン条約におけるウェストファリア条約

ナイメーヘン条約には、前述の仏・ミュンスター間条約等の帝国等族が当事者となった諸条約の他、仏蘭間の講和条約及び通商航海条約[50]（共に七八年八月一〇日付）、西仏間講和条約[51]（同年九月一七日付）、皇帝・仏間講和条約[52]（七九年一月二六日（二月五日）付）、皇帝・瑞間講和条約[53]（同日付）、仏・ミュンスター間条約[54]（同年三月一九（二九）日付）、瑞・ミュンスター間条約[55]（同日付）、瑞蘭間の講和条約及び通商航海条約[56][57]（共に同年一〇月二（一二）日付）が含まれている。[58]それでは、それらの中でウェストファリア条約はどのような取扱いを受けているのであろうか。[59]

先ず、皇帝・瑞間講和条約では、その第三条で、「［ＩＰＯが］本講和条約の様式・基礎・一般原則である」(*Pax Westphalica Osnabrugis ... sit forma, basis, ac omnimoda norma hujus Pacificationis*) ことが確認された後に、ＩＰＯの効力の完全な回復と今回の戦争中に行われたＩＰＯに抵触する行為を全て無効にする旨が規定され、更に第四条で、この講和条約に反する同盟・条約の締結の禁止が定められている。[60]したがって、ここではＩＰＯに限定されてはいるが、その効力の維持が確認されると同時に新条約の基礎とされていることになる。

次に、皇帝・仏国王間講和条約では、その第三・四条でウェストファリア条約（特に、ＩＰＭ）の維持が規定され、また、ＩＰＭに基づく領域回復の実現が第二七条で、そして、ＩＰＭに基づくモンフェッラート問題の解決が第三一条で、各々定められている。更に、この講和条約に対する皇帝側使節の宣言 (*Declaratio Legationis Caesareae*)（七九年二月三日付）[61]や抗議 (*Protestatio*)（同年同月五日付）[62]では、各々ＩＰＭとＩＰＯが援用されている。[63]これらの規定によって、この条約においてもウェストファリア条約（特に、ＩＰＭ）の効力の回復及び維持が意図されていることが理解される。しかしながら、この条約の第二条には先に挙げた皇帝・瑞間講和条約とは若干異なる評価が示されている。即ち、同条は「［ＩＰＭが］この相互の友好と公共の平穏の最も堅固なる基礎（*solidissimum hujus mutuae amicitiae tranquillitatisque publicae fundamentum*）とされるので、あたかもここに［ＩＰＭが］逐語的に挿入されたように、それは各々全ての点についてその従前の効力へと復され、また将来にわたり保護された完全な状態で存続するであろう」[64]としており、ＩＰＭが皇帝・仏国王の友好の基礎（したがって、この講和条約の基礎）であるとされるが、それに止まらず「公共の平穏」（*tranquillitas publica*）にとっても基礎であるとされているのである。

② ナイメーヘン条約以降の諸条約におけるウェストファリア条約

ナイメーヘン条約以降一七世紀末までの諸条約においては、例えば、一六八一年（九月三〇日（一〇月一〇日）付）の瑞蘭間条約で、「オスナブリュック及びミュンスターの講和」と共にナイメーヘン条約が両当事者の関係の基礎とされるとの条文（第一条）が登場する。[65]翌年（一〇月一二（二二）日付）の皇帝・瑞国王間同盟条約においても、その第二条でウェストファリア条約及びナイメーヘン条約がこの防御同盟の基礎とされ、第三条で両条約が完全な効力を維持することが確認されている。[66]同様に、八四年（八月一五日付）の皇帝・仏国王間「レーゲンスブルク（二〇年間）休戦協定」の第二条では「この休戦の基礎及び基本（***Basis et Fundamentum***）がウェストファリア及びナイメーヘンの講和文書であるため、それらは効力を維持する」とされている。[67]この他にも、両条約を明示的に掲げる条約が見られる。[68]

このように、この時期の諸条約においては、ウェストファリア条約の効力の回復や確認を規定し、それと同時に、ウェストファリア条約を「基礎」であるとするものが見られるのである。

3　ライスヴァイク条約（一六九七年）及び一八世紀初頭までの諸条約

「プファルツ継承戦争」の講和条約であるライスヴァイク条約には、仏蘭間の講和条約及び通商航海条約[69]（共に一六九七年九月二〇日付）、仏英間講和条約[70]（同日付）、仏西間講和条約[71]（同日付）、皇帝・仏国王間の停戦条約[72]（同年同月二二日付）と講和条約[73]（同年一〇月三〇日付）が含まれている。プファルツ継承戦争がルイ一四世のドイツ地域、特にプファルツ地方への進出（つまりライン右岸への一層の浸透）のためのものであったため、これら諸条約においてもそれ以前と同様に領域移譲が規定されている。[74]しかし、それらは極めて限定されたものであっただけでなく、何よりもこの戦争における仏国王の本来の目的であったプファルツ獲得が果たされなかったのみならず、ウェストファリア条約以来保持していたライン右岸仏領を放棄させられている。つまり、同条約以後のルイ一四世の領域的拡大はこの条約をもって一応止むのである。それでは、ライスヴァイク諸条約の中でウェストファリア条約はどのように言及されているのであろうか。[75]

先ず、皇帝・仏国王間講和条約は、その第三条で「ウェストファリア条約及びナイメーヘン条約が本講和の基礎及び基本である」(*Pacis hujus basis et fundamentum sit Pax Westphalica et Neomagensis*) と宣言した上で、第四八条で「サヴォワ家のためのより一層の安定についてウェストファリア条約及びナイメーヘン条約が配慮している事柄は、例外なく確認される」とし、また、第五四条で条約擁護のために当事者が同盟することを合法とする中で「ウェストファリア条約の効力により」当事者が仏国王に保証を求めることを認めている。[76]

また、仏西間講和条約第二九条は「ナイメーヘン条約及び［本講和条約に］先行する諸条約は、以前に逸脱が行われ又は最終的に本条約により変更が許された条項を除き、その形式と趣旨に従って執行される」としている。[77]既に見たように、ナイメーヘン条約中の諸条約はウェストファリア条約の効力の回復・維持を明示していることから、この規定はウェストファリア条約の効力を間接的に、維持・確認することになる。

このように、ライスヴァイク諸条約中にも、ウェストファリア条約の効力を確認し、また前者が後者を「基礎」とする事例が見出される。そして、その後の一七〇〇年一月の英・蘭・瑞間同盟条約[78]では、第五条でこの同盟が第三国からの攻撃や戦争を回避するためのものであるとの目的が掲げられ、続く第六条ではそのために遵守されるべき条約としてIPO・IPM・ナイメーヘン・ライスヴァイクの諸条約が列挙されるという形式で、ウェストファリア条約の効力の確認が行われている。

4　ユトレヒト条約（一七一三―一五年）及びそれ以降の諸条約

①　ユトレヒト条約におけるウェストファリア条約

「スペイン継承戦争」[80]を終了させたユトレヒト条約を構成する個別の条約[79]には、一七一二年一一月七日付の仏葡間の停戦条約に始まり、翌（一三）年三月八日付の英・サヴォワ間のシシリー島及び英国における通商に関する条約[81]、同年同月一四日付の仏・サヴォワ間停戦条約[82]、同日付の皇帝・西・英・仏間のカタルニア撤退及びイタリアにおける停戦に関する協定[83]、同年四月二日付の皇帝・西・普間の条約[84]、同月一一日付の英仏間の講和友好条約[85]及び通商航海条約[86]、仏蘭間の講和友好条約[87]及び通商航海条約[88]（同日付）、仏・サヴォワ間講和友好条約[89]（同日付）、仏普間講和友好条約[90]（同日付）、仏葡間講和友好条約[91]（同日付）、同年七月一三日付の西・サヴォワ間講和条約[92]、英西間講和友好条約[93]（同日付）、同年七月二六日付の英蘭間の西領ネーデルラント（ベルギー）における貿易の暫定的制限に関する条約[94]、同年一二月九日付の英西間航海通商条約[95]、一四年六月二六日付の西蘭間講和通商条約[96]、そして一五年二月六日付の葡西間講和条約[97]が含まれる。[98]そして、それらの条約の中でウェストファリア条約は以下のように取扱われている。[99]

仏普間講和友好条約の第六条は、「公共の平穏」と両国王間、帝国等族間等の「相互の友好」の「最も堅固な基礎」としてのウェストファリア条約に絶えず注意が払われてきたために、聖俗両界の事柄について、同条約が

「あたかも逐語的にここに挿入されたように、黙示的に存続する」と宣言している。[100] この条文では、ウェストファリア条約の効力の全面的な維持が確認されるだけでなく、同条約が「公共の平穏の基礎」とされているが、このような位置付けはナイメーヘン条約において見られたものである。

その他のユトレヒト諸条約中では、ウェストファリア条約の全面的効力の確認を謳うような条文は見受けられず、特定の事項に関して同条約に言及するものが若干見出されるに過ぎない。そのような規定としては、宗教問題に限定してウェストファリア条約の効力を確認する仏蘭間講和友好条約第三三条[101]や英仏間講和友好条約第二一条、[102] 更に「IPM、ピレネー、ナイメーヘン、ライスヴァイクの諸条約及びその他サヴォワ公陛下に関わる条約、並びに一六九六年のトリノ条約は、この条約から逸脱する点がない限り……［中略］……遵守される」とする仏・サヴォワ間講和友好条約第一六条[103]が挙げられる。[104]

ところで、ユトレヒト条約では、これまでの諸条約には見られなかった文言が登場している。即ち、英仏間講和友好条約第六条で、「欧州の安全と自由」(la sûreté et la liberté de l'Europe)[105]という文言である。これは「公共の平穏」というユトレヒト条約以前から使用されていた文言よりも欧州全般を明確に意識した表現であると判断される。（同様に、英西間講和友好条約第二条では「キリスト教世界の平和と平穏を」(*Pacem ac Tranquillitatem Christiani Orbis*) 安定させるとの目的が掲げられている。[106]）但し、そのような文言はウェストファリア条約に関連させて使用されたのではないことは注意を要する。

②　ユトレヒト条約以降の諸条約におけるウェストファリア条約

(i)　ウェストファリア条約の更新と確認

ユトレヒト条約以降の諸条約においても、ウェストファリア条約を同盟（条約）の正当化根拠とすると共に、同条約が依然として有効であるとの認識を示す条約が存在している。例えば、一七二七年丁・仏・英間同盟条約では、その前文でこの同盟が「特に、ウェストファリア条約に合致して[107]」いるとされ、また、五六年の皇帝・仏間友好防御同盟（ヴェルサイユ）条約では、その第二条で「ウェストファリア条約並びに講和及び友好に関する全ての条約で、両陛下間で締結され存続するもの……［中略］……は、この条約により更新され、確認される[108]」と規定された。翌（五七）年の皇帝・仏・瑞間の条約は、その前文中で「［仏瑞両国王が与えた］ウェストファリア条約に関する保証」に三度言及し、第一・四条でも「ウェストファリア条約の保証」に言及しているが[109]、これも同条約の効力の確認として理解される。更に、七九年の墺普間（テシェン（Teschen））講和条約の第一二条では、「ウェストファリア条約［及びその後に皇帝と普国王の間で締結された諸条約」は、「あたかも逐語的に［この講和条約に］挿入されたが如く、この講和条約により明示的に更新され、確認される」と謳われている[110]。

また、特定の事項に限定してではあるが、ウェストファリア条約の効力を確認するものもある。即ち、一七二〇年の瑞普間講和条約は、その第四条でポンメルンの帝国議会及びクライス議会における代表はウェストファリア条約の規定に従うとする[111]。また、同年のハノーファー選帝侯（英国王）・普国王間のプロテスタント派保護に関する条約の第一条では「聖界事項に関するウェストファリア条約の規定を害するものではない」とされている[112]。

これらの他にも、ウェストファリア条約自体には言及しないが、ユトレヒト条約等の先行条約の効力を確認することによって、ウェストファリア条約の効力をも間接的に確認するものがある。（一七二五年皇帝・西間条約（第二条）[113]、二七年皇帝・仏・英・蘭予備協定（第二条）[114]等）

(ii) **新条約の「基礎及び基本」としてのウェストファリア条約**

新たに作成される条約の「基礎」としてウェストファリア条約が援用される事例としては、次の諸条約が挙げられる。先ず、ユトレヒト条約とは別個に締結された皇帝・仏・西間講和条約である一七一四年三月の「ラシュタット条約」の第三条では、ウェストファリア・ナイメーヘン・ライスヴァイクの各条約が「この条約の基礎及

び基本 (la base et le fondement)」であるとされている。[115] また、同年九月のラシュタット条約と同一の三当事者間での講和に関する「バーデン条約」の第三条でも、これら三条約がバーデン条約自体の基礎となることが述べられている。[116] 同様に、「ポーランド継承戦争」を終了させた三八年一一月の皇帝・仏間（ヴィーン）講和条約の第三条は「ウェストファリア条約、ナイメーヘン条約、ライスヴァイク条約、バーデン条約、一七一八年八月二日ロンドンで締結された所謂四国同盟が、この講和の基礎及び基本である」としている。[117]

このような規定は一八世紀後半においても見出される。例えば、一七六三年の仏・英・西間講和条約第二条は「一六四八年のウェストファリア条約、一六六七年及び一六七〇年のスペイン王冠と英国王冠の間のマドリー条約……［中略］……は、講和及び本条約の基礎及び基本である」[118] とし、また一七八三年（九月三日付）の仏英間講和友好条約第二条は「一六四八年のウェストファリア条約、一六七八年及び一六七九年のナイメーヘン条約……［中略］……一七六三年のパリ条約は、講和及び本条約の基礎及び基本である」としている。[119]

また、以上に挙げられたウェストファリア条約の効力の確認と同条約を新条約の基礎とすることが同時に規定される例もある。一七四八年四月の仏・英・蘭間（アーヘン）暫定講和条約第一条は、前述の一七三八年のヴィーン条約第三条に列挙された諸条約に加えて、ブレダ条約（一六六七年）、英西間マドリー条約（一六七〇年）及びユトレヒト条約を挙げて、それが同条約の「基礎」であり、またそれらの内容の全てが更新される旨を規定している。[120] また、六三年の英・仏・西講和条約では、その第二条で、ナイメーヘン条約その他の諸講和条約（一七六一年二月一二日の講和条約まで）の列挙の先頭にウェストファリア条約を挙げ、それらを「平和及び本条約の基礎及び基本」とし、それらが「更新され確認される」としている。[121] このような形式でウェストファリア条約に言及する条約はその後も確認される。[122]

(iii)「欧州全般の平和の基礎」としてのウェストファリア条約

以上で確認されたように、（ナイメーヘン条約以降示されてきた）ウェストファリア条約の効力の確認や同条約を新たに締結される条約の基礎とするという認識は、一八世紀中の諸条約においても依然として見出される。そして、そのような状況の中で、次のような重要な変化が看取される。

先ず、一七一六年（九月一四日付）の仏普間における対瑞講和を巡る「ベルリン条約」では、ウェストファリア、ナイメーヘン、ライスヴァイク及びバーデンの各条約の効力が確認され、その際にそれらの条約が「公共の平穏」にとっての最も堅固な基礎であるとされ（第六条）、それに加えて、ユトレヒト条約及びバーデン条約が「欧州全般における公共の安寧と平穏の最も堅固な基礎及び基本（la base et le fondement le plus solide du repos et de la tranquillité publique dans la plus grande partie de l'Europe）を形成している」ことが当事国により認められ、それらの条約に反しない旨が規定されている（第八条）[123]。つまり、この条約においては、ウェストファリア条約が、「公共の平和」の基礎とされるにとどまらず、（ユトレヒト条約及びバーデン条約を媒介として）「欧州全般における公共の安寧と平穏」にとっての基礎とされているのである。（尚、翌（一七）年（八月四日付）の仏・普・露間の「アムステルダム条約」では、その第二条で「ユトレヒト条約及びバーデン条約により回復された公共の平穏（la tranquillité publique）」の維持が約束されている[124]。ここでは、ユトレヒト条約中の仏普間講和友好条約で提示されたと同様の「公共の平穏」の使用にとどまっており、しかも、ウェストファリア条約はその「公共の平穏」に間接的に寄与しているに過ぎない。）

一七二五年九月の英・仏・普間同盟条約（ハノーファー条約）は更なる注目に値する。同条約第五条では「ウェストファリア条約の保証人としての資格によりドイツ（Corps Germanique）の特権及び自由の維持に特に関心を有する」仏国王と「ドイツ（ce Corps）の構成員としての」英国王及び普国王が、「特に帝国の平穏を、そして欧州全般の平穏（la tranquillité de l'Empire en particulier, et celle de l'Europe en général）をいつの日か害し得る事柄に常に注意を払いつつ」、「ドイツの平穏とその権利・特権・免除の基礎及び基本とみなされる［ウェストファリア条約及び］他の協定の維持及び遵守のために相互に援助することを誓約及び約束する」とされている。[125] ここでは、ウェストファリア条約及びその他の条約がドイツの平穏や自由等の基礎として維持されるのであるが、それが「帝国の平穏」のみならず「欧州全般の平穏」の維持という観点から為されているのである。[126]

ウェストファリア条約を「公共の平和」の基礎とする評価は、既に見た通り、ナイメーヘン条約（皇帝・仏国王間講和条約の第二条）において登場し、また、（ウェストファリア条約とは無関係に）欧州全般を意識した文言はユトレヒト条約（英仏間講和友好条約第六条における「欧州の安全と自由」や英西間講和友好条約第二条における「キリスト教世界の平和と平穏」）中で使用されていた。しかし、「ベルリン条約」や「ハノーファー条約」においては、「公共の平穏」という地理的に曖昧な表現に替わり、「欧州全般の平穏」という文言が使用され、しかもその「基礎」として直接的又は間接的にウェストファリア条約が挙げられているのである。

第二節　一六四八年以降の諸条約におけるウェストファリア条約の位置付けを巡る問題点

(一)　前節のまとめと問題の所在

前節で確認されたように、一七世紀中葉以降一八世紀後半までに欧州国家間で締結された条約の中でウェストファリア条約は頻繁に援用され、或いは同条約への何らかの言及が行われている。[127] そして、それらにおける同条約の援用や同条約への言及の態様とその推移は次のように纏められ得る。

先ず、帝国等族が当事者として含まれる条約の中では、ウェストファリア条約締結直後から一八世紀初頭にかけて作成された多数の条約においてウェストファリア条約（乃至はそれによってもたらされた体制）の「維持・擁護」が謳われている。そして、一六八〇年代以降には同条約が後に作成される条約の「基礎」であるとの認識を示すものが登場する。一八世紀中葉になると同条約を「帝国の基本法」とするものが作成されるようになる。また、同条約を「帝国の平和及び平穏の基礎」やそれに類似するものと位置付ける例も、一六七九年のサン＝ジェルマン条約以降散見される。

また、帝国等族が当事者に含まれていない条約については、第一に、一六四八年直後から登場する一群の条約であって、「ウェストファリア条約の維持・擁護」を目的とすること、或いは同条約の効力維持の確認を宣言するものが挙げられる。また、同条約の維持・擁護が明示されていない場合であっても、同条約以後の諸条約（特に、ライスヴァイク及びユトレヒト両条約）であって、ウェストファリア条約の効力を確認・維持するものを通じて間接的に同一の結果をもたらすものがある。[128] 第二に、一六八〇年代以降に顕著となるもので、同条約を新たに締結される条約の「基礎」として援用するものである。（以上の二つの形態、即ち、「維持・擁護」と「基礎」としての援用は、それが直接的であれ、間接的であれ、ウェストファリア条約への言及が当該条約に正当性を付与すると考えられるという意味において、「正当化根拠」として援用されていると言えよう。[129]）第三に、ナイメーヘン条約以降に見られるようになる、ウェストファリア条約を「帝国の平穏の基礎」とする諸条約が挙げられる。第四に、ウェストファリア条約を「帝国の基本法」として評価するものである。そして、最後に、これもナイメーヘン条約以降に見られるもので、ウェストファリア条約を「公共の平穏の基礎」として位置付けるものである。

このように整理した場合、帝国等族が当事者である条約とそうではない条約は、ほぼ同一の時代と形態においてウェストファリア条約への言及を行っていることが理解される。これは、少なくとも条約関係においては、帝国等族が当時の欧州国家間関係に他の諸国と同様に参加していたことを傍証するものと言えよう。

また、それと同時に、以上の事柄については、本書の問題意識との関連において幾つかの疑問が提起され得る。第一に、「ウェストファリア条約の維持・擁護」が目標とされ、或いは同条約が「基礎」とされることにより、同条約が後続の条約の正当化根拠として援用される際の疑問、即ち、「維持されるべき或いは基礎とされるべきウェストファリア条約の具体的内容は何か」というものである。第二に、帝国国制内におけるウェストファリア条約の位置付けに関連して登場する「帝国の基本法」とはどのような観念かという疑問である。第三に、欧州社会全般におけるウェストファリア条約の位置付けに関連して登場する「公共の平穏の基礎」（前述の仏普間講和友好条約（一七一三年四月一一日付）の第六条のように、帝国国制に関わる場合もあるが、その部分については「帝国の基本法」に包摂される「帝国の平穏の基礎」の中で理解される。）や「欧州全般の平穏の基礎」とそこから発生すると思われる（そして、実際に議論の対象とされてきた）「欧州の基本法」との関係についても問題となろう。

以下では、これらの疑問について考察することとしたい。

(二)　具体的問題点

1　ウェストファリア条約の中で維持・擁護されるべき内容

ＩＰＯ・ＩＰＭの両文書は、講和に関する原則規定、領域移譲とそれに伴う具体的措置に関する規定、宗教問題解決のための原則規定と具体的措置に関する規定、「スイス条項」、帝国等族の諸権利に関する規定、手続規定、両文書の優越的地位や擁護に関する規定、「当事者」に関する規定により構成されているが、前節で確認された一六四八年以降の諸条約において謳われたウェストファリア条約の維持や同条約の擁護の対象となり、或いはそれら後続条約の基礎となり得るのは、具体的に何れの規定なのであろうか。

先ず、原則規定については、次のように考えられる。ＩＰＯとＩＰＭの各々の第一条及び第二条に設けられ、またその後の諸条約にも何らかのかたちで引き継がれている「平和が存在する（*pax sit*）」ことや「普遍的恩赦」を認めることを宣言する規定が典型的にこれに該当するが、これらが後続する諸条約により維持・擁護され、或いは「基礎」となることは不必要であるように思われる。なぜならば、前節で挙げた諸条約の中で重要なものの多くが講和条約として、或いはそれに関連して作成されたものであり、当事者間に「平和が存在する」ことやその前提としての「普遍的恩赦」の承認は当然のことであると判断されるからである。また、それらの原則規定は極めて一般的な理念的内容を宣言するにとどまり、具体的な法的権利義務関係を設定するものではない点で、「法的に」維持・擁護されるには適さないとも考えられるのである。

次に、後続の諸条約におけるウェストファリア条約への言及は、同条約中の領域移譲に関する規定の維持・擁護を意図したものではない。むしろ、前節で概観した後続の諸条約、特に、その中で重要なものは、領域的野心に基づく戦争に関連して締結されたのであるから、ウェストファリア条約による領域の処分を否定することが（少なくとも一方の）交戦当事者の意図であった筈である。（その意味では、前述の一六六七年の「ブレダ条約」やその翌年の「アーヘン条約」でウェストファリア条約に言及されていないことは、むしろ自然である。また、ナイメーヘン（皇帝・仏間）条約第二条但書を見よ。）

ユトレヒト条約を例にとれば、領域移譲関連規定が多数設けられており、特に、欧州外の植民地の移譲に関連する規定の多さが同条約の特色の一つであるとさえ言い得る。（例えば、英国は、仏からアメリカ植民地のハドソン湾一帯（仏英間講和友好条約第一〇条）及びアカディア（同第一二条）等を獲得している。[130] また欧州内の領域移譲に関しても、例えば、地中海の要衝ジブラルタル（英西間講和友好条約第一〇条）及びミノルカ島（同第一一条）[131]が西国王から英国王の手に委ねられている。[132]）そして、それらの規定をそれ以後の諸国の欧州域外での活動、特に、英国の海外展開の歴史に重ね合わせて考察する場合に、それらの重要性が明らかとなるであろう。そして、それらの重要な領域処分はウェストファリア条約においては問題とされていなかったのである。

更に、手続規定及び「当事者」に関する諸規定については、第一部第一章第三節及び第二部第一章において確認された通り、実際に履行され、具体的にそれらの規定を履行後に維持・擁護する必要性はないものと考えられる。

残されたウェストファリア条約の規定は、宗教関連規定、「スイス条項」・帝国等族の諸権利に関する規定、同条約の優越的地位（これは、次項で確認されるように、専ら帝国国制法上の効力関係における優越性の問題である。）や擁護に関する規定となるが、これらは何れも（議論の余地のあった「スイス条項」も含めて）帝国国制上の聖俗の諸問題を扱うものと言えよう。そして、それらの中で帝国外の勢力との関連性を本来的に有するものは条約擁護義務だけである。(133) しかし、少なくとも帝国外の事項に関連する同条約の諸規定の中に既に擁護すべき具体的内容が存在しない状況において、同条約を擁護するということを意味しており、その点において現実的には意味を持たないことになるのである。（尚、このウェストファリア条約の擁護義務の規定を後の「勢力均衡」の観念との関連で評価する説が多数存在するが、この点については後述（本節㈡3①ⅱ）される。）

2　帝国にとってのウェストファリア条約：「帝国の基本法」

①　「基本法」及び「帝国の基本法」の観念

ＩＰＯ第一七条第二項（ＩＰＭ第一一二条）はウェストファリア条約自体の法的地位について、次のように規定した。

「更に、これら各々全ての合意をより一層確実で安全なものとするため、この和議を帝国の永遠なる法及び勅掟とし、今後帝国の他の法及び基本法と同様に、特に次回の帝国最終決定及び皇帝選挙協約に挿入されるものとし、また帝国等族であると否とを問わず、聖俗両界の［この会議の］欠席者も出席者に劣ることなく、皇帝及び貴族の顧問官及び官吏、並びに全ての法廷の裁判官及び陪席者に対して、あたかも永遠に遵守されるべきものの如く定められた規則として、［この和議について］義務を負うものとする。[134]」

そして、同条第三項（IPM第一一三条）は、「本和議、その何れかの規定又は条項に反する、共通の又は個別の聖俗両界の」権利・特権・命令・勅令・過去又は将来の抗議等（それらには「皇帝選挙協約」（*capitulationes Caesareae*）・「プラハ和議」（*transactio Pragensis*）・「教皇との協約」（*concordata cum Pontificibus*）も含まれている。）も「決して主張され、審問され、或いは承認されることはない」とし、また、「本和議に反する、権利請求又は所有権確定訴訟、禁止その他の手続又は委任は、何れの場所においても決して認められることはない」としている。

このように、ウェストファリア条約は「帝国の永遠なる法及び勅掟」（*perpetua lex et pragmatica Imperii sanctio*）であり、「帝国の他の法及び基本法」（*aliae leges et constitutiones fundamentales Imperii*）と同様のものとして位置付けられ、他の諸規範・権利等に優越する地位が与えられている。そして、これらの規定が、これまで同条約を「帝国の基本法」とするための明文上の根拠として援用されてきたものと考えられる。しかしながら、同条約中で、このIPO第一七条第三項（IPM第一一三条）における「帝国の基本法」がもたらす法的な効果以外に、「帝国の基本法」を説明する条項は見出されない。それはどのような観念なのであろうか。

先ず、「基本法」（Grundgesetz）一般の意味についてであるが、歴史的に通観した場合その意味について各論者間において若干の相異は存在するものの、概ね「法秩序を担う根本を定置する規範」であると理解される旨が指摘されている。[135] それは、例えば、一六世紀後半にボダン（J. Bodin）が『国家論』において説いているような「王国及びその設立に関係し」「サリカ法典（la loy Salique）の如く、君主がそれから逸脱できない[136]」としている法に該当するであろう。（したがって、ボダンにおいては、「基本法」が主権者に対する制約として機能し得ることになる。）[137]そして、このような一般的な定義や理解のもとで「帝国の基本法」を定義するならば、それは「帝国の根本的秩序を定置する諸規範」となるであろう。[138]

ところで、歴史上実際に「基本法」(*lex fundamentalis:* loi fondametale) の観念が登場する場合、封建的秩序との関連において使用されることが多いという。そこでは、「基本法」の概念は、「封建法的秩序の表明」(die lehnsrechtliche Ordnungsvorstellung) であって、かつて「良き秩序」(gute Ordnung) であると理解されたものが、後に基本法の範疇に含まれるようになる。その結果、基本法の一つ一つがこの観念の構成要素となり、複数の基本法が相互に関連しあうのであって、各々の基本法が独立して存在するのではない。そのため、「基本法」には実体のない中世の秩序が具象化されているとする指摘が行われることになる。[139] 同様に、「帝国の基本法」については、ディックマン (F. Dickmann) が「殆ど全ての［帝国の］基本法は、皇帝と等族の権限を画定しようとしている」のであり、「金印勅書を除く、全ての帝国の基本法は等族によって皇帝から闘い取られねばならなかった」[140]としていることからも理解されるように、具体的権利を内容としたと考えられるのである。（この点は、前述のボダンの説においても登場するサリカ法典についても（したがって、フランスにおいても）妥当するものと解される。）

それでは、「帝国の基本法」という言葉はいつ頃から使用されていたのであろうか。先ず、明示的な「帝国の基本法」という表現ではないが、それに相当する観念は、既に一五一九年（七月三日付）のカール五世の選挙協約（第二条）で「金印勅書、国王ラントフリーデ及びその他の神聖［ローマ］帝国の布告及び法律」(Guldin Bullen, Kuniglich Landfriden und ander des Heiligen Reichs Ordnungen und Gesetz) を特別に確認する旨が約束されている[141]中に示されているとする見解がある。[142] また、別の研究によれば、ドイツ関係の文献で「基本法」(*lex fundamentalis*) という言葉が一六世紀末頃には登場しており、そこでは「基本法」は領邦君主と等族により決定される領邦制度に基づく諸関係に含まれる「明確で専ら法的な内容」を意味したとされている。[143]

明示的に「帝国の基本法」という言葉が使用された事例は、ウェストファリア条約以前のドイツでは殆ど見出されないようである。[144] その最初の事例は恐らく一六三六年のフェルディナント三世の選挙協約であり、それ以降この種の立法を指す術語として使用されるが、そのラテン語での最初の使用例はＩＰＯ第一七条第二項（ＩＰＭ第一一二条）であるとされる。[145] 一六五四年の「最後の帝国最終決定」（Jüngster Reichsabschied: *Recessus Imperii Novissimus*）は、その第五条でＩＰＯ及びＩＰＭ並びに一六四九年の「ニュルンベルク執行決議」（Nürnbergischer Executions-Recesz）等が同最終決定にそのまま逐語的に挿入されるものとし、第六条でそれらが「神聖帝国の基本法」（Fundamental-Gesetz des Heiligen Reichs）として効力を有する旨を規定している。[146] このようにして、「帝国の基本法」は明確に「実定法」の枠組の中で使用されるようになるものと思われる。その結果、最初の帝国法集成である一七〇一年に刊行された『神聖ローマ帝国基本法』（*Sacri Romani Imperii Leges fundamentales*）では、帝国国制法（Verfassungsgesetze）が「帝国基本法」（Reichsgrundgesetze oder Grundgesetze des Reichs）とされるに至るのである。[147]（また、ブッシュマン（A. Buschmann）によれば、帝国公法学の文献における「基本法」（*leges fundamentales*）（複数）の最初期の使用例は一七世紀末とされている。[148]）

② 「国際法」関連文献における「帝国の基本法」とウェストファリア条約

「国際法」関連文献（当時の「国際法学」は帝国公法学と密接な関連にあったのであるが）の中では、一六八〇年にテクストル（J. W. Textor）が公刊した『国際法要論』（*Synopsis iuris gentium*）における使用例が確認される。即ち、同書の第一一章「帝国の基本法について」（*De legibus Imperiorum fundamentalibus*）において、先ずその第一節で、帝国の基本法とは「国家の構造がそれを基礎及び支柱とするもの」（*quibus structura Reip. tanquam basibus et fulcris innititur*）と定義（尚、この文脈では*"Imperium"*と*"Respublica"*は互換的に使用されているものと解される。）する。この著作において興味深い点は、第二節で、「われわれの帝国における諸々の基本法」（*in Imperio nostro leges fundamentales*）として、「金印勅書（*Aurea Bulla*）、聖界及び宗教に関する和議（*Constitutiones pacis prophanae et religiosae*）、ドイツの講和文書（*instrumentum pacis Germanicae*）及び皇帝の選挙協約（*Caesareae Capitulationes*）」が具体的に列挙されていることである。[149] この中の「ドイツの講和文書」（単数）とはウェストファリア条約を指すものと解されることから、テクストルはウェストファリア条約に「帝国の基本法」としての地位を与えていると言えるのである。

また、グラファイ（A. F. Glafey）は、一七五二年に上梓された『国際法』（*Völkerrecht*）において、「ある帝国の基本法」（die Fundamental-Gesetze eines Reichs）或いは「その者の帝国の基本法」（die Fundamental-Gesetze seines Reichs）という言葉を用いている。これらの言葉は同書の第八章（「同盟について」（Von Bündnissen））で登場するものであり、一般化された表現となっている。しかし、それらの登場箇所での議論は、ドイツ帝国内でウェストファリア条約以前から帝国等族が一貫して同盟権を行使してきており、同条約第八条もそれを確認しているとするものである。[150] したがって、「帝国の基本法」（複数）にはウェストファリア条約が含まれているものと解されるのである。

以上の他にも、「帝国の基本法」についての記述が見出される一八世紀の国際法関連文献が存在し、そこでもウェストファリア条約はその一部として認識されているものと解されるのである。[151]

また、直接的に「国際法」を論ずるものではないが、モーザー（J. J. Moser）は、一七三七年の『ドイツ国法』（*Teutsches Staats-Recht*）において、「ドイツ国法の主要な淵源（die Haupt=Quellen）」（別称を“*Principia propria*”とする）を「我々のドイツ帝国の国制が直接に依拠するもの」であるとし、その第一のものを「成文基本法」（geschriebene Grund-Gesetze）であるとしている。[152]（第二の主要な淵源として、帝国の構成員（„ein Theil des Reichs“ や „das Mitglied (des Reichs)“という表現が用いられている。）と皇帝間の、又は帝国の構成員相互間の条約（Verträge）が、第三のものとして、「ドイツ帝国と諸外国（fremde Staaten）間の条約」が、第四のものとして、皇帝及び帝国により、或いは古き慣習（Herkommen）を通じて認められた「個々の帝国等族及びその他の帝国の構成員の個別の自由（*particular* Freyheten）」が、第五のものとして、「帝国の慣習」（das Reichs=Herkommen）が、各々挙げられている。[153]）そして、モーザーは、「成文基本法」について具体的に論ずる中で、「金印勅書」（die güldene Bull）[154]、ラントフリーデ[155]、一連の宗教和議[156]等々に続き、ウェストファリア条約について論じているのである。[157]（尚、モーザーは専ら帝国国制を論ずる一七五四年の『現代ドイツ帝国国制概説』（*Grund-Riß der heutigen Staats-Verfassung des Teutschen Reichs*）で、ウェストファリア条約を「まさしく永遠の講和」（ein getroffener ewiger Friede）とした上で、次のように記述している。「［同条約中で］聖俗両界の極めて多くの重要な点においてドイツ帝国の国制が（一部は確実な基礎の上で、一部はその他の基礎の上で）規定された。……［そして、その規定の曖昧さから、帝国等族間での紛争の種とはなったものの］……ドイツ帝国の最重要な基本法（Grund-Gezetze）の一つである。[158]」）

③ 評価

以上のような「帝国の基本法」の観念の歴史的展開を考慮するならば、ＩＰＯ及びＩＰＭにおける「帝国の基本法」という観念が同時代人（少なくとも、両文書の交渉当事者）に完全に共有されるほど明瞭なものであったとすることには大きな疑問が伴う。むしろ、帝国国法学の発展という観点から指摘されているように、「ウェストファリア条約を通じて初めて神聖ローマ帝国（*Sacrum Imperium Romanum*）をその基本的国制（Grundverfassung）上体系的に分析することが盛んとなった[159]」ということがより真実に近いと考えられるのである。

しかし、そうではあっても、類似の観念をも含めるならば或る程度使用されていたという事実があること、そして「帝国の基本法」が条文上明示されていることから、ウェストファリア条約における「帝国の基本法」の観念は或る程度実質的な内容を伴っていたものと考えることができる。実際に、ＩＰＯ第一七条第二項（ＩＰＭ第一一二条）では、「帝国の他の法及び基本法」という文言によって既存の同様の法の存在が示されていることから、ウェストファリア条約を「帝国の基本法」とすることの意味についての何らかの共通認識が、当事者間（特に、皇帝及び帝国等族）で存在したものと推測される。つまり、「帝国の基本法」の観念は既存の帝国の法秩序の中で或る程度は理解可能なものであったと解されるのである。

３　欧州国家間関係におけるウェストファリア条約の地位

①「欧州の平穏の基礎」とその要素

一七一六年のベルリン条約第六条に用いられる「欧州全般における公共の安寧と平穏の最も堅固な基礎及び基本」に典型的に現れる「欧州の平穏の基礎」とは、どのような観念なのであろうか。（既述の通り）ウェストファリア条約以降に新たに締結される条約において、当該条約の「基礎」としてＩＰＯ・ＩＰＭを援用することは、当該条約の正当化根拠として機能するであろう。しかし、この言葉自体は法的効果を含むとは考えられず、その意味において政治的観念であると解される。しかし、何故にウェストファリア条約が「欧州の平穏の基礎」とみなされるに至ったのであろうか。そして、（ウェストファリア条約それ自体に拘泥するという本書の問題意識からして）ここで問題にされるべきことは、新たな条約の正当化機能という外在的要因ではなく、そのような援用を妥当なものと思わせるような内在的要因である。以下では、そのような内在的理由、即ち、ウェストファリア条約中に存在する「欧州の平穏の基礎」としての要素について検討を加えることとしたい。そして、ここでの考察対象とされるものは、欧州国家間関係全般に関連性を有すると考えられる、同条約遵守に関する一般的義務と、同条約について頻繁に指摘される同条約における「勢力均衡」観念である。（ウェストファリア条約がもたらした個別具体的な問題解決（典型的には、ＩＰＯ第四条における「プファルツ問題」の解決）も「欧州の平穏の基礎」に寄与し得たではあろうが、そのような個別的解決は、（前節に挙げられた諸条約からも理解される通り）永続的なものではないため、ここでの考察の対象外となる。また、宗教関連条項も、その影響は全欧州に及ぶと論ずることが可能であるとしても、その適用範囲自体は帝国内に限定されることは既に確認された通りであり、その点でここでは考察の対象外となる。）

(i)　ウェストファリア条約遵守に関する一般的義務

ＩＰＯ第一条では仏国王を、そしてＩＰＭ第一条では瑞女王を含めることによって三主要当事者が両文書に共に拘束されるという形式を採用し、しかも「その全ての同盟者・支持者並びにそれら各々の相続人・継承者」も含まれている。そして、これら全ての「当事者」（更には、ＩＰＯ第一七条第一〇・一一項、ＩＰＯ第一一九条における「この和議に含まれる」者）に対して「この平和は誠実且つ真摯に遵守され尊重される」ことが示されている。このようにして、両文書の遵守についての一般的義務（特に、両文書の第一条に規定される平和の存在）は、帝国及び三主要当事者の範囲を超え、全欧州規模に拡大することになる。この点において、ウェストファリア条約は「欧州の基本法」として評価され得るようにも思われる。

ところが、ウェストファリア条約の一般的遵守義務を担保するための条文に目を転ずるならば、このような評価が妥当なものではないことが明らかとなる。先ず、同条約の履行確保に関して規定するＩＰＯ第一七条第四項（ＩＰＭ第一一四条）を検討してみたい。

同条は「本講和又は公共の平和に対して、言葉又は行為により（*consilio vel ope*）違反し、或いは実施や回復に反対した者は、その者が聖職者であると俗人であるとを問わず、平和の破壊についての罰を（*poenam fractae pacis*）加えられる」こと、そして「回復及び実施は帝国法に従って、全ての点において命令され、実施される」ことを規定している。ここでは、ウェストファリア条約に違反する者の処遇（「平和の破壊」に対する刑罰）が主たる目的であるものと思われる。しかし、ここで問題となるのは、「回復及び実施」の保証が「帝国法に従って」

(*iuxta constitutiones Imperii*) いる点である。即ち、実施措置は飽くまでも帝国国制の枠組の中で行われるものと解されるのである。

また、(既に第一部第二章第一節㈢で触れられた条項であるが)、IPO第一七条第五項乃至第七項(IPM第一二五・一二六条)に規定される「ウェストファリア条約の擁護義務」(最終的には武力の共同行使による擁護、同条第六項(IPM第一二六条第一文)をも含む。) も、それらが「本和議の全ての関係者」(*omnes huius transactionis consortes*) を名宛人としていることを理由として、「欧州の基本法」という観点から評価することができるようにも思われる。但し、同条第七項(IPM第一二六条第二文)に規定される「武力による権利追求の禁止」は、「帝国等族に属する何れの者」に対しても課され、そのような権利追求を強行する者を「平和の破壊者」(*reus fractae pacis*) とするとされているため、名宛人は「帝国等族」に限定されている。

ここで先に挙げたIPO第一七条第三項(IPM第一一三条)においてウェストファリア条約が優先的効力を有するものと認められた対象が、本質的に帝国内の諸規範であることを勘案するならば、同条約の優先的効力も、そしてその保証(罰則)も帝国内に留まるものであることが理解される。そうであるとするならば、「本和議の全ての関係者」に課せられた同条約の擁護義務は、結局帝国内の事柄に限定されていることになる。これは、同条約の遵守に関する一般的義務が全欧州規模に拡大するものとも解され得るにも拘らず、その実効性担保の制度は帝国内に止まることを意味するのであり、同条約が「欧州の平穏の基礎」としての実体を有しないことをも意味するのである。[161]

(ⅱ) 「勢力均衡」との関連

ウェストファリア条約の中に「勢力均衡」の観念が存在し、ここに近代的な勢力均衡体制の端緒を見出すとする理解が頻繁に見受けられる。[162] そして、このような理解は、二〇世紀初頭に破綻するまで長期にわたり欧州国家間関係を規定した勢力均衡の観念の端緒として同条約を位置付けることにより、同条約の国際関係及び国際法上の意義を極めて高く評価することに繋がる。（当然のことながら、これはウェストファリア神話を支持することを意味する。）

このような理解において、同条約と勢力均衡を結び付けるものが、本節でも論じられた同条約の「擁護義務」と（第一部第三章第三節(一)で論じられた）帝国等族の同盟権（ＩＰＯ第八条第二項（ＩＰＭ第六三条））である。即ち、この条約擁護義務を理由としての帝国内への介入を帝国外の勢力（特に、仏瑞両国）に許すと共に帝国等族が同盟権を行使することにより勢力均衡体制の構築が可能になるものと解するのである。[163] そして、仮にそれが真実であるとするならば、これもまた同条約を「欧州の平穏の基礎」とする要素になろう。しかしながら、次の理由によって、このような理解は支持され得ない。

先ず、条約中で具体的に「勢力均衡」の観念が提示されるようになるのはユトレヒト条約においてであると考えられる。[164] 例えば、同条約中の英仏間講和友好条約の第六条は、「本講和が終結させるべき戦争が、フランスとスペインの王冠が同一人のもとに統合されることを欧州の安全と自由が絶対に許容し得なかったことを主たる理由として勃発したが故に」「スペイン国王及びその子孫たる君主も、フランス王冠を望み、或いはその王位に即くことができ」ず、「他方、フランスにより為されたスペイン王冠に対する相互的放棄も同様の目的を有する」とした上で、「フランス王冠とスペイン王冠は分離され、結合されないままであることが明瞭に定められた」とする。[165] また、同じくユトレヒト条約中の英西間講和友好条約の第二条は、「公正な勢力均衡により（*justo Potentiae Aequilibrio*）キリスト教世界の平和と平穏を確保し、堅固なるものとするため、カトリック［西］国王と極めてキリスト教徒的なる［仏］国王は、スペイン王国とフランス王国が同一の支配権の下に置かれ、結合されることのないよう、そして一人の人物が両王国の国王とならないよう、充分な配慮が為されることを希望した[166]」とされている。また、ユトレヒト条約に含まれる他の個別条約中にも同様の主旨を有する規定が設けられている。[167]

このように、これらユトレヒト諸条約では、「欧州の安全と自由」や「キリスト教世界の平和と平穏」を理由として「勢力均衡」が構築される旨の明示規定が設けられている。また、ユトレヒト諸条約の中では、（前節で触れられたように、唯一）仏普間講和友好条約の第六条において、聖俗両界の事柄について、ウェストファリア条約が「あたかも逐語的にここに挿入されたように、黙示的に存続する」と宣言されているが、この条約では勢力均衡に関する規定は見出されないため、ウェストファリア条約が勢力均衡とは結び付けられていないものと解されるのである。[168]

更に、ウェストファリア条約中の条約擁護義務規定自体の解釈としても、勢力均衡観念をそこに見出すことはできない。当該規定は、仏瑞両国が条約の保証者として帝国内の問題に対して一方的に介入することを認めるものであって、相互的な介入権を予定していない。（また、ウェストファリア条約の擁護義務自体は、それをもって戦争の正当化を可能とするのであるから、戦争の発生を防止するための制度ではないことも留意されるべきであろう。[169]）極論するならば、この規定は仏・瑞にとっての勢力拡大の装置であって、結果的に双方（更には、帝国や領邦も含めて）の間に勢力の均衡が達成されることがあったとしても、それはこの規定とは本質的に無関係な出来事なのである。

結局のところ、ウェストファリア条約は、それ自体が勢力均衡体制を設定したというよりも、「干渉権」や「同盟権」という勢力均衡の達成・維持のための要素を条約中に不完全なかたちで含むのみであるとする理解が正しいものと判断されるのである。[170]

②　「欧州の基本法」を巡る問題

前節で検討が加えられた諸条約中にはウェストファリア条約を「欧州の基本法」とするような表現は登場しな

い。しかしながら、次章で確認される通り、後世の学者によって同条約は「西欧の主権国家間で後に締結された諸条約の基礎として役立った基本条約（le traité fondamental）」[171]、「欧州公法の中心的文書」（Haupturkunde des öffentlichen Europäischen Rechtes）[172]、「一種の国際憲法」（a sort of international constitution）[173]、「欧州世界の基本憲章（la charte fondamentale）」[174]といった言葉で表現されるようになる。そして、現在でも次に見るような同条約に関心を有する研究者によって同条約を「欧州の基本法」として位置付け得るのかという点が議論となっている。（そこには、同条約を「帝国の平穏の基礎」とする観念が「帝国の基本法」へと繋がり得たように、同条約を「欧州の平穏の基礎」とする観念が「欧州の基本法」へと結び付けられたものとも考えられる。）

例えば、ドゥフハルト（H. Duchhardt）は、ウェストファリア条約の独創性を「一つの国際法秩序に国家間的な基本法乃至は（当時の人が呼んだように）基本法（Fundamentalgesetz）を埋め込んだこと」に求め、その国際法秩序が、たとえ殆どの大陸諸国にとってその秩序への参加が名目的なものであったにしろ、「ひとつの全ヨーロッパ的国際法システムの萌芽（Embryo）」として理解され得たと論じている。[175]

また、ツィークラー（K.-H. Ziegler）は、グレーヴェ（W. Grewe）のいう「フランスの時代」（ウェストファリア条約からヴィーン会議（一八一五年）に至る時代）の諸々の講和会議及び講和条約にとって「模範や基準としての機能」（die Vorbild- und Schrittmacherfunktion）をウェストファリア条約が果たしたとする。[176]但し、同条約中に登場する何れの指導指針も、そしてそれらの中で利用された何れの法的形式も何ら新しいものではなく、またキリスト教的・西洋的伝統への結び付きも随所で容易に認識され得ることも彼は指摘する。しかし、「それでも、同条約はその総体において一つの規則集を成しており、その規則集は後の世代にとっての手本として役立ち得たし、また実際に信仰上分裂したヨーロッパ中部の和平と共に実行上神聖ローマ帝国の基本法の一つとなったのみならず、一八世紀の人々が欧州のキリスト教的諸国家の共同体を連合させる国際法と好んで称した『欧州公法』（le droit public de l'Europe: *jus publicum Europaeum*) の基本法の一つとなった」とする。[177] このようにしてツィークラーは、ウェストファリア条約以前のキリスト教的西洋的伝統との関連の中で同条約を評価し、そこに含まれている法規範が法律家にとっては「何か殆ど月並みな事柄[178]」だったとした上で、同条約を「『欧州公法』の基本法」としているのである。

次に、シュタイガー (H. Steiger) は、ウェストファリア条約の「欧州の基本法」(Grundgesetz für Europa) としての地位を論ずる中で、ＩＰＯ第一七条第二項（ＩＰＭ第一一二条）にあるように同条約が帝国法上の「基本法」(*lex fundamentalis*) であることは明白であるが、「基本法」という概念を「法的な欧州秩序」に適用することには、その法規範的意味が過大評価されることになる点で、疑念が残るとする。そして、同条約の個別規定を概観した上で、それらの法的効力についても論じ、更に、同条約以後の諸条約との関連性を述べた後に、次のような結論を導く。「基本法の意味を"*lex fundamentalis*"やドイツ連邦共和国基本法のように厳格に理解するならば、ウェストファリア条約は欧州公法や欧州国際法共同体の基本法ではない。しかし、同条約は法的基礎 (rechtliche Grundlagen) を設定し、最終的にこの共同体における構造的転換をもたらした。同条約は具体的諸規則を指し示すことによって、事実上一つの時代の出発点をなすのである。[179]」このように、シュタイガーは、ウェストファリア条約を法規範性を有する「欧州の基本法」とすることには疑問を抱くものの、同条約が欧州にとっての「法的基礎」を設定するというのである。[180]

更に、シュレーダー (M. Schröder) は、ウェストファリア条約が「欧州の全ての国家を拘束したものではけっしてない」こと、そして個々の規定は国際法的視角のもとで特に「発達の出発点と見通し」を提供しているとしても、それらは「欧州公法の或いは未組織な国際社会の基本法の具体的な諸規則ではない」ことを理由として、同条約の「欧州の基本法」としての性格が不明であるとする。[181] そこで、彼が注目するものが同条約の「哲理」

(Philosophie) であり、その哲理こそが「一六四八年以降の時代に国際法の存続と発展にとって決定的」なものであって、「なによりも先ず、欧州の諸国家からなる社会の秩序原理と構成原理」に関連したとしている。それらの諸原理は「ウェストファリア条約中では、直接的には帝国及びヨーロッパ中部に向けられた諸決定に見えてくる」のであるが、「それでも全欧州に効果を及ぼしたに相異なかった」と彼は考える。しかも、それらの諸原理には「キリスト教世界の統一体の独立した主権的諸国家への解体」が含まれており、それらは既存の宗教上の関係を損なうことなく、とりわけ精神的上位支配権を拒絶するという意味で自立的な諸国家の関係を形成したとする。彼は更に、「国家間関係の形成は、勢力均衡という政治的原理のもとで、そして（特に諸君主の）連帯において生じ」、その連帯は「それら相互の対立における敵対者の絶滅を排除するもの」であり、このような欧州諸国の構造はウェストファリア条約以降一八一五年までの講和条約締結において常に改変されたと論ずる。[182] つまり、シュレーダーは、ウェストファリア条約の国際法及び国際関係への影響が理念的・抽象的なものであるとみなしており、一六四八年以降の諸条約におけるウェストファリア条約の「欧州の基本法」という位置付けに対して、何らかの法的意義を付与することには否定的に考えている。[183]

最後に、ルサフェール (R. Lesaffer) は、条文解釈に重点を置きつつ、次のように論ずる。「これら［諸条約中のウェストファリア条約に言及する］条項は通常の条約を超越する固有の法的意義を何ら有しなかった」のであり、「［そのような言及は］主として政治的意図の表明以上のものではなかった」。また、「［ウェストファリア］条約の作成過程は通常の条約の場合とは異なる条約の拘束力を認めることを許すものではなかった」。更に、「他の条約とは異なる執行手続は規定されなかった」のである。[184] つまり、少なくとも作成過程や執行手続という面から見れば、ウェストファリア条約には何らの上位規範性も付与されていない旨を、彼は指摘しているのである。

以上の諸説を見る限り、「欧州の基本法」という文言に明確な法的意義を認める論者は見出されない。だが、その法的意義いかんに拘らず、少なくともここに紹介された諸論者は、ルサフェールを除けば、ウェストファリア条約に「欧州の基本法」としての地位を付与することに肯定的である。ところが、前節で検討の対象とされた諸条約を見る限り、そのような趣旨を有する条文は見出されない。これは、同条約を「欧州の基本法」とする理解が後世の学説によって提示されたことを示唆するのである。

③　評　価

以上に検討してきた事柄から、ウェストファリア条約が「欧州の平穏の基礎」や「欧州の基本法」としての内実を有するとすることは不可能であることが理解される。それどころか、そもそもそのような欧州全般を名宛人とする規範形成が同条約では意図されていなかったことが、同条約の規定中に示されている。例えば、ＩＰＭ第四七条では、「教会財産及び宗教実施の自由を巡る紛争に関する一定の調停（*compositio*）」が皇帝と瑞女王間で為されたことに伴い、ＩＰＭにも「逐語的に（*de verbo ad verbum*）記載された」ものとすることが規定され、これにより、ＩＰＯ第五条及び第七条がＩＰＭにおいて準用されることになる。そして、このような規定が設けられるという事実自体が、両文書の全体を三主要当事者間に共通に適用するとの意図が存在していなかったことを示すのであり、ましてや、欧州全域に広がる関係者全員に拡張する意図も存在していなかったと解されるのである。[185]
また、この条約適用範囲の限定性については、ＩＰＯ第一七条第五項乃至第七項（ＩＰＭ第一一五・一一六条）を巡って、「リシュリューが構想したような全てのキリスト教世界を包含する［平和の］保証は見出されない」し、「平和の保証（それはそもそも、スペインがそれに同意しなかったのだから、普遍的平和ではなかった。）とは［個別の］条約当事者間のものでしかなかった」[186]との見解とも軌を一にするのである。

結局のところ、ウェストファリア条約はその条文上欧州全般に向けられたものではなく、また、そのような意図は含まれていないものと解される。したがって、後の欧州国家間関係に及ぼし得た影響とは、それが実際に存在したとしても、同条約から必然的に生み出されたものではない。それは、後発の諸条約における名目的・表面的な言及（「ウェストファリア条約の維持・擁護」、「公共の平穏の基礎」としての同条約等々）によって、後の学説によって創出されたものと推測されるのである。（そして、この学説史的検証が次章の主題となる。）

まとめ

以上、本章においてはウェストファリア条約以降の諸条約の中で同条約がどのように言及され、或いは位置付けられているかを検証し、更にその結果から発生する疑問について論じてきた。それらの事柄から、本書の問題意識との関連において、次の諸点が指摘され得る。

先ず、ウェストファリア条約は本章で検証された一八世紀前半までの諸条約において頻繁に言及されていたが、それらの言及の中では、同条約に対して与えられた一貫した機能と共に位置付けの変化が看取される。一貫した機能とは、新たに締結される諸条約の正当化機能である。この機能は、本章で扱われた時期全般の諸条約において、ウェストファリア条約が自己の効力を確認・擁護され、また当該条約の基礎として援用されることを通じて、果たされている。それに対して、言及の態様の変化に伴い、同条約の位置付けは変化している。即ち、ウェストファリア条約は、それ自体において「帝国の基本法」（この観念については、当時の帝国内に或る程度の実態と共通理解が存在していたものと考えられる。）とされ、一六四八年以降暫時そのようなものとして諸条約で言及されていたが、ナイメーヘン条約期の「公共の平穏の基礎」とされてから変化を遂げ、ユトレヒト条約以降には「欧州の平穏の基礎」としての位置付けを与えられるのである。（勿論、これらは時間的に截然と区分されるものではなく、併存する時期がある。）つまり、ウェストファリア条約が欧州の国家間関係の基礎と認識されるのは、このような変化の結果であって、当初から同条約が欧州全般の国家関係を規律するものと認識されていたのではない。

更に、本章で検討の対象とした時期の諸条約においてウェストファリア条約を明示的に「欧州の基本法」とするものは見出されないことも確認されねばならない。同条約がそのように位置付けられるのは、それ以降の学説（勿論、条約による可能性も完全に否定することはできないが）によるものと推測される。（この点については、次章で検証する。）

これらの事柄は、ウェストファリア条約に実際に規定された個々の事項は、後に同条約に付与されることとなる全欧州的な、そして国際法上の重要性を含むものではなく、そのような重要性は飽くまでも、後発的に与えられたということを示している。(187)

但し、以上の結論は、ウェストファリア条約を後続の諸条約の基礎とすることや同条約の擁護を謳うことを全く無意味であったとするものではない。それは、同条約によって成立した帝国国制が当時の欧州国家間関係にとって有した意味が重要であるからである。即ち、既に確認されたように、一六四八年以降の帝国国制は、皇帝権力の強化を経て帝国を単位とする中央集権化を進めることを阻むと同時に、帝国等族にも（「神話」とは異なり）帝国との紐帯を完全に断つことを不可能としており、それにより欧州中央部に強国の発生することを抑止するという効果を有していたものと考えられる。（但し、このことは帝国及び帝国等族が（後世の表現による）勢力均衡体制のバランサーとしての役割を演じたことを意味するのではない。ウェストファリア条約において勢力均衡観念が妥当しないことは、既述の通りである。）これは、当時の欧州諸国にとって、自国の安全保障上の重要な要素（利点）となったであろう。このように、ウェストファリア条約で確認された帝国国制の存続が、結果的に欧州の諸国家にとって有利に作用したものと考えられるのであって、そのような帝国の存在こそが重要なのであって、同条約が直接的に欧州の国家間関係を規律したのではない。そして、その限りにおいてウェストファリア条約を後続の諸条約の基礎とすることや同条約の擁護を謳うことは意義を有したものと解されるのである。

（1）本章で論じられる諸条約は *Du Mont* 及び *CTS* 所収のものであるが、ウェストファリア条約以降の諸条約の概観については、次の文献を見よ。Koch (1796–1797): Koch (Schoell) (1817–1818): Koch (Schoell) (Garden) (1848–1887): Phillimore, W. G. F. (1917).

（2）本章で時代区分の基準として用いられる「ナイメーヘン条約」、「ライスヴァイク条約」及び「ユトレヒト条約」は、それぞれ複数の「二国間条約」からなり、その総体を指す名称として用いられている。そして各条約を構成する「二国間条約」には、ウェストファリア条約の場合と同様（第一部第一章第三節を見よ。）、各条約には当該両当事者に加えて各々の「同盟者」を含む旨の規定が存在し、また「仲介者」も含まれるとされているため、理論的には他の当事者も各条約の原当事者として含まれることになる。更に、当該条約締結後の第三者の加入が可能とされている点で、「開放条約」としての性格を有している。そのため結果的には、「多数国間条約」が複数存在し、そのネットワークの総体として各条約が存在しているのである。本章では「多数国間条約」がこのような事情を反映する文言として用いられている。

（3）欧州社会におけるフランスの地位の上昇は、外交における意思伝達手段が従来から慣習的に用いられてきたラテン語に代わり、この時期に仏語が主流となっていることからも窺えよう。この点に関しては、次の文献を見よ。Nussbaum(1958), 117.

（4）*Du Mont*, VI, ii, 97–102. 前章第一節㈠を見よ。

（5）ヘッセン方伯を除く。

（6）三月一六（二六）日付。*Du Mont*, VI, ii, 351–353.

（7）前章第一節で触れられたように、一六五八年八月一五日付で仏国王とマインツ選帝侯をはじめとする帝国等族との間でも「ライン同盟」が結成されている。この同盟はここで挙げる帝国等族間の「ライン同盟」が結成された後に仏国王が加盟したものであり、一般に両者を合して「ライン同盟」とされている。

（8）*Du Mont*, VI, ii, 235–239: *CTS*, V, 141–160. 前章第一節を見よ。

（9）*Du Mont*, VII, i, 219–220. 前章第一節㈠を見よ。

（10）*Du Mont*, VII, ii, 59–62: *CTS*, XVI, 381–397.

（11）*Du Mont*, VII, i, 210–212. 前章第一節㈠を見よ。

（12）*CTS*, XIII, 93.

（13）*Du Mont*, VI, ii, 239–240; *CTS*, V, 161–167. 前章第一節㈠及び㈡を見よ。

（14）*Du Mont*, VII, i, 212–214: *CTS*, XII, 399–408. 前章第一節㈠を見よ。

（15）*CTS*, XIII, 123–132.

（16）ナイメーヘン条約の概要及び同条約に関する研究書等については次の文献を参照せよ。Duchhardt (1976), 5–19. 尚、同文献では、「勢力均衡」思想が一七世紀末から一八世紀初頭のルイ一四世主導の戦争に対抗する際にその適用の最高潮に達したとされており (Duchhardt (1976), 68–69.)、この理解に基づいて、勢力均衡に関する議論がナイメーヘン条約から開始されている。しかし、私見によれば、ナイメーヘン条約では勢力均衡概念が薄弱である。そして、その理由は同条約の締結時におけるフランスの強い外交的立場により説明され得る。即ち、（本章後註（59）でも触れられるように）同条約は「ルイ一四世のパワー・ポリティクス外交の絶頂」（*Rössler et Franz* (1970), 815.）とも評されるものであり、欧州における覇権を目指すフランスが、実際に自国の優勢な状況の中で（しかも、それを条約により自国に有利なかたちで領域の移譲や特権の付与を確定させている中で）、勢力均衡を志向しないことはむしろ当然であると考えられるのである。

（17）*CTS*, XV, 109–118.

（18）*CTS*, XV, 119–129.

（19）*CTS*, XV, 137–140.

（20）*CTS*, XV, 131–136.

（21）*CTS*, XV, 169–171.

（22）*CTS*, XV, 111–114. また、同条約の第七条では、ミュンスター司教が他の者に攻撃され又はその脅威にさらされた場合に仏国王が自己の武力をもって援助や保護を行うことが義務付けられている。これと同様の仏国王の義務はウェストファリア条約においても課されているが、何れも一種の「干渉権」を構成するものと解される。

(23) *CTS*, XV, 123–124.

(24) *CTS*, XV, 183. また、この条約では、個別規定（第五・七・九・一〇・一二条）における占領地からの撤退等の具体的措置に関してもウェストファリア条約が援用されている。*CTS*, XV, 183–186.

(25) *Du Mont*, VII, ii, 54: *CTS*, XVI, 320.

(26) *CTS*, XVII, 461–469. "[*I*]*ta eidem pro fundamento erit conservatio Pacis Westphalicae.*"

(27) *CTS*, XXI, 4.

(28) *CTS*, XVI, 66.

(29) 但し、この同盟を修正する翌（八二）年一月一二（二二）日の両者間秘密条約の前文では、「ウェストファリア条約及びナイメーヘン条約の維持」が同盟の目的とされるのみであり、第三条における両条約への言及においても、両条約をこの条約の「基礎」とするような規定は設けられていない。*CTS*, XVI, 157–158.

(30) *Du Mont*, VII, ii, 51: *CTS*, XVI, 305.

(31) *CTS*, XXIII, 205. 尚、この同盟には、一七〇一年四月七日付でスペインが加入している。*CTS*, XXIII, 207–208.

(32) *CTS*, XXIII, 264. この同盟にも、一七〇一年四月七日付でスペインが加入している。*CTS*, XXIII, 268–269.

(33) これらの他にも、同（一七〇一）年七月にフランクフルトで締結された皇帝と九選帝侯間の合意の第二条では、「ウェストファリア条約、ナイメーヘン条約及びライスヴァイク条約の締結によって回復された帝国の平和の強化」を帝国諸侯(Reichs=Fürsten)が意図する旨が示されている。*CTS*, XXIII, 450.

(34) *CTS*, XXIII, 38.

(35) *CTS*, XXXII, 449–463

(36) *CTS*, XXXIII, 97–98.

(37) 第一部第三章註（85）で論じられたように、本書では「領邦高権」（ランデスホーハイト）の語の使用を避けてきた。しかし、この条約で使用されている語 (supériorité territoriale) については他の適切な訳語が見出されないために、「ランデスホーハイト」を用いることとした。以下、本書では適宜「領邦高権」又は「ランデスホーハイト」を使用する。

(38) CTS, XXXIII, 163–171.

(39) CTS, XLI, 307–320.

(40) CTS, XL, 475–479.

(41) CTS, XLIII, 271–306.

(42) 例えば、一七六〇年の仏・ナッサオ＝ザールブリュッケン間暫定条約 (CTS, XL, 483–505.) 第一条第一項（「[ウェストファリア条約は] 遵守され、……［中略］……本条約の基礎及び基本となる。」）や一七八六年の仏・ヴュルテンベルク間条約 (CTS, L, 1–15.) 第一条（「[仏] 国王とドイツ帝国 (l'Empire Germanique) の間で締結されたウェストファリア条約、ナイメーヘン条約、ライスヴァイク条約及びバーデン条約、特にそれら諸条約の中でヴュルテンベルク家及びモンベリアル公国 (la Principauté de Montbéliard) の利益に関わる条項が、本条約の基礎となる。」）等が挙げられる。

(43) CTS, XXXIII, 42.

(44) CTS, XXXVII, 259–268.

(45) CTS, LVI, 512.

(46) CTS, VI, 451.

(47) CTS, XII, 199–200.

(48) CTS, XIII, 61–62.

(49) ところで、ウェストファリア条約の保証者たる仏国王がこの時期に締結した他の多くの条約においては、同条約の保護という観点が提示されていないことも指摘されるべきであろう。例えば、この時期の欧州国家間関係において最重要な条約の一つであると判断される一六六七年の「ブレダ条約」（この条約は、一六六七年五月にルイ一四世により開始された南部ネーデルラントへの侵攻に直接の端を発する戦争（ネーデルラント戦争）を終結させるために、同年七月二一（三一）日付でオランダのブレダで締結された複数の条約であり、その総称として「ブレダ条約」が用いられる。）に含まれる仏英間講和条約 (CTS, X, 215–230.) ではウェストファリア条約への言及が行われていない。（この点に関しては、同じくブレダ条約に含まれる英蘭間講

和同盟条約 (*CTS*, X, 231–254.) 及びデンマーク＝ノルウェー・英間の講和条約 (*CTS*, X, 287–318.) においても同様である。）また、ブレダ条約の翌年（五月二日付）に締結された仏西間平和条約（アーヘン（エクス＝ラ＝シャペル）条約）(*CTS*, XI, 11–31.) でもウェストファリア条約体制の維持や擁護に関する言及は見出されない。そして、この時期の諸条約におけるウェストファリア条約への言及の欠如という現象は、仏国王以外が当事者である多くの条約においても妥当するものと思われる。（例えば、一六四九年（一〇月九日付）デンマーク・蘭間防御同盟（ハーグ）条約 (*CTS*, II, 9–34.) や、五三年（二月八日付）デンマーク・蘭間同盟条約 (*CTS*, II, 471–497.) である。また、四九年（一〇月二六日付）の西国王からオランニェ公（蘭）へのトルンハウト (Turnhout) 譲渡に関する合意文書 (*CTS*, II, 55–64.) では、一六四八年の西蘭間ミュンスター条約への言及はあるが、IPO及びIPMへの言及はない。同様に七三年（八月三〇日）の西蘭間（ハーグ）同盟条約では、ウェストファリア条約には言及のないままに、その第一二条で「[ミュンスター条約が] 全ての点及び条項において遵守される」(*CTS*, XIII, 43.) ことが確認されている。）

(50) *CTS*, XIV, 365–397.

(51) *CTS*, XIV, 399–424.

(52) *Du Mont*, VII, i, 365–374.

(53) *CTS*, XV, 1–66.

(54) *CTS*, XV, 67–78.

(55) *CTS*, XV, 109–118.

(56) *CTS*, XV, 119–129.

(57) *CTS*, XV, 317–330.

(58) *CTS*, XV, 331–354.

(59) 当事者の意図からしてナイメーヘン条約において実質的に最重要な意味を有すると思われるのは領域移譲に関する条項である。（この点については、明石 (1992–1995)、(六)、五–六頁を見よ。）仏国王は、オーストリア家領地であったフライブルク及びその周辺村落を獲得し（皇帝・仏国王間講和条約第五条）、またロートリンゲン公領内で多くの利権等を獲得する（同第一三条以下）（これにより、ルイ一四世は事実上ロートリンゲンを獲得したものと評価されている。Vierhaus (1985), 485.）などして、圧倒的に有利な内容でナイメーヘン条約を締結している。それは特に、同じくオランダやブランデンブルクを敵として戦ったスウェーデンの講和条約の内容が、ウェストファリア条約により瑞が獲得した領域の保全に終始しているのと比較した場合に、より一層明らかとなろう。このようなことから、ナイメーヘン条約を「ルイ一四世のパワー・ポリティクス (Machtpolitik) の外交的最高潮」(*Rössler et Franz* (1970), I, 815.) とする評価が生まれるのである。

(60) 更に、第五条において一方当事者の敵に対する他方当事者による援助が禁止されている。*CTS*, XV, 73–75.

(61) *CTS*, XV, 25–26.

(62) *CTS*, XV, 34.

(63) 一六七九年二月八（一八）日付ブランデンブルク選帝侯の抗議 (*CTS*, XV, 37–41.) の第四条でもウェストファリア条約が言及されている。

(64) *CTS*, XV, 6.「但し、本条約により明示的に逸脱することについてはこの限りではない。」

(65) *CTS*, XVI, 136. 尚、リュアードは、一六八一年の「ハーグ条約」によりナイメーヘン条約（及びウェストファリア条約）が保証されると共に、同条約には後に皇帝と仏が加入する、としている。Luard (1992), 297.

(66) *CTS*, XVI, 274–275.

(67) *CTS*, XVII, 130. 同条約前文でもウェストファリア条約及びナイメーヘン条約への言及がある。

(68) 例えば、一六八三年皇帝・西・瑞間条約前文 (*CTS*, XVI, 328.) で「ウェストファリア条約とナイメーヘン条約の維持」が述べられている。また、九六年の仏・サヴォワ間「トリノ条約」は、その第二条 (*CTS*, XXI, 196.) でＩＰＭを含む諸条約の効力の確認を行っている。

(69) *CTS*, XXI, 347–370.

(70) *CTS*, XXI, 371–408.

(71) *CTS*, XXI, 409–444.

(72) *CTS*, XXI, 453–506.

(73) CTS, XXII, 1–4.
(74) CTS, XXII, 5–78.
(75) ライスヴァイク条約における領域移譲に関しては、明石 (1992–1995)、㈥、一一–一二頁を見よ。
(76) CTS, XXII, 10, 24 *et* 26.
(77) CTS, XXI, 466.
(78) 一三（二三）日及び三〇日付。CTS, XXII, 427–435.
(79) ユトレヒト条約中の諸条約の構成はほぼ標準化されている。「講和条約」となる諸条約は、何れも次のような構成となっている。即ち、先ず前文において各条約の当事者を挙げ、続く第一条以下で、各条約の当事者及びその同盟者・関係者相互間に平和が存在すること、戦争中の敵対的行為についての恩赦及び忘却が為されることが共通して規定されている。更に、占領地の返還又はそのままの占拠を認めるといった領域処分や海外植民地の取扱いについての規定、或いは捕虜の解放手続についての規定等が設けられている。そして最後に、条約発効のための批准手続等についての規定がある。また「通商航海条約」では、各条約の当事者及びその臣民に対して、通商及び航海の自由が認められる地域等についての規定が設けられている。尚、講和条約と通商航海条約が別個の条約として締結されている場合が通常であるが、西蘭間では両方を合した条約が締結されている。
(80) CTS, XXVII, 335–340.
(81) CTS, XXVII, 397–401.
(82) CTS, XXVII, 405–408.
(83) CTS, XXVII, 409–418.
(84) CTS, XXVII, 465–474.
(85) CTS, XXVII, 475–501.
(86) CTS, XXVIII, 1–35.
(87) CTS, XXVIII, 37–82.
(88) CTS, XXVIII, 83–121.

(89) *CTS*, XXVIII, 123–140.

(90) *CTS*, XXVIII, 141–168.

(91) *CTS*, XXVIII, 169–181.

(92) *CTS*, XXVIII, 269–293.

(93) *CTS*, XXVIII, 295–324.

(94) *CTS*, XXVIII, 355–358.

(95) *CTS*, XXVIII, 429–455.

(96) *CTS*, XXIX, 97–128.

(97) *CTS*, XXIX, 201–213.

(98) 尚、スペイン継承戦争の終結過程では、一七一三年（一月二九（三〇）日の英蘭間バリアー (Barrier) 保証条約 (*CTS*, XXVII, 373–385.) も締結されている。同条約については、次の文献を見よ。Roelofsen (1991, c), 118.

(99) 尚、ユトレヒト条約の当事者に関して、次の三つの特色が指摘され得る。即ち、スペイン継承戦争の焦点となった仏西間の講和条約が締結されていないこと、皇帝は何らの講和条約（及び通商航海条約）も締結していないこと、プロイセンが主要当事者として登場していることである。第一点は、仏西が依然として交戦状態にあったという事情による。第二点は、他の参戦国が停戦に合意した後も皇帝は戦闘を継続したという事情による。結果的に皇帝は、ユトレヒト条約とは別に一七一四年三月六日付で仏西両国とラシュタット (Rastatt) 条約を締結している。（この同条約は「言わば、ユトレヒト条約締結の後奏曲 (Nachspiel) に過ぎない」(Vierhaus (1985), 493.) と評されている。）第三点は、ブランデンブルク選帝侯がスペイン継承戦争の勃発の際にプロイセン国王フリートリヒ＝ヴィルヘルム一世として戴冠したという事情による。（尚、普国王は帝国の選帝侯としては、依然仏・西と交戦状態にあった。Osiander (1994), 107.)

(100) *"Quandoquidem Regia sua Majestas Christianissima Pacem Westphalicam semper spectaverit, tanquam firmissimum fundamentum tranquillitatis publicae, amicitiaeque mutuae inter se & Electores, Principes ac Status Imperii, quos inter Dominus Rex Borussiae, ... Dominus Rex Christianissimus hanc sibi mentem esse declarat, ut praedicta Pax Westphalica, tam in sacris, quam in*

profanis sarta tectaque permaneat, perinde ac si hic ad verbum inserta esset." CTS, XXVIII, 145–146.

(101) 「帝国の宗教の状態に関するすべての事柄はウェストファリア条約の内容に従う。」CTS, XXVIII, 57–58.

(102) CTS, XXVII, 489.

(103) CTS, XXVIII, 134. 尚、ＩＰＭはその第九二条乃至第九七条において、サヴォワ公に関わる諸規定、特にマントワ公との間で生じていたモンフェッラートと巡る紛争についてのケラスコ条約の効力を確認する（第九二・九三条）規定を設けている。（第一部第一章第二節㈡及び註（98）を見よ。）

(104) 尚、西蘭間講和通商条約第一〇条は、ミュンスター条約の効力を確認する共に、同条約をこの西蘭間条約の基礎とするとしている。CTS, XXIX, 104.

(105) CTS, XXVII, 482.

(106) CTS, XXVIII, 299.

(107) CTS, XXXII, 400.

(108) CTS, XL, 339.

(109) CTS, XL, 457–473.

(110) CTS, XLVII, 153–176.

(111) CTS, XXXI, 132. この条約の第三条でもウェストファリア条約への言及がある。CTS, XXXI, 131–132.

(112) CTS, XXXI, 174. 尚、この条約の第二・三・六条でもウェストファリア条約への言及が為されている。

(113) CTS, XXXII, 43–44. 両当事者間の同年五月一日付の通商航海条約第四七条も同様である。CTS, XXXII, 143–145.

(114) CTS, XXXII, 430.

(115) CTS, XXIX, 5–6.

(116) CTS, XXIX. 145–146.

(117) CTS, XXXV, 195–196. この条約では、第一二・一三・一七条において再度ライスヴァイク条約及びバーデン条約が言及されている。

(118) CTS, XL, 285.
(119) CTS, XLVIII, 441.
(120) CTS, XXXVIII, 240. 尚、リュアードは、同条に列挙された条約の中にそれ以前の主要条約として唯一「ピレネー条約」（一六五九年）が含まれていないことを指摘し、その理由を、同条約がスペインにとって不名誉なものであり、また、ブルボン家によるスペイン継承（ユトレヒト条約による）という状況の中で同条約の効力を確認することにより問題を発生させることを回避したいという仏側の意図が働いたものと推測している。Luard (1992), 378, n.15 (note to Chapter 11).
(121) CTS, XLII, 284–285.
(122) 例えば、一七八〇年（六月二〇日付）のバーゼル・仏間のドイツ条約 (CTS, XLVII, 321–330.) 第一条を見よ。
(123) CTS, XXX, 9–18.
(124) CTS, XXX, 162.
(125) CTS, XXXII, 206.
(126) 尚、この同盟への蘭の加盟協定 (CTS, XXXII, 305–316.) が一七二六年八月九日付で作成されているが、その第二条で「ハノーファー条約第五条」が確認されている。CTS, XXXII, 309.
(127) ドゥフハルトは、一六四八年の諸文書に署名した範囲での条約当事者が「相互の友誼と静穏の基礎及び基本」(*basis et fundamentum mutuae amicitiae et tranquillitatis*) として「どれほど恒常的にウェストファリア条約を援用しているか」という問題に対して、「ピレネー条約に始まり、ナイメーヘン、ライスヴァイク、そして一七一三年及び一四年の諸条約（ユトレヒト・ラシュタット・バーデン）を経て一七七九年のテシェン (Teschen) 講和条約にまで継続する」とし、諸国がウェストファリア条約の平和秩序の援用を最終的に放棄するのは、ようやく革命・ナポレオン期においてであるという解答を与えている。(Duchhardt (1989), 531–532.)（この解答は「ウェストファリア条約の援用」という限りにおいて正しいものの、本書で試みているような、「援用の形態」（基礎なのか、基本法なのか等々）については意識されていない。）但し、当時の諸条約においてウェストファリア条約への言及が「恒常的に」行われていたとまでは言えず、当時の欧州社会全般にとって重要と考えられる条約であっても、ウェストファリア条約に関して完全に沈黙しているものがある（例えば、「七年戦争」を終結させた一七六三年の「フベルツスブルク条約」（墺普間講和条約 (CTS, XLII, 347–359.) 及び普・ポーランド（ザクセン）間講和条約 (CTS, xlii, 361–386.)）。

（128） このウェストファリア条約の効力の間接的確認に関連して、ユトレヒト条約以降の多数の条約においてユトレヒト条約の効力の確認が為されているという事実が指摘される。このことについて、カルヴォーは、ユトレヒト条約以降フランス革命期に至るまでの「全ての」条約がユトレヒト条約を確認すると強調した上で、その時期の主要条約で同条約に言及しないものとして、一八〇一年のリューネヴィル (Lunéville) 条約とその翌年のアミアン (Amiens) 講和条約を挙げるが、それでも一八一四年のパリ条約ではユトレヒト条約が再確認されることを指摘している。(Calvo (1892), 16.) また、ホィートンは、「リューネヴィル条約及びアミアン条約」に至るまでユトレヒト条約は「大陸及び海洋の列強間の一連の講和条約において恒常的に更新され、確認された」とし、それら諸条約中でユトレヒト条約の内容に実質的変更をもたらしているのは、両シシリーの帰属を変更した一七三八年ヴィーン条約だけであるとしている。(Wheaton (1845), 87–88.) そのため、国際法の実定的体系の発達という点では、ユトレヒト条約をより重視する考え方が提示されることになる。例えばトゥイスは、勢力均衡に基礎付けられたユトレヒト条約による欧州実定法の体系がフランス革命期まで継続するとしている。(Twiss (1861), 152–153.)

（129） 但し、これについて、我々は次のことを注意すべきであろう。即ち、ウェストファリア条約において条約当事者間に「普遍的且つ永続的な平和と真実にして誠実なる友好」が存在する（共通第一条）ことが合意されながら、結果的にその精神に反してその後に一連の戦争が遂行されている。この点を考慮すれば、ウェストファリア条約の遵守を後の講和条約に明示するという事実は、現実にはウェストファリア条約の規定及び精神が侵害され易かったことを証明するものとも言えよう。この点に関しては、ナイメーヘン条約以降の諸条約をウェストファリア体制の絶対性に対する闘争と位置付け、同体制の改定又は確認を巡る問題であるとする理解 (Duchhardt (1976), 2–3.) によっても、裏打ちされるであろう。それゆえ、例えば、ナイメーヘン条約について、同条約が生み出すものが「停戦状態に過ぎない」(Vierhaus (1985), 485.) との評価が生まれることになる。そして、現実にルイ一四世のフランスを中心とする戦争が、再び欧州に混乱をもたらすことになり、更にまた、その「停戦状態」をもたらすものとして、ライスヴァイク条約が締結されることになるのである。

（130） CTS, XXVII, 484–486.

(131) CTS, XXVIII, 304–306.

(132) 但し、ユトレヒト条約における領域処分関連規定の全てが履行されたのではない。例えば、ダンケルクを私略船の根拠地として使用させないという仏側に課された義務は履行されず、英仏間の紛争の原因となったという。Black (1986), 7–8.

(133) 但し、一見したところ帝国外の問題とは無関係に思われる規定であっても、間接的に関係を有することはある。例えば、ウェストファリア条約中の宗教関連規定は帝国内の問題を処理するものであったために、国家間関係に対して本来的に意味を持たないことになるが、次のような事例も存在した。

　ナイメーヘン条約中の仏・ミュンスター間条約第九条で宗教問題に関してウェストファリア条約に従って一六二四年の宗教状態が回復されることが規定され、また、ユトレヒト条約中の仏蘭間講和友好条約の第三三条 (CTS, XXVIII, 57–58.) や英仏間講和友好条約第二一条 (CTS, XXVII, 489.) により帝国内の宗教の状態に関してウェストファリア条約の効力が確認されていた。そのような中で、ライスヴァイク条約中の皇帝・仏間条約の第四条は、プファルツ継承戦争中に仏軍が占領した地域の皇帝及び帝国等族への返還を規定し、それらの地域のカトリック派の状況は「現状のまま」(*in statu quo*) であるとされたが、これは概ねカルヴァン派であるプファルツの地にカトリックの教会制度が維持されることを意味した。（この条文は仏側の提案により挿入された。）その結果、「ウェストファリア条約により確立された信仰上の保障に殆ど確実に違背するものであったため、殆どのプロテスタント派等族は同条項を批准しなかったし、後のスペイン継承戦争を終結させた諸条約［ユトレヒト条約］における同条項の再確認も批准しなかった」という事態を招いたのである。(Walker, M. (1981), 71–72.)（尚、ウォーカーは、この規定について、宗教問題を巡る一八世紀初頭の国制上の諸問題の中で最もドイツのプロテスタント派の（反宗教改革への）不安を想起させるものであったとしている。また、ライスヴァイク条約におけるプファルツ内の教会の取扱いに関しては、次の文献を見よ。Flegel (1998), 271–279.)

　このように、一八世紀初頭においてもなお、ウェストファリア条約による帝国内の宗教問題の処理が欧州国家間関係に影響を及ぼす場合があった（また同時に、プロテスタント派帝国等族にとって、ウェストファリア条約が自己の宗教的地位の保障にとって重要であるとの認識が存在した）のである。

(134) IPO, XVII, 2 (IPM, 112): *“Pro maiori etiam horum omnium et singulorum pactorum firmitudine et securitate sit haec transactio*

perpetua lex et pragmatica Imperii sanctio imposterum aeque ac aliae leges et constitutiones fundamentales Imperii nominatim proximo Imperii recessui ipsique capitulationi Caesareae inserenda, obligans non minus absentes quam praesentes, ecclesiasticos aeque ac politicos, sive status Imperii sint sive non, eoque tam Caesareis procerumque consiliariis et officialibus quam tribunalium omnium iudicibus et assessoribus tanquam regula, quam perpetuo sequantur, praescripta."

(135) Steiger (1998, b), 33.

(136) Bodin (1583), 137.

(137) Dennert (1964), 66–67.

(138) 或る論者は、「神聖ローマ帝国の帝国基本法 (die Reichsgrundgesetzen)」について、「比較的古いドイツ国法学（所謂『帝国公法学』(Reichspublizistik)）は、帝国法であって、その中で帝国国制の法的基礎 (Rechtsgrundlagen) が規定されたもの、と理解した」とする。Buschmann (1998), 21.

(139) Dennert (1964), 16. 尚、基本法（及び国制 (Verfassung)）の観念史については、次の文献も参考にした。Jellinek (1921), 505–531: Schmitt (1928), 42–60.

(140) Dickmann (1965), 10.

(141) *Zeumer* (1913), 309.

(142) Conrad (1966), 360. カール＝シュミットは、本章前註（139）に挙げたイェリネクの説に反論するかたちで、ウェストファリア条約以前の国法学の文献、一三五六年の金印勅書、複数の皇帝選挙協約、更には帝国議会最終決定の中に基本法という言葉が登場すると主張している。Schmitt (1928), 48, Anm.1.

(143) *Geschichtliche Grundbegriffe*, VI, 852.

(144) Krause, P. (1999), 23.

(145) Buschmann (1998), 21.

(146) *Zeumer* (1904), 383.

(147) Buschmann (1998), 21, Anm.1. また、一七一一年七月八日の「永久選挙協約」(die beständige Wahlkapitulation) 草案におい

ても、ＩＰＯ及びＩＰＭが金印勅書等と並んで皇帝により遵守される旨が規定され、しかもＩＰＯ及びＩＰＭには「しかしながら、格別に」(sonderlich aber) という表現が加えられているという。Dickmann (1965), 9.

(148) Buschmann (1998), 21, Anm.1. その例として、ブッシュマンは次の文献を挙げている。J. F. Pfeffinger, *Vitriarius illustratus seu Institutiones juris publici* (Gotha, 1698), 19.

(149) Textor (1680), 85–86. 第一一章では、更に、第一二乃至一四節においても（「国家の安寧が最高の法」(*Salus Reipublicae, suprema lex esto*) と「事情変更」(*rebus ita stantibus*) という二つの原則との関連で）ＩＰＯ及びＩＰＭを「基本法」(*lex fundamentalis*) として位置付けた議論が展開されている。Textor (1680), 88–89.

(150) Glafey (1752), Cap.VIII, §8 (355–356). また、Glafey (1752), Cap.VIII, §21 でも「基本法」という言葉は登場する。（但し、ここではウェストファリア条約への明示的言及はない。）

(151) 例えば、次の文献を見よ。Günter (1787/1792), I, 123–124. ギュンターは「基本法」(die Grundgesetze)（複数）という言葉を使用しているが、その文脈から判断するならば、ウェストファリア条約が「帝国の基本法」の一部であると解される。

(152) Moser (1737), 30–31. このモーザーの認識は、当時の「全ての帝国公法学者 (Reichspublizisten)」に妥当したものであったとされている。*Geschichtliche Grundbegriffe*, VI, 857.

(153) Moser (1737), 31–32.

(154) Moser (1737), 83–105.

(155) Moser (1737), 105–119.

(156) Moser (1737), 119–178.

(157) Moser (1737), 390–498.

(158) Moser (1754), 35–36. 尚、『現代ドイツ帝国国制概説』の「新序文」(Neue Vorrede) によれば、それ以前の諸版に多数の誤植があったものを改訂したものがこの（一七五四年）版であるとされている。同書中にはその初版の書誌に関する記述はないが、「旧序文」(Alte Vorrede) の内容や表題の類似性からして、Moser (1731) が初版であると推測される。

(159) Krause, P. (1999), 42. イェリネクは明確に「ドイツ帝国国法 (das deutsche Reichsstaatsrecht) はウェストファリア条約以降

に基本法の観念を知る」としている。Jellinek (1921), 509.

(160) ＩＰＯ第一七条第三項（ＩＰＭ第一一三条）に含まれるものは帝国内の諸々の処分が中心となっているが、「教皇との協約」(*concordata cum Pontificibus*) については、帝国外との存在との合意であって、帝国外諸勢力との「条約」も排除されていないとの解釈することも可能であるかに思われる。しかし、これは、既述（第一部第五章第四節）のように、教皇のウェストファリア条約に対する批判を予測して含まれた事項であって、教皇の地位の特殊性故に帝国内の宗教問題に関わるものに限定されるものと解される。

(161) マレットケは、ＩＰＯ第一七条第五項及び六項に規定されたシステムについて次のような理解を示している。「平和の保証に捧げられた諸規定は主権的君主・諸侯間に発生する紛争の処理のための超国家的制度の設定を予定していない以上、主権者間の紛争が発生した場合には、現実には、司法的手段は除外されていた。仲裁手続の援用のみが残されていたのである。しかし、この手続は［条約の］規定中には明確にされなかった。結局、平和の保証者が、侵害を受けた当事者からの訴を予め受領することなく主導権を握る可能性を有するのかについての疑問は未解決のままであったのである。」Malettke (2000), 65.

(162) このような理解は一九世紀以降の多くの文献に登場する。その若干の例として、以下の文献を見よ。Phillimore, R. (1854), I, 447–483: Lorimer (1883), II, 197–212: Stieglitz (1893), 38–39: Oppenheim, L. (1905), 60–61: Bull (1990), 76: Heater (1992), Chap. 5. これらの他、詳細な理由を付すことなく、ウェストファリア条約に勢力均衡原則（規範）を見出すという見解はしばしば見受けられる。一例として、次の文献を見よ。Fauchille (1922), 14–15.

(163) このような解釈の若干の例として、次の文献を見よ。Stieglitz (1893), I, 38–39: Heater (1992), Chap. 5.

(164) ウェストファリア条約以降の諸条約における「勢力均衡」観念の扱いについては、明石 (1998)、四九–八四頁を見よ。高坂によれば、遅くともユトレヒト条約締結の時点で、それ以前のフランスの膨張主義的政策に典型的に見られた「如何に自国が覇権を握るか」という発想から「如何に他国が覇権を握ることを妨げるか」という発想への転換があったと見ることができ、それまでのフランスの覇権主義に代わる斯かる発想の転換には、「勢力均衡原則によって相当満足すべき国際秩序が可能になるという楽観主義があった」（高坂 (1978)、五頁）という。

(165) *CTS*, XXVII, 482–483.

(166) "*[A]d firmandam stabiliendamque Pacem ac Tranquillitatem Christiani Orbis, justo Potentiae Aequilibrio ... tam Rex Catholicus quam Rex Christianissimus, satis justis cautelis provisum esse voluerint, ne Regna Hispaniae & Galliae unquam sub eodem Imperio veniant & uniantur, nec unquam unus & idem utriusque Regni Rex fiat.*" *CTS*, XXVIII, 299–300.

(167) 例えば、仏蘭間講和友好条約第三一条 (*CTS*, XXVIII, 56–57.)、サヴォワ・西間講和条約第三条 (*CTS*, XXVIII, 274–277.) にも、「欧州の勢力均衡」のために西仏両王冠の分離を確保する旨の規定がある。

(168) 以上の議論は、「条約の明文規定」としての勢力均衡観念の存在を問題とするものであって、「勢力均衡」という観念がユトレヒト条約以前に存在しなかったことを主張するものではない。それ以前の時代の政治家や思想家であってもこの観念を有する者が存在していたし、現実の外交の場においても、例えば、スペイン継承戦争勃発以前の一六九八年に仏・英・蘭間で西領の分割条約 (*CTS*, XXII, 197–206.) が合意される際に、ヴィレム（ウィリアム）三世は「大陸の平和と勢力均衡の維持のため」にこの条約に合意するようルイ一四世に説得されたと伝えられている。(Wheaton (1845), 85.) また、一六八〇年代末から九〇年代初めにかけて同じくヴィレム三世の主導で作られた対仏同盟を勢力均衡の明白な実例とする見解 (Doyle (1992), 266.) や勢力均衡概念が三十年戦争の終了以前から存在していたとする見解 (Armstrong (1993), 34–35.) もある。更に遡って、一四世紀以降のイタリア都市国家間の関係に勢力均衡を見出すという議論は、或る程度の説得力を有する。（例えば、次の文献を見よ。Nys (1893), 34–40. この他に、古代ギリシャの勢力均衡については、次の文献を見よ。Wheaton (1845), 16–20.

(169) また（仮に、ウェストファリア条約擁護義務が「勢力均衡」原則の遂行に資するとして）「勢力均衡」は「覇権国」の登場を阻止することによって、安定した国家間関係の創出を阻害するであろう。これらのことを理由として、ウェストファリア条約は戦争発生防止のために殆ど機能しないと考えられるのである。この点については、次の文献も見よ。Boucher (2001), 565–566.

(170) ウェストファリア条約における勢力均衡観念の存在の有無については、次の拙稿を見よ。明石 (1998)、五四–五七頁。更に、ユトレヒト条約以降の諸条約における勢力均衡関連条項を見るならば、その時期の条約が導入した勢力均衡によってウェストファリア条約を擁護するとの思考に基づいていること（逆に言えば、ウェストファリア条約には勢力均衡観念が存在していないこと）が理解される。

例えば、前節で触れられた一七二五年の英・仏・普間（ハノーファー）同盟条約では、先ずその前文において二度にわたり「欧州の平穏」が言及された後に、第四条で当事者共通の利益と共に「一般的平和の利益を保護するために極めて重要である欧州の勢力均衡の維持」に反する条約を各当事国が締結しない旨が約束されている。（*CTS*, XXXII, 206. この同盟条約には一七二七年三月一四日付でスウェーデンが加入している。*CTS*, XXXII, 385–395.）そして、この同盟条約では、帝国の平穏のみならず欧州全般の平穏の維持という観点からウェストファリア条約及びその他の条約がドイツの平穏や自由等の基礎として維持されるとされていた。つまり、ここではウェストファリア条約が欧州全般の平穏の基礎であると明確に述べられているのではないが、欧州全般の平穏の（重要な）一部分としてのドイツの平穏の基礎であることは明示されている。そして「欧州全般の平穏」と「一般的平和」を同義であると捉えるならば、ウェストファリア条約が基礎となる帝国の平穏もまた勢力均衡の維持によって保護されるのである。

また、（これも前節で触れられた）一七三八年皇帝・仏国王間（ヴィーン）講和条約では、その第三条でウェストファリア条約及びその他の条約がこの講和の基礎とされ、第七条でこの講和以前の交渉を通じて「欧州共通の、そして特に、イタリアの平穏」（*communis Europae, et Italiae inprimis, tranquillitas*）が確保されたことが説明された上で、第一〇条において「欧州における永続的勢力均衡の維持のため（*pro conservando duraturo in Europa aequilibrio*）の手段（*ratio*）の考案」が「公共の平穏」を継続させるための絶対条件であるとの考慮のもとで具体的条項が定められている。（*CTS*, XXXV, 194–208.）ここでは、ウェストファリア条約を基礎とするこの講和が、確保された「欧州共通の、そして特に、イタリアの平穏」を継続させることを目的としているものと解され、そのために勢力均衡維持の手段や方策が規定されている。つまり、基礎であるウェストファリア条約を含むこの講和は勢力均衡によってはじめて継続し得るとの認識が示されているのであり、したがって、ウェストファリア条約自体も勢力均衡によって維持されることになるのである。

(171) Koch (1796–1797), I, 4.
(172) Holtzendorff (1885), 387.
(173) Hershey (1912, b), 56.
(174) Despagnet (1899), 18.

(175) Duchhardt (1989), 532–533.

(176) Ziegler, K.-H. (1999, a), 131–132.

(177) Ziegler, K.-H. (1999, a), 150. 更に、同条約の後世への影響として、宗教が国家間関係においてもはや何らの決定的役割をも演じ得なくなったこと、諸国家がその大きさや国家形態に拘ることなく原則として国際社会の平等な参加者となったこと、講和条約締結が戦争当事者相互の和解と善隣関係へ導くようになったこと、紛争が可能な限り平和的方法によって解決されねばならない（但し、やむを得ない場合には平和的秩序の防衛のために武器が執られる。）とされたことが指摘されている。

(178) Ziegler, K.-H. (1999, a), 150. ツィークラーは次の論考でも同様の趣旨を展開している。Ziegler, K.-H. (1999, b), 99–117.

(179) Steiger (1998, b), 80.

(180) しかし、シュタイガーは最後に次の一文を付け加えている。「だが、欧州国際法 (das europäische Völkerrecht) 或いは欧州公法 (le droit public de l'Europe) を成立させるためには、多大な一層の発展、明確化、そして補完が必要とされたのである。」Steiger (1998, b), 80.

(181) Schröder, M (1999), 131. シュレーダーはまた、ウェストファリア条約が「一見したところ、『欧州諸国の基本法』に、そして欧州公法の構成要素になりえない」ことの理由として、欧州の主要国が条約当事国として含まれていなかったことを挙げている。Schröder, M. (1999), 122. しかし、この点については、第一部第一章第三節で論じられたウェストファリア条約の「当事者」の解釈に依拠すべきものであって、安易に評価されるべきではない。

(182) Schröder, M (1999), 131.

(183) 但し、シュレーダーは、これらの点は「ウェストファリア条約の影響を小さく見積もる充分な根拠ではあり得ない」とする。なぜならば、「法制史上の現象の意義は現代的観点からのみ決定されるべきではなく、発達の中間段階にも照らして評価されねばならない」からである。(Schröder, M. (1999), 131–132.) 彼は、別の箇所においても、現代の国際法理論や国際社会の構造に照らして見た場合に、ウェストファリア条約自体はさほど高く評価されないが、むしろ重要なことは歴史総体の中で文脈に沿って同条約を評価することであると主張している。(Schröder, M. (1999), 122.) このような主張は、本書の「結論」㈥の論旨にも関連する。

(184) Lesaffer (1999), 295.

(185) この点に関しては、次の文献を見よ。Lesaffer (1999), 296.

(186) Malettke (2000), 64.

(187) 類似の見解を示す論考として、次の文献を見よ。Mirabelli (1929), 9–10.

第四章

国際法学説における「ウェストファリア神話」の形成

――一七世紀後半から一九世紀の「国際法」関連文献の検討を通じて――

はじめに[1]

既に本書「序論」において論じられたように、これまでに提起されたウェストファリア神話批判は、批判自体としては正当なものであるとは思われるが、幾つかの問題点を内包している。本章はそれらの中から、「神話」が何時発生したのかという点を考察の対象とする。

この問題点に関しては、オヅィアンダーは、「国際関係論における一六四八年に関する誤解を招き易い言説の多くは頻繁に引用されるレオ＝グロスの一九四八年の論文に直接的又は間接的に由来する」[2]と考え、一九四八年のグロスの論文に[3]「神話」発生の原因を見出している。しかし、この見解には明確な根拠が示されておらず、単なる憶測であるように思われる。また、ルサフェールは、一九九七年の論考で、ウェストファリア条約を講和・基本法・宗教といった三つの側面における解決として評価しつつも[4]、一七・一八世紀の学説によって同条約に付与された重要性は「本当に条約自体に基づくものなのかそれとも後の解釈に基づくものなのか」[5]との疑問を提起し、後世の解釈によるものであることを示唆しているが、彼もまた明確な根拠を挙げていない。

そこで本章では、ウェストファリア条約締結後の一七世紀中葉以降の「国際法」関連文献（主として、概説書）における同条約と同条約に密接に関連する神聖ローマ帝国の国制への言及を検討することを通じて、何時そしてどのように同条約を巡る「神話」が登場したのかを考察することとしたい。（但し、帝国との関連の考察は一九世紀初頭までの、実際に帝国が存続していた時期までの文献における記述にとどめる。また、考察対象については、ドイツ内の学者による著作であるか否かを区分の基準として用いる。これは、帝国を中心とする問題であることを考慮した結果である。）

㈠　ドイツの諸学者

1　プーフェンドルフ

(i)　『自然法及び国際法論』（一六七二年）

一七世紀後半ドイツの代表的な法学者プーフェンドルフ (Samuel von Pufendorf) の国際法関連著作として最重要なものと評価されるものが、一六七二年に上梓された『自然法及び国際法論』(*De jure naturae et gentium libri octo*) である。以下では、同書における帝国国制への言及から検討を始めることとしたい。

『自然法及び国際法論』の第七巻第五章「国家の諸形態について」(*De formis rerumpublicarum*) では、多様な国制について論じられている。その第一三節「近年の論者の混合国家について」(*De recentiorum mixta republica*) においては、至高の主権の内容の若干が分割されて一国内の諸部分が異なる者によって統治され、それらの者が各々に独立しているが、分与されていない主権の部分については、それらの者は依然として臣民としての地位に留まるという理論が紹介されている。(6) これは、帝国の状態を指すものと理解される。実際に、その直後の第一四節「不規則な国家の本質は何処に存するか」(*In quo consistat natura irregularium rerump.*) で、不規則な国制について論じられ、(7) 更に第一五節ではドイツ帝国が明示的に言及されるのである。

『自然法及び国際法論』における帝国国制への明示的言及はこの箇所のみであるように思われる。また、ウェストファリア条約が明示的に引用乃至援用された箇所は見出されない。それは、例えば、「講和条約」(8) や「(同盟)条約」(9) といった同条約への言及が不可欠であると推測される章においても同様である。

それでは、以上のように『自然法及び国際法論』において帝国国制やウェストファリア条約への言及が殆ど見られないという事実は、プーフェンドルフが当時の帝国の事情に無関心であったこと意味するのであろうか。この点を考察する際に参考になるのは、『国際法古典叢書』中の『自然法及び国際法論』に付されたジモンス（W. Simons）による「序論」（Einleitung）である。ジモンスによれば、例えば、遺言による土地贈与についてプーフェンドルフが否定的見解を示している箇所には[10]、かつての彼の主君であったブランデンブルク選帝侯が動産と同様に土地の遺贈を行ったことに対する抗議の意図が込められているという。[11] また、価格に関する彼の議論[12]は三十年戦争後（まさに彼が生きた時代）における経済全般の苦境を反映したものであるとされる。[13] 更に、臣民の地位及び名誉を決定する主権者の権能に関する議論[14]に大きな紙幅（三一頁）が割かれているのは当時の地位・名誉問題の重要性が反映されているとされている。[15] ジモンスの他にも、シュレーダー（P. Schröder）が、『自然法及び国際法論』における主権に関する議論[16]が（抽象化されてはいるものの）帝国の状況を説明するものであることを指摘している。[17]

以上のような理解や解釈に従うならば、『自然法及び国際法論』においてプーフェンドルフが同時代の帝国国制上の出来事に無関心であったとは考え難い。[18] それにも拘らず、何故に前に見た帝国やウェストファリア条約への具体的言及を避けるかのような記述内容となったのであろうか。この問題を考える際に留意されるべきことは、同書において示されている彼の「国際法」認識である。

『自然法及び国際法論』においてプーフェンドルフは、「国際法」（*jus gentium*）とは専ら自然法であり、自然法として以外に国際法は存在しないという前提に立つため、自然法に抵触する国際法は存在しないこととなり、国際法についての独自の議論は不要であるとし[19]、また、同盟（条約）（*foedus*）や講和（条約）（*pacificatio*）と呼ばれるような個別の協定（*peculiaria conventa*）については、それらを法（*jus*）或いは法律（*lex*）と呼ぶことは正しくないとする。なぜならば、「それらはむしろ歴史が自己に属するものと主張する」（*cum potius historia sibi eadem vindicet*）

事項だからである。[20] 即ち、個別の条約は、歴史的事実の問題であるがゆえに歴史学の対象であって、彼の国際法の体系に関する考察の対象とはされないのである。[21]

このように、プーフェンドルフの国際法理論体系中でウェストファリア条約が主要な考察対象とされなかったことは、彼の「国際法」認識に由来する一つの論理的帰結であって、帝国の実情に対する彼の関心が希薄であったことによるのではないと考えられるのである。それでは、彼の帝国に対する関心はどのように表明されたのであろうか。それを説明するものとして、次に彼の別の著作を採り上げることとしたい。

(ii) 『ドイツ帝国国制論』(一六六七年)

ウェストファリア条約によって設定された帝国国制に関して最も頻繁に引用されてきた言葉は、一六六七年[22]にモンツァンバノ (Severinus de Monzambano) の変名でプーフェンドルフが公刊した『ドイツ帝国国制論』(*De Statu Imperii Germanici*)[23] における帝国を「何か変則的で、怪物に類似したもの」(*irregulare aliquod corpus et monstro simile*) とする評言であろう。この評言の本来の意図が何であったのかについての解釈は分かれている。[24] しかし、その表題が示す通り、この著作が帝国国制を正面から論ずるものであることは疑い得ないし、そこにはウェストファリア条約以降の帝国国制に対する何らかの実践的意図を読み取ることすら可能である。[25] それでは、同書においてウェストファリア条約はどのような扱いを受けているのであろうか。

『ドイツ帝国国制論』の中でウェストファリア条約への言及が最も頻繁に見られるは、皇帝の権能について論じられている第五章である。その第一二節では、宗教上の講和との関連においてウェストファリア条約に言及され、IPO第五条により最終的に宗教問題について恒久的な秩序がもたらされたとの評価や、宗教事項に関する回復の基準日(一六二四年一月一日)や宗教決定権等の説明が行われている。また、同章第二五節では帝国議会の召集に関連してプロテスタント派等族の議席を巡り、第二六節では帝国議会における討議事項に関連して予算承認の方式について未確定であることを巡り、各々ＩＰＯへの言及がある。更にまた、同章第二八節では、等族への「最高支配権」(*summum imperium*) の帰属が論じられる中で、ＩＰＯ第八条第二項が紹介された後に、等族が行使し得る個別の権能が列挙されている。

このように『ドイツ帝国国制論』では、ウェストファリア条約の存在が意識され、同条約に関する詳細な事項についても論じられている。そして、議論の中心は皇帝の権能を巡る諸問題であり、また、皇帝との関係における帝国等族の権能を巡る諸問題も扱われている。別の観点から見るならば、帝国外の存在との法的関係という意味における「国際法」的な側面からは同条約は論じられていないことが理解されるのである。

(iii) 評　価

以上に瞥見してきたことから理解されるように、プーフェンドルフにとって当時の帝国国制は多大な学問的関心の対象であり、またウェストファリア条約についても同様であった。(しかも、帝国国制の現実とその将来像をも見据えた実践的意図を彼は有し、そのような意図の中で議論は展開されている。) したがって、『自然法及び国際法論』に見られるような事例への言及が少ないという現象は、彼が当時の社会状況に無関心であったのではなく、それらを認識した上でもなお、彼の「国際法」認識とそれにより規定される方法論からの帰結であったと解すべきであろう。

しかしながら、本書の問題意識との関連においては、次の点がより重要となる。即ち、プーフェンドルフの著作においては、帝国国制や帝国等族を巡る問題が「国際法」上の議論の対象ともされている(『自然法及び国際法論』) のに対して、ウェストファリア条約は帝国国制の枠内でのみ論じられている(『ドイツ帝国国制論』) という点であり、また、同条約を「帝国の基本法」や「欧州の基本法」と位置付けるような記述は見出されないという点である。(26)

2　ラッヘル（『自然法及び国際法論』（一六七六年））

ホルシュタイン出身のラッヘル（Samuel Rachel）の「国際法」関連の主著である『自然法及び国際法論』（*De jure naturae et gentium dissertationes*）（一六七六年）は、「第一論文」（*Dissertatio Prima*）と「第二論文」（*Dissertatio Altera*）の二部構成となっており、前者は三つの論考（*De jure naturae: De virtute morali: De bona indole*）から、後者は一論考（*De jure gentium*）から成っている。第一論文においては、帝国やウェストファリア条約に関連する記述は見出されないが、第二論文ではそれらに関する次のような記述が登場する。

先ず、帝国に関しては、第一一九章乃至第一二一章で論じられているが、特に、第一二一章で、（コンリンクの著作（Conring, *De pace perpetua inter Imperii Ordines*, sec.2, concl.17）を引用の上で）帝国の状況について、帝国等族の分裂の傾向が日毎に強まっており、また、帝国等族が帝国との紐帯の重要性を理解せず、或る者は自己の武力を信頼して、他の者は帝国外の勢力と結び付くだけでなく、一般的安全や安寧に対して充分な考慮を払わないままに敵を帝国内に導き入れてさえいる、との慨嘆が述べられている。[27] 更に、第一〇五章では、使節権（*jus legationis*）を巡る実行について、仏国王と皇帝の間で生じた事例が挙げられている。[28]

以上のような帝国への言及と同様、ウェストファリア条約も次のような文脈の中で言及されている。

ラッヘルは、国際法の第一の種類である「共通国際法」（*Jus Gentium Commune*）の具体例について第三七章乃至第七二章で論じた後に、第七三章以下で若干の諸国民間の慣習又は明示的合意によって成立する「固有の国際法」（*Jus Gentium Proprium*）について論じ、「共通国際法」が厳格であるのに対して、「固有の国際法」はその厳格さを緩和するものであるとする（第七四章）。そして、「固有の国際法」を「公的協約」（*Conventiones publicae*）であるとした後に、第七六章で公的協約（即ち、固有の国際法）は「より広範に及ぶもの」（*latius patens*）と「より狭い範囲に及ぶもの」（*arctius patens*）に区分され得るとする。そして、前者においては充分に多数の国家が結合し、後者では極少数のみであるとする。その上で、前者に該当する講和のための「公的協約」の好例として、ドイツ (*Germania*) の「講和文書」(*Instrumentum pacis*) を挙げている。それは、その文書が、広範な義務を含んでおり、「帝国等族のみならず、欧州の主要国を包摂している」からである。(更に同章では、同講和がナイメーヘンにおいて継承される運命にあるとしている。[29]) ここでいう「講和文書」とは、文脈から考えてウェストファリア条約であると理解される。

更に、第七七章では、講和に関する「公的協約」には、主要なものと付随的なものがあるとする。前者は主要目的(講和)自体に関するもので、後者は賠償や保護といった講和達成以降の事柄を含むものである。「保証」も付属的なものであるが、前述の「講和文書」、即ち、ウェストファリア条約はその第一七条 (sec. *"Pax vero conclusa etc."*) の保証によって支持されているとする。[30]

以上のように、ラッヘルは帝国国制への言及を行うと同時に、「国際法」を巡る彼の一般理論の枠組の中でウェストファリア条約を位置付けているのである。

3　テクストル(『国際法要論』)(一六八〇年)

テクストル (Johann Wolfgang Textor) は「法律家、プファルツ選帝侯の顧問官であり、同選帝侯の大学［即ち、ハイデルベルク大学］の法学第一教授」という肩書を付して、一六八〇年に『国際法要論』(*Synopsis iuris gentium*) を公刊している。

同書では神聖ローマ帝国を題材とする議論が若干の箇所で展開されている。例えば、第一二章「官職、報酬及び懲戒について」(*De magistratibus, praemiis, et poenis*) の第一二節以下では、ドイツ諸侯を *"magistratus"* (即ち、「官吏」又は「王侯」) とみなすべきか否かについて論じられているが、テクストルは、ドイツ諸侯が厳格な意味での *"magistratus"* (「官吏」) よりも優越した地位にあるものの、何らかの上位者を認める点ではこの言葉が妥当する場合もあるとする。[31] また、第二六章「中立法について」(*De jure neutralitatis*) では、その第一節で「近年の独・仏戦争」(*bellum nuperum Germanico-Gallicum*) に際して、ポーランド王・モスクワ大公及びその他の諸君主が「何らかの中立であったと言われ得る」(*medi aliqui vel neutrales dici possint*) とすると共に、[32] 第五節以下では等族一般の中立が上位者の意思に従属しないとして、帝国内における関連事例が挙げられている（一六四一年の帝国決定）。[33] またこの他にも、三十年戦争[34]に言及されている箇所が見受けられる。[35]

しかしながら、テクストルのこの著書で注目すべき事柄は、帝国国制や国際法上の制度を論ずる際に、ウェストファリア条約を引用することが多いという事実である。例えば、第一四章「使節及び全権について」(*De legatis ac plenipotentiariis*) では、同条約への言及が次のように行われている。先ず、同章の第七節では、帝国等族にも使節権が認められるとされるが、それを支える論理は、ＩＰＯ第八条で帝国等族に同盟権が認められているのであるから、その前提として同盟のための交渉を行う権利が当然存在するというものである。次に、第八節では、そのようにして承認される帝国等族の使節権は記憶に残らないほど以前から行使されていたとされ、また、ナイメーヘン条約交渉の際のブラオンシュヴァイク＝リューネブルク公家の実行がそれを充分に例証しているとされている。[36] 更に、第六五節では、条約交渉における全権委員に対して発された秘密指令について、ＩＰＯ及びＩＰＭとナイメーヘン条約の交渉時の事例を引いている。そして、それに続く二節では、全権委員による条約作成の後にも批准を要することについて、同じくこれらの条約における事例が引用されている。[37]

第一四章と同様に、第二〇章「講和及びその仲介者について」(*De pace et ejus mediatoribus*) においても、先ず、その第九・一〇節で講和条約締結の権利を臣下が有することを示した重要な事例としてＩＰＯ及びＩＰＭが挙げられ、第一一節ではＩＰＯ第一七条第七項（ＩＰＭ第一一六条第二文）において規定される帝国等族の紛争の平和的解決義務の存在が指摘されている。更に、第二六節では、ＩＰＯ及びＩＰＭの執行に関して帝国等族の同意を要することが挙げられ、第六〇節では「仲介者」に関してIPO及びIPM（条文への言及はIPO第一七条 sec. *"veruntamen"*）への言及が行われている。[38]

以上の他にも、第一〇章「国家及びその諸権利について」(*De rebuspublicis earumque juribus*) では、国家の独立の獲得方法についての考察（第八節乃至第一一節）が行われた後に、武力による独立よりも、合意によるものの方が賢明であることが指摘され、その例としてスイス諸邦の同盟が挙げられ、IPO第六条及びIPM第六一条に言及されている。[39] また、テクストルは、第二一章「講和の批准、執行及び保証について」(*De ratificatione, executione et guarantia pacis*) の第一節でも、講和条約の批准の必要性について論じる中で、IPO第一七条第一項とそれに内容上相当するIPM第一一一条を一六五四年の帝国決定の規定 (sec. *"Setzen demnach ordnen, etc."*) と共に挙げ、同章第一一節では、講和条約の執行を担当する者が、当該条約全体ではなく、その一部のみを担当することがあるとし、その例をIPOに規定されたスウェーデンへの金銭賠償の支払いを一定のクライス（の諸侯）に負担させる旨を「講和の執行に関する帝国決定」によって決定した（テクストルはこれにより当該負担者はそれ以外を執行し得ないとする）ことに求めるなど、帝国国制及び国際法上の制度の説明のための事例として、ウェストファリア条約を頻繁に引用しているのである。[40]

このようなテクストルの態度は、ウェストファリア条約に対する彼の次のような評価によるものと考えられる。即ち、彼は、同書第二一章第二一節において、講和条約一般の執行に関して、同条約では「回復されるべきものの諸点を巡り慎重な考慮が払われ」(*caute est observata circa punctum restituendorum*) ており、戦前の多様な状況を考慮して、講和の後に直ちに回復されるべき事柄と時間をおいて後に回復されるべきものが区分されているとして、同条約による慎重な解決を肯定的に捉えているのである。[41]

以上のように、テクストルは『国際法要論』において、帝国国制及びウェストファリア条約に頻繁に言及している。だが、それ以上に注目すべき点は、これまでに瞥見してきたプーフェンドルフ及びラッヘルとは異なる本質的評価をテクストルが同条約に与えている点にある。即ち、第一一章「帝国の基本法について」(*De legibus Imperiorum fundamentalibus*)において、先ずその第一節で、帝国の基本法とは「国家の構造がそれを基礎及び支柱とするもの」(*quibus structura Reip. tanquam basibus et fulcris innititur*)と定義(尚、この文脈では"*Imperium*"と"*Respublica*"は互換的に使用されていると解される。)した上で、第二節で、「我々の帝国における諸々の基本法」(*in Imperio nostro leges fundamentales*)として、「金印勅書(*Aurea Bulla*)、俗事及び宗教に関する和議(*Constitutiones pacis prophanae & religiosae*)、ドイツの講和文書(*instrumentum pacis Germanicae*)及び皇帝の選挙協約(*Caesareae Capitulationes*)」が具体的に列挙されている。[42] この中の「ドイツの講和文書」(単数)とはウェストファリア条約を指すものと解される。つまり、テクストルはウェストファリア条約に「帝国の基本法」としての地位を与えているのである。

(二) ドイツ外の学者:ズーチ(『フェーキアーリスの法と裁判』(一六五〇年))

以上では、ドイツ内の学者の著作における帝国国制とウェストファリア条約の取扱いについて瞥見してきたが、それらとの比較のためにドイツ外の学者による著作の一例として英国出身のズーチ(Richard Zouche)の「国際法」関連の主著である『フェーキアーリスの法と裁判、つまり諸国民間の法及び同法に関する諸問題についての解説』(*Iuris et Iudicii fecialis, sive Iuris inter Gentes, et Quaestionum de eodem explicatio*)(以下では『フェーキアーリスの法と裁判』とする。)を採り上げ、彼の同条約や帝国国制に対する見方について触れておきたい。

『フェーキアーリスの法と裁判』において、ズーチは、個別の問題を設定し、それに対する解答を提示するという形式で議論を進めているが、その過程において帝国内で生じた事例を頻繁に引用している。例えば、第二部

「諸国民間の裁判について」(*De Iudicio inter Gentes*) 第二節「平和が存在する者の間での身分を巡る諸問題について」(*De Quaestionibus Status inter eos quibuscum Pax est*) では、全部で一七ある設問のうち、最初の三問が帝国の問題を直接的に扱い、更に第九・一〇問では帝国における事例が触れられている。(43) また、同部第三節「平和が存在する者の間での支配権を巡る諸問題について」(*De Quaestionibus Dominii inter eos quibuscum Pax est*) の第一四問で帝国内での継承問題が詳細に論じられ、(44) 或いは同部第四節「平和が存在する者の間での義務を巡る諸問題について」(*De Quaestionibus Debiti inter eos quibuscum Pax est*) の第四問で下位にある君主と上位の君主の使節との席次問題が扱われる中で帝国の金印勅書が援用され、(45) 更に同部第八節「戦争が存在する者の間での支配権を巡る諸問題について」(*De Quaestionibus Dominii inter eos quibuscum bellum est*) の第二四・二五問では、三十年戦争の誘引ともなった一六一七年六月のオーストリア大公フェルディナントのボヘミア国王位の継承者への等族による指名(プラハ)と同年七月の即位、そしてその翌年三月の廃位とプファルツ選帝侯(フリートリヒ五世)の国王への指名等の一連の事件の是非について論じられている。(46) また、以上とは別に、三十年戦争に関連した事例についても論じられている。(47)

以上のように、ズーチは論証過程において帝国内の事例に頻繁に言及しているが、ウェストファリア講和会議や同条約に関する記述は見出されない。これは、帝国等族が関わる問題は「国際法」理論の対象とされるのに対して、同条約はそうではないとする彼の理解を示すものと解されるのである。

(三)　第一節のまとめ

本節で以上に確認された事柄は、次のように纏めることができよう。

これら一七世紀後半の諸著作において、帝国国制及びウェストファリア条約に関する論じ方は多様である。先ず、ウェストファリア条約の取扱いに限定するならば、プーフェンドルフとズーチの「国際法」理論の枠内では同条約は論じられていないが、前者は帝国国制上の問題として同条約を重視し、別の著作において論じている。（結局、ズーチはウェストファリア条約に言及していない。）ラッヘル及びテクストルは同条約を「国際法」上の問題として論じ、更に後者は同条約に「帝国の基本法」としての地位をも与えているのである。

このようなウェストファリア条約に対する態度の相異は、これら一七世紀後半の「国際法」研究者の間において、同条約の「国際法」上の重要性自体が共有されていないことを示すものと解される。これに関連して、「欧州国家関係の基礎」或いは「欧州の基本法」としてウェストファリア条約を位置付けるような意識が、（ラッヘルの著作において「より広範に及ぶ公的協約」とされるような場合はあるものの）これらの著作には登場していないという点も確認されるべきである。

また、帝国国制又は帝国等族が関連する諸事例については、これら四者間で共通点が見出される。即ち、（プーフェンドルフの場合は明示されてはいないが）各々の「国際法」理論の中にそれらの諸事例が取り込まれているという事実である。この事実は、帝国等族が当時の欧州の諸国家間関係に実際に活動主体として参加していたことの反映であると同時に、当時の理論家たちにとってそれらの活動を「国際法」の枠内に取り込むことが当然であるとの意識が存在していたことを示すものと解されるのである。

第二節　一八世紀の「国際法」学者による帝国及びウェストファリア条約の位置付け

(一)　ドイツの諸学者

1　グントリンク

一八世紀前半にプロイセン枢密顧問官及びハレ大学教授であったグントリンク (Nicolaus Hieronymus Gundling) は国際法学に関連する著作として『自然法及び国際法』(*Ius naturae ac gentium*) を残している。[48] この著作では、国際法理論の叙述に主眼が置かれ、国家実行や先例の紹介や援用は目立たない。その結果、グロティウス、プーフェンドルフ、更にはホッブズ等の著作からの引用やそれらについての考察は多数見られるが、ウェストファリア条約への言及は見出されない。

しかしながら、グントリンクは、『自然法及び国際法』とは別に、ウェストファリア条約を直接的主題とする二著作を残している。即ち、一七三六年の『ウェストファリア条約に関する根本的論説』(*Gründlicher Discours über den Westphälischen Frieden*)（以下、『根本的論説』とする。）とその翌年の『ウェストファリア条約に関する完全な論説』(*Vollständiger Discours über den Westphälischen Frieden*)（以下、『完全論説』とする。）である。

『根本的論説』は、別の執筆者 (Christian Johann Feusteln) による「三十年戦争の最重要な諸原因の簡潔な叙述：宗教改革期からウェストファリア条約まで」と題された九〇〇頁近い前半部分とグントリンク自身による「ウェストファリア条約に関する論説」(Discours über den Westphälischen Frieden) と題された後半部分から構成されている。[49] この後半部分では、「序説」(Prolegomena) 及び「三十年戦争略史」(Kurze Historie des 30. järigen Krieges) に続く本文において、ＩＰＯの（前文を含む）全条文の註釈が試みられている。そして、一箇条又は一項を各頁の上部に提示し、当該条文中の文言に対する註釈を当該頁内で行うという形式が採用されている。

『完全論説』は、当時のウェストファリア条約に関する文献の解題を中心とする「序論」(Vorbericht)と「三十年戦争略史」に続いて、IPOの各条項についての註釈が付されている。『完全論説』における註釈は『根本的論説』と形式は異なるものの、その内容は近似している。つまり、両著作は、ウェストファリア条約の各条項についての註釈という主題に関する限り、実質的に同内容である。それでは、両著作は同条約をどのように扱っているのであろうか。その点を典型的に表すものとして、『完全論説』におけるIPO第八条第二項に関する記述を紹介することとしたい。

IPO第八条第二項では帝国等族の諸々の権利が規定され、そこには同盟条約締結権も挙げられている。グントリンクは同項規定中の「講和又は同盟条約の締結」(*pax aut foedera facienda*)の部分に註釈を付しており、それは次のような内容となっている。

先ず、「講和条約締結権」(das *jus pacis pangendae*)は当然認められるとの立場が採られる。即ち、「[帝国]等族は宣戦[の権利]について承認されているのだから、彼らは必然的に講和[の権利]についても併せて保持せねばならない」(da die Stände mit *ad belli declarationem* admittiert werden, müssen sie auch notwendig *ad pacem* concurrieren)としている。[50] そして、実例が挙げられることのないままに、選帝侯が皇帝との同盟条約(*foedera*)を締結しているが、それは殆ど自己の利益のためであるとの見解が付されているのである。[51]

この註釈では、帝国等族の同盟条約締結権がウェストファリア条約で明示的に承認されたことが何ら新奇なことでないゆえ、解説に値しないかのような態度が示されている。そして、国際法上の権能の問題についての明示的言及も全く存在しない。つまり、グントリンクは、この問題を国際法的観点からではなく、帝国国制との関連においてのみ論じていると判断されるのであり、このことは『根本的論説』及び『完全論説』に通底する特質であるように思われるのである。

2　ヴォルフ

厖大な著作を残したヴォルフ (Christian Wolff) は、「国際法」に関連する著作も複数残している。ここではそれらの中でも主要著作であると考えられる一七四九年の『科学的方法により演繹された国際法』(*Ius gentium methodo scientifica pertractatum*)（以下、『国際法』とする。）を考察の対象としたい。

先ず、この著作における方法論的特徴について指摘しておきたい。それは、一般論として諸国民により示される事例の重要性が指摘される箇所もあるが、[52] 実際に展開されている議論の中で先例が挙げられることは少ないというものである。[53] そして、この特徴は帝国国制や帝国等族が関連する事例の列挙に関しても妥当する。しかしながら、それは彼が帝国内の諸問題を「国際法」を巡る彼の理論体系の中で全く無視したということを意味するものではない。なぜならば、彼は、多くの箇所においてラテン語の用語をドイツ語に置き換えて説明しており、これにより帝国国制上の観念を意識して「国際法」上の観念を巡る議論を展開していると解されるからである。

例えば、国家の支配権に関する議論では「国家の統治者」(*Rector civitatis*) がどのような意味において「領域の所有者（又は君主）」(*Dominus regionis*) と理解されるかの説明を、„der Landes-Herr"（領邦君主）の語を用いて行っている。[54] また、条約についての議論の冒頭では、「最高権力（者）」(*Potestates summae*) をドイツ語における „die Gewaltigen"（権力者）とし、最高権力の一部を行使する者 (*Potestates minores*) を „die Obern"（上位者）として説明している。[55] そして、この他にも同様の箇所は多数見出されるのである。[56]

また、具体的先例の列挙が行われないという点は、ウェストファリア条約に関しても妥当することであり、『国際法』において同条約への言及箇所は見出されない。特に、第四章「同盟条約及びその他の諸国民間の合意及び約束 (*Sponsiones*) について」及び第八章「平和及び平和条約について」といった当時において既に多くの先例（それには当然ウェストファリア条約が含まれるであろう。）が存在する事項についての議論においても、同条約が言及されないだけでなく、先例自体も全く見出されないのである。

このような先例の軽視は、ヴォルフの国際法観念とそれによる考察対象の限定に由来する現象と解される。即ち、彼は、国際法（*Jus Gentium*）を「元来は諸国民に適用される自然法に他ならない」とした上で、更に「必要的国際法」（*Jus Gentium necessarium*）、「意思国際法」（*Jus Gentium voluntarium*）、「協定国際法」（*Jus Gentium pactitium*）、「慣習国際法」（*Jus Gentium consuetudinarium*）、「実定国際法」（*Jus Gentium positivum*）といった分類を行う。[57] これらの中で、「協定国際法」については、それらに関係する諸国民のみに妥当する事実であって、「個別の協定は……［中略］……国際法学に属するのではなく、この法［即ち、国際法］の又は当該国民の歴史に属する」（*Pacta enim particularia ... non ad scientiam Juris Gentium pertinent, sed ad historiam Juris hujus, vel illius Gentis*）とされ、この点については「慣習国際法」についても妥当するとされている。[58] このような分類と意識のもとで国際法を「科学的方法」により体系化しようとするヴォルフの意識は、「協定国際法」及び「慣習国際法」の考察には向けられないことになる。その結果、条約や国家実行といった先例への言及は行われないことになったと推測されるのである。[59]

3　モーザー

(i)　国際法関連著作

(a)　「帝国」への言及

モーザー（Johann Jacob Moser）の帝国国制に関する考察は、彼が残した厖大な著作の中でも重要な部分を構成する。そのため本書においてそれらの全貌を論ずることは不可能であるが、ここでは先ず、彼の国際法関連の主要著作と考えられる一七五〇年の『現行平時欧州国際法要理』（*Grundsätze des jetzt üblichen europäischen Völkerrechts in Friedens-zeiten*）（以下、『要理』とする。）と一七七七年から四年にわたり計一〇巻に纏めて公刊された『最新平時欧州国際法試論』(*Versuch des neuesten europäischen Völkerrechts in Friedens- und Kriegs-zeiten*)（以下、『試論』とする。）を題材に考察を進めることとしたい。

『要理』においては、モーザーの論述に帝国の当時の状態が映し出されていることが理解される。その一つの例として、帝国等族の次のような扱いが挙げられる。

『要理』の第一篇（「一つの独特の社会体 (Staats-Körper) を構成する範囲での欧州に関して」）第一章（「欧州社会体の構成員について」）の第二〇節では、「明らかに完全な主権者ではないが、それでも多くの特権を有するために、主権者［但し、原文は“Souveraineté”］に類似している」ことによって、欧州の主権者の中に算入される者として、「ドイツ帝国の選帝侯、諸侯及びその他の等族」が「イタリアにおけるトスカナ大公、モデナ公」等と共に挙げられている。[60] ところが、第二章第一節では「主権者」(Souverain) という語の意味について次のように論じられている。「主権者という言葉には複数の理解が与えられている。即ち、(1)一つの大領邦 (Land) の支配者 (Regenten) 一般に関して用いられる：(2)特別に、ローマ皇帝を首長 (Oberhaupt) とするローマ帝国の等族について用いられる：(3)外国の首長を有することのない支配者又は国家 (Staat)：(4)統治上の事項について無制約の権力 (Gewalt) を有する支配者。」[61] そして、ここでの議論は第三の観念を用いるとする。つまり、帝国等族の主権者としての地位は曖昧であるが、同書では帝国等族を主権者としては扱わないとの方針が立てられているのであるが、これは裏面から考えるならば、帝国等族の主権者としての地位にも言及せざるを得ない当時の状況が考慮されているものと解されるのである。[62]

また、『試論』においては、その第一篇第一章第七節「同一の人格における主権者と帝国等族」(„Souveraine und Reichsstände in einerley Person“) において、この表題は、大領主 (Herr) が「完全に独立しており、同時に或る首長に臣従している帝国等族である」ということに関係するとされ、「全ての人間が、多様な特徴を有するときに、同時に多様な倫理的又は政治的人格を表象し得る」と述べられている。[63] 更に、「欧州には統一されたローマ帝国(das einige Römische Reich)又はドイツ(Teutschland)が存在し、その中で⑴デンマーク、⑵英国、⑶ハンガリー、⑷プロイセン、⑸サルディニア、及び⑹スウェーデンの諸国王が同時に前述のローマ帝国の等族であり、そのようなものとしてローマ皇帝を首長として承認しなければならない」[64]とされている。

このように、モーザーは当時の帝国及び帝国等族の存在を理論的に整理しようと試みているが、それと同時に、近代的主権概念(及びそのコロラリーとしての「国家平等」)との相異を次のように示すことになる。即ち、彼は『要理』第五章において「欧州諸勢力間の序列について」論じ、同様に『試論』第一篇第五章第一〇節では仏瑞間の序列に関してウェストファリア講和会議の際の事情に触れられている。また、『試論』第一篇第一章第一一節では「欧州の半主権者」(Eurpäische halb-souveraine Herrn)について論じられている。特に、「半主権者」に関しては、「欧州には半主権的であると見られ得る一定の支配者(Regenten)及び諸国家も存在している」として、それについての説明を次のようにしている。「それらは完全に主権的であるのではない。なぜならば、それらは或る真のそして現実の首長(ein wahres und wirkliches Oberhaupt)を有しており、その首長はそれらに対して多くの点で命令するからである。[65]」更には、半主権国家に関連する第三篇第六章では「ヨハン騎士団」や「ドイツ騎士団」といった存在までもが論じられているのである。[66]

以上のように、モーザーは当時の帝国の実状を反映させた議論を展開しているが、その中で国家間の序列や「半主権者」といった概念を援用しなければ、当時の帝国や欧州全般の現実を説明不可能であったのである。

(b) ウェストファリア条約への言及

ウェストファリア条約への言及は『要理』及び『試論』の何れにおいても少ない。

『要理』においては、ウェストファリア条約についての論述は見出されないように思われる。宗教問題を扱う

第六篇 (Von Religions-Sachen) や同盟条約及びその他の条約を扱う第一一篇 (Von Bündnissen und anderen Tractaten) においてすら、同条約への何らの言及も見られないのである。

これに対して、『試論』では若干の箇所でウェストファリア条約への言及が行われている。その中で同条約が主要な検討対象に含まれている箇所は、第二二篇第一三章「講和締結の保証について」(Von der Friedensschlüsse Garantierung) である。特に、その第一二節は「ウェストファリア条約の保証」と題され、「一六四八年のウェストファリア条約の保証が一七四〇年以降様々な機会に出現した」との記述に続いて、その実例を多数（約二〇頁にわたり）列挙している。(67)

しかしながら、『試論』のその他の箇所でのウェストファリア条約への言及は、少数であると同時に断片的である。例えば、第一編第一章においてスイスについて説明する際に、「一六四八年のウェストファリア条約において、一三のスイス諸邦のみが明示的にローマ帝国からの独立を承認された」(68)とし、第四篇「使節について」(Von Gesandtschaften) 第一章第一節「使節とは何者か」(Gesandter, wer?) において、この問題に関する一六世紀からの説明が行われる中で、ウェストファリア講和会議に一六四五年以降、列強以外の一定の諸侯も使節を派遣した旨が言及され、(69)また、同篇第三章第一三節で「一六四八年」がオランダ独立承認の年として登場するといった程度である。(70)

また、ウェストファリア条約への言及が予測される主題を扱う箇所に同条約は登場しない。例えば、第四編「使節について」の総論部分で、特に選帝侯等の有力領邦以外の帝国等族（半主権者）の使節（権）についての議論の中で、ＩＰＯ第八条等の条文に触れている記述は見出されないのである。

(ii)　**『ドイツ対外公法』（一七七二年）及び『ドイツ近隣公法』（一七七三年）**

モーザーは「国際法」に類似する観念として帝国等族の対外的関係を規律する規範に関する著作も公刊してい

る。即ち、一七七二年の『ドイツ対外公法』(*Teutsches auswärtiges Staatsrecht*)とその翌年に公刊された『ドイツ近隣公法』(*Teutsches nachbarliches Staatsrecht*)である。

『ドイツ近隣公法』において議論の対象とされている事柄は、第一に「ドイツ帝国等族の皇帝又は団体としての(*in Corpore*)帝国との関係でもなく、更には、帝国等族と当該等族の領邦等族及び臣民との関係でもなく、領邦君主としての帝国等族が同様に領邦君主である他の帝国等族との間に有する関係」、第二に「領邦君主としての帝国等族が他の帝国等族との関係において有する領邦等族及び臣民との関係」、最後に「個々の帝国等族の領邦等族及び臣民が他の帝国等族との関係において有する［当該他の帝国等族の］領邦等族及び臣民との関係」であるとされる。(71) したがって、「ドイツ近隣公法」とは、帝国等族相互間、帝国等族と他の帝国等族の領邦等族及び臣民との間、異なる帝国等族に臣従する領邦等族（及び臣民）相互間の関係を規律する法として構想されていることが理解される。また、『ドイツ対外公法』では、「ドイツ帝国等族の諸外国に対する、そしてその反対の」関係が論じられている。(72)

既に確認されたように、モーザーは「国際法」について『要理』及び『試論』において論じていることから、『ドイツ近隣公法』及び『ドイツ対外公法』において論じられている帝国等族を巡る諸関係を規律する規範は国際法とは異なる独特の規範であることになる。

この二著作の中で、「国際法」の観念により近似すると思われる『ドイツ対外公法』においては、ウェストファリア講和会議や条約には各篇(Buch)で言及されているが、本文四七〇頁を超える同書の中でそれは頻繁に引用或いは言及されているとは言い難い。(73) また、同条約を帝国や欧州の基本法とするような記述は見出されない。また、『ドイツ近隣公法』においても同様のことが妥当するが、同条約への言及の頻度は『ドイツ対外公法』におけるよりも少ないように思われる。

それでは、モーザーはウェストファリア条約を軽視していたと言えるのであろうか。この点を確認するためには、彼の他の分野における著作にも目を向けなければならない。

(iii)『帝国宮内法院の活動からのウェストファリア条約の解明』（一七七五／七六年）

国際法及びそれに類似した分野以外を扱うモーザーの著作の中で、ウェストファリア条約との関連で注目されるべきものは、一七七五年から翌年にかけて二巻に分けて公刊された『帝国宮内法院の活動からのウェストファリア条約の解明』(*Erläuterung des Westphälischen Friedens aus Reichshofräthlichen Handlungen*) である。同書は、一六三五年のプラハ和議及びウェストファリア条約に関して帝国宮内法院 (Reichs-Hofrath) により作成された文書を中心に纏めたものである。第一部が本文六二九頁、第二部が本文五二八頁という大部であるが、その内、プラハ和議には第一部の最初の四四頁、[74] ＩＰＭには第二部の最後の三五頁が当てられているに過ぎない。[75] 残りの全て、即ち一一〇〇頁近くがＩＰＯに当てられており、ＩＰＯに関する記述が圧倒的に多い。[76] そして、そこでは、ＩＰＯ全体に関する帝国宮内法院決定 (Reichs-Hofrath-Conclusus) に始まり、それに続いて、ＩＰＯ第三条第一項以下各条項についての関係文書が作成年月日順に並べられている。条約締結後の文書も含まれており、各条項に対する皇帝（帝国）の見解を通じてＩＰＯの作成及び実施の経緯が示されている。但し、この著作はモーザーの他の著作（特に、前述の『試論』）と同様に、「資料集」としての性格を強く帯びるものであって、モーザー自身の見解は殆ど示されていない。したがって、国際法的観点からは勿論のこと、帝国国制上の観点からも分析は全く為されていない。それでも、この著作により帝国の問題としてウェストファリア条約（特に、ＩＰＯ）をモーザーが重視していたことは示唆されていると考えられるのである。

(iv) 帝国国制関連著作

モーザーの帝国国制関連著作として、先ず、一七三七年の『ドイツ国法』(*Teutsches Staats-Recht*) 第一巻を採り上げたい。同書の序論部分において、「ドイツ国法の主要な淵源（die Haupt=Quellen）」（即ち、「我々のドイツ帝国の国制が直接に根拠とするもの」）が五種類挙げられており、その第一のものが「成文基本法」（geschriebene Grund-Gesetze）であるとされている。[77] そして、その「成文基本法」に関する詳論の中で「金印勅書」や「ラントフリーデ」等と共にウェストファリア条約が論じられている。[78] 更に、同書第一九章で同条約について、同条約に先行する宗教和議やその他の文書の紹介等も含めての詳論が展開されている。[79] 同章には同条約の意義を全欧州的観点から認めている記述も見られるが、[80] その記述の殆どは帝国国制の観点からのものとなっている。

また、同じく専ら帝国国制を論ずる『現代ドイツ帝国国制概説』（*Grund-Riß der heutigen Staats-Verfassung des Teutschen Reichs*）（以下、『国制概説』とする。[81]）では、ウェストファリア条約が「まさしく永遠の講和」（ein getroffener ewiger Friede）とされ、次のように評価されている。「［同条約中で］聖俗両界の極めて多くの重要な点においてドイツ帝国の国制が（一部は確実な基礎の上で、一部はその他の基礎の上で）規定された。……［そして、その規定の曖昧さから、帝国等族間での紛争の種とはなったものの］……ドイツ帝国の最重要な基本法（Grund-Gezetze）の一つである。[82]」

『国制概説』おけるウェストファリア条約への言及は少ないものの、[83] この一節から同条約の（帝国国制にとっての）重要性がモーザーにより充分に認識されていることが窺われる。[84] そして、その他の帝国国制関連の著作においても、同様のことを彼が認識していたことが理解されるのである。

例えば、一七七四年の『ドイツ宗教制度論』（*Von der teutschen Religions-Verfassung*）においては、その第一編（「ドイツにおける宗教制度全般について」）の第二章「ドイツの宗教事項及び教会事項における一般規則について」（Von der allgemeinen Norm in Teutschen Religions- und Kirchen-Sachen）の第七節で、他の主要な規則（例えば、パッサウ和議・アウクスブルク和議等）に比して、かなり詳細にウェストファリア条約の関連規則の紹介及び検討が行われている。[85] また、第一〇章「ウェストファリア条約の効力により更に回復されるべき事柄について」(Von deme, was Krafft Westphälischen Fridens noch restituiert werden solle) は（僅か四頁という短い章ではあるが）、ウェストファリア条約の関連規定が正面から論じられている。[86] 更に、第一四章（「宗教事項及び教会事項における帝国等族相互の権利及び義務について」）の第六節ではＩＰＯ第一七条第四・五・六項が挙げられ、同条約の維持を巡る問題が論じられている。[87] そして、これらの他にも同書では同条約への言及がかなり多く見出されるのである。[88]

『ドイツ宗教制度論』は八〇〇頁を超える大著であるため、記述量のみを問題とするならば、以上に見てきた言及からは、必ずしもモーザーがドイツの宗教制度問題においてウェストファリア条約を最重要視していたとは断定できない。しかし、第一篇第二章における同条約の取扱いに注目するならば、ドイツの宗教問題に関する一般的規則として同条約が重要であるとの認識をモーザーが有していたことは疑い得ないであろう。

(v)　評　価

以上の考察の範囲内では、モーザーの国際法理論及びドイツ帝国国制理論の両者において、帝国等族が理論の枠組の中に採り入れられていることが理解される。またそれと同時に、ウェストファリア条約については、それが「条約」ではあっても、その重要性は飽くまでも帝国国制の基本法（それも複数存在するものの中の一つ）として理解されているのであって、国際法上の特別な重要性はおろか、国際法学的観点からの評価さえ行われていないことが理解されるのである。

4　グラファイ

グラファイ (Adam Friedrich Glafey) は、イエナ大学卒業後ライプツィヒ大学で法学教授資格を得た後に、ザクセン選帝侯の法律顧問等としてドレスデンを舞台に活躍した。[89] そして、彼の国際法関係の主著が、彼の死の前年である一七五二年に上梓された『国際法』(*Völkerrecht*) である。

『国際法』におけるグラファイの記述方法は、各事項に関する自己の見解や学説を論じてから、先例を列挙するというものである。そして、その先例列挙の中で、ウェストファリア条約（更には、ナイメーヘン条約、ライスヴァイク条約等）が頻繁に言及されている。

その最も顕著な例と考えられるのは、同書第七章「講和の法について」(Vom Rechte des Friedens) における記述である。例えば、その第五節及び第一五節ではウェストファリア講和会議の準備過程についての説明が行われ、第四九節では「恩赦」(Amnestie) に関連して、ウェストファリア条約において合意されたスウェーデン王冠への五百万ターレルの支払いについて触れられ、第六〇節乃至第六二節では「恩赦」と「回復」(Restitution) が別個に規定される例としてＩＰＯ第二・三条（当該二箇条の条文が全文掲載されている。）[90]が挙げられ、それらの条文の説明及び解釈が行われている他、ウェストファリア条約への多数の言及が見られる。[91]

勿論、このような頻繁な言及は、『国際法』の第七章が特に講和条約に密接に関連することを理由とする特殊な事象であると解する余地はある。しかし、第七章の他にも、例えば、使節について論ずる第九章において、ウェストファリア（ミュンスター）講和会議が先例として扱われている。そして、それのみならず、更に注目されるべき次のような事柄がある。

グラファイは、『国際法』の第八章「同盟について」(Von Bündnissen) 第八節において、ドイツ帝国内ではウェストファリア条約以前から等族が継続的に同盟権を行使してきたし、同条約第八条もそれを確認しているとする中で、「帝国の基本法」(die Fundamental-Gesetze) という言葉を二度使用している。ここでは、「ある帝国の基本法」(die Fundamental-Gesetze eines Reichs) 或いは「その者の帝国の基本法」(die Fundamental-Gesetze seines Reichs) として、神聖ローマ帝国とはせず、一般化して論じられてはいるものの、「基本法」が「皇帝陛下」並びに他の「主権者」の同盟権を認めているという文脈で論じられていることから、実態としては同帝国が念頭に置かれていることは明白である。したがって、「帝国の（複数の）基本法」の中にウェストファリア条約が含まれることとなるのである。[92]

このようにグラファイは、ウェストファリア条約（及び講和会議）の先例としての重要性を認識するだけでなく、「帝国の基本法」としての地位も承認していたのである。

5　ギュンター

ギュンター（C. G. Günther）は、彼の国際法分野における主著である『ドイツ帝国等族への適用を含む、理性・条約・慣習に基づく平時欧州国際法』（*Europäisches Völkerrecht in Friedenszeiten nach Vernunft, Verträgen und Herkommen, mit Anwendung auf die teutschen Reichsstände*）（第一部一七八七年・第二部一七九二年）（以下、『欧州国際法』とする。）を公刊する以前の一七七七年に、『ドイツ帝国等族への適用を含む、理性・条約・慣習・類推に基づく欧州国際法概説』（*Grundriß eines europäischen Völkerrechts nach Vernunft, Verträgen, Herkommen und Analogie, mit Anwendung auf die teutschen Reichsstände*）（以下、『概説』とする。）を公刊している。両著の題名からも理解されるとおり、ギュンターの「国際法」理論の特色は、帝国等族への欧州国際法の適用をも明示している点にある。[93]

『概説』は本文が七〇頁に満たない小著であり、また、同書におけるウェストファリア条約への言及箇所は多くない。しかし、同書には本章でこれまで考察してきた諸文献にはなかった構成が採用され、僅か五頁という紙幅ではあるが、「国際法史」（Historie des Völkerrechts）と題された章が設けられている。その中でギュンターは、「ウェストファリア条約以前から、しかし特にそれ以降、欧州諸国の結び付きは常により緊密となったし、条約及び慣習の数は常に増加したため、初めてこの時期から真の実定的かつ実際的欧州国際法（ein eigentliches positives und practisches europäisches Völkerrecht）を人は評価することができる」と述べている。[94] 即ち、彼は一七七七年の時点で既に「国際法の歴史」を意識し、またその中でのウェストファリア条約の（時代区分としての）重要性に着目していたのである。

その一〇年後に公刊された『欧州国際法』第一部では、『概説』におけるほどには国際法史は纏ったかたちで論じられていない。それでも、序論 (Einleitung)（「国際法、特に欧州国際法一般に関して」）の第二六節で「国際法の歴史」、第二七節で「自然国際法の歴史」が論じられ、第二九節で「ドイツ国際法 (das teutsche Völkerrecht) の歴史」に触れられている。（第二九節では、「ウェストファリア条約が［帝国等族について］より一層注目に値する時代を作る」とされている。）[95] 更に、第一篇（「自由な（主権的）国民 (ein freies (souveraines) Volk)、今日の欧州の主権国家及びそれら相互間の一般的関係の確定」）第一章（「主権国家、特に欧州主権国家一般について」）では、その第三節で「主権の起源」についてプロイセンやオランダ等各国の主権が承認された文書やその期日等を交えての説明が行われた後に、第二九節（トルコ）に至るまで欧州の諸国家の主権の確立乃至承認の過程が歴史的に論じられており、[96]『概説』で意識された国際法に対する歴史的接近という試みは或る程度推進されているものと評価できる。そして、その中で頻繁にウェストファリア条約への言及が行われているのである。

また、『欧州国際法』第一章第三二節では「半主権国家」(Halbsouveraine Staaten) についての説明が行われ、以下第三六節までこの問題が論じられている。[97] そして、ギュンターは、半主権国家を巡る議論の中心を帝国等族とし、*"superioritas territorialis"* を「領邦高権」(Landeshoheit) として理解する立場からその観念を説明する。その際に、ＩＰＯ第八条に言及し、「［*"superioritas territorialis"* の］生成は主としてウェストファリア条約に負っている」[98] とする議論を展開している。当該箇所では「基本法」(die Grundgesetze) という言葉も登場しているが、その文脈から判断するならば、ギュンターはウェストファリア条約が「帝国の基本法」の一部であるとの認識に立っているものと思われる。

以上のギュンターの二著作に関して挙げられた事柄には、本書の主題との関係において幾つかの重要な点が示唆されている。第一に、国際法史の記述におけるウェストファリア条約の重要性を彼が自覚的に示していることが挙げられる。第二に、しかしながら、彼が認識する同条約の重要性は、ウェストファリア神話のようなものではなく、「帝国の基本法」である点にある。第三に、帝国等族の地位は「半主権的」であるとされており、これもまた「神話」とは異なる理解である。そして最後に、第二・三点に関連するが、同条約は殆ど帝国国制の枠内で論じられているのである。

6　マルテンス

マルテンス (Georg Friedrich von Martens) は、一八世紀末までにラテン語（初版一七八五年）（『欧州国際法要論』(*Primae lineae iuris gentium Europaearum*)）・仏語（同一七八九年）（『条約と慣行に基づく近代欧州国際法概説』(*Précis du droit des gens moderne de l'Europe fondé sur les traités et l'usage*)（以下、『概説』とする。））・独語（同一七九六年）（『条約と慣習に基づく実定欧州国際法序説』(*Einleitung in das positive europäische Völkerrecht auf Verträge und Herkommen gegründet*)）の国際法概説書を公刊している。また、コベット (W. Cobbett) による英訳版も一七九五年に公刊されている[99]。これらは比較的近接した時期に公刊されており、内容は類似しているものの、必ずしも同一ではない[100]。以下では、仏語初版を主たる検討対象とし、羅・独語版を対照用として活用することとする。それは、その仏語版が繰り返し改訂され、広く流布したことから、その後の国際法学への影響という点で、彼の概説書の中で最重要であると考えられるためである[101]。

それでは、『概説』における帝国国制や帝国等族への言及から検討してみたい。この点で先ず注目されるのは、マルテンスが（前述のギュンターの場合と同様）「半主権国家」(États mi-souverains) の観念を設定し、その中に帝国等族を含めている点である。これは『概説』の第一篇第二章における欧州諸国の分類に関する議論の中で登場する。当該箇所でマルテンスは「欧州を構成する諸国家についてのより適切な観念 (idée) を構築するためには、絶対的な主権国家を半主権的でしかないもの（少なくとも、その主権は論争の対象外にあるのではない）から区別しなければならないだけでなく、王国としての名誉（honeurs royaux）を享受し、『大国』（*les grands états*）と充分に共通して称されるものを、それを享受せず、第一のものに対して『小国』（*les petits états*）と称されるものから区別することが適切である」との前提に立つ。[102] そして、「ドイツ帝国」（l'Empire d'Allemagne）を筆頭に諸「王国」が挙げられ、[103] その後に「半主権国家」に関する説明が行われる。「半主権的君主の中では、諸選帝侯のみが国王としての名誉（honeurs royaux）を享受する。その他は、半主権者の範疇の中で次のように整理される。⑴帝国等族、⑵ドイツの帝国直属諸侯団及びその他の若干の帝国直属領主（seigneurs immédiats）、⑶依然として帝国への臣従という紐帯を認めるイタリアの帝国直属君主（les princes immédiats d'Italie qui reconnoissent encore le lien de soumission envers l'Empire）」等々である。[104]

マルテンスは「半主権国家」に関する詳細な説明は行っていない。しかし、主権国家と半主権国家の区分が提示されている以上、国家間の主権平等という観念は排除されることになる。実際に、条約締結の自由に対する制約に関して「半主権者は、条約を作成する彼らの自由への制約を課すことのある法（loix）に従う」とされ、当該箇所に付せられた註で帝国等族の場合が挙げられている。[105]

ところが、「国力及び統治形態の相異にも拘らず、全ての国家は普遍的国際法（le droit des gens universel）の前では名誉に関する諸権利並びにそれらに関連する事柄の全てについての完全な平等を享受する」とされた上で、称号等の相異は認められるとされている。[106] つまり、マルテンスにとって、少なくとも「名誉権」については、主権平等を前提とした上での、名称（称号）の相異としてのみ主権国家と半主権国家の区分が存在していることになるのであろう。

以上の他にも、『概説』では、対内的統治権について論じられている第三篇第二章における刑事管轄権を巡る記述の中で、犯罪人引渡しについて「一般にこの点について帝国等族は自由な諸国（les puissances libres）のように振舞う」とされ[107]、「外国において刑事上の権能に基づく行為を行い得ない」との原則が帝国等族間に妥当している旨が論じられている[108]。一方では、このように主権国家間に妥当するものと同様の権能を帝国等族が行使している点が挙げられるが、他方では、「貨幣鋳造権」（droit de monnaye）は主権者の専属的権限であるとの原則のもとで、帝国等族の当該権利は皇帝から個別に付与される特権その他の権原に基づき行使されることが指摘されており[109]、帝国等族の特殊性にも目が向けられている[110]。

次に、『概説』におけるウェストファリア条約への言及について検討することとしたい。先ず確認されるべき事柄は、同書においてマルテンスは同条約への言及を殆ど行っていないという点である。

ウェストファリア条約が明示的に言及されている箇所としては、例えば、「平和の回復」が論じられている第八篇第七章が挙げられる。しかし、同章がウェストファリア講和会議・条約を引用するのに恰好の箇所と思われるにも拘らず、実際には同条約における「普遍的恩赦」に関する文献が挙げられるのみである[111]。また、「欧州諸人民の宗教について」論じられている第一篇第四章では、「諸国家間の同一宗教の紐帯」に関する議論の中で帝国内の宗教の状態について論じられ、帝国等族がカトリック派団体（*Corpus Catholicorum*）とプロテスタント派団体（*Corpus Evangelicorum*）に分かれているが、それは聖界事項に関連するものではなく、ウェストファリア条約により保障された権利の保全のためにそうなっているといった説明が加えられている[112]。しかし、この議論の前提となる「宗教史」[113]の記述中では同条約は言及されず、また、国家が有する宗教に関する権利についての記述[114]においてさえも言及はない。

このようなウェストファリア条約の軽視という現象は、『概説』におけるマルテンスの国際法認識と記述方法に由来するものと考えられる。

先ず、「欧州の全人民が自己の諸権利を調整するための諸条約に共に合意し、これら一般条約（ces traités généraux）がそれら人民の実定国際法の法典（le code des loix du droit des gens positif）を形成すること」を想像することはできるにしても、「欧州の全ての国家間でも、またその大多数の間であったとしても、そのような一般条約は一つとして存在しなかった」とされている。[115] 即ち、マルテンスの理解によるならば、欧州内で「一般条約」やそれに類似する条約は存在したことがないのであって、ウェストファリア条約であってもそのような条約には該当しないのである。

但し、マルテンスは、二国間（或いはそれ以上の若干の国家間）の条約であっても、諸々の条約が同一の点について同一の事柄を規定する場合、そして慣行（usages）が存在する場合には「欧州実定国際法」が存在すると考える。[116] 更に、「［事実を通じて］慣行が知らぬうちに形成される」として、実定国際法認識のための歴史の重要性を説いている。[117] そうであるとするならば、彼の言う「歴史」を形成する先例としてのウェストファリア条約がより頻繁に引用・言及されてもよいように思われる。ところがマルテンスが論ずる「歴史」の中で具体的に引用される先例は殆どが一八世紀の事例なのであり、そこにはウェストファリア条約が援用される余地は殆どないことになるのである。[118]

以上のことから、マルテンスは『概説』において「半主権国家」を国際法上の議論に取り込むことによって、帝国等族をも国際法の理論の枠内に収めていること、そして、ウェストファリア条約に特別な重要性を認めていないことが理解されるのである。

(二)　ドイツ外の諸学者

1　バインケルスフーク

法学者であり、法実務家であったオランダのバインケルスフーク (Cornelius van Bynkershoek) は、彼の国際法関係著作において多数の先例を列挙することから、伝統的に国際法学上の「(初期) 実証主義者」の範疇に入るものと評価されてきた。[119] しかし、このような評価は国際法学における「実証主義」の定義の困難性と相俟って、誤解を招き易いものと言える。[120] それでも、彼が先例を重視したことは真実であり、したがって、彼の国際法関連著作において帝国国制、そして特に、ウェストファリア条約への言及が期待される。しかしながら、国際法 (*jus gentium*) に関する彼の主著である一七二一年の『使節裁判権論』(*De foro legatorum*) と一七三七年の『公法の諸問題』(*Quaestionum juris publici*) におけるそれらへの言及は頻繁とは言い難い。

『使節裁判権論』においては、帝国内で生じた事例への言及は見られるが、[121] ウェストファリア条約への言及は見出されない。また、『公法の諸問題』においては、例えば、第一篇第二章での宣戦の要否に関する議論において、三十年戦争中の事例が紹介され、[122] また、三十(八十)年戦争中のオランダのオーストリア家との関係やミュンスター司教による一六六五年及び六六年のオーフェルエイセル (Overijssel) 占領についての言及等もある。[124] しかし、それらは主としてオランダに関連するゆえに採り上げられており、帝国やウェストファリア条約への関心に由来するものではない。ウェストファリア条約と並行して作成されたミュンスター条約への言及が比較的頻繁に登場することも同様の理由によるものと考えられる。[125]

2　ヴァッテル

ヴァッテル (Emer de Vattel) はスイスのヌーシャトル (Neuchâtel) に生まれたが、その地はプロイセン国王領であった。そして、彼自身は、一七四三年から当時ポーランド国王でもあったザクセン選帝侯の外交官としての地位にあった。[126] したがって、帝国との関係は浅からぬものがあるといえる。それでは、そのような帝国との関係は一七五八年に公刊された彼の著書『国際法』(*Le droit des gens*) にどのように反映されているのであろうか。

ヴァッテルは若干の箇所で神聖ローマ帝国に言及している。例えば、「主権国家」の分類を扱う中で「封建制国家」(États Feudataires) について論じられており、「ドイツ諸国民」(Les Nations Germaniques) がそれに該当するものとされている。[127] また、一三世紀の皇帝(フリードリヒ二世)の帝国内に居住する外国人に関する布告が紹介され、[128] ブランデンブルク選帝侯によるフランス人難民の取扱いについて触れられている。[129] 更に、「大使及びその他の公職者の権利、特権及び免除について」の議論では、使節の旅券についてウェストファリア講和会議の際に旅券に記載された経路以外では旅券は無効とされたという事例が挙げられている。[130]

しかし、これらの帝国関連の事例は何れもヴァッテルにとって「国際法」の事例として紹介・援用されているのであり、帝国国制自体には考慮が払われていない。また、例えば、保護国に関する議論の中でオーストリア公 (les Ducs d'Autriche) のルツェルンに対する保護権の例が挙げられている[131]ことに典型的に現れているように、帝国が関連する事例の引用はスイス (Corps Helvétique) との関係の中で行われている場合が多く、彼の関心がスイスやヌーシャテルを巡る事例に向けられていたことを窺わせるのである。[132]

また、ヴァッテルによるウェストファリア条約への直接的言及もまた少数である。例えば、使節権に関する議論(「使節権、又は公職者 (les Ministres Publics) を派遣及び接受する権利について」) ではウェストファリア条約及び帝国等族の使節権への言及が行われている。[133] また、「条約に関する誓約について」の議論では、教皇によるウェストファリア条約批判を紹介しつつ、ヴァッテルは「彼[教皇]は全欧州に関係する条約の諸規定に抗議するにとどまらず、ある教書 (une Bulle) を公表した」とする。[134] そしてまた、それらの言及の中でも目に付くのは、スイスとの関連におけるものである。即ち、人民の独立に関して「[スイスの]独立がウェストファリア条約において皇帝及びドイツ全体により (par tout le Corps Germanique) 承認された」[135] とし、使節権に関する議論においてさえも、スイスの使節の地位に関連して「一六四八年にウェストファリア条約中で帝国から自由で独立であることが厳粛に承認され［た］」[136] とするのである。

以上が『国際法』において見出されるヴァッテルの帝国及びウェストファリア条約への主要な言及であるが、より重要であると判断される事柄は、本来同条約が言及されるべきであると思われる論述箇所において言及されていないという点である。

例えば、「講和条約について」と題された章の中でヴァッテルは「戦争に関わった (associés) 主権者で直接参戦した者は講和条約を作成しなければならない」とし、その実例として、ナイメーヘン・ライスヴァイク・ユトレヒトの各条約のみを挙げている。また、「同盟条約及びその他の条約」に関する議論では、ドイツの帝国等族及び自由帝国都市が外国勢力との同盟条約締結権を有することが論じられているが、ここでもウェストファリア条約には触れられていない。[137]

更に、宗教問題を論ずる第一篇第七章（「敬虔及び宗教について」）は同書の一章としてはかなりの紙幅（三七頁）が割かれているが、それは「社会の福祉及び平穏にとって宗教は極端な重要性を有する」[138] のであり、また「社会の福祉及び平穏に対する宗教の極端な影響には打ち勝ち難い」[139] との認識があるからと考えられる。[140] しかし、この章においてもウェストファリア条約による宗教問題解決については何ら触れられていないのである。

(三)　一八世紀「条約史」・「国際法史」研究者によるウェストファリア条約の位置付け

さて、以上の一八世紀におけるウェストファリア条約の取扱いに関する考察では主として「国際法」概説書を対象としてきた。しかしながら、一八世紀の国際法学の展開の中で注目されるべき現象は、国際法の歴史を扱う専門研究書が登場することである。そこで、以下では、一八世紀に公刊されたその種の著作におけるウェストファリア条約の取扱いについて検討することとしたい。

1　マブリー

先ず、注目されるのは一七四七年に初版が公刊されたマブリー（l'Abbé de Mably）の『条約に基づく欧州公法』（*Le droit public de l'Europe, fondé sur les traités*）である。全三巻からなる同書第五版は、第一章「ウェストファリア条約及びピレネー条約」から第一六章で論ずるパリ講和条約（一七六三年）まで、各条約の締結の背景や当事者の事情をも含めて、各条約の説明が行われている。そのため、全体的には各条約の法的分析よりも、（現在の学問分類からすれば）外交史（或いは条約史）としての色合いが濃い。

しかしながら、この著作が有する重要な意義は、同書の序言（Préface）に示されている次のような認識である。即ち、彼は、既に彼の同時代の人々が「ウェストファリア条約以前の諸協定の中には、諸々の問題に今日でも何らかの影響力を有し得るものが殆どないことを確信しているであろう」とし、更に、「ミュンスター及びオスナブリュックの両条約に先行する諸条約は、歴史家が参照し得る記念碑ではあるが、公衆にはそれらの大部分が無益であって、私はそれらについては個別の条項によって効力が維持された場合にのみ論ずるであろう」[141]としているのである。

ここには、マブリーにとって（また、彼の目から見た同時代の人々にとっても）「欧州公法」の対象となるものはウェストファリア条約以降の諸条約であり、その意味において同条約が欧州公法の始点とされている。そして、それは欧州国家間関係におけるウェストファリア神話が（部分的に）登場していることを示しているのである。

2　ワード

ワード（Robert Ward）は一七九五年に『欧州における国際法の基礎及び歴史の探求』（*An Enquiry into the*

Foundation and History of the Law of Nations in Europe) と題された著作を公刊している[142]。同書は、これまで本章で考察の主たる対象とされてきた国際法概説書ではなく、国際法史の概説書であり、その種の著作としては最初のものとする評価もある[143]。

同書ではその副題（「グロティウスの時代まで」）にも拘らず、バインケルスフーク、プーフェンドルフ及びヴァッテルといった一八世紀前半から中葉にかけての諸学者にも各所で言及されている。とりわけ後二者の著作については、グロティウスの『戦争と平和の法』の後継著作という位置付けが与えられており、各所での言及のみならず、同書の最終章で別個に考察されている[144]。それでも、議論の中心はどちらかといえば中世欧州に置かれており、ウェストファリア条約に関する特別な記述は見出されないのである。

3　コッホ（『講和条約略史』（一七九六／九七年））

マブリーの『条約に基づく欧州公法』において見られた「条約史」研究という方向性がより明確に示された著作であり、またワードの（恐らく欧州世界最初の）国際法史の概説書が公刊されたのとほぼ同時期の一七九六年から翌年にかけて上梓されたものが、コッホ（Christophe-Guillaume Koch）[145]の『ウェストファリア条約以降の欧州諸国間講和条約略史』（*Abrégé de l'histoire des traités de paix, entre les puissances de l'Europe, depuis la paix de Westphalie*）（以下、『講和条約略史』とする。）である。

全四巻からなるこの著作の「序論」（Introduction）冒頭において、コッホは「[この著書は] 欧州政治の現在の体系の基礎となっている基本的諸条約（les traités fondamentaux qui servent de base au système actuel de la politique de l'Europe）を詳述することを目的としている」と述べる。そして、三十年戦争についてオーストリア家に対するフランスによる勢力均衡の維持という観点からの説明が行われた後に、次のように論じられている。

「全欧州がウェストファリア条約によって漸く終了するこの大きな紛争［即ち、三十年戦争］に参加し、同条約は後続の諸条約により絶えず更新された。強化されたドイツの国制（la constitution germanique）は、それによって他の諸国に対する障壁とされた自己を見出すのであり、この条約は近代政治の淵源（la source de la politique moderne）となった。［改行］このことを考慮して、我々は［『講和条約略史』を］ウェストファリア条約から開始した。同条約は全ての国々の利益を関連させせつつ、西欧の主権国家間で後に締結された諸条約の基礎（base）として役立った基本条約（le traité fondamental）なのである。(146)」

このようにコッホは、欧州における「近代政治の淵源」としての、そして西欧国家間の諸条約にとっての「基本条約」としてのウェストファリア条約という理解を明確に示している。そして、『講和条約略史』の第一部は、「一六四八年のウェストファリア講和から一七一五年のユトレヒト条約及びバリアー条約（Traités d'Utrecht et de la Barriere）まで」と題され、三十年戦争及びそれに先立つ宗教紛争その他の戦争の記述とウェストファリア講和交渉と講和の内容が同書第一巻の前半部分を占めている。(147)これにより、『講和条約略史』では、少なくとも国際関係の歴史における（そして、条約を論ずることが国際法学の範疇に含まれるものとするならば、国際法学においても）ウェストファリア神話が前述のマブリーよりも明確に、そしてほぼ完全な形で提示されていることが理解されるのである。

㈣　第二節のまとめ

以上で確認されたことから、先ず、一八世紀の国際法概説書の著者たちの帝国国制及びウェストファリア条約への取組みは、一七世紀後半の著者たちの場合と同様に、全く区々であるとことが指摘される。ヴォルフ、バインケルスフーク及びヴァッテルは、彼らの「国際法」理論の中でウェストファリア条約に特別な地位を与えることのないまま帝国等族による諸実行を論じているが、これはズーチと同様の態度である。グントリンク及びモーザーは彼らの「国際法」理論の中では同条約を扱わないが、同条約のみを扱う著作を公刊しており、同条約の（「国際法」上の意義とは異なる）重要性を認識していたことが窺われる。また、両者共に帝国等族に関わる諸実行を「国際法」理論の中に取り込んでおり、これはプーフェンドルフと同様の取組み方であると言える。更に、マルテンス及びグラファイは共に、「国際法」上の問題として同条約及び帝国国制や帝国等族の諸実行を論じているが、前者が同条約に特別な重要性を付していないのに対して、後者は同条約を「帝国の基本法」と認めている。[148]つまり、マルテンスはラッヘルと、またグラファイはテクストルと同様である。そして、ギュンターもテクストルと同様の立場にあるものと言えよう。

このことは、前章と同様の結論に導く。即ち、一方で、ウェストファリア条約が欧州国家間関係や欧州国際法の中で特殊な地位を占めるというような認識は、「国際法」関連文献の中で一八世紀末に至るまで存在せず、他方で、帝国国制や帝国等族の諸実行は「国際法」の対象であり続けたのである。

このような国際法概説書の状況に対して、一八世紀中葉以降に登場する国際法史の専門研究書においては、異なる状況が観察される。即ち、一方では、ワードのようにウェストファリア条約に関する言及を含まない国際法史研究書が存在する。そしてそれは、一七八五年に公刊されたオンプテダの『自然国際法及び実定国際法文献集』(*Litteratur des gesammten sowohl natürlichen als positiven Völkerrechts*)[149]にも共通するものとしてよいであろう。そして他方では、「条約史」という形式においてマブリーとコッホがその記述の始点としてウェストファリア条約を選択することによって、同条約の条約史上の重要性を示したのである。しかも、コッホは同条約を後続する諸条約にとっての「基本条約」とする評価も提示しており、ここにはウェストファリア神話に通ずる認識が明確に登場している。しかし、このような「条約史」研究は本章で考察した国際法分野における「概説書」の記述内容には反映されなかったのである。[150]

第三節　一九世紀の国際法学者による帝国及びウェストファリア条約の位置付け

(一) 一九世紀初頭のドイツの諸学者による若干の国際法関連文献

帝国崩解直後の一八〇九年にはザールフェルト (Friedrich Saalfeld) が、『欧州国際法体系概説』(*Grundriß eines Systems des europäischen Völkerrechts*) を著している。同書ではその「序論」(Einleitung) 中に「国際法及び国際法研究の歴史」と題される節が設けられているが、その中心は学説史であって、国家実行への言及は見られない。[151] また、本論においても国家実行が挙げられることは少なく、[152] 帝国国制への言及も見られない。また、「平和の回復」(第四章) に関連する叙述[153]においても、講和会議の開催から講和条約の締結までの一連の過程や「講和条約の原則及び基礎」が抽象的に論じられるのみで、ウェストファリア条約やその他の前例が挙げられることはない。

但し、ザールフェルトは一八三三年に『実定国際法便覧』(*Handbuch des positiven Völkerrechts*) を公刊しており、そこでは若干の変化が見られる。(同書は前著の基本体系を維持しつつも、前著が本文一九〇頁であったものが、同書では三八〇頁を超えるほどまで大幅に加筆されている。) 即ち、「序論」における国際法の歴史に関する記述の中で、過去三世紀間に生じた若干の事件や政治的交渉が「実定国際法の形成史において画期的 (epochemachend) であるとみなされ得る」として、その例として「ウェストファリア講和条約及びユトレヒト講和条約」が挙げられているのである。[154] しかしながら、それ以上の特別な言及は見出されない。

また、シュマルツ (Theodor von Schmalz) は、一八一七年の『欧州国際法』(*Das europäische Völker-recht*) におけ

る「欧州諸国」に関する記述の中で、「スイス人の連合（der Bund der Schweizer）、そしてとりわけドイツ諸侯の新たな連合は、今や欧州外交の中で独特の意義を有する」とした上で、ドイツ連合は「真の国家連合」[155]（ein wahrhafter Staatsbund）であると評価している。[156] つまり、彼はドイツ内の近年の変化を国際法の枠組の中に採り入れているのである。

また、このシュマルツの著作では事例引用が頻繁に行われているが、殆どが一八世紀以降のものである。そのような中で、ウェストファリア条約への言及は次のように行われている。即ち、諸国民の独立を巡る議論の中でシュマルツは勢力均衡に触れ、「占有状態（Besitzstand）のみが外面的権利を確固たるものとする」として、占有状態の起源の証明が重要であると考え、「ウェストファリア条約は欧州の大部分にとって、占有に関するそのような規範（Norm）であった」とするのである。[157] この記述では、ウェストファリア条約が大部分の欧州世界にとっての維持されるべき勢力均衡状態の基準を提供することが論じられており、その限りにおいて同条約が欧州国家間関係の基本となっていることが示されているものと言えよう。

クリューバー（Johann Ludwig Klüber）は、一八一九年の仏語版国際法概説書（*Droit des gens moderne de l'Europe*）[158]上梓後、その内容に若干の修正を加えて一八二一年に独語版『欧州国際法』（*Europäisches Völkerrecht*）を公刊している。この独語版においては、「序論」（Einleitung）の第二章（「国際法の文化史（Cultur Geschichte）及び文献」）が国際法史の記述に当てられているが、ウェストファリア条約には触れられていない。[159] また、同書では事例が豊富に引用されているが、殆どは一八世紀以降のものである。それでも、帝国等族に関する議論は若干存在しており、特に、「半主権国家」が国際法上の制約された権利を有するとして、その例として帝国等族が挙げられ、更にそれに関連してＩＰＯ第八条第二項が註で挙げられている。[160] 但し、ドイツ及びイタリアにおけるかつての「半主権国家」は現在では主権国家となったか、或いは何れかの主権国家に完全に服属することとなったとされており、[161]

帝国等族の問題は既に過去のこととして処理されている。

尚、一八〇一年から翌年にかけてフォス（Christian Daniel Voß）が全四巻の『一八世紀の最重要な同盟及び講和の精神』（*Geist der merkwürdigsten Bündnisse und Friedensschlüsse des achtzehnten Jahrhunderts*）を公刊している。[162]この著作は、「条約史」の専門的研究の継続として捉えることができる。同書は、第一巻でユトレヒト・ラシュタット・バーデンの各条約を扱い、それら諸条約の背景や交渉過程、そして条約規定の内容について論ずるという形式が採られ、第二巻以降も同様に記述が進められている。そして、その記述の際にはドイツ帝国やプロイセン王国に関する事項が多く採り入れられている。内容的には法的議論の展開は殆ど見られず、同盟条約及び講和条約を通じての国際政治史としての性格が強い。また、記述の対象が（表題に示されている通り）一八世紀に限定されているために、ウェストファリア条約への言及は見られない。

(二) 一九世紀初頭のドイツ外の諸学者による国際法関連文献

以上では、ドイツにおける国際法概説書を見てきたが、それ以外の地域の文献についてはここで論じることは殆どできないように思われる。それは、筆者（明石）の資料収集能力の問題であると同時に、一九世紀初頭は新たな国際法概説書の登場が、その前後の時期と比較して、少数にとどまっているように思われるという事情にもよる。その原因についてここで詳細に検討することは不可能であるが、ヴァッテルの『国際法』及びマルテンスの『概説』がこの時期に版を重ねていることを考慮すれば、[163]この二著作の成功が後続する体系書の公刊の必要性を減殺したことが一因となったものと推測される。

このような状況の中で、一八一七年から翌年にかけて上梓されるのが駐仏プロイセン外交官であったシェル（F. Schoell）によるコッホの『講和条約略史』の改訂増補版である。

このシェル版『講和条約略史』における評価はその「序論」の中に登場するが、シェルはコッホによる評価を基本的に受け継いでいると言える。即ち、コッホが同条約を「近代政治の淵源」(la source de la politique moderne) としていた箇所をシェルは「近代政治の要」(le pivot de la politique moderne) としている。また、同条約が「基本条約」(le traité fondamental) とされている点は同一である。[164]

ところで、このシェルの改訂増補がいかなる性質を有するものであったのかという問題は、非常に興味深い。コッホ版全四巻の中で、第一・二巻では北欧を除く欧州諸国間の条約が扱われ、ウェストファリア条約から一七八三年のヴェルサイユ条約までが論じられており、第三巻では北欧諸国間の諸条約が、そして第四巻ではキリスト教国とトルコとの間の諸条約に加えて「フランス共和国」と反仏同盟諸国間の諸条約が扱われていた。[165] これに対して、シェルは全体を一五巻に纏め直す中で、「序論」や諸々の資料にもかなりの加筆を施しつつ、特に、ヴェルサイユ条約以降一八一五年のヴィーン条約及びパリ条約までの記述を独自に行っている。その結果、第四巻から第一一巻まではシェルによって執筆されていることになる。(第一二巻から第一四巻までは、再びコッホ版を基にした記述（北欧・対トルコ諸条約）となっている。また、第一五巻は講和条約一覧である。)

したがって、シェル版はコッホ版の単なる改訂増補版というよりも、コッホの構想に沿ってはいるが、実質的にはシェル版独自の存在価値が認められるべきものであると判断される。実際に、次に見るホィートンは、コッホの名を明示することなく、シェル版を参照しており、『講和条約略史』改訂増補版をあたかもシェル自身の手による著作として扱っているのである。

尚、このシェル版については、一八世紀中葉に更にガルドゥン (Comte Guillaume de Garden) により改訂増補版（全一五巻）が公刊されている。しかし、その内容にはシェル版以降の新たな出来事についての加筆はあるものの、コッホ版に対してシェルが施した加筆及び増補ほどの変更は見られない。[166]

（三）ホィートン

米国の外交官であったホィートン（Henry Wheaton）の国際法関連の主著は、概説書である『国際法要綱』（*Elements of International Law*）（英語初版一八三六年）と国際法史概説書である仏語版『欧州国際法史』（*Histoire des progrès du droit des gens en Europe*）（初版一八四一年）（及び仏語版に大幅な改訂及び増補を行った英語版『欧米国際法史』（*History of the Law of Nations in Europe and America*）（初版一八四五年））[167]であろう。

『国際法要綱』においてホィートンは「カール五世及びその継承者のもとでのスペイン及びオーストリア家の拡大を抑制するという目的は、最終的にウェストファリア条約によって達成され、同条約は長きにわたり欧州の成文公法（the written public law of Europe）を構成した[168]」として、欧州国際秩序にとってのウェストファリア条約の長期的重要性を主張していた。

この主張は『欧州国際法史』において、より一層強調されることになり、しかもそれは同書の構成自体を規定することになる。即ち、先ずその冒頭で、「ウェストファリア条約以前の欧州において国際法がもたらした進歩の歴史の概説[169]」が論じられた後に、比較的短い「序論[170]」が挟まれ、それに続く本論がウェストファリア条約から始められているのである。

ウェストファリア条約の価値が特に強調されているのは、同書の「序論」である。その冒頭には次の二文が置かれている。「ウェストファリア条約の時期を近代国際法の歴史を辿り始める時期として選択することには理由があった。この出来事は欧州文明の進歩における重要な紀元（ère）として際立つのである。[171]」更に、この「序論」中では「ウェストファリア条約は欧州公法の基礎（la base）を形成し続けたのであり、またフランス革命に至るまで欧州の主要諸国間の各講和条約において常に更新され確認されたのである」として、同条約を「欧州公法の基礎」とする理解が示されている。[172]

しかも、ホィートンは次のように述べることにより、同条約を国際法学の進展にとっても意義深いものとしている。「グロティウスの世紀を終了させるウェストファリア条約は、（オランダやドイツにおける彼の弟子や継承者である）公法学者の新学派の創設に合致する。同条約は帝国の公法の法典を完成させ、それはドイツの大学において注意深く養育された学問（une science）となったし、また欧州公法に関する学問全般（la science générale du droit public européen）の拡大に力強い貢献を行った。」これに加えて、「同条約はまた、常駐使節確立の時代をも記したのであり、常駐使節により欧州諸国の平和的関係がそれ以降維持され、またそれは（最初は外交関係において、そしてそれに続いて国際法の議論において）広範に流布するフランス語の使用と共に、グロティウスにより創始され、彼の継承者により完成された新たな学問に対してより一層実際的な性格を付与することに寄与したのである」ともされているのである。(173)

英語版『欧米国際法史』においても、「序論」に続く本論をウェストファリア条約に関する記述から開始するという構成が採用されている。(174)そして、大幅な改訂及び増補にも拘らず、その本論の冒頭は仏語版と同様の内容であり、またそれに続く一〇頁を費やして展開される同条約に関する議論(175)の中でも前述の仏語版の文章は殆ど逐語的に英訳されているのである。(176)

このようにホィートンは、近代国際法学の始点にウェストファリア条約を置き、同条約を「欧州公法の基礎」とすると同時に、帝国公法（国法）の完成及び欧州公法学の進歩に寄与したと評価する。ここには国際法学におけるウェストファリア神話そのものが登場していると言えよう。

また、帝国等族に関しては、『欧州国際法史』において「それ［ウェストファリア条約］は、三五〇の帝国の主権的等族（états souverains de l'Empire）を皇帝から殆ど独立のものとした」(177)としており、また、英語版では帝国国制に関する記述に六頁以上の紙幅が割かれるなど、(178)単純に領邦の主権国家化を説く内容とはなっていない。それでも、等族を主権的存在とする点では「神話」と同内容であるとしてよいであろう。[179]

（四）一九世紀中葉以降の国際法関連文献

1 ドイツ内の諸学者による著作

ホィートンの『欧州国際法史』の公刊から間もない一八四四年にヘフター（August Wilhelm Heffter）は彼の国際法概説書の独語初版を上梓している。同書の「序論」（Einleitung）には、次のような記述が見られる。「一七世紀に初めて宗教的喧騒に平静がもたらされた。権力者たちの政治がウェストファリア講和会議での成功を祝した。」但し、それは「パンドラの箱」でもあったが、それでも「〔ウェストファリア条約は〕欧州南西部の諸国家の存立（der südwestliche europäische Staatenbestand）と勢力均衡の永続的基礎となり、またより古き外交と最新の外交の間における転換点となった」のである。[180]

このようにヘフターは、「欧州南西部」に限定しつつも、ウェストファリア条約を諸国家の永続的存立基盤としており、同条約を「欧州国家間関係の基礎」とする認識を示していると言える。また、帝国等族に関しては、「半主権国家」を巡る議論の中で、「〔半主権国家とその上位権力の〕関係がかつてドイツの領邦権力に当てはまった」とし、また現在の例として「ドイツ連合」（der Deutsche Bund）内の関係を挙げている。[181] つまり、帝国等族に関する事柄は既に過去のものとされているのである。

また、H・B・オッペンハイム（Heinrich Bernhard Oppenheim）は、一八四五年にフランクフルトを発行地として『国際法体系』（*System des Völkerrechts*）を上梓し、一八六六年には同書の第二版を公刊している。この第二版の第三章「近世実定国際法の歴史」（Geschichte des positiven Völkerrechts der neueren Zeit）第二節において、オッペンハイムは、「ウェストファリア条約は最初の欧州講和であり、欧州国家系の礎石（der Eckstein des europäischen

Staatensystem）であったし、今日においてもなお我々の学問の基礎（ein Fundament）である」としてから、同条約の内容を説明した上で、第三節で同条約の影響についても論じている。[182] 即ち、ここでは同条約を「欧州国家間関係の基礎」とする認識が明白に示されている。尚、彼は第六章（「主権」（die Souveraineät））に関する説明の中で、ＩＰＯを例にして帝国等族の領邦高権（Landeshoheit: *jus territoriale*）や同盟条約締結権について論じており、[183] 依然として帝国等族を国際法の枠内で論じている点は興味深い。

更に、ホルツェンドルフ（Franz von Holtzendorff）は全四巻の『国際法便覧』（*Handbuch des Völkerrechts*）と題する著作を一八八五年から一八八九年にかけて公刊している。その中で国際法の基礎概念や法源、更には歴史が論じられているのが、『国際法序論』（*Einleitung in das Völkerrecht*）と題された第一巻である。

この第一巻におけるウェストファリア条約に関する記述は、国際関係の通史的記述を扱う第三部（Drittes Stück）「ウェストファリア条約までの国際法及び国際関係の歴史的展開」の最終第七章（「宗教改革期」）に見出される。特に、「三十年戦争とウェストファリア条約」と題された節では、これまでに本章において検討の対象とされてきた諸々の国際法概説書に比較してかなり詳細にウェストファリア条約についての分析が試みられている。その中でホルツェンドルフは、「同条約の内容は、ドイツ帝国国法（das Deutsche Reichsstaatsrecht）・教会法・国際法という三つの視点から評価され得る」としつつも、「一六世紀中葉以降のドイツにおいては、国法と国際法を区別することは困難となった」としており、国際法と帝国国法との交錯を意識している。また彼は、「ドイツは法的・政治的怪物（ein juristisch-politisches Monstrum）へと落ちぶれた」とし、「ウェストファリア条約以後、皇帝の尊厳と帝国国法は実際上名目だけの遺物となってしまった」とするなど、帝国の状況にも言及している。[184]

それでも、ホルツェンドルフの関心はウェストファリア条約の国際法上の地位にあることは明白であり、それは次のような評言に現れる。即ち、彼は「［ウェストファリア条約は］フランス革命に至るまで欧州公法の中心

的文書 (Haupturkunde des öffentlichen europäischen Rechtes) として妥当した」[185] とし、また宗教や国内体制を国際関係上問題視しないことと主権国家の平等を一般的に承認し且つ帝国等族のような弱小国家に法的保証を与えたことなどを通じて「［同条約は］近代国際法発展の出発点を記している」としているのである。[186]

最後に、リスト (Franz von Liszt) の著作にも触れておきたい。リストが『体系的国際法』(*Das Völkerrecht systematisch dargestellt*)（初版一八九八年）においてウェストファリア条約に関して触れている箇所は、「序論」の第三節（「国際法の歴史」）である。そこで同条約に関して具体的に挙げられている事柄は、「キリスト教諸国の絶対的平等」、「欧州の勢力均衡原則」、「オランダ・スイスの独立の承認」等であって、何れも目新しいものではない。しかし、国際法史が五期に区分されて紹介される中で、第一期「一六四八年まで」[187] と第二期「一六四八年から一八一五年まで」[188] の区切りとしての「一六四八年」が使用され、第一期の最後で同条約が論じられている点は、それ以前に登場した国際法概説書とは若干異なる視点で国際法の通史が捉えられているものとも言える。それでも、何れにしろ、リストがウェストファリア条約を国際法史上の画期的出来事として理解していることは確実である。[189]

2 ドイツ外の諸学者による著作

(i) 英米系の諸学者

この時期の英国の国際法研究者の中では、オックスフォード大学教授 (Regius Professor of Civil Law) であったトゥイス (Travers Twiss) がウェストファリア神話受容の一つの典型例を示している。彼は一八六一年に上梓した国際法概説書の「序言」において次のように宣言している。

「ウェストファリア条約が［同書の記述のための］適切な出発点として採用された。何故ならば、その出来事は諸国

家 (Commonwealths) の交流における新たな時代へと導いたからである。即ち、ミュンスター条約及びオスナブリュック条約は欧州諸国にとって領域主権原則 (the Principle of Territorial Sovereignty) の最初の実際的承認であり、当該原則を維持するための欧州協調のための基礎 (a groundwork) を提供しているのである。[190]」

またケンブリッジ大学をはじめ、英米で教鞭を執ったローレンス (Thomas J. Lawrence) は、一八九五年出版の国際法概説書 (*The Principles of International Law*) 中の国際法の通史的記述において、ウェストファリア条約が「我々の時代に至るまで欧州国家系を規律してきた一連の偉大な公的文書 (public instruments) の最初のものである」とし、「一六四八年以来、近代国際法は自己に匹敵するような別個の体系 (rival system) を有することはなかった」としている。[191]

更に、ケンブリッジ大学教授であったウェストレイク (John Westlake) の著作にも目を向けたい。彼は、(二〇世紀初頭に公刊した) 国際法概説書の第一巻第四章 (「国家の起源、存続及び消滅」) において、「文明世界の現実的国家系 (the actual state system) は、一六四八年に三十年戦争を終了させたウェストファリア条約から始まる[192]」としているが、同書公刊以前の一八九四年に『国際法の原則に関する諸章』(*Chapters on the Principles of International Law*) を上梓している。同書は詳細な体系書ではないが、その内容には国際法史や国際法の諸原則についての彼の理解がよく示されており、とりわけ、ウェストファリア条約に関しては同書第四章 (「ウェストファリア条約とプーフェンドルフ」) において詳細に論じられている。ウェストレイクは同条約の国際法上或いは国際政治上の重要性について六点 (それは何れもウェストファリア神話を基礎付けるものと言ってよい。) を挙げた後に次のように述べている。「今や［欧州に］社会が存在するのであり、『社会あるところ法あり』(*ubi societas ibi jus est*) という格言が自己の正当性を示したのである。[193]」

このようにトゥイス、ローレンス及びウェストレイクは欧州社会の国家間関係や近代国際法の始点としてウェストファリア条約を位置付けている。それに対して、エディンバラ大学教授であったロリマー (James Lorimer) が一八八三年に公刊した『国際法原論』(*The Institutes of the Law of Nations*) では、ウェストファリア条約についての独特の評価が示されている。

同書ではウェストファリア条約が二箇所で言及されているが、ここではその第一のものについて、若干詳細に紹介することとしたい。同条約への言及は、第一篇（「法源」）第三章（「条約」）の議論において、ロリマーの国際法観とも呼ぶべきものが反映されている次のような文脈中に見出される。

先ず、ロリマーは条約に関する彼の観念を述べる。「より偉大な諸条約は、それらが属する歴史の時代の国際的経験を要約しているものと正しくみなされる。そして、我々がそれらを入手するための恐るべき費用を考えるとき、それらが我々に何も教示しないとするならば、それは全く嘆かわしいであろう。それらを単に無目的の努力と果実をもたらさない苦痛の記念碑であるとみなすことは、人間ではなくして神の賢慮を信じないことであろう。それらはそれ自体で教訓的な出来事 (instructive events) である。[194]」その上で「まさに教訓的 (directly instructive) である諸条約の中で、最も強く記憶に残るのは偉大なるウェストファリア条約である」とする。そして、次のように続ける。

「多方面において、それ［ウェストファリア条約］は法を事実と調和させたのであり、ゆうに二世紀間を超える期間、それらの面において人類の大部分の運命を規律したし、［現在も］依然として或る重要な方法で国際的な諸観念に対して、その非当事者［の諸観念］に対してすらも、寄与している。ドイツにおける宗教改革の政治的帰結の、そしてオランダとスイスの独立の法律上の承認 (the recognition *de jure*) は、権利と事実がそれらの本性において不可分であるという原則、そして国際法はそれを見るままにそれら［事実］を受容せねばならないという原則の、強調的言説であり、まさに権威ある言説である。その全ての欠陥にも拘らず、ウェストファリア条約は成功に満ちた条約であったし、それゆえに我々がそれから積極的教訓（positive instruction）を抽出するということは驚くべきことではない。[195]」

このようにロリマーは、法と事実の不可分性という観点から国際法を捉え、それを実現したものとしてウェストファリア条約を高く評価するのである。[196]

以上のように一九世紀後半の英米系の諸学者による国際法概説書において、ウェストファリア神話はその姿を明瞭に現している。そして、それは同時期の国際法史研究においてもほぼ同様である。即ち、英国の歴史家ウォーカー（Th. A. Walker）が一八九九年に著した『国際法史』（*A History of the Law of Nations*）では、「ウェストファリア条約はプロテスタンティズムと領域性（Territoriality）の勝利を宣言した」という一文に始まる約一頁にわたる記述の中で、「神話」の内容が語られているのである。[197]

(ii)　**フランス系及びその他の諸学者**

一九世紀中葉以降に公刊された国際法関連の仏語文献の中からは、先ず、コッホ以来の「条約史」研究の継続の事例として、ウルソフ（A. M. Ourousov）の著作を挙げたい。ウルソフは一八八四年に本論四四〇頁にわたる『欧州諸国間で締結された主要講和条約の略史』（*Résumé historique des principaux traités de paix conclus entre les puissances européennes*）を著した。[198] その記述及び考察対象は、ウェストファリア条約から一八七八年のベルリン条約までとされ、前者についての記述は三十年戦争の経過説明を併せて一三頁であって決して多くはないものの、講和条約史の「原点」にウェストファリア条約を据えるという記述方法が定着していることが窺える。

また、国際法概説書としては、デパニェ（Frantz Despagnet）の著作が挙げられる。彼は、同書の序論第一章「国際法の歴史的展開」(Développement historique du droit international) において、国際法の歴史を古代から五期に区分して通史として描いているが、その第二期と第三期の区分点をウェストファリア条約とした上で、次のような評言を加えている。「古き精神に対する新しい精神の戦闘の暴力的表現であった三十年戦争の後に、ミュンスターとオスナブリュックで行われた交渉が有名な所謂ウェストファリア条約(一六四八年)を生み出した。同条約は、世論の偉大な成果と国際法学者の著作、とりわけ名高いグロティウスの『戦争と平和の法』(一六二五年)、によって既に準備されていた新たな時代を記録した。」更にこれに続き、「ウェストファリア条約から引き出される、そして国際法の近代的理論の基礎を構成する本質的観念」としての「対外関係における国家主権」が「それまでの教皇庁に代表される宗教的影響から解放され」、「その結果、国際関係における古来の宗教的排外主義が廃棄され、プロテスタント派とカトリック派の全キリスト教徒間の欧州協調が確立される」こと、「専制的精神に発する排外主義」も消滅し、「共和制国家 (États républicains)、即ち、スイス・オランダ・ヴェネツィアが諸王国と平等になる」こと、そして「外交はウェストファリア条約において諸国家の法的平等の原則を確認し、またそれらの間に存在する一つの『社会』(*société*) の基本的観念を受容することが可能となり、それによって諸国家は全てのそれらの相互関係を共通合意に基づき規制せねばならない」ことが挙げられている。その上で、「国際関係に対する実際的影響という観点(即ち、政治的影響と呼ばれ得る)では、ウェストファリア条約はフランス革命に至るまで欧州世界の基本憲章 (la charte fondamentale) とでも呼ぶべきものを構成する」とするのである。(199)

また、クレティアン (Alfred Chrétien) も彼の概説書の「序論」中に「歴史における国際法の進歩と展開の概観」(Aperçu des progrès et du développement du droit international dans l'histoire) と題する節を設け、その全体を五期で構成し、第三期と第四期をウェストファリア条約によって区分している。そして、第三期「[ローマ] 帝国崩壊からウェストファリア条約まで」の記述の最後を、「結局、国家の平等と独立という思想 (Idée) 自体は依然として生まれなかった」のであり、「それは一六四八年に所謂ウェストファリア条約の中で実現される偉業となるのである」として結び、更に第四期「ウェストファリア条約（一六四八年）からヴィーン会議（一八一五年）まで」の冒頭の一文を「ミュンスターとオスナブリュックにおける殆ど全ての欧州諸国の代表の会合は、一種の国際共同体として、実際に歴史上前例のないものであった」とするのである。(200)

ボンフィス (Henry Bonfils) の概説書においても「序論」中の第七節（「国際関係の歴史的展開の概観」(Aperçu du développement historique des relations internationales)）において国際法の歴史全体を五期に区分し、その第二期と第三期の区分点がウェストファリア条約とされている。（したがって、前述のデパニェの著作と同一の時代区分上の位置付けとなっている。）そして、「ウェストファリア条約は近代国際法の真の出発点であったし、一七八九年までの国際関係の基礎 (la base des relations internationales) であった」とされている。(201)

また、イタリアのフィオレ (Pasquale Fiore) は彼の国際法概説書の冒頭で国際法の歴史全体を四期に区分して論じ、その第二期と第三期をウェストファリア条約によって区分している。そして、特に勢力均衡の維持に同条約が役立ったという点から、同条約が近代諸国家の発展に寄与したとしている。(202)

ロシア（エストニア）のマルテンス (F. de Martens) は、国際法の歴史を三期に区分し、第一期と第二期をウェストファリア条約によって分けている。同条約に関する記述は比較的詳細であるが、その内容には特筆すべき点は認められない。(203)

更に、同様の時代区分は、アルゼンチンのカルヴォーの概説書においても見られる。即ち、同書ではその「序論」中の「国際法の歴史的素描」(Esquisse historique du droit international) と題された一節で、全体が八期に区分されており、その第二期が「ローマ帝国の崩壊からウェストファリア条約まで（四七六年から一六四八年）」、第三期が「ウェストファリア条約からユトレヒト条約まで（一六四八年から一七一三年まで）」とされているのである。[204]

更に、ベルギーのネイス(Ernest Nys)は、三巻で構成される概説書の第一巻に含まれる長い「序論」の殆どを国際法史の記述に当てている。その中でウェストファリア条約は第一〇節において複数箇所で登場し、比較的詳細に論じられている。しかし、「欧州諸国の法の発展という観点から」すれば「帝国の構成員の諸権利の承認とかれらの領域的特権(leur prérogative territoriale)の確認」が重要であるとされ、また「欧州の中央部に三五五の主権国家(États souverains)が見出された」とされるなど、[205]ネイスの理解も「神話」に従っている。

(五) 第三節のまとめ

以上本章で論じられてきたことから、次の点が明らかとなる。即ち、ホィートンの著作、特に『欧州国際法史』においてウェストファリア神話がほぼ完全な形で提示されており、それ以後の国際法概説書における歴史に関する記述は同神話を受容する内容となっている。しかも、この神話受容という現象は同書の仏語初版(一八四一年)の直後から明白になる現象であると言えるのである。[206]

この一九世紀中葉以降におけるウェストファリア神話の急速な浸透を傍証するのが、(本章第二節(一)で論じられた)マルテンス(G. F. von Martens)の『概説』における変化である。既に確認された通り、元来マルテンス自身はウェストファリア条約に特別な意義を付与していなかった。ところが、一八六四年に出版されたベルジェ(M. Ch.Vergé)による『概説』改訂版の第二版では、その「序論」の第一〇節(「近代国際法の起源」)において、古代ギリシャ・ローマ以来の国際法に類似した現象が挙げられた後に、「しかし、一般的には近代国際法の主要な時期はウェストファリア条約に始まる」[207]とされているのである。

そして、このような「神話」は二〇世紀初頭[208]においても継承され、現代に至るまで同様の状況が継続するのである。

一七九五年に公刊された『ウェストファリア条約の精神』(*Geist des Westphälischen Friedens*) と題された著書の「序言」の冒頭においてピュッター (Johann Stephan Pütter) は次のように述べている。「ウェストファリア条約を巡る歴史への入門書を扱い、或いは同条約に関連する文書を提示し又は註釈と共に同条約自体を扱う著述家については、枚挙に遑がない。(209)」

この言葉に表されているように、既に一八世紀末において、ウェストファリア条約を巡る著作が多数存在していたことは意識されていた。本章で考察の対象とされた著作は、その総体の中の極めて僅かな部分にとどまるであろうし、元来本章で行われたような作業が、その検討対象を網羅的なものとすることは不可能である。(特に、一七世紀及び一八世紀の文献は、資料収集上の現実的制約を理由として、充分に活用・参照され得なかった。そのため、本書とは異なる解答を提示する根拠となるその当時の文献が指摘されることを、筆者（明石）は期待している。）それでも、本章で確認された事柄の範囲内で、次の二点を結論として提示することは許されよう。

まとめ

第一に、ウェストファリア条約締結以降一九世紀初頭に至るまで、国際法概説書においてウェストファリア神話が表明されることはなかったことが挙げられる。(210)「神話」とされる理解が国際法概説書の中に明確に登場するのは一九世中葉以降のことであり、その理解は急速に広まる。そして、その大きな契機となった著作は一八四一年に公刊されたホィートンの『欧州国際法史』であると推定される。

第二に、一八世紀までの「国際法」関連著作においては、神聖ローマ帝国の国制に関わる事項が「国際法」上の事柄として扱われていたことも理解される。（そしてこのことは、「一八世紀において公法 (*ius publicum*)、国際法及び政治学 (Politik) は密接に結び付いていると見られたのである」とするシュトライス (M. Stolleis)[211] の指摘を国際法史研究の立場から確認することを意味する。）また、ウェストファリア条約が論じられる場合には、帝国国制上の問題として扱われていた。そして、同条約は、「帝国の基本法」ではあっても、「欧州の基本法」とは認識されていなかったのである。

以上のことから、本章における主題の一つ（ウェストファリア神話はいつ登場したのか）に対しては、解答が得られたことになる。そして、それは本章の「はじめに」で挙げた、オヅィアンダーの見解（一九四八年のグロス論文を「神話」受容の契機とする）やルサフェールの前提（一七・一八世紀の学説においてウェストファリア条約に重要性が付与されていたとする）を否定するものである。

それでは、もう一つの主題（「神話」はどのようにして形成されたのか）についてはどのような解答が与えられるのであろうか。

一九世紀中葉における「神話」の受容の契機としてホィートンの『欧州国際法史』（及び『欧米国際法史』）が大きな役割を演じたものと推測されるが、ここで看過されてはならないことは、同書に示されている「神話」は必ずしもホィートンの独創によるものではないことである。

既に確認されたように、一八世紀中葉以降には若干の「国際法史」或いは「条約史」の専門研究書が公刊され、その中でウェストファリア条約が欧州の近代的条約関係の始点とされていた。そして、それらの中では、先ず、マブリーの『条約に基づく欧州公法』においてウェストファリア神話が部分的ではあるが登場し、シェル版『講和条約略史』においてそのほぼ完全な姿を現していた。そして、後者は『欧州国際法史』においてホィートンによりかなりの頻度で参照されている。[212] つまり、シェル版『講和条約略史』に示されている見解にホィートンが影響を受けていたことが推測されるのである。（この『講和条約略史』の影響という点に関連して、例えば、前述したヘフターの『現代欧州国際法』（一八四四年）の「序論」における（国際法の歴史に限定されない）記述の中で、ホィートンの著作への参照箇所が多数見受けられる[213]と同時に、コッホ版及びシェル版の『講和条約略史』が参照されているという事実が指摘され得る。[214]）

更に、この一八世紀中葉以降における「国際法史」や「条約史」の研究の開始や、或いは当該研究においてウェストファリア条約を近代国際法の原点とする思考には、国際法学以外の場において、当時既にウェストファリア神話に近似した理解が流布していたことが反映されているものと推測される。その一つの傍証が、ホィートンの『欧州国際法史』がフランス学士院募集の懸賞論文への応募作であり、その際の課題が「ウェストファリア条約以降の欧州において国際法がもたらした進歩とは何か」であったという事実である。[215]即ち、この事実には、既にその当時（少なくとも、フランスの学識層の間では）、同条約を欧州世界の歴史の中で特別な地位にあるものとする理解がかなり浸透していたことが反映されているものと理解される。[216]したがって、既にホィートンの著作以前に発生していた、ウェストファリア条約を欧州秩序の基本であるとする理解を基盤として、一九世紀中葉のホィートンの著作が生み出されたものと推測されるのである。

以上のように考えるならば、「ウェストファリア神話」はホィートンの著作を決定的契機として一九世紀中葉に創出されたのであり、またその誕生の知的土壌は一八世紀に作られていたことになる。換言するならば、ウェストファリア条約の作成直後から一八世紀に至るまで、（帝国国制上は兎も角として）国際法上或いは欧州国家間関係において同条約は何らかの特別な重要性を有するものではないとする理解が一般的であったのである。そして、その理解は、同条約の総体を読むならば、正しいものである。「神話」は誤りであり、神聖ローマ帝国消滅後の近代的主権国家の並存体制が欧州に確立した時代以降の想像の産物なのである。

（1）本章は拙稿、明石 (2007) に基づいている。

（2）Osiander (2001, a), 264.

（3）Gross (1948), 20–41.

（4）Lesaffer (1997), 71.

（5）Lesaffer (1997), 74–75.

（6）Pufendorf (1672), VII, v, 13. 尚、後述の『ドイツ帝国国制論』と同様、国制の通常の形態は三種類、即ち、民主制 (*democratia*)・貴族制 (*aristocratia*)・君主制 (*monarchia*) とされている。Pufendorf (1672), VII, v, 3.

（7）Pufendorf (1672), VII, v, 14.

（8）Pufendorf (1672), VIII, viii (*De pactis pacem reducentibus*).

（9）Pufendorf (1672), VIII, ix (*De foederibus*).

（10）Pufendorf (1672), IV, xi, 18.

（11）Simons (1934), 39–40.

（12）Pufendorf (1672), V, i. プーフェンドルフは、特に、合意された価格の合法性は維持されるべきことを支持する。

（13）Simons (1934), 38.

（14）Pufendorf (1672), VIII, iv.

（15）Simons (1934), 51.

（16）Pufendorf (1672), VII, iv, 11.

（17）Schröder, P. (1999), 965.

（18）尚、『自然法及び国際法論』第七巻第三章 (*De generatione summi imperii civilis seu majestatis*) における、上位者を承認していた者が国王 (*rex*) となる際には、当該上位者の同意を得ること、そして自己の領域の当該上位者との紐帯から解放されることが必要とされるとの記述に関して、ジモンスは、ブランデンブルク選帝侯（フリートリヒ三世）がプロイセン国王（フリートリヒ一世）として即位したという歴史的出来事に影響を全く与えなかったとは思われないとしている。(Simons (1934), 43.) ここには、プーフェンドルフが帝国国制の存在を念頭においた議論を展開し、それが後の実行に影響を及ぼしたことが示唆されている。

(19)　Pufendorf (1672), II, iii, 23.

(20)　Pufendorf (1672), II, iii, 23.

(21)　尚、プーフェンドルフは慣習も自然法に基づくものとしている。Pufendorf (1672), II, iii, 23.

(22)　ジモンスは『ドイツ帝国国制論』が「ハイデルベルクで一六六四年に公刊」されたとする。(Simons (1934), 15–16.) これに対して、ザロモンは、モンツァンバノの登場を一六六七年として当時のプーフェンドルフの状況に言及すると共に、『ドイツ帝国国制論』の初版を同年のジュネーヴ版として、初版の表紙の複写も収めている。(Salomon (1910), 2–3, 11 *et* 25.) また、同書の独訳版を公刊したブレスラオは、初版を一六六七年のハーグ版としている。(Breßlau (1922), 7.) 更に、シュトライスは、一六六七年にジュネーヴ版とされているものが、ハーグ版であるとしている。(Stolleis (1988), 233, n.58.) また、デーリンクも一六六七年としている。(Döring (1994), 185.) 本書では、以上の諸説を勘案して、多数説であると判断される「一六六七年」とする。

(23)　Pufendorf (1667), c.VI, §9.

(24)　一般にこの評言 (*irregulare aliquod corpus et momstro simile*) は帝国国制に対して否定的評価を与えているものと理解されてきたが、異なる見解も存在する。

例えば、シュトラオスは「彼［プーフェンドルフ］は、その［帝国の］国制が、標準的類型に従っては分類不可能であることのみを意味したのであるが、歴史家たちは殆ど常に彼の形容句 (epithet) を価値判断として受け取った」としている。(Strauss (1978), 291.) また、シュレーダーは、一七・一八世紀の文献において *"monstrum"* という語は、帝国に対する侮蔑的言辞として使用されたのではなく、どちらかと言えば政治体の驚くべき且つ異常な不規則さを意味するために用いられたと指摘し、「［「怪物」について否定的評価をプーフェンドルフが下していたとする］誤った解釈はもはや通用していないと考えてよいであろう」との見解を示している。(Schröder, P. (1999), 966, n.19.) 特に、シュレーダーは、プーフェンドルフの意図が当時の帝国の現状維持にあったことを指摘しており (Schröder, P. (1999), 971 *et* 972–973.)、それはまた、当時の帝国の状況そのものの描写がプーフェンドルフの意図であったことを意味するのである。このように、これらの論考は、プーフェンドルフ自身の見解には当時の帝国国制に対する否定的な価値判断は含まれておらず、そのような判断は後世の歴史家たちによって生み出されたと主張するのである。（この他にも、レックは、『ドイツ帝国国制論』初版（一六六七年）に登場したこの言葉が、プーフェンドルフの死後に公刊された新版（一七〇六年にグントリンク (Jacob Paul Gundling) により出版されているが、改訂はプーフェンドルフ自身による。）では削除されており、それは初版が同時代人の中に惹起した激しい反応をプーフェンドルフ自身が認識していたことによるという。(Roeck (1984), 28.)）

確かに、この一文のみを読む限りは、プーフェンドルフが「怪物」という言葉によって帝国国制の変則性を指摘したのみであって、それ以上に何らかの価値判断を下したものではないとすることは可能である。しかし、この著作（初版）における彼の議論の展開過程が考慮されるならば、当時の帝国国制に対して、それが望ましい状態にあると彼が考えていたのではないこともまた確かである。この点を確認するために、先ずこの評言が登場する文脈におけるプーフェンドルフの主張を確認することとしたい。

『ドイツ帝国国制論』は、「ドイツ帝国の起源」（第一章）に始まる本論全八章の中で帝国国制全般について論ずる著作である。その第六章「ドイツ帝国の国家形態について」(*De forma Imperii Germanici*) においてプーフェンドルフは、概ね次のような議論を展開している。即ち、従来の学説によってでは帝国（ドイツ人の国家 (*Germanorum respublica*)）の基本原理が充分に明らかにされず、政治学（国家学：*politicus*）により記述されるような単純な通常の国家構造の下での国家形態の提示が不可能とされている (*"Satis autem ex superioribus apparuit, in Germanorum republica latitare nescio quid, quod eandem ad simplices rerumpublicarum formas referri, prout vulgo a politicis illae describuntur, non patiatur."* Pufendorf (1667), c.VI, §1.) との理解に立ち、帝国国制の現状を民主制 (*democratia*)、貴族制 (*aristocratia*) 及び君主制 (*monarchia*) と比較し、その結果として、ドイツを「何か変則的で、怪物に類似したもの」としているのである。そして、彼は、次のように続ける。「帝国は、時間の経過の中で、皇帝の怠惰なる寛容、諸侯の野心、そして聖職者の煽動を通じて、或る通常の君主制から、仮に外的な表徴がそのことを示しているにしても、もう既に制限的君主制でもないし、また同盟により結合した諸国民の体制でもない、どちらかといえばこれら二つの間で彷徨う何ものかになってしまっている。」(*"Nihil ergo aliud restat, quam ut dicamus, Germaniam esse irregulare aliquod corpus et monstro simile, siquidem ad regulas scientiae civilis exigatur, quod lapsu temporum per socordem facilitatem Caesarum, ambitionem Principum, turbulentiam Sacerdotum ex regno regulari in tam male concinnatam formam est provolutum, ut neque regnum etiam limitatum amplius sit, licet exteriora simulacra tale quid prae se ferant, neque exacte corpus aliquod aut systema plurium civitatum foedere nexarum, sed potius aliquid inter haec duo fluctuans.*" Pufendorf (1667), c.VI, §9.)

このように、プーフェンドルフは、既存のアリストテレス的政体分類に従いつつ、帝国国制を「不規則」としているのである。それでは、彼自身はこの不規則性に対して何らかの評価を下しているのであろうか。この点を考える際に参考となるものが『ドイツ帝国国制論』第六章第一節冒頭である。そこでは、自然的組織体においてもまた人為的組織体においてもそれらの健全性と有能さが組織体の構成部分の適切な調和と結合に基づく結果であるように、諸々の倫理的存在乃至は社会(*corpora moralia seu societates*)についても、当該存在が堅固であるのか脆弱であるのかは構成員間の結び付きの良否にかかっているとした上で、それが均整のとれた形態であるのか不規則で怪物のような形態であるのかによるとしている。("*Quemadmodum corporum naturalium iuxta atque artificialium sanitas et habilitas ex apta partium inter se harmonia et connexione resultat, ita quoque corpora moralia seu societates firmae aut invalidae iudicantur, prout earundem partes inter se bene et secus invicem connexae deprehenduntur adeoque prout concinnam formam aut irregulare quid et monstruosum prae se ferunt.*") つまり、彼は、標準的な社会は強靭であり、そうでないものは脆弱であると考えている。また、これに関連して、彼が随所で帝国の現状を「病気」として表現している(Pufendorf (1667), *passim*, esp., c.VII, §8.) ことからしても、「何か変則的で、怪物に類似したもの」に否定的評価が込められていると解すべきものと判断されるのである。(同様の事柄は、『自然法及び国際法論』においても確認される。即ち、プーフェンドルフは、同書第七巻第五章第一五節で、主権の分割されたドイツ帝国に言及し、或る論者が同帝国を「ハープ」(*testudo*)に譬えていることを挙げ、多大な困難の後に調弦され、漸くハーモニーを奏でるが、それは長続きしないとしている。(Pufendorf (1672), VII, v, 15.) ここでも、プーフェンドルフが帝国国制の現状について何らかの否定的見解を抱いていたものと解されるのである。)

(25) 『ドイツ帝国国制論』におけるプーフェンドルフの実践的意図は次のようなものであると解される。

同書第七章第七節冒頭において、帝国が正しい君主制の形態に収まるのであるならば、それが全欧州にとって有意義であろうとの見解が示されている（*"Enimvero isthaec Germanici Imperii moles, quae in iusti regni formam redacta toti Europae futura erat formidabilis, per intestinos morbos et convulsiones ita debilitatur, ut aegre sibi ipsi defendendae sufficiat."* Pufendorf (1667), c.VII, §7.) ことから、彼が君主制を志向していることが理解される。また、同書の最終第八章において、プーフェンドルフはヘムニッツ (Bogislav Philipp von Chemnitz) の主張を引用する。ヘムニッツは、ヒッポリトゥス (Hippolithus a Lapide) の変名で一六四〇年に『我々のローマ＝ドイツ帝国における国家理性論』(Chemnitz (1647)) を上梓し、帝国国制を論じていた。ヘムニッツは、帝国等族の自由を重視し、帝国国制の危機の原因がハプスブルク家にあると考え、ハプスブルク権力の除去を推奨したものと解される。これに対してプーフェンドルフは「しかしそれは、医者ではなくして死刑執行吏の役割を演ずることになるのである。」(*"Hoc vero est carnificem, non medicum agere."* Pufendorf (1667), c.VIII, §3.) と論駁し、皇帝（帝国）権力の強化の方向を目指す。また、同章第四節では、帝国内の団結が緊要であり、そのためには何れの者もより弱い等族を暴力で蹂躙することが不可能とされるべきであって、更にそのためには領地に関する現状維持を確保すべきことなどが説かれている。(Pufendorf (1667), c.VIII, §4.) 以上のプーフェンドルフの記述内容を総合するならば、彼はハプスブルク家を中心とする君主制の確立を意図したものと解される。

(26) クヌッツェンは、戦争の原因を神意から人間の意思に転換する一七世紀の諸理論（家）（それらは何れも世俗化された自然法の観念を基礎にしている）を紹介する中で、プーフェンドルフについて次のように述べている。「[プーフェンドルフの著作中でこの転換は] 明白である。彼は彼の生存中に発生した国際的変動を鋭敏に感知していた。彼はウェストファリア条約（一六四八年）を世界史 (international history) における分水嶺と見たし、ウェストファリア条約に先行する戦争と荒廃の混沌とした世界とその後に姿を現した自律的勢力均衡の秩序ある世界とを先鋭に識別した。」「主権国家によるウェストファリア＝システムが創設されたのだから、主権的活動主体が秩序ある欧州への有益な貢献者となることがどのようにして確保され得るのかを問うことの方がより自然であることに、彼は気付いたのである。この目的を達成するために、全ての欧州人の同意を得られる新たな道徳性 (morality) を生み出すことが必要であると、彼は論じた。『人間社会の有益な構成員となるためにどのように振舞うべきかを人間に教える』この新たな道徳性の本質的構成要素が、『自然法と呼ばれる』のである。」(Knutsen (1997), 107–108.) しかしながら、プーフェンドルフのウェストファリア条約への言及を見る限り、このような評価は適切ではない。クヌッツェンはこの評価の根拠を明示していないが、ウェストファリア神話を前提に論じていることは明白である。

（27） Rachel (1676), 330–334, esp. 332.

（28） Rachel (1676), 318–320. また、ウェストファリア条約とも関連する問題として、第七八章では、スイス諸邦やネーデルラント諸州が「同盟条約の効力によって」(*propter vim foederis*) 一体のように見られるが、それにも拘らず、それらは個別の国家 (*distinctae civitates*) である旨が指摘されている。Rachel (1676), 297–298.

（29） Rachel (1676), 260–296.

（30） Rachel (1676), 296–297.

（31） Textor (1680), 97–98.

（32） Textor (1680), 101.

（33） Textor (1680), 101–102.

（34） テクストルが「三十年戦争」という名称を明確に用いている唯一の箇所として、第二八章第八節で「この世紀のドイツの三十年戦争において」(*hoc seculo in bello tricennali Germaniae*) としている部分がある。Textor (1680), 128.「三十年戦争」という名称の最初の使用例や概念の正当性については、歴史学者の間で争いがある。次の二つ文献は対照的である。Sutherland (1992), 587–625: Asch (1997), 1–2. 更に、次の文献も見よ。Repgen (1982), 59–70: Repgen (1988), 1–84.

（35） 例えば、第二八章第九節では、ネルトリンゲンの戦いやヴィットシュトックの戦い等が挙げられている。Textor (1680), 128. 但し、テクストルは随所で古代ギリシア・ローマの事例も引用している。

（36） Textor (1680), 126–127.

（37） Textor (1680), 140.

（38） Textor (1680), 52–65. 第二〇章では、これらの他、第一二・一五節等を見よ。

（39） Textor (1680), 80–85. 尚、この箇所では、オランダの完全な自由の獲得も合意によるものの例であるとされている。また、ＩＰＯ第六条におけるスイスの取扱いに関しては、第三〇章第一六節でも触れられている。Textor (1680), 140.

（40） Textor (1680), 65–68.（但し、第一六章以下は再度第一頁から始まる。）第二一章では、この他にも第一四節で執行に関して

ＩＰＯによりブランデンブルク選帝侯に付与されたマグデブルク大司教領に対する権限が引用され、また第一九節では第三者の取扱いについて「ドイツの講和文書の規定」(*Instrumenti pacis Germanicae provisio*) に言及されている。更に、同章第二五・二九節、第二二章第九節、第二三章第三三節、第二五章第一二節、第二八章第三一節、第三〇章第五五節乃至第五七節等でもウェストファリア条約の規定の援用や「ドイツの講和文書」への言及が見られる。

(41) Textor (1680), 70. テクストルのウェストファリア条約評価の中で興味深い点の一つは、宗教問題を扱う第六章においては同条約に言及されていないことである。ここには、彼が同条約を宗教問題の解決として評価していないか、或いは宗教問題が既に議論するに値しないと判断していることが反映されているものと考えられる。Textor (1680), 43–52.

(42) Textor (1680), 85–86. 第一一章では、更に、第一二節乃至第一四節においても(「国家の安寧が最高の法」(*Salus Reipublicae, suprema lex esto*) と「事情変更」(*rebus ita stantibus*) という二つの原則との関連で) ＩＰＯ及びＩＰＭを「基本法」(*lex fundamentalis*) として位置付けた議論が展開されている。Textor (1680), 88–89.

(43) Zouche (1650), 57–60 *et* 64–65.

(44) Zouche (1650), 84–86. 但し、この節には設問の通し番号に誤りがあるため、実際には第一六問となる。

(45) Zouche (1650), 89.

(46) Zouche (1650), 141–143.

(47) 例えば、第二部第八節第二六問は「スウェーデン国王は武力をもって正当にドイツに侵入したのか」と題され、グスタフ＝アドルフの見解を説明している。(Zouche (1650), 143–145.) また、同部第一〇節「戦争が存在する者の間での違法行為を巡る諸問題について」(*De Quaestionibus Delicti inter eos quibuscum bellum est*) 第一問題「戦争は宣言を伴うことなく開始し得るか」では、瑞国王が宣戦布告なしにドイツに侵入した事例が論じられている。(Zouche (1650), 183–184.)

(48) Gundling (1728). 本文で紹介したグントリンクの職名は、Gundling (1728) の表題に付記されたものである。また、彼は独語の国際法関連著作 (Gundling (1734)) も残しているが、これは Gundling (1728) の(完全ではないが)翻訳であると判断される。

(49) Gundling (1736), 7–874. 尚、この部分には「索引」(Register) が付されており、実質的に独立した著作となっている。

(50) Gundling (1737), 432.

(51)　Gundling (1737), 433.

(52)　Wolff (1749), II, 181.

(53)　具体的な先例が挙げられる箇所としては、例えば、「宣戦の方式」に関する議論において古代の事例が挙げられている。(Wolff (1749), VI, 707.) ヴォルフは「諸国民の慣習」(*mores gentium*) についても論じている (Wolff (1749), IV, 537 *et* 557–558.) が、具体的な先例の列挙は行わない。

(54)　Wolff (1749), II, 307.

(55)　Wolff (1749), IV, 368.

(56)　例えば、次の箇所を見よ。Wolff (1749), VI, 653, 654, 721, 722 *et* 740; VII, 845, 849 *et* 957; VIII, 965, 1010–1011, 1013 *et* 1020; IX, 1041.

(57)　Wolff (1749), *Prolegomena*, §§ 3–25. 同書の緒言 (*Praefatio*) においてヴォルフは、この国際法の分類が明らかとなるように国際法を提示した旨を記している。尚、ヴォルフの国際法の分類に関しては、柳原 (1998)、八六–九三頁を見よ。

(58)　Wolff (1749), *Prolegomena*, §§ 23–24.

(59)　他方でヴォルフは、グロティウスをはじめとする先行学説への参照や引用を多数行っている。

(60)　Moser (1750), 21–22.

(61)　Moser (1750), 22–23.

(62)　また、これに続く第三章（「欧州の戴冠した他の首長に対するローマ帝国皇帝の優越について」）では、皇帝の地位に関する議論が展開されている。(Moser (1750), 27–31.) ここにもまた、「主権平等」という観念が未確立である当時の状況が反映されていると考えられる。

(63)　Moser (1777–1780), I, 10. そして、このことは「特別に、第四篇 (4. Buch) において、多様な人格を表象する使節について示される」とされている。

(64)　Moser (1777–1780), I, 10–11. この他にも、ベーメン、プロイセンに属するシュレジエン公領等々、帝国と特有な関係を有する領域について紹介され (Moser (1777–1780), I, 12–24.)、また、より小さな欧州の「主権国家」も挙げられている (Moser

(1777–1780), I, 24–26.)。

(65) Moser (1777–1780), I, 26.「半主権者」については、『試論』の第一部第一篇第二章第一節乃至第四節 (Moser (1777–1780), I, 35–44.)、第二部第三篇第二章 (Moser (1777–1780), I, 60–66.)、及び第三部第四篇第一章第五節 (Moser (1777–1780), IV, 10–24.) 等の箇所においても論じられている。尚、モーザーの「半主権国家」論については、柳原 (1993)、六七二–六七四頁も見よ。

(66) Moser (1777–1780), III, 494–502.

(67) Moser (1777–1780), XXII, 562–581.

(68) Moser (1777–1780), I, 18.

(69) Moser (1777–1780), IV, 1–3.

(70) Moser (1777–1780), IV, 76.

(71) Moser (1773), Vorrede.

(72) Moser (1772), Vorrede.

(73) 例えば、主として神聖ローマ皇帝について論じられる第一篇第一章でのウェストファリア条約における皇帝の称号についての言及 (Moser (1772), 11.)、使節の席次等に関する第二篇第二章でのＩＰＯ及びＩＰＭの締結時における帝国等族の使節の席次についての言及 (Moser (1772), 51.) 等が散見される程度である。

(74) Moser (1775–1776), I, 1–44.

(75) Moser (1775–1776), II, 494–528.

(76) Moser (1775–1776), I, 45–629 *et* II, 1–493.

(77) Moser (1737), 30–32.

(78) Moser (1737), 45–83.

(79) Moser (1737), 390–498.

(80) Moser (1737), 466.

(81) 『国制概説』の「新序文」(Neue Vorrede) によれば、それ以前の諸版に多数の誤植があったものを改訂したものがこの

（一七五四年）版であるとされている。同書中にはその初版の書誌についての言及はないが、「旧序文」(Alte Vorrede) の内容や表題の類似性からして、Moser (1731) が初版であると推測される。

(82) Moser (1754), 35–36.

(83) その中心は前註の引用部分を含む「ウェストファリア条約締結について」と題された節 (Moser (1754), 35–38.) である。

(84) ヴォスは、『国制概説』においてモーザーが「法的説明のみを行っている」としている (Voss (1999), 176.) が、この評価は筆者（明石）の印象とは必ずしも一致しない。

(85) Moser (1774), 12–18. 同書の第一編第二章が一八頁にわたり、また、その中で文献の紹介に三頁が当てられていることを考慮すると、この章の実質的議論の概ね半分がウェストファリア条約における宗教条項を扱っていることになる。

(86) Moser (1774), 162–165.

(87) Moser (1774), 206–208.

(88) 例えば、第二篇（「特に、福音信仰派 (Evangelische) について」）第一章（「宗教事項及び教会事項における福音信仰派の規則について」）第四節でも（簡単にではあるが）ＩＰＯへの言及がある。(Moser (1774), 298.) そして、これに対応する議論が第三篇（「特に、カトリック派について」）第一章（「宗教事項及び教会事項におけるカトリック派の規則について」）第一二節にある。(Moser (1774), 621.) また、第三篇第三章（「ドイツにおける教皇の特権について」）第四九節では、ウェストファリア条約に対する教皇の批判が紹介されている。(Moser (1774), 708–712.)

(89) また、グラファイはルソーとライプニッツの影響を受けたとされている。*DBE* (1995–2003), IV, 20. 尚、グラファイの国際法理論については、次の文献を見よ。Schmidt, F.-S. (2007), 199–303.

(90) Glafey (1752), 278, 286, 310 *et* 316–319.

(91) 第七章では以上の他に、第七四節で「災害及び恩赦の条項からの回復の区別について」(von der *Distinctione restitutionis ex Capite gravaminum et amnestiae*) が論じられ、これがウェストファリア条約の規定の基礎となっている旨のコッケユス (*Coccejus*) の説が紹介され (Glafey (1752), 329.)、第八三節では、「帝国等族が皇帝や仲介者の意思なくして二つの王冠の下に置かれ得るか」について、「戦争の諸権利」(*iura belli*) がウェストファリア条約において規定されたことを根拠にこれを認める説が多数である

とする (Glafey (1752), 332–333.)。第九五節では、講和会議開催地の市参事会 (Rath) と住民は、自己の領主に対してのみならず、会議参加者に対しても安全を確保する義務を負う（コッケユスの説に従う）として、その例をウェストファリア講和会議時のオスナブリュック及びミュンスターに求めている。(Glafey (1752), 337.) 第一〇一節では保証に関して、特に、それが一般的保証か個別的保証かについて、ウェストファリア条約におけるスウェーデンの例が挙げられている。(Glafey (1752), 339.) 第一一六節では「講和の擁護」に関するＩＰＯ第一七条第五項（ＩＰＭ第一一八条（*"Teneantur omnes"* 以下））が全文引用され (Glafey (1752), 345. 但し、引用箇所は、*APW* ではＩＰＯ第一七条第五項及び第六項に跨るものであり、またそれはＩＰＭ第一一五条及び第一一六条第一文に対応するものとされている。)、また第一二五節では、回復の基準年に関してウェストファリア条約の一六二四年と一六一八年に言及されている (Glafey (1752), 348.)。第一二六節では、講和条約に対する違反があった場合のそれ以降の保証の取扱いに関して、グラファイは、ウェストファリア条約に言及しつつ、この場合新たな講和が結ばれることが合理的であるとしている。(Glafey (1752), 349.) そして、第一二八節では、保証の内容に関して、紛争発生後直ちに武力に訴えないことがそれに含まれるとし、その例として、ウェストファリア条約ではそのような状況において三年間の猶予期間が置かれていることが指摘されている。(Glafey (1752), 349–350.)

(92) Glafey (1752), 355–356. 尚、ウェストファリア条約第八条の等族の同盟権についての説明は第八章第九節で行われている。また、第八章第二一節でも「基本法」という言葉は登場するが、当該箇所ではウェストファリア条約への言及はない。

(93) 柳原は、ギュンターを「ドイツ国際法」の代表的学者（四名）の一人に挙げている。（柳原 (1993)、六八五頁及び註 (53) 乃至 (56) を見よ。）ギュンター自身は、既に『概説』において、「帝国等族の相互間の、そして他の欧州諸国に対する多様な関係はそれに対応する使節権の固有の考究に値した」が「[そのような考究は] 殆どなされることはなかった」として、帝国等族固有の対外的規範が存在し、その考究の必要性を論じていた。Günther (1777), 56–57.

(94) Günther (1777), 24.

(95) Günther (1787/1792), I, 43.

(96) Günther (1787/1792), I, 76–109.

(97) Günther (1787/1792), I, 120–133.

(98)　Günther (1787/1792), I, 123–124.

(99)　訳者 (W. Cobbett) は Martens (1795) の底本について明記していないが、内容から一七八九年の仏語版であると推定される。

(100)　これら三著作間の関係は、マルテンス自身の説明によれば次の通りである。仏語版は、一七八五年のラテン語版 (Martens (1785)) に大幅な訂正と加筆を行ったもので、同版の「単なる翻訳というよりも、むしろ新たな著作」(Martens (1789), Préface.) である。それに対して、仏語版と独語版との間では若干の相異は存在するものの、本論の体系自体はほぼ同一であり（その時点でその体系が最も自然なものと思われたからである、とマルテンス自身は説明している。）、独語版執筆の際に新たに加えられたのは二章（第一部第一章と第七部第一章）に過ぎない。(Martens (1796), Vorbericht.)

(101)　仏語版（Martens (1789)）は、筆者（明石）が確認できた範囲では、第二版が一八〇一年に、改訂増補第三版が一八二一年に上梓され、マルテンスの没後には、S. Pineiro-Ferreira による註を付した新版が一八三一年に、更に M. Ch. Vergé による新版の改訂版が一八五八年に、そして新版の改訂第二版が一八六四年に公刊されている。

(102)　Martens (1789), I, ii, 13. 但し、引用中の『　』内は原文では強調斜体字である。

(103)　Martens (1789), I, ii, 14.

(104)　以下、"(4) le Duc de Courlande et Sémigalle, (5) les Princes de la Walachie et de la Moldavie, (6) les villes de Danzig et de Thorn, la ville de Bienne" が挙げられている。Martens (1789), I, ii, 16.

(105)　当該註では、「ウェストファリア条約第八条第二項の規定を見よ」とされている。Martens (1789), IV, i, 101.

(106)　Martens (1789), IV, ii, 102.

(107)　Martens (1789), III, ii, 83.

(108)　Martens (1789), III, ii, 85.

(109)　Martens (1789), III, ii, 88.

(110)　以上の他にも、選帝侯等の名誉及び席次 (Martens (1789), IV, ii, 108.) や神聖ローマ帝国皇帝の選挙制度 (Martens (1789), III, ii, 55.) に関する議論が展開されている。

(111)　Martens (1789), VIII, vii.

(112) Martens (1789), I, iv, 26.

(113) Martens (1789), I, iv, 24–25.

(114) Martens (1789), III, ii, 90–93.

(115) Martens (1789), Introduction, §4.

(116) Martens (1789), Introduction, §4.

(117) Martens (1789), Introduction, §6. しかし、マルテンスは纏まった「国際法の歴史」を同書の中で論ずるのではなく、篇や章に応じて適宜に歴史に関する節を設けている。（例えば、「序論」における「国際法学の歴史」(Histoire de la science du droit des gens) (Martens (1789), Introduction, §§7–8.) や「通商について」と題された章における「通商の歴史」(Martens (1789), IV, iii, 112.)。）

(118) 引用される事例が一八世紀、それもその中葉以降のものであることは、『概説』の副題（「一七四八年以降現在までに締結された主要条約の一覧が付された」）に示されている。

(119) 従来の国際法史概説書では、この点に関してほぼ意見の一致が見られる。以下の各文献を見よ。Nussbaum (1958), 167–172: Grewe (1984), 416–417: Ziegler, K.-H. (2007), 162: Truyol y Serra (1995), 84.

(120) バインケルスフークを実証主義者とすることに対する批判については、次の拙著を見よ。Akashi (1998), *passim*.

(121) Bynkershoek (1721), 496–497（ミュンスター司教の事例）, 497（皇帝使節が "commissarissen" の称号で派遣された旨の言及）, 528–529（皇帝がフュルステンベルク侯の抗弁を無視した事例）, *et* 541（大使の相互間で自己の使節団構成員が犯罪を行った際に当該犯罪行為地の刑事管轄権に服する旨の合意を事前に取り交わしていたミュンスターとナイメーヘンにおける事例）.

(122) 但し、バインケルスフークは「三十年戦争」と明言しているのではなく、「前世紀の［ドイツに対して為された］戦争」(*superiori saeculo ... bellum*) という表現を用いており、その戦争に際して、スウェーデン国王による宣戦が行われなかったことを指摘している。Bynkershoek (1737), 9.

(123) Bynkershoek (1737), 68.

(124) Bynkershoek (1737), 182–183.

(125)　ミュンスター条約への言及箇所としては、次のものが挙げられる。Bynkershoek (1737), 164–165, 172 *et* 379–380. また第二篇第二〇章は「一六四八年一月三〇日のミュンスター条約第四条（§4）の解釈」を扱っている。
(126)　Mallarmé (1904), 481–486: Lapradelle, (1916), iii–vi.
(127)　Vattel (1758), I, i, 8.
(128)　Vattel (1758), II, viii, 112.
(129)　Vattel (1758), II, x, 136.
(130)　Vattel (1758), IV, vii, 84. この措置は、使節自身の安全を確保すると共に諜報活動を防止するとの意図のもとで、執られたようである。
(131)　Vattel (1758), I, xvi, 196.
(132)　スイス（或いは誓約同盟諸邦）が関連する事例については次の箇所を見よ。Vattel (1758), *e.g.*, I, i, 10; II, xvi, 244; III, xiii, 203. ヌーシャテルの事例については次の箇所を見よ。Vattel (1758), *e.g.*, I, v, 66; II, vii, 85; II, viii, 111; III, iv, 98; VI, v, 60.
(133)　Vattel (1758), IV, v, 59.
(134)　Vattel (1758), II, xv, 223. この文脈では、教皇の批判は国際法に対する攻撃とされていることから、ヴァッテルは教皇に批判的であると解される。これは彼の父がプロテスタント派牧師であった (Lapradelle (1916), iii.)（したがって、彼自身もプロテスタント派を奉じていたと推測される。）ことにも影響されているのであろうか。
(135)　Vattel (1758), I, xviii, 202.
(136)　Vattel (1758), IV, vi, 79.
(137)　Vattel (1758), II, xii, 154.
(138)　Vattel (1758), I, xii, 133.
(139)　Vattel (1758), I, xii, 139.
(140)　そして、国家統治上の宗教問題の取扱いの難しさについては、「君主は半分のみ主権的」とする旨の議論が展開されていることに示されている。Vattel (1758), I, xii, 146.

(141) Mably (1776), Préface, iii.

(142) 但し、第一巻の前半 (Ward, R. (1795), I, 1–102.) は国際法の定義や基盤、自然法上の義務といった国際法学の概論的記述により占められており、国際法の歴史自体は第一巻第六章以下 (Ward, R. (1795), I, 103–236 *et* II, 1–379.) で展開されている。

(143) ワードのこの著作をヌスバオムは「国際法に関連する政治的諸事件の初めての研究」であるとしている。Nussbaum (1958), 291.

(144) Ward, R. (1795), II, 375–379.

(145) コッホは、当時ヘッセン＝ダルムシュタット領であったエルザスの地 (Bouxwiler, chef-lieu de la seigneurie de Lichtenberg en Alsace) で一七三七年五月九日に生まれ、シュトラスブルク大学で法律（特に、公法）及び歴史を学んだ後に、シュトラスブルクを中心に外交・司法界で活躍すると同時に、著作活動にも勤しんだようである。コッホの経歴については、コッホの著作を引継いだシェルによる改訂増補版 (Koch (Schoell) (1817–1818)) の第一巻に収められた解説を見よ。尚、Koch (1796–1797) の表紙では、コッホはフランス学士院 (l'Institut National de France) に属しているとされている。

(146) Koch (1796–1797), I, 4.

(147) Koch (1796–1797), I, 13–166.

(148) 同様に、ピュッターもウェストファリア条約を「帝国の基本法」としている。Pütter (1795), 2.

(149) Ompteda (1785). この著作は、表題の通り殆ど文献目録としての実態を有しており、国際法史自体の研究書ではない。それでも、国際法（及び自然法）に関連する古代以来の文献を目録化したという点で、当時の国際法研究（そして、国際法への歴史的アプローチ）のたかまりを傍証するものと言えよう。

(150) このことから問題となるのは、マブリーとコッホが「条約」自体を論じつつも、前者は「欧州公法」を論じ、後者は「欧州の政治システム」を論じるという相異が存在し、しかも両者が「国際法」を論じていたのか否かについては判断がつき難いという点である。ここには、「条約」を論ずることが「国際法学」を論ずることには直結しないという当時の理論状況（本章においても触れられた、プーフェンドルフ及びヴォルフの「国際法」観念を見よ。）が影響しているものと考えられる。

(151) Saalfeld (1809), 2–5.

（152）但し、「武装中立」に関する記述 (Saalfeld (1809), 136–143.) のように事例を通じて説明される事項もある。

（153）Saalfeld (1809), 182–190.

（154）Saalfeld (1833), 8.

（155）「ドイツ連合」という訳語については、第二部第二章註（146）を見よ。

（156）Schmalz (1817), 41.

（157）Schmalz (1817), 209. 尚、„Besitzstand“は「財産」・「資産」をも意味するが、ここでは「占有」が問題とされている。

（158）Klüber, J. L. (1819).

（159）但し、ウェストファリア講和会議については論じられている。Klüber, J. L. (1821), 31–32.

（160）Klüber, J. L. (1821), 226–227.

（161）Klüber, J. L. (1821), 68–69.

（162）Voß (1801–1802).

（163）『国際法古典叢書』の編者スコット (J. B. Scott) により作成されたと思われる一覧表では、ヴァッテルの『国際法』の版について、仏語版が一七五八年ロンドン版から一八六三年パリ版まで二〇版、英語版が一七五九年ロンドン版から一八五四年フィラデルフィア版まで二二版、西語版が一八二〇年マドリード版から一八三六年パリ版まで六版、独語版（一七六〇年ニュルンベルク・フランクフルト・ライプツィヒ）及び伊語版（一八〇五年ミラノ版）が各一版、列挙されている。Vattel (1758), lvi–lix. また、マルテンスの『概説』については本章前註（100）・（101）を見よ。

（164）Koch (Schoell) (1817–1818), I (Introduction), 6.

（165）コッホ自身の構想については、コッホ版『講和条約略史』の次の箇所を見よ。Koch (1796–1797), I (Introduction), 4–5.

（166）Koch (Schoell) (Garden) (1848–1887).

（167）ホィートン自身の説明によれば、（後に触れられるように）仏語初版はフランス学士院懸賞論文（課題「ウェストファリア条約以降の欧州において国際法がもたらした進歩とは何か」）への応募論文として公刊され、英語初版はこの仏語初版に大幅な加筆（特に、ウェストファリア条約以前の欧州国際法史に関する導入部分）を行ったものであるという。(Wheaton (1845),

Preface.) したがって、両版の内容は一致しない。

(168) Wheaton (1836), I, 112.

(169) Wheaton (1841), 1–17.

(170) Wheaton (1841), 21–23.

(171) Wheaton (1841), 21.

(172) Wheaton (1841), 22.

(173) Wheaton (1841), 23.

(174) Wheaton (1845), 71.

(175) Wheaton (1845), 69–78.

(176) Wheaton (1845), 71–72.

(177) Wheaton (1841), 21. 尚、英語初版では（前々章註（1）で触れられたように）領邦の数は「三五五を下回らない」(Wheaton (1845), 72.) とされ、また「それ［ウェストファリア条約］は同時に、帝国等族をその連邦上の首長 (its federal head) である皇帝から殆ど独立させた」(Wheaton (1845), 69.) とされている。

(178) Wheaton (1845), 72–78.

(179) 尚、ホィートンの『欧州国際法史』初版上梓と同じ年にＪ・Ｓ・クリューバー (Johann Samuel Klüber) が『欧州最初の基本条約及びドイツ諸邦における大憲章として知られているウェストファリア条約、即ち一般的宗教講和条約の永続的効力についての国際法上の証明』(Klüber, J. S. (1841)) を公刊している。この著作は、本論五二頁とＩＰＯ第五条の抜粋をはじめとする資料六六頁により構成されている。同書では「ウェストファリア条約は神聖同盟 (der heilige Bund (Allianz)) と同様に、確かに一つの新たな時代をもたらした出来事である」(Vorrede und Einleitung, iii.) として、「神話」に類似した理解が示されている。しかし、全体的に見てその内容は、欧州国家間関係の歴史の中での同条約の位置付けも若干試みられてはいるが、殆どが（表題に示されている）宗教講和としての同条約の重要性を説くものである。そしてその中で表題から期待されるような「［同条約の］永続的効力についての国際法上の証明」は行われていないように思われる。それでも、一八四一年という公刊年の一致が、ウェストファリア条約が有したとされる全欧州的影響についての認識がこの時期に急速に拡がっていたことを暗示していると言えよう。

(180) Heffter (1844), 16.

(181) Heffter (1844), 33–34.

(182) Oppenheim, H. B. (1866), 21–24.

(183) Oppenheim, H. B. (1866), 87–90.

(184) Holtzendorff (1885), 387–388.

(185) Holtzendorff (1885), 387.

(186) Holtzendorff (1885), 390.

(187) Liszt (1898), 9–11.

(188) Liszt (1898), 12–13.

(189) 以上の他にも、例えば、フーン (E. H. Th. von Huhn) は「[ウェストファリア条約締結の際の] 長期にわたる交渉と [同条約] の多数の規定が、近世 (die neuere Zeit) の国際法にとっての最初の基礎 (Grund) を築いた」(Huhn (1865), Einleitung, 23.) とする。但し、同所では「一八一四年及び一八一五年の諸条約が今日の欧州国家系の基本 (Grundlage) を創設した」ともされている点は注意を要する。

(190) Twiss (1861), iii–iv. 更に、グロティウスについて「三十年戦争の初期に登場した、戦争と平和の法に関するグロティウスの論文は、政治家たちの心に領域主権の観念を親しませることによって、それら条約の締結への途を拓くのに際立った貢献をした」とされている。Twiss (1861), iv.

(191) Lawrence (1895), 53.

(192) Westlake (1904/1907), I, 44.

(193) Westlake (1894), 55–59.

(194) Lorimer (1883), I, 39.

(195) Lorimer (1883), I, 40. ロリマーはこれに続いて、消極的教訓 (negative instruction) を「失敗した、或いは部分的に成功した諸条約」から導出するとして、その例を「自由船、自由貨」原則を規定する一八五六年のパリ条約に求めている。

(196) また、ウェストファリア条約への他の言及箇所では、ロリマーは、勢力均衡原則の黙示的始点として同条約を位置付けることによって、一六四八年以来の同原則により支えられた「普遍的秩序」(cosmopolitan organisation) の存在を肯定している。Lorimer (1883), II, 197–198.

(197) Walker, Th. A. (1899), 147–148. 尚、Walker (1899) は表紙に「第一巻『最初期から一六四八年のウェストファリア条約まで』」とされており、続巻が計画されていたようであるが、この「第一巻」のみが公刊されたようである。この点に関しては、次の文献も見よ。Nussbaum (1958), 294.

(198) Ourousov (1884).

(199) Despagnet (1899), 18. 尚、引用文中の『社会』は原文では強調斜字体である。

(200) Chrétien (1893), 34.

(201) Bonfils (Fauchille) (1898), 37.

(202) Fiore (1885), 38–39. 尚、仏語初版は一八六八年にパリで公刊されている。

(203) Martens, F. de (1883), 114–118.

(204) Calvo (1892), 1–67.

(205) Nys (1904), I, 25.

(206) 勿論、全ての国際法概説書がウェストファリア神話を記しているのではない。例えば、カルテンボルン (Kaltenborn (1847)) は（この著作が理論史的研究を中心としていることによるのであろうが）ウェストファリア条約への実質的な言及を行っていない。ブルンチュリもまた、通史的記述を若干行っている (Bluntschli, J. C. (1868), 10–17) が、理論史的側面が中心で、ウェストファリア条約への実質的評価は見出せない。リヴィエは、「一六四八年」についての言及 (Rivier (1896), 58.) や勢力均衡に関する記述 (Rivier (1896), 276–277 *et* 400–407.) を行っている（そして、ユトレヒト条約にも言及している）ものの、ウェストファリア条約には言及してない。以下の文献においても、国際法の歴史を論ずる章や節が設けられていながら、ウェストファリア条約への言及がない点では同様である。Funck-Brentano et Sorel (1877): Davis (1887).

(207) Martens (Vergé) (1864), 60.

(208) 英米系の学者を例に採るならば、一九〇五年のL・オッペンハイム (Lassa F. L. Oppenheim) の『国際法』(*International Law*) 初版では、国際法史に関する記述において、「一六四八年のウェストファリア条約を通じての三十年戦争の終了は、一六四五年のグロティウス死去後の最初の極めて重要な出来事である」とされ、またウェストファリア講和会議は「諸国の共通合意によって国際的事項を解決するという目的のために招集された歴史上初の欧州規模の会議 (a European Congress) であった」とされている。(Oppenheim, L. (1905), 60.) また、ハーシー (A. S. Hershey) は、「[ウェストファリア条約は] 欧州に一種の国際憲法 (a sort of international constitution) を付与し、それはフランス革命に至るまで欧州公法の基礎であり続けた」としている。(Hershey (1912, b), 56.) 但し、ハーシーは次の点を付け加えている。「しかし、ウェストファリア条約により世界に明らかにされたような諸国家の国際共同体 (the International Community of States) が、現在の諸国民の社会 (the Society of Nations) によって理解され、実践されているような国際法学の承認を含意するものと想定するならば、それは深刻な誤りであろう。今日存在する国際法学は、緩慢な歴史的生成の結果であり、一方での若干の理論乃至は原則、他方での国際的実行乃至は慣習 (custom) という二つの要素の産物なのである。」つまり、彼は「神話」的理解に必ずしも単純に同調しているのではない。

(209) Pütter (1795), Vorrede.

(210) フォスは、「一七世紀及び一八世紀のドイツの歴史書においてウェストファリア条約は再度問題にされることはなかった」として、(同条約の重要性が一般的に認識された上のことであろうが) 評釈なしに事実のみを詳述するのが一般的であったとする。そして、そのような記述方法は、本章でも論じられたプーフェンドルフ及びグントリンクにも妥当するとしている。(Voss (1999), 176.) フォスはまた、ナポレオン戦争期以降のドイツの学者による歴史記述におけるウェストファリア条約像の根本的な転換を民族主義の勃興と関連させた議論を展開している。(Voss (1999), 179–183.)

(211) Stolleis (1988), 50.

(212) Wheaton (1841), *e.g.*, 23, 71, 118, 196, 211, 213, 215, 217, 228–229, 261, 309, 320, 337 *et* 355.

(213) 例えば、次の箇所を見よ。Heffter (1844), 2, 11, 20, 21 *et* 22.

(214) Heffter (1844), 15.

(215) Wheaton (1841), Préface: Wheaton (1845), iii.

(216) それを傍証するものが、ルソー (J.-J. Rousseau) が展開した一七五六年の『サン・ピエール師の永久平和論の抜粋』における勢力均衡を巡る議論である。彼の議論については、本書「結論」註 (22) を見よ。

結論

以上本書では、第一部においてウェストファリア条約の諸規定を概観した後に、検討対象とした個別の規定の意味を、その歴史的背景をも含めて論じ、また第二部では同条約締結以後の諸問題を論じた。その検討結果に関しては多様な観点から評価することが可能であろうが、以下では、先ず、同条約が包含する多様な法的関係と同条約の基本的性格について纏め、次に、帝国国制及び欧州国家間関係、更には、近代国際法形成に対する同条約の影響について論じた後に、ウェストファリア神話形成と国際法学の関係についても考察を加えた上で、最後に、国際法学及び国際法史研究にとってのウェストファリア条約研究及びウェストファリア神話研究の意義について論ずることとしたい。

(一) ウェストファリア条約によって設定される諸関係と同条約の基本的性格

ウェストファリア条約によって設定される諸関係を評価する際に、先ず確認されなければならない事柄は、同条約が帝国の対内的側面と対外的側面の両者を規律していることである。即ち、同条約では、皇帝と帝国等族との関係、或いは帝国等族相互間の関係といった神聖ローマ帝国内の諸関係と皇帝とフランス国王及びスウェーデン女王との関係のように帝国外の諸関係の両者が規律されているのである。

しかも、それらの諸関係は、帝国の対内的側面と対外的側面として区分することが必ずしも可能ではない。そのような事態は、例えば、領域移譲の処理において生ずる。即ち、一方で、皇帝の名において或る領域が仏国王又は瑞女王に移譲され、そのための帝国等族に対する補償措置も皇帝の名において行われていることから、それらの関係は、帝国（皇帝）と帝国外の勢力との関係として理解可能であるが、他方で、仏国王に移譲される領域が帝国（又は皇帝）との関係を完全に絶たれているのではなく、瑞女王に至っては「帝国等族」としての地位において帝国内の領域を譲り受け、当該領域は帝国領内にとどまるのである。（因みに、これらの領域移譲に際して、

「臣従の礼」(*homagium*) や「信義及び服従の宣誓」(*sacramentum fidelitatis et subiectionis*) 等の封建的儀式が実施されることが条約中（例えば、ＩＰＯ第一〇条第五項・第一一条第七項）に規定されていることも、封建的な制度や人的紐帯の維持という観点からここで確認されるべきである。）

この帝国の対内的側面と対外的側面としての区分の困難は、ウェストファリア条約により権利義務関係が設定されている「名宛人」の多様性（非均質性）により増幅される。それら「名宛人」としては、欧州において中世以来の世俗的秩序の枠内で理念的には最高位を占めた神聖ローマ帝国皇帝をはじめとして、仏国王や瑞女王、皇帝の下位に置かれる諸々の帝国等族、自由帝国都市や都市の結合体である「ハンザ」、更には各帝国等族の臣民や都市市民等が挙げられ得る。そして、例えば、帝国等族は、一方で、同条約により明示的に承認された「同盟条約締結権」によって帝国内外の勢力との同盟関係構築を認められたが、他方で、（その実態は兎も角）帝国国制の枠内で活動することが前提とされているのである。

また、帝国内の秩序も錯綜している。それは、帝国等族間での身分秩序の存在や、自由帝国都市が、帝国等族であることをウェストファリア条約により承認されながら、結局は、帝国等族とは異なる法的及び事実上の扱いを受けたという事実などに示されている。

次に、ウェストファリア条約が規定する諸権利の性質についても言及が必要である。同条約において認められた帝国等族や自由帝国都市の諸権利の内容の多くは、事実上又は法律上既に当該主体が行使していたものであった。それは、例えば、同条約の重要性を強調する論者によって頻繁に援用される帝国等族の「領域権」(*jus territoriale*) であっても、従来の類似の権利（「領邦高権」）の場合と同様に、帝国等族は皇帝との封建的紐帯を維持しているのであって、新たな権利の創設とまでは言い難いし、ましてや近代的「主権」観念とは同一のものではない。これに関連して、帝国等族の宗教決定権もアウクスブルク宗教和議以来の原則（*"cujus regio, ejus religio"*

原則）を確認しているのであって、宗教上の新たな法的諸関係を積極的に創設したものではない。そこでは確かに、カトリック派及びルター派と並んでカルヴァン派が承認（結果的に、これら三教派の平等が確立）されており、このカルヴァン派の法的承認が新たな意義であると共にその後世への影響は等閑視されるべきではないであろうが、同派は当時既に帝国内に確固たる地位を築いていたのであって、同派の法的承認は当時の事実状態が追認されたことを意味するに過ぎないのである。（この点で、ツヴィングリ派等が排除されたことは当然の結果であったと言えよう。）

以上のように、ウェストファリア条約は、新たな原理に基づいて既存の諸々の活動主体や制度を積極的に排除し、或いは新たな主体や制度を創設したりするものではない。(1) むしろ、非均質的な諸々の「名宛人」の存在は一七世紀中葉の欧州の状況にあっては自然なことであったと見るべきであり、同条約は当時の権力的諸関係の実態を（講和交渉を通じて）整理・条文化したものであるとみなされるべきであろう。(2) 約言すれば、ウェストファリア条約は、現状追認的性格を強く帯びているのである。(3) そして、このことは「ウェストファリア条約が近代的国家間関係を設定した」とすること（「ウェストファリア神話」）が誤りであることを意味するのである。

(二) ウェストファリア条約と一七世紀中葉以降の帝国国制

次に、ウェストファリア条約が設定する諸関係が、それ以降の帝国国制に及ぼした影響について、纏めておきたい。

先ず、ウェストファリア条約によって帝国国制に関連して規定された事柄は現状追認的性格が強いものではあったが、そこで整理・条文化された事柄は当時の帝国国制上の争点の全てを解決したのではなかった。（このことは、ＩＰＯ第八条第三項（ＩＰＭ第六四条）で、帝国国制上の諸問題で次回帝国議会での解決に委ねられた事項の多さからも、理解される。[4]）また、（特に、第一部第三章で確認されたように）帝国等族の皇帝権力との対抗関係が決定的な決着を見るには至らなかった。[5] しかも、自由帝国都市の帝国等族としての地位を巡る規定（IPO第八条第四項（IPM第六五条））のように、従来争いのあった事柄に対して条文上は一見して明確な解決が与えられたにも拘らず、結局は従前と異ならない運用が行われたものもある。結局、帝国国制についての本質的な改革は行われ得なかったのである。

このことは、「神話」が語るような一六四八年における領邦の主権国家化という現象が実際には発生していなかったことをも含意する。また、理論的に存在したドイツにおける「近代国家」の形成のための三つの選択肢、即ち、第一に、帝国（皇帝）権力の空洞化による領邦（帝国等族）を単位とする国家形成、第二に、帝国等族の連合体による国家形成、第三に、皇帝自身による専制的国家形成の何れもが実現し得ないことを意味する。[6]

一六四八年以降の帝国等族は、基本的に従来と同様の法的または事実上の地位と皇帝との関係を維持することとなった。[7] そのため、帝国等族は、自己を単位とする中央集権的な近代主権国家の形成には向かうことなく、帝国国制の従来の枠組の中で自己の維持と生存を図るのであり、また皇帝が自己を中心とする全ドイツの統一国家形成に向かう途もその時点で絶たれることになる。（勿論、そこにはブランデンブルク（＝プロイセン）という大きな例外が存在する。しかし、それとてもポーランド国王領以外の部分は帝国の枠組みに留まり続けたのである。）そして、このことから、ウェストファリア条約以後の帝国の状況については、三〇〇余の領邦が分立したために「ドイツ」の統一が決定的に遅れた、とする否定的評価が多数を占めてきた。[8] 確かに、他の西欧諸国に比較するならば、そして、中央集権的な近代主権国家を達成目標とするならば、帝国の状況は否定的評価を下されるべきものである。

しかしながら、そのような比較や達成目標の設定が妥当なものであろうか。帝国内では、各領邦が単独で行動し得ないことによって、皇帝と帝国等族との、そして帝国等族相互間の独特の関係が維持された。これは確かに「怪物に類似した」存在ではあったかもしれない。ところが、この異常とも思われる帝国は、全欧州がフランス革命に伴う激変にさらされるまでのその後の一世紀半以上の年月を生き抜くこととなる。(9) 果たして、これだけの期間維持され得た体制に対して、単純に否定的評価を下してよいものであろうか。

(三) ウェストファリア条約と一七世紀中葉以降の欧州国家間関係

ここで第一に確認されなければならないことは、ウェストファリア条約それ自体が実質的な規律対象としているのは、主要三当事者間の関係と帝国内の諸問題であるという事実である。逆に言えば、全般的な欧州国家間関係には同条約は基本的に無関係である。勿論、これら三「国」は、地理的には欧州の中央部から北部にかけての広大な領域を占める。しかし、同条約は仏瑞両国の従来の領内には実質的に無関係であり、地理的には帝国領のみを対象とする。このように考えるならば、同条約が当時の欧州国家間関係に実質的に多大な影響を及ぼしたとすることはできないように思われる。

また、一七世紀中葉以降の諸条約の中でウェストファリア条約の維持・擁護その他の文言が挙げられる事例が多数存在するが、それらは（政治的な意味での）正当化機能以上の何ものかを意味するものではない。

更に、ウェストファリア条約の欧州国家間関係への影響を考える上で、（しばしば最重要なものとして指摘されてきた）条約擁護の義務に関するＩＰＯ第一七条第五・六項（ＩＰＭ第一一五条及び第一一六条第一文）の規定とそれに基づく「干渉」の正当化、(10) そして「勢力均衡」の観念の問題も考慮されなければならない。とりわけ、「勢力均衡」の観念に関しては、同条約におけるその観念の帝国国制への直接的関連性までもが説かれる場合が多い。(11) しかし、（特に、第二部第三章第二節(二)3で論じられたように）同条約自体が明確に「勢力均衡」体制の創出という意図のもとで作成されたものとは考えられないのであって、両者を直接的に結び付ける解釈は後代の論者によるものであると推定されるのである。

それよりもむしろ、ウェストファリア条約の一七世紀中葉以降の欧州国家間関係への影響として無視されるべきではない事柄として、以上のようなウェストファリア条約締結以降の帝国国制と欧州国家間関係に及ぼした同条約の影響が帝国を舞台にして相互に関連していたという点が挙げられなければならない。(12) 即ち、瑞女王（国王）は同条約を通じて獲得した帝国等族資格に基づき帝国議会への出席が認められたが、仏国王もまた帝国議会へ自己の使節を参加させており、これら同条約の保証国によって、「帝国の政策を欧州の共同決定に関わる事項とさせた」のであり、(13) これは仏瑞両国による条約の「保証」のもとで同条約が設定する制度を安定させることを意味し得たのである。（但し、そのような「保証」が十分に機能し得なかったことは、例えば、僅か三〇年後にナイメーヘン条約（一六七八／七九年）という新たな多数国間の講和の枠組が作成されたことを想起すれば、充分に理解されるであろう。(14)）そしてここでも、先述のウェストファリア条約が帝国の対内的側面と対外的側面の両者を規律し、しかも、両側面の区分が必ずしも可能ではないという点が確認されるのである。

ところで、この仏瑞両国によるウェストファリア条約の「保証」によって帝国はその総体として欧州権力政治における客体としての地位に置かれたと見ることも可能である。(15)（しかも、両国の帝国内の諸事項への関与は条約上認められたものであることから、法的に両国と帝国との不平等が認められていたと解することも可能となる。）しかし、このことは皇帝や帝国等族が欧州政治において無力であったことを意味するのではない。仮に帝国等族が受動的であったとしても、（第二部第二章第一節で触れられた）「ライン同盟」の形成から崩壊に至る経緯に見られるように、帝国等族は少なくとも集団として行動することによって、列強（ライン同盟の際にはフランス）の企図を挫折させることは可能であった。ましてや、皇帝や帝国が欧州政治において無力であったとすることは、ユトレヒト条約に至るまでのルイ一四世の膨張政策とその挫折を考慮するならば、著しく偏った評価を下すことになるものと判断されるのである。（ウェストファァリア条約以後の皇帝・帝国が無力であったとするような見解は、同条約以降一五〇年以上にわたり帝国が存続した点を説明し得ないであろう。）

(四) ウェストファリア条約の近代国際法形成への影響

さて、以上に見てきた事柄はこれまでウェストファリア条約に対して一般に認められてきた評価（「神話」）とは著しく異なるものである。それでは、なぜ「神話」が生み出され、そして広範に受容されたのであろうか。この問題についての考察の前提として、同条約が近代国際法形成に対して及ぼし得た影響について考察しておきたい。

先ず、ウェストファリア条約の諸規定が内包した近代国際法上の諸々の実定法規則の「萌芽」についての指摘が為されるべきであろう。例えば、ライン河における通航及び通商の自由の保障に関する規定（IPM第八五条後段）は、所謂国際河川制度の先駆的事例とも評価できる。[16] また、かなりの制約を伴うものの「少数者保護」や「信教の自由の保障」に類する観念をウェストファリア条約中に読み取ることも可能である。（但し、包括的「人権」観念は未発生であることは言うまでもない。）更に、ウェストファリア講和会議を通じて、条約作成の際の諸規則、特に全権委任状 (Full Powers) の形式の確立に大きな進展が見られたのである。（その当時、交渉の範囲及び主題の確定や委員の権限の範囲及び性質の確定といった点を明確にすることの重要性が認識されるようになったという。[17]）

しかしながら、これらの諸規定や実行が後の国際法の実定規則としていかに重要であろうとも、それらは後に確立されることになる国際法上の個別制度に関わるものに過ぎず、それらの存在を理由としてウェストファリア条約が「神話」とされるようになったとは考え難い。そこで、敢えて近代国際法の発達にとってより大きな重要性を有すると思われる事柄を指摘するとするならば、次の点が挙げられ得よう。即ち、講和会議が「使節会議」であり、使節の交渉を通じて「多数国間条約」が形成されたこと、条約違反行為に対する介入や条約保証国の存在によって条約体制の維持が図られること等々が、その後の欧州社会及び欧州国際法の展開における基本的形態であったとするならば、ウェストファリア講和会議及び条約がそのような基本的形態を創出したとすることも可能であるという点である。

しかし、この点についても、更に重要な問題、即ち、それらの基本的形態を支える基盤（近代国際法の実質的な基盤）となる主権国家の並存体制の確立（欧州国家系の形成）という点では、ウェストファリア条約の影響はさほど大きくない。例えば、オランダ・スイスに関する本書における議論から理解される通り、既にそれらは同条約以前に（またそれ以後とも大きく変わることのない）独自の「対外的」関係を諸勢力と有していたのであり、同条約が欧州国家系の確立に実質的な影響を与えたとは思われないのである。

以上の諸点を勘案するならば、ウェストファリア条約が近代国際法の形成に及ぼした影響は、大なるものであったと評価することはできず、少なくともウェストファリア神話が主張する内容とは全く異なることが理解されるのである。

(五)「ウェストファリア神話」の形成と国際法学

以上に確認された事柄から、ウェストファリア神話が実体のないものであることが十分に理解されるであろう。しかし、「神話」は発生し、広く受容された。その理由は何なのであったのだろうか。ここでは、「神話」発生の過程を確認する作業を行うこととしたい。

ウェストファリア条約自体において、同条約は「帝国の基本法」(*leges fundamentales Imperii*) の一つとしての地位（ＩＰＯ第一七条第二項（ＩＰＭ第一一二条））を認められているが、「神話」が描くようなそれ以上の何か（例えば、「欧州の基本法」）ではない。ところが、（第二部第三章で論じられたように）後続の諸条約において繰り返しウェストファリア条約の維持が確認され、また後続条約の「基礎」とされる中で、一八世紀前半には同条約を「欧州全般の平穏の基礎」とする条約が登場する。逆に言えば、その時期に至るまで、同条約を全欧州規模で特別な意義を有するものとするような認識を示す条約は見出されない。そして、「国際法」関連文献におけるウェストファリア条約評価は、これに対応するものであった。即ち、（第二部第四章で確認されたように）一八世紀までの国際法関連文献、特に、ドイツ内の学者によるものにおいては、同条約が「帝国の基本法」であるとの認識が広く共有されていたが、同条約に欧州国家間関係全般や欧州国際法にとって特別な意義を付与するものは見出され得ないのである。

やがて、一八世紀末までには新たに締結される条約におけるウェストファリア条約への言及という現象は終止する。（本書において確認されたウェストファリア条約に言及する最後の条約は一七八三年の仏英間講和友好条約である。）ところが、国際法学文献においては、「神話」が一九世紀中葉（特に、ホィートンの『欧州国際法史』（及び『欧米国際法史』）の公刊）以降に急速且つ広範に受容される。また、その基盤を提供したものは一八世紀末（一七九六／九七年）におけるコッホの『略史』の登場であったと考えられる。つまり、後続条約におけるウェストファリア条約への言及が終止した後に、実態から乖離した「神話」が学説により生み出されたと考えられるのである。

㈥　「ウェストファリア神話」研究の意義

本書を通じて試みられたウェストファリア神話の解明とその結果は、我々に幾つかのことを示唆する。以下では、国際法（学）の歴史的展開との関連における「神話」解明の意義について示したい。

先ず、ウェストファリア神話が完全な謬見であることが本書において提示されたが、それはウェストファリア条約を「近代国際法」の体系から排除することを意味するのではない。むしろここで確認されるべきことは、同条約が余りにも多義的な内容を包摂しており、「神話」のような単純な理解が許されないこと、また多義的であらざるを得なかったのは、「近代国家」自体の成立が地域毎に跛行的に達成されており、また長期間にわたるものであって、更にその形態も多様であったということなのである。[18]そして、その点が意識されるならば、国際法の歴史を考察する際に「歴史的連続性」という観点の看過も回避されるであろう。国際法の歴史的考察は、欧州のような地域的規模や世界的規模といった国家の枠組を超えた現象の考察を含まざるを得ない。そのような考察において、特定の国家の歴史的展開をモデルとした時代区分を無批判に妥当させることは許されないであろう。[19]また、国際法学上の個々の観念も歴史性を有しており、それら観念の歴史的連続性についても考慮が払われなければならないのである。[20]（そして、その際には、一九世紀初頭に最終的に崩壊した神聖ローマ帝国が、その消滅に至るまで欧州の国家間関係において一定の役割を果たし続け、国際法学の研究対象であったことも充分に意識されなければならない。）

次に、国際法の歴史研究を行う際に注意されるべき事柄として、ウェストファリア神話に存在する「現在の観念」を「過去」に投影し、それにより「過去」を理解してしまうという問題である。この問題は、「神話」における「スイス独立」という理解を例に採るならば、次のように説明される。（第一部第二章第二節㈠で論じられたように）「スイス条項」は、当時の帝国国制の枠組の中で評価されるべきものであって、近代国際法理論によって一貫した説明は行われ得ない。そして、仮に近代国際法理論による説明が試みられるならば、それは誤解を招き易いものとなる。それにも拘らず、例えば、或る論者は、スイスの独立問題を「主権の承認」の有無の問題とし、更にそれを宗主国（スイスについては神聖ローマ帝国）からのみ与え得るとの前提のもとで、「神聖ローマ帝国が主権を有し」かつ「同帝国のみがスイス誓約同盟に主権を与え得る」との議論を展開している。[21] しかしながら、（第一部第三章第三節㈢で確認されたように）ウェストファリア条約の交渉過程において、「主権」(souveraineté)という用語は当時のドイツ地域では（少なくとも理論的には）受容されていなかったのであるから、この議論は歴史的背景を完全に無視した、無意味なものであると断ぜざるを得ない。このような現代の国際法理論（主権理論及び承認理論）を単純に過去に投影するという方法は、学問的には極めて危険なものである。更に、この「現在の観念」を「過去」に投影することの危険性は、そのような行為が反復されることによって、理論を実態として理解してしまうという危険性をも内包しているのである。

最後に、国際法学の現在の実態についても、ウェストファリア神話の解明は重要な問題を提起する。ウェストファリア条約をもって近代国家や近代的国際関係が始まるとすること、或いは同条約を近代国際法の原点とするといった「神話」では、国際法学における「条約」の重要性が無意識の裡に前提とされている。そもそも（本書でも触れられた）プーフェンドルフやヴォルフのように条約を彼等の国際法学の理論的考察の対象から除くとする有力な学者が存在したことから理解されるように、一八世紀までの国際法学にとって条約は不可欠の存在ではなかった。しかし、一九世紀以降の国際法学の中心的課題は実定法の記述に移行し、その最も理解し易い対象として条約が前面に登場することになるのである。（そして、その材料を提供したものが一八世紀中葉のマブリーの『条約に基づく欧州公法』、そして何よりも同世紀末のコッホの『講和条約略史』に典型的に示される「条約史」に特化した研究であろう。[22]）しかしながらそこでは、国家意思によって条約が作成されることが前提とされていることから、国際法学の対象自体が国家意思に従属するという現象、そして条約（或いは慣習法）に表明される以前の国家意思に対する国際法の無力化という現象が発生することとなる。条約の有無に拘らず、国家意思をいかに拘束するかという重大な課題を法実証主義の名において国際法学の枠組の外へと放逐してしまった一九世紀以降の国際法学のあり方そのものが、ウェストファリア神話の存在には投影されていると考えられるのである。

ウェストファリア神話は誤謬である。そして、その「神話」は人間の知的怠惰を示す数多くの事例の一つでしかない。そのような怠惰に安住し、或いは抗いながらもそこから脱出できない。それが人間という存在なのであろうか。

（1）ブライスは「[ウェストファリア条約は]既に存在した事柄の状態を合法化したに過ぎないが、それらの事柄は合法化されることによって新たな重要性を獲得した」としている。(Bryce (1925), 385.) この一文の後半部分の評価については見解が分かれるとは言え、前半部分については本書の趣旨に合致する。

（2）オヅィアンダーは、ウェストファリア講和会議当事者の意図は *"status quo ante bellum"* への回帰であって、自ら現状の改革者たらんとした者は殆どいなかったこと、また条約作成に当たり「慣習」が重視されたことを指摘している。Osiander (1994), 44 *et* 72–73.

（3）高橋は、宗教改革以降一元的な秩序の担い手が存在しなくなり、「この秩序の担い手が、各国の君主の他にはない」ことが意味され、「新たなひとつのシステムとしての認識が要請され」これを「主権国家システム」と呼ぶことができるとした上、「こうした秩序を国家システムと呼ぶ場合、ウェストファリア条約において、この国家システムが誕生したわけではなく、宗教改革以降の混乱の中で発生したシステムの萌芽がウェストファリア条約において成熟したのである」としている。高橋（和）(2001)、六八頁及び八八頁註（18）。この「成熟」という点は、本書におけるウェストファリア条約の「現状追認的性格」に共通するものがある。しかしながら、高橋は、同条約によって新たなシステムが確立するとしている点で、むしろ「神話」に沿った理解を示しているものと解される。

（4）ブッシュマンは、ウェストファリア条約が「広範囲にわたってそれまで妥当していた慣習法を実定的国制法の地位に就けたのでは決してない」のであって、「むしろ、国制及びその発展にとって決定的な他の対象は考慮の外に留まるか何らの規則も講和条約を通じて与えられなかった一方で、ウェストファリア条約中で行われた帝国国制の若干の分野及び制度についての実定法化（Positivierung）は限られている」こと、そしてそれらの実定法化された分野及び制度ですら、何らの争いもないものではなかったことを指摘している。Buschmann (1999), 67–68.

（5）ブッシュマンはウェストファリア条約における皇帝の法的地位について次のように述べている。「神聖ローマ帝国内の皇帝の法的地位は本質的に害されないままであったのであり、一六四八年までに既に効力を有した帝国法の効力のような帝国国制の構造には触れられなかった。そのことは、皇帝及びその交渉者の視点からすれば、ミュンスター及びオスナブリュックにおいて行われた講和交渉は何ら悪い結果ではなかった。」Buschmann (1999), 69.

（6）この三つの選択肢はベッケンフェルデにより提示されている。彼は、第二の選択肢の可能性は帝国等族の利害関係の複雑さの中で挫折し、第三の選択肢の可能性は、カール五世やフェルディナント二世の試みのように、一時的には成功したかに見えたものの、ウェストファリア条約により帝国等族の諸権利、特に「領域権」が承認されることにより最終的には消滅してしまったとし、その結果は、第一の選択肢によるドイツにおける「近代国家」の形成の可能性のみが残されたとしている。(Böckenförde (1969), 455–456.) 但し、この議論は、飽くまでも近代主権国家形成を目標とした場合にのみ成立するものである点に注意が必要である。「神聖ローマ帝国」が近代主権国家とは異なる独自の国家形態を採るものであって、しかもウェストファリア条約以後の一五〇余年にもわたってその体制が存続したという事実や、また、同条約以降の皇帝権力の消長についても考慮が払われていない点で、このベッケンフェルデの見解は（そして、他の多数の学説も）全く不充分であると言わざるを得ないのである。

（7）「帝国の基本法」としてのウェストファリア条約は、これにより新たな法内容を創出したというよりも、むしろ、既存の法内容（皇帝と帝国等族の関係を律する規範）を確認し、固定したと考えられる。帝国等族の法的地位は同条約の前後で本質的に不変であったのである。（Braun, G (1996), 141–142も同旨である。）また、新たな法的地位を承認されたかに思われた自由帝国都市の帝国議会における地位も、結果的には同一の運命を辿ったと言えよう。（第一部第四章及び第二部第二章第四節を見よ。）

(8) 例えば、ブライスは、ウェストファリア条約以降の帝国の状況を次のように叙述している。「共通の財務・共通の実効的な法廷・同調しない構成員への強制手段」もなく、「諸邦は異なった教派に属し、異なった方式で統治され、他者への考慮が払われることなく司法上・財政上の運営が為され」、「各々自らの法・裁判所・小規模な軍隊・独自の通貨」を有し、そして「国境には税関が設けられ関税が課せられ」た。そしてその結果、「一八六六年に至るまで、中部ドイツを旅する者は、兵士の軍服や鉄道の柵の色模様の変化によって、一乃至二時間の内に一つの小王国から他のそれへと移動していることを知り、驚愕し」、このような不完全な体制は「ドイツの経済・文学・政治思想を麻痺させ」てしまっていたのである。Bryce (1925), 390–391.

(9) ブルンナーはこの時期の帝国を「緩やかな枠組国家 (ein loser Rahmenstaat) としてのドイツ」と表現する。Brunner (1973), 316.

(10) フィンチはこのウェストファリア条約の擁護義務の長期的影響について次のように論じている。「ウェストファリア条約に基づいて設定された欧州公法 (the public law of Europe) を害する恐れのあった諸原則の拡散を防止するためにフランス革命中に列強が干渉したのは、この条項によってのことであった。」Finch (1937), 65.

(11) 帝国の存続をも欧州における勢力均衡の追求の結果と見る論者は多く、また、そうであるからこそウェストファリア条約を勢力均衡体制の観点から説明する者も多い。例えば、エーストライヒは、「欧州の勢力均衡という観念が帝国の没落を、極めて脆弱なドイツ人の故郷の地の完全な崩壊を、阻止することを可能とした」とする。(Oestreich (1969), 247.) エーストライヒは更に、「これ［政治的勢力均衡］は、ドイツの非統一性、即ち、制度的に固定された皇帝と帝国［等族］の間の緊張状態、そして政治的・宗教的自由を前提とした」として、帝国内の不統一が勢力均衡を可能としたものと理解している。(Oestreich (1969), 252.) そして、そのような皇帝と帝国等族との間の制度的に固定された緊張状態を創出した大きな要素の一つが「帝国の基本法」であるウェストファリア条約ということになるのである。

(12) 例えば、ブッシュマンは、ウェストファリア条約において実定化された分野・制度の中で第一に挙げられるものは、帝国の平和秩序 (Friedensordnung)（宗教上の平和を含む。）とその保証制度とでも呼ばれ得るものであって、それは帝国の外政に関係するのみならず、何よりも帝国内の事柄に関係するとする。また、第二に、帝国内の領邦秩序が挙げられ、それもまた帝国外の存在との関係をも含む（そして、それは帝国の終末まで若干の修正を受けつつも維持される）とされている。Buschmann (1999), 68. また、シュタイガーは、同条約には「欧州国際法と帝国基本法、そして国際的平和と国内的平和が染み渡っている」とする。そして、同条約はそれら相互を結び付け、解くことのできない統一体を形成させること、また、その統一体の中で同条約が欧州の政治的及び法律的秩序の中心的な要素を形成しており、この結び付きを通じて帝国基本法は国際法上の地位を保持していること、更に、帝国基本法は国際法上の行為なくして変更され得ず、全欧州的法秩序は中心的構成要素として帝国国制を含有していることなどを指摘し、その結果、帝国国制は或る程度全欧州的法秩序の基礎であって、その基礎の上に欧州の法秩序が、更には平和が存在しているとの主張を導いている。Steiger (1998, a), 438.

（13） Oestreich (1969), 241–242.

（14） ドゥフハルトは、三十年戦争中にもたらされた仏・蘭・瑞を中心とする対ハプスブルク体制がウェストファリア条約によっても不変であったことなどの理由を挙げて、同条約がその永続性を維持するための現実的基盤を欠いていたことを指摘し、「ミュンスターとオスナブリュックの講和体制は短期間の内に崩壊する運命にあった」とする。Duchhardt (1993), 15–18.

（15） 例えば、エーストライヒは、「帝国は、消極的・制限的な保護組織 (Schutzorganisation) として欧州の権力政治（パワー・ポリティクス）の単なる客体であった」とする。Oestreich (1969), 241–242.

（16） リストは、国際河川の自由通航という原則がウェストファリア条約においてドイツの河川に関して初めて規定された、としている。但し、この旨の言及は Liszt (1898) には存在せず、後の版において加筆されたものである。例えば、独語第一一版 (Liszt (1918)) では一九三頁、独語第九版を底本とする仏語版（Liszt (1927)）では二二四頁を見よ。

（17） Jones (1949), 5.

（18） 一七世紀の欧州諸国の多様な国内統治体制の概要については、差し当たり次の文献を見よ。Durand (1999). また、このような多様性を意識するならば、次のウォーカーの一見説得力ある説明にも疑問を提起することができるであろう。「新たなる秩序は封建君主制の権威の積極的及び消極的設立によって生じた。即ち、貴族的無秩序 (baronial disorder) との抗争における君主制の勝利によって、そして実効的世界支配 (World Sovereignty) を設立しようとする試みにおける教皇庁及び神聖ローマ帝国の同様の敗北によってである。」Walker, Th. A. (1899), 84.

(19) マイスナーは次のような認識を示している。「約言すれば、絶対主義以前の時代の統治形態を、従来長い間そうしてきたほど強く、そのあとの時期［絶対主義］と区別することは、もはや許されないであろう。事態は従来考えられてきたよりもっとまっすぐな経過を辿っている。即ち、ドイツ領邦君主の親政は、ウェストファリア講和条約締結の後になってから、この条約で彼らに承認された *"ius territorii et suprematus"* の随伴現象として生まれたのではないし、また単にフランスの範型を模倣してできたものでもなくて、深く自国の歴史的事情に根ざしたものである。後に絶対主義という名が一八世紀に対して与えられることになったが、一八世紀の事態はそれ以前の実態と対立するものというよりも、むしろそれを完成し昇華させたものなのである。」Meisner (1951/52), 232.

(20) シュレーダーは、ウェストファリア条約の評価において、中世や近世の *"ius gentium"* 観念の継続性に注意が払われるべきであることを指摘している。また彼は、（個人・団体・支配者の同位性故）「純粋な国家間の法は一八世紀の経過の中で諸国家に有利な『選択過程』によって漸く生じた」と理解し、「ウェストファリア条約中の平和条項、平和保証手段、今日的理解からすれば国内的規定と国際的要素の条約という型式での結び付き (die vertragstypische Verbindung) もまた、継続的影響力を有する中世的及び近世的な観念の視角から見られねばならない」としている。Schröder, M. (1999), 122.

(21) Frowein (1971), 568–569.

(22) 尚、一九世紀のウェストファリア神話発生の際の背景として、「条約史」研究の他に一八世紀の啓蒙期社会思想家の神聖ローマ帝国や「勢力均衡」を巡る理論の存在も検討に値するものと思われる。例えば、ルソーは、勢力均衡に関連する議論において、軍事的理由や地理的理由も考慮するが、何より重要な役割を神聖ローマ帝国が担うものと考えている。即ち、同帝国が様々な欠点を有するものの、帝国国制が存続する限り「欧州の均衡が破壊されないこと、何れかの君主が他の君主により王冠を奪われることを恐れる必要のないこと、そしてウェストファリア条約が恐らく永遠に我々の間で政治体制の基礎であることは、確かである」と彼は結論付けている。そして、その論拠として、「ゲルマンの団体」(le Corps germanique)、即ち神聖ローマ帝国は「欧州の中央に位置し、欧州の他の部分すべてを威圧して」おり、「恐らく、［同帝国］自体の構成員の維持よりも、周辺［諸国］の維持に役立っている」ことが挙げられている。更には、同帝国は「その面積、人民の数及び価値によって他国の人々から恐れられ」、また征服への手段と意欲を剝奪していることが指摘されている。(Rousseau (1756), 372.) このような認識が一八世紀に既に提示されていたという事実は、一九世紀の国際法学説に先行するものとして更なる検討に値するものと言えよう。(この問題については、明石(2005)、八一-八五頁を見よ。)

要』48号（2001年）1–8頁
柳澤(2005): 柳澤伸一「ブルゴーニュ戦争期スイスの自己意識」『西南女学院大学紀要』9号（2005年）57–65頁
柳澤 (2006): 柳澤伸一「スイス盟約同盟とシュヴァーベン同盟」『西南女学院大学紀要』10号（2006年）31–39頁
柳澤 (2009): 柳澤伸一「バーゼル市長、ヴェトシュタインの『主権』理解」『西南女学院大学紀要』13号（2009年）21–30頁
柳原(1993): 柳原正治「神聖ローマ帝国の諸領邦の国際法上の地位をめぐる一考察——一八世紀後半における理論状況を中心として」松田保彦・山田卓生他（編）『国際化時代の行政と法（成田頼明先生横浜国立大学退官記念）』（良書普及会、1993年）659–686頁
柳原(1996): 柳原正治「いわゆる＜ドイツ国際法＞論をめぐる一考察」柳原正治（編）『国際社会の組織化と法（内田久司先生古稀記念論文集）』（信山社、1996年）81–115頁
柳原(1998): 柳原正治『ヴォルフの国際法理論』（有斐閣、1998年）
山下(1987): 山下泰子「歴史的背景——グロティウスのネーデルラント——」大沼保昭（編）『戦争と平和の法』（東信堂、1987年）17–43頁
山本(1995): 山本文彦『近世ドイツ国制史研究——皇帝・帝国クライス・諸侯——』（北海道大学図書刊行会、1995年）
吉川(1987): 吉川直人「プロイセンの法と国家」上山安敏（編）『近代ヨーロッパ法社会史』（ミネルヴァ書房、1987年）

佐久間(2001): 佐久間弘展「三十年戦争期の戦争組織と社会」歴史学研究会（編）『戦争と平和の中近世史』（青木書店、2001年）207–238頁
斯波(1997): 斯波照雄『中世ハンザ都市の研究——ドイツ中世都市の社会経済構造と商業——』（勁草書房、1997年）
渋谷(2000): 渋谷聡『近世ドイツ帝国国制史研究——等族制集会と帝国クライス——』（ミネルヴァ書房、2000年）
清水(1975): 清水廣一郎『イタリア中世都市国家研究』（岩波書店、1975年）
神寶(1994): 神寶秀夫『近世ドイツ絶対主義の構造』（創文社、1994年）
関谷(1973): 関谷清『ドイツ・ハンザ史序説』（比叡書房、1973年）
高橋（理）(1980): 高橋理『ハンザ同盟：中世の都市と商人たち』（教育社、1980年）
高橋（和）(2001): 高橋和則「エドマンド・バークと主権国家——ウェストファリア体制擁護の論理——」池庄司敬信（編）『体制擁護と変革の思想』（中央大学出版部、2001年）61–94頁
高村(1980, a): 高村象平『中世都市の諸相』（筑摩書房、1980年）
高村(1980, b): 高村象平『ハンザの経済史的研究』（筑摩書房、1980年）
田畑(1961): 田畑茂二郎『国家平等思想の史的系譜』（有信堂、1961年）
成瀬(1969): 成瀬治「国際政治の展開」『岩波講座世界歴史14 近代1』（岩波書店、1969年）
成瀬(1979): 成瀬治「村上報告へのコメント」（吉岡昭彦・成瀬治（編）『近代国家形成の諸問題』（木鐸社、1979年）155–182頁
成瀬(1988): 成瀬治『絶対主義国家と身分制社会』（山川出版社、1988年)
林(1972): 林毅『ドイツ中世都市法の研究』（創文社、1972年）
林(1978): 林毅『西洋法史学の諸問題』（敬文堂、1978年）
林(1986): 林毅『西洋中世都市の自由と自治』（敬文堂、1986年）
原田(1955): 原田慶吉『ローマ法（改訂版）』（有斐閣、1955年）
ハルトゥング（1980）：F. ハルトゥング（成瀬治・坂井栄八郎（訳））『ドイツ国制史』（岩波書店、1980年）
福田(1985): 福田歓一『政治学史』（東京大学出版会、1985年)
堀米(1976): 堀米庸三『ヨーロッパ中世世界の構造』（岩波書店、1976年）
皆川(2005): 皆川卓『等族制国家から国家連合へ——近世ドイツ国家の設計図「シュヴァーベン同盟」——』（創文社、2005年）
森田(1984): 森田安一「宗教改革期」西川正雄（編）『ドイツ史研究入門』（東京大学出版会、1984年）30–41頁
森田(1994): 森田安一『スイス　歴史から現代へ』（三補版）（刀水書房、1994年）
森原(1988): 森原隆「フランス絶対王政期における『ガゼット』の成立について」『人文学報』（京都大学）63巻（1988年）121–144頁
柳澤(2001) : 柳澤伸一「ウェストファリア条約のスイス条項」『西南女学院短期大学研究紀

『法学研究』（慶應義塾大学）71巻（1998年）49–80頁
明石(2002): 明石欽司「ウェストファリア条約研究の現在――国際法史研究の一側面――」『法学研究』（慶應義塾大学）75巻２号（2002年）29–55頁
明石(2005): 明石欽司「ジャン＝ジャック・ルソーによる『国際法』理論構築の試みとその挫折（(一）～（四･完)）」『法学研究』（慶應義塾大学）77巻８号～ 11号（2005年)、(三）10号77–109頁
明石(2006): 明石欽司「『ハンザ』と近代国際法の交錯――一七世紀以降の欧州『国際』関係の実相――（(一）～（二･完)）」『法学研究』（慶應義塾大学）79巻（2006年)、(一）４号1–25頁、(二・完）５号1–26頁
明石(2007): 明石欽司「国際法学説における『ウェストファリア神話』の形成――一七世紀後半から一九世紀の『国際法』関連文献の検討を通じて――（(一）～（三・完)）」『法学研究』（慶應義塾大学）80巻（2007年)、(一）６号1–32頁、(二）８号59–98頁、(三・完）８号1–28頁
明石(2008): 明石欽司「国際法史上の問題としてのスイスの『独立』――『ウェストファリア・システム』という名の幻想――（(一）～（二・完)）」『法学研究』（慶應義塾大学）81巻（2008年)、(一）４号1–28頁、(二・完）５号1–31頁
伊藤(2005): 伊藤宏二『ヴェストファーレン条約と神聖ローマ帝国：ドイツ帝国諸侯としてのスウェーデン』（九州大学出版会、2005年）
イム＝ホーフ(森田)(1997): U. イム＝ホーフ(森田安一(監訳))『スイスの歴史』(刀水書房、1997年)
岩田(1932): 岩田新『占有理論』（岩波書店、1932年）
エネン(1987): エーディト＝エネン（佐々木克巳（訳)）『ヨーロッパの中世都市』（岩波書店、1987年)
エーベル(1985): W. エーベル（西川洋一（訳)）『ドイツ立法史』（東京大学出版会､1985年）
小野(1972): 小野秋「ルター信仰とその背景」糸永寅一他（監修）『ヨーロッパ・キリスト教史 ４』（中央出版社、1972年）301–321頁
勝田(1972): 勝田有恒「帝室裁判所規則（一四九五年）の成立」『一橋論叢』68巻317–333頁
川合(2007): 川合清隆『ルソーとジュネーヴ共和国』（名古屋大学出版会、2007年）
絹川(1973): 絹川二郎「ウェストファリア条約以後の神聖ローマ帝国の法的性格」『金沢医科大学教養部論文集』第1巻（1973年)、1–22頁
クレッシェル(1982): カール＝クレッシェル（村上淳一（訳)）「司法事項とポリツァイ事項」『法学協会雑誌』99巻（1982年）1404–1426頁
高坂(1978): 高坂正尭『古典外交の成熟と崩壊』（中央公論社、1978年）
斉藤(1999): 斉藤泰「帝国国制における原スイス永久同盟」森田安一（編）『スイスの歴史と文化』（刀水書房、1999年）4–28頁

Willoweit (1997): D. Willoweit, "The Holy Roman Empire as a Legal System"; in A. Padoa-Schioppa (ed.), *Legislation and Justice* (Oxford, 1997), 123–129.

Willoweit (2005): D. Willoweit, *Deutsche Verfassungsgeschichte: Vom Frankenreich bis zur Wiedervereinigung Deutschlands*, 5. Aufl. (München, 2005)

Wilson (1999): P. H. Wilson, *The Holy Roman Empire 1495–1806* (London/New York, 1999)（P. H. ウィルソン（山本文彦（訳））『神聖ローマ帝国1495–1806』（岩波書店、2005年）

Wines (1967): R. Wines, "The Imperial Circles, Princely Diplomacy and Imperial Reform, 1681–1714", *The Journal of Modern History*, 39 (1967), 1–29.

Winzen (2002): K. Winzen, *Handwerk-Städte-Reich* (Stuttgart, 2002)

Wolff, F. (1966): F. Wolff, *Corpus Evangelicorum und Corpus Catholicorum auf dem Westfälischen Friedenskongreß* (Münster, 1966)

Wunder (1994): B. Wunder, "Der Schwäbische Kreis"; in P. C. Hartmann (Hrsg.), *Regionen in der Frühen Neuzeit* (*Zeitschrift für historische Forschung*, Beiheft 17) (Berlin, 1994), 23–39.

Zacher (1992): M. W. Zacher, "The Decaying Pillars of the Westphalian Temple: Implications for International Order and Governance"; in J. N. Rosenau/E.-O. Czempiel (eds.), *Governance without Government: Order and Change in World Politics* (Cambridge/New York etc., 1992), 58–101.

Ziegler, K.-H. (1994): K.-H. Ziegler, *Völkerrechtsgeschichte* (München, 1994)

Ziegler, K.-H. (1999, a): K.-H. Ziegler, "Die Bedeutung des Westfälischen Friedens von 1648 für das europäische Völkerrecht", *Archiv des Völkerrechts*, 37 (1999), 129–151.

Ziegler, K.-H. (1999, b): K.-H. Ziegler, "Der Westfälische Frieden von 1648 in der Geschichte des Völkerrechts"; in M. Schröder (Hrsg.), *350 Jahre Westfälischer Friede: Verfassungsgeschichte, Staatskirchenrecht, Völkerrechtsgeschichte* (Berlin, 1999), 99–117.

Ziegler, K.-H. (2007): K.-H. Ziegler, *Völkerrechtsgeschichte*, 2. Aufl. (München, 2007)

Ziegler, U. (1994): U. Ziegler, *Die Hanse* (Bern/München/Wien, 1994).

B. 邦語文献

朝倉(1980): 朝倉純孝（訳註）『オランダ黄金時代史』（大学書林、1980年）

明石(1992–1995): 明石欽司「ウェストファリア条約の研究——近代国家・近代国家系成立過程の検証——（(一)～(六・完)）」『法と行政』（中央学院大学）3巻1号（1992年）～6巻2号（1995年）((一) 3巻1号（1992年）1–36頁、(二) 3巻2号（1992年）1–35頁、(三) 5巻1号（1994年）1–32頁、(四) 5巻2号（1994年）1–32頁、(五) 6巻1号（1995年）1–30頁、(六・完) 6巻2号（1995年）1–32頁)

明石(1998): 明石欽司「欧州近代国家系形成期の多数国間条約における『勢力均衡』概念」

(Hrsg.), *Die Welt der Hanse* (Antwerpen, 1984), 405–414.

Vann (1975): J. A. Vann, *The Swabian Kreis: Institutional Growth in the Holy Roman Empire, 1648–1715* (Brussels, 1975)

Vann (1984): J. A. Vann, *The Making of a State: Württemberg, 1593–1793* (Ithaca/London, 1984)

Verdross (Simma) (1984): A. Verdross (B. Simma), *Universelles Völkerrecht: Theorie und Praxis*, 3. Aufl. (Berlin, 1984)

Verosta (1984): S. Verosta, "History of the Law of Nations"; in R. Bernhardt (ed.), *Encyclopedia of Public International Law*, VII (Amsterdam/New York/Oxford, 1984), 160–179.

Vierhaus (1985): R. Vierhaus, "Deutschland im Zeitalter des Absolutismus (1648–1763)"; in B. Moeller/M. Heckel/R. Vierhaus/K. O. F. von Aretin, *Deutsche Geschichte*, Bd. 2 (Frühe Neuzeit) (Göttingen, 1985), 357–512.

Vitzthum (2001): W. Graf Vitzthum (Hrsg.), *Völkerrecht* (Berlin/New York, 2001)

Vogler (2003): G. Vogler, *Europas Aufbruch in die Neuzeit 1500–1650* (Handbuch der Geschichte Europas, Bd. 5) (Stuttgart, 2003)

Voss (1999): J. Voss, "Un itinéraire contrasté: Les Traités de Westphalie à travers les siècles"; in J.-P. Kintz/G. Livet (éd.), *350e anniversaire des Traités de Westphalie 1648–1998: Une genèse de l'Europe, une société à reconstruire* (Strasbourg, 1999), 175–190.

Walker, M. (1971): M. Walker, *German Home Towns: Community, State, and General Estate, 1648–1871* (Ithaca, New York, 1971)

Walker, M. (1981): M. Walker, *Johann Jakob Moser and the Holy Roman Empire of the German Nation* (Chapel Hill, 1981)

Ward, A. W. (1906): A. W. Ward, "The Peace of Westphalia"; in A. W. Ward/G. W. Prothero/S. Leathes (eds.), *The Cambridge Modern History*, vol.4 (The Thrity Years' War) (Cambridge, 1906), 395–433.

Warmbrunn (1983): P. Warmbrunn, *Zwei Konfessionen in einer Stadt: Das Zusammenleben von Katholiken und Protestanten in den paritätischen Reichsstädten Augsburg, Biberach, Ravensburg, und Dinkelsbühl von 1548–1648* (Wiesbaden, 1983)

Weitzel (1993): J. Weitzel, "Das Reichskammergericht und der Schutz von Freiheitsrechten seit der Mitte des 18. Jahrhunderts"; in B. Diestelkamp (Hrsg.), *Die politische Funktion des Reichskammergerichts* (Köln/Weimar/Wien, 1993), 157–180.

Wernicke (1983): H. Wernicke, *Die Städtehanse 1280–1418: Genesis-Strukturen-Funktionen* (Weimar, 1983)

Westlake (1904/1907): J. Westlake, *International Law*, 2 vols. (Cambridge, 1904/1907)

Willoweit (1975): D. Willoweit, *Rechtsgrundlagen der Territorialgewalt* (Köln, 1975)

131–141.

Stadler (1998): P. Stadler, "Der Westfälische Friede und die Eidgenossenschaft"; in H. Duchhardt (Hrsg.), *Der Westfälische Friede — Diplomatie, politische Zäsur, kulturelles Umfeld, Rezeptionsgeschichte* (München, 1998), 369–391.

Stadt Münster (1998): Stadt Münster, *Münster damals...*, (Münster, 1998)

Starke (1984): J. G. Starke, *Introduction to International Law*, 9th ed. (London, 1984)

Steiger (1998, a): H. Steiger, "Konkreter Friede und allgemeine Ordnung — Zur rechtlichen Bedeutung der Verträge vom 24. Oktober 1648"; in K. Bußmann/H. Schilling (Hrsg.), *1648 Krieg und Frieden in Europa, Textband I (Politik, Religion, Recht und Gesellschaft)* (München, 1998), 437–446.

Steiger (1998, b): H. Steiger, "Der Westfälische Frieden — Grundgesetz für Europa?"; in H. Duchhardt (Hrsg.), *Der Westfälische Friede — Diplomatie, politische Zäsur, kulturelles Umfeld, Rezeptionsgeschichte* (München, 1998), 33–80.

Stein (1971): L. Stein, "Religion and Patriotism in German Peace Dramas during the Thirty Years' War", *Central European History*, 4 (1971), 131–148.

Stolleis (1988): M. Stolleis, *Geschichte des öffentlichen Rechts in Deutschland*, Bd 1 (Reichspublizistik und Policeywissenschaft 1600–1800) (München, 1988)

Stoob (1982): H. Stoob, "Die Hanse und Europa bis zum Aufgang der Neuzeit"; in H. Dollinger/H. Gründer/A. Hanschmidt (Hrsg.), *Weltpolitik, Europadenke, Regionalismus (Festschrift für Heinz Gollwitzer zum 65. Geburtstag am 30. Januar 1982)*, (Münster, 1982), 1–17.

Strauss (1978): G. Strauss, "The Holy Roman Empire Revisited", *Central European History*, 11 (1978), 290–310.

Sutherland (1992): N. M. Sutherland, "The Origins of the Thirty Years War and the Structure of Eropean Politics", *English Historical Review*, 107 (1992), 587–625.

Teschke (2003): B. Teschke, *The Myth of 1648: Class, Geopolitics, and the Making of Modern International Relations* (London/New York, 2003)（ベンノ・テシィケ（君塚直隆（訳）『近代国家体系の形成：ウェストファリアの神話』（桜井書店、2008年）

Tischer (1999): A. Tischer, *Französische Diplomatie und Diplomaten auf dem Westfälischen Friedenskongress* (Münster, 1999)

Truyol y Serra (1995): A. Truyol y Serra, *Histoire du droit international public* (Paris, 1995)

Tuck (1989): R. Tuck, *Hobbes* (Oxford/New York, 1989)

Tullner (1998): M. Tullner, "Magdeburg—Eine Hansestadt im 17. Jahrhundert"; in A. Grassmann (Hrsg.), *Niedergang oder Übergang?: Zur Spätzeit der Hanse im 16. und 17. Jahrhundert* (Köln/Weimar/Wien, 1998), 47–61.

Van der Wee (1984): H. Van der Wee, "Der langsame Prozeß der Auflösung"; in A. d'Haenens

Verfassungsgeschichte, Staatskirchenrecht (Berlin, 1999), 119–132.

Schröder, P. (1999): P. Schröder, "The Constitution of the Holy Roman Empire after 1648: Samuel Pufendorf's Assessment in his Monzambano", *The Historical Journal*, 42 (1999), 961–983.

Schwinges (1996): R. Ch. Schwinges, "Solothurn und das Reich im späten Mittelalter", *Schweizerische Zeitschrift für Geschichte*, 46 (1996), 451–473.

Serwanski (2000): M. Serwanski, "La neutralité de la Pologne pendant la guerre de Trente ans"; in L. Bély (dir.), *L'Europe des traités de Westphalie: Esprit de la diplomatie et diplomatie de l'esprit* (Paris, 2000), 135–145.

Shaw (2003): M. N. Shaw, *International Law*, 5th ed. (Cambridge, 2003)

Sicken (1994): B. Sicken, "Der Fränkische Kreis im Zeitalter der Aufklärung–Institution des Reichs oder staatenbündischer Zusammenschluß?"; in P. C. Hartmann (Hrsg.), *Regionen in der Frühen Neuzeit* (*Zeitschrift für historische Forschung*, Beiheft 17) (Berlin, 1994), 61–77.

Sieber-Lehmann (1999): S. C. Sieber-Lehmann, "Die Eidgenossenschaft und das Reich (14.-16. Jahrhundert)"; in M. Jorio (Hrsg.), *1648: Die Schweiz und Europa: Aussenpolitik zur Zeit des Westfälischen Friedens* (Zürich, 1999), 25–39.

Sigrist (1947): H. Sigrist, "Reichsreform und Schwabenkrieg: Ein Beitrag zur Geschichte der Entwicklung des Gegensatzes zwischen der Eidgenossenschaft und dem Reich", *Schweizerische Beiträge zur allgemeinen Geschichte*, 5 (1947), 114–141.

Simons (1934): W. Simons, "Einleitung"; in S. von Pufendorf, *De jure naturae et gentium libri octo* (Amsterdam, 1688) (The Classics of International Law (Oxford/London, 1934)), 13–66.

Sonnino (1998): P. Sonnino, "Prelude to the Flonde: The French Delegation at the Peace of Westphalia", *Historische Zeitschrift*, Beiheft 26 (1998), 217–233.

Sørensen (1999): G. Sørensen, "Sovereignty: Change and Continuity in a Fundamental Institution", *Political Studies*, 47 (1999), 590–604.

Spies (1982): H.-B. Spies, "Lübeck, die Hanse und der Westfälische Frieden", *Hansische Geschichteblätter*, 100 (1982), 110–124.

Sprandel (1982): R. Sprandel (Zusammengestellt u. Hrsg.), *Quellen zur Hanse-Geschichte* (Darmstadt, 1982) (Ausgewählte Quellen zur deutschen Geschichte des Mittelalters, XXXVI)

Spruyt (1994): H. Spruyt, *The Sovereign State and Its Competitors: An Analysis of Systems Change* (Princeton, NJ, 1994)

Stadler (1995): P. Stadler, "Die Schweiz und das Reich in der Frühen Neuzeit"; in V. Press (Hrsg.), *Alternativen zur Reichsverfassung in der Frühen Neuzeit?* (München, 1995),

Ruppert (1979): K. Ruppert, *Die kaiserliche Politik auf dem Westfälischen Friedenskongreß (1643–1648)* (Münster, 1979)

Salomon (1910): F. Salomon (Hrsg.), *Severinus de Monzambano (Samuel von Pufendorf), De Statu Imperii Germanici, nach dem ersten Druck mit Berücksichtigung der Ausgabe letzter Hand* (Weimar, 1910)

Schilling (1993): H. Schilling, "Konfessionalisierung und Formierung eines internationalen Systems während der frühen Neuzeit"; in H. R. Guggisberg/G. G. Krodel (Hrsg.), *Die Reformation in Deutschland und Europa: Interpretationen und Debatten* (Sonder Band: *Archiv für Reformationsgeschichte*) (Gütersloher, 1993), 591–613.

Schilling (1998):.H. Schilling, "Der Westfälische Friede und das neuzeitliche Profil Europas"; in H. Duchhardt (Hrsg.), *Der Westfälische Friede—Diplomatie, politische Zäsur, kulturelles Umfeld, Rezeptionsgeschichte* (*Historische Zeitschrift*, Beiheft Neue Folge 26) (München, 1998), 1–32.

Schilling (2000): A. Schilling, "La confessionalisation et le sysème international"; in L. Bély (dir.), *L'Europe des traités de Westphalie: Esprit de la diplomatie et diplomatie de l'esprit* (Paris, 2000), 411–428.

Schindling (1980): A. Schindling, "Der Westfälische Frieden und der Reichstag"; in H. Weber (Hrsg.), *Politische Ordnungen und soziale Kräfte im alten Reich* (Wiesbaden, 1980), 113–153.

Schindling (1991): A. Schindling, *Die Anfänge des Immerwährenden Reichstags zu Regensburg: Ständevertretung und Staatskunst nach dem Westfälischen Frieden* (Beiträge zur Sozial- und Verfassungsgeschichte des Alten Reiches, Nr. 11), (Mainz, 1991)

Schindling (1999): A. Schindling, "*Corpus evangelicorum et corpus catholicorum*: Constitution juridique et réalités sociales dans le Saint-Empire"; in J.-P. Kintz/G. Livet (éd.), *350e anniversaire des Traités de Westphalie 1648–1998: Une genèse de l'Europe, une société à reconstruire* (Strasbourg, 1999), 43–55.

Schmidt, F.-S. (2007): F.-S. Schmidt, *Praktische Naturrecht zwischen Thomasius und Wolff: Der Völkerrechtler Adam Friedrich Glafey* (Baden-Baden, 2007)

Schmidt, G. (1998): G. Schmidt, "Städtehanse und Reich im 16. und 17. Jahrhundert"; in A. Grassmann (Hrsg.), *Niedergang oder Übergang?: Zur Spätzeit der Hanse im 16. und 17. Jahrhundert* (Köln/Weimar/Wien, 1998), 25–46.

Schmidt, G. (1999): G. Schmidt, *Geschichte des Alten Reiches: Staat und Nation in der frühen Neuzeit 1495–1806* (München, 1999)

Schmitt (1928): C. Schmitt, *Verfassungslehre* (München/Leipzig, 1928)

Schröder, M. (1999): M. Schröder, "Der Westfälische Friede—Eine Epochengrenze in der Völkerrechtsentwicklung?"; in M. Schröder (Hrsg.), *350 Jahre Westfälischer Friede:*

Repgen (2000): K. Repgen, "Maximilien comte de Trauttmansdorff, négociateur en chef de l'empereur aux traités de paix de Prague et Westphalie"; in L. Bély (dir.), *L'Europe des traités de Westphalie: Esprit de la diplomatie et diplomatie de l'esprit* (Paris, 2000), 347–361.

Rieder (1984): B. Rieder, *Die Entscheidung über Krieg und Frieden nach deutschen Verfassungsrecht* (Berlin, 1984)

Robbers (1999): G. Robbers, "Religionsrechtliche Gehalte des Westfälischen Friedens"; in M. Schröder (Hrsg.), *350 Jahre Westfälischer Friede: Verfassungsgeschichte, Staatskirchenrecht, Völkerrechtsgeschichte* (Berlin, 1999), 71–81.

Roberts (1979): M. Roberts, *The Swedish Imperial Experience 1560–1718* (Cambridge/London/New York/Melbourne, 1979)

Roeck (1984): B. Roeck, *Reichssystem und Reichsherkommen: Die Diskussion über die Staatlichkeit des Reiches in der politischen Publizistik des 17. und 18. Jahrhunderts* (Stuttgart, 1984)

Roelofsen (1978): C. G. Roelofsen, "The Netherlands until 1813: International Aspects" ; in H. F. van Panhuys/Ko Swan Sik *et al.* (eds.), *International Law in the Netherlands*, vol.1 (New York, 1978), 3–42.

Roelofsen (1990): C. G. Roelofsen, "Grotius and 'Grotian Heritage' in International Law and International Relations; the Quatercentenary and Its Aftermath (circa 1980–1990)", *Grotiana* (NS), 11 (1990)

Roelofsen (1991, a): C. G. Roelofsen, "Inleiding" ; in A. C. G. M. Eyffinger (red.) *Compendium Volkenrechtsgeschiedenis*, 2e druk, (Deventer, 1991), 1–9.

Roelofsen (1991, b): C. G. Roelofsen, "De Periode 1450–1713" ; in A. C. G. M. Eyffinger (red.) *Compendium Volkenrechtsgeschiedenis*, 2e druk, (Deventer, 1991), 43–108.

Roelofsen (1991, c): C. G. Roelofsen, "De Periode 1713–1815" ; in A. C. G. M. Eyffinger (red.) *Compendium Volkenrechtsgeschiedenis*, 2e druk, (Deventer, 1991), 109–130.

Roelofsen (1993/94): C. G. Roelofsen, "History of the Law of Nations: A Few Remarks apropos of Some Recent and Not So Recent Publications", *Grotiana* (NS), 14/15 (1993/94), 52–58.

Roelofsen (1997): C. G. Roelofsen, "Grotius and the Development of International Relations Theory: The 'Long Seventeenth Century' and the Elaboration of a European States System", *Grotiana* (NS), 18 (1997), 97–120.

Roelofsen (1998): C. G. Roelofsen, "Völkerrechtliche Aspekte des Westfälischen Friedens in niederländischer Sicht", *Rechtstheorie*, 29 (1998), 175–188.

Rosenberg (1994): J. Rosenberg, *The Empire of the Civil Society—A Critique of the Realist Theory of International Relations* (London/New York, 1994)

nach 1968 (Berlin, 1967)

Reibstein (1956/57): E. Reibstein, "Das Völkerrecht der deutchen Hanse", *Zeitschrift für ausländisches öffentliches Recht und Völkerrecht*, 17 (1956/57), 38–92.

Reinhard (2002): W. Reinhard, "Frühmoderner Staat und deutsches Monstrum: Die Entstehung des modernen Staates und das Alte Reich", *Zeitschrift für historische Forschung*, 29 (2002), 339–357.

Reinicke (1975): R. Reinicke, *Landstände im Verfassungsstaat* (Göttingen, 1975)

Repgen (1956): K. Repgen, "Der päptliche Protest gegen den Westphälischen Frieden und die Friedenspolitik Urbans VIII", *Historisches Jahrbuch des Görres-Gesellschaft*, 75 (1956), 94–122.

Repgen (1962/65): K. Repgen, *Die römische Kurie und der Westfälische Friede: Idee und Wirklichkeit der Papsttums im 16. und 17. Jahrhundert*, 1. Teil (Tübingen, 1962), 2. Teil (Tübingen, 1965)

Repgen (1972): K. Repgen, "Über den Zusammenhang von Verhandlungstechnik und Vertragsbegriffen: Die kaiserlichen Elsaß-Angebote vom 18. März und 14. April 1646 an Frankreich: Ein Versuch"; in W. Besch/K. Fehn *et al.* (Hrsg.), *Die Stadt in der europäischen Geschichte (Festschrift Edith Ennen)* (1972, Bonn), 638–666.

Repgen (1982): K. Repgen, "Seit wann gibt es den Begriff 'Dreißigjähriger Krieg'"; in H. Dollinger *et al.* (Hrsg.), *Weltpolitik, Europagedanke, Regionalismus* (Münster, 1982), 59–70.

Repgen (1987): K. Repgen, "What is a 'Religious War' ?" ; in E. I. Kouri/ T. Scott (eds.), *Politics and Society in Reformation Europe (Essays for Sir Geoffrey Elton on his Sixty-Fifth Birthday)* (London, 1987), 311–328.

Repgen (1988): K. Repgen, "Über die Geschichtsschreibung des Dreißigjährigen Krieges: Begriff und Konzeption"; in K. Repgen (Hrsg.), *Krieg und Politik 1618–1648* (München, 1988), 1–84.

Repgen (1998, a): K. Repgen, "Die westphälischen Friedensverhandlungen: Überblick und Hauptprobleme"; in K. Bussmann/H. Schilling (Hrsg.), *1648: Krieg und Frieden in Europa. Textband 1: Politik, Religion, Recht, und Gesellschaft* (München, 1998), 355–372.

Repgen (1998, b): K. Repgen (F. Bosbach/C. Kampmann (Hrsg.)), *Dreißigjähriger Krieg und Westphälischer Friede: Studien und Quellen* (Paderborn/ München/Wien/Zürich, 1998)

Repgen (1998, c): K. Repgen, "Der Westfälische Friede: Ereignis und Erinnerung", *Historische Zeitschrift*, 267 (1998), 615–647.

Repgen (1999): K. Repgen, "Die Hauptprobleme der Westfälischen Friedensverhandlungen von 1648 und ihre Lösungen", *Zeitschrift für bayerische Landesgeschichte*, 62 (1999), 399–438.

Parker (2001): G. Parker, *Europe in Crisis 1598–1648*, 2nd ed.(Oxford/Malden, Mass, 2001)

Peters (1966): J. Peters, "Unter der schwedischen Krone: Zum 150. Jahrestag der Beendigung der Schwedenherrschaft in Pommern", *Zeitschrift für Geschichtswissenschaft*, 14 (1966), 33–51.

Peyer (1978): H. C. Peyer, *Verfassungsgeschichte der alten Schweiz* (Zürich, 1978)

Phillimore, W. G. F. (1917): W. G. F. Phillimore, *Three Centuries of Treaties of Peace and their Teaching* (London, 1917)

Philpott (1997): D. Philpott, "Ideas and the Evolution of Sovereignty"; in S. H. Hashmi (ed.), *State Sovereignty—Change and Persistence in International Relations* (Pennsylvania, 1997), 15–47.

Pieper (2000): St. U. Pieper, "Die 'Staatsverfassung' des Westfälischen Friedens"; in B. Großfeld/E. Pottmeyer *et al.* (Hrsg.), *Westfälische Jurisprudenz: Beiträge zur deutschen und europäischen Rechtskultur* (Münster/New York/München/Berlin, 2000), 27–47.

Pitz (2001): E. Pitz, *Bürgereinung und Städteeinung* (Köln/Wemer/Wien, 2001)

Planitz (1965): H. Planitz, *Die Deutsche Stadt im Mittelalter: Von der Römerzeit bis zu den Zunftkämpfen*, 2. unveränderte Aufl. (Graz/Köln, 1965)（プラーニッツ(1983): H. プラーニッツ（林毅（訳））『中世ドイツの自治都市』（創文社、1983年））

Planitz (1971): H. Planitz, *Deutsche Rechtsgeschichte*, 3. ergänzte Aufl., bearbeitet von K. A. Eckhardt (Graz/Köln, 1971)

Poggi (1978): G. Poggi, *The Development of the Modern State—A Sociological Introduction* (Stanford, California, 1978)

Postel (1998): R. Postel, "Zur 'erhaltung dern commercien und darüber habende privilegia': Hansische Politik auf dem Westfälische Friedenskongreß"; in H. Duchhardt (Hrsg.), *Der Westfälische Friede—Diplomatie, politische Zäsur, kulturelles Umfeld, Rezeptionsgeschichte* (*Historische Zeitschrift*, Beiheft Neue Folge 26) (München, 1998), 523–540.

Postel (1999): R. Postel, "Der Niedergang der Hanse"; in J. Bracker/V. Henn/R. Postel (Hrsg.), *Die Hanse, Lebenswirklichkeit und Mythos*, 3. Aufl. (Lübeck, 1999), 165–193.

Preiser (1984): W. Preiser, "History of the Law of Nations"; in R. Bernhardt (ed.), *Encyclopedia of Public International Law*, VII (Amsterdam/New York/Oxford, 1984), 132–160.

Press (1987): V. Press, "The Holy Roman Empire in German History"; in E. I. Kouri/ T. Scott (eds.), *Politics and Society in Reformation Europe (Essays for Sir Geoffrey Elton on his Sixty-Fifth Birthday)* (London, 1987), 51–77.

Quaritsch (1986): H. Quaritsch, *Souveränität: Entstehung und Entwicklung des Begriffs in Frankreich und Deutschland vom 13. Jh. bis 1806* (Berlin, 1986)

Randelzhofer (1967): A. Randelzhofer, *Völkerrechtliche Aspecte des Heiligen Römischen Reichs*

Beiheft 17) (Berlin, 1994), 79–96.

Nguyen Quoc Dinh (2002): Nguyen Quoc Dinh (P. Daillier/A. Pellet), *Droit international public*, 7ᵉ éd. (Paris, 2002)

Nordstrom (2002): B. J. Nordstrom, *The History of Sweden* (West Port, Connecticut/London, 2002)

Nussbaum (1958): A. Nussbaum, *A Concise History of the Law of Nations*, revised ed. (New York, 1958)

Nys (1904): E. Nys, *Le droit international: Les Principes, les théories, les faits*, 3 tomes, (Bruxelles, 1904)

Nys (1912): E. Nys, *Le droit international, les principes, les théories, les faits*, tome I, nouvelle éd. (Bruxelles, 1912)

O'Connell (1967): D. P. O'Connell, "A Cause Célèbre in the History of Treaty-Making: The Refusal to Ratify the Peace Treaty of Regensburg in 1630", *British Yearbook of International Law*, 42 (1967), 71–90.

Oechsli (1922): W. Oechsli, *History of Switzerland 1499–1914* (Translation from the Germany by E. Paul/C. Paul) (Cambridge, 1922)

Oestreich (1969): G. Oestreich, "Reichsverfassung und europäisches Staatensystem 1648–1789"; in G. Oestreich, *Geist und Gestalt des frühmodernen Staates* (Berlin, 1969), 235–252.（ゲルハルト・エーストライヒ「帝国国制とヨーロッパ諸国家体系（一六四八年－一七八九年）」成瀬治（編訳）『伝統社会と近代国家』（岩波書店、1982年）203–231頁）

Oestreich (1999): G. Oestreich, *Verfassungsgeschichte vom Ende des Mittelalters bis zum Ende des alten Reichs*, 8. Aufl. (München, 1999)

Oppenheim, L. (1905): L. Oppenheim, *International Law: A Treatise*, vol.I (Peace) (London/New York/Bombay, 1905)

Oschmann (1991): A. Oschmann, *Der Nürnberger Exekutionstag 1649–1650: Das Ende des Dreißigjährigen Krieges in Deutschland* (Münster, 1991)

Oschmann (1998): A. Oschmann, "Einleitung"; in *APW*, III, B, i (Münster, 1998), XLI-CXLIII.（伊藤宏二「[翻訳] ヴェストファーレン講和文書の成立（一）（二）」『静岡大学教育学部研究報告（人文・社会科学篇）』（一）57号（2007年）355–370頁、（二）58号（2008年）293–315頁）

Osiander (1994): A. Osiander, *The States System of Europe 1640–1990* (Oxford, 1994)

Osiander (2001, a): A. Osiander, "Sovereignty, International Relations, and the Westphalian Myth", *International Organization*, 55 (2001) 251–287.

Osiander (2001, b): A. Osiander, "Before Sovereignty: Society and Polities in *ancien régime* Europe", *Review of International Studies*, 27 (2001), 119–145.

Parker (1984): G. Parker, *The Thirty Years' War* (London, 1984)

Reichskreise in die Reichsorganisation"; in K. O. F. von Aretin (Hrsg.), *Der Kurfüst von Mainz und die Kreisassoziationen 1648–1746* (Wiesbaden, 1975), 1–29.

Mohnhaupt (1982): H. Mohnhaupt, 'Europa' und 'jus publicum' im 17. und 18. Jahrhundert"; in C. Bergfeld/S. Buchholz *et al.* (Hrsg.), *Aspekte europäischer Rechtsgeschichte: Festgabe für Helmut Coing zum 70. Geburtstag* (Frankfurt am Main, 1982), 207–232.

Mommsen (1958): K. Mommsen, *Eidgenossen, Kaiser und Reich* (Basel/Stuttgart, 1958)

Mommsen (1968): K. Mommsen, "Bodins Souveränitätslehre und die Exemption der Eidgenossenschaft"; in M. Sieber (Hrsg), *Discordia concors: Festgabe für Edgar Bonjour zu seinem siebzigsten Geburtstag am 21. August 1968* (Basel, 1968), 2 Bd, Bd. II, 433–448.

Mommsen (1970): K. Mommsen, *Auf dem Wege zur Staatssouveränität: Staatliche Grundbegriffe in Basler juristischen Doctordisputationen des 17. und 18. Jahrhunderts* (Bern, 1970)

Moraw (1986): P. Moraw, "Der <Gemeine Pfennig>: Neue Steuern und die Einheit des Reiches im 15. und 16. Jahrhundert"; in U. Schultz (Hrsg.), *Mit dem Zehnten fing es an: Eine Kulturgeschichte der Steuer* (München, 1986), 130–142.

Morgenthau (1949): H. J. Morgenthau, *Politics among Nations—The Struggle for Power and Peace* (New York, 1949)

Mout (1995): N. Mout, "Die Niederlande und das Reich im 16. Jahrhundert (1512–1609)"; in V. Press/D. Stievermann (Hrsg.), *Alternativen zur Reichsverfassung in der Frühen Neuzeit?* (München, 1995), 143–168.

Müller, J. (1914): J. Müller, "Die Entstehung der Kreisverfassung Deutschlands von 1383 bis 1512", *Deutsche Geschichtsblätter*, 15 (1914) (6./7. Heft), 139–169.

Müller, Klaus (1973): Klaus Müller, "Zur Reichskriegserklärung im 17. und 18. Jahrhundert", *Zeitschrift der Savigny-Stiftung für Rechtsgeschichte, Germanistische Abteilung*, 90 (1973), 246–259.

Müller, Konrad (1946): Konrad Müller, "Die Exemption der Eidgenossenschaft 1648: Ein Beitrag zur Erklärung des Exemptionsartikels im Westphälischen Frieden", *Schweizer Beiträge zur allgemeinen Geschichte*, 4 (1946), 216–228.

Müller, Konrad (1988): Konrad Müller, *Staatsgrenzen und evangelische Kirchengrenzen* (Tübingen, 1988)

Neugebauer-Wölk (1990): M. Neugebauer-Wölk, "Reichsstädtische Reichspolitik nach dem Westfälischen Frieden", *Zeitschrift für historische Forschung*, 17 (1990), 27–47.

Neuhaus (1994): H. Neuhaus, "Niederrheinisch-Westphälische Reichskreis—eine Region des Heiligen Römischen Reiches Deutscher Nation in der Frühen Neuzeit?"; in P. C. Hartmann (Hrsg.), *Regionen in der Frühen Neuzeit* (*Zeitschrift für historische Forschung*,

diplomatie et diplomatie de l'esprit (Paris, 2000), 55–66.

Mallarmé (1904): A. Mallarmé, "Emer de Vattel"; in A. Pillet (éd.), *Les fondateurs du droit international* (Paris, 1904), 481–601.

Marek (1980): K. Marek, "Contribution à l'étude de l'histoire du traité multilatéral"; in E. Diez/J. Monnier *et al.* (Hrsg.), *Festschrift für Rudolf Bindschedler* (Bern, 1980), 17–39.

May (1988): G. May, "Die Entstehung der hauptsächlichen Bestimmungen über das ius emigrandi (Art.V §§30–43 IPO) auf dem Westfälischen Friedenskongreß", *Zeitschrift der Savigny-Stiftung für Rechtsgeschichte, Kanonistische Abteilung*, 74 (1988), 436–494.

Mayer (1938/39): Th. Mayer, "Die Ausbildung der Grundlagen des modernen deutschen Staates im hohen Mittelalter", *Historische Zeitschrift*, 159 (1938/39), 457–487.

Meinecke (1976): F. Meinecke (W. Hofer (Hrsg.)), *Die Idee der Staatsräson in der neueren Geschichte*, 4. Aufl. (München, 1976)（F.マイネッケ（菊盛英夫・生松敬三（訳））『近代史における国家理性の理念』（みすず書房、1960年）は初版(München, 1924)（新版著作集第一巻所収）を底本とする。）

Meisner (1951/52): H. O. Meisner, "Staats- und Regierungsformen in Deutschland seit dem 16. Jahrhundert", *Archiv des öffentlichen Rechts*, 77(1951/52), 225–265.

Menger (1988): Ch.-F. Menger, *Deutsche Verfassungsgeschichte der Neuzeit*, 6.Aufl. (Heidelberg, 1988)

Merzbacher (1967): F. Merzbacher, "Staat und Jus publicum im deutschen Absolutismus"; in H. Conrad/H. Jahrreiß *et al.* (Hrsg.), *Gedächtnisschrift Hans Peters* (Berlin/Heidelberg/New York, 1967), 144–156.（F.メルツバッハー「ドイツ絶対主義における国家とユス・プブリクム」（成瀬治（編訳）『伝統社会と近代国家』（岩波書店、1982年）51–68頁）

Minnerath (1999): R. Minnerath, "Le Saint-Siège, l'Europe et les Traités de Westphalie: La survivance du rêve de chrétienté"; in J.-P. Kintz/G. Livet (éd.), *350e anniversaire des Traités de Westphalie 1648–1998: Une genèse de l'Europe, une société à reconstruire* (Strasbourg, 1999), 377–388.

Mirabelli (1929): A. R. Mirabelli, "Le Congrès Westphalie: Ses négociations et ses résultats au point de vue de l'histoire du droit des gens"; in *Bibliotheca Visseriana Dissertationum Ius Internationale Illustrantium*, VIII,(Leiden, 1929), 5–18.

Mitteis (1988): H. Mitteis, *Deutsche Rechtsgeschichte*, neubearbeitet von H. Lieberich, 18., erw. u. erg. Aufl. (München, 1988)（ミッタイス＝リーベリッヒ（世羅晃志郎（訳））『ドイツ法制史概説』（改訂版）（創文社、1971年）は改訂第11版(München, 1969)を底本とする。）

Moeller (1987): B. Moeller, *Reichsstadt und Reformation*, 1. Aufl. der bearbeiteten Neuausgabe (Berlin, 1987)

Mohnhaupt (1975): H. Mohnhaupt, "Die verfassungsrechtliche Einordnung der

años de la Paz de Westfalia: Del antagonismo a la integración en Europa (Madrid, 1999), 291–310.
Lesaffer (2004): R. Lesaffer, "Peace Treaties from Lodi to Westphalia"; in R. Lesaffer (ed.), *Peace Treaties and International Law from the Late Middle Ages to World War One* (Cambridge, 2004), 9–44.
Leuschner (1983): J. Leuschner, *Deutschland im späten Mittelalter*, 2. Aufl. (Göttingen, 1983)
Levin (1968): H. Levin, "Some Meanings of Myth"; in H. A. Murray (ed.), *Myth and Mythmaking*, (Paperback) (Boston, 1968), 103–114. (First published in 1960)
Limm (1989): P. Limm, *The Dutch revolt 1559–1648* (London/New York, 1989)
Liszt (1918): F. von Liszt, *Das Völkerrecht systematisch dargestellt*, 11. Aufl. (Berlin, 1918)
Liszt (1927): F. von Liszt, *Le droit international exposé systématique* (traduction fançaise d'après la 9e édition allemande (1913) par Gilbert Gidel) (Paris, 1927)
Livet (1976): G. Livet, *L'équilibre européen de la fin du XVe à la fin du XVIIIe siècle* (Paris, 1976)
Luard (1992): E. Luard, *The Balance of Power: The System of International Relations* 1648–1815 (London, 1992)
Luck (1985): J. M. Luck, *A History of Switzerland* (Palo Alto, California, 1985)
Lundkvist (1988): S. Lundkvist, "Die schwedischen Kriegs- und Friedensziele 1632–1648"; in K. Repgen (Hrsg.), *Krieg und Politik 1618–1648: Europäische Probleme und Perspektiven* (München, 1988), 219–240.
Lundkvist (1998): S. Lundkvist, "Die schwedischen Friedenskonzeptionen und ihre Umsetzung in Osnabrück"; in H. Duchhardt (Hrsg.), *Der Westfälische Friede—Diplomatie, politische Zäsur, kulturelles Umfeld, Rezeptionsgeschichte* (*Historische Zeitschrift*, Beiheft Neue Folge 26) (München, 1998), 349–359.
Lyons et Mastanduno (1995); G. M. Lyons/M. Mastanduno (eds.), *Beyond Westphalia? State Sovereignty and International Intervention* (Baltimore/London, 1995)
Magen (1982): F. Magen, "Die Reichskreise in der Epoche des Dreissigjährigen Krieges: Ein Überblick", *Zeitschrift für historische Forschung*, 9 (1982), 409–460.
Maissen (2006): Th. Maissen, *Die Geburt der Republic: Staatsverständnis und Repräsentation in der frühneuzeitlichen Eidgenossenschaft* (Göttingen, 2006)
Malettke (1999): K. Malettke, "Les traités de Westphalie (24 octobre 1648) et l'idée de «l'ordre européen» : Mythe ou réalité?"; in J.-P. Kintz/G. Livet (éd.), *350e anniversaire des Traités de Westphalie 1648–1998: Une genèse de l'Europe, une société à reconstruire* (Strasbourg, 1999), 161–173.
Malettke (2000): K. Malettke, "Le concept de sécurité collective de Richelieu et les traités de paix de Westphalie"; in L. Bély (dir.), *L'Europe des traités de Westphalie: Esprit de la*

London, 1993), 235–264.

Krause, G. (1998): G. Krause, "Das Seekriegswesen in der Geschichte der Hanse"; in H. Wernicke/N. Jörn (Hrsg.), *Beiträge zur hansischen Kultur-, Verfassungs- und Schiffahrtsgeshichte* (Hansische Studien X) (Weimar, 1998), 207–214.

Krause, P. (1999): P. Krause, "Die Auswirkungen des Westfälischen Friedens auf das Reichsstaatsrecht"; in M. Schröder (Hrsg.), *350 Jahre Westfälischer Friede: Verfassungsgeschichte, Staatskirchenrecht, Völkerrechtsgeschichte* (Berlin, 1999), 9–42.

Kremer (1989): B. M. Kremer, *Der Westfälische Friede in der Deutung der Aufklärung* (Tübingen, 1989)

Kroh (2000): G. G. Kroh, "Die völkerrechtlichen Aspekte des Westfälischen Friedens" ; in B. Großfeld/E. Pottmeyer *et al.* (Hrsg.), *Westfälische Jurisprudenz: Beiträge zur deutschen und europäischen Rechtskultur* (Münster/New York/München/Berlin, 2000), 11–26.

Lahrkamp (1999): H. Lahrkamp, *Dreißigjähriger Krieg, Westfälischer Frieden* (Münster, 1999)

Landwehr (2003): G. Landwehr, *Das Seerecht der Hanse (1365–1614): Vom Schiffordnungsrecht zum Seehandelsrecht* (Hamburg, 2003)

Langer (1987): H. Langer, "Friedensvorstellungen der Städtegesandten auf dem Westfälischen Friedenskongress (1644 bis 1648)", *Zeitschrift für Geschichtswissenschaft*, 35 (1987), 1060–1072.

Lapradelle (1916): A. de Lapradelle, "Introduction"; in E. de. Vattel, *Le droit des gens; ou, principes de la loi naturelle appliqués à la conduite et aux affaires des nations et des souverains* (1758) (The Classics of International Law (Washington, D.C., 1916)), i-lix.

Laufs (1974): A. Laufs, "Die Reichsstädte auf dem Regensburger Reichstag 1653/1654", *Zeitschrift für Stadtgeshichte, Stadtsoziologie und Denkmalpflege*, 1 (1974), 23–48.

Lauterpacht (1955): H. Lauterpacht, *Oppenheim's International Law*, vol.I, 8th ed. (London, 1955)

Lee (1984): St. J. Lee, *Aspects of European History 1495–1789*, 2nd ed. (London/New York, 1984)

Legras (1935): H. Legras, *Grundriss der schweizerischen Rechtsgeschichte* (Zürich, 1935)

Lesaffer (1997): R. Lesaffer, "The Westphalia Peace Treaties and the Development of the Tradition of Great European Peace Settlements prior to 1648", *Grotiana* (NS), 18 (1997), 71–95.

Lesaffer (1998): R. Lesaffer, *Rechtshistorische ontwikkeling (1453–1763) en recente evolutie van het klassieke, Europese statensysteem in vredes- en alliantieverdragen*, (disser., Louven, 1998)

Lesaffer (1999): R. Lesaffer, "The International Dimension of the Westphalia Peace Treaties: A Juridical Approach"; in Biblioteca Nacional/Fundación Carlos de Amberes (eds.), *350*

Staatskirchenrecht, Völkerrechtsgeschichte (Berlin, 1999), 83–98.

Jellinek (1921): G. Jellinek, *Allgemeine Staatslehre* (Berlin, 1921)

Jones (1949): J. M. Jones, *Full Powers and Ratification: A Study in the Development of Treaty-Making Procedure* (Cambridge, 1949)

Jorio (1999): M. Jorio, "Der Nexus Imperii – die Eidgenossenschaft und das Reich nach 1648"; in M. Jorio (Hrsg.), *1648: Die Schweiz und Europa: Aussenpolitik zur Zeit des Westfälischen Friedens* (Zürich, 1999), 133–146.

Jörn (2000): N. Jörn, "Die Versuche von Kaiser und Reich zur Einbeziehung der Hanse in die Anstrengungen zur Abwehr der Türken im 16. und 17. Jh."; in N. Jörn/M. North (Hrsg.), *Die Integration des südlichen Ostseeraumes in das Alte Reich* (Köln/Weimar/Wien, 2000), 393–423.

Kampmann (1993): Ch. Kampmann, "Reichstag und Reichskriegserklärung im Zeitalter Ludwigs XIV.", *Historisches Jahrbuch*, 113 (1993), 41–59.

Kearney (1998): M. Kearney, "The Role of the Literal Fall in the Culture of the Holy Roman Empire as Exemplified in the 1618 Defenestration of Prague"; in K. Borchardt/ E. Bünz (Hrsg.), *Forschungen zur Reichs-, Papst- und Landesgeschichte (Peter Herde zum 65. Geburtstag)* (Stuttgart, 1998), 871–884.

Kegley et Raymond (2002): C. W. Kegley, Jr./G. A. Raymond, *Exorcising the Ghost of Westphalia: Building World Order in the New Millennium* (Upper Saddle River, New Jersey, 2002)

Kimminich (1994): O. Kimminich, "Der Regensburger Reichstag als Grundlage eines europäishcen Friedensmidells" ; in D. Albrecht (Hrsg.), *Regensburg—Stadt der Reichstag* (Regensburug, 1994), 109–126.

Knutsen (1997): T. L. Knutsen, *A History of International Relations Theory*, 2. rev., expanded ed. (Manchester/New York, 1997)

Köbler (1973): G. Köbler (1973), "Civitas und vicus, burg, stat, dorf und wik"; in H. Jankuhn/ W. Schlesinger/H. Steuer (Hrsg.), *Vor- und Frühformen der europäishcen Stadt im Mittelalter*, Teil 1 (Göttingen, 1973), 61–76.

Körner (1980): M. H. Körner, *Solidarités financières Suisses au seizième siècle* (Lausanne, 1980)

Koller (2000): A. Koller, "Le rôle du Saint-Siège au début de la gurre de Trente ans: Les objectifs de la politique allemande de Grégoire XV (1621–1623); in L. Bély (dir.), *L'Europe des traités de Westphalie: Esprit de la diplomatie et diplomatie de l'esprit* (Paris, 2000), 123–133.

Krasner (1993): S. D. Krasner, "Westphalia and All That"; in J. Goldstein/R. O. Koehane (eds.), *Ideas and Foreign Policy—Beliefs, Institutions, and Political Change* (Ithaca/

deutschen Föderalismus", *Zeitschrift für bayerische Landesgeschichte*, 25 (1962), 377–413.

Hofmann (1970): H. Hofmann, "Reichsidee und Staatspolitik: Die vorderen Reichskreise im 18. Jahrhundert", *Zeitschrift für bayerische Landesgeschichte*, 33 (1970) , 969–985.

Holland (1911): Th. E. Holland, "Introduction"; in R. Zouch, *Iuris et Iudicii fecialis, sive Iuris inter Gentes, et Quaestionum de eodem explicatio* (1650) (The Classics of International Law (Washington, 1911)), i-xvi.

Holsti (1991): K. J. Holsti, *Peace and War: Armed Conflicts and International Order 1648–1989* (Cambridge/New York etc., 1991)

Holsti (1996): K. J. Holsti, *The State, War, and the State of War* (Cambridge, 1996)

Holzhauer (1999): H. Holzhauer, "Hugo Grotius und Münster"; in M. Schröder (Hrsg.), *350 Jahre Westfälischer Friede: Verfassungsgeschichte, Staatskirchenrecht, Völkerrechtsgeschichte* (Berlin, 1999), 133–137.

Hroch (1993): M. Hroch, "Comparing Early Modern Peace Treaties"; in A. P. van Goudoever (ed.), *Great Peace Congresses in History 1648–1990* (Utrecht, 1993), 43–51.

Hüglin (1998): Th. O. Hüglin, "Der Westfälische System aus der Föderalismus-Perspecktive des Althusius: Frühmoderne Konzepte für eine spätmoderne sozietale Welt", *Rechtstheorie*, 29 (1998), 153–173.

Hundt (2001): M. Hundt, "Von der 'halbvergessene[n] Antiquität' zum modernen Staatenbund?: Bedingungen, Ziele und Wirkungen hanseatischer Politik zwischen Altem Reich und Wiener Ordnung (1795–1815)"; in A. Graßmann (Hrsg.), *Ausklang und Nachklang der Hanse im 19. und 20. Jahrhundert* (Trier, 2001), 1–30.

Im Hof, *et al.* (1982–1983): U. Im Hof/P. Ducrey *et al.*, *Geschichte der Schweiz—und der Schweizer*, Bd.I (Basel/Frankfurt am Main, 1982), Bd.II (Basel/Frankfurt am Main, 1983), Bd.III (Basel/Frankfurt am Main, 1983)

Israel (1982): J. I. Israel, *The Dutch Republic and the Hispanic World 1606–1661* (Oxford, 1982)

Israel (1995): J. Israel, *The Dutch Republic: Its Rise, Greatness, and Fall 1477–1806* (Oxford, 1995)

Jackson (1999): R. Jackson, "Sovereignty in World Politics: A Glance at the Conceptual and Historical Landscape", *Political Studies*, 47 (1999), 431–456.

Jakobi (1997): F.-J. Jakobi, "Zur Entstehungs- und Überlieferungsgeschichte der Vertragsexemplare des Westfälischen Friedens"; in J. Kunisch (Hrsg.), *Neue Studien zur frühneuzeitlichen Reichsgeschichte* (*Zeitschrift für historische Forschung*, Beiheft 19) (1997), 207–221.

Jakobi (1999): F.-J. Jakobi, "Zur religionsgeschichtlichen Bedeutung des Westfälischen Friedens"; in M. Schröder (Hrsg.), *350 Jahre Westfälischer Friede: Verfassungsgeschichte,*

Hammel (1988): R. Hammel, "Häusermarkt und wirtschaftliche Wechsellagen in Lübeck von 1284 bis 1700", *Hansische Geschichtsblätter*, 106 (1988), 41–107.

Hammel-Kiesow (2004): R. Hammel-Kiesow, *Die Hanse* (München, 2004)

Härter (1992): K. Härter, *Reichstag und Revolution 1789–1806: Die Auseinandersetzung des Immerwährenden Reichstags zu Regensburg mit den Auswirkungen der französischen Revolution auf das Alte Reich* (Göttingen, 1991)

Härter (2003): K. Härter, "Sicherheit und Frieden im frühneuzeitlichen Alten Reich: Zur Funktion der Reichsverfassung als Sicherheits- und Friedensordnung 1648–1806", *Zeitschrift für historische Forschung*, 30 (2003), 413–431.

Hartmann, P. C. (1992): P. C. Hartmann, "Die Kreistage des Heiligen Römischen Reiches — Eine Vorform des Parlamentarismus? Das Beispiel des bayerischen Reichskreises (1521–1793)", *Zeitschrift für historische Forschung*, 19 (1992), 29–47.

Hartmann, A. V. (1998): A. V. Hartmann, *Von Regensburg nach Hamburg: Die diplomatischen Beziehungen zwischen dem französischen König und dem Kaiser vom Regensburger Vertrag (13. Oktober 1630) bis zum Hamburger Präliminarfrieden (25. Dezember 1641)*, (Münster, 1998)

Hartung (1969): F. Hartung, *Deutsche Verfassungsgeschichte vom 15. Jahrhundert bis zur Gegenwart*, 9. Aufl. (Stuttgart, 1969)（ハルトゥング (1980) は第九版を底本とする。）

Haug-Moritz (1993): G. Haug-Moritz, "Die Behandlung des württembergischen Ständekonflikts unter Herzog Carl Eugen durch den Reichshofrat (1763/64–1768/70)"; in B. Diestelkamp (Hrsg.), *Die politische Funktion des Reichskammergerichts* (Köln/Weimar/Wien, 1993), 105–133.

Heater (1992): D. Heater, *The Idea of European Unity* (Leicester/London, 1992)

Heckel (1985): M. Heckel, "Deutschland im konfessionellen Zeitalter", *Deutsche Geschichte*, Bd.II, (Göttingen, 1985)

Henn (1999): V. Henn, "Was war die Hanse?"; in J. Bracker/V. Henn/R. Postel (Hrsg.), *Die Hanse, Lebenswirklichkeit und Mythos*, 3. Aufl. (Lübeck, 1999), 14–23.

Hershey (1912, a): A. S. Hershey, "History of International Law since the Peace of Westphalia", *American Journal of International Law*, 6 (1912), 30–69.

Hershey (1912, b): A. S. Hershey, *The Essentials of International Public Law* (New York, 1912)

Herz (1959): J. H. Herz, *International Politics in the Atomic Age* (New York, 1959)

Hill (1906): D. J. Hill, *A History of Diplomacy in the International Development of Europe* (New York, 1906)

Hinsley (1986): F. H. Hinsley, *Sovereignty*, 2nd ed. (Cambridge/London etc., 1986)

Hofmann (1962): H. Hofmann, "Reichskreis und Kreisassoziationen: Prolegomena zu einer Geschichte des fränkischen Kreises, zugleich als Beitrag zur Phänomenologie des

Gauss (1948): J. Gauss, "Die westfälische Mission Wettsteins im Widerstreit zwischen Reichstradition und Souveränitätsidee", *Zeitschrift für schweizerische Geschichte*, 28 (1948), 177–190.

Gellinek (2000): Ch. Gellinek, "Hugo Grotius und die Sprache der Westfälischen Friedensschlüsse von 1648"; in B. Großfeld/E. Pottmeyer *et al.* (Hrsg.), *Westfälische Jurisprudenz: Beiträge zur deutschen und europäischen Rechtskultur* (Münster/New York/München/Berlin, 2000), 111–121.

Gelsinger (1985): B. Gelsinger, "Hanseatic League"; in J. R. Strayer (ed.), *Dictionary of the Middle Ages*, VI (New York, 1985), 90–97.

Geurts (1997): J. H. J. Geurts, "De moeilijke weg naar Munster: Problemen rond bezetting, instructie en kosten van de Staatse delegatie (1642–1646)"; in L. Noordegraaf/M. B. Smits-Veldt *et al.* (red.), *1648. De vrede van Munster* (Hilversum, 1997), 57–66.

Giry-Deloison (2000): Ch. Giry-Deloison (2000), "Westphalie 1648: L'Angleterre en marge de l'Europe"; in L. Bély (dir.), *L'Europe des traités de Westphalie: Esprit de la diplomatie et diplomatie de l'esprit* (Paris, 2000), 401–410.

Götschmann (1993): D. Götschmann, "Das Jus Armorum: Ausformung und politische Bedeutung der reichsständischen Militärhoheit bis zu ihrer definitiven Anerkennung im Westfälischen Frieden", *Blätter für deutsche Landesgeschichte*, 129 (1993), 257–276.

Graßmann (1998): A. Graßmann, "Lübeck auf dem Friedenskongreß zu Rijswijk"; in H. Duchhardt (Hrsg.), *Der Friede von Rijswijk 1697* (Mainz, 1998), 257–269.

Graßmann (2001): A. Graßmann, "Hanse weltweit?: Zu den Konsulaten Lübecks, Bremens und Hamburgs im 19. Jahrhundert"; in A. Graßmann (Hrsg.), *Ausklang und Nachklang der Hanse im 19. und 20. Jahrhundert* (Trier, 2001), 43–65.

Grewe (1984): W. G. Grewe, *Epochen der Völkerrechtsgeschichte* (Baden-Baden, 1984)

Grewe (Byers) (2000): G. Grewe (M. Byers (trans.)) *The Epochs of International Law* (Berlin/New York, 2000)

Gross (1948): L. Gross, "The Peace of Westphalia, 1648–1948", *American Journal of International Law*, 42 (1948), 20–41.

Guggisberg (1987): H. R. Guggisberg, "The Problem of 'Failure' in the Swiss Reformation: Some Preliminary Reflections"; in E. I. Kouri/T. Scott (eds.), *Politics and Society in Reformation Europe (Essays for Sir Geoffrey Elton on His Sixty-fifth Birthday)* (London, 1987), 188–209.

Haan (1968): H. Haan, "Kaiser Ferdinand II und das Problem des Reichsabsolutismus: Die Prager Heeresreform von 1635", *Historische Zeitschrift*, 207 (1968), 297–345.

Haan (1981): H. Haan, "Prosperität und Dreißigjähriger Krieg", *Geschichte und Gesellschaft*, 7 (1981), 91–118.

1996)
Focarelli (2002): C. Focarelli, *Lezioni di Storia del Diritto internazionale* (Perugia, 2002)
Fowler et Bunck (1995): M. R. Fowler/J. M. Bunck, *Law, Power, and the Sovereign State: The Evolution and Application of the Concept of Sovereignty* (University Park, Pa., 1995)
Franz (1961): G. Franz, *Der Dreissigjährige Krieg und das deutsche Volk*, 3. Aufl. (Stuttgart, 1961)
Friedland (1991): K. Friedland, *Die Hanse* (Stuttgart/Berlin/Köln, 1991)
Friedrichs (1979): Ch. R. Friedrichs, *Urban Society in an Age of War: Nördlingen, 1580–1720* (Princeton, New Jersey, 1979)
Friedrichs (1982): Ch. R. Friedrichs, "German Town Revolts and the Seventeenth Century Crisis", *Renaissance and Modern Studies*, 26 (1982), 27–51.
Fritze *et al.* (1985): K. Fritze/J. Schildhauer/W. Stark, *Die Geschichte der Hanse* (Westberlin, 1985)
Frotscher et Pieroth (2002): W. Frotscher/B. Pieroth, *Verfassungsgeschichte*, 3. Aufl. (München, 2002)
Frowein (1971): J. A. Frowein, "Transfer or Recognition of Sovereignty—Some Early Problems in Connection with Dependent Territories", *American Journal of International Law*, 65 (1971), 568–571.
Fruin (1924): R. Fruin, *Tien Jaren uit den Tachtigjarigen Oorlog 1588–1598*, 8e druk ('s Gravenhage, 1924)
Fubini (2000): R. Fubini, "Aux origines de la balance des pouvoirs: Le système politique en Italie au XVe siècle"; in L. Bély (dir.), *L'Europe des traités de Westphalie: Esprit de la diplomatie et diplomatie de l'esprit* (Paris, 2000), 111–121.
Gagliardo (1980): J. G. Gagliardo, *Reich and Nation: The Holy Roman Empire as Idea and Reality, 1763–1806* (Bloomington/London, 1980)
Gagliardo (1991): J. G. Gagliardo, *Germany under the Old Regime, 1600–1790* (London/New York, 1991)
Gallati (1948): F. Gallati, "Die formelle Exemtion der Schweiz vom Deutschen Reich im Westfälischen Frieden", *Zeitschrift für schweizerische Geschichte*, 28 (1948), 453–478.
Gantet (1999): C. Gantet, "Paix civile, affirmation religieuse, neutralisation politique: La perception catholique des traités de Westphalie"; in J.-P. Kintz/G. Livet (éd.), *350e anniversaire des Traités de Westphalie 1648–1998: Une genèse de l'Europe, une société à reconstruire* (Strasbourg, 1999), 73–87.
Gantet (2001): C. Gantet, *La paix de Westphalie (1648): Une histoire sociale, XVIIe-XVIIIe siècles* (Paris, 2001)
Gaurier (2005): D. Gauier, *Histoire du droit international* (Rennes, 2005)

(Göttingen, 1988)（エーベル (1985) は第二版 (Göttingen, 1958) を底本とする。）

Egger (1999): F. Egger, "Johann Rudolf Wettstein, envoyé par la Confédération helvétique au congrès de paix de Westphalie"; in J.-P. Kintz/G. Livet (éd.), *350e anniversaire des Traités de Westphalie 1648–1998: Une genèse de l'Europe, une société à reconstruire* (Strasbourg, 1999), 191–194.

Elliott (1988): J. H. Elliott, "Foreign Policy and Domestic Crisis: Spain, 1598–1659"; in K. Repgen (Hrsg.), *Krieg und Politik 1618–1648* (München, 1988), 185–202.

Ennen (1975): E. Ennen, *Die europäische Stadt des Mittelalters*, 2., ergänzte und verbesserte Aufl. (Göttingen, 1975)（エネン (1987) は第三版 (Göttingen, 1979) を底本とする。）

Eyffinger (1998): A. Eyffinger, "Europe in the Balance: An Appraisal of the Westphalian System", *Netherlands International Law Review*, 45 (1998), 161–187.

Fagelson (2001): D. Fagelson, "The Concepts of Sovereignty: From Westphalia to the Law of Peoples?", *International Politics*, 38 (2001), 499–514.

Falk (1975): R. A. Falk, "A New Paradigm for International Legal Studies: Prospects and Proposals", *Yale Law Journal*, 84 (1975), 969–1021.

Falk (1998): R. A. Falk, *Law in an Emerging Global Village: A Post-Westphalian Perspective* (Ardsley, New York,1998)

Fauchille (1922): P. Fauchille, *Traité de droit international public*, tome 1 (Paris, 1922)

Feenstra (1952): R. Feenstra, "A quelle époque les Provinces-Unies sont-elle devenues indépendantes en droit à l'égard du Saint-Empire?", *Tijdschrift voor Rechtsgeschiedenis/ Revue d'histoire de droit*, 20 (1952), 30–63, 182–218 *et* 479–480.

Feine (1932): H. E. Feine, "Zur Verfassungsentwicklung des Heil. Röm. Reichs seit dem Westfälischen Frieden", *Zeitschrift der Savigny-Stiftung für Rechtsgeschichte, Germanistische Abteilung*, 52 (1932), 65–133.

Fenwick (1965): C. G. Fenwick, *International Law*, 4th ed. (New York, 1965)

Finch (1937): G. A. Finch, *The Sources of Modern International Law* (Washington, D. C., 1937)

Fink (1931): G. Fink, "Diplomatische Vertretungen der Hanse seit dem 17. Jahrhundert bis zur Auflösung der hanseatischen Gesandtschaft in Berlin 1920", *Hansische Geschichteblätter*, 56 (1931), 122–137.

Fink (1936): G. Fink, "Die rechtliche Stellung der deutschen Hanse in der Zeit ihres Niedergang", *Hansische Geschichteblätter*, 61 (1936), 122–137.

Flegel (1998): Ch. Flegel, "Die Rijswijker Klausel und die Lutherische Kirche in der Kurpfalz"; in H. Duchhardt (Hrsg.), *Der Friede von Rijswijk 1697* (Mainz, 1998), 271–279.

Flood (1996): Chr. G. Flood, *Political Myth: A Theoretical Introduction* (New York/London,

Dollinger (1984): Ph. Dollinger, "Die Hanse und der Rhein"; in A. d'Haenens (Hrsg.), *Die Welt der Hanse* (Antwerpen, 1984), 219–228.

Dollinger (1998): Ph. Dollinger, *Die Hanse*, 5. Aufl. (Stuttgart, 1998)

Dotzauer (1989): W. Dotzauer, *Die deutschen Reichskreise in der Verfassung des alten Reiches und ihr Eigenleben (1500–1806)* (Darmstadt, 1989)

Dotzauer (1994): W. Dotzauer, "Der Oberrheinische Kreis"; in P. C. Hartmann (Hrsg.), *Regionen in der Frühen Neuzeit* (*Zeitschrift für historische Forschung*, Beiheft 17) (Berlin, 1994), 97–125.

Doyle (1992): W. Doyle, *The Old European Order 1660–1800*, 2nd ed. (New York, 1992)

Du Boulay (1983): F. R. H. Du Boulay, *Germany in the Later Middle Ages* (London, 1983)

Duchhardt (1976): H. Duchhardt, *Gleichgewicht der Kräfte, Convenance, europäisches Konzert* (Darmstadt, 1976)

Duchhardt (1989): H. Duchhardt, "Westfälischer Friede und internationales System im Ancien Régime", *Historische Zeitschrift*, 249 (1989), 529–543.

Duchhardt (1990): H. Duchhardt, *Altes Reich und europäische Staatenwelt 1648–1806* (München, 1990)

Duchhardt (1993): H. Duchhardt, "Münster/Osnabrück as a Short-lived Peace System"; in A. P. van Goudoever (ed.), *Great Peace Congresses in History 1648–1990* (Utrecht, 1993), 13–19.

Duchhardt (1998): H. Duchhardt, "Die Hanse und das europäische Mächtesystem des frühen 17. Jahrhunderts"; in A. Grassmann (Hrsg.), *Niedergang oder Übergang?: Zur Spätzeit der Hanse im 16. und 17. Jahrhundert* (Köln/Weimar/Wien, 1998), 11–24.

Duchhardt (1999): H. Duchhardt, "Westphalian System: Zur Problematik einer Denkfigur", *Historische Zeitschrift*, 269 (1999), 305–315.

Duchhardt (2000): H. Duchhardt, "Un regard nouveau sur les traités de Westphalie: Le colloque de Münster de 1996" ; in L. Bély (dir.), *L'Europe des traités de Westphalie: Esprit de la diplomatie et diplomatie de l'esprit* (Paris, 2000), 15–20.

Duchhardt (2004): H. Duchhardt, "Peace Treaties from Westphalia to the Revolutionary Era"; in R. Lesaffer (ed.), *Peace Treaties and International Law from the Late Middle Ages to World War One* (Cambridge, 2004), 45–58.

Durand (1999): "L'État et les États dans l'Europe du XVIIe siècle"; in J.-P. Kintz et G. Livet (éd.), *350e anniversaire des Traités de Westphalie 1648–1998: Une genèse de l'Europe, une société à reconstruire* (Strasbourg, 1999), 203–223.

Ebel (1940/41): W. Ebel, "Die Hanse in der deutschen Staatsrechtsliteratur des 17. und 18. Jahrhunderts", *Hansische Geschichtsblätter*, 65/66 (1940/41), 145–169.

Ebel (1988): W. Ebel, *Geschichte der Gesetzgebung in Deutschland*, Neudruck der 2. Aufl.

Conrad (1966): H. Conrad, *Deutsche Rechtsgeschichte*, 2., neuarbeitete Aufl., 2 Bd. (Karlsruhe, 1962 (Bd.I), 1966 (Bd.II))

Cordes (2001): A. Cordes, "Die Rechtsnatur der Hanse: Politische, Juristische und Historische Diskurse", *Hansische Geschichtsblätter*, 119 (2001), 49–62.

Cordes (2004): A. Cordes, "The Hanseatic League and Its Legal Nature: Political, Legal and Historical Discourse"; in M. Stolleis/M. Yanagihara (eds.), *East Asian and European Perspectives on International Law* (Baden-Baden, 2004), 243–252.

Crawford (1979): J. Crawford, *The Creation of States in International Law* (Oxford, 1979)

Crawford (2006): J. Crawford, *The Creation of States in International Law*, 2nd ed. (Oxford, 2006)

Croxton (1999): D. Croxton, *Peacemaking in Early Modern Europe: Cardinal Mazarin and the Congress of Westphalia 1643–1648* (Selinsgrove/London, 1999)

Cutler (2001): A. C. Cutler, "Critical Reflections on the Westphalian Assumptions of International Law and Organization: A Crisis of Legitimacy", *Review of International Studies*, 27 (2001), 133–150.

Czok (1968): K. Czok, "Zur Stellung der Stadt in der deutschen Geschichte", *Jahrbuch für Regionalgeschichte*, 3 (1968), 3–19.

De Monté ver Loren (1982): J. Ph. De Monté ver Loren, *Hoofdlijnen uit de entwikkeling der rechterlijke organisatie in de Noordelijke Nederlanden tot de Bataafse omwenteling*, 6e druk (Deventer, 1982)

Dennert (1964): J. Dennert, *Ursprung und Begriff der Souveränität* (Stuttgart, 1964)

Dethlefs (1998): G. Dethlefs (Hrsg.), *Der Frieden von Münster: De Vrede van Munster 1648* (Münster, 1998)

Dickmann (1965): F. Dickmann, "Der Westfälische Friede und die Reichsverfassung", *Schriftenreihe der Vereinigung zur Erforschung der Neueren Geschichte E. V.*, I, *Forschungen und Studien zur Geschichte des Westfälischen Friedens* (Münster, 1965), 5–32.

Dickmann (1998): F. Dickmann, *Der Westphälische Friede*, 7. Aufl. (Münster, 1998)

Dietrich (1963): R. Dietrich, "Landeskirchenrecht und Gewissensfreiheit in den Verhandlungen des Westfälischen Friedenskongresses", *Historische Zeitschrift*, 196 (1963), 563–583.

Dirlmeier (1990): U. Dirlmeier, "Zu den Beziehungen zwischen oberdeutschen und norddeutschen Städten im Spätmittelalter"; in W. Paravicini (Hrsg.), *Nord und Süd in der deutschen Geschichte des Mittelalters* (Sigmaringen, 1990), 203–217.

Döring (1994): D. Döring, "Untersuchungen zur Entstehungsgeshichte der Reichsverfassungsschrift Samuel Pufendorfs", *Der Staat*, 33 (1994), 185–206.

Burkhardt (1994): J. Burkhardt, "Dreißigjärige Krieg als frühmoderner Staatsbildungskrieg", *Geschichte in Wissenschaft und Unterricht*, 45 (1994), 487–499.

Burkhardt (1997): J. Burkhardt, "Die Friedlosigkeit der frühen Neuzeit: Grundlegung einer Theorie der Bellizität Europas", *Zeitschrift für historische Forschung*, 24 (1997), 509–574.（ヨハネス・ブルクハルト（鈴木直志（訳））「平和なき近世（上・下）」『桐蔭法学』（桐蔭横浜大学）8 巻 2 号（2002 年）197–255 頁、13 巻 1 号（2006 年）91–146 頁）

Burkhardt (1998): J. Burkhardt, "Das größte Friedenswerk der Neuzeit: Der Westfälische Frieden in neuer Perspektive", *Geschichte in Wissenschaft und Unterricht*, 10 (1998), 592–612.

Buschmann (1993): A. Buschmann, "Kaiser und Reichsverfassung: Zur verfassungsrechtlichen Stellung des Kaisers am Ende des 18. Jahrhunderts"; in W. Brauneder (Hrsg.), *Heiliges Römisches Reich und moderne Staatlichkeit* (Frankfurt am Main, 1993) (Rechtshistorische Reihe 112), 41–66.

Buschmann (1998): A. Buschmann, "Reichsgrundgesetze und Reichsverfassung des Heiligen Römischen Reiches"; in K. Ebert (Hrsg.), *Festschrift zum 80. Geburtstag von Hermann Baltl* (Wien, 1998), 21–47.

Buschmann (1999): A. Buschmann, "Bedeutung des Westfälischen Friedens für die Reichsverfassung nach 1648"; in M. Schröder (Hrsg.), *350 Jahre Westfälischer Friede: Verfassungsgeschichte, Staatskirchenrecht, Völkerrechtsgeschichte* (Berlin, 1999), 43–70.

Butler et Maccoby (1928): G. Butler/S. Maccoby, *The Development of International Law* (London/New York/Toronto, 1928)

Carlen (1988): L. Carlen, *Rechtsgeschichte der Schweiz*, 3. Aufl. (Bern, 1978)

Carreau (1999): D. Carreau, *Droit International*, 6e éd. (Paris, 1999)

Carsten (1959): F. L. Carsten, *Princes and Parliaments in Germany* (Oxford, 1959)

Carsten (1964): F. L. Carsten, "The Empire after the Thirty Years War"; in F. L. Carsten (ed.), *The New Cambridge Modern History*, V (Cambridge, 1964) 430–457. (See, F. L. Carsten, *Essays in German History* (London/Ronceverte, 1985), 91–118.)

Carsten (1985): F. L. Carsten, "The Causes of the Decline of the German Estates"; in F. L. Carsten, *Essays in German History* (London/Ronceverte, 1985), 119–126

Carty (1991): A. Carty, "Critical International Law: Recent Trends in the Theory of International Law", *European Journal of International Law*, 2 (1991), 66–96.

Cassese (2005): A. Cassese, *International Law*, 2nd ed. (Oxford, 2005)

Colegrove (1919): K. Colegrove, "Diplomatic Procedure Preliminary to the Congress of Westphalia", *American Journal of International Law*, 13 (1919), 450–482.

Conrad (1963): H. Conrad, "Die verfassungsrechtliche Bedeutung der Reichsstädte im Deutschen Reich (etwa 1500–1806)", *Studium Generale*, 16 (1963), 493–500.

der Türkenkriege im 17. Jahrhundert", *Zeitschrift für historische Forschung*, 11 (1984), 165–176.

Bonfils (1901): H. Bonfils, *Manuel de droit international public*, 3e éd. (revue et mise au courant par Paul Fauchille) (Paris, 1901)

Bornhak (1968): C. Bornhak, *Deutsche Verfassungsgeschichte vom Westfälischen Frieden an* (Stuttgart, 1934) (Neudruck, Aalen, 1968)

Bosbach (1984): F. Bosbach, *Die Kosten des Westphälischen Friedenskongresses* (Münster, 1984)

Boucher (2001): D. Boucher, "Resurrecting Pufendorf and Capturing the Westphalian Moment", *Review of International Studies*, 27 (2001), 557–577.

Braun, B. (1997): B. Braun, *Die Eidgenossen, das Reich und das politische System Karls V.* (Berlin, 1997)

Braun, G. (1996): G. Braun, "Les traductions françaises des traités de Westphalie (de 1648 à la fin de l'Ancien Régime)", *XVIIe siècle*, 190 (1996), 131–155.

Braun, G. (1999): G. Braun, "Die 'Gazette de France' als Quelle zur Rezeptionsgeschichte des Wesfälischen Friedens und des Reichsstaatsrechts in Frankreich", *Historisches Jahrbuch*, 119 (1999), 283–294.

Braun, G. (2005): G. Braun, "Une tour de Babel? Les langues de la négociation et les problèmes de traduction au Congrès de la Paix de Westphalie (1643–1649)"; in R. Babel (Hrsg.), *Le diplomate au travail: Entscheidungsprozesse, Information und Kommunikation im Umkreis des Westfälischen Friedenskongresses* (München, 2005), 139–172.

Breßlau (1922): Severinus von Monzambano (Samuel von Pufendorf) (Verdeutscht und eingeleitet von H. Breßlau), *Über die Verfassung des deutschen Reichs* (Berlin, 1922)

Brunner (1968): O. Brunner, *Neue Wege der Verfassungs- und Sozialgeschichte*, 2. Aufl. (Göttingen, 1968)

Brunner (1973): O. Brunner, "Das konfessionelle Zeitalter"; in P. Rassow (Hrsg.), *Deutsche Geschichte im Überblick*, 3., überarb. u. erg. Aufl. (Stuttgart, 1973), 286–317.

Bryce (1925): J. V. Bryce, *The Holy Roman Empire*, new ed. (London, 1925)

Buchholz (1990): W. Buchholz, "Schwedisch-Pommern als Territorium des deutschen Reichs 1648–1806", *Zeitschrift für neuere Rechtsgeschichte*, 12 (1990), 14–33.

Buchstab (1976): G. Buchstab, *Reichsstädte, Städtekurie und Westfälischer Friedenskongress: Zusammenhänge von Sozialstruktur, Rechtsstatus und Wirtschaftskraft* (Münster, 1976)

Bull (1990): H.Bull, "The Importance of Grotius"; in H. Bull/B. Kingsbury/A. Roberts (eds.), *Hugo Grotius and International Relations* (Oxford, 1990), 65–93.

Bull (2002): H. Bull, *The Anarchical Society: A Study of Order in World Politics*, 3rd ed. (Basingstoke, 2002)

Backhaus (1969): H. Backhaus, *Reichsterritorium und schwedische Provinz: Vorpommern unter Karls XI. Vormündern* (1660–1672) (Göttingen, 1969)

Beaulac (2000): S. Beaulac, "The Westphalian Legal Orthodoxy – Myth or Reality?", *Journal of the History of International Law*, 2 (2000), 148–177.

Beaulac (2004): S. Beaulac, *The Power of Language in the Making of International Law* (Leiden/Boston, 2004)

Becker, J. (1905): J. Becker, *Geschichte der Reichslandvogtei im Elsass: Von ihrer Einrichtung bis zu ihrem Übergang an Frankreich 1273–1648* (Straßburg, 1905)

Becker, W (1973): W. Becker, *Der Kurfürstenrat: Grundzüge seiner Entwicklung in der Reichsverfassung und seine Stellung auf dem Westfälischen Friedenskongress* (Münster, 1973)

Bély (1992): L. Bély, *Les relations internationales en Europe (XVIIe-XVIIIe siècles)* (Paris, 1992)

Berber (1964): F. J. Berber, "International Aspects of the Holy Roman Empire after the Treaty of Westphalia", *Indian Yearbook of International Affairs*, 13 (1964) Part II (Studies in the History of the Law of Nations), 174–183.

Bezemer (1991): C. H. Bezemer, "Van de twaalfde eeuw tot circa 1450"; in A. C. G. M. Eyffinger (red.), *Compendium Volkenrechtsgeschiedenis*, 2^{e} druk (Deventer, 1991), 21–42.

Bierther (1971): K. Bierther, *Der Regensburger Reichstag von 1640/41* (Kallmünz, 1971)

Bireley (1988): R. Bireley, "The Thirty Years' War as Germany's Religious War"; in K. Repgen (Hrsg.), *Krieg und Politik 1618–1648* (München, 1988), 85–106.

Bireley (1991): R. Bireley, "Ferdinand II: Founder of the Habsburg Monarchy"; in R. J. W. Evans/T. V. Thomas (eds.), *Crown, Church and Estates: Central European Politics in the Sixteenth and Seventeenth Centuries* (London, 1991), 226–244.

Black (1986): J. Black, *Natural & Necessary Enemies, Anglo-French Relations in the Eighteenth Century* (London, 1986)

Blaich (1970): F. Blaich, *Die Wirtschaftpolitik des Reichstags im Heiligen Römischen Reich* (Stuttgart, 1970)

Bleckmann (2001): A. Bleckmann, *Völkerrecht* (Baden-Baden, 2001)

Blin (2006): A. Blin, 1648, *La Paix de Westphalie, ou la naissance de l'Europe politique moderne* (Bruxelles, 2006)

Böckenförde (1969): E.-W. Böckenförde, "Der Westfälische Frieden und das Bündnisrecht der Reichsstände", *Der Staat*, 8 (1969), 449–478.

Bog (1953): I. Bog, "Betrachtungen zur korporativen Politik der Reichsstädte", *Ulm und Oberschwaben: Zeitschrift für Geschichte und Kunst*, 33 (1953), 87–101.

Böhme (1984): K.-R. Böhme, "Die deutschen Provinzen der schwedischen krone während

Wheaton (1845): H. Wheaton, *History of the Law of Nations in Europe and America: From the Earliest Times to the Treaty of Washington, 1842* (New York, 1845)

Wohlwill (1899): A. Wohlwill, "Die Verbindungen der Hansestädte und die hanseatischen Traditionen seit der Mitte des 17. Jahrhunderts", *Hansische Geschichtsblätter*, 27 (1899), 1–62.

Wolff, Ch. (1749): Ch. Wolff, *Ius gentium methodo scientifica pertractatum* (1749) (The Classics of International Law (London, 1934) reproduces its 1764 edition.)（註における引用・参照箇所の記載は、章 (Caput)・節 (§) である。）

Zouche (1650): R. Zouche, *Iuris et Iudicii fecialis, sive Iuris inter Gentes, et Quaestionum de eodem explicatio* (1650) (The Classics of International Law (Washington, D. C., 1911))

Ⅱ. 二〇世紀以降の文献

A. 欧語文献

Abmeier (1986): K. Abmeier, *Der Trierer Kurfürst Philipp Christoph von Sötern und der Westphälische Friede* (Münster, 1986)

Akashi (1998): K. Akashi, *Cornelius van Bynkershoek: His Role in the History of International Law* (The Hague/London/Boston, 1998)

Akashi (2000): K. Akashi, "Hobbes's Relevance to the Modern Law of Nations", *Journal of the History of International Law*, 2 (2000), 199–216.

Akashi (2008): K. Akashi, "The Hansa and the Law of Nations: Re-visiting the 'Westphalian System' after 1648", *Journal of African and International Law*, 1 (2008), 1–23.

Akehurst (Malanczuk) (1997): P. Malanczuk, *Akehurst's Modern Introduction to International Law*, 7th revised ed. (Londoon/New York, 1997)

Aretin (1975): K. O. F. von Aretin, " Die Kreisassoziationen in der Politik der Mainzer Kurfürsten Johann Philipp und Lothar Franz von Schönborn 1648–1711"; in K. O. F. v. Aretin (Hrsg.), *Der Kurfürst Mainz und die Kreisassoziationen 1648–1746* (Wiesbaden, 1975), 31–67.

Aretin (1993–2000): K. O. F. von Aretin, *Das Alte Reich 1648–1806*, 4 Bd. (Stuttgart, 1993 (Bd.I), 1997 (Bd.II), 1997 (Bd.III), 2000 (Bd.IV))

Armstrong (1993): J. D. Armstrong, *Revolution and World Order* (Oxford, 1993)

Asch (1997): R. G. Asch, *The Thirty Years War: The Holy Roman Empire and Europe, 1618–48* (Hampshire/New York, 1997)

Auer (1998): L. Auer, "Die Ziele der kaiserlichen Politik bei den Westfälischen Friedensverhandlungen und ihre Umsetzung"; in H. Duchhardt (Hrsg.), *Der Westfälische Friede — Diplomatie, politische Zäsur, kulturelles Umfeld, Rezeptionsgeschichte* (*Historische Zeitschrift*, Beiheft Neue Folge 26) (München, 1998), 143–173.

Pütter (1795): J. S. Pütter, *Geist des Westphälischen Friedens nach dem innern Gehalt und wahren Zusammenhang der darin verhandelten Gegenstände historisch und systematisch dargestellt* (Göttingen, 1795)

Rachel (1676): S. Rachel, *De jure naturae et gentium dissertationes* (1676) (The Classics of International Law (Washington, D. C., 1916))

Reinkingk (1651): Th. Reinkingk, *Tractatus regimine seculari et ecclesiastico*, 5. Aufl. (Francofurti ad Moenum, 1651)

Rivier (1896): A. Rivier, *Principes du droit des gens*, tome 1 (Paris, 1896)

Rousseau (1756): J.-J. Rousseau, *Extrait du projet de paix perpétuelle de monsieur l'Abbé de St-Pierre* (1756); in E. Vaughan (ed.), *The Political Writings of Jean-Jacques Rousseau*, 2 vols (Cambridge, 1915), vol.I

Saalfeld (1809): Fr. Saalfeld, *Grundriß eines Systems des europäischen Völkerrechts* (Göttingen, 1809)

Saalfeld (1833): Fr. Saalfeld, *Handbuch des positiven Völkerrechts* (Tübingen, 1833)

Schmalz (1817): Th. Schmalz, *Das europäische Völker-recht* (Berlin, 1817)

Stieglitz (1893): A. Stieglitz, *De l'équilibre politique, du légitimisme et du principe des nationalités*, 2 tomes (Paris, 1893)

Textor (1680): J. W. Textor, *Synopsis iuris gentium* (1680) (The Classics of International Law (Washington, D. C., 1916))

Twiss (1861): T. Twiss, *The Law of Nations Considered as Independent Political Communities: On the Right and Duties of Nations in Time of Peace* (Oxford, 1861)

Vattel (1758): E. de. Vattel, *Le droit des gens; ou, principes de la loi naturelle appliqués à la conduite et aux affaires des nations et des souverains* (1758) (The Classics of International Law (Washington, D.C., 1916))（註における引用・参照箇所の記載は、篇 (Livre)・章 (Chapitre)・節 (§) である。）

Voß (1801－1802): Ch. D. Voß, *Geist der merkwürdigsten Bündnisse und Friedensschlüsse des achtzehnten Jahrhunderts*, 4 Bd. (Gera, 1801－1802)

Walker, Th. A. (1899): Th. A. Walker, *A History of the Law of Nations* (Cambridge, 1899)

Ward, R. (1795): R. Ward, *An Enquiry into the Foundation and History of the Law of Nations in Europe, from the Time of the Greeks and Romans to the Age of Grotius*, 2 vols. (Dublin, 1795) (Reprint, The Lawbook Exchange, Ltd. (Clark, New Jersey, 2005))

Westlake (1894): J. Westlake, *Chapters on the Principles of International Law* (Cambridge, 1894)

Wheaton (1836): H. Wheaton, *Elements of International Law*, 2 vols (London, 1836)

Wheaton (1841): H. Wheaton, *Histoire des progrès du droit des gens en Europe depuis la Paix de Westphalie jusqu'au Congrès de Vienne* (Leiptig, 1841)

(Neues teutsches Staatsrecht, Bd. 20) (Neudruck, Osnabrück, 1967)

Moser (1773): J. J. Moser, *Teutsches nachbarliches Staatsrecht* (Neues teutsches Staatsrecht Bd. 19) (Frankfurt/Leipzig, 1773) (Neudruck, Osnabrück, 1967)

Moser (1774): J. J. Moser, *Von der teutschen Religions-Verfassung* (Frankfurut/Leipzig, 1774) (Neues teutsches Staatrecht, Bd. 7) (Neudruck, Osnabrück, 1967)

Moser (1775–1776): J. J. Moser, *Erläuterung des Westphälischen Friedens aus Reichshofräthlichen Handlungen*, 2 Bd., Bd.1 (Erlangen, 1775), Bd. 2 (Frankfurt/Leipzig, 1776)

Moser (1777–1780): J. J. Moser, *Versuch des neuesten europäischen Völkerrechts in Friedens- und Kriegs-zeiten, vornehmlich aus denen Staatshandlungen derer europäischen Mächten, auch anderen Begebenheiten, so sich seit dem Tode Kaiser Karls VI im Jahre 1740 zugetragen haben*, 10 Bd. (Frankfurt a. M., 1777–1789)（註における引用・参照箇所の記載は、篇 (Buch) と頁数とした。）

Nys (1893): E. Nys, "La théorie de l'équilibre européen", *Revue droit international et législation comparée*, 25 (1893), 34–57.

Öchsli (1890): W. Öchsli, "Die Beziehungen der schweizerischen Eidgenossenschaft zum Reich bis zum Schwabenkrieg", *(Hiltys) Politisches Jahrbuch der schweizerischen Eidgenossenschaft*, 5 (1890), 302–616.

Ompteda (1785): D. H. L. Freyherr von Ompteda, *Litteratur des gesammten sowohl natürlichen als positiven Völkerrechts*, Erster Theil (Regensburg, 1785)

Oppenheim, H. B. (1866): H. B. Oppenheim, *System des Völkerrechts* (Frankfurt am Main, 1845) (2. Aufl., Stuttgart/Leipzig, 1866)

Ourousov (1884): A. M. Ourousov, *Résumé historique des principaux traités de paix conclus entre les puissances européennes depuis le traité de Westphalie (1648) jusqu'au traité de Berlin (1878)* (Evreux, 1884).

Phillimore, R. (1854): R. Phillimore, *Commentaries upon International Law*, 2 vols, vol. I (London, 1854)

Pillet (1899): A. Pillet, *Recherches sur les droits fondamentaux des États* (Paris, 1899)

Pufendorf (1667): Severinus de Monzambano [Samuel von Pufendorf], *De Statu Imperii Germanici*, (1667)（Nachdruck, K. Zeumer (Hrsg.), *Quellen und Studien zur Verfassungsgeschichte des Deutschen Reichs in Mittelalter und Neuzeit*, Bd. 3 (Weimar, 1910): S. von Pufendorf, *Die Verfassung des Deutschen Reichs*, aus dem Lateinishcen übersetzt, mit Einleitung und Anmerkungen versehen von Heinrich Dove (Leipzig, 1877) :Breßlau (1922): Denzer (1976)

Pufendorf (1672): S. Pufendorf, *De jure naturae et gentium libri octo* (1672) (The Classics of International Law (Oxford/London, 1934) reproduces its 1688 (Amsterdam) edition.)（註における引用・参照箇所の記載は、篇 (Liber)・章 (Caput)・節 (§) である。）

Library) の蔵書目録の記載に従った。]
Lawrence (1895): Th. J. Lawrence, *The Principles of International Law* (London/New York, 1895)
Liszt (1898): F. von Liszt, *Das Völkerrecht systematisch dargestellt* (Berlin, 1898)
Lorimer (1883): J. Lorimer, *The Institutes of the Law of Nations*, 2 vols (Edinburgh/London, 1883) (Reprint, Scientia Verlag, Aalen, 1980)
Mably (1776): l'Abbé de Mably (Gabriel Bonnot de Mably), *Le droit public de l'Europe, fondé sur les traités* (1747): 5e éd. (Genève, 1776)
Martens (1785): G. F. von Martens, *Primae lineae juris gentium Europaearum practici in usum auditorum adumbratae. Accedit praecipuorum quorundam foederum ab anno 1748 inde percussorum index et repertorium* (Gottingae, 1785)
Martens (1789): G. F. von Martens, *Précis du droit des gens moderne de l'Europe fondé sur les traités et l'usage; Auquel on a joint la liste des principaux traités conclus depuis 1748 jusqu'à présent avec l'indication des ouvrages ou ils se trouvent*, 2 tomes (Gottingue, 1789) (二分冊であるが、頁数は通し番号になっている。本書の註における引用・参照箇所の記載は、篇 (Liv.)・章 (Chap.)・節 (§) とした。)
Martens (1795): G. F. von Martens (W. Cobbett (trans.)), *Summary of the Law of Nations Founded on the Treaties and Customs of the Modern Nations of Europe* (Philadelphia, 1795)
Martens (1796): G. F. von Martens, *Einleitung in das positive Europäische Völkerrecht auf Verträge und Herkommen gegründet* (Göttingen, 1796)
Martens (Vergé) (1864): G.-F. de Martens (M. Ch.Vergé), *Précis du droit des gens moderne de l'Europe*, 2 tomes, 2e éd. (Paris, 1864), tome 1
Martens, F. de (1883): F. de Martens (traduction par A. Léo), *Traité de droit international* (Paris, 1883)
Maurer (1869–1871): G. L. von Maurer, *Geschichte der Städteverfassung in Deutschland*, 4 Bd. (Erlangen, 1869–1871) (Neudruck, Aalen, 1962)
Moser (1731): J. J. Moser, *Compendium juris publici Germanici, oder Grund-Riß der heutigen Staats-Verfassung des Teutschen Reichs* (Tübingen, 1731)
Moser (1737): J. J. Moser, *Teutsches Staats-Recht*, Teil 1 (Nürnberg, 1737) (Neudruck, Osnabrück, 1968)
Moser (1750): J. J. Moser, *Grundsätze des jetzt üblichen europäischen Völkerrechts in Friedenszeiten* (Hanau, 1750)
Moser (1754): J. J. Moser, *Grund-Riß der heutigen Staats-Verfassung des Teutschen Reichs* (Tübingen, 1754) (Reprint, Frankfurt am Main, 1981)
Moser (1772): J. J. Moser, *Teutsches Auswärtiges Staats-Recht* (Frankfurt/Leipzig, 1772)

(Frankfurut am Main/Leipzig, 1734)

Gundling (1736): N. H. Gundling, *Gründlicher Discours über den Westphälischen Frieden* (Frankfurt am Main/Leipzig u. a., 1736)

Gundling (1737): N. H. Gundling, *Vollständiger Discours über den Westphälischen Frieden*, (Frankfurt am Main, 1737)

Heffter (1844): A. W. Heffter, *Das europäische Völkerrecht der Gegenwart* (Berlin, 1844)

Hegel (1802): G. W. F. Hegel, *Die Verfassung Deutschlands* (1802) (G. W. F. Hegel, *Frühe Schriften, Werke I* (Suhrkamp Taschenbuch Wissenschaft, 1986))

Holtzendorff (1885): F. von Holtzendorff, *Einleitung in das Völkerrechts* (Handbuch des Völkerrechts, Bd. 1) (Berlin, 1885) (F. de Holtzendorff, *Introduction au droit des gens* (Hambourg/Paris etc., 1889))

Hugo (1689): L. Hugo, *De statu regionum Germaniae liber unus* (Gissae, 1689)

Huhn (1865): E. H. Th. von Huhn, *Völkerrecht* (Leipzig, 1865)

Kaltenborn (1847): C. B. Kaltenborn von Stachau, *Kritik des Völkerrechts nach dem jetzigen Standpunkt der Wissenschaft* (Leipzig, 1847)

Kamptz (1817): K. A. von Kamptz, *Neue Literatur des Völkerrechts von 1784 bis 1794* (Berlin, 1817) (Neudruck, Aalen, 1965)

Klüber, J. L. (1819): J. L. Klüber, *Droit des gens moderne de l'Europe*, 2 tomes (Stuttgart, 1819)

Klüber, J. L. (1821): J. L. Klüber, *Europäisches Völkerrecht* (Stuttgart, 1821)

Klüber, J. S. (1841): J. S. Klüber, *Völkerrechtliche Beweise für die fortwährende Gültigkeit des westphälischen oder allgemeinen Religions=Friedens, wie er als erster Grund=Vertrag von Europa und charta magna in teutschen Staaten, bekannt ist* (Nürnberg, 1841)

Knichen (1603): A. Knichen, *De sublimi et regio territorii iure, synoptica tractatio, in qua principum Germaniae regalia territorio subnixa, vulgo Landes Obrigkeit indigitata, nuspiam antehac digesta, luculenter explicantur* (Francofurti ad Moenum, 1603)

Knichen (1688): A. Knichen, *De jure territorii synoptica tractatio, in qua principum Germaniae regalia territorio subnixa, vulgo Landes=Obrigkeit indigitata, luculenter explicata* (Francofurti ad Moenum, 1688)

Koch (1796–1797): Ch.-G. Koch, *Abrégé de l'histoire des traités de paix, entre les puissances de l'Europe, depuis la paix de Westphalie*, 4 tomes (Basle, 1796–1797)

Koch (Schoell) (1817–1818): Ch.-G. Koch (F. Schoell), *Histoire abrégée des traités de paix, entre les puissances de l'Europe, depuis la paix de Westphalie*, 15 tomes (Paris, 1817–1818)

Koch (Schoell) (Garden) (1848–1887): Comte G. de Garden, *Histoire générale des traités de paix et autres transactions principales entre toutes les puissances de l'Europe depuis la paix de Westphalie*, 15 tomes (Paris, 1848–1887) [本書執筆に際して参照した版には刊行年についての記載がなかったため、刊行年はハーグ平和宮付属図書館 (the Peace Palace

Bluntschli, J. K. (1849): J. K. Bluntschli, *Geschichte des schweizerischen Bundesrechts von den ersten ewigen Bünden bis auf die Gegenwart*, Bd. 1 (Zürich, 1849)

Bodin (1583) : J. Bodin, *Les six livres de la République* (Paris, 1583) (Réimpression, Scientia Verlag, Aalen, 1977)（初版 1576 年）

Bonfils (Fauchille) (1898): H. Bonfils (revue par P. Fauchille), *Manuel de droit international public*, 2e éd. (Paris, 1898)

Bynkershoek (1721): C. van Bynkershoek, *De foro legatorum tam in causa civili, quam criminali, liber singularis* (1721) (The Classics of International Law (Oxford/London, 1946) reproduces its 1744 edition.)

Bynkershoek (1737): C. van Bynkershoek, *Quaestionum juris publici libri duo, quorum primus est de rebus bellicis, secundus de rebus varii argumenti* (1737) (The Classics of International Law (Oxford/London, 1930))

Calvo (1892): Ch. Calvo, *Manuel de droit international public et privé*, 3e éd. (Paris, 1892) (Reprint, Elibron Classics, 2004)

Chemnitz (1647): Hippolithus a Lapide [Bogislav Philipp von Chemnitz], *Dissertatio de ratione status in Imperio nostro Romano-Germanico* (Freistadium, 1647)（初版 1640 年）

Chrétien (1893): A. Chrétien, *Principes de droit international public* (Paris, 1893)

Davis (1887): G. B. Davis, *Outlines of Interantional Law* (New York, 1887)

Despagnet (1899): F. Despagnet, *Cours de droit international public*, 2e éd. (Paris, 1899)

Fiore (1885): P. Fiore (traduction par Ch. Antoine), *Nouveau droit international public*, 2e éd., tome 1 (Paris, 1885)

Frensdorff (1897): F. Frensdorff, "Das Reich und die Hansestädte", *Zeitschrift der Savigny-Stiftung für Rechtsgeschichte, Germanistische Abteilung*, 31 (1897), 115–163.

Funck-Brentano et Sorel (1877): Th. Funck-Brentano/A. Sorel, *Précis du droit des gens* (Paris, 1877)

Glafey (1752): A. F. Glafey, *Völkerrecht* (Nürnberg/Frankfurt/Leipzig, 1752)

Günther (1777): C. G. Günther, *Grundriß eines europäischen Völkerrechts nach Vernunft, Verträgen, Herkommen und Analogie, mit Anwendung auf die teutschen Reichsstände* (Regensburg, 1777)

Günther (1787/1792): C. G. Günther *Europäisches Völkerrecht in Friedenszeiten nach Vernunft, Verträgen und Herkommen, mit Anwendung auf die teutschen Reichsstände*, Erster Theil (Altenburg, 1787), Zweiter Theil (Altenburg, 1792)

Gundling (1728): N. H. Gundling, *Ius naturae ac gentium connexa ratione novaque methodo elaboratum et a praesumtis opinionibus aliisque ineptiis vacuum*, edition II. (Halae Magdeburgicae, 1728)

Gundling (1734): N. H. Gundling, *Ausführlicher Discours über das Natur- und Völcker-Recht*

Ehler et Morrall (1967) : S. Z. Ehler/J. B. Morrall, *Church and State through the Centuries* (New York, 1967)

Geschichtliche Grundbegriffe: O. Brunner/W. Conze/R. Koselleck (Hrsg.), *Geschichtliche Grundbegriffe: Historisches Lexikon zur politisch-sozialen Sprach in Deutschland*, 7 Bd. (Stuttgart, 1972–1992)（註において、引用・参照箇所は、巻、頁数を、*Geschichtliche Grundbegriffe*, I, 1 のように表示した。）

Historisches Lexikon (2002): Stiftung Historisches Lexikon der Schweiz (Hrsg.), *Historisches Lexikon der Schweiz* (Basel, 2002)

Hoppe (1958): W. Hoppe, *Sachwörterbuch zur deutschen Geschichte* (München, 1958) (Neudruck, Nendeln, 1970)

Köbler (2007): G. Köbler, *Historisches Lexikon der deutschen Länder*, 7. Aufl. (München, 2007)

Magnum Bullarium: F. Cherubini (ed.), *Magnum Bullarium Romanum* (Lvgvdni, 1673–)

Orbis latinus: J. G. Th. Graesse, *Orbis latinus, oder Verzeichnis der wichtigsten lateinischen Orts- und Ländernamen*, 2. Aufl. (Berlin, 1909)

Rössler et Franz (1970): H. Rössler/G. Franz (Hrsg), *Sachwörterbuch zur deutschen Geschichte*, 2 Bd. (München, 1958) (Neudruck, Liechtenstein, 1970)

Taddy (1983): G.Taddy (Hrsg.), *Lexikon der deutschen Geschichte*, 2. überarbeitete Aufl. (Stuttgart, 1983)

Zeumer (1904): K. Zeumer, *Quellensammulung zur Geschichte der deutchen Reichsverfassung in Mittelalter und Neuzeit*, (Leipzig, 1904)

Zeumer (1913): K. Zeumer, *Quellensammulung zur Geschichte der deutchen Reichsverfassung in Mittelalter und Neuzeit*, 2 Teile, 2. u. vermehrte Aufl. (Tübingen, 1913)（*Zeumer* (1913) は２分冊であるが、通頁が付されているため、註においては "Teil" を省略した。）

Zophy (1980): J. W. Zophy (ed.), *The Holy Roman Empire: A Dictionary Handbook* (Westport, Connecticut/London, 1980)

『キリスト教大事典』：日本基督教協議会文書事業部・キリスト教大事典編集委員会（企画・編集）『キリスト教大事典』（改訂新版第四版）（教文館、1977 年）

『西洋法制史料選』:久保正幡先生還暦記念出版準備会（編）、『西洋法制史料選（久保正幡先生還暦記念）Ⅲ』（創文社、1979年）

Ⅰ．一九世紀以前の文献

Altmeyer et Nys (1852): J. J. Altmeyer/M. Nys, *Geschiedenis van Vrede van Munster* (Antwerpen, 1852)

Bardot (1899): G. Bardot, *La question des Dix Villes Impériales d'Alsace* (Paris/Lyon, 1899)

Bluntschli, J. C. (1868): J. C. Bluntschli, *Das moderne Völkerrecht der civilisierten Staten* (Nördlingen, 1868)

文献一覧

（備考）

・本文献一覧は、本書において実際に引用した文献のみを挙げている。ウェストファリア条約に関するその他の参照文献（最近の論考を除く）については、*Duchhardt* (1996) を利用されたい。

・欧文文献の表題等の綴りは原本に依拠しているため、現在の正書法とは異なる場合もある。

条約集・史料集・辞典等

APW (Meiern): Johann Gottfried von Meiern, *Acta Pacis Westphalicae Publica oder Westphälische Friedens-Handlungen und Geschichte*, 6 Bd. (Hannover, 1734–36)（註において、引用・参照箇所は巻・頁数を *APW* (Meiern), I, 1 のように表示した。）

APW : Acta Pacis Westphalicae (Münster, 1962–)
（註において、引用・参照箇所は、輯 (Serie)、部 (Abteilung)、巻 (Band)、（文書番号）、頁数の順に、*APW* , II, A, i, (Nr.1), 1 のように表示した。）

Bledsoe et Boczek (1987): R. L. Bledsoe/B. A. Boczek, *The International Law Dictionary* (Santa Barbara/Oxford, 1987)

Buschmann (1984): A. Buschmann (Hrsg.), *Kaiser und Reich* (Nördlingen, 1984)

CTS: C. Parry (ed.), *The Consolidated Treaty Series* (Dobbs Ferry, N.Y., 1969–)（註において、引用・参照箇所は、巻、頁数を、*CTS* , I, 1 のように表示した。）

Croxton et Tischer (2002): D. Croxton/A. Tischer, *The Peace of Westphalia*: *A Historical Dictionary* (Westport, Connecticut/London, 2002)

DBE (1995–2003): W. Killy/R. Vierhaus (Hrsg.), *Deutsche Biographische Enzyklopädie* (München/New Providence *etc.*, 1995–2003)

Duchhardt (1996): H. Duchhardt (Hrsg.), *Bibliographie zum Westfälischen Frieden* (Münster, 1996)

Du Mont: J. Du Mont (éd.), *Corps universel diplomatique du droit des gens*, Tome I, Partie I - Tome VIII, Partie II (Amsterdam/La Haye, 1726–1731)（註において、引用・参照箇所は、巻 (Tome)、部 (Partie)、頁の順に *Du Mont*, I, i, 1. のように表示した。）

Du Mont Supplement: J. Rousset (éd.), *Supplement au Corps universel diplomatique du droit des gens*, Tomes I-V (Amsterdam/La Haye, 1739)

ひ

ふ

へ

ほ

ま

み

め

も

し

事項索引

る

ルイ一一世　387
ルイ一三世　30, 92, 166, 298
ルイ一四世　44, 255, 316, 333, 339, 357, 358, 368, 396, 398, 399, 401, 408, 436, 438, 440, 445, 450, 541
ルーロフセン(C. G. Roelofsen)　28, 30, 76, 79, 261
ルサフェール(R. Lesaffer)　29, 30, 431, 432, 456, 509
ルソー (J.-J. Rousseau)　520, 531, 550
ルター (Martin Luther)　87, 299-301
ルッペルト(K. Ruppert)　85
ルントクヴィスト(S. Lundkvist)　28

れ

レーオポルト一世　195, 356, 371, 380, 393
レープゲン(K. Repgen)　80, 85, 205, 296, 308, 309
レオ一〇世　299
レック(B. Roeck)　513

ろ

ロイシュナー (J. Leuschner)　258
ロウターパクト(H. Lauterpacht)　78
ローレンス(Thomas J. Lawrence)　502, 503
ロセッティ (Carlo Rossetti)　308
ロッベルス(G. Robbers)　302
ロバーツ(M. Roberts)　381
ロリマー (James Lorimer)　154, 503, 504, 529

わ

ワード(Robert Ward)　489, 490, 492, 525

ベルバー (F. J. Berber)　191, 261
ヘン(V. Henn)　262
ヘンリー八世　299

ほ
ホィートン(Henry Wheaton)　373, 384, 445, 496-499, 507-510, 526, 527, 543
ボーラック(S. Beaulac)　11, 26, 28, 31, 98, 205, 305
ポシュテル(R. Postel)　251
ボダン(Jean Bodin)　127, 128, 139, 149, 178, 179, 419, 420
ポッジ(G. Poggi)　8, 24
ホッブズ(Th. Hobbes)　140, 141, 468
ホルスティ (K. J. Holsti)　32, 199
ホルツェンドルフ(Franz von Holtzendorff) 500
ホルツハオアー (H. Holzhauer)　28
ボンフィス(Henry Bonfils)　373, 506

ま
マイネッケ(F. Meinecke)　139
マイヤー (Th. Mayer)　25
マオラー (G. L. von Maurer)　254
マザラン(Jules Mazarin)　45, 83, 297
マブリー (l'Abbé de Mably)　489-492, 509, 525, 545
マランチュク(P. Malanczuk)　4
マルガレータ(Margaretha van Palma)　149
マルテンス(F. de Martens)　506
マルテンス(Georg Friedrich von Martens) 482-485, 492, 495, 507, 522, 523, 526
マレットケ(K. Malettke)　97, 449

み
ミッタイス(H. Mitteis)　195, 267, 377, 380
ミューラー (Konrad Müller)　119, 120, 144

め
メラー (B. Moeller)　302
メランヒトン(Ph. Melanchthon)　87
メルツバッハー (F. Merzbacher)　200

も
モーゲンソー (H. J. Morgenthau)　7, 23
モーザー (J. J. Moser)　200, 389, 422, 423, 448, 471-478, 492, 519, 520
モーリッツ（ザクセン選帝侯）　300
モムゼン(K. Mommsen)　121, 149
モンツァンバノ(Severinus de Monzambano)(プーフェンドルフ)　459, 512

や
ヤコビ(F.-J. Jakobi)　94, 303
柳澤（伸一）　76, 392
柳原（正治）　192, 518, 519, 521
山本（文彦）　207-209

よ
ヨハン（ザクセン侯）　301
ヨハン＝ゲオルク一世(Johann Georg I)　75
ヨハン＝ロイバー (*Joannes Leuber*)　94, 95
ヨリオ(M. Jorio)　121, 149, 363, 390, 391

ら
ライゲルスベルク(*Nicolaus Georgius de Reigersberg*)　61
ライプシュタイン(E. Reibstein)　261
ライプニッツ(Gottfried Wilhelm Leibniz) 520
ラインキンク(Th. Reinkingk)　204
ラオフス(A. Laufs)　350, 384
ラッヘル(Samuel Rachel)　461, 462, 465, 467, 492
ラロシュ伯(le Comte de la Roche des Aubiéz Abbel de Servien)　83
ランガー (H. Langer)　77, 212, 250, 266
ラングヴィル公(le Duc de Langueville Henry d'Orélans)　83
ランデルツホーファー (A. Randelzhofer) 209
ランベルク(伯)(Johann Maximilian Graf von Lamberg)　84, 241, 242

り
リヴィエ(A. Rivier)　529
リシュリュー (Richelieu)　83, 84, 150, 292, 297, 432
リスト(Franz von Liszt)　501, 549
リュアード(E. Luard)　142, 310, 440, 444

ハイダー (Valentinus Heider)　94
バインケルスフーク(C. van Bynkershoek)　389, 486, 490, 491, 523
バックハオス(W. Buchholz)　383
ハプスブルク家　28, 39, 77, 78, 83, 123, 128, 130, 133, 145, 171, 190, 207, 281, 282, 298, 299, 303, 336, 373, 393, 515
パリー (C. Parry)　6

ひ
ビスマルク(O. E. L. von Bismarck)　194
ピッコロミニ(Octavio Piccolomini)　319, 326
ピッツ(E. Pitz)　233, 234
ヒッポリトゥス(Hippolithus a Lapide)　515
ヒトラー (A. Hitler)　21
ヒューグリン(Th. O. Hüglin)　28
ピュッター (Johann Stephan Pütter)　508, 525

ふ
ファゲルソン(D. Fagelson)　14, 27, 28
フィーアハオス(R. Vierhaus)　374
フィオレ(Pasquale Fiore)　506
フィンク(G. Fink)　234, 263
フィンチ(G. A. Finch)　191, 192, 548
フーゴー (Ludolf Hugo)　177
プーフェンドルフ(S. Pufendorf)　147, 249, 372, 384, 457-460, 465, 467, 468, 490, 492, 502, 511-515, 525, 530, 545
フーン(E. H. Th. von Huhn)　528
フェーンストラ(R. Feenstra)　133
フェリペ二世　124, 147, 149
フェリペ三世　124, 147
フェリペ四世　40, 128, 129, 238
フェルディナント(*Ferdinandus*)二世　59, 75, 87, 92, 196, 299, 547
フェルディナント(*Ferdinandus*)三世　59, 105, 293, 390, 421
フェンウィック(C. G. Fenwick)　23
フォーク(R. Falk)　6, 7, 22
フォス(Christian Daniel Voß)　495, 530
フォルマル(Dr. Isaak Volmar)　83
フォン＝ヤン(Freiherr Ludwig Friedrich von Jan)　363
ブッシュマン(A. Buschmann)　97, 144, 202, 203, 421, 448, 547, 548
プファルツ家　53, 87, 89, 175, 373
プラーニッツ(H. Planitz)　162, 195, 254
プライザー (W. Preiser)　7, 23
ブライス(J. Bryce)　31, 191, 192, 546, 548
ブラオンシュヴァイク（＝リューネブルク）（公）家　52, 53, 183, 275, 333, 356, 463
フランソワ（ロートリンゲン（ロレーヌ）公）　91, 108
フランソワ一世　299, 387
フランツ一世　356
フランツ二世　394
ブリアンヌ(Brienne)　316
フリートリヒ一世　166, 222
フリートリヒ二世　220, 264, 487
フリートリヒ三世（プロイセン国王フリートリヒ一世）　337, 378, 511
フリートリヒ四世（プファルツ伯）　86
フリートリヒ五世（プファルツ選帝侯）　87, 197, 466
フリートリヒス(Ch. R. Friedrichs)　32, 265, 326
フリッチュ (Ahasver Fritsch)　200
フリッツェ (K. Fritze)　245
ブル(H. Bull)　22
ブルクハルト(J. Burkhardt)　26, 28
ブルンチュリ(J. C. Bluntschli)　529
ブルンナー (O. Brunner)　304, 548
プレス(V. Press)　394
ブレックマン(A. Bleckmann)　5, 142
フレデリック＝ヘンドリック(Frederik Hendrik)　129

へ
ヘーゲル(G. W. F. Hegel)　372, 373
ベーメ(K.-R. Böhme)　380
ヘッケル(M. Heckel)　78
ベッケンフェルデ(E.-W. Böckenförde)　206, 547
ヘッセン＝カッセル家　53, 90
ヘッセン家　91, 373
ヘフター (August Wilhelm Heffter)　499, 510
ヘムニッツ(Bogislav Philipp von Chemnitz)　515
ベルジェ (M. Ch.Vergé)　507
ヘルター (K. Härter)　371, 394

シェル(F. Schoell)　495, 496
ジギスムント(Sigismund)　207
ジネッティ (Martio Ginetti)　308
渋谷（聡）　208, 379
ジモンス(W. Simons)　458, 511, 512
シャルル八世　145, 387
シャルル九世　146
シュタイガー (H. Steiger)　430, 452, 549
シュタトラー (P. Stadler)　142
シュトライス(M. Stolleis)　509, 512
シュトラオス(G. Strauss)　381, 512
シュピース(H.-B. Spies)　264, 385
シュマルツ(Theodor von Schmalz)　493, 494
（カール＝）シュミット(C. Schmitt)　447
シュミット(G. Schmidt)　251, 265, 387
シュレーダー (M. Schröder)　430, 431, 452
シュレーダー (P. Schröder)　284, 458, 512, 550
ショウ(M. N. Shaw)　22
ジョーンズ(J. M. Jones)　325
シリンク(A. Schilling)　21
シントリンク(A. Schindling)　302, 371

す
ズィクリスト(H. Sigrist)　145
ズーチ(Richard Zouche)　388, 465-467, 492

そ
ソーレンセン(G. Sørensen)　14, 27
ソニーノ(P. Sonnino)　28

た
高坂（正堯）　449
高橋（理）　259
高橋（和則）　307, 545
タック(R. Tuck)　79

ち
チャールズ一世　38, 79, 132

つ
ツィークラー (K.-H. Ziegler)　31, 86, 309, 429, 430, 452
ツィークラー (U. Ziegler)　245

て
ディックマン(F. Dickmann)　41, 78-80, 140, 195, 200, 420
ティッシャー (A. Tischer)　28, 149
ティリー (Johann Tserclaes, Reichsgraf von Tilly)　197
ディルマイヤー (U. Dirlmeier)　261
デーリンク(D. Döring)　512
テクストル(J. W. Textor)　95, 389, 421, 422, 462-465, 467, 492, 516, 517
テシィケ(B. Teschke)　14, 27
デパニェ (Frantz Despagnet)　504, 506

と
トゥイス(Travers Twiss)　445, 501, 503
ドゥフハルト(H. Duchhardt)　27, 29, 267, 336, 378, 381, 429, 444, 549
トゥルヨル＝イ＝セラ(A. Truyol y Serra)　6
トラオトマンスドルフ伯(Maximilian Graf von Trauttmansdorff)　45-47, 82, 85, 86
ドランジェ (Ph. Dollinger)　245, 258

な
ナッサオ伯(Graf Ludwig von Nassau)　82
ナポレオン(Napoléon Bonaparte)　4, 372, 393, 394, 444

ぬ
ヌスバオム(A. Nussbaum)　6, 78, 143, 200, 305, 525

ね
ネイス(Ernest Nys)　78, 373, 507

の
ノイゲバオアー (Neugebauer-Wölk)　384, 385

は
パーカー (G. Parker)　80, 82
ハーシー (A. S. Hershey)　23, 530
ハーツ(J. H. Herz)　267
バーデン家　50
パイアー (H. C. Peyer)　366, 391
バイアリー (R. Bireley)　196
バイエルン家　87

人名・家名索引

あ
アームストロング(J. D. Armstrong)　80, 310
アイッフィンガー (A. Eyffinger)　13, 26
アヴォー伯(le Comte d'Avaux Claude de Mesmes)　83
アオアー (L. Auer)　82, 85
アオアースペルク伯(Johan Weikhar Graf von Auersperg)　83
アクハースト(M. Akehurst)　4, 22
アッシュ (R. G. Asch)　28
アドルフ=フリートリヒ(Adolf Friedrich)　52
アリストテレス(Aristoteles)　514
アルヴィーゼ=コンタレーニ(*Aloysius Contarenus*)　70
アルトジウス(Johannes Althusius)　28
アルベルト家　300
アレクサンデル七世　48, 308
アレティン(K. O. F. von Aretin)　208
アンリ・ド・ロアン公(Herzog Heinrich von Rohan)　299
アンリ二世　387
アンリ三世　124, 146
アンリ四世　30, 387

い
イェリネク(G. Jellinek)　447, 448
イゼレ(Eugen Isele)　390
伊藤（宏二）　25, 26, 29, 76, 84, 94, 138, 141, 143, 327, 383, 384
イノセント一〇世　292, 308, 309
イム=ホーフ(U. Im Hof)　76, 142, 144, 391

う
ヴァッテル(Emer de Vattel)　147, 486-488, 490, 492, 495, 524, 526
ヴァハター (Florian Wachter)　148
ヴァレンシュタイン(Albrecht Eusebius Wenzel von Wallenstein)（フリートラント公）196, 197, 242
ヴィクトール=アマデウス一世　92
ヴィッテルスバッハ(Wittelsbach)家　87, 298
ヴィトリア　147
ウィルソン(P. H. Wilson)　380
ヴィルヘルム家　89
ヴィルヘルム五世（ヘッセン方伯）　199
ヴィレム（一世）（オラニエ公）(Willem I, Prins van Oranje)　149
ヴィレム（ウィリアム）三世　450
ヴィロヴァイト(D. Willoweit)　179, 180, 204, 205, 208
ウェストレイク(John Westlake)　502, 503
ヴェットシュタイン(Johann Rudolf Wettstein)（バーゼル市長(Bürgermeister)）　118, 143, 148, 149, 363, 390
ヴェロスタ(S. Verosta)　7
ウォーカー (M. Walker)　249, 446, 504, 549
ヴォス(J. Voss)　520
ヴォルフ(Christian Wolff)　470, 471, 491, 518, 525, 545
ヴュルテンベルク家　50, 438
ウルソフ(A. M. Ourousov)　504
ウルバヌス八世　38, 298, 308

え
エーストライヒ(G. Oestreich)　200, 548, 549
エーベル(W. Ebel)　253, 260
エクスリ(W. Öchsli)　145
エッガー (F. Egger)　121
エドワード四世　259
エネン(E. Ennen)　220, 252, 254
エリザベス一世　131

お
オーストリア（王）家　41, 50, 56, 57, 65, 90, 105, 107, 109, 110, 112, 113, 130, 214, 373, 439, 486, 490, 497
オクセンシェルナ(Axel Oxenstierna)　38, 190, 198
オヅィアンダー (A. Osiander)　12, 13, 26, 28, 31, 98, 141, 305, 309, 456, 509, 546
オッシュマン(A. Oschmann)　95
オットー一世［大帝］　217, 225

明石　欽司（あかし　きんじ）

慶應義塾大学法学部教授。法学博士（ユトレヒト大学、1996年）。

1958年生まれ。慶應義塾大学法学部卒業、慶應義塾大学大学院法学研究科修士課程修了、同博士課程中退。

海上保安大学校助手・専任講師、在ベルギー王国日本大使館専門調査員、ブリュッセル自由大学国際法研究所研究員、新潟国際情報大学情報文化学部助教授、慶應義塾大学助教授を経て現職。

"Cornelius van Bynkershoek: His Role in the History of International Law"（Kluwer Law International, 1998）で、安達峯一郎賞（1999年）を受賞。

ウェストファリア条約
——その実像と神話

2009年6月20日　初版第1刷発行
2015年7月10日　初版第3刷発行

著　者————明石欽司
発行者————坂上　弘
発行所————慶應義塾大学出版会株式会社
〒108-8346　東京都港区三田2-19-30
TEL〔編集部〕03-3451-0931
〔営業部〕03-3451-3584〈ご注文〉
〔　〃　〕03-3451-6926
FAX〔営業部〕03-3451-3122
振替　00190-8-155497
http://www.keio-up.co.jp/
装　丁————鈴木　衛
印刷・製本——港北出版印刷株式会社
カバー印刷——株式会社太平印刷社

Printed in Japan ISBN978-4-7664-1629-9